国家社科基金2011年度项目

“宋代史学的繁荣与传布研究”（11BZS025）成果

获得上海高校高峰高原学科（中国史）建设经费资助

## 作者简介

燕永成，1967年生。历史学博士，上海师范大学人文学院教授、博士生导师。主要从事中国史学史、历史文献学以及宋代史研究。著有《南宋史学研究》，点校整理《宋太宗实录》《皇宋十朝纲要校正》《中兴两朝编年纲目》《文献通考》之《田赋考》《市籴考》和《土贡考》，以及宋人笔记十余种，主编《中华大典》（历史典·人物分典·宋辽夏金总部），参编《中国史学史》（教材）和《宋代文化史大辞典》等，先后独立承担国家社会科学基金项目一项、省部级项目四项，参与完成《全宋笔记》等多项国家级重大项目，目前正参与“点校本二十四史及《清史稿》修订工程”中的《宋史》修订工作。

# 宋代史学的繁荣与传布

燕永成 著

甘肃人民出版社

**图书在版编目（CIP）数据**

宋代史学的繁荣与传布 / 燕永成著. -- 兰州 : 甘肃人民出版社，2019.12
ISBN 978-7-226-05499-4

Ⅰ. ①宋… Ⅱ. ①燕… Ⅲ. ①史学史—研究—中国—宋代 Ⅳ. ①K092.44

中国版本图书馆CIP数据核字(2019)第284723号

责任编辑：张　菁
封面设计：马吉庆

**宋代史学的繁荣与传布**
燕永成　著
甘肃人民出版社出版发行
（730030　兰州市读者大道568号）
深圳市国际彩印有限公司印刷
开本 710 毫米×1020 毫米　1/16　印张 50.25　插页 2　字数 607 千
2019年12月第1版　2019年12月第1次印刷
印数：1~1 000
ISBN 978-7-226-05499-4　　定价：198.00元

# 目 录

# 绪 论

史学繁荣有助于史学传布，史学传布更促进了史学繁荣。宋代史学承袭唐、五代以来的修史制度以及中唐以后的治史之风，使得官、私史学的发展呈现出前所未有的繁荣景象。同时，随着印刷业的迅猛发展以及科教文化事业的积极推进，史书刊印与传布速度日益加快，史书简明化与史学普及化程度逐步提高，人们的历史知识与史学观念有所增进，史学功用得到进一步发挥。这种史学繁荣与发展盛况对此后元、明、清诸代史学产生了深远影响。正因为如此，史学大师陈寅恪明确指出："中国史学莫盛于宋。"[①]著名史学家蒙文通也表明："经学莫盛于汉，史学莫精于宋。"[②]

## 一、宋代史学得以繁荣与广泛传布的社会基础

宋代史学的繁荣与传布始终离不开特定的社会环境。其间，国

① 陈寅恪：《陈垣明季滇黔佛教考序》，见《金明馆丛稿二编》，生活·读书·新知三联书店，2001 年。

② 参见蒙文通：《跋华阳张君〈叶水心研究〉》，见《蒙文通文集》第三卷《经史抉原》，巴蜀书社，1995 年。

家处境与时人对政治变局的关注度，教育文化事业的发展与广大民众受历史教育的程度，各种学术流派思想观念的传播与史学思想的发展程度，经济繁荣发展与史学发展以及传布所需的物质保证，科学技术发展水平及其对史学的促进作用等，均与宋代史学的总体发展水平密切相关。

### 1. 国家处境与民族危难刺激

后周显德七年，禁军将领赵匡胤发动陈桥兵变，从孤儿寡母手中夺取政权，建立宋朝。新王朝建立之后，为消除唐末、五代以来分裂割据所形成的政治隐患，宋太祖借杯酒之欢解除了宿将兵权，以达到“事为之防，曲为之制”的政治目的。宋太宗更是推行“守内虚外”之策。同时，自宋太祖开始，积极倡导“崇文”之策。对此，元代史官明确指出：“自古创业垂统之君，即其一时之好尚，而一代之规模，可以豫知矣。艺祖革命，首用文吏而夺武臣之权，宋之尚文，端本乎此。太宗、真宗其在藩邸，已有好学之名，及其即位，弥文日增。自时厥后，子孙相承，上之为人君者，无不典学；下之为人臣者，自宰相以至令录，无不擢科，海内文士彬彬辈出焉。”①由此可见崇文抑武的政治导向早已确立。

宋代在崇尚文治、激励忠君的同时，则面临国势不振、外患严重的不利局面，并且该局面始终伴随着整个宋王朝。对此，吕中评论道：“汉、唐多内难，而无外患，本朝无内患，而有外忧者，国势之有强弱也。盖我朝有唐虞三代之治体、制度，而无汉、唐之国势。”②

---

① 《宋史》卷439《文苑传序》，中华书局，1985年。

② 吕中撰，张其凡、白晓霞整理：《类编皇朝大事记讲义》卷1《国势论》，上海人民出版社，2014年。

叶適更是结合北宋前期历史论述道："自唐末、五代之祸，天下生死于兵，艺祖因人心之患苦，削而损之。其后太宗下太原，势可以定燕、代而不果；真宗幸澶渊，力可以破契丹而不听；乃反黜币赐金，自诎不校以怀服之。至于仁宗，遂专以偃兵不战持守天下。当时元老大臣，以和亲避狄为上策。学士大夫，以因循苟简为正论。……是故元昊、智高虽号桀黠，计其强武，曾何足以方冒顿、颉利之十一二！而吾士马全盛，生民安业，然一方有警，天下震动，羽檄日奏，无战不衄。天子为之忧愧太息，引咎镇抚，然后少安。兵寝事竟，则谋议之臣动色相贺，以为万全，不自知其耻也，畏战无勇之俗于是成矣。"[①]由此可知，当时在朝廷内外已形成严重惧外症。

到北宋后期，随着变法图强、富国强兵战略的实施，宋代虽在开拓西部时取得了不少战果，但北宋末的靖康之难却导致徽宗和钦宗父子被虏北迁，北宋亡国，战乱区民众饱受战火磨难。其间，国家收藏的文献典籍损毁严重。对此，明人胡应麟指出："宋之厄，厄于裔夷，彼非有意于焚，兵烬所经，玉石俱毁，况书宜火物也。"[②]到南宋初建时，据庄绰言："朝廷在江左，典籍散亡殆尽。省曹、台、阁，皆令老吏记忆旧事，按以为法，谓之'省记条'。皆临时徇私自便。而敌骑自浙中渡江北归，官军败于建康江中，督将尚奏功，云其四太子几乎捉获，亦谓之推赏。时谓以'省记条'推'几乎赏'。"[③]

---

① 叶適著，刘公纯、王孝鱼、李哲夫点校：《叶適集·水心文集》卷27《上西府书》，中华书局，2010年。

② 胡应麟：《少室山房笔丛》卷1《经籍会通》一，上海书店出版社，2009年。

③ 庄绰撰，夏广兴整理：《鸡肋编》卷中，《全宋笔记》第四编第七册，大象出版社，2008年。

这真实地反映了南宋初期朝廷因典籍散亡严重所带来的尴尬局面。与此同时，北宋亡国的屈辱史迫使南宋君民不得不时时反思以及关注民族、国家与个人命运。如史家洪迈指出：“予顷修《靖康实录》，窃痛一时之祸，以堂堂大邦，中外之兵数十万，曾不能北向发一矢、获一胡，端坐都城，束手就毙！虎旅云屯，不闻有如蜀、燕、晋之愤哭者。近读《朱新仲诗集》，有《记昔行》一篇，正叙此时事。其中云：‘老种愤死不得战，汝霖疽发何由痊？’乃知忠义之士，世未尝无之，特时运使然耳！”[①]正是因为在全盛之时，北宋却突遭丧家亡国之难，其间许多仁人志士却被束缚而难有作为，对此南宋时人深感痛愤惋惜！又如理学家陆九渊就曾言道：“少闻靖康间事，慨然有感于复雠之义。至是，访知勇士，与议恢复大略。”[②]与陆氏怀有同样恢复愿望的还有陆游、辛弃疾以及朱熹等一大批仁人志士。其间，一些具有历史使命感的史家则通过抢救和搜集有关北宋时期的重要史料，整理、撰述北宋史以表达对亡国的怀念之情，此如徐度、熊克、李焘、王称、徐梦莘、程俱以及汪藻等等。

此后延续北宋基业的南宋王朝，领土面积大约减少了1/3，但依然先后受到强邻金和蒙古（元）的长期威胁和打击，并且逼迫与金和蒙古（元）签订了一个个屈辱和约。其中，南宋与金三次议和（绍兴、隆兴和嘉定时）均需输纳岁币。据统计，南宋向金输纳岁币67年，计银1485万两、绢1485万匹、铜钱300万贯。[③]此正如史书

① 洪迈：《容斋随笔》卷16《靖康时事》，上海古籍出版社，1978年。

② 《宋史》卷434《陆九渊传》。

③ 参见朱瑞熙：《宋朝的岁币》，见《岳飞研究》第三辑，中华书局，1992年。

所载："季世金人乍和乍战，战则军需浩繁，和则岁币重大，国用常苦不继。"[①]面对此种对外困局，如熊克、李心传、陈均、吕中、高斯得以及刘时举等诸多史家纷纷撰述南宋本朝史，以反思、总结该段历史。

同时，就宋代朝政而言，北宋后期伴随变革而起的激烈党争，对朝廷选任官员、制度设计以及政治决策等带来了严重危害，并且影响深远。对此，叶适指出："不幸熙宁改法之事起，自是以迄于宣和之末，靖康之初，士大夫争法之新旧，辨党之邪正，鼓为烈焰（溺）［涨］为洪流而已。过此何暇言之！是又熙、丰以来困于世变之纷更而不能尽天下之虑也。"[②]张端义亦指出："自范文正公论事，始分朋党。伊川则曰洛党，如朱光庭、贾易附之，力攻蜀党苏氏父子也。朝廷大患，最怕攻党。小人立党，初不是专意宗社计，借此阴移人主祸福之柄，窃取爵禄而已。……淳熙则曰道学，庆元则曰伪党，深思由来，皆非国家福。"[③]清四库馆臣更是指出："宋代忠邪杂进，党祸相仍，国论喧呶，已一见于元祐之籍。迨南渡后和议已成，外忧暂弭。君臣上下，熙熙然燕雀处堂。诸儒不鉴前车，又寻覆辙。求名既急，持论弥高。声气交通，贤奸混糅，浮薄诡激之徒，相率攀援，酿成门户。遂使小人乘其瑕隙，又兴党狱以中之。

① 《宋史》卷173《食货志》。

② 叶適著，刘公纯、王孝鱼、李哲夫点校：《叶適集·水心别集》卷10《始议》二。

③ 张端义撰，许沛藻、刘宇整理：《贵耳集》卷上，《全宋笔记》第六编第十册，大象出版社，2013年。

兰艾同焚，国势驯至于不振。”[①]可见四库馆臣在此已将国势不振归因于党争。受此直接影响，神宗、哲宗朝实录和国史多次更修，从而导致“国史凡几修，是非凡几易”。

此外，权臣专权严重。如北宋末蔡京，南宋时秦桧、韩侂胄、史弥远以及贾似道等，他们常以植党排异，控制台谏，以及蒙蔽君主等专制手段独揽朝政。尤其是在处理对外和、战以及重大内政问题时，更是专断孤行，致使许多仁人志士唯能哀婉叹息！如黄震在《戊午谠议序》中指出：“太上中兴恢复之势已八九成，秦桧归自敌庭，力主和议，当时人伦尚明，人心尚正，天下交口以为不可，而桧以梓宫、长乐借口和议，遂不可破。自是以来，士大夫狃于积衰之俗，以忘雠忍辱为当然。癸未之议曰不可和者，尚书张公阐、左史胡公铨而已。秦桧之罪，使人伦不明，人心不正，而末流之弊，至于如此之极。”[②]可见秦桧执意议和的社会危害不可低估。

总之，宋王朝始终面临的御外压力，以及党争或者权臣擅权等复杂政治处境，无不激发着广大仁人志士的忧患意识和爱国情怀，他们在国难当头或者政治斗争的艰难处境中，谱写着一曲曲可歌可泣的感人事迹。这些无疑为宋代历史增添了丰富多彩的画面，也为宋代史学提供了多样的历史素材。

**2. 科教文化发展与士人喜好书籍促使**

在科教文化领域，宋代官学教育中，中央先后设有国子学与太

---

① 纪昀总纂：《四库全书总目提要》（以下简称《四库提要》）卷57“庆元党禁”解题，河北人民出版社，2000年。

② 黄震：《黄氏日抄》卷35，文渊阁《四库全书》本，台湾商务印书馆，1986年。

学，其他还有武学、律学、算学、医学、书学以及画学等。地方设有州县学，并且经过庆历、熙宁和崇宁三次兴学运动，使得学校规模与学生人数迅速增加。据魏了翁言：“国初，天下未有学也。庆历三年以后，虽用范文正公之议，诏州县立学，然学未遍，而诏旋寝矣。迨崇宁以蔡京之请，州县无远小，咸得立学。”[①]尤其是到崇宁三年，全国学生人数多达 21 万余人。[②]同时，早在宋初，就出现了白鹿洞、应天府、岳麓以及嵩阳（或石鼓）四大书院。南宋时，随着各学术派别讲学风气的兴起，先后兴起的书院总数达 442 所。[③]著名者如朱熹修复的白鹿洞书院、张栻主持的岳麓书院、吕祖谦讲学的丽泽书院，以及陆九渊修建的象山书院等。此外，乡塾村校亦极为普及。如此颇具规模的教育体系，以及“广开来学之路”的教育政策，不仅扩大了受教育者的范围，更为宋代社会培养了大量人才。

在科举取士方面，由于“取士不问家世”，宋代取士人数远远超过前代。史载：“宋之科目，有进士，有诸科，有武举。常选之外，又有制科，有童子科，而进士得人为盛。”[④]对此，时人结合取士效果言道：“本朝取士之路多矣，得人之盛，无如进士，盖有一榜有宰相数人者，古无有也。太平五年，苏易简下，李沆、向敏中、寇

---

① 魏了翁：《鹤山先生大全文集》卷 44《普州贡院记》，《四部丛刊初编》本。

② 彭百川：《太平治迹统类》卷 28《祖宗科举取人》，玉玲珑阁抄本，见《适园丛书》。

③ 参见邓洪波：《中国书院史》（增订本）第三章第一节“南宋书院发展概况”，武汉大学出版社，2012 年。

④ 《宋史》卷 155《选举志》。

准、王旦；咸平五年，王曾下，王随、章得象；淳化三年，孙何下，丁谓、王钦若、张士逊；庆历三年，杨寘下，王珪、韩绛、王安石、吕公著、韩缜、苏颂；元丰八年，焦蹈下，白时中、郑居中、刘正夫；其余名臣，不可胜数。此进士得人之明效大验也。”[①]又据龚延明先生考证：两宋 315 年历史，共举行过 118 次考试，文、武两科正奏名进士、特奏名进士以及文科诸科登科总人数有 10 万多，是唐、五代登科人数 10188 的近十倍，明代 24595 人的近 4 倍，清代 26849 人的近 3.8 倍。[②]可见宋代取士人数之众。正是由于科举取士与学校教育相辅相成，从而极大地刺激了广大士子入学读书、科举入仕的积极性，此正如苏辙所言：“凡今农工商贾之家，未有不舍其旧而为士者也。”[③]

在学术思想领域，就北宋学术发展而言，仁宗庆历前后，在范仲淹、宋初三先生（胡瑗、孙复和石介）、欧阳修和李觏等人积极推动下，宋学得以形成。其间，欧阳修在宋学建立过程中，起到了披荆斩棘的、开拓性的重大作用。[④]苏轼对欧阳修高度评价道：“自欧阳子出，天下争自濯磨，以通经学古为高，以救时行道为贤，以犯颜纳说为忠。长育成就，至嘉祐末，号称多士。欧阳子之功为多。……

---

① 马永卿撰，查清华、顾晓雯整理：《懒真子》卷 3，《全宋笔记》第三编第六册，大象出版社，2008 年。

② 龚延明：《〈文献通考·宋登科记总目〉补正》，参见《中国古代职官科举研究》，中华书局，2006 年。

③ 苏辙著，陈宏天、高秀芳点校：《苏辙集·栾城集》卷 21《上皇帝书》，中华书局，1990 年。

④ 参见漆侠：《宋学的发展和演变》“总论：二、宋学的形成阶段”，河北人民出版社，2002 年。

欧阳子论大道似韩愈，论事似陆贽，记事似司马迁，诗赋似李白。此非余言也，天下之言也。”[①]此后，荆公新学、二程洛学以及苏氏蜀学鼎足而立。其中，荆公新学在北宋后期取得了官学地位，但其余二家的地位及影响不容忽视。王称指出：程颐“以经术为诸儒倡，四方从之游者甚众”[②]。谢采伯亦言：“二程之诸及门，若游酢、谢良佐、吕大临、杨时，东坡之门若黄庭坚、秦观、张耒、晁补之，儒学文艺，俱有切磋琢磨之益。交朋之风，不其盛欤！此我朝之治，所以远过汉、唐也。”[③]再是史载：“暨渡江，东南学者推（杨）时为程氏正宗。……凡绍兴初崇尚元祐学术，而朱熹、张栻之学得程氏之正，其源委脉络皆出于时。”[④]可见生活于两宋之交的杨时对理学传承起到了关键作用。此外，对于荆公新学、二程洛学以及苏氏蜀学与史学间的关系，蒙文通先生指出：“北宋三家，惟苏氏能不废史学。”[⑤]其实，二程则讲求义理化史学。

南宋时，逐渐形成了以朱熹为首的闽学流派，以陆九渊创立的心学派别，浙东以吕祖谦为首的金华学派、以陈亮为首的永康学派与以薛季宣、陈傅良和叶適为代表的永嘉学派，以胡安国、张栻为

---

① 苏轼著，孔凡礼点校：《苏轼文集》卷10《六一居士集叙》，中华书局，1986年。

② 王称：《东都事略》卷114《程颐传》，台湾文海出版社，1979年。

③ 谢采伯撰，李伟国整理：《密斋笔记》卷1，《全宋笔记》第七编第八册，大象出版社，2016年。

④ 《宋史》卷428《杨时传》。

⑤ 蒙文通：《中国史学史》第三章“六、新学、洛学、蜀学与史学”，见《蒙文通文集》第三卷《经史抉原》。

代表的湘湖学派，以及以谯定、魏了翁为代表的蜀学流派等。这些流派不仅形成了各自独特的理论体系与学术观点，而且在当时社会均有不小影响。如刘宰指出："乾道、淳熙间，东莱先生在婺，晦庵先生在建，从之游者常数百人。其学成行修者，多去而为名卿才大夫，下亦不失于乡党自好之士。其后杨慈湖在四明，叶水心在永嘉，户外之屦常满。盖其师友相从，尽有乐地。"①又据俞德邻言："宋自渡江以来，文人才士视东都诸老，若有愧焉！故说者得以光岳气分而议之。然乾、淳、端平之际，如朱公熹、张公栻、吕公祖谦、真公德秀、叶公適、陈公傅良、魏公了翁相继以道自任，以文自鸣，卒使后生小子习见典刑，争自濯磨于学，亦不可谓今无人也。"②此外，这些学术流派在阐扬其理论体系或表明对时局看法时，往往能借助于史学。如朱熹一派讲求义理化史学，浙东学派注重对古今典制研究，湘湖学派偏重讲求《春秋》之学，以及蜀学流派中的一些学人注重本朝史探究等，这种状况为宋代史学繁荣发展提供了良好的哲学基础。

在此还需补充说明的是，科教文化的发展，促使士人读书、藏书以及著书热情高涨。如孝宗少年时，在佑圣观壁间题有："富贵必从勤苦得，男儿须读五车书。"③又据欧阳修记述："钱思公虽生长富贵，而少所嗜好。在西洛时，尝语僚属言：'平生惟好读书，坐则读经史，卧则读小说，上厕则阅小辞，盖未尝顷刻释卷也。'谢

---

① 刘宰：《漫塘集》卷 19《送黄竹涧序》，文渊阁《四库全书》本。

② 俞德邻：《佩韦斋集》卷 20《辑闻》，文渊阁《四库全书》本。

③ 李心传撰，徐规点校：《建炎以来朝野杂记》甲集卷 2《佑圣观》，中华书局，2000 年。

希深亦言：‘宋公垂同在史院，每走厕必挟书以往，讽诵之声琅然闻于远近，其笃学如此。’”[①]以上是一些宋人喜好读书的生动写照。同样，宋代许多官僚士大夫喜好藏书。如据南宋初期人王明清言：“近年所至郡府多刊文籍，且易得本传录，仕宦稍显者，家必有书数千卷。”[②]说明当时仕宦之家藏书较为普遍。此外，宋代还涌现出一些喜好著书者。如据叶適言：“今吴、越、闽、蜀，家能著书，人知挟册，以辅人主取贵仕。”[③]又如据明人徐𤊹指出：“宋季著书之富，无过王伯厚，计其生平述作七百二十余卷，即郑渔仲不是过也。渔仲位不显，伯厚仕至礼部尚书，在官日多，尤所难耳。”[④]在此徐氏通过对郑、王二氏著述环境对比分析，说明为官者王氏富于著述，实属不易。再如潘耒在《日知录序》中言道：“自宋迄元，人尚实学。若郑渔仲、王伯厚、魏鹤山、马贵与之流，著述具在，皆博极古今，通达治体，曷尝有空疏无本之学哉！”在此潘氏高度赞扬了宋代注重实学的学者。

总之，科教文化的发展，以及喜好读书、藏书和著书士人的增多，使得宋代社会充盈着浓厚的学术文化氛围，而这种氛围为史学发展繁荣奠定了良好的文化基础。

---

① 欧阳修撰，储玲玲整理：《归田录》卷2，《全宋笔记》第一编第五册，大象出版社，2003年。

② 王明清撰，燕永成整理：《挥麈前录》卷1，《全宋笔记》第六编第一册，大象出版社，2013年。

③ 叶適著，刘公纯、王孝鱼、李哲夫点校：《叶適集·水心文集》卷9《汉阳军新修学记》。

④ 徐𤊹：《徐氏笔精》卷6《著书》，文渊阁《四库全书》本。

### 3. 经济繁荣与物质技术推动

宋代社会经济的发展，不仅体现在人口成倍增长，而且农业生产发展较为迅猛。据研究表明：宋代人口到北宋末年已达1.2亿，约为唐代人口的两倍、汉代人口的两倍以上。宋代垦田要比唐代垦田高出300万顷以上，甚至可能为唐代垦田的两倍。就单位面积产量而言，宋代一般亩产量为2石，像两浙路亩产量达五六石或六七石。因此当地有“苏湖熟，天下足”的民谚。[①]手工业方面，矿冶、纺织、制瓷、造船等颇具规模，造纸业和印刷业相当发达。同时，随着市镇数量的急剧增加和城市的迅速发展，以及会子的大量通行，使得工商业经济呈现出繁荣景象。又榷场贸易和海外贸易相当发达，丝织品、茶叶、瓷器和书籍等出口到了日本、高丽等地。此外，就国家财赋收入而言，宋太宗曾言道：“国家岁入财赋，两倍于唐室。”[②]南宋宁宗时，章如愚总结道：“今日生财之道多矣，惟是节省不得其术。以今天下较财用于汉、唐，所入十倍于汉、五倍于唐。”[③]由此可见，宋代社会经济的发展已达到相当高的水平。社会财富的不断积累以及民众生活内容的日益丰富，不仅为有识之士从事史学研究提供了物质保障，而且极大地开阔了他们的视野及其思路，使得他们更加关注社会经济生活的诸种变化。

---

① 参见漆侠：《中国经济通史·宋代经济卷》第一编第四章末，经济日报出版社，1999年。

② 李焘：《续资治通鉴长编》（以下简称《长编》）卷37太宗至道元年五月丁卯，中华书局，2004年。

③ 章如愚：《群书考索》续集卷45《财用门·宋代财用》，文渊阁《四库全书》本。

同时，宋代科学技术在当时世界上居于领先地位。何以会如此？陈乐素先生指出：宋代“科技有重要的成就，如天文、历法、军事、航海、刻板印刷，是由于政治、军事、学术的实际需要，是统治阶级的实际需要而发生、发展”①。

其中，以印刷术以及印刷业而言，自唐末、五代雕版印刷兴起之后，到宋代已经有了长足发展。对于印刷以及书籍装帧形式等带来的变化，明人胡应麟感叹道：“今人事事不如古，固也，亦有事什而功百者，书籍是已。三代漆文竹简冗重艰难，不可名状，秦、汉以还浸知钞录，楮墨之功简约轻省，数倍前矣。然自汉至唐犹用卷轴，卷必重装，一纸表里，常兼数番，且每读一卷或每检一事，细阅展舒甚为烦数，收集整比弥费辛勤。至唐末、宋初，钞录一变而为印摹，卷轴一变而为书册，易成难毁，节费便藏，四善具焉。溯而上之至于漆书竹简，不但什百而且千万矣。士生三代后，此类未为不厚幸也。”同时，他又从藏书数量角度，表明雕版盛行于宋。他指出：“魏晋以还，藏书家至寡。读南、北史，但数千卷，率载其人传中。至《唐书》所载，稍稍万卷以上，而数万者尚希。宋世骤盛，叶石林辈弁山之藏，遂至十万。盖雕本始唐中叶，至宋盛行，荐绅士民有力之家，但笃好则无不可致。”②该说不无道理。再是朱熹从印本易得、时人读书“苟简”方面，表明了印刷的社会影响力。对此他指出：“今人所以读书苟简者，缘书皆有印本多了。如古人皆用竹简，除非大段有力底人方做得。若一介之士，如何置。……

① 陈乐素：《宋史艺文志考证》第三篇《宋史艺文志研究札记》，广东人民出版社，2002 年。

② 以上均见胡应麟：《少室山房笔丛》卷 4《经籍会通》四。

如东坡作《李氏山房藏书记》，那时书犹自难得。晁以道尝欲得《公》《穀传》，遍求无之，后得一本，方传写得。今人连写也自厌烦了，所以读书苟简。”[①]

北宋毕昇发明活字印刷版，无疑是印刷技术取得突飞猛进的表现。对此，沈括记述道：“板印书籍，唐人尚未盛为之。自冯瀛王始印《五经》，已后典籍皆为板本。庆历中，有布衣毕昇，又为活板。其法用胶泥刻字，薄如钱唇，每字为一印，火烧令坚。先设一铁板，其上以松脂腊和纸灰之类冒之，欲印则以一铁范置铁板上，乃密布字印。满铁范为一板，持就火炀之，药稍镕则以一平板按其面，则字平如砥。若止印三二本，未为简易，若印数十百千本，则极为神速。常作二铁板，一板印刷，一板已自布字，此印者才毕，则第二板已具，更互用之，瞬息可就。每一字皆有数印，如‘之’、‘也’等字，每字有二十余印，以备一板内有重复者。不用则以纸帖之，每韵为一贴，木格贮之。有奇字素无备者，旋刻之，以草火烧，瞬息可成。不以木为之者，木理有疏密，沾水则高下不平，兼与药相粘，不可取，不若燔土，用讫再火令药镕，以手拂之，其印自落，殊不沾污。昇死，其印为予群从所得，至今保藏。”[②]由此可知，活字印刷术的发明，能够大大提高印刷效率。此后，据周必大记述：他“近用沈存中法，以胶泥铜版移换摹印，今日偶成《玉堂杂记》

① 黎靖德辑，郑明等校点：《朱子语类》卷10《读书法上》，见朱熹撰，朱杰人、严佐之、刘永翔主编：《朱子全书》，上海古籍出版社、安徽教育出版社，2002年。

② 沈括撰，胡静宜整理：《梦溪笔谈》卷18，《全宋笔记》第二编第三册，大象出版社，2006年。

二十八事”[1]。此为活字印刷得到实际应用的有力证据。又邓肃《和谢吏部铁字韵》诗言道：“一得新诗即传借，许久夸谈今见真。车马争看纷不绝，新诗那简茅檐拙。脱腕供人嗟未能，安得毕昇二板铁？”[2]对于诗中所言的“二板铁”，张秀民先生认为就是上引沈括所记“常作二铁板”中的“二铁板”。这又成了活字印刷从北宋流传到南宋的证据。[3]

正是由于雕版印刷的快速发展以及活字印刷术的产生，从而极大地推动了印刷业的巨大发展。临安、成都、眉山、福建以及江西吉州等地成了全国重要的印刷业中心，并且临安、成都和眉山等地书铺林立，书商活跃。甚至于私家宅塾以及寺庙，亦莫不有刻。张秀民先生甚至认为：“宋代官私刻书最盛，为雕版印刷史上的黄金时代。”[4]

同样，伴随着印刷业以及民众文化消费水平的提高，宋代造纸业发展迅猛。如平江府彩笺、蜀笺、温州蠲纸、歙州表纸、杭州藤纸、绍兴府竹纸以及宣州宣纸等，均在当时颇为出名。如据蔡襄言：“今世纸多出南方，如乌田、古田、由拳、温州、惠州皆知名，拟之

① 周必大：《文忠集》卷198《程元成给事》，文渊阁《四库全书》本。按：该史料由黄宽重先生最先发现，见《南宋活字印刷史料及其相关问题》一文，《南宋史研究集》，台北新文丰出版公司，1985年。

② 邓肃：《栟榈集》卷6，文渊阁《四库全书》本。

③ 参见张秀民著、韩琦增订：《中国印刷史》（插图珍藏增订版）第二章“活字印刷术的发明与发展”，浙江古籍出版社，2006年。

④ 张秀民著、韩琦增订：《中国印刷史》（插图珍藏增订版）第一章“雕版印刷术的发明与发展”。

绩溪，曾不得及其门墙耳。”又“循州藤纸微精细而差黄”，“蜀笺惟白色而厚者为佳”[①]。同时，随着纸张种类日益丰富，官僚士大夫对用纸极为讲究。如据程棨记述：“温州作蠲纸，洁白坚滑，大略类高丽纸。东南出纸处最多，此当为第一焉。由拳皆出其下，然所产少。至和以来，方入贡，权贵求索漫广，而纸户力已不能胜矣。”[②]此外，宋人对传书或者刻版用纸亦颇为讲究。如据陆游言：“前辈传书多用鄂州蒲圻县纸，云厚薄紧慢皆得中，又性与面黏相宜，能久不脱。”[③]又如明人高濂指出：“宋板书刻，以活衬竹纸为佳，而蚕茧纸、鹄白纸、藤纸固美，而存遗不广。”[④]这是后人对宋代刻版用纸的品评。

此外，宋代制墨、制笔以及制砚等手工业也得到了相应发展，它们与印刷业以及造纸业共同促成了宋代学术文化的发展繁荣。

总之，宋代社会经济的繁荣发展为史学发展繁荣奠定了坚实的物质基础。同时，雕版印刷的发展与活字印刷的发明对文化传布起到了革命性作用；印刷术凭借造纸术的普及与提高，使得大量书籍刊印与流通变成了现实。这期间，当然也少不了史书的刊刻流传以及史学观念的广泛传布。

---

① 蔡襄撰，吴以宁点校：《蔡襄集·蔡忠惠集》卷 34《文房四说》，上海古籍出版社，1996 年。

② 程棨：《三柳轩杂识》，见陶宗仪等编：宛委山堂本《说郛》弓24，上海古籍出版社，1988 年。

③ 陆游撰，李昌宪整理：《老学庵笔记》卷 2，《全宋笔记》第五编第八册，大象出版社，2012 年。

④ 高濂：《遵生八笺》卷 14《论藏书》，文渊阁《四库全书》本。

## 二、相关概念与宋代史学研究现状分析

### 1. 有关史学传布等概念

传布主要是指人类传递或交流信息、观点和情感，以及与此有关的交往活动。人类社会自诞生时起，就在征服自然、谋求生存和发展进程中，开始了频繁的、不间断的传布活动。其中，口头语言作为人类最基本、最常用和最灵活的传布手段，它的产生是真正意义上的人类传布的开始。之后随着文字的出现，克服了口头语言转瞬即逝的缺陷，而能将信息长久保存下来。同时，它打破了口头语言传布时的距离限制，拓展了人类交流的空间。此外，文字的出现，使得人类文化的传承不再依赖容易变形失真的神话或者传说，而是有了确切可靠的资料和文献依据。由此可见，文字的产生，使人类传布在时间和空间上都产生了重大变革。同时，印刷术的发明，标志着古代人类已经掌握了复制文字信息的技术。有了对信息批量生产的观念，使得书面传布在社会变革和人类生活中愈来愈重要。此外，历史遗存作为人类过往活动的见证，同样具有唤起人类历史记忆、传承历史史实的作用。

同时，传布一般包括传布方式、传布者、传布目的、传布内容、受众以及传布效果等主要方面。

在本论题中，史学传布是指人们通过口语、书面文字以及历史实迹等方式有意识、有目的地传布相关史事的活动。它既包括时人对时事的关注、记录、有意编撰与传布，也包括时人对历代史家著述的刊刻与传布，以及对历史遗存的观览、创建等举动，其目的均在于有效地传布与保存相关史事。其间，史学传布的范围既涉及前

代历史事件、人物以及历史著述、历史遗存，更关涉当代重要史事、人物、史学著述以及实物实迹等。同时，在传布方式上，既有讲说、吟诵等口语传布，又有编撰、刊印、手抄以及书法绘画等书面传布，还有历史题材类刻石、题壁、塑像以及祠庙等实物遗迹类传布。

在宋代，随着雕版印刷的广泛运用与活字印刷术的发明，以及金石学的兴起，它们无疑为史学传布增添了新的活力，这正是我们重点关注宋代史学传布问题的关键所在。同时，宋人极为看重多样化的史学传布方式。为说明问题，在此略举几例印证如下：如王禹偁在《五代史阙文原序》中就明确指出："臣读五代史，总三百六十卷，记五十三年行事，其书固亦多矣。然自梁至周，君臣事迹传于人口而不载史笔者，往往有之。或史氏避嫌，或简牍漏略，不有纪述，渐成泯灭，善恶鉴诫，岂不废乎？因补一十七篇，集为一卷，皆闻于耆老者也。"这是宋初史家王禹偁以口传史料补正、传布史事的典型例证。

又如苏辙在《古史原叙》中言道："由数千岁之后，言数千岁之前，其详不可得矣。幸其犹有存也，而或又失之，此《古史》之所为作也。"在此苏氏旨在承续前人做法，以编修史著方式传承历史。同样，章粲在《编年通载序》中指出："史学之不讲久矣，汉、魏已来，以是名家者不过数人。历世既远，载籍漫汗，学者披文考古，如乘桴涉海而欲穷其津涯，未易得也。至有皓首疲精，弊弊于编简文字之间，问其前代因革之端，纪年号名之同异，何者为正？何者为伪？一治一乱，奸雄割据，天下之所以离与其所以合之由，茫然不能对者多矣。……是书也，甲寅岁尝进御于神宗皇帝，备乙夜之览，当时颇蒙称奖，子平（该书作者章衡族侄）秘而不以示人。予病近时儒者笃于穷经，而未皇及传记简策之学，间有从事于斯者，如前之云云。因募工镂板以广其传，庶几读之者用力甚少而收功弥博。”在此章氏针对当时治史、通史者偏少的社会现实，表明了刊刻传布该史的重要性。

再是对于碑铭传史的特殊功用，宋代史家有极为深刻的认识。如欧阳修在《唐人书杨公史传记》中指出：“右《杨公史传记》，文字讹缺。原作者之意，所以刻之金石者，欲为公不朽计也。”[①]这是欧阳修对碑铭传史的准确认识。同样，曾巩在请求欧阳修为其祖父作神道碑时，指出：“先祖困以殁，其行事非先生传之不显，愿假辞刻之神道碑。”[②]可见曾巩欲借助社会名流及其所撰碑铭，以彰显其祖父行事。

此外，早在宋初，一些史家为使其史著能久远流传，竟采用传统掩埋等奇特方式。据张邦基记述：“濠州州宇含桃阁下，因劚土得一石匣，始疑中藏金玉，开之得巨编数帙，乃陈留郑向所述《五代开皇纪》三十卷。乾兴元年，向以尚书屯田员外郎为郡守，瘗此书于阁下，中有铭曰：‘自朱矫命，终柴逊位五十四年，一十三帝。兴亡行事，鱼贯珠缀。瘗稿于斯，如地之利。’此书亦行于世。”[③]不过，随着印刷业对书籍传布的积极推进，该传史方式日渐被宋人所抛弃。

总之，以上诸例足以表明，宋代史家以多种方式传布史事。同

① 欧阳修撰，李逸安点校：《欧阳修全集》卷143《集古录跋尾》，中华书局，2001年。

② 曾巩撰，陈杏珍、晁继周点校：《曾巩集》卷15《上欧阳舍人书》，中华书局，1984年。

③ 张邦基撰，金圆整理：《墨庄漫录》卷2，《全宋笔记》第三编第九册，大象出版社，2008年。

时，在多数情况下，传布者和受众分布范围广，传布涉及的内容颇为丰富，传布目的极为明确，传布效果较为显著。不过，对于该类问题，会在相关章节展开专门论述，在此暂时从略。

**2. 宋代史学研究现状分析**

在中国史学发展史上，宋代史学处于相对繁荣发展的时期。对此，除通论性中国史学史论著有程度不同的肯定之外，从总体方面专门论述宋代史学地位和作用的论文主要有：高国抗的《宋代史学及其在中国史学史上的地位》（《中国历史文献研究集刊》第四集）、宋衍申的《宋代史学在中国古代史学中的地位》（《松辽学刊》2/1984），以及台湾王德毅的《宋代国家处境与史学发展》（见台湾大学历史学系主编：《世变、群体与个人：第一届历史学学术讨论会论文集》，1996 年）与《宋代史学的特质及其影响》（见《台湾大学历史学报》第 23 期）等。其中高国抗先生认为宋代史学达到了古代史学的高峰。宋衍申先生认为宋代史学集以往史学之大成，又为后代史学所不及。王德毅先生则通过对宋代国家处境与史学发展，以及宋代史学的特质及其影响等多方面问题的考察，认为我国史学发展到宋代，已达到一个新高峰。同时他认为：就北南宋而言，南宋史学特别重要，史家贡献亦独多，近八百年的史学发达，都是由南宋领导着。

以上有关整个宋代史学发展状况的论断，得到了愈来愈多研究者的共识。不过，在实际研究中，仍然存在不少需要深化的余地。一是在许多通论性中国史学史论著中，它们虽系统论述了宋代史学发展变化状况，并且对其在中国史学发展史中的价值、地位以及影响等做了准确定位，但该类论著因受编修体例以及篇幅等因素制约，往往难以对宋代史学中的诸多问题展开深入细致的论析，由此留有专题讨论的余地。二是在专门研究宋代史学总体面貌方面，目前仅有对南宋史学以及宋代官方史学的专门性研究著述，还缺乏贯通整个宋代的史学研究著述。三是在对宋代史学某些专题研究方面，目前研究已经涉及宋代史学的大多数方面，并且有些专题已经达到深入化、细致化程度，比如宋代的史学思想、修史制度、史书体裁体例创新，以及重要史家及其史著研究等等。不过，仍有一些专题需要探讨或者深化，比如有关宋代史学发展的阶段性问题，以及宋代帝王与史学发展等。总之，要全面展示宋代史学发展与繁荣状况，就需对宋代史学所涉及的重要方面均有所探究。

在此有必要就宋代史学繁荣发展方面研究所取得的主要成果归纳说明如下：其一，在专门研究宋代史学基本面貌方面，主要有燕永成的《南宋史学研究》（甘肃人民出版社，2007 年）、罗炳良的《南宋史学史》（人民出版社，2008 年），以及王盛恩的《宋代官方史学研究》（人民出版社，2008 年）等。其中，燕永成主要从南宋史学的时代特征、史书编修形式、史学思想、治史队伍以及南宋史学的地位与影响等方面，对南宋史学中的基本问题进行了专题性深入探究。罗炳良先生则是从南宋史学的编修背景、修史体制以及修史成就等方面，对南宋史学发展繁荣状况作了较全面系统的论述。王盛恩先生是以宋代官方史学作为考察对象，重点对宋代史学政策、修史体制以及官方的修史成就作了深入论述。以上成果虽仅属对宋代史学重要部分的探究，但它为探究整个宋代史学总体面貌奠定了良好的基础。

其二，在宋代史学思想研究方面，现今成果日益丰硕。其中，专门探讨宋代史学思想的论文主要有：台湾吕谦举的《宋代史学的义理观念》（台湾《人生》327/1964）、孙方明的《吕祖谦史学思想初探》（《西南师范学院学报》2/1983）、蔡克骄的《叶適史学思想初探》（《温州师范学院学报》2/1987）、戴扬本的《南宋史学会通风气》（《华东师范大学学报》3/1991）、蔡东洲的《试论张栻的史学思想》（《天府新论》2/1992）、刘连开的《理学和两宋史学的趋向》（《史学史研究》1/1995）和《宋代史学义理化的表现及其实质》（《广西大学学报》4/1997）、庞天佑的《理学与宋代史学发展的特点》（《湛江师范学院学报》2/1997）和《理学与宋代史学思想》（《湖北民族学院学报》5/1997）、瞿林东的《两宋史学批评的成就》（《河北学刊》2/1999）、罗炳良的《宋代义理化史学到清代实证性史学的转变》（《史学月刊》2/2003）、汪高鑫的《宋代社会与史学思想》（《郑州大学学报》3/2013），以及王记录的《理学与两宋史学的义理化特征》（《学习与探索》2/2014）等。论著主要有：吴怀祺的《宋代史学思想史》（黄山书社，1992 年）、汤勤福的《朱熹的史学思想》（齐鲁书社，2000 年）、范立舟的《宋代理学与中国传统历史观念》（陕西人民出版社，2003 年）、曹宇峰的《南宋义理史学研究》（山西人民出版社，2011 年），以及李峰的《北宋史学思想流变研究》（人民出版社，2013 年）等。其中，吴怀祺先生的著述通过对欧阳修、二程、邵雍、司马光、郑樵、朱熹、吕祖谦、王应麟、黄震、胡三省以及马端临史学思想的重点探讨，从而系统深入地论述了整个宋代时期的主流史学思想。汤勤福先生的著述则重点探讨了朱熹的史学思想及其地位和影响等。范立舟先生的著述则对宋儒传统的历史观念及其影响等多方面问题作了极为深入的探讨。曹宇峰博士的著述着重探讨了南宋三胡（胡安国、胡宏和胡寅）、朱熹以及黄震的义理史学问题。李峰博士的著述主要围绕庆历之际的史学新变、嘉祐至元丰间的史学思想，以及北宋晚期党争视野下的史学思想，对北宋史学思想流变作了系统梳理与分析。从以上研究论著可以看出，既有系统考察整个宋代史学思想及其演变的著述，也有专门探讨某位人物史学思想的论著，并且研究日渐走向深化、细化。

同时，有关宋代《春秋》学的研究论文主要有：牟润孙的《两宋春秋学之主流》（见《注史斋丛稿》，中华书局，1987年）、卢钟锋的《论胡安国及其〈春秋传〉》（《中国史研究》3/1982）、王东的《宋代史学与〈春秋〉经学》（《河北学刊》6/1988）、杨向奎的《宋代理学家的〈春秋〉学》（《史学史研究》1/1989）、江湄的《北宋诸家〈春秋〉学的“王道”论述及其论辩关系》（《哲学研究》7/2007）、王天顺的《宋代史学的政治功利主义与春秋宋学：蠡测宋代史学成就的另一面》（《学术月刊》11/2008）、邓锐的《〈春秋〉书法对宋代史书褒贬的影响》（《安徽史学》6/2009）和《宋代的〈春秋〉学与史学》（《学习与探索》8/2012），以及侯步云的《北宋〈春秋〉学研究》（西北大学2009年博士学位论文）等。著述主要有：台湾宋鼎宗的《春秋宋学发微》（台北文史哲出版社，1986年）、李建军的《宋代〈春秋〉学与宋型文化》（中国社会科学出版社，2008年）、葛焕礼的《尊经重义：唐代中叶至北宋末年的新〈春秋〉学》（山东大学出版社，2011年），以及孙旭红的《居今与志古：宋代〈春秋〉学研究》（中国社会科学出版社，2014年）等。其中，宋鼎宗先生的著述全面系统地论述了宋代《春秋》名家及其学说、《春秋》宋学的贡献及其影响，以及汉宋《春秋》学异同等问题。李建军博士的著述注重探讨宋型文化背景下宋代《春秋》学的发展历程，以及宋代《春秋》学与政治、理学、文学、史学间的关系。葛焕礼博士的著述在阐明唐代中叶至北宋末年《春秋》学演变状况的基础上，重点对唐代啖助、赵匡和陆淳，以及宋代孙复、刘敞、孙觉、程颐、苏辙和崔子方的《春秋》学成就作了深入探讨。孙旭红博士的著述重点论述了宋代理学思潮背景下的《春秋》学、宋儒对《春秋》经史性质的认识、宋代《春秋》学中的王霸之辨、宋代《春秋》经解的基本方法，以及宋代学者对《春秋》编年起止与断限的研究。由以上论著不难看出，宋代《春秋》学研究体现出系统化、整体化研究趋势，并且成果颇丰。

此外，有关正统论的论文主要有：台湾陈芳明的《宋代正统论的形成背景及其内容》（见台湾宋史座谈会编辑出版的《宋史研究集》第 8 辑）、范立舟的《宋儒正统论之内容与特质》（见《宋代思想学术史论稿》，澳亚周刊出版有限公司，2004 年）、蔡东洲的《宋儒的魏蜀正伪论争与改修〈三国志〉之风》（《四川师范学院学报》5/1993）、王晓清的《宋元史学的正统之辨》（《中州学刊》6/1994）、刘复生的《宋朝“火运”论略：兼谈“五德转移”政治学说的终结》（《历史研究》3/1997）、刘浦江的《“五德终始”说之终结：兼论宋代以降传统政治文化的嬗变》（《中国社会科学》2/2006），以及江湄的《从“大一统”到“正统”论：论唐宋文化转型中的历史观嬗变》（《史学理论研究》4/2006）等。著作有饶宗颐的《中国史学上之正统论》（中华书局，2015 年）。饶先生该书既对宋代正统论问题有详明论述，又附有相关资料。从以上论著的论述角度以及深度来看，宋代正统论研究已达到新的高度。

其三，有关宋代官方修史以及修史制度的论文主要有：金毓黻的《唐宋时代设馆修史制度考》（《说文月刊》1942 年 3 卷 8 期）、许沛藻的《宋代修史制度及其对史学的影响》（《上海师范大学学报》1/1989）、王德毅的《宋代的起居注与时政纪之研究》（《宋史研究集》第 21 辑)、《宋代的日历和玉牒之研究》(《宋史研究集》第 17 辑)、《北宋九朝实录纂修考》(见其著《宋史研究集》第二辑,台北新文丰出版公司,2008 年)、《宋神哲徽钦四朝国史修纂考》(台湾《幼狮学志》2 卷 1 期)、《宋代的圣政和宝训之研究》(见林天蔚、黄约瑟主编的《唐宋史研究》,香港大学亚洲研究中心,1987 年)和《两宋十三朝会要纂修考》(《宋史研究集》第 11 辑)、日本周藤吉之的《宋朝〈国史食货志〉与〈宋史食货志〉之关系》和《宋朝国史的编纂与国史列传》(均见周藤氏的《宋代史研究》,东洋文库,1969 年)、葛兆光的《宋官修国史考》(《史学史研究》1/1982)、凌郁之的《南宋修〈四朝国史〉考》(《苏州铁道师范学院学报》2/2000)、王瑞来的《宋代〈玉牒〉考》(《文献》4/1991)、孔学的《宋代〈宝训〉纂修考》(《史学史研究》3/1994)和《陆游及〈高宗圣政草〉》(《史学月刊》4/1996),以及梁太济的《〈圣政〉今本非原本之旧详辨》(见《中国学术》第 3 辑,商务印书馆,2000 年)等。其中王德毅先生以系列论文形式对宋代起居注、时政记、日历、实录、国史、玉牒、会要、圣政和宝训均作了深入探讨,在宋代官方修史问题的探讨方面可谓用功最勤。专著主要有蔡崇榜的《宋代修史制度研究》(台湾文津出版社,1991 年)、宋立民的《宋代史官制度研究》(吉林人民出版社,1999 年)、汤中的《宋会要研究》(商务印书馆,1932 年)、王云海的《〈宋会要辑稿〉研究》(《河南师范大学学报》增刊 1984 年)和《〈宋会要辑稿〉考校》(上海古籍出版社,1986 年)、陈智超的《解开〈宋会要〉之谜》(社会科学文献出版社,1995 年)、谢贵安的《宋实录研究》(上海古籍出版社,2013 年)等。其中,蔡崇榜先生侧重论述宋代官方的修史活动,重点对起居注、时政记、日历、实录、国史和会要的史料来源、史籍编纂以及相关制度作了系统考察，并对宋代修史制度的特点及其弊病作了一般性归纳分析。宋立民先生则以史官制度为研究中心，论述范围涉及史馆、编修院、起居院、时政记房、日历所、实录院、国史院、会要所、玉牒所以及其他史局，此外还论述了宰相监修制度，并对宋代史官制度的特征、历史作用及其影响作了必要探讨。在《宋会要》研究方面，王云海、陈智超二先生功绩最著。此外，谢贵安先生在前人研究基础上，对宋实录的修纂过程、修纂人员、修纂机构、史料来源以及价值、地位与影响等问题作了全面系统梳理。

其四，有关史书体裁体例创新方面的论文有：陈衍的《通鉴纪事本末书后》（《厦门大学季刊》4/1926）、崔文印的《纪事本末体史书的特点及其发展》（《史学史研究》3/1981）、许在全的《试论袁枢与〈通鉴纪事本末〉——兼论纪事本末体的史学地位》（《福建论坛》4/1982）、彭久松的《〈通鉴纪事本末〉的成书及纪事本末史体的历史地位》（《四川师范学院学报》1/1984）、王德毅的《袁枢与〈通鉴纪事本末〉》（《台湾大学历史学报》第12、13期合刊）、李纪祥的《袁枢〈通鉴纪事本末〉与纪事本末体》（《宋史研究集》第28辑）、燕永成的《论纪事本末体在南宋的创立及运用》（《中华文史论丛》第77辑）、刘海波的《略论纪事本末体裁的发展历程：以目录学为视角》（《济南大学学报》2/2011）、葛焕礼的《纪事本末体创始说辨正》（《文史哲》2/2012）、陈祖武的《朱熹与〈伊洛渊源录〉》（《文史》第39辑）、卢钟锋的《论朱熹及其〈伊洛渊源录〉》（《孔子研究》3/1990）、周春健的《〈伊洛渊源录〉与学案体》（《湖北大学学报》6/2006）、叶建华的《论朱熹主编〈纲目〉》（《文史》第39辑）、仓修良的《朱熹和〈资治通鉴纲目〉》（《安徽史学》

1/2007)、燕永成的《试论纲目体在南宋时的创立及运用》(《史学史研究》4/2010)、裴汝诚的《司马光长编法与李焘〈长编〉》(《东北师范大学学报》5/1984)、孙建民和凌皞的《宋代史学与长编法》(《学术月刊》3/1995)、刘芃的“长编体”和“纲目体”(见其著《论宋人撰集当朝史》的“编修特点”部分,三秦出版社,1995年)、仓修良的《试论谱学的发展及其文献价值》(《文献》第16辑)、吴洪泽的《试论年谱的起源》(四川大学古籍整理研究所等编:《宋代文化研究》第四辑)、仓修良和陈仰光的《年谱散论》(《史学史研究》2/2001),以及常先甫的《宋代年谱的本义阐释》(《海南大学学报》1/2012)等。以上论文论及纪事本末体、纲目体、学案体、长编体以及年谱的产生、发展情况,其中有关纪事本末体研究的论述最多。

其五,在对宋代重要史家、史著研究上,成果层出不穷。突出者如有关北宋司马光的《资治通鉴》研究始终成为热点,具体可参考《〈资治通鉴〉研究概述——为〈通鉴〉修成九百年而作》(刘乃和、宋衍申主编:《〈资治通鉴〉丛论》,河南人民出版社,1985年)、翟福清的《近四十年来台湾〈资治通鉴〉研究概评》(《中国史研究动态》11/1993),以及汤勤福、李日升的《近三十年来大陆地区〈资治通鉴〉研究述评(1983—2011)》(《史学史研究》4/2011)等。又如有关《新唐书》和新、旧《五代史》的研究成果也不少,此可参考向燕南、石静的《20世纪新旧〈唐书〉与新旧〈五代史〉研究述评》(《史学理论与史学史学刊》2008年卷)等。此外,王德毅先生在《二十世纪宋代史学之研究》(《宋史研究通讯》1/1998)中,对“欧阳修的史学之论述”“司马光《资治通鉴》之研究与《通鉴》学”,以及“《通志》和《文献通考》之研究”等问题作了一定评述，可资参考。

同样，就南宋重要史家、史著研究而言，如有关李焘及其《续资治通鉴长编》重要研究论著有：方壮猷的《南宋编年史家二李年谱》（《史学史研究》1/1981）、徐规的《李焘年表》及其《增补》（分别见于《文史》第4辑和第16辑）和《李焘评传》（见《中国史学家评传》中册，中州古籍出版社，1985年）、王德毅的《李焘父子年谱》（台湾商务印书馆，1963年）和《李焘评传》（见其著《宋史研究论集》，台湾商务印书馆，1982年再版），以及裴汝诚、许沛藻的《〈续资治通鉴长编〉考略》（中华书局，1985年）等。又如有关李心传及其《建炎以来系年要录》重要研究论著有：王德毅的《李秀岩先生年谱》（见其著《宋史研究论集》）、梁太济的《〈系年要录〉、〈朝野杂记〉的歧异记述及其成因》（《文史》第41辑）、《〈建炎以来系年要录〉取材考》（《商鸿逵教授逝世十周年纪念文集》，北京大学出版社，1995年）、《〈建炎以来系年要录〉书名考》（《浙江大学学报》1/1999）和《〈要录〉自注的内容范围及其所揭示的修纂体例》（上、下）（《文史》第50、51辑）、孙建民的《取舍之际见精神：略论〈建炎以来系年要录〉的取材》（《上海师范大学学报》3/1996）、孔学的《〈建炎以来系年要录〉取材考》（《史学史研究》1/1995）和《〈建炎以来系年要录〉注文辨析》（《史学史研究》1/1998），以及来可泓的《李心传事迹著作编年》（巴蜀书社，1990年）等。再如有关研究徐梦莘及其《三朝北盟会编》的重要论著有：陈乐素的《徐梦莘考》和《〈三朝北盟会编〉考》（见其著《求是集》第一集，广东人民出版社，1986年）、王德毅的《徐梦莘年表》（《宋史研究集》第8辑），以及邓广铭、刘浦江的《〈三朝北盟会编〉研究》（《文献》1/1998）等。其他如研究郑樵的论文主要有：顾颉刚的《郑樵著述考》和《郑樵传》（分别见《国学季刊》1922年1卷1期和1923年1卷2期）、王树民的《从〈通志略〉看郑樵的学术成就》（《江淮论坛》3/1988）、吴怀祺的《郑樵评传》（广西教育出版社，1997年），以及徐有富的《郑樵评传》（南京大学出版社，1998年）等。还有研究马端临及其《文献通考》的论文主要有：白寿彝的《马端临的史学思想》（《学步集》，生活·读书·新知三联出版社，1962年）、陶懋炳的《马端临史学的科学性初探》（《史学史研究》4/1982）、瞿林东的《〈文献通考〉的理论价值》（《安徽史学》2/1993），以及台湾张元的《马端临对胡寅史论的看法》（《宋史研究集》第22辑）等。专著则有王瑞明主编的《〈文献通考〉研究》（中州古籍出版社，1995年）和王氏所撰的《马端临评传》（南京大学出版社，2001年），以及邓瑞的《马端临与〈文献通考〉》（山西古籍出版社，2003年）等。

当然，对于宋代史家、史著的研究，并不仅仅局限于以上所列举的几位重要史家及其史著，而是涉及更多宋代史家及其史著。此正如有的学者所指出的：以前学术界对宋代史家的研究多集中于一些著名史学家，如北宋的范祖禹、司马光、欧阳修，南宋的李焘、李心传、郑樵、吕祖谦等。近十年来，一些以往没有受到太多关注的史家及史学著作开始受到学者们的注意，如孙甫、刘恕等。（参见孙旭红《近十年宋代史学史研究特色综述》，见《无锡商业职业技术学院学报》4/2010）。至于对宋代诸多史家、史著的研究状况，可详参方建新编的《二十世纪宋史研究论著目录》（北京图书馆出版社，2006年）等。

与以上有关宋代史学繁荣发展状况的研究成果相比，宋代史学传布方面的研究成果相对较少。其间，虽然有一些论著对宋代史学普及化、通俗化等问题有较深入论述，但仍缺乏从整体方面考察宋代史学传布问题的论著。

对于现今有关宋代史学传布研究的成果，可基本归纳如下。其一，从较大方面论述宋代史学传布问题的有：张大同撰《论宋代史学的普及化倾向》（《山东社会科学》2/1987）一文，该文从宋代各阶层讲、读历史，历史读物的广泛流传，历史知识的广泛运用，以及史学普及化的社会历史根源与地位等方面，对宋代史学的普及化倾向作了较深入论述。又谢宝成先生在主编的《中国史学史》（商务印书馆，2006 年）第十编第三章中，专列有“史学的通俗化趋势”一章，作者指出：“史学通俗化、平民化趋势，自唐宋以来主要表现在记述内容和传播方式两个基本方面。就记述内容而言，开始涌现以记述琐闻轶事为主的历史笔记。以传播方式来讲，从殿堂、经院走向市井、瓦舍，形成以说话故事为主的历史小说。”他随后又言：“这两大新崛起的系列，不论如何受到‘殿堂’史学的轻视，其社会效应都是‘经院’史学根本不能与之相抗衡的。”再是在对史学发展的普及性潮流探讨方面，乔治忠先生在《明代史学发展的普及性潮流》（参见其著《中国官方史学与私家史学》，北京图书馆出版社，2008 年）一文中指出：“宋代是中国普及性史书的萌芽时期。”其间，他表明：北宋时，普及性史书的流行已经悄然起步，南宋对普及性史书的需求有所增长。但史家中尚缺乏明确的史学普及意识，因此完整意义的普及性史学还有待后日。总之，以上诸家论述，对认识宋代史学普及化和通俗化极有帮助。

此外，前代史在宋代被受众接受状况亦日益受到研究者重视。该方面论著主要有：张新科先生在《史记学概论》（商务印书馆，2003 年）第六章第二节“唐宋：‘史记学’的形成期”中，就谈到

《史记》在宋代的传播状况。俞樟华、虞黎明和应朝华著有《唐宋史记接受史》（吉林人民出版社，2004 年），该书从效果史、阐释史以及影响史角度，对《史记》在宋代被接受状况作了极为深刻的论述，尤其是作者借鉴接受美学理论方法分析问题，为《史记》研究增添了新的活力。其他还有陈青的《宋代〈史记〉传播的内容》（《渭南师范学院学报》1/2012）、石红晓的《论宋代对〈史记〉中管仲形象的接受》（《西南农业大学学报》4/2008）、燕永成的《宋人汉史学述论》（《史学月刊》7/2007），以及倪小虎的《宋代"文治"背景下的〈汉书〉研究》（西北大学 2014 年博士学位论文）等等。

其二，对于宋人民间讲史研究，主要论著有：张政烺的《讲史与咏史诗》（见《张政烺文集·文史丛考》，中华书局，2012 年）一文，主要从"宋人关于讲史之记载""早期讲史话本之特征""宋人讲史之作"，以及"宋以来咏史瞽记"等九大方面，对讲史与咏史诗的渊源作了详细探究。陈汝衡的《宋代说书史》（上海文艺出版社，1979 年）一书，则较全面地介绍了宋代说书演出地点、艺人以及内容等概貌。在全书十三章中，如"北宋说书""南宋说话四家""南宋讲史"和"南宋说话人"诸章，均与宋代民间讲说史事有关。李小树的《宋代商业性讲史的兴起与通俗史学的发展》（《史学月刊》1/2000）一文，认为宋代商业性讲史活动开始出现并日趋兴盛。商业性讲史的兴起，是宋代经济发展、都市商业繁荣在史学中的一种反映。其最直接的作用是推动了通俗史学的发展。其社会效应是提高了民众的文化素质，强化了对普通民众的道德教化。作者甚至认为，"它是此前讲史活动中从未出现过的一种新的现象"，"商业性是宋代讲史的本质特征"。可见该文作者对宋代商业性讲史给予了相当高的评价。此外，专门研究"咏史诗"的著述主要有：陈吉山的《北宋咏史诗研究》（台湾“国立”成功大学1992年硕士学位论文）和季明华的《南宋咏史诗研究》（台湾文津出版社，1997年），以及张小丽的《宋代咏史诗研究》（光明日报出版社，2009年）等。

同时，对于经筵讲读问题的研究，主要论著有朱瑞熙的《宋代经筵制度》（见其著《疁城集》，华东师范大学出版社，2001年）一文。该文从经筵官的设置、选任、经筵开讲时间和场所、讲读方式方法以及讲读内容和教材等共七个方面，对宋代经筵制度作了全面论述。姜鹏的《北宋经筵与宋学的兴起》（上海古籍出版社，2013年）一书，对经筵制度化、经筵讲学对史学的影响，以及经筵讲学与“师道”意识等问题，则作了深刻分析与论述。邹贺的《宋代政治文化举隅：经筵、文献及其他》（陕西人民出版社，2012年）一书，作者不仅考察了中国古代经筵制度的沿革，而且还对宋代经筵官设置、经筵制度及其成因等作了较深入探讨，如此等等。对于该类研究概况，还可参考魏彦红的《宋代经筵研究综述》（《河北师范大学学报》（教育科学版）10/2012）。

其他如有关宋代学校以及书院设置、宣讲活动等，相关参考著述不少，在此不再赘述。

其三，在对宋代印刷出版问题研究方面，张秀民著有《中国印刷史》（插图珍藏增订版）（浙江古籍出版社，2006年）。在该书中，作者不仅对宋代刻书地点、刻本内容、宋版特色、活字印刷的发明与发展，以及宋代刻工等作了详细论述，而且表明宋代是“雕版印刷的黄金时代”。又宿白著有《唐宋时期的雕版印刷》（文物出版社，1999年），该书中的“北宋汴梁雕版印刷考略”“南宋的雕版印刷”，以及“南宋刻本书的激增和刊书地点的扩展——限于四部目录书的著录”等文，对两宋雕版印刷和南宋刻书问题作了深入探究。

再是台湾黄宽重的《南宋活字印刷史料及其相关问题》（《南宋史研究集》，台北新文丰出版公司，1985 年）一文，作者考证出周必大用活字印刷刊印了其著《玉堂杂记》，从而证实了活字印刷术确实被实际运用的问题。其他还有：李致忠著《宋版书叙录》（国家图书馆出版社，1997 年）、朱迎平著《宋代刻书产业与文学》（上海古籍出版社，2008 年），等等。此外，李明杰在《宋代版本学研究：中国版本学的发源及形成》（齐鲁书社，2006 年）一书附录二“中国古籍版本学论文索引（1949—2005）”部分，列有“历代刻书”等论著索引，可参考。

其四，在对宋代祠庙、碑刻以及书画等研究方面，魏峰撰有《从先贤祠到乡贤祠——从先贤祭祀看宋明地方认同》（《浙江社会科学》9/2008）、郑丞良著有《南宋明州先贤祠研究》（上海古籍出版社，2013 年）、邓小南撰有《图画作品与宋代政治史研究》（见《宋代历史探求：邓小南自选集》，首都师范大学出版社，2015 年），以及美国姜斐德著有《宋代诗画中的政治隐情》（中华书局，2009 年）等。

最后，它山之石，可以攻玉。传播学作为一门新兴学科，其系统完备的理论知识体系以及独有的观察分析问题视角，为本研究提供了必要的基础和研究思路。尤其是随着近些年来传播学在我国古代文学研究领域被广泛运用，更是给本研究提供了有益借鉴。如王兆鹏先生的《宋代文学传播探原》（武汉大学出版社，2013 年）等，就给本研究提供了一定思路。

本书的研究思路：一是基于唯有将宋代史学繁荣与史学传布两者结合起来，才能更全面地展现宋代史学的基本面貌，也更能准确地定位宋代史学的价值及其地位，这是该研究的出发点和归结点。二是在前人研究的基础上，进一步深化对宋代史学繁荣与发展的研究，以推动宋代史学研究向更深更细方向展开。三是全面系统地揭示宋代史学的传布状况，使人们对于宋代史学在社会各阶层的传布方式、传布者、传布目的、传布内容、受众以及所产生的传布效果有较为全面的认识。四是在以上研究的基础上，表明宋代史学繁荣与传布的地位及其影响。

# 第一章　宋代史学的发展与兴盛

宋代官方修史在承袭唐、五代修史制度的基础上，建立并发展起了完备的修史体制。该体制在宋代帝王主导下，取得了明显的修史成效。同时，宋代史家在史书体裁创新、史学领域拓展，以及史学思想多样化方面，均作出了超乎以往的贡献。此外，宋代史学发展不仅呈现出明显的阶段性特征，而且还出现了两次显著变化。以上这些发展变化状况，均是宋代史学发展与兴盛的突出体现。

## 第一节　完备的修史体制以及修史成效

宋代帝王主导下的官方修史活动，使得修史机构得到了系统设置并正常运行，它为官修史籍起居注、时政记、日历、实录、国史、宝训、圣政、玉牒、会要甚至方志的编修提供了制度上的保障，也使得这些史籍的编修成效颇为显著。

## 一、帝王与史学的发展

宋代史学发达，史学成就显著，这不仅与宋代所处的时代背景、官方修史体制，以及私家喜好著述等因素有关，而且与宋代帝王历史兴趣与认识水平，他们运用历史学识加以治政，以及其掌控修史等举措有关。

宋代帝王喜爱读书，特别是读史、评史，这表明他们对史学及其功用有了一定认识。同时，在史学认识水平不断提高的基础上，也促使他们在运用史学治政时，往往具有自觉的行为意识。

一是喜欢读史、评史以及制度化地听史，使得宋代帝王增进了历史知识，加深了对史学及其功用的认识，并且时而还可为现实政治服务。

宋太祖虽属武将，但史载他“独喜观书，虽在军中，手不释卷。闻人间有奇书，不吝千金购之”①。不仅如此，刘安世指出：“太祖极好读书，每夜于寝殿中看历代史，或至夜分。……至与大臣论事时，出一语往往独尽利害之实。”②这表明喜好读书的宋太祖，还能从史书中吸取营养，并适时运用到了现实政务之中。此后继位的帝王中，喜好读史者不乏其人。如真宗于“文史、政事之外，无他玩好”③。又如仁宗尝言：“朕听政之暇，于旧史无所不观，思考历代

---

① 李焘：《长编》卷7。

② 马永卿编，明王崇庆解：《元城语录解》卷上，文渊阁《四库全书》本。

③ 彭百川：《太平治迹统类》卷26《祖宗圣学》，文渊阁《四库全书》本。

治乱事迹，以为监戒也。”[1]再如高宗告诉大臣：“朕于宫中无嗜好，惟好观书，考古人行事以施于政，凡学必自得乃可用。”[2]它如孝宗早在藩邸时，“绝意声色，常以经史自娱”[3]。凡此等等。

同时，通过宋代多数帝王点评有关史书可知，他们对重要史书的内容及其功用有较为深刻的认识，并且这种认识有时还转化成了治政行为。如开宝八年三月，太祖尝读《尧典》，感叹道：“尧、舜之世，四凶之罪，止从投窜，何近代宪网之密耶？”对此，史家论道：“盖有意于刑措也。故自开宝以来，犯大辟非情理深害者，多贷其死。”[4]又如太宗与辅臣论及三史，言道：“夫史书之作，务在惩恶劝善。若采摭小说异闻以缀饰者，盖不足训，大约忠孝正直，可为嘉叹也。”[5]再如景德二年五月，真宗在谈到《三国志》时，就认为该书所记“君臣善恶，足为鉴戒”[6]。它如乾道三年春正月，孝宗曾言：“朕以闲暇取《尚书》《通鉴》孜孜读之，帝王所以为帝王，法戒其兴亡。”[7]

以上情况无不表明，宋代不少帝王具有自觉读史、评史等喜好，这是他们自身历史意识的自然表露。当然，以上史例仅代表宋代多

---

① 赵汝愚：《宋朝诸臣奏议》卷 6 陈瓘《上徽宗乞读资治通鉴》，上海古籍出版社，1999 年。

② 王应麟：《玉海》卷 26《帝学·建炎内殿讲读》，文渊阁《四库全书》本。

③ 李心传撰，胡坤点校：《建炎以来系年要录》（以下简称《要录》）卷 159，中华书局，2013 年。

④ 李焘：《长编》卷 16。

⑤ 范祖禹：《帝学》卷 3，文渊阁《四库全书》本。

⑥ 李焘：《长编》卷 60。

⑦ 王应麟：《玉海》卷 26《帝学》。

数帝王具有如此自觉的行为意识。不过，经筵经史讲读制度的建立与推行，使得宋代帝王与史学间建立了极为紧密的关系，并且由此普遍增强了他们的历史意识。

一方面，经筵经史讲读制度培养了宋代帝王喜好历史的兴趣，增进了他们的历史学识。早在北宋太平兴国八年，太宗于听政之暇，始用著作佐郎吕文仲为侍读，每出经史，即召文仲读之。[①]不过此时的帝王听读制度尚处于初始阶段。到乾兴元年三月，仁宗下诏指出："朕仰承先训，肇缵庆基，思与忠贤日勤听览，至于宵旰，非敢怠遑。虽每属于清闲，亦靡图于暇逸，当延侍从，讲习艺文，勉徇嘉谋，用依来请。双日不视事，亦当宣召侍臣便殿，以阅经史，冀不废学也。只日亦召侍臣讲读。"[②]可见经筵听读经史制度至此已细密化、常规化了。此后，对于神宗经筵听读论政时的状况，范祖禹总结道："神宗皇帝即位之初，多与讲读之臣论政事于迩英，君臣倾尽，无有所隐，而帝天资好学，自强不息，禁中观书，或至夜分，其励精勤政，前世帝王未有也。自熙宁至元丰之末间，日御经筵，风雨不易，盖一遵祖宗成宪，以为后世子孙法也，可不念哉！"[③]随后继位的哲宗，据说"在宫中博览群书，祖宗《宝训》《实录》，皆详阅数四。居常渊默不言。及侍臣讲读，则反复问难，无倦色"[④]。如此等等。

南宋时，经筵经史讲读制度得以及时恢复并完善。史载建炎元

① 彭百川：《太平治迹统类》卷26《祖宗圣学》。

② 彭百川：《太平治迹统类》卷26《祖宗圣学》。

③ 范祖禹：《帝学》卷8。

④ 李焘：《长编》卷520。

年十二月，高宗下诏指出：“朕念亲儒臣以稽先圣之格言，虽羽檄交驰，巡幸未定，亦不可废。可差讲读官四员，万机之暇，令于内殿讲读。”[①]此后该制度得以正常实施，尤其是到宁宗时，还增加了晚讲。对此，史载嘉定二年十一月，侍读章颖等上奏道：“前此未有晚讲、坐讲，自陛下始行之。书之国史，为法来世。每御殿，惟诹经访史，辞简理到。”[②]此外，度宗为皇太子时，“时理宗家教甚严，鸡初鸣问安，再鸣回宫，三鸣往会议所参决庶事。退入讲堂，讲官讲经，次讲史，终日手不释卷。”[③]可见如此完善的经筵讲读制度，确实起到了培养宋代帝王喜好历史、增进历史学识的功效。

另一方面，常规性的经筵讲史议政活动，提高了宋代帝王认识历史、解读历史，乃至借以解决现实问题的能力。如庆历五年二月，仁宗御迩英阁，经筵官进读《汉书·元帝纪》，仁宗谈及汉元、成二帝政理，丁度因此言道：“顷者臣下不知大体，务相攻讦，或发人阴私，以图自进，赖陛下圣明觉悟，比来此风渐息。”仁宗因言攻讦之弊，并且指出：“凡此皆谓小忠，非大忠也。”[④]此例表明，仁宗对于当时的政争问题，能比照历史，表明自己的政治态度。又如熙宁二年十一月，司马光进读《资治通鉴》，至“曹参代萧何为相，一遵何故规”。于是他言道：“参以无事镇海内，得持盈守成之道，故孝惠、高后时，天下晏然，衣食滋殖。”神宗言：“使汉常守萧何之

---

① 熊克著，顾吉辰、郭群一点校：《中兴小纪》卷 2，福建人民出版社，1985 年。

② 王应麟：《玉海》卷 26《帝学·绍熙晚讲》。

③ 《宋史》卷 46《度宗纪》。

④ 李焘：《长编》卷 154。

法，久而不变，可乎？”司马光答道：“何独汉也？夫道者万世无敝。”①此时正处于神宗勇于变革之时，神宗多方征询建议，司马光以史为据，反对变革，这是他劝谏神宗以史为鉴的突出例证。再如到淳熙年间，史浩进读《正说·正心篇》，论黄帝无为而天下治。孝宗言道：“所谓无为者，岂宴安无所事之谓乎？”史浩又进读《大中篇》，论为政之道本乎大中。孝宗则指出：“勿浑浑而浊，勿察察而明，即此理也。”②可见孝宗对为政之道的理解甚为明晰。

总之，宋代帝王的喜好及朝廷所实施的一贯性教育举措，在增进宋代帝王历史学识的同时，有效地提高了他们认识历史、阐释历史的能力。这为他们在处理政务时能及时吸取历史的经验教训，重视并采取有利于史学发展的措施打下了良好的基础。

二是随着宋代帝王历史学识及认识水平逐步提高，他们以史为鉴与以史资治的思想观念也得到了相应提高，甚至这些思想观念还体现在他们的理政实践中。

一方面，自北宋建立时起，宋代帝王就能自觉总结历史的经验教训，主动以史为鉴。如开宝六年夏四月，太祖诏修《五代史》时，就明确指出：“唐季以来，兴亡相继，非青编之所纪，使后世以何观？近属乱离，未遑纂集。将使垂楷模于百代，必须正褒贬于一时。”③可见太祖诏修五代史，不仅在于系统编纂五代时期的历史，更是为了表明对该段历史的看法，进而说明赵宋王朝建立的合法性，

① 杨仲良撰，李之亮点校：《皇宋通鉴长编纪事本末》卷53《经筵》，黑龙江人民出版社，2006年。

② 佚名撰，李之亮点校：《宋史全文》卷27上，黑龙江人民出版社，2005年。

③ 佚名撰，司义祖整理：《宋大诏令集》卷150《修五代史诏》，中华书局，1962年。

为建立新的道德伦理体系服务。又如真宗于景德二年九月下诏编修《册府元龟》，其编修目的："朕此书盖欲著历代事实，为将来典法，使开卷者动有资益也。"①到景德四年十二月，真宗赐手札给王钦若，指出："朕于此书，匪独听政之暇资于披览，亦乃区别善恶，垂之后世，俾君臣父子有所监戒。"②此后，为彻底改变唐末五代以来道德沦丧、社会风气不正状况，提高人们对唐代历史的认识，庆历五年夏四月，仁宗下诏重修《唐书》。其编修缘由："唐有天下且三百年，明君贤臣相与经营扶持之，其盛德显功、美政善谋固已多矣，而史官非其人，记述失序，使兴败成坏之迹晦而不章，朕甚恨之。肆择廷臣笔削旧书，勒成一家。"③这又是北宋帝王重在以史为鉴、重整社会伦理道德的重大举措。此后，当英宗和神宗父子相继当政时，则积极支持司马光编修《资治通鉴》，旨在以史为鉴，以至于此后孝宗认为：《资治通鉴》系"万世不刊之书，于人主尤切"④。

同样，北宋亡国的惨痛现实，迫使南宋帝王需要深刻反思亡国之因，总结历史的经验教训。于是，自南宋重建时起，由帝王主导重修、编修北宋后四朝史，以及私家纷纷撰修北宋史的风气极为浓厚。对此，有人已有较详细论述，在此不再赘述。⑤

另一方面，宋代帝王颇为重视史学的现实功用，并时常讲求以

① 李焘：《长编》卷 62 真宗景德三年夏四月丙子。

② 李焘：《长编》卷 67。

③ 陈振孙撰，徐小蛮、顾美华点校：《直斋书录解题》卷 4"新唐书"解题，上海古籍出版社，1987 年。

④ 王应麟：《玉海》卷 26《帝学·建炎通鉴解义》。

⑤ 参见拙著：《南宋史学研究》第一章第一节，甘肃人民出版社，2007 年。

史资治。其中，《宝训》和《圣政》等本朝资治类史书的编修，正是宋代帝王欲以申明训诫，宣扬圣迹，传承祖宗德业的有效方式。该类史书出现于真宗朝，此后逐渐增多，而且日渐成了经筵进读的必备用书。其间，经筵官通过讲读祖宗训示与圣明举措，使得后继者遵从祖宗之法，为治政提供有益帮助。其中，作为帝王之学的《宝训》，宋代帝王莫不遵奉。如隆兴元年九月，侍读官进读《三朝宝训》至“真宗优容讦直”，孝宗赞道：“祖宗盛德之言。”[①]宝庆二年三月，乔行简进读《高宗宝训·谨名器篇》，至“祖宗朝，教坊官有求为郡者，太祖以庄宗为鉴，不与”。理宗对此言道：“用伶人为郡守，非独轻㚑名器，亦必为民害。”行简随之奏乞帝王应谨守祖宗法度，则名器自不滥。理宗言：“祖宗法度自是精密，岂容不守。”[②]同样，对于《圣政》的现实功用，庆元元年春正月，宁宗即位之初，有臣僚奏称：“臣愚欲望陛下以高宗、孝宗宫中读书定课为法，而复以《圣政》之书，专为宫中课程之学。下秘书省，缮写两朝《圣政》二书，留置日所御殿，日阅数条，以为定式。设施措置之美恶，法令政事之修明，熟味细观，再三细绎，积日累月，不渝定课，则两朝《圣政》之书尽毕观览，良法美意皆在陛下胸中，出而见诸政治者，将自吻合而无间矣。此其事不劳，其道易行，而其效必至者也。”[③]可见《圣政》类著述对现实政治确能起到辅助功效。

总之，上述情况表明，无论是立足取鉴，还是寻求资治，它既是帝王自身史学修养及主观追求的反映，更是帝王对史学现实功用

① 王应麟：《玉海》卷 26《帝学》。

② 佚名撰，李之亮点校：《宋史全文》卷 31。

③ 袁说友：《东塘集》卷 11《日阅两朝圣政》，文渊阁《四库全书》本。

深刻认识和理解的体现。

三是随着对社会历史发展认识的加深，宋代许多帝王对自身形象及其作为能自觉进行历史性比较，并由此注意自身的历史定位。如太祖对薛居正言："自古为君者鲜克正己，为臣者多无远略，虽居显位，不能垂名后代，而身陷不义，子孙罹殃，盖君臣之道有所未尽。吾观唐太宗受人谏疏，直诋其非而不耻。以朕所见，不若自不为之，使人无异词。"[①]不仅如此，史载太祖尝一日罢朝，御便殿坐，俯首不言者久之。内侍王继恩进言："陛下不同常日语笑宴乐，不知其故？"太祖言："尔谓帝王可容易行事耶？早来前殿，我乘快指挥一事，偶有误失，史官必书之，我所以不乐也。"[②]由此可见，太祖颇为看重自己的言行举止。到绍兴三十二年冬十月，孝宗针对此事，感叹道："若朽索之驭六马，何敢轻忽？"又言："为人上者，奈何不敬？"[③]由此表明太祖所为对南宋君王起到了明显的感化作用。又如淳化五年五月，太宗告知近臣："朕虽德愧前王，然于政事，靡敢怠惰。天下事急若奔驷，日日听断，尚恐有照烛不至者。而况唐末帝王，深处九重，民间疾苦，何尝得知！每一思之，诚可警畏。"又言："唐末帝王，臣下少得见面，纵开延英，亦有中人在侧，何尝君臣言得一事。"赵昌言对答道："当日延英，苟踰数刻，史臣书之，以为美谈。今天下苟非陛下听断不倦，则封疆万里，岂能肃清！斯所谓一人有庆，兆民赖之也。"[④]由此可见，具有丰富阅

---

① 《宋史》卷 264《薛居正传》。

② 林駉：《古今源流至论》后集卷 3 引《宝训》，文渊阁《四库全书》本。

③ 李心传撰，胡坤点校：《要录》卷 200 附《中兴圣政草》。

④ 李焘：《长编》卷 36。

历的宋初两位帝王，善于通过历史比较，反思自己的言行，已为后继者树立了榜样。

到南宋时，如孝宗曾言："每读太宗事，未尝不慕之。若德宗之忌克，不乐人言，未尝不鄙之。"至其退御讲筵，侍读官讲罢，他又言："朕虽无大过，岂无小失？卿等不闻有所规谏，恐思虑有所未至，赖卿等补益。"周执羔等奏道："陛下圣明，事无过举。"孝宗言："卿等若只备位，非所望于卿等。"[①]对此，方大琮于端平三年冬十月在《进故事》中感叹道："读前史而感慨，呼臣下而叮咛，叹其无此人，其愧耻之者深矣；责其无所谏，其激发之者至矣。"[②]由此可见，孝宗自觉求谏、纳谏意识极强。又如绍定元年冬十月，理宗言道："朕观汉、唐以下，人主鲜克有终者，皆由不知道。"郑清之奏言："自古人主不能以乱亡为鉴，岂独暗君孱主？汉武帝饫闻亡秦黩武之弊，而穷征不休；唐玄宗手锄太平逆韦之难，而败于女宠，犹未足怪。太宗英明创业，亲见隋炀征辽亡国，乃纵兵鸭绿，迄无成功，有累盛德，是皆不能以覆辙为戒。正如圣语'由不知道'，所以不能以道制欲尔。"[③]可见理宗对古代帝王何以"鲜克有终"有着清醒的认识。如此等等，说明宋代许多帝王善于以史为镜，自觉规范自身的言行举止，以便为自己的历史定位奠定基础。

在宋代帝王史学认识水平有所提高，并能依靠自身行为意志推动史学发展的同时，他们还通过体现帝王意志的相关制度与特殊举措来掌控史学、强化史学的现实功用。

---

① 佚名撰，李之亮点校：《宋史全文》卷 24 下。

② 方大琮：《铁庵集》卷 4，文渊阁《四库全书》本。

③ 佚名撰，李之亮点校：《宋史全文》卷 31。

一是在修史机构设置上，宋代既有单一职能的独立修史机构如起居院和记注案、时政记房等，又有多职能的统辖性修史机构如史馆、编修院、元祐时期的国史院以及秘书省。[①]该体制作为朝廷政治体制的有机组成部分，它们的建立与完善，既是朝廷在制度建设上的有意规划与安排，又与宋代帝王的具体指导与治政思路相关联。这些机构保证了官方记史和修史活动的正常开展，也促使不同种类官修史书的系统编修。

设馆修史虽具有机构齐备、人员集中、史料丰富等优势，但在实际运行中，史无专官，以及史官责任欠缺，修史进展缓慢等，往往成为制约官方修史的最明显弊端。对此，李心传指出："自真庙以来，史馆无专官。"[②]时人陈武亦论道："今世以史馆之地为士大夫迁转之所，来者茫然不知所自，去者亦不以为意，故某朝某事脱有隐没，某年某月或有参错，他时史官亦不肯身受其责，而朝廷亦难执此以责之。"[③]有鉴于此，在当朝帝王准允下，朝廷采取较为灵活的举措。如司马光和曾巩自辟僚属编书的做法，深得后人赞赏。元人刘埙指出："昔之开建史局者，往往妙选时才以自助。温公修《通鉴》，则有刘道原、范淳夫诸人。元丰修《五朝史》，则有陈后

① 参见许沛藻：《宋代修史制度及其对史学的影响》，载《上海师范大学学报》，1989（1）；蔡崇榜：《宋代修史制度研究》，台湾文津出版社，1991年；宋立民：《宋代史官制度研究》，吉林人民出版社，1999年；王盛恩：《宋代官方史学研究》，人民出版社，2008年；拙文：《宋代修史机构的变动及其修史成效》，载《史学史研究》，2017（1）。

② 李心传撰，徐规点校：《建炎以来朝野杂记》甲集卷10《史馆专官》。

③ 佚名：《十先生奥论注续集》卷11《史官论》，文渊阁《四库全书》本。

山、邢和叔诸人。”[①]又如南宋初汪藻编修自元符庚辰至宣和乙巳《诏旨》时，曾自辟鲍延祖和孟处义为僚属。[②]再如理宗时，李心传主持编修《十三朝会要》，朝廷允许其“辟官置局”[③]。以上修史举措的适时实施，为主修者提供了诸多便利，它是官方修史体制的有益补充。

同样，在管理修史方面，监修和提举制的设立，增强了官方对修史工作的领导，明确了修史职责，为修史活动顺利展开奠定了基础。不过，当政帝王有时无视制度规定，委任亲近者专断修史，这种有意主宰修史的做法，使得修史不时成了帝王意志的体现。如钱若水主修《太宗实录》时，史载当时钱若水判集贤院，因用院印，史馆无所预。吕端虽为监修，而未尝莅局。书成不署吕端名，钱氏“称诏旨专修”，以至“时议不能夺”。[④]可见钱若水并未遵奉官方修史制度，而是依真宗旨意专断修史。又如仁宗天圣年间，编修《真宗史》，朝廷“欲重其任，宰臣为提举，参政、枢副修史，学士以上同修，庶僚编修”[⑤]。从这次史官构成来看，宰执明显主导着修史。再如南宋初，复玉牒所，“欲重其事”，朝廷命秦桧提举。此后又命执政程克俊同兼，但“非常制也”。[⑥]可见此时的《玉牒》编修，则非同一般。凡此等等。

---

① 刘埙：《水云村稿》卷 11《内幅荐友》，文渊阁《四库全书》本。

② 《宋史》卷 445《汪藻传》。

③ 《宋史》卷 438《李心传传》。

④ 李焘：《长编》卷 43。

⑤ 王应麟：《玉海》卷 168《宫室》。

⑥ 李心传撰，徐规点校：《建炎以来朝野杂记》乙集卷 13《权提举编修玉牒》。

由此可见，宋代完备的修史机构是在朝廷及当政帝王精心设计安排下设立的，其间朝廷还根据具体实际，采取了灵活变通的修史举措。不过，在管理修史方面，帝王主导甚至垄断修史的做法时有发生。

二是在对官修不同种类史籍内容的掌控上，除官修前代史外，对于本朝史，先有起居注和时政记，后有合记、注而成的日历，又有会要、实录以及国史，还有玉牒、圣政以及宝训等。对此，有人评论道："大抵为书繁则史事备，建曹多则史笔公，苟深得夫祖宗深长之思，则昔人所谓日历、时政仅同供报，亦无害也。"[①]正因为宋代官修史籍种类繁多，所以官方修史成就极为突出。

不过，本朝史进草制度的常规化，则显示出宋代帝王主导修史、干预修史的真实意图，由此导致传统修史规范在宋代遭受到了极大的扭曲。如太宗太平兴国八年八月，诏修《时政记》，参知政事李昉"因请以所修《时政记》每月先奏御，后付所司"。朝廷从之。[②]又如淳化五年夏四月，梁周翰言："令郎与舍人分直崇政殿，以记言动，别为起居注，每月先进御，后降付史馆。"朝廷从之。[③]同时，实录二年一具草缴进。[④]对于国史，李焘指出："盖修史先进呈《帝纪》，自淳化始。"[⑤]那么自太宗朝开始，一些朝臣主动请求帝王御览国史

① 佚名：《群书会元截江网》卷30《国史·事实源流》《法祖嘉猷》，文渊阁《四库全书》本。

② 李焘：《长编》卷24。

③ 李焘：《长编》卷35。

④ 刘琳、刁忠民、舒大刚、尹波等校点：《宋会要辑稿·职官》一八之六一，上海古籍出版社，2014年。

⑤ 刘琳、刁忠民、舒大刚、尹波等校点：《宋会要辑稿·职官》一八之六九。

并形成制度的做法，表明他们及时迎合皇帝旨意的真实意图，也体现出当政帝王严密控制着官修本朝史。

此外，宋代帝王还不时直接干预着本朝史编修。如有关赵宋王朝创建问题，淳化五年，太宗对修史官言道："太祖受命之际，固非谋虑所及。昔曹操、司马仲达皆数十年窥伺神器，先邀九锡，至于易世，方有传禅之事。太祖尽力周室，中外所知。及登大宝，非有意也。"[①]这就为史官编修本朝建国之事定下了基调。又如真宗在位时，太祖、太宗《两朝史》"初成《纪》一卷，帝取观，录《纪》中十二余条付史官改正。自此每一二卷皆先进草本，多所改易"[②]。此乃真宗直接主导修史的突出表现。到北宋末，朝廷编修《哲宗正史》，徽宗甚至御制《哲宗纪》和《蔡确传》。[③]又到南宋初，缘于为宣仁辨诬之需，高宗下诏指出："宣仁圣烈皇后保佑哲庙有大功，而奸臣造言，仰诬盛德，著于史牒，以欺后世。可令国史院据实而修，播告天下。"[④]由此便拉开了重修哲宗实录的序幕。如此等等，均表明宋代帝王直接干预着本朝史的编修工作。

由上可知，因为有制度保证与当政帝王支持，宋代修史活动较为频繁，修史成就突出，但帝王干预国史编修之弊则不容忽视。

三是宋代朝廷及帝王对于私家著史往往采取较为宽容的态度。朝廷往往以多种方式激励官僚士大夫藏史、著史、献史甚至传史。

---

① 李焘：《长编》卷35。

② 王应麟撰，武秀成、赵庶洋校证：《玉海艺文校证》卷12《正史》，凤凰出版社，2013年。

③ 李焘：《长编》卷352。

④ 熊克著，顾吉辰、郭群一点校：《中兴小纪》卷1。

如太宗淳化五年，故知制诰赵邻几曾“寻访自唐以及近代将相名贤事迹及家状、行状甚多”，朝廷派人收其遗稿，并赐其家钱十万。[①]又如高宗绍兴十年三月，胡安国奉诏撰成《春秋传》来上，于是降诏奖谕、推恩，并且赐银绢三百匹两。[②]再如孝宗乾道七年和淳熙三年，李丙和徐度先后上进《丁未录》和《国纪》。[③]淳熙十二、十三年，熊克和王称先后进献《九朝通略》和《东都事略》。[④]与此同时，朝廷不时还鼓励献书。如理宗淳祐十一年六月，秘书省言：“乞辟校勘、检阅等官，仍行下诸路漕司，于所部州县应有印本书籍，解赴册府，以补四库之阙。及故家巨族，必有遗书；山林名儒，岂无著述？许令投进，照格推赏。”朝廷从之。[⑤]可见私家之所以能纷纷著史并进献朝廷，与朝廷激励举措及当政帝王积极诱导不无关系。

除此之外，朝廷还将著史才能突出的史家往往纳入到官方修史系统中。如和州布衣龚惇颐尝撰有《元祐本末》和《党籍列传》等，孝宗时，洪迈领史院，奏授以官。到宁宗嘉泰七年秋七月，朝廷赐出身，除实录院检讨官，“盖付以史事”。可惜未几卒。[⑥]又如李心传“绝意不复应举，闭户著书”。但后因崔与之、许奕以及魏了翁等前

---

① 苗书梅等点校：《宋会要辑稿·崇儒》四，河南大学出版社，2001 年。

② 苗书梅等点校：《宋会要辑稿·崇儒》五。

③ 苗书梅等点校：《宋会要辑稿·崇儒》四。

④ 李心传撰，徐规点校：《建炎以来朝野杂记》甲集卷 4。

⑤ 佚名撰，李之亮点校：《宋史全文》卷 34。

⑥ 李心传撰，徐规点校：《建炎以来朝野杂记》甲集卷 4《徽宗钦宗高宗孝宗光宗实录》。

后23人荐举，于是以布衣身份赴临安，被朝廷命为史馆校勘，赐进士出身。随后曾主修《中兴四朝国史》。[①]如此等等。

然而，对于涉及敏感史事的本朝史，宋代帝王则加以限制甚至禁毁。如绍兴十四年夏四月，秦桧请求禁野史，高宗言道："此尤为害事。如靖康以来，私记极不足信。上皇有帝尧之心，禅位渊圣，实出神断，而一时私传，以为事由蔡攸、吴敏。上皇曾谕宰执，谓当时若非朕意，谁敢建言，必有族灭之祸。"[②]这是高宗有关钦宗继位事的官方说法，它必然与私家所记有异，以致高宗由此断言"靖康以来私记极不可信"。又如龚颐正所著的《续稽古录》，因言及韩侂胄有定策功，后被朝廷下诏毁之。[③]正因为如此，郑樵在绍兴末《上宰相书》中表露道："况三十年著书，十年搜访图书，竹头木屑之积，亦云多矣。将欲一旦而用之可也。呜呼，术业难成，风波易起，深恐传者之误，谓擅修国史，将无容焉。"[④]可见私家著史，尤其是本朝史，往往还存在被禁风险。因此，许多史家将其史著能进献朝廷，并且期盼得到帝王认可，作为体现自身才能与价值的重要方式。

由此可知，宋代帝王极为关注官方修史活动，并且还对其加以指导与控制。同时，对于私家著史，往往采取激励举措。不过，对于涉及敏感问题的本朝史，则加以限制甚至禁毁。由于官方握有更

① 《宋史》卷438《李心传传》。

② 李心传撰，胡坤点校：《要录》卷151。

③ 佚名编，汝企和点校：《续编两朝纲目备要》卷6，中华书局，1995年。

④ 郑樵撰，吴怀祺整理：《郑樵文集·夹漈遗稿》卷3，见吴怀祺：《郑樵研究》，厦门大学出版社，2010年。

多原始史料，并不时采取史禁举措，私家撰修本朝史已无法游离于官修体制之外，甚至有些史著还呈现出鲜明的官方烙印。

总而言之，宋代帝王与宋代史学的发展关系密切。宋代史学极为繁荣，宋代帝王具有极强的历史意识，他们主导以及激励下的官、私方史学活动，其影响颇为突出。一方面，宋代帝王知史、评史、用史以及主导修史的诸多良好做法，为后世帝王树立了学习的范例。其间，宋代帝王主导下的系统修史活动，突出体现在修史体制极为完备，编修者层出不穷，修史成就颇为显著，这为后世帝王如何主导修史提供了丰富经验。另一方面，宋代帝王干预修史的不良做法，使得史学丧失了求真务实的本色，甚至使得一些史著变成了为现实服务的御用工具，它的负面效应不容忽视。

## 二、主体修史机构的设置及其修史成效

自唐代设馆修史体制确立之后，史学的发展与繁荣往往离不开官方修史机构的系统设置及其正常运行。宋代在唐、五代官方修史格局基础上，设立了颇为完备的修史机构，如史馆、编修院、起居院、时政记房、日历所、实录院、国史院，以及会要所等，它们无疑为修史提供了制度上的保障。虽然在修史过程中会出现诸多困难和不足，但通观宋代官方修史体制，则具有如下较为突出的特点：一是与前代相比，宋代修史体制更加规范化、制度化。宋时，朝廷为规范修史，相继制定了一些修史制度。见于记载的如修起居注[①]、《修日

① 刘琳、刁忠民、舒大刚、尹波等校点：《宋会要辑稿·职官》二之一〇。

历式》[1]，以及《修史例》[2]。此外，如《玉牒凡例》[3]，等等。同时，起居注虽产生于汉代，实录出现于魏晋而盛于唐。又时政记、日历、会要以及玉牒等均产生于唐代。但是到宋代，以上修史类别均已制度化。对于设馆分职修史之利，时人评论说："记载一时之典礼，策书当代之政事，君举必书，则有言有动，非一职所能备；事存诸简，则或大或小，非一局所能兼。广记备言，人举其业，此史职也。若我朝国史、实录之分院，玉牒、会要之列司是已。"[4]

二是修史种类的多样化与修史程序的细密化。其中，对于修史种类，时人曾骄傲地指出："我朝之制，有纪载之史，有修撰之史。曰时政，曰起居注，纪载之史也。宰臣为监修，从官为修撰，余官为检讨。监修维持大纲，检讨惟事检阅。所以专史职者，修撰而已。而修撰之名目不一，合记、注而系之以年月者，日历也；合奏报门而分之者，会要也；采纪录之所及，备记载之所不及者，实录也；而国史则旁搜博取，较定是非，列为帝纪、志、传者也。有玉牒以纪其大事，有圣政以书其盛美，有宝训以珍其可行。其书详矣，其

① 陈骙撰，张富祥点校：《南宋馆阁录》卷4《修纂》下，中华书局，1998年。该书所载其"旧式，少监程俱定。绍兴三十二年四月，少监陈之渊、著作佐郎张震复上《建炎以后日历格》。至乾道间，著作佐郎郑伯熊以新、旧格参立"。

② 见陈骙撰，张富祥点校：《南宋馆阁录》卷4《修纂》下，以及朱熹著，刘永翔等校点：《晦庵先生朱文公文集》卷74《史馆修史例》，见朱熹撰，朱杰人、严佐之、刘永翔主编：《朱子全书》。前者说明立传者的范围，后者主在阐明如何排定以及搜集立传者相关史料的做法。

③ 王应麟撰，武秀成、赵庶洋校证：《玉海艺文校证》卷17《玉牒图谱》。

④ 佚名：《群书会元截江网》卷30《国史·主意》。

事重矣。”[①]其中，鉴于宰执议政之言有时难以被记注官所记，于是在唐代时便产生了时政记。时政记的出现，适时弥补了记注不完备的缺陷，但由此也导致起居注职责被细分，以至于有人感叹道：“自起居注行而著作之官遂分，自时政记作而二史之职几废。”[②]而随着原始性起居注与时政记的系统编修，相应地引发了官方对修史程序的有效调整。对此，汪藻就明确指出：“唐及本朝，宰相皆兼史官，其重如此。故书榻前议论之辞，则有时政记；录柱下见闻之实，则有起居注；类而次之，谓之日历；修而成之，谓之实录。所以广记备言，垂一代之典也。”[③]又据高似孙言：“实录之作，史之基也。史之所录，非藉此无所措其笔削矣。”[④]这样就形成环环紧扣的官方修史程序。此外，经筵记注的设立，则是适应经筵制度而适时产生的。

三是朝廷对史料搜集以及史料报送要求更加明确。如史院行下所属州郡搜集合立传臣僚事迹，[⑤]又如报送时限有明确规定，[⑥]等等。

四是宰臣监修与进御制度强化了上层统治者对修史的管控。如负责修史的宰执“过局”制度，就明确规定：“监修国史、提举实

---

① 佚名：《群书会元截江网》卷 30《国史·事实源流》。

② 刘一止：《苕溪集》卷 55，文渊阁《四库全书》本。

③ 汪藻：《浮溪集》卷 2《乞修日历状》，文渊阁《四库全书》本。

④ 高似孙撰，周天游校笺：《史略校笺》卷 3，书目文献出版社，1987 年。

⑤ 刘琳、刁忠民、舒大刚、尹波等校点：《宋会要辑稿·职官》一八之六〇宁宗嘉泰四年起居郎莫子纯奏。

⑥ 宋立民：《宋代史官制度研究》第十二章第一节内“十一、重视史料的搜访工作”，吉林人民出版社，1999 年。

录院、提举编修国朝会要每月过局，省阅所修书。”[①]同时，如高宗绍兴九年四月，朝廷诏实录院遵用景德中修太祖、太宗正史体例，每编及二年（按：指《徽宗实录》），先具草本进呈。[②]又如据李焘言：“盖修史先进呈《帝纪》，自淳化始。凡所以先进呈者，群臣笔削或有失当，因取决于圣裁，故号为‘进呈纪草’。”[③]以上虽仅以实录、国史为例，其实其他官修史籍无不如此。

正因为有了完备的修史体制，宋代各类官修史籍便得以应运而生了。

**1. 修注机构的设置与起居注以及经筵记注的撰修**

首先，宋初承五代之制，仍置起居院，但“关敕送史馆，不复撰集”。[④]朝廷正式确立起居注修纂制度，则始于淳化五年。对此，程大昌指出：“国初，左右史无司局，但以郎、舍人为官，亦不侍立。淳化五年四月，用史馆修撰张佖言，始置起居院于禁中，命起居舍人梁周翰掌起居郎事，以秘书丞李宗谔掌起居舍人事。后数日，又因梁周翰乞记宣谕论列等事，乃诏郎、舍人分直崇政殿，以记言动。”[⑤]

此后，伴随着元丰改制的推行，原记注官及起居院名称等均有所变更。对此，史载：“旧起居院不分左右，并称同修起居注。元

① 陈骙撰，张富祥点校：《南宋馆阁录》卷6《故实》。

② 刘琳、刁忠民、舒大刚、尹波等校点：《宋会要辑稿·职官》一八之六一。

③ 刘琳、刁忠民、舒大刚、尹波等校点：《宋会要辑稿·职官》一八之六九。

④ 刘琳、刁忠民、舒大刚、尹波等校点：《宋会要辑稿·职官》二之一〇。

⑤ 程大昌撰，刘尚荣整理：《程氏续考古编》卷3《左右史分立》，《全宋笔记》第四编第十册，大象出版社，2008年。

丰改官制，始正郎及舍人之名。”[①]这说明元丰改制时，记注官名称有所更改。不仅如此，朝廷此时还于中书、门下后省设记注案，以代替原来的起居院。对此，叶梦得记述道：“元丰官制行，左右史所书如旧，各为庭于两后省。”[②]具体如史载：“元丰官制：门下、中书各增建后省，以左散骑常侍、左谏议大夫、左司谏、左正言各一员，给事中四员，起居郎一员（原注：起居郎即旧起居院），符宝郎二员，设案六：曰上案，曰下案，曰封驳，曰谏官，曰记注，曰符宝郎，为门下后省。以右散骑常侍、右谏议大夫、右司谏、右正言各一员，中书舍人六员（原注：中书舍人即旧舍人院），起居舍人一员（原注：旧起居郎），设案五：曰上案，曰下案，曰制诰，曰谏官，曰记注，为中书后省。”[③]北宋后期人慕容彦逢在《理会架阁札子》中亦明确指出：“臣所领中书后省，合管五案。……逐月修起居注，即记注案主之。”[④]由此印证了记注案的职责。

到南宋时，仍沿袭元丰改制时的做法，以记注案作为修注机构，以起居郎和起居舍人为记注官。[⑤]不过，孝宗淳熙十五年，罗点自户部员外郎为起居舍人，为避其祖讳，朝廷乃以为太常少卿兼侍立修注官。“其后两史或阙而用资浅者，则降旨以某人权侍立修注

---

① 刘琳、刁忠民、舒大刚、尹波等校点：《宋会要辑稿·职官》二之一〇。

② 叶梦得撰，徐时仪整理：《石林燕语》卷2，《全宋笔记》第二编第十册，大象出版社，2006年。

③ 刘琳、刁忠民、舒大刚、尹波等校点：《宋会要辑稿·职官》一之七八。

④ 慕容彦逢：《摛文堂集》卷10，文渊阁《四库全书》本。

⑤ 刘琳、刁忠民、舒大刚、尹波等校点：《宋会要辑稿·职官》一之七八至七九。

官。”[①]由此便产生了侍立修注官之职。

其次，对于记注官选任、职掌以及新增职责，苏颂在《起居院题名石柱记》中指出：“国朝淳化中，始命史馆修撰梁周翰、直昭文馆李宗谔知起居郎、舍人事，番直便殿，以备左右史之职。未几，更曰同修起居注，常以馆阁二人兼领之。天圣、景祐以来，其选益重，至有载笔未及书事而迁职禁序者。向非久于铅椠，或已陟近省，则莫得而进补焉。”[②]吕陶亦言：“是故祖宗以来，二史之职，或以科举之高第，或以儒馆之久次；或学术推于一时，或更践由于要地，然后擢而任之。”[③]由此表明朝廷对该职选任极为重视。

同时，就其职掌而言，朝廷规定：“起居郎，从六品，掌记天子言动。御正殿则俟于门庑外，便殿则侍立，行幸则从，大朝会则对立于殿下螭首之侧。凡朝廷命令、赦宥、执政官以下进对、文臣御史、武臣刺史以上除拜、祭祀、燕飨、临幸、引见之事，日月星辰风云气候之兆、郡县祥瑞之符、闾阎孝悌之行、户口增减之数，皆书以授著作官。……起居舍人，从六品，掌如起居郎。”[④]可见记注官位居近密，职掌重大。他们随侍并记录帝王言动，原本是其主要职责。同时，上殿臣僚录报帝语以及百司供报修注文字，亦成了

---

① 《宋史》卷161《职官志》。

② 苏颂撰，王同策、管成学、颜中其等点校：《苏魏公文集》卷64，中华书局，1988年。

③ 吕陶：《净德集》卷8《秘阁校理试秘书少监王古可起居郎制》，文渊阁《四库全书》本。

④ 刘琳、刁忠民、舒大刚、尹波等校点：《宋会要辑稿·职官》二之一三。

他们修纂起居注的重要史源。[①]

再是对于记注官新增的参政议政职责，早在唐时，就有“直前奏事”先例。到北宋仁宗景祐年间，记注官蔡襄偶尔为之。神宗熙宁四年七月，经同修起居注、同知谏院张琥奏请，朝廷下诏谏官兼修起居注者因后殿侍立，亦许奏事。[②]元丰二年八月，又经修起居注王存奏请，朝廷诏令修起居注官虽不兼谏职，如有史事，宜于崇政殿、延和殿承旨司奏事后直前陈述。[③]从此他们由仅仅属于帝王言动的记录者变成了能够参与朝政活动者。对于这种角色变化，曾统论述道：记注之官“虽品秩甚卑，犹得参侍从之列，备顾问之数”[④]。其“直前奏事”虽难以始终被贯彻，但正如曹彦约所言：“史官之有直前奏事，则记注者可以无隐情。”[⑤]

再次，宋代起居注修纂制度并非始终完备无缺。它自建立时起，随着朝廷相关制度的创建以及变化，它也在不断完善与弥补自身缺陷。

一是宋代经筵制度的创立，使得帝王在常规听政之余，到经筵听读并与侍臣议政便成了帝王政治活动的又一重要组成部分。然而早先记注官并未参与到该活动中。直至仁宗时，经贾黯建议，才获准。史载：“初，仁宗视事退，御迩英阁，召侍臣讲读，而修起居

① 蔡崇榜：《宋代修史制度研究》第二章“起居注”，台湾文津出版社，1991 年。

② 刘琳、刁忠民、舒大刚、尹波等校点：《宋会要辑稿·职官》二之一三。

③ 刘琳、刁忠民、舒大刚、尹波等校点：《宋会要辑稿·职官》二之一四。

④ 刘琳、刁忠民、舒大刚、尹波等校点：《宋会要辑稿·职官》二之一七。

⑤ 曹彦约：《昌谷集》卷 5《应求言诏书上封事》，文渊阁《四库全书》本。

注官独先出。黯言：‘君臣访对，动关政体，而史臣不得预闻，请并召侍经筵。’许之。”而就在此前，“迩英、延义二阁，讲读官自有记注。”至是，乃罢焉。[1]此后，记注官在经筵记注得以常态化。

同时，经筵官助修记注现象日趋明显。如哲宗元祐六年八月，三省言：“翰林学士范百禄等奏：‘景祐三年，因崇政殿说书贾昌朝奏请，诏修迩英、延义二阁记注。今陛下向学稽古，间日一御经筵，虽史官在前，言动必记，然讲读之事，未有专一纂录。欲乞复修迩英阁记注，如仁宗朝故事。’”朝廷从之。并令讲读、记注官共同编修。[2]又如高宗绍兴二十八年五月，起居舍人洪遵言：“恭惟陛下延见儒臣，䌷绎经史，惟以讲学为务，但左、右二史袭沿近例，旋进旋退，于嘉言善行缺然无所纪述，不足以称圣天子隆儒效古之意。望载笔之臣，应经筵中侍臣升绌、封章进对、燕会赐与、讲读问答，断自今年八月秋讲为始，悉行编录，以《迩英记注》为名。仍敕讲读官，已后奏对之间，面得天语，即时以实具执，无得隐漏，庶几一代盛典大书特书，与《时政记》《日历》《起居注》相为表里，有以考信。”朝廷从之。[3]这是记注官在奏请修纂《迩英记注》的同时，期望经筵官录记帝语，以助修记注。再如孝宗乾道二年十一月，起居舍人洪迈言：“乞自今讲读官以日得圣语送修注官，使谨书之。愿仿前制，因今所御殿，赐名《祥曦殿记注》。”朝廷从之。此又是讲读官助修记注的明证。它如理宗淳祐二年五月，朝廷下诏：“经筵遵旧制，以每日讲读经史、奏对、进故事及章疏，纂为《缉熙

① 《宋史》卷302《贾黯传》。

② 李焘：《长编》卷464。

③ 苗书梅等点校：《宋会要辑稿·崇儒》七。

殿记注》，编类成帙，每月进入。”[①]这更是朝廷要求经筵官亲自记录所行史事以助修记注的明确规定。

二是记注官前殿不立以及立非其地时有发生。宋代皇帝视朝时，记注官随侍并记录所见所闻，是他们发挥自身职责的基础，但在现实政治生活中，并非始终如此。一则是前殿作为重要议政场所，却时常出现记注官不得侍立的状况。对此，如徽宗崇宁元年冬十月，起居舍人郑居中言：“前殿常朝，左右史起居毕即退，至御后殿方侍立，殆非古者言动必书之义。欲望凡前殿视朝，亦许记注官侍立殿侧。”诏令入殿门供奉。[②]由此可见，经由记注官奏请，时而才会被允许侍立。另一则是记注官虽被允许侍立于殿上，但却因立非其地，以至于难以正常记录。如孝宗隆兴元年夏四月，王十朋等奏：记注官“虽侍立而在殿东南隅，未尝闻天子德音”[③]。程大昌亦言：“本朝置左右史，正沿唐制。而近者二史更日入侍，概立殿上东南偏，不执笔，则皆不与唐合。”[④]杨简更是批评道：“左右史不可轮日，所立之位不可去榻前远。二史因仍故事，失于厘正。”[⑤]

三是上殿臣僚不敢告圣语与记注官不敢自书现象时有发生。如前所述，记注官前殿不立或立非其地，均会导致他们难以及时准确地记录君臣奏对之语。为弥补该缺陷，早在仁宗庆历三年十一月，

---

① 以上均见王应麟撰，武秀成、赵庶洋校证：《玉海艺文校证》卷14《记注》。

② 刘琳、刁忠民、舒大刚、尹波等校点：《宋会要辑稿·职官》二之一四。

③ 汪应辰：《文定集》卷23《王十朋墓志铭》，学林出版社，2009年。

④ 程大昌撰，许沛藻、刘宇整理：《演繁露》卷11《左右史螭陛侍立》，《全宋笔记》第四编第九册，大象出版社，2008年。

⑤ 杨简：《慈湖遗书》卷16《家记》十，文渊阁《四库全书》本。

同修起居注欧阳修奏请："请自今上殿臣僚退，令少留殿门，俟修注官出，面录圣语。"朝廷从之。[①]然而在现实社会中，仍存在臣僚不敢告知以及记注官不敢自书现象。对此，据叶梦得记述："本朝记注，初不侍立，但于前后殿为次，使候上殿臣僚退，面问所尝言书之，然未尝有敢告之也。后始诏后殿轮日入侍。崇宁初，郑丞相达夫为史官，复建言：并前殿皆入，并立于垛殿。虽存故事，而奏对语略不相闻，亦不敢自书。"[②]而与此相对，为防止臣僚在录报圣语中出现不报、谎报以及妄增现象，朝廷还制定有专门性处罚措施。如徽宗宣和七年冬十月，起居舍人唐重奏："欲乞今后臣僚进对所得圣语应记注者，亲录实封以报，谨如令。若应报而不报、不应报而报，或妄有增改者，论罪（无）［如］律，庶几载笔之臣得以备述。"朝廷从之。[③]

四是起居注纪事时有漏略以及积压，因此，记注官常需补录。如仁宗乾兴元年五月，朝廷诏令"先朝《日历》《起居注》未上者，亟修纂之"。其因是"盖自大中祥符元年后，史官失于撰集故也"[④]。又如高宗绍兴十年十一月，起居舍人李易言："左右史所修《起居注》，每月分轮投进。自政和间及渡江后来，因循积压，虽有自绍兴三年正月一日为始先次修纂指挥，然见今止是修纂到绍兴五年，其日逐所书未能率由旧制，不唯今日之力徒穷于往岁所闻，而后之所闻必不若今日之审。乞令左右史轮当侍殿者，法所合书，退而书之，

① 李焘：《长编》卷145。

② 叶梦得撰，徐时仪整理：《石林燕语》卷3。

③ 刘琳、刁忠民、舒大刚、尹波等校点：《宋会要辑稿·职官》二之一六。

④ 李焘：《长编》卷98。

与见行修纂五年积压事件并须每月投进，庶俾言动之法举无所遗。”从之。到绍兴二十八年九月，起居郎洪遵言：“向者权臣用事，记注之官多阙不补，《起居注》自绍兴九年以后前后积压，今未修者殆十五年。……仍令两省除见修《起居注》按月进入外，所有绍兴九年以来因循未毕者，每一月带修两月，庶几天德帝业赫然与日星并传。”从之。[①]在此李、洪二氏不仅指明了此前起居注未修缘由，而且还提出了补修的具体措施。凡此等等。

总之，以上情况表明，宋代朝廷极为重视修注机构设置与记注官选配，其目的是更为完备地记录帝王言动，汇聚臣僚奏对以及百司政务材料，为日后国史编修打下坚实基础。不过，在修注机构运行期间，虽存在诸多不足与缺陷，但在一些臣僚不时呼吁甚至力争下，宋代修注机构整体运行较为正常。对此，时人专就孝宗时起居注编纂状况称颂道：“孝宗皇帝慨然复欧阳之旧典，申王存之遗意，独立于东南之制不变焉。夫不观史之制既严，有善必书，有过必录，君无微愆矣。前殿侍立之制既定，面奏天语，亲聆圣谟，史无遗事矣；直前奏事之制既通，披露情素，竭効忠诚，臣无讳言矣。至所立之地循而不改，非有他意也，正欲存螭头之旧尔。……今朝廷清明，言论无隐，龙仗承旨，螭墨增光，故欲观祖宗记注之史，请自孝宗；欲观孝宗记注之史，请自今日。”[②]由此表明，孝宗时是修注机构职能发挥最为突出的时期之一。

在此还值得一提的是，明人陆深指出：“宋制，则以内夫人凡

---

① 刘琳、刁忠民、舒大刚、尹波等校点：《宋会要辑稿·职官》二之一八。

② 林駉：《古今源流至论》后集卷3。

六人轮日修起居，至暮封赴史馆，正其职也。”[①]可见宋朝廷在宫内还配备有修纂起居注的专职人员。

最后，宋官修起居注散失严重。今幸存有：周必大《起居注稿》。[②]该《稿》主要记述绍兴三十二年六月十一日孝宗即帝位、高宗称太上皇帝并退处德寿宫，十二日孝宗诣德寿宫请安，八月十四日奉上光尧寿圣太上皇帝、寿圣太上皇后尊号册宝仪式以及此前侍从、台谏、礼官集议经过。它虽仅记三日事，但记事颇为细密详尽，突出了君臣在朝时的言行举动与制度实施过程，从中可窥知当时起居注记事偏重。

又周密辑录有《乾淳起居注》。从其所记内容来看，一是有关时节游赏。如乾道三年三月初、淳熙五年二月初一日，以及淳熙六年三月十五日，孝宗与皇后等先后至德寿宫同太皇、太后赏花、游湖。又如淳熙十年八月十八日，孝宗诣德寿宫恭请太皇、太后往浙江亭观潮。再如淳熙十一年六月初一日，孝宗车驾至德寿宫，因暑问安、赏花。二是节庆。如淳熙七年十二月二十八日，孝宗进奉太皇、太后两宫守岁合食，并于次年正月元日率皇后等至德寿宫行朝贺礼。又如淳熙九年八月十五日，孝宗车驾过德寿宫，请安、赏月。三是诞节庆。如淳熙三年五月以及此前的乾道三年八月，孝宗分别庆祝太皇天申节和太后生辰，又早在乾道三年十月二十二日，庆祝孝宗会庆节。四是举办大礼。如淳熙六年九月十五日，举行明堂大礼。总之，由以上内容不难看出，对于孝宗在宫廷内外的重大活动，均

---

① 陆深：《俨山外集》卷24《史通会要》上《建置》第一，文渊阁《四库全书》本。

② 见周必大：《文忠集》卷153《承明集》一。

在记注官详细记录范围之内。

**2. 时政记房的设立与时政记以及宰辅朝政笔记的撰修**

宋承唐制，太祖时便开始诏修时政记。史载开宝七年闰十月，知制诰、史馆修撰扈蒙上奏：“臣尝读《唐书》，见文宗每开延英召大臣论事，必命起居郎、起居舍人执笔于殿阶螭头之侧，以纪时政，故文宗一朝《实录》稍为详备。至后唐明宗亦命端明殿学士及枢密直学士轮修日历，旋送史馆。近世已来，此事都废。……伏望今后凡有裁制之事，优恤之恩，发自宸衷，合书简册者，并委宰相及参知政事每月轮次抄录，送付史馆，以凭修撰日历。”太祖从其请，仍命参知政事卢多逊专掌其事。[①]不过，多逊虽受诏，而实际“未尝成书”[②]。直至太宗太平兴国八年，朝廷正式下诏恢复时政记修撰。规定谓：“自今军国谋议，宰相与闻者，宜令工部尚书、参知政事李昉撰录，每季终送史馆；枢密院公事，亦令副使一人专加纂集，送史氏。”[③]自此直至南宋末，时政记修撰成为定制，未曾中断。

时政记房作为宋代时政记专门修纂机构，究竟何时创设，史籍阙载。不过，史籍记载较早的有神宗熙宁四年十一月九日，枢密院检详吏房文字刘奉世言：“旧条，进奏院每五日令进奏官一名于阁门抄札报状，申枢密院呈定，录供逐处。仍实封，一送史馆，一送本院时政记房。”[④]此是有关枢密院时政记房的较早记载。又哲宗元

① 赵汝愚：《宋朝诸臣奏议》卷60扈蒙《上太祖乞委宰执抄录言动送付史馆》。

② 刘琳、刁忠民、舒大刚、尹波等校点：《宋会要辑稿·职官》六之三〇。

③ 佚名撰，司义祖整理：《宋大诏令集》卷150《修时政记诏》。

④ 刘琳、刁忠民、舒大刚、尹波等校点：《宋会要辑稿·职官》二之四六。

祐六年五月二十五日，三省言："受圣旨并御批手诏，并画制房分将承受簿点阅名件，职级常行点检，具无漏落状，于次月二十日已前门下省送杂务房，中书省送催驱房，尚书省送知杂房类聚，本月内关送时政记房。如有漏落，本房并职级量事大小，等第理过。"从之。[①]此为三省时政记房的较早记载。

至于时政记的具体编修者，一般而言，元丰改制前，编修工作多以中书委参知政事，枢密院以副使主其事。亦偶有宰相、枢密使撰录的情况。元丰改制时，明确规定："两省、枢密院《时政记》，侍郎、同知枢密院事修，尚书省左右丞递修。三省同得旨及宣谕事，门下侍郎修，宣谕仍于当日记录。"[②]哲宗元祐四年又诏："三省执政官，月以《时政记》及三省同得旨宣谕事轮修。"[③]可见朝廷对《时政记》编修人员有具体规定。今见于文献著录的有：《嘉祐时政记》1 卷，吴奎、赵概和欧阳修撰，"记立英宗事"[④]。三人时任枢密副使（吴氏）和参知政事（赵氏、欧阳氏）。《枢密院时政记》15 卷，韩绛和吴充撰。二人于神宗朝任枢密副使。王岩叟《元祐时政记》1 卷。[⑤]王氏时任签书枢密院事。此外，《续资治通鉴长编》神宗和哲宗朝纪事中分别征引有"王安石著《时政记》"云云，[⑥]以及

---

① 刘琳、刁忠民、舒大刚、尹波等校点：《宋会要辑稿·职官》三之二八。

② 李焘：《长编》卷 326 神宗元丰五年五月丙戌。

③ 李焘：《长编》卷 425 哲宗元祐四年夏四月壬戌。

④ 晁公武著，孙猛校证：《郡斋读书志校证》卷 6《杂史类》，上海古籍出版社，1990 年。

⑤ 《宋史》卷 203《艺文志》。

⑥ 李焘：《长编》卷 210 神宗熙宁三年夏四月戊辰正文。

"吕大防手写《时政记》"云云。[①]王氏时任参知政事，吕氏时任尚书右丞。由此可证北宋二府执政实为《时政记》主修。

有关《时政记》内容，据徐度言："凡史官记事，所因者有四：一曰时政记，则宰执朝夕议政，君臣之间奏对之语也。二曰起居注，则左右史所记言动也。三曰日历，则因时政记、起居注润色而为之者也。……四曰臣僚墓碑行状，则其家之所上也。四者惟时政(记)，执政之所日录，于一时政事最为详备。"[②]可见时政记主要是君臣商议政务的最详备记录。此外，二府日常事务以及百司臣僚疏奏亦为其所记内容。

不过，《时政记》在编修期间，由于关涉重大决策用废和人事关系变动等诸多敏感问题，故而存在以下现象。其一，皇帝干预。如前所述，太宗太平兴国八年，经参知政事李昉奏请，朝廷"以所修《时政记》每月先奏御，后付所司"。[③]该"进御"制度对《时政记》如实编修有严重干扰。其二，编修者曲笔讳饰严重。仁宗嘉祐四年，欧阳修奏称："然近年以来，（史官）员具而职废，其所撰述简略遗漏，百不存一，至于事关大体者，皆没而不书。……今时政记虽是两府臣僚修纂，然圣君言动有所宣谕，臣下奏议事关得失者，皆不纪录，惟书除目、辞见之类。"[④]朱熹亦评论说："今日作史，左右史有《起居注》，宰执有《时政记》，台官有《日历》，并送史馆著作处参改，入《实录》作史。大抵史皆不实，紧切处不敢上史，亦

① 李焘：《长编》卷352神宗元丰八年三月甲午朔附注。

② 王明清撰，燕永成整理：《挥麈后录》卷1。

③ 李焘：《长编》卷24太宗太平兴国八年八月辛亥。

④ 欧阳修撰，李逸安点校：《欧阳修全集》卷111《论史馆日历状》。

不关报。”[①]由此可知《时政记》曲讳不书现象严重。

那么作为参政议政以及编修《时政记》的宰执们，既然不想在《时政记》等官方史籍中全面真实地记录时事，表达看法，于是他们转而私自撰写更为详备的朝政笔记。对此，据费衮记载：真宗大中祥符之后，时政之记，“不止宰相与密院，凡执政，人人皆自为书，而所记益广”。[②]王明清亦言：“自昔以来，大臣各有日录，以书是日君臣奏对之语。”[③]周煇更具体指出：“元祐诸公皆有日记，凡榻前奏对语，及朝廷政事、所历官簿、一时人才贤否，书之惟详。”[④]如吕大防有《政目》、刘挚有《日记》和《行年记》、王岩叟有《日录》和《系年录》，等等。尤其是在北宋后期，伴随着激烈党争，宰辅朝政笔记成为当时不同政派为反映各自政见和立场而纷纷撰写的朝政内部斗争史，甚至有的还直接影响着官史修撰。如徐勣在谈到《神宗正史》久未成书时指出：“盖由元祐、绍圣史臣好恶不同，范祖禹等专主司马光家藏记事，蔡京兄弟纯用王安石《日录》，各为之说，故论议纷然。”[⑤]

此外，值得一提的是，受战争等客观因素影响，也会导致原有修史制度暂时瘫痪，时政记难以正常编修。具体如南宋初，有关此间的时政记仅能依“省记”编纂。对此，朝廷曾降诏：“自建炎元

---

① 黎靖德辑，郑明等校点：《朱子语类》卷128《本朝二》。

② 费衮撰，金圆整理：《梁溪漫志》卷1《时政记》，《全宋笔记》第五编第二册，大象出版社，2012年。

③ 王明清撰，燕永成整理：《挥麈第三录》卷1。

④ 周煇撰，刘永翔、许丹整理：《清波杂志》卷6，《全宋笔记》第五编第九册，大象出版社，2012年。

⑤ 《宋史》卷348《徐勣传》。

年五月十一日以前《时政记》，令见在宰执省记，编类闻奏。”[①]又到绍兴四年十月，签书枢密胡松年以建炎四年十一月至绍兴元年四月《时政记》六卷上之。诏付史馆。[②]再到次年三月，观文殿大学士李纲进“省记”到《建炎时政记》二册，高宗告诉大臣：“朕已看过，皆是实事。”[③]凡此等等。

总之，时政记的系统撰修，表明宰辅已直接参与到许多自身经历的重要史事记录与存留之中，它有效地弥补了记注官有时无力记录时政内情的缺憾，它是官方史事记录体制的必要组成部分。同时，我们应注意到，随着朝政斗争发展演变，宰辅朝政笔记往往随《时政记》撰修而产生，因其以记述朝廷内政为重点，故史料参考价值颇高。

**3. 日历修纂机构的设立与日历的系统编修**

日历修纂始于唐。[④]到宋代，对于以编年体附带人物附传的日历修纂，官方始终极为重视。对此，宁宗嘉定二年，黄中曾指出：“然史院之编修，以《日历》为根柢。《日历》之纪次，以《时政记》《起居注》与诸司之关报为依据。”[⑤]又楼钥言：“《日历》则以事系日，后之信史，实基于此。”[⑥]再是著作郎何抡曾言：“《日历》

---

① 刘琳、刁忠民、舒大刚、尹波等校点：《宋会要辑稿·运历》一之二一。

② 王应麟撰，武秀成、赵庶洋校证：《玉海艺文校证》卷14《记注》。

③ 李心传撰，胡坤点校：《要录》卷87。

④ 岳纯之：《唐代官方史学研究》第一章“四、唐代官方史学的史学影响”，天津人民出版社，2003年。

⑤ 刘琳、刁忠民、舒大刚、尹波等校点：《宋会要辑稿·职官》一八之一〇七至一〇八。

⑥ 楼钥：《攻媿集》卷43《赐余端礼辞免权提举编修玉牒监修国史日历不允诏》，文渊阁《四库全书》本。

以事系日，以日系月，比之祖宗《实录》，格目尤详。”[①]日历在宋代整个修史链条中，其基础地位由此可见一斑。同时，宋承唐、五代之制，朝廷不仅任命史官系统修纂日历，而且还设有专门修纂日历的机构。不过，宋代日历修纂机构隶属变化极为频繁。

对于宋初情况，宋敏求指出：“史馆，领日历局，置修撰二员，宰相为监修。自置编修院，以修撰一人主之，而《日历》等书皆析归编修院。”[②]由此可见，日历局最先隶属于史馆，随后则划归编修院。

对于日历修纂机构此后隶属关系与名称变化情况，李攸则详细叙述道：“(元丰）四年十一月，废编修院，归史馆。官制行，属秘书省国史案。……元祐五年，移国史案置局，专掌国史、实录，编修日历，以国史院为名，隶门下省，更不隶秘书省。绍圣二年，诏日历还秘书省。宣和二年，诏罢在京修书诸局，惟秘书省日历所系元丰国史案，除著作官专管修纂日历之事无定员外，其余案编修日历书库官吏，并依元丰法。绍兴元年初，修皇帝日历，诏依修日历所为名，本省长贰通行修纂。三年，诏宰臣提举，侍从官修撰。十一月，诏以修国史日历所为名。四年，诏以史馆为名。十年，诏依旧制，并归秘书省国史案，以著作、佐郎修纂。旧史馆官罢归原官，寻复，诏以国史日历所为名。”[③]从以上隶属关系的分合变化可以看出，一是北宋后期日历修纂机构是隶属于秘书省还是门下省，直接受到当时政争变化的支配。二是南宋初年日历修纂机构名称与隶属

① 刘琳、刁忠民、舒大刚、尹波等校点：《宋会要辑稿·职官》一八之六一。

② 宋敏求撰，郑世刚整理：《春明退朝录》卷中，《全宋笔记》第一编第六册，大象出版社，2003年。

③ 李攸：《宋朝事实》卷9，文渊阁《四库全书》本。

关系几经变化，不仅与承袭北宋时的名称与体制有关，更与南宋初年官方重整修史机构以及修史门类有关。

与以上日历修纂机构隶属与名称变化相对应的是，日历修纂官的归属、名称甚至职掌也随之发生变化。大体而言，除以宰相为监修外，如在宋初，按“故事，史馆每月撰日历，皆判馆与修撰官、直馆官分季撰录，藏于本馆。国初循旧制，皆修撰官、直馆官分季修纂，其后止修撰官及判馆撰次焉。太平兴国中，直史馆赵邻几、吕蒙正、范杲皆曾修撰。自后以直馆员多，遂止修撰官编纂。淳化四年，翰林学士宋湜止带修国史，亦尝修日历”[①]。随后，程俱指出：“元丰更修官制，于是史馆并入秘书省，置国史案，以史馆修撰置著作郎，以直史馆置著作佐郎，专修日历，是为史官。”[②]到南宋时，情况又有不同。对此，史载：“绍兴初，以修日历为名。又诏秘书长贰通行修纂日历。三年，诏左仆射吕颐浩兼提举修国史，诏修日历。令侍从官带史馆修撰，余官带直史馆、检讨。若著作郎阙，依元丰例，差郎官兼领。”[③]又绍兴十年二月，“诏史馆依旧制并归秘书省国史案，以著作郎、佐郎修纂日历”。其“见修渊圣皇帝并今上皇帝《日历》，仍命宰相提举，以监修国史系衔”[④]。

如上所述，日历修纂机构与修纂官隶属、名称等虽屡经变更，但朝廷始终对日历修纂极为重视，编纂工作也颇为系统，并且成就

---

① 刘琳、刁忠民、舒大刚、尹波等校点：《宋会要辑稿·职官》一八之七八。

② 程俱：《北山集》卷38《(绍兴元年）四月纳相府札子》，文渊阁《四库全书》本。

③ 章如愚：《群书考索》卷17《正史门·国史类》引《职源》。

④ 刘琳、刁忠民、舒大刚、尹波等校点：《宋会要辑稿·运历》一之二二。

明显。对此，经今人系统梳理可知，除英宗朝外，两宋诸朝日历的修纂过程均在史籍中有所记述。[1]不过，对于北宋诸朝日历的具体卷数，史书缺乏相应记载，此当与官修史书原本不予记载有关。对此，宋《三朝国史·艺文志序》言："古者左史记言，右史记动。厥后有起居注，盖记动也；时政纪，盖记言也；又有日历，兼言动而成之。淳化以来，悉备其书。……国朝起居注、时政记、日历秘在有司，不列于此。"[2]由此可见，北宋《国史·艺文志》一般不著录起居注、时政记和日历，那么日历的具体卷数就更无从谈起了。值得注意的是，史书对南宋前五朝日历修纂情况及其卷数则有较明确记录。为说明问题，现列表如下。

**表1-1　南宋官方所修高宗、孝宗、光宗、宁宗和理宗朝日历情况一览表**

| 书名 | 卷数 | 上进时间 | 记事断限 | 备注 |
|---|---|---|---|---|
| 《太上皇帝日历》 | 1000卷 | 淳熙三年 | 起初潜讫内禅 | 《南宋馆阁录》卷4《修纂》上、《文献通考》卷194《经籍考》、《宋史》卷203《艺文志》 |
| 《孝宗皇帝日历》 | 1155卷 | 淳熙六年 | 绍兴三十二年六月至淳熙四年 | 《南宋馆阁续录》卷4《修纂》 |

① 参见蔡崇榜：《宋代修史制度研究》第四章（二）《历朝日历的修纂》。

② 马端临：《文献通考》卷191《经籍考》，中华书局，2011年。

续表

| 书名 | 卷数 | 上进时间 | 记事断限 | 备注 |
|---|---|---|---|---|
| 《孝宗皇帝日历》 | 2000 卷 | 绍熙元年 | 淳熙五年正月至淳熙十六年二月 | 《南宋馆阁续录》卷 4《修纂》、《玉海艺文校证》卷 13《编年》、《宋史》卷 203《艺文志》 |
| 《光宗皇帝日历》 | 300 卷 | 庆元六年 | 淳熙十六年二月登极至绍熙五年七月禅位 | 《南宋馆阁续录》卷 4《修纂》、《宋史》卷 203《艺文志》 |
| 《宁宗皇帝日历》 | 510 卷 | 嘉泰二年 | 绍熙五年七月登极至嘉泰元年十二月 | 《南宋馆阁续录》卷 4《修纂》、《宋史》卷 203《艺文志》 |
| 《重修宁宗皇帝日历》 | 500 卷（一作 510 卷） | 嘉定十四年 | | 《南宋馆阁续录》卷 4《修纂》、《玉海艺文校证》卷 13《编年》、《宋史》卷 203《艺文志》 |
| 《宁宗日历》 | | 淳祐二年 | | 《玉海艺文校证》卷 13《编年》、《宋史》卷 42《理宗纪》 |
| 《理宗日历》 | 292 册，又 180 册 | | | 《宋史》卷 203《艺文志》 |

由上表不难看出，南宋朝廷对日历纂修极为重视，南宋前五朝日历不仅卷数较为巨大，而且有些还多次纂修。其原因之一：日历在纂修、续修过程中，需及时成书上进。如《孝宗日历》“限以半年成书”，《光宗日历》“仍限一年”，《宁宗日历》“限一

季”。[①]如此急迫地要求成书，必然会带来编修粗疏、卷帙增多等问题。

不过，值得注意的是，对于日历编修，朝廷虽然在史料报送、修纂官配备以及修纂时限等方面有着明确规定，但在具体修纂时，仍会出现以下问题：一是失记现象时有发生。如仁宗乾兴元年十二月，时以“日历住滞一十三年”，于是命王举正和李淑编修，并“限秋季修毕”。[②]此后，又据史载：“仁宗临御岁久，日历因循失纪，章丞相监修国史，奏公（指张方平）续修之。公始请自乾兴迄庆历，臣僚之薨卒，悉追取其阀阅功状，而已有门绪凋丧，或子孙不能纪其先世，遗落多矣，展转究访，仅可条次，至于诸司沿革事典，悉责送官，乃仅有存者。及仁宗在位四十二年，撰著实录，赖公中间采集，稍有预备。”[③]可见张方平对续补仁宗朝日历等史籍贡献不小。不仅承平时日历失记如此，受战争等因素影响，日历存留与修纂也会受到严重影响。如在南宋初，汪藻就曾上奏朝廷：“若太上皇帝、渊圣皇帝及陛下建炎改元至今三十余年，并无日历，乞诏有司纂述。”[④]朝廷许之。[⑤]

二是受朝政变换影响，日历时有重修。如哲宗绍圣元年九月，翰林学士修国史蔡卞、中书舍人同修国史林希言：“先帝《日历》，自熙宁二年正月已后至三年终，系元祐中秘书省官孔武仲、黄庭坚、

---

① 以上均见佚名撰，张富祥点校：《南宋馆阁续录》卷4《修纂》。

② 刘琳、刁忠民、舒大刚、尹波等校点：《宋会要辑稿·运历》一之一五。

③ 张方平撰，郑涵点校：《张方平集》附录王巩《张方平行状》，中州古籍出版社，1992年。

④ 汪藻：《浮溪集》卷2《乞修日历状》。

⑤ 李心传撰，胡坤点校：《要录》卷60高宗绍兴二年十一月壬午。

司马康修纂；自熙宁四年以后至七年终，系范祖禹修纂，而黄庭坚、司马康、范祖禹又皆系修先帝《实录》官，其间所书，正与昨修先帝《实录》相为表里，用意增损，多失事实。缘修国史院已得旨重修先帝《实录》，所有昨来范祖禹等所进《日历》，臣等乞一就看改正，务尽事实。”朝廷从之。[①]这是因绍圣时重修《神宗实录》而引发的相应《日历》被重修的情况。又如高宗绍兴二十六年六月，朝廷诏令日历所将去岁以前《日历》重加是正，其因是张孝祥奏言："恭惟陛下政事号令蔽自睿断，故相或能将顺赞襄而已，惧其作《时政记》亦如王安石《日录》，专用己意，掠美自归。”故有是命。[②]可见因秦桧主导修纂的《时政记》有“掠美自归”之弊，从而引发取材于它的《日历》需要重修。再如嘉定二年三月，右正言黄中言："臣昨备位著庭，窃见陛下初元《日历》所载龙飞事迹甚为疏略。时权臣用事，欲尽奄为己功，阿附之徒窜易旧文，并焚其稿。不知先皇之付讬、祖后之拥祐、大臣之奉行，天下共知，焉可诬也！然不及今刊定，何以传信方来？欲望仍降睿旨，（今）［令］日历所亟加讨论，日下厘正。又韩侂胄平章当国，事变实多，妄开兵端，流毒生民，事系社稷，不宜阙遗。迟之数年，文牒散失，迹状何由显白？乞令日历所及时裒集始终事节并所见闻，详加铨次。”从之。[③]此系朝臣请求对韩侂胄当国时的《日历》加以“厘正”。正因为如

① 刘琳、刁忠民、舒大刚、尹波等校点：《宋会要辑稿·运历》一之一六至一七。

② 刘琳、刁忠民、舒大刚、尹波等校点：《宋会要辑稿·运历》一之二三。

③ 刘琳、刁忠民、舒大刚、尹波等校点：《宋会要辑稿·职官》一八之一〇七至一〇八。

此，马端临据《中兴四朝国史·艺文志》指出："《高宗日历》初年者多为秦桧改弃，专政以后纪录尤不足信。韩侂胄当国，《宁宗日历》亦多诬。后皆命刊修。然《高宗日历》《时政记》亡失，多不复可考。"①可见即便重修，终因亡失严重，已难以考明。

总之，对于宋代日历纂修体制及其纂修状况，章如愚评价道："日历莫详于建炎、绍兴之所录。时政有记，起居有注，合记、注而兼修之，其惟日历乎？记、注之历，外廷之言行书焉，内庭之机密书焉，然后举而委之史馆，以日系月，以月系时，以时系年，此日历之所由作也。或隶秘书省，或不隶秘书省，而所隶无定属；或秘书预修，或秘书不预纂修，而所预无定员。有以修撰专修者，有不以修撰修者，又有以修撰与判馆、直馆分修者，而所修亦无定职。监修以宰臣，重其事也；论撰以从官，谨其职也。检讨阙官，则置之编类，员少则增之，详其任也，此特其制之粗也。而纪述之严，揄扬之盛，犹有可论者。向也史官不记言动，自张泌一言而忠邪书矣；向也史官惟凭供报，自欧阳一言而后书所闻见，不止于供报也。有大于此者，《太宗日历》一字不易，而真宗已与王旦议之矣。继自今已往，史臣其敢妄书乎？《神宗日历》一涉私笔而误，高宗已命范冲修之。继自今以往，史臣其敢缪论乎？至若信传信，疑传疑，笔则笔，削则削，若建炎、绍兴之所录者，又古今之所无也。"②由此可见，处于宋代修史程序前后关联地位的日历，不仅史源兼及内外庭所记，而且修纂机构与人员配备极为完备，所记史事较为详密，此无疑为日后实录、国史编修打下了坚实基础。

---

① 马端临：《文献通考》卷194《经籍考》"高宗日历"解题。

② 章如愚：《群书考索》续集卷16《诸史门·国史》。

### 4. 实录编修机构的设置及其历朝实录的编撰

宋代实录沿袭前代体例与做法，以编年体附带人物附传形式由官方主持编修。对此，王应麟指出："实录起于萧梁，至唐而盛。杂取编年、纪传之法而为之，以备史官采择。"[①]同时，对于编撰时间，一般而言，如洪迈所言："检照国朝典故，累圣祔庙之后，即诏国史院修纂实录。"[②]即当前任皇帝祔庙之后，由继位者下诏修纂。此外，在取材方面，朱熹指出："本朝史以日（录）［历］为骨，而参之以他书。"[③]

对于实录编修机构的设置及其变动状况，依据现有史料可知，宋初，当由史馆掌修。如太宗太平兴国三年春正月，朝廷任命李昉、扈蒙、李穆、董淳和赵邻几同修《太祖实录》，至五年九月，史馆修为 50 卷以献。[④]不过，大约到真宗朝时，便出现修史实际负责者在史馆外编修的现象。如钱若水在负责编修《太宗实录》时，"时若水判集贤，因用院印，史馆无所预，才九月而毕。……吕端虽为监修，而未尝莅局，书成不署端名，（李）至抉其事以为专美。若水称诏旨专修，不隶史局。"[⑤]此次编修地为诸王赐食庭。随后为"避众人所见"，"《真宗实录》在元符观。……又修《仁宗实录》，而《英宗实录》同时并修，遂在庆宁宫"。[⑥]

---

① 王应麟撰，武秀成、赵庶洋校证：《玉海艺文校证》卷 14《实录》。

② 刘琳、刁忠民、舒大刚、尹波等校点：《宋会要辑稿·职官》一八之七〇。

③ 黎靖德辑，郑明等校点：《朱子语类》卷 107。

④ 刘琳、刁忠民、舒大刚、尹波等校点：《宋会要辑稿·运历》一之二九。

⑤ 李焘：《长编》卷 43 真宗咸平元年八月。

⑥ 江少虞：《宋朝事实类苑》卷 25《官职仪制·三馆》，上海古籍出版社，1981 年。

此后，实录编修归属于编修院。对此，史载朝廷“旧于门下省置编修院，专掌国史、实录，修纂日历”。[①]依前所述，如果说钱若水的做法还属于临时性举措，那么朝廷正式设置编修院，则使得实录等编修有了新归属。不过，编修院设置于何时？史无明文规定。据史载，天圣二年三月，王钦若等上《真宗实录》150卷，仁宗与刘太后设香案，阅视涕泣，命王钦若等坐，劳问者久之，赐燕于编修院。[②]这是有关编修院的较早记载。我们由此可以推知，编修院的设立，当不晚于天圣二年。到神宗元丰四年，朝廷又废罢编修院入史馆。[③]

随“后改官制，日历隶国史案，每修前朝国史、实录，则别置国史、实录院”[④]。此为元丰五年改制时对实录单独置院的明确规定。但到“元祐五年，移国史案置局，专掌国史、实录，编修日历，以国史院为名，隶门下省，更不隶秘书省”[⑤]。此处所言的“国史院”，相当于此前的编修院，它实质上是旨在恢复仁宗时的做法。可见受党争影响，北宋后期实录编修隶属关系有所反复。

到南宋高宗绍兴四年五月，朝廷诏令国史日历所以史馆为名。[⑥]其因是：“中兴即秘书省复建史馆，以修神宗、哲宗两朝实录。”至

---

① 《宋史》卷164《职官志》。

② 李焘：《长编》卷102。

③ 李焘：《长编》卷449哲宗元祐五年冬十月“置国史院”条。

④ 程俱撰，黄宝华整理：《麟台故事》（辑本）卷4，《全宋笔记》第二编第九册，大象出版社，2006年。

⑤ 《宋史》卷164《职官志》。

⑥ 刘琳、刁忠民、舒大刚、尹波等校点：《宋会要辑稿·运历》一之二一。

九年，修《徽宗实录》，“乃即史馆开实录院。明年，以未修正史，诏罢史馆，并为实录院”。原注：“绍兴初，实录、国史皆寓史馆。后罢史馆，遇修实录，即置实录院；遇修国史，即置修国史院。”[①]由此可知，南宋初期曾短暂恢复史馆修史体制，完成了神宗和哲宗《实录》重修工作。但随后实录院和国史院随修史之需而置废。

此外，孝宗乾道二年，朝廷欲修《钦宗实录》，经洪迈奏请，依元符三年九月修《哲宗实录》例，不置实录院，止就国史院修纂，国史院史官兼实录纂修官。[②]此后于乾道六年四月重修《徽宗实录》、淳熙十五年三月修《高宗实录》等，亦依此例。[③]这均是沿袭了北宋后期灵活变通的修史做法。

总之，对于以上实录编修机构变动状况，时人评价说：“或置院，或寓史馆，或罢馆而归院，而实录之地益崇。”[④]

又对于实录编修官设置状况，北宋初与南宋初，在史馆统辖修史时，由所属史官编修。其余时段内，一般而言，“提举以宰臣，修撰以侍从，检讨、校勘以本省官，而实录之官益重”[⑤]。如元丰改制后，史载：“国史院以首相提举，翰林学士以上为修国史，余侍从官为同修国史，庶官为编修官。实录院提举官如国史，从官为修

---

① 马端临：《文献通考》卷51《职官考》。

② 刘琳、刁忠民、舒大刚、尹波等校点：《宋会要辑稿·职官》一八之六六至六七。

③ 刘琳、刁忠民、舒大刚、尹波等校点：《宋会要辑稿·职官》一八之七〇至七一。

④ 林駉：《古今源流至论》前集卷4《实录》。

⑤ 林駉：《古今源流至论》前集卷4《实录》。

撰，余官为检讨。”[①]又如绍兴九年二月，因修《徽宗实录》之需，始置实录院，以宰臣一员提举，修撰、同修撰、检讨官无定员。检讨官以本省官或他官兼，而修撰官如史馆例。[②]

再是就宋代实录成书状况与编修质量而言，从现存史料看，宋理宗之前，诸朝均编有实录。又太祖、太宗、神宗、哲宗、徽宗、孝宗和光宗朝实录均有过重修，其具体情况参见下表（表 1-2）。同时，就编修质量而言，有些实录因叙事简明而受到时人称颂。如苏轼认为：《英宗实录》“词简而事备，文古而意明，为国朝诸史之冠”[③]。李心传认为：《钦宗实录》“文直而事核”[④]。凡此等等。

**表1-2　宋代实录编修状况一览表**

| 时期 | 帝号 | 《实录》（卷） | | | | |
|---|---|---|---|---|---|---|
| | | 初修 | 重修 | 三修 | 四修 | 五修 |
| 北宋 | 太祖 | 50 | 未成书 | 50 | 50 | |
| | 太宗 | 80 | 80 | | | |
| | 真宗 | 150 | | | | |
| | 仁宗 | 200 | | | | |
| | 英宗 | 30 | | | | |
| | 神宗 | 200 | 200 | 未成书 | 200 | 不详 |

① 程俱撰，黄宝华整理：《麟台故事》（辑本）卷 4。

② 刘琳、刁忠民、舒大刚、尹波等校点：《宋会要辑稿·职官》一八之六〇。

③ 王明清撰，燕永成整理：《挥麈三录》卷 1 引。

④ 李心传撰，徐规点校：《建炎以来朝野杂记》甲集卷 4《徽宗钦宗高宗孝宗光宗实录》。

续表

| 时期 | 帝号 | 《实录》（卷） | | | | |
|---|---|---|---|---|---|---|
| | | 初修 | 重修 | 三修 | 四修 | 五修 |
| 北宋 | 哲宗 | 194 | 150 | | | |
| | 徽宗 | 150 | 200 | | | |
| | 钦宗 | 40 | | | | |
| 南宋 | 高宗 | 500 | | | | |
| | 孝宗 | 500 | 不详 | | | |
| | 光宗 | 100 | 不详 | | | |
| | 宁宗 | 499 册 | | | | |
| | 理宗 | 190 册 | | | | |
| | 度宗 | | | | | |
| | 恭帝、端宗、帝昺 | | | | | |

注：该表下加横线者表示南宋时所修。又此表在绘制时参考了蔡崇榜的《宋代修史制度研究》（台湾文津出版社，1991 年）第十章制表。

不过，受编修体例、朝政斗争以及具体做法等因素影响，不少实录存在如下问题。

一是有些北宋实录内容存在漏略甚至诬谤等问题。对此，如孝宗乾道五年十二月，秘书少监、国史院编修官李焘言：“窃见太平兴国三年初修《太祖实录》，命李昉、扈蒙、李穆、郭贽、宋白、董淳、赵邻几同修，而沈伦监修，五年成书。及（减）［咸］平元年，真宗谓伦所修，事多漏略，乃诏钱若水、王禹偁、李宗谔、梁颢、赵安仁重加刊修，吕端及李沆监修，二年书成。前录文武臣僚止九十一传，沆整其阙缪，合成一百四传。凡得姓受禅、平僭伪、更法制，皆创行纪述，视前录稍详，而真宗犹谓未备。大中祥符九年，复诏赵安仁、晁迥、陈彭年、夏竦、崔遵度同修，王旦监修，明年书成。盖自兴国至祥符，前后凡三修。《太宗实录》初修于至道二［三］年，再修于大中祥符九年。祖宗实录皆不但一修，此故事也。《神宗实录》初修于元祐，再修于绍圣，又修于元符，至绍兴初凡四修。《哲宗实录》初修于元祐［符］，再修于绍圣［兴］。惟神宗、哲宗两朝所以四修、再修，则与太祖、太宗异，盖不独于事实有所漏略而已，又辄以私意变乱是非，绍兴初不得不为辩白也。诬谤虽则辩白，而漏略固在，然犹愈乎近所修《徽宗实录》。盖《徽宗实录》疏舛特甚，非前二录比，凡臣僚除罢年月，最易知者，其颠倒错乱，往往志不可晓，况其难知者乎！"[①]他又指出："缘正史当据实录，又缘实录往往差误，史官自合旁采异闻，考验增损。谨按《神宗实录》三次重修，朱墨相攻，是非易见，虽事迹尚多脱遗，比后来实录已是不同。《哲宗实录》亦两次重修。兼臣先因《续资治通鉴长编》颇尝收集、参究实录外，略得一二。惟是《徽宗实录》疏舛特甚，难遂准凭下笔。……臣顷因转对，尝（其）［具］奏章，乞依祖宗典故，就委史院官重修《徽宗实录》。"朝廷从之。[②]从以上李焘奏疏可知，在他所提及的五朝实录中，太祖和太宗朝《实录》内容存在漏略问题，神宗和哲宗朝《实录》除内容有漏略外，还存在诬谤问题，《徽宗实录》初修本则"疏舛特甚"。由此可见，以上北宋多朝《实录》缺陷明显。

---

① 刘琳、刁忠民、舒大刚、尹波等校点：《宋会要辑稿·职官》一八之六九至七〇。

② 刘琳、刁忠民、舒大刚、尹波等校点：《宋会要辑稿·职官》一八之五八。

二是有些实录编修缺乏前后照应以及内容详略有异。对此，朱熹针对实录编修所存在的弊端评论道："实录院略无统纪。修撰官三员，检讨官四员，各欲著撰，不相统摄，所修前后往往不相应。"他又言："近世修史之弊极甚，史官各自分年去做，既不相关，又不相示。亦有事起在第一年，而合杀处在二年，前所书者不知其尾，后所书者不知其头。有做一年未终，而忽迁他官，遂空三四月日而不复修者。有立某人传，移文州郡索事实，而竟无至者。尝观《徽宗实录》，有传极详，似只写行状、墓志；有传极略，如《春秋》样，不可晓。其首末杂手所作，不成伦理。然则如之何？"①由此可见，朱熹对实录编修状况以及《徽宗实录》所存缺陷甚为惋惜！

三是有些南宋实录编修较为粗疏。如陈振孙在评价《高宗实录》和《孝宗实录》时指出："中兴以来，两朝五十余载事迹，置院既久，不以时成，涉笔之臣，乍迁忽徙，不可殚纪。及有诏趣进，则匆遽钞录，甚者一委吏手，卷帙猥多而纪载无法，疏略抵牾，不复可稽据。故二《录》比之前世，最为缺典，观者为之太息。"②又如魏了翁在《论实录缺文》中指出："每惟祖宗实录自东都以前凡一百六十八年，不过一千余卷。而南渡以后，高宗、孝宗皇帝两朝实录仅六十余年，遂至一千卷。以三十六年事为五百卷，犹之可也，而二十七年为卷亦如之，意其广记备言，无所脱遗。而臣偶因当时所遭，随事检阅，则有不尽然，往往一月而厘为二三卷，往往州县细故亦动是千余言，至事关大体，顾反脱略。"③再如据李心传言：

① 黎靖德辑，郑明等校点：《朱子语类》卷107。

② 陈振孙撰，徐小蛮、顾美华点校：《直斋书录解题》卷4。

③ 魏了翁：《鹤山先生大全文集》卷16。

“《孝录》比它书尤疏驳。”[①]

以上南宋有些实录编修之所以较为粗疏，此正如陈振孙所言，不仅与史官迁转频繁有关，而且与朝廷不时“有诏趣进”相关联。而“有诏趣进”又与南宋官修史籍持续多次限时同进制度密切相关。如下表（表1-3）所示，景定二年三月，孝宗、光宗和宁宗朝《实录》便与理宗朝《玉牒》《日历》以及《会要》同时上进。对此，在该年二月，理宗曾言：“诸书将备，进呈有日。只照凡例修纂，不必用己意置议论其间，他日自有史官任删润之责。”[②]由此说明，理宗已完全认可这种官修史籍先编修并持续多次同进，再进行删润加工的做法。那么若删润不彻底，由此所引发的实录等编修较为粗疏问题便在所难免了。

**表1-3 宁宗和理宗朝《实录》与它史多次同时上进、存留一览表**

| 名称 | 编修时间 | 上进、奉安时间 | 主持者 | 同进、存留者 | 史料来源 |
| --- | --- | --- | --- | --- | --- |
| 《宁宗实录》 | | 淳祐二年春正月上进 | 史嵩之 | 与（理宗）《玉牒》及《中兴四朝国史》《宁宗玉牒》《日历》《会要》并进 | 《宋史》卷42《理宗纪》、《宋史全文》卷33 |
| | | 淳祐五年二月上进 | 范钟等 | 与《玉牒》《日历》及《孝宗光宗御集》并进 | 《宋史》卷43《理宗纪》 |

① 李心传撰，徐规点校：《建炎以来朝野杂记》甲集卷4《徽宗钦宗高宗孝宗光宗实录》。

② 佚名撰，李之亮点校：《宋史全文》卷36。

续表

| 名称 | 编修时间 | 上进、奉安时间 | 主持者 | 同进、存留者 | 史料来源 |
|---|---|---|---|---|---|
| 《宁宗实录》 | | 景定二年三月上进 | 贾似道等 | 与（理宗）《玉牒》《日历》《会要》及《孝宗实录》《光宗实录》并进 | 《宋史》卷45《理宗纪》、《宋史全文》卷36 |
| | | 景定四年六月上进 | 同上 | 与《玉牒》《日历》和《会要》并进 | 《宋史》卷45《理宗纪》、《宋史全文》卷36 |
| | | 咸淳四年八月奉安 | 同上 | 与《理宗实录》《御集》《日历》《会要》《玉牒》《咸淳日历》和《玉牒》一起 | 《宋史》卷46《度宗纪》 |
| | | | | 存留499册 | 《宋史》卷203《艺文志》 |
| 《理宗实录》 | | 咸淳四年八月奉安 | 贾似道等 | 与《宁宗实录》、（理宗）《御集》《日历》《会要》《玉牒》《咸淳日历》和《玉牒》一起 | 《宋史》卷46《度宗纪》 |
| | 咸淳四年十二月接续起修 | | | | 《宋史》卷46《度宗纪》 |
| | | | | 存留《初稿》190册 | 《宋史》卷203《艺文志》 |

### 5. 国史编修机构的设置及其修史成效

宋代国史一般是在实录基础上编修完成的。国史编修时，往往采取分修之法。对此，如孝宗乾道五年十二月，李焘在论及《四朝国史》编修状况时，言道：“伏见《四朝正史》开院已逾十年，臣备员编修，亦二年有余。除去年进呈《钦宗纪》草，继与本院官分定志、传名件，每月不阙课程。”[①]又如宁宗嘉定十一年二月，黄序奏：“史馆宜择专官修帝纪，余官分撰志、传。”朝廷从之。[②]此外，对于国史立传标准及叙事特点，胡寅明确指出：“国朝官至卿监，即附史立传。史之体略而直。”[③]

对于国史编修机构设置状况，宋初沿袭唐、五代旧制，设立史馆。据綦崇礼言：“契勘祖宗朝，日历、实录、正史并于史馆编修。”[④]由此表明，宋初史馆统辖着正史等编修。随后到雍熙四年九月，经直史馆胡旦奏请，朝廷下诏“以史馆西庑，别置修史院”。可见早在太宗时，国史编修已独立设院进行。又到仁宗天圣九年五月，“徙修史院于宣徽北院之东”。其因是“及史成，续纂会要，故徙之”。并且原注有：“谓之编修院。”即此间编修院负责国史等编修。再到神宗元丰四年十一月，废编修院归史馆。次年，改官制，日历

① 刘琳、刁忠民、舒大刚、尹波等校点：《宋会要辑稿·职官》一八之五八。

② 刘克庄著，辛更儒校注：《刘克庄集笺校》卷82《玉牒初草》，中华书局，2011年。

③ 胡寅撰，容肇祖点校：《斐然集》卷26《翁彦深神道碑》，中华书局，1993年。

④ 綦崇礼：《北海集》卷28《修神宗哲宗两朝实录又再申请划一札子》，文渊阁《四库全书》本。

隶国史案，修前朝国史、实录则置院。[①]由此表明，朝廷对日历、国史和实录独自编修甚至置院有了明确规定。又到“元祐五年，移国史案置局，专掌国史、实录，编修日历，以国史院为名，隶门下省，更不隶秘书省。绍圣二年，诏日历还秘书省”[②]。如前所述，此处的国史院，相当于此前的编修院。由此可见，国史编修及其机构自宋初时起，其隶属关系时有变化。尤其是到北宋后期，随党争变化而有反复。

南宋高宗绍兴四年五月，朝廷诏修国史日历所复以史馆为名。[③]由此遂由史馆掌修国史、实录。到十年二月，“罢史馆。……遇修国史、实录，即各置院，始用元丰制也”[④]。由此不难看出，在国史编修及其机构设置上，南宋初朝廷虽短暂恢复了元丰改制前的史馆修史体制，但此后则基本承袭了元丰改制后的修史体制。

在国史撰修官设置方面，国史院设有提举、修国史、同修国史和编修官。如史载：“天圣修《真宗史》，欲重其任，降敕宰相为提举，参知政事、枢密副使为修史，其同修史则以殿阁学士以上为之，编修官以三馆、秘阁校理以上及京官”充任。[⑤]又据程俱记述：“后改官制，日历隶国史案，每修前朝国史、实录，则别置国史、实录院。国史院以首相提举，翰林学士以上为修国史，余侍从官为同修国史，庶官为编修官。”[⑥]

---

① 以上均见王应麟：《玉海》卷168《宫室·雍熙修史院元祐国史院》。

② 李攸：《宋朝事实》卷9。

③ 李心传撰，胡坤点校：《要录》卷76。

④ 李心传撰，胡坤点校：《要录》卷134。

⑤ 马端临：《文献通考》卷51《职官考》。

⑥ 程俱撰，黄宝华整理：《麟台故事》（辑本）卷4。

同时，史官编制常因修史需要变动不常。如绍兴二十八年七月，朝廷置修国史院，修神宗、哲宗以及徽宗三朝正史，此时任命修史一人，同修史一人，编修官二人。但到本年八月，则诏修国史、同修国史通以二员，编修官以四员为额。又至次年八月，则下诏：国史院宰臣提举，置修国史、同修国史共二员，编修官二员。[①]如此等等，余不一一。

对于宋代国史成书以及编修质量，今依据《玉海艺文校证》卷12《正史》以及《宋史》卷203《艺文志》著录可知：太祖、太宗《两朝国史》120卷；太祖、太宗和真宗《三朝国史》150卷，该书系仁宗“天圣五年二月修，至八年六月成，凡历四年”；仁宗、英宗《两朝国史》120卷，该书系神宗“熙宁十年五月戊午修，至元丰四年六月成，凡历五年”；神宗、哲宗、徽宗和钦宗《四朝国史》350卷；高宗、孝宗、光宗和宁宗《中兴四朝国史》。此外，还有《神宗正史》120卷和《哲宗正史》210卷。

对于以上国史编修质量，如晁公武对《三朝国史》评论道：“比之三朝《实录》，增者大半，事核文赡，褒贬得宜，百世之所考信云。”仁宗和英宗《两朝国史》则“比之《实录》，事迹颇多，但非寇准而是丁谓，托之神宗诏旨”[②]。对于《四朝国史》，据李心传记载：“或者但见新书疏略舛误甚多，而不知仓卒之间，不暇考择也。”[③]元人袁桷亦指出：“洪迈作神、哲、徽、钦《四朝史》，于时

① 刘琳、刁忠民、舒大刚、尹波等校点：《宋会要辑稿·职官》一八之五三至五四。

② 晁公武著，孙猛校证：《郡斋读书志校证》卷5。

③ 李心传撰，徐规点校：《建炎以来朝野杂记》甲集卷9《礼官学士争诏纸》。

高宗在德寿宫，多所避忌，立传亦有芜类。所宜刊削，当直书徽宗亡国之罪。”①而对于《中兴四朝国史》，据元人危素言：“按太祖至徽、钦，列传至为赅备。至高、孝、光、宁《四朝史》，盖蜀人李心传氏所修，其阙漏不可计。”②苏天爵亦言：“如宋《中兴四朝史》诸传尤少，盖当理宗初年，诸公犹多在世故也。”③由此可知，《中兴四朝国史》纪事阙漏严重。那么是否如危素所言，其因全在于李心传呢？如下表（表 1–4）所示，《中兴四朝国史》在理宗朝就曾编修上进过多次，主持者并非李心传一人，因此，其纪事缺陷当与苏天爵所言的“理宗初年诸公犹多在世”有关。此外，淳祐十二年冬十月，理宗告谕辅臣：“史院纂修须用褒贬，必得是非之公乃可。”④由此可进一步印证，当时史官的确存在修史有所忌讳等问题。

**表1–4　南宋理宗朝《中兴四朝国史》编修上进一览表**

| 名称 | 编修时间 | 上进时间 | 主持及重要修撰者 | 材料来源 | 备注 |
|---|---|---|---|---|---|
| 《中兴四朝国史》 | 嘉熙二年三月 | | 李心传专修 | 《宋史》卷 42《理宗纪》、《宋史全文》卷 33 | 与《实录》同修 |

① 袁桷：《清容居士集》卷 41《修辽金宋史搜访遗书条列事状》，文渊阁《四库全书》本。

② 危素：《危太朴集·续集》卷 9《书张少师传后》，见《嘉业堂丛书》。

③ 苏天爵撰，陈高华、孟繁清点校：《滋溪文稿》卷 25《三史质疑》，中华书局，1997 年。

④ 佚名撰，李之亮点校：《宋史全文》卷 34。

续表

| 名称 | 编修时间 | 上进时间 | 主持及重要修撰者 | 材料来源 | 备注 |
|---|---|---|---|---|---|
| 《中兴四朝国史》（纪） | | 淳祐二年春正月 | 史嵩之 | 《宋史》卷42《理宗纪》、《宋史全文》卷33、《玉海艺文校证》卷12《正史》 | 与（理宗）《玉牒》及《宁宗玉牒》《日历》《会要》《实录》并进 |
| 《中兴四朝国史》（志传） | | 淳祐十一年五月 | 赵一夫、刘克庄共同任责修纂 | 《宋史全文》卷34、《玉海艺文校证》卷12《正史》 | 编修官王抃撰《舆服志》4卷 |
| | | 宝祐二年八月 | 谢方叔等上进 | 《宋史》卷44《理宗纪》、《宋史全文》卷35、《玉海艺文校证》卷12《正史》 | 与（理宗）《玉牒》《日历》《会要》并进 |
| | | 宝祐二年九月 | 尤焴提纲史事 | 《宋史全文》卷35 | |
| 《中兴四朝国史》（“修润”志传） | | 宝祐五年闰四月 | 程元凤等上进 | 《宋史》卷44《理宗纪》、《宋史全文》卷35、《玉海艺文校证》卷12《正史》 | 与（理宗）《玉牒》《日历》《会要》并进 |
| 《中兴四朝国史》（《宁宗正史》） | | 景定元年七月 | 程宜中等修撰 | 《宋季三朝政要笺证》卷3 | |

总之，以上仅是将宋代主体修史机构各自设立及其修史成效作了必要归纳。不过，在此需强调的是，宋代多种修史机构间的有效衔接与密切配合，无疑是官方修史活动得以顺利进行的基础与前提。而在此方面，宋代官方早就有统筹设计。如前所述，起居注与时政记作为记载之史，它是官方修史得以持续进行的前提与保障。而归聚以上二者的日历，又进一步巩固了这一保障，并且它为此后实录与国史的正常编修做了铺垫。同时，日历、实录以及国史三者归属关系的变动，有时竟同步，这绝非偶然，而是三者间存在密切联动关系的体现。此外，日历与实录均属编年体附带人物传，它们成了国史成书的双重保障。又宋代多次出现国史院兼修实录等灵活做法，此为实录与国史在史实贯通甚或弥合等方面提供了便利。

综上所述，宋代修史体制完备，官方修史成效突出。因此，时人高度赞扬道："祖宗崇重国史，国朝因仍彝宪。崇重史职，有日历，有时政记，有起居注，而又有所谓会要、玉牒，非为书之繁也。有国史［院］，有实录院，有敕令所，而又有会要、玉牒所，非建曹之多也。提举以大臣，监修以辅臣，而编修、检讨又以侍从臣，非分职之广也。大抵为书繁则史事备，建曹多则史笔公。苟深得夫祖宗深长之思，则昔人所谓日历、时政仅同供报，亦无害也。熙宁增损而庆历之书备，乾道刊正而熙、丰之史成，存诸典册，以俟后人，直未晚耳。"[①]其间，对于史书记事难免存在失实等问题，时人辨析道："史笔以公自见，且夫乾、淳之问学，熙、元之议论，或合堂而异席，或各辙而同归，固然。遗言逸事流落人间，故老尚存，偻指可辨，以公而纪之，奚其难？野史杂记，多恩怨好恶之言；佞述

① 佚名：《群书会元截江网》卷30《国史·法祖嘉猷》。

谀碑，多故吏门生之笔，固也。然事迹具陈，耳目相接，真者实，伪者可刊，以公可而断之，奚其难？泰、禧则已近，嘉定则尤近，得失或关于时讳，臧否多碍于世家，固也。然酌公论，以抑扬则婉而成章，尽而不（汗）［汙］可也，何难于直遂乎？故简散庞，史文猥并，有十数语而昭彰，有千万言而黯黯，固也。然揆公道以折衷，则丰而不余一言，约而不失一辞可也，何难于取辨乎？”[①]可见即便存在史事缺略、真伪不明、避讳严重以及纪事猥杂等问题，按该论者所言，仍可按公心、公正、公论和公道标准解决。

## 三、其他官修史籍的成书及其效应

宋代官修史籍除前述起居注、时政记、日历、实录以及国史等基本典籍之外，宝训、圣政、玉牒、会要以及方志作为辅政功用极强的史籍，被朝廷上下广泛而系统编修，此已成为宋代史学发展不可忽视的内容。若再进一步探究，则会发现该类史籍具有如下特点：一是史源的依赖性。该类史籍多数依赖官修基本典籍成书。如据洪适言：仁宗、英宗《两朝宝训》“采《实录》《日历》《时政纪》《起居注》诸书”[②]。又据宗正少卿滕强恕札子，玉牒“所凭据者，曰时政记也，曰起居注也，曰百司指挥也，曰奏邸月报也，大抵不过拜罢之月日、臣僚之申请，与其间政事一二节目耳”[③]。余不一一。二是除方志外，其余史籍编修与官方主体修史机构关系密切。如孝

① 佚名：《群书会元截江网》卷30《国史·主意》。

② 洪适：《盘洲文集》卷28《两朝宝训序》，文渊阁《四库全书》本。

③ 佚名撰，张富祥点校：《南宋馆阁续录》卷4《修纂》。

宗隆兴元年，诏编类圣政所并归日历所，依旧宰臣提领，仍令日历所吏充行遣。[①]这说明曾独立纂修的圣政，此后划归日历所统一管辖。又如早在仁宗景祐元年，经宗正寺修玉牒官李淑申请，诏以编修院庭西阁子充修纂玉牒之所。原注，李淑言："前修玉牒官冯允［元］亦是兼编修会要，盖缘国史、玉牒事节须要照会，所以只就编修院修纂。"[②]此乃朝廷有意将玉牒所安排到编修院，以便于史料互通和史官兼修。凡此等等。三是该类史籍现实功用极为突出。如对于玉牒和会要，真德秀指出："然行一政令而史牒纪之，讲一典礼而会要传之。"[③]它们无疑为官员检索甚至运用朝廷政令、典礼等提供了参照依据。又如郑兴裔在《广陵志序》中指出："郡之有志，犹国之有史。所以察民风，验土俗，使前有所稽，后有所鉴，甚重典也。"[④]可见方志具有反映地方风俗等现实功用。

**1. 宝训与圣政的编修及其直接效应**

（1）宝训。南宋周麟之言："然则前圣典谟，布在方册，后代纂之，宝为大训。"[⑤]由此可见，该类史籍重在类编祖宗圣谕典章，以达到垂训子孙的目的。同时，该类史籍注重"分门"叙事，[⑥]并且两宋诸朝沿例修撰。详见下表：

---

① 《宋史》卷164《职官志》。

② 马端临：《文献通考》卷55《职官考》。

③ 真德秀：《西山先生真文忠公文集》卷22，《四部丛刊初编》本。

④ 郑兴裔：《郑忠肃奏议遗集》卷下，文渊阁《四库全书》本。

⑤ 周麟之：《海陵集》卷3《论乞修神宗以后宝训》，文渊阁《四库全书》本。

⑥ 王应麟：《玉海》卷203《辞学指南》。

**表1-5 宋代官修宝训一览表**

| 书名 | 卷数 | 成书时间 | 史料来源 | 备注 |
|---|---|---|---|---|
| 《三朝宝训》 | 30卷 | 北宋 | 《直斋书录解题》卷5 | |
| 《两朝宝训》 | 20卷 | 北宋 | 同上 | |
| 《五朝宝训》 | 60卷 | 北宋 | 《宋史》卷203《艺文志》 | |
| 《六朝宝训》 | | 北宋 | 同上 | |
| 《七朝宝训》 | | 北宋 | 《玉海艺文校证》卷15《政要宝训》 | |
| 《神宗宝训》 | 100卷 | 南宋 | 《宋史》卷203《艺文志》 | 重修 |
| 《哲宗宝训》 | 60卷 | 南宋 | 同上 | 重修 |
| 《徽宗宝训》 | | 南宋 | 《要录》卷180 | 成书与否不详 |
| 《钦宗宝训》 | 40卷 | 南宋 | 《宋史》卷203《艺文志》 | |
| 《高宗宝训》 | 70卷 | 南宋 | 同上 | |
| 《孝宗宝训》 | 60卷 | 南宋 | 同上 | |
| 《光宗宝训》 | 40卷 | 南宋 | 《玉海艺文校证》卷15《政要宝训》 | |
| 《宁宗宝训》 | | 南宋 | 《宋史》卷43《理宗纪》 | |

一是从上表可知，宋代《宝训》编修较为系统，并且南宋时成书较多。宋官修宝训始于王曾建请。史载仁宗天圣五年冬十月，监修国史王曾言："唐史官吴兢于实录、正史外，录太宗与群臣对问之语为《贞观政要》。今欲采太祖、太宗、真宗《实录》《日历》《时政记》《起居注》，其间事迹不入正史者，别为一书，与正史并行。"朝廷从之。[①]到明道元年二月，李淑等完成《三朝宝训》30

① 李焘：《长编》卷105。

卷。[①]又到神宗元丰五年六月，宰臣王珪言："天圣中，修《真宗正史》成，别录《三朝宝训》，以备省览。今当修仁宗、英宗《两朝宝训》。"于是诏秘书省著作局依例修进，差林希和曾肇。[②]至次年，林希编进《两朝宝训》20卷。[③]可见该书系在《两朝国史》成书之后，"依例"完成。此后，"依例"成书者不仅有南宋时期完成的神宗至宁宗各朝《宝训》，而且还有北宋后期完成的诸如《五朝宝训》等涉及多朝内容者。

二是宋代宝训的现实功用颇为突出。宝训作为继位帝王学习、传承祖宗治政经验的重要范本，它往往成为经筵进读的主要教材。其间，当政帝王时常诏命经筵官讲读该类书的目的，旨在弘扬祖宗之法，及时遵奉祖宗治国之道。如仁宗宝元二年十二月，朝廷诏命侍读学士李淑就资善堂删整《三朝宝训》，以备来春进读。到康定元年四月，李淑言："《宝训》欲先读第一卷政体、听断事外，却取第十三卷以后将帅、边防、夷狄事进读，庶几戎备边政，蚤得敷启。"又到庆历初，朝廷命侍臣即迩英、延义二阁与前史更读。[④]由此可见，早在仁宗时，不仅朝廷命经筵官将原有《宝训》加工成了便于讲读的教材，而且还根据现实之需，选择有针对性的内容加以讲读。

到南宋时，伴随着宝训编修以及经筵进读的制度化，当政帝王学习、传承祖宗理政之道的热情进一步提高。如宁宗嘉定十四年十

---

① 王应麟撰，武秀成、赵庶洋校证：《玉海艺文校证》卷15《政要宝训》。

② 李焘：《长编》卷327。

③ 陈振孙著，徐小蛮、顾美华点校：《直斋书录解题》卷5。

④ 王应麟撰，武秀成、赵庶洋校证：《玉海艺文校证》卷15《政要宝训》。

一月，叶时等言："窃谓圣学无倦，固治道之所当先。皇祖有训，尤圣学之不可后。……惓惓圣心，复欲参稽高宗皇帝之《宝训》，乃诏攸司，自嘉定六年十一月三日进读，阅八年而七十卷之书篇帙毕陈，亦已尽经睿览。建炎、绍兴之圣治，条贯统纪，皆备见其始终，尊闻行知，实为大训，信无负高宗皇帝贻谋燕翼，启佑后王之意矣。臣等窃观高宗皇帝，以神武之资，履艰厄之运，身济大业，光启中兴。仁足以兼覆夷夏，明足以洞烛忠邪，勇足以成戡定之功，刚则以大自强之德。宵衣旰食三十六年，立政用人之要，料敌制胜之谋，裕民足国之方，御外理内之策，大纲小纪，详法略则，炳如日星，皆聚于《宝训》一书。陛下以圣继圣，骏惠先猷，不但观省之克勤，每思尊奉而唯谨。重熙累洽，根本于兹。……欲望圣慈宣付史馆。"诏从之。[①]由此可知，宁宗历经八年，听读完记述高宗中兴大业的《高宗宝训》，旨在熟知高宗治国理政之道并遵奉之。其余帝王亦无不如此，在此不再赘述。

三是随着官修宝训不断成书，由此引发了私家撰述宝训、圣训、训典以及龟鉴等同类著述的热潮。如李宗谔撰有《永熙宝训》2卷，据王应麟记述："李昉相太宗，修时政记，其子宗谔录遗稿，纂出五十六事，进于仁宗朝。"[②]又如林虙撰有《神宗圣训》20卷。[③]以上是私家依据官修史籍选编的本朝训典类著述。再如范祖禹撰有《仁皇训典》6卷，其《序》言道："祖宗以圣继圣，其治尚仁，而仁宗得其粹焉。……臣窃惟仁宗言为谟训，动为典则，实守成之规

① 苗书梅等点校：《宋会要辑稿·崇儒》七。

② 王应麟撰，武秀成、赵庶洋校证：《玉海艺文校证》卷15《政要宝训》。

③ 赵希弁撰，孙猛校证：《郡斋读书志校证·读书附志》。

矩，致治之准绳。谨录天禧以来迄于嘉祐五十年之事，凡三百十有七篇，为六卷，名曰《仁宗训典》。首上性至孝，次却伞扇下庙门，次录囚徒，终于仁民爱物。此书惟纪述仁政大略。”[①]又据陈振孙言：“元祐八年，经筵所上，凡三百十七条。大略亦用《宝训》体。”[②]从中可知，该书编修目的明确，记事内容丰富。此后，赵与欢撰有《仁宗训典详释》和《高宗宝训要释》。[③]李谦仿《贞观政要》和《仁皇训典》诸书，撰有《寿皇圣范》10卷。[④]不仅如此，理宗时，郑清之进读《仁皇训典》，谓“仁祖之仁厚，发为英明，故能修明纪纲，而无宽弛不振之患；孝宗之英明，本于仁厚，故能涵养士气，而无矫励峭刻之习。盖仁厚、英明二者相须，此仁祖、孝宗所以为盛也”。理宗褒谕之。[⑤]可见由范祖禹有意选编并被朝廷用作经筵讲读教材的《仁宗训典》，此后不仅被时人训释、模仿，而且它所载录的仁宗仁政大略，正时时垂范启迪着后继的宋代帝王。

此外，今存《太平宝训政事纪年》5卷，以编年简略记述太祖至高宗时期的史事。书内称高宗为“太上皇帝”，成书应在孝宗时期。又全书前四朝多处注明史事来源于《宝训》，它无疑为后人了解宋代《宝训》概貌提供了参照。

（2）圣政。注重记述帝王“盛美”之事的圣政，[⑥]官方编修始于

---

① 王应麟撰，武秀成、赵庶洋校证：《玉海艺文校证》卷15《政要宝训》。

② 陈振孙著，徐小蛮、顾美华点校：《直斋书录解题》卷5。

③ 《宋史》卷413《赵与欢传》。

④ 王应麟撰，武秀成、赵庶洋校证：《玉海艺文校证》卷15《政要宝训》。

⑤ 《宋史》卷414《郑清之传》。

⑥ 林駉：《古今源流至论》续集卷7《史院》。

真宗天禧四年十一月，当时有辅臣奏请中书、枢密院取时政记中美事别为编录，朝廷准奏，并任命钱惟演等编次。到次年三月，编修者取至道至大中祥符时政记、日历、起居注美事，录为《圣政记》，凡150卷。[①]从此之后，圣政则时有修撰。详见下表：

**表1-6　宋代官修主要圣政一览表**

| 书名 | 卷数 | 成书时间 | 史料来源 | 备注 |
| --- | --- | --- | --- | --- |
| 《圣政记》 | 150卷 | 北宋 | 《玉海艺文校证》卷15《政要宝训》 | |
| 《崇宁圣政》 | 255册 | 北宋 | 《宋史》卷203《艺文志》 | 郑居中撰，疑系官修 |
| 《圣政录》 | 323册 | 北宋 | 同上 | 同上 |
| 《光尧寿圣太上圣政》 | 60卷 | 南宋 | 同上 | |
| 《孝宗圣政》 | 50卷 | 南宋 | 同上 | |
| 《光宗圣政》 | 30卷 | 南宋 | 同上 | |

一是从上表以及现存史籍记载来看，宋代官修圣政虽始于真宗朝，但到南宋时，其编修则发生了明显变化。如前所述，真宗朝成书的《圣政记》，系选取“至道至祥符时政记、日历、起居注美事”编成。由此可知，该书属当朝帝王诏命编修自己治政盛美之事。对此，吕中批评道：“令枢密院修《时政记》犹可也，而别编盛美之事则不可。”[②]而到南宋时，孝宗于绍兴三十二年九月下诏以敕令所

① 王应麟撰，武秀成、赵庶洋校证：《玉海艺文校证》卷14《记注》。

② 吕中撰，张其凡、白晓霞整理：《类编皇朝大事记讲义》卷7《史馆》。

为编类圣政所。对此，李心传记述道："《光尧圣政录》者，隆兴、乾道间所修也。绍兴三十二年九月，以敕令所为编类圣政所，命辅臣领之。乾道二年冬，蒋子礼为参知政事，上其书，凡三［六］十卷，上自为之序。大凡分门立论，视《宝训》而加详焉。绍熙中，又为《寿皇圣政录》，上之，其书亦三［五］十卷。"[1]又到隆兴元年，诏编类圣政所并归日历所，依旧宰臣提领，仍令日历所吏充行遣。[2]从此确立了由继位皇帝为先帝编修圣政的制度。此外，对于编修圣政时的史官选任，孝宗颇为重视。如陆子虡在《剑南诗稿跋》中记述其父陆游被选任状况时，言道："孝宗皇帝嗣位之初，召对便殿，赐进士第。时始置编类太上皇帝圣政所，妙柬时髦，先君首预其选，擢检讨官。"可见孝宗极为看重该次圣政编修工作，它无疑为此后南宋官修圣政奠定了基调。

二是圣政类著述的现实功用极为突出。其间，尤其是该类史籍成了帝王宫中课程之学。突出者如在宁宗即位之初，袁说友在《日阅两朝圣政》中言道："臣恭睹《高宗皇帝圣政》《孝宗皇帝圣政》二书，皆是两朝七十年间大政事，藏诸金匮，不惟盛德大业，酘化懿纲，一一所当训式，而纪载明白，事理较然，观阅之间，易于著心而入耳，固不待讲解而后明也。臣愚欲望陛下以高宗、孝宗宫中读书定课为法，而复以《圣政》之书，专为宫中课程之学，下秘书省，缮写两朝《圣政》二书，留置日所御殿，日阅数条，以为定式。设施措置之美恶，法令政事之修明，熟味细观，再三紬绎，积日累月，不渝定课，则两朝《圣政》之书尽毕观览，良法美意皆在陛下

① 李心传撰，徐规点校：《建炎以来朝野杂记》甲集卷4《两朝圣政录》。

② 《宋史》卷164《职官志》。

胸中，出而见诸政治者，将自吻合而无间矣。此其事不劳，其道易行，而其效必至者也。”[①]由此表明，载录有祖先嘉言善行以及良法美意的圣政，对于听读帝王治政理国必有训导启迪功用，故南宋朝臣建议当政者将其定为宫中必读之书。到嘉定二年十一月，章颖等奏称：“(宁宗)诏读《高宗皇帝圣政》。至于嘉泰三年之四月，凡六年，而后六十卷之书毕陈于冕旒之前。仰惟高宗皇帝，圣学高明，神武震耀，中天立极，再造王室，枢机阖辟之运，与天地同其功，殆非常情之所能窥测。……陛下临政愿治，动循丕矩，对扬休烈，观省不忘。其与商宗之鉴成宪，成王之酌祖道，盖异世而同符。臣等欲望圣慈宣付史馆。”诏从之。[②]由此可见，章颖等辅臣在赞扬宁宗历时六年听读完《高宗圣政》的同时，更盼望宁宗能遵从高宗治政之法，弘扬祖先治国之道。

三是与官方编修圣政相呼应，私家编修同类著述的热情更高。北宋时，如早在咸平六年八月，直秘阁钱惟演进献《咸平圣政录》2卷。[③]又如康定元年秋七月，李昭遘上《永熙政范》2卷。[④]再如庆历中，孙甫撰《三圣政范》以进。它如石介撰有《三朝圣政录》，系“石介撮取太祖、太宗、真宗三圣之政为书，凡十九条，始《君道英断》《谨惜名器》，终《戒贪吏》，每篇末自为赞，以申讽谕”[⑤]。石氏在编撰该书时，曾请韩琦审定纪事条目。史载：“石守道编《三朝

---

① 袁说友：《东塘集》卷11。

② 苗书梅等点校：《宋会要辑稿·崇儒》七。

③ 王应麟撰，武秀成、赵庶洋校证：《玉海艺文校证》卷14《记注》。

④ 李焘：《长编》卷128。

⑤ 王应麟撰，武秀成、赵庶洋校证：《玉海艺文校证》卷15《政要宝训》。

圣政录》，将上，一日，求质于公，公指数事为非。其一，太祖惑一宫鬟，视朝晏，群臣有言，太祖悟，伺其酣寝刺杀之。公曰：'此岂可为万世法？已溺之，乃恶其溺而杀之，彼何罪？使其复有嬖，将不胜其杀矣！'遂去此等数事。守道服其清识。原注：《遗事》。"[①]不仅如此，韩琦还为该书作序，其中言道：其"上以述列圣之美，次以达一人之听。……唯圣主日置左右，留神观采，守此昭范，勤于奉行"[②]。可见该书颂圣辅政目的极为鲜明。原书虽佚，但其纪事条目在曾慥《类说》卷19以及陶宗仪《说郛》卷49等史籍中仍有存留。受其直接影响，罗从彦撰有《圣宋遵尧录》8卷。此外，石介还编有《先朝政范》1卷，"自《任将》至《悔过》，凡十二篇"。[③]

到南宋时，该类私著仍有不少。如绍兴中，秘书郎张戒采摭太祖圣政之大者，立题著论，撰成《太祖政要》1卷14篇上之。[④]可见该书不仅选录了太祖朝政事，而且作者对其有所评论。又如赵善誉"尝即国史所载深求艺祖开创之微意，为书十四卷，曰《皇朝开基要览》。又为《皇朝圣政类编》。不幸寝疾，仅成数十卷。"[⑤]再如徐巘撰有《绍兴圣政宝鉴》。[⑥]此外，还有直接脱胎于官修圣政的著述。如《高宗圣政草》1卷，据陈振孙记述："陆游在隆兴初奉诏修《高

---

① 朱熹撰，李伟国校点：《三朝名臣言行录》卷一之一《丞相魏国韩忠献王》，见朱熹撰，朱杰人、严佐之、刘永翔主编：《朱子全书》。

② 韩琦：《安阳集》卷22，文渊阁《四库全书》本。

③ 陈振孙撰，徐小蛮、顾美华点校：《直斋书录解题》卷5。

④ 王应麟撰，武秀成、赵庶洋校证：《玉海艺文校证》卷15《政要宝训》。

⑤ 楼钥：《攻媿集》卷102《赵善誉墓志铭》。

⑥ 尤袤：《遂初堂书目》，文渊阁《四库全书》本。

宗圣政》，草创凡例，多出其手，未成而去，私箧不敢留稿。他日追记得此，录之而书其后，凡二十条。”又如《高宗孝宗圣政编要》20卷以及《孝宗圣政》12卷，均系“书坊钞节”。[①]再如现存《中兴两朝圣政》64卷，虽非高宗和孝宗两朝官修《圣政》原本之旧，但从该书中仍可探辑到宋官修《圣政》所纪内容。尤其是存留有“臣留正等曰”的部分，当更接近于官修《圣政》原文。

**2. 玉牒以及皇族谱牒的编修**

以玉牒名书始见于唐，但与唐相比，宋代玉牒在纪事内容上有所拓展及偏重。对此，王应麟指出：“唐开成以玉名牒，与史册并驱。玉牒如帝纪而特详，于国书最为严重。”[②]刘季裴亦言道：“玉牒虽本唐制，至国朝始为详备。”[③]高似孙更具体表明：“玉牒见于唐，所以奠世系、分宗谱也。……其在本朝，志世系之外，更为一史，以纪大事。大事者，降诞、符瑞、即位、大臣除拜、大政事、大诏令也。是所谓大事必书者。”[④]可见玉牒已全然成了“纪大事”的史书。此外，据楼钥言：“古者大事书之于策，玉牒之所由起也。唐始建官，而未若本朝之重。写之精缣，庋之邃殿，他书莫严焉。”[⑤]可见宋代极为珍视玉牒传写与庋藏。

关于玉牒修撰机构变动状况，史载：“真宗咸平初，诏于宗正

---

① 陈振孙著，徐小蛮、顾美华点校：《直斋书录解题》卷5。

② 王应麟撰，武秀成、赵庶洋校证：《玉海艺文校证》卷17《玉牒图谱》。

③ 潜说友：《咸淳临安志》卷6，见《宋元浙江方志集成》（第1册），杭州出版社，2009年。

④ 高似孙撰，周天游校笺：《史略校笺》卷3。

⑤ 楼钥：《攻媿集》卷43《赐礼部侍郎章良能辞免改兼修玉牒官不允诏》。

寺建属籍楼，又诏督修玉牒。（梁）周翰又奏宗正卿赵安易同领其事，遂于秘阁厅编纂之。”到大中祥符八年，“诏建玉牒殿、属籍堂于新寺，命宗正卿赵安仁重修玉牒、属籍。”至次年，朝廷以知制诰刘筠和夏竦为宗正寺修玉牒官。自后皆置修玉牒官一员或二员。①由此可知，真宗时在宗正寺则逐步设立了玉牒专修场所。到仁宗景祐元年五月，［知］制诰、宗正寺修玉牒官李淑言：“欲以编修院厅西阁子充修纂之所。”朝廷从之。又到神宗熙宁三年六月，诏玉牒所于旧三班院置局，后徙编修院。②可见新设的玉牒所还是被特意安排到了编修院。后“元丰官制行，分隶宗正寺官”③，即此时玉牒所隶属于宗正寺。

到南宋高宗绍兴十二年，朝廷又沿袭旧制，始建玉牒所，以宰臣一人提举。修玉牒官一人，以侍从兼。凡宗正卿、少而下，悉与修纂。④但到绍兴二十九年八月，玉牒所归宗正寺。⑤时人对此论说道：“绍兴中间始特建以纂修之所。既而并于宗寺者，用元丰之旧也。”⑥

同时，对于玉牒修纂者变化情况，林駉总结道：“盖唐玉牒，本宗正之职，开成始别置官。其仿唐制，或以宗正卿领其事，或命知制诰掌其职，与夫以学士典领者，咸平、祥符、熙宁之制也；其

① 刘琳、刁忠民、舒大刚、尹波等校点：《宋会要辑稿·职官》二〇之五五。

② 刘琳、刁忠民、舒大刚、尹波等校点：《宋会要辑稿·职官》二〇之五六。

③ 《宋史》卷164《职官志》。

④ 刘琳、刁忠民、舒大刚、尹波等校点：《宋会要辑稿·职官》二〇之五五。

⑤ 《宋史》卷31《高宗纪》。

⑥ 林駉：《古今源流至论》前集卷4《玉牒》。

分隶宗正与夫置使以领者，元丰、大观之制也。其提举以宰臣，充修以侍从，纂修以宗正卿、少而下，则见于绍兴之初者如此。其不置修书检讨，独以少卿、丞编修，既而宰臣提举，而修书之一员仍旧，则见于绍兴之末者如此。在乾道则以参、枢提举，初不专系于宰相。在今日则提举有监修，有修玉牒，有检讨，皆以宰臣、侍从、他官兼。至于纂修，则卿、丞、簿皆与，此则玉牒设官之本末也。”[①] 由以上玉牒纂修官构成变化不难看出，玉牒在不同编修时段，虽因隶属关系或者独立置所导致纂修官构成有所变动，但从中可知，朝廷日益提升了对玉牒编修的重视程度。

对于玉牒在宋代编修与成书状况，详见下表：

**表1-7　宋代所修玉牒一览表**

| 书名 | 卷数 | 成书时间 | 史料来源 | 备注 |
|---|---|---|---|---|
| 《皇宋玉牒》 | 33 | 北宋 | 《宋会要辑稿·职官》二〇之五五 | |
| 《太祖玉牒》 | | 南宋补修 | 《玉海艺文校证》卷17《玉牒图谱》 | |
| 《太宗玉牒》 | | 南宋补修 | 《宋会要辑稿·职官》二〇之六〇 | |
| 《真宗玉牒》 | | 南宋补修 | 《宋会要辑稿·职官》二〇之四二 | 分期补修上进 |
| 《仁宗皇帝玉牒》 | 4 | | 《宋会要辑稿·职官》二〇之五六 | |
| 《仁宗玉牒》 | | 南宋补修 | 《宋会要辑稿·职官》二〇之四三 | 分期补修上进 |
| 《英宗皇帝玉牒》 | 4 | | 《宋会要辑稿·职官》二〇之五六 | |

---

① 林駉：《古今源流至论》前集卷4《玉牒》。

续表

| 书名 | 卷数 | 成书时间 | 史料来源 | 备注 |
|---|---|---|---|---|
| 《英宗玉牒》 | | 南宋补修 | 《宋会要辑稿·职官》二〇之四三 | |
| 《神宗皇帝玉牒》 | | | 《宋会要辑稿·职官》二〇之五七 | |
| 《神宗皇帝玉牒》 | 80 | 南宋补修 | 《宋会要辑稿·职官》二〇之五一 | |
| 《哲宗皇帝玉牒》 | | | 《宋会要辑稿·职官》二〇之五七 | |
| 《哲宗皇帝玉牒》 | | 南宋补修 | 《宋会要辑稿·职官》二〇之四二 | |
| 《徽宗玉牒》 | 120 | 南宋补修 | 《宋会要辑稿·职官》二〇之五一 | |
| 《钦宗玉牒》 | 20册 | 南宋补修 | 《宋会要辑稿·职官》二〇之五二 | |
| 《高宗玉牒》 | | 南宋 | 《宋会要辑稿·职官》二〇之六一、《玉海艺文校证》卷17《玉牒图谱》等 | 分期续修上进 |
| 《孝宗玉牒》 | | 南宋 | 《宋会要辑稿·职官》二〇之四三、四四、四六，《宋史》卷34《孝宗纪》 | 分期续修上进 |
| 《光宗玉牒》 | 40 | 南宋 | 《宋会要辑稿·职官》二〇之五一、《玉海艺文校证》卷17《玉牒图谱》 | |
| 《宁宗玉牒》 | | 南宋 | 《宋会要辑稿·职官》二〇之五一、《宋史》卷40《宁宗纪》等 | 分期续修上进 |
| 《理宗玉牒》 | | 南宋 | 《宋史》卷43至45《理宗纪》 | 分期续修上进 |
| 《度宗玉牒》 | | 南宋 | 《宋史》卷46《度宗纪》 | 部分成书 |

注：该表参据王瑞来《宋代玉牒考》（见《文献》4/1991）一文制成。

由上表可知，宋代绝大多数玉牒成书于南宋。不过，需要说明的是，一是在北宋时期，玉牒编修始终在进行。史载："玉牒修书始于大中祥符六年，而尤备于政和、宣和之间。闻之诸老先生言，政和二年至五年，几再进书，其典章文物，虽三代不能过，於虖盛矣哉！"[①]具体如真宗大中祥符六年春正月，判宗寺赵世长等请于皇属籍之上别崇懿号，诏名《皇宋玉牒》。[②]这是宋代正式以"玉牒"命名该类书的开始。又如早在徽宗崇宁三年冬十月，朝廷命刑部尚书管师仁重修《神宗皇帝玉牒》，及看详《哲宗皇帝玉牒》。到政和二年二月，诏："神宗皇帝玉牒局官吏可依下项：提举官何执中与男志同转一官，蔡京转一官回授有官有服亲，修纂官郑久中、蔡嶷各转一官，内郑久中许回授有官有服亲。"又五年三月，太师、鲁国公、提举修史蔡京等奏："重修到《哲宗皇帝玉牒》，已具进纳。乞降付本院，依《神宗皇帝玉牒》例，于宗正寺取旧《玉牒》并匣，别书写封进请宝讫，择日迎引于玉牒殿奉安。"诏依所奏。这说明政和时期神宗和哲宗《玉牒》有重修、编修，故"几再进书"。又据政和八年九月太仆卿闾丘籥奏："祖宗已来番衍盛大，玉牒簿止是二十一秩，不能尽载，今以宣祖后太祖、太宗、魏王分三祖编纂。至政和六年，太祖下九十九秩，太宗下二百六十九秩，魏王下二百四十八秩，乞付宗正寺。"从之。[③]此又表明玉牒因分祖叙事使得所记内容更为细密化了。

---

① 潜说友：《咸淳临安志》卷6。

② 王应麟撰，武秀成、赵庶洋校证：《玉海艺文校证》卷17《玉牒图谱》。

③ 以上均见刘琳、刁忠民、舒大刚、尹波等校点：《宋会要辑稿·职官》二〇之五七。

二是随着北宋王朝灭亡，皇族宗室以及原有皇室谱系被金人掠走，南宋时需要补修北宋皇室世系事迹以及编纂南宋皇室宗族事迹，故南宋时玉牒成书数量大增。如高文虎曾兼玉牒所检讨官，修《神宗玉牒》。《宋史·高文虎传》载："自熙宁以来，史氏淆杂，人无所取信。文虎尽取朱墨本刊正缪妄，一一研核。既奏御，又修《徽宗玉牒》，考订宣和、崇、观以来尤为详审。"[①]这是高氏精心考定、编修北宋玉牒的具体写照。又如袁燮在宗正寺，修《宁宗玉牒》；在枢庭，修《经武要略》。史载"先时修书官类不经意，将进则取具临时。公（指袁燮）莅职即悉力编摩，后数岁乃进呈，大要多出公笔"[②]。再如据真德秀言：谯令宪嘉定元年迁宗正少卿兼史职，"初，侂胄颛朝权，自谓上之立有定策功，史官争承迎，书初元事皆失实。公前因对，请刊正诬史。及是又言：'玉牒纪大政，而内禅一节颛归功权臣，非所以视万世。臣谨条其缪妄，随事辨正，目曰《甲寅玉牒辨诬》，愿下本所，命官考详厘正。'从之。"[③]可见南宋部分《玉牒》成书，则包含着不少史官的艰苦努力。

此外，现存于《后村先生大全集》卷 82 和卷 83 中的有关宁宗嘉定十一年和十二年《玉牒初草》，突出记述宁宗处理朝廷大事时的言行举动，它无疑成为后人深入了解宋代《玉牒》基本状况的一把钥匙。

总之，对于玉牒在两宋编修时的前后发展变化状况，章如愚高度评价道："圣明迭兴，璇源流衍，设局于祥符之六年，谨会粹也；

① 《宋史》卷 394《高文虎传》。

② 真德秀：《西山先生真文忠公文集》卷 47《袁燮行状》。

③ 真德秀：《西山先生真文忠公文集》卷 44《谯殿撰墓志铭》。

建殿于祥符之八年，重秘藏也。景祐之制，参《会要》而修纂之，虑遗失也；元丰之制，合《日历》而节录之，重记注也。瑶编金轴，藻饰愈崇；宝钥缥囊，缄护愈密，祖宗之隆重若此，亦恐尊圣德，隆世系，在是故尔。中兴以来，尤加崇重。宰臣提举，曩未有也，而今有之；从臣兼修，曩未有也，而今有之。曩宗正所掌凡数书，今三书合而一，独玉牒不之合，以玉牒异于三书也；曩玉牒成书，圣德居一，今所修圣德，名为《中兴圣统》，以中兴异于昔时也；曩诸司供报，动至稽时，今也加之督促，废职举矣；曩成书来上，动十年，今也不拘久近，怠心去矣。”[①]可见北宋朝廷在制度创建、取材以及珍藏等方面，对于玉牒编修与保管有了明确规定。而南宋朝廷在此基础上，无论在编修重视程度还是内容安排以及编修时限等方面，则又有新的提升。

宋代皇族谱牒种类多样，除玉牒外，还有属籍、宗藩庆系录、仙源积庆图以及仙源类谱等。元史官对此论述道：“宋太祖、太宗、魏王之子孙可谓蕃衍盛大矣，支子而下，各以一字别其昭穆，而宗正所掌，有牒、有籍、有录、有图、有谱，以叙其系，而第其服属之远近，列其男女昏因及官爵叙迁，而著其功罪生死岁月，虽封国之制不可以复古，而宗法之严，恩礼之厚，亦可概见。”[②]明人徐一夔亦称赞道：“其法可谓备矣。”[③]同时，对于皇族谱牒修进时限以及地位，据宗正寺规定：“录一岁，图三岁，牒、谱、籍十岁，皆修纂以进。”[④]又据章如愚言：“其后属籍、类谱与夫宗藩庆系之录、

① 章如愚：《群书考索》续集卷16《诸史门·国史》。

② 《宋史》卷215《宗室世系表序》。

③ 徐一夔：《始丰稿》卷8《崇德赵氏世谱序》，文渊阁《四库全书》本。

④ 刘琳、刁忠民、舒大刚、尹波等校点：《宋会要辑稿·职官》二〇之五。

仙源积庆之图，常与玉牒为伍，并修而同进。”再是对于皇族谱牒的功用，章氏明确指出：“所以侈盛美、昭谟烈而重宗庙也。”[①]此外，它有时还反映着朝廷政治斗争的变化情况。如史载：“廷美十子，太宗笃亲，不欲太祖及廷美诸子异其称谓，故属籍皆曰皇子、皇女。及廷美得罪，乃正名称皇侄、皇侄女。”[②]

与官方积极主导编修皇族谱牒相呼应，一些私家时而撰有同类著述。如吴逵撰有《帝王系谱》1卷，“自汉迄周显德，每代略具数语。”[③]又如仁宗至和元年十二月，皇侄赵宗谔撰有《太平盘维录》6卷，记述历代宗属事迹。[④]对于该书，朝廷敕书赞扬道：“汝迪德自先，蒙荫于后。能外纷华之习，颇勤教学之方。阐绎旧闻，寻研本系，类成编次，亶有纲条。撮诸胄绪之华，光我神明之祚。”[⑤]此外，赵氏撰有《治原》15卷，仁宗谓辅臣：该书“采实祖宗事为书，意在规谏，宗室之良也”。赵氏还撰有《宗室善恶宝戒》。[⑥]凡此等等。

### 3. 会要与典制及其直接效应

自唐代开始编修的会要与专门性典制，虽均注重记述典章制度，但仍存在一定差异。对此，陈振孙指出：“按通典载古今制度沿革，会要专述典故。”因此，他将会要置于“典故类”。[⑦]又王云海先生指

---

① 以上均见章如愚：《群书考索》卷17《正史门·国史类》。

② 马端临：《文献通考》卷259《帝系考》。

③ 陈振孙著，徐小蛮、顾美华点校：《直斋书录解题》卷8。

④ 王应麟：《玉海》卷130《官制》。

⑤ 胡宿：《文恭集》卷24《赐右神武大将军睦州团练使宗谔进太平盘维录敕书》，文渊阁《四库全书》本。

⑥ 王应麟：《玉海》卷130《官制》。

⑦ 陈振孙著，徐小蛮、顾美华点校：《直斋书录解题》卷5“国朝通典”解题。

出："典志体专载典制沿革，通贯数代者为三通，记录断代者为会要。"[①]这是从纪事断限上对两者做了必要区分。下面则分别对其加以论述。

（1）会要。会要由唐德宗时苏弁、苏冕兄弟所创，用以"缵国朝故事"[②]。宋承唐制，官、私方均有所修纂。对于会要所记内容和功用，如高宗绍兴九年八月，起居舍人王鉌曾指出："窃见《国朝会要》备载祖宗以来良法美意。凡故事之损益，职官之因革，与夫礼乐之文，赏罚之章，宪物容典，纤细毕具，粲然一王之法，永贻万世之传。今朝廷讨论故事，未尝不遵用此书。"[③]王应麟亦言道："自昔帝王之兴，必有一代之制，著在方册，作则垂宪。若夫国有大典，朝有大疑，于是稽以为决，操以为验。使损益废置之序，离合因革之原，不待广询博考，一开卷而尽见，此会要之书所以不可废也。"他还言道："会要之书，典故尽在，所以弥缝律令之阙，相为表里。"[④]可见备载朝廷典故的会要，是治政者处理政务时的重要参用依据。

对于会要修撰处所的变化状况，如据程俱记述："天圣末国史成，始于修史院续纂会要。"[⑤]可见此时会要编修于修史院。此后，

---

① 参见王云海：《宋会要辑稿研究》第一章"会要体史书的源流"之一"会要体的产生"，《河南师范大学学报》（增刊），1984 年。

② 王溥：《唐会要》卷 36《修撰》，中华书局，1955 年。

③ 苗书梅等点校：《宋会要辑稿·崇儒》四。

④ 王应麟撰，武秀成、赵庶洋校证：《玉海艺文校证》卷 17《典故》。

⑤ 程俱撰，黄宝华整理：《麟台故事》（残本）卷 3 下，《全宋笔记》第二编第九册，大象出版社，2006 年。

会要编修当从属于编修院。对此，据宋敏求言："祥符中，修《册府元龟》，王文穆为枢密使领其事，乃就宣徽南院庭以便其事。自后遂修国史、会要，名曰编修院。"[①]到熙宁三年九月，翰林学士王珪请续修庆历四年以后止熙宁三年纪事，"时编修院修国史，诏于崇文院修纂"。[②]则此时编修地在崇文院。到元符三年十二月，诏修会要即秘书省置局。[③]程俱更具体指出："崇宁以后，置编修国朝会要所、详定九域图志所二局于秘书省。会要以从官为编修，余官为参详，修书官为检阅文字，与祖宗时异。"[④]可见自徽宗时起，会要所隶属于秘书省。此后相沿不改。

对于宋代官修会要具体编修情况，详见下表：

**表1-8　宋朝官修会要一览表**

| 书名 | 卷数 | 上进者及纂修者 | 成书时间 | 记事断限 | 史料出处 |
| --- | --- | --- | --- | --- | --- |
| 《庆历国朝会要》 | 150卷 | 章得象上，王洙等修 | 庆历四年四月 | 建隆元年至庆历三年 | 《玉海艺文校证》卷17《典故》 |
| 《元丰增修五朝会要》 | 300卷 | 王珪上，王存等修 | 元丰四年九月 | 本续庆历四年至熙宁十年，后通旧增损成300卷 | 《玉海艺文校证》卷17《典故》 |

---

① 宋敏求撰，郑世刚整理：《春明退朝录》卷中。

② 王应麟撰，武秀成、赵庶洋校证：《玉海艺文校证》卷17《典故》。

③ 王应麟撰，武秀成、赵庶洋校证：《玉海艺文校证》卷17《典故》。

④ 程俱撰，黄宝华整理：《麟台故事》（辑本）卷2。

续表

| 书名 | 卷数 | 上进者及纂修者 | 成书时间 | 记事断限 | 史料出处 |
|---|---|---|---|---|---|
| 《政和会要》（仅《帝系》《后妃》《吉礼》并《目录》） | 111卷（一作110卷） | 蔡攸等修 | 政和八年十二月 | 止政和八年，并通加删改前两书而成 | 《玉海艺文校证》卷17《典故》、《宋史》卷204《艺文志》 |
| 《乾道续四朝会要》 | 300卷 | 虞允文上 | 乾道六年五月 | 神宗之初至靖康之末 | 《玉海艺文校证》卷17《典故》 |
| 《国朝中兴会要》 | 200卷 | 梁克家等上 | 乾道九年八月 | 建炎元年至绍兴三十二年六月 | 《南宋馆阁录》卷4《修纂》上、《玉海艺文校证》卷17《典故》 |
| 《孝宗皇帝会要》 | 158卷 | 赵雄上 | 淳熙六年七月 | 嗣位至乾道九年 | 《南宋馆阁续录》卷4《修纂》 |
| 《续孝宗皇帝会要》 | 130卷 | 王淮上 | 淳熙十三年十一月 | 淳熙元年至十年 | 《南宋馆阁续录》卷4《修纂》 |
| 《孝宗皇帝会要》 | 80卷 | | 绍熙三年十二月 | 淳熙十一年至十六年 | 《南宋馆阁续录》卷4《修纂》 |
| 《总修孝宗皇帝会要》 | 200卷 | | 嘉泰元年七月 | 嗣位至淳熙十六年（统合以上三书） | 《南宋馆阁续录》卷4《修纂》 |
| 《光宗皇帝会要》 | 100卷 | 京镗等上 | 庆元六年二月 | 淳熙十六年二月登极至绍熙五年七月禅位 | 《南宋馆阁续录》卷4《修纂》 |

续表

| 书名 | 卷数 | 上进者及纂修者 | 成书时间 | 记事断限 | 史料出处 |
| --- | --- | --- | --- | --- | --- |
| 《宁宗皇帝会要》 | 115 卷 | | 嘉泰三年八月 | 绍熙五年七月登极至嘉泰元年十二月 | 《南宋馆阁续录》卷 4《修纂》 |
| | 100 卷 | | 嘉定六年闰九月 | 嘉泰二年正月至嘉定四年十二月 | 《南宋馆阁续录》卷 4《修纂》 |
| | 110 卷 | | 嘉定十四年五月 | | 《南宋馆阁续录》卷 4《修纂》 |
| 《改正宁宗皇帝绍熙甲寅登极以后七年会要》 | 115 卷 | | 嘉定十四年五月（系改正“嘉泰三年”成书者） | | 《南宋馆阁续录》卷 4《修纂》 |
| 《宁宗会要》 | | | 淳祐二年 | | 《玉海艺文校证》卷 17《典故》、《宋史》卷 42《理宗纪》 |
| 《国朝会要总类》 | 588 卷 | 李心传编 | | “合三书为一” | 《直斋书录解题》卷 5 |

由上表可知，宋代官修会要见于史籍记载者共有 16 种，并且大多编修于南宋。其中，如《总修孝宗皇帝会要》，实乃统合三部接续完成的《孝宗会要》而成。又如《改正宁宗皇帝绍熙甲寅登极以后七年会要》，实系改正嘉泰三年八月上进的《宁宗皇帝会要》而成。对此，林駉评论道：“且熙宁十年以后之《会要》，其所议论本于时

好，故不定于蔡攸之私笔，而定于乾道正论兴起之际；嘉定三年以前之《会要》，其所删集之大者，在于戮奸更化，故不定于曩时未更化之前，而定于已更化之后。噫，是书之作，上以慰祖宗在天之灵，下以示子孙奕世之典，抑亦公道大明，而后皆直笔也。”[①]再如李心传主修的《十三朝会要》，即《国朝会要总类》，记事竟贯通宋太祖至宁宗共十三朝。[②]

又由上表以及有关史籍记载可知，一是在记事贯通性方面，北宋三部会要中，后两部在接续纂修时，均注重贯通此前史事，从国初记起，此应是继承了宋初王溥编修《唐会要》的传统。南宋张从祖（详下）和李心传纂修会要亦如此。而与此相对，《乾道续四朝会要》仅以北宋后四朝为记事断限，此应与当时朝廷注重总结编修北宋后四朝史的大背景密切相关。其他见于记载的高宗、孝宗、光宗和宁宗四朝会要，均分朝为书，则与南宋朝廷对修纂进度有严格要求密切相关，它们虽未贯通记事，但为此后张从祖和李心传二人贯通性编定本朝会要奠定了史料基础。

二是从成书上进速度看，南宋会要进献次数与编修进度明显加快，甚至还出现史官请求与其他官修史籍同时进献的现象。对此，周南指出：“独是秘书省所修会要为书最巨，尤当以时编集。自乾道六年修进以来，九年又进，淳熙六年又续进，十三年又续进，绍熙三年、庆元六年、嘉泰二年三次又进，未有历五六年而不进者。今自三年进书之后，至今已及九年，稽之典故，未有如此久者。伏睹淳熙十三年十一月上《四国史》列传，秘书沈揆等札子乞将所修

---

① 林駉：《古今源流至论》前集卷4《会要》。

② 《宋史》卷438《李心传传》。

《会要》同时进呈。绍熙三年十二月上《至尊寿皇圣帝圣政》，乞与《至尊寿皇圣帝会要》同日进呈。庆元元年上《圣安寿仁太上皇帝日历》，乞将《太上皇帝会要》同日进呈。前后三次本省申请，得旨并依。盖同时修进，非但省礼文之费，而典章法度免使日久有所遗落，关系非小。今欲望朝廷敷奏，将所修《会要》参用典故，与《宝训》《玉牒》同时并进。"[①]周氏此奏表明，南宋时会要不仅需及时持续上进，而且往往还需与日历、圣政、宝训、玉牒、实录乃至国史同时修进。该做法不仅可以省"礼文之费"，而且能使典章法度避免"日久有所遗落"。正因为如此，到嘉定七年五月，朝廷下诏会要二年一具草缴进。[②]

三是在门类划分上，最早修成的王洙《会要》凡 15 类，即帝系、礼、乐、舆服、学校、运历、瑞异、职官、选举、道释、食货、刑法、兵、方域以及蕃夷。[③]而王珪《会要》已达 21 类，即帝系、后妃、礼、原注：分为五。乐、舆服、仪制、崇儒、运历、瑞异、职官、选举、道释、食货、刑法、兵、方域以及蕃夷。[④]两者相较，除增加了仪制、改学校为崇儒外，"如后妃，王洙入在帝系中，王珪自为一类"。对于以上 21 类分法，高宗认为："旧书分门极有法，似不须改。"章如愚对此赞叹道："大哉王言，是以定史笔之权度也。成则一定，历世由之。"[⑤]不过，《光宗会要》却达到 23

① 周南：《山房集》卷 2《同陈正字傅校书王秘监乞进会要札子》，文渊阁《四库全书》本。

② 佚名撰，张富祥点校：《南宋馆阁续录》卷 4《修纂》。

③ 林駉：《古今源流至论》前集卷 4《会要》。

④ 王应麟撰，武秀成、赵庶洋校证：《玉海艺文校证》卷 17《典故》。

⑤ 以上均见章如愚：《群书考索》续集卷 16《诸史门·国史》。

类。①

四是在纪事繁简程度上，据真德秀言："臣又闻熙宁中，王珪建言：《国朝会要》，朝廷检寻故事，未尝不用此书，然止修至庆历三年。又当时亟欲成书，又欲广其部帙，故其间尚有遗事，而所载颇多吏文，恐不足行远，乞自庆历四年以后续修其旧书，因而略加增损，庶成一代之典。制可其奏。迨书成，自建隆迄元丰，仅三百卷。纪载最为有法，后莫能及。臣伏观皇帝会要，自绍熙末至嘉泰初才八年耳，而为卷已百五十，迨欲广其部帙之过。观珪所修，臣僚论奏止撮其要。今或全篇纪录，一字靡遗。至于文移行遣、语涉俚近者，亦或未皇删润，臣恐难于传远，如珪所虑也。"②由该奏可知，当时编修的《宁宗会要》内容繁多，需要精减。

五是一些史家对官修《会要》做了删节编定工作。如据晁公武记述：《节国朝会要》12 卷，范师道以章得象的《三朝会要》"繁多，节其要，以备检阅"。③不过，赵希弁所藏范师道所节系 40 卷，并且书名作"会要详节"。④又如张从祖纂辑有《国朝会要》588 卷，纪事"上自国初，至于孝庙"。⑤可见该书纪事竟贯通十一朝。

最后，需说明的是，由徐松负责辑自《永乐大典》的《宋会要辑稿》，纪事涉及宋太祖至宁宗共十三朝，它无疑对深入系统地了解宋会要原貌极为有益。

---

① 王应麟撰，武秀成、赵庶洋校证：《玉海艺文校证》卷 17《典故》。

② 真德秀：《西山先生真文忠公文集》卷 2《己巳四月上殿奏劄二》。

③ 晁公武著，孙猛校证：《郡斋读书志校证》卷 14。

④ 赵希弁撰，孙猛校证：《郡斋读书志校证·读书附志》。

⑤ 佚名撰，张富祥点校：《南宋馆阁续录》卷 4《修纂》。

同时，自宋初时起，一些私家就着力编撰会要。如王溥“好学，手不释卷，尝集苏冕《会要》及崔铉《续会要》，补其阙漏，为百卷，曰《唐会要》。又采朱梁至周为三十卷，曰《五代会要》”①。其中，对于建隆二年春正月上奏朝廷的《唐会要》，因“文简理备”，太祖嘉之。②又如南宋徐天麟撰有《西汉会要》70卷和《东汉会要》40卷，据陈振孙记述：徐天麟“以二史所载汉家制度、典章，散于纪、传、表、志者，仿唐以来‘会要’体，分门编纂，其用力勤矣”。③凡此等等。

(2) 典制。宋代官、私方均极为重视典制类著述编修。具体而言：宋人继杜佑《通典》之后，撰有《续通典》200卷。对此，史载：“咸平三年十月，上命翰林学士承旨宋白，起居舍人、知制诰李宗谔修《续通典》，以秘阁校理舒雅，直集贤院李维、石中立、王随为编修官，直秘阁事杜镐为检讨官。四年九月成二百卷。”④该书纪事起唐至德初，迄周显德末。王钦若指出：“杜佑《通典》上下数千载，为二百卷，而其中四十卷为《开元礼》。今之所载二百余年，亦如前书卷数。”⑤但该书“重复猥杂，大为时论所非，卒不传布，上寻欲改作，亦弗果也”⑥。不过，该书并非“卒不传布”，据马端临在《文献通考自序》中言，“然宋之书成而传习者少”。如

---

① 《宋史》卷249《王溥传》。

② 王应麟撰，武秀成、赵庶洋校证：《玉海艺文校证》卷17《典故》。

③ 陈振孙著，徐小蛮、顾美华点校：《直斋书录解题》卷5。

④ 程俱撰，黄宝华整理：《麟台故事》（辑本）卷2。

⑤ 陈振孙著，徐小蛮、顾美华点校：《直斋书录解题》卷5。

⑥ 李焘：《长编》卷49真宗咸平四年九月。

《资治通鉴》注引该书详明地理沿革者就达数百条。

又魏了翁撰有《国朝通典》200卷。对此，理宗端平元年九月，魏氏在《通典跋》中明确言道："杜氏《通典》之书包括古今，涵贯精粗，人习焉不察，例以类书目之。予自成都尝仿其书为《国朝通典》，因得以熟复终帙。"[①]不过，据陈振孙言：该书"似方草创，未成书也"[②]。

正是由于以上续作中，"宋之书成而传习者少，魏当属稿而未成书。今行于世者，独杜公之书耳，天宝以后盖阙焉。"于是马端临"俱效《通典》之成规，自天宝以前，则增益其事迹之所未备，离析其门类之所未详；自天宝以后至宋嘉定之末，则续而成之"。由此完成了《文献通考》348卷。它与《通典》相比，在该书二十四门中，有十九门属"离析其门类之所未详"者，经籍、帝系、封建、象纬和物异五门，则"《通典》元未有论述而采摭诸书以成之者"。[③]对于该书，明人杨士奇评论道："《文献通考》三百四十八卷，宋相马廷鸾之子端临所辑。间有复出，删治未尽，然立体正大，载事详核，有益实用，非其他类书之比。"[④]可见杨氏对该书作了充分肯定。

其他私家编撰的典制类著述还有不少。其中，在论述前代典制方面，如徐筠撰有《汉官考》6卷，该书"以《百官表》官制为主，而纪、传及注家所载，皆辑而录之"[⑤]。又如袁梦麟撰有《汉制丛

① 魏了翁：《鹤山先生大全文集》卷64。

② 陈振孙著，徐小蛮、顾美华点校：《直斋书录解题》卷5。

③ 马端临：《文献通考自序》。

④ 杨士奇：《东里续集》卷17《文献通考》，文渊阁《四库全书》本。

⑤ 陈振孙著，徐小蛮、顾美华点校：《直斋书录解题》卷6。

录》32卷，“以《二汉》所记典故，分门编类，凡二十五门”[①]。再如王益之撰有《汉官总录》10卷。[②]它如王琀撰有《两汉兵制》1卷，潘梦旂撰有《汉兵编》2卷与《辨疑》1卷。[③]等等。以上是有关汉代典制类著述。

又因宋初制度多承唐制。此后朝廷又以《唐六典》为蓝本进行官制改革，这无疑为时人编撰唐代典制类著述起到了推动作用。如马永锡撰有《唐职林》30卷，该书“以《唐六典》为主，而附以《新史》所载事实，颇采传记、歌诗之属。政和乙未，天台左誉序。”[④]又如《唐典备对》6卷，王应麟记述为：“《书目》：皇朝赵氏订正。”[⑤]《宋史》亦作：“赵氏《唐典备对》六卷，不知名。”[⑥]但据元人陆友仁记述：“赵元考彦若有《史例论》三卷、《唐典备对》六卷、《纪元新卷》十首。”[⑦]可知该书系赵彦若所作。

与此同时，对于本朝官制及其变革状况，宋人亦体现出浓厚的著述热情。如孙逢吉撰有《职官分纪》50卷，该书“大抵本《职林》而增广之，其条例精密，事实详备矣”。又如熊克撰有《圣朝职略》20卷，该书“仿马永锡《唐职林》，考其废置因革，亦颇采故事，摘旧制造中语附焉”。[⑧]再如李攸撰有《本朝事实》30卷，陈振孙认

① 陈振孙著，徐小蛮、顾美华点校：《直斋书录解题》卷5。

② 陈振孙著，徐小蛮、顾美华点校：《直斋书录解题》卷6。

③ 陈振孙著，徐小蛮、顾美华点校：《直斋书录解题》卷12。

④ 陈振孙著，徐小蛮、顾美华点校：《直斋书录解题》卷6。

⑤ 王应麟撰，武秀成、赵庶洋校证：《玉海艺文校证》卷17《典故》。

⑥ 《宋史》卷203《艺文志》。

⑦ 陆友仁：《研北杂志》卷上，文渊阁《四库全书》本。

⑧ 陈振孙著，徐小蛮、顾美华点校：《直斋书录解题》卷6。

为：该书“杂录故事，不成条贯统纪”[①]。但清四库馆臣却认为：“(李) 攸熟于掌故，经靖康兵燹之后，图籍散佚，独汲汲搜辑旧闻，使一代典章粲然具备，其用力颇为勤挚。”[②]这是从战乱之后李攸作为上给予了肯定。它如张文伯编有《秘府书林》22卷，据赵希弁记述，该书“曰《天文》，曰《律历》，曰《五行》，曰《地理》，曰《食货》，曰《选举》，曰《百官》，曰《礼乐》，曰《舆服》，曰《祭祀》，曰《艺文》，曰《兵刑》，凡十二类，考订历代及本朝史志为甚详”。[③]可见该书属专门性考订之作。凡此等等。

其间，直接反映官制改革的著述则有：如熊克撰有《官制新典》10卷，“其书以元丰新制为主，而元祐之略加通变，崇、政之恣为纷更，皆具列焉。”[④]又如蔡元道撰有《祖宗官制旧典》3卷，[⑤]该书“大略以为元丰用官阶寄禄，虽号正名，而流品混淆，爵位轻滥，故以祖宗旧典与新制参稽并考而论其得失”[⑥]。朱熹对此评论道：“蔡元道所为《祖宗官制旧典》，他只知惩创后来之祸，遂皆归咎神宗不合轻改官制，事事以祖宗官制为是，便说此是百王不可易之典。殊不知后来所以放行踰越，任用小人，自是执法者偏私，何关改官制事？”[⑦]可见朱氏并不认同蔡氏所论。再如王益之撰有《职源》50

① 陈振孙著，徐小蛮、顾美华点校：《直斋书录解题》卷5。
② 《四库提要》卷81。
③ 赵希弁撰，孙猛校证：《郡斋读书志校证·读书附志》。
④ 陈振孙撰，徐小蛮、顾美华点校：《直斋书录解题》卷6。
⑤ 《宋史》卷203《艺文志》。
⑥ 陈振孙撰，徐小蛮、顾美华点校：《直斋书录解题》卷6。
⑦ 黎靖德辑，郑明等校点：《朱子语类》卷128。

卷，陈振孙指出：该书“专以今日见行官制为主。盖中兴以后，于旧制多所并省故也”[①]。王氏在该书《序》中详细论述道：“凡前代创置，国家沿袭，元丰正名，中兴并省，题其要而寘篇端。官之故实，职之典掌，前贤遗迹，先朝训辞，复取其雅驯，以次列焉。间有一事而诸书不同，兼而存之；官之冗散，诸书不具者，列其目而阙其辞。总三百六十门，为五十卷，名曰《职源》。”[②]由此可知其纪事重心所在。它如曾三异撰有《宋新旧官制通考》10卷和《宋新旧官制通释》2卷。[③]

**4. 官修方志及其效应**

作为记载一地建制沿革、自然地理和政治、经济、社会面貌等内容的方志，直到宋代才综合地方地理、历史、人物和文献而为一书，从而发展和完善了方志编撰体例。在新编撰体例推动和各级政府大力支持下，宋代由朝廷上下主修的图经，以及由州县官主修的州县志得以迅猛发展。对其发展原因，陈乐素先生通过考察《宋史·艺文志》对宋代方志著录状况，明确指出：“《宋志》反映方志多。这是由于中央对地方官要求人口有增无减，保证税收，地方官不得不抓紧当地情况，编修方志。”[④]该说不无道理。

(1) 地理总志类著述的编修及其影响。一是《祥符图经》的编修及其影响。宋朝廷在地方州郡造送图经基础上，编修天下图经。史载：早在太祖开宝四年春正月，朝廷任命知制诰卢多逊、扈蒙等

---

① 陈振孙撰，徐小蛮、顾美华点校：《直斋书录解题》卷6。

② 吴师道：《敬乡录》卷12，文渊阁《四库全书》本。

③ 《宋史》卷203《艺文志》。

④ 陈乐素：《宋史艺文志考证》第三篇《宋史艺文志研究札记》。

重修天下图经，其书汔不克成。到六年四月，卢多逊出使江南，求江表诸州图经，以备修书，于是十九州形势尽得之。[①]又到真宗景德四年，朝廷诏以四方郡县所上图经，刊修校定为一千五百六十六卷，以大中祥符四年颁下。[②]此次所颁者即为《祥符州县图经》，或作《祥符诸道图经》《祥符图经》。同时，朝廷又“诏重修定大小图经，令职方牒诸州，谨其藏，每闰依本录进”[③]。即此后各州郡图经需依《祥符图经》体式编纂，并且每闰年录进。但该制度是否得以严格遵守，尤其是闰年录进是否按时执行，仍难下确论。

不过，此后依《祥符图经》体例修成的州郡图经不少。如朱长文撰有《吴郡图经续记》3卷，据陈振孙言：该书“记祥符以后事，亦颇补前志之阙遗”[④]。对此，朱长文自言：“自大中祥符中诏修图经，每州命官编辑而上，其详略盖系乎其人，而诸公刊修者立类例，据录而删撮之也。夫举天下之经而修定之，其文不得不简，故陈迹异闻，艰于具载。由祥符至今，逾七十年矣，其间近事未有纪述也。”[⑤]由此可见，《祥符图经》因受所供史源丰缺程度以及全书体例等因素制约，无法反映诸州郡某些方面的详情。又《吴郡图经》此后未能及时纂修，故朱氏于元丰七年完成了《吴郡图经续记》。清四库馆臣从志书流传角度指出：“州郡志书，五代以前无闻，北宋以来，未有古于《长安志》及是记者矣。”[⑥]又如《黄州图经》4卷、

---

① 王应麟：《玉海》卷14《地理》。

② 陈振孙著，徐小蛮、顾美华点校：《直斋书录解题》卷8“苏州图经”解题。

③ 王应麟：《玉海》卷14《地理·祥符州县图经》。

④ 陈振孙著，徐小蛮、顾美华点校：《直斋书录解题》卷8。

⑤ 朱长文：《乐圃余稿》卷7《吴郡图经续记序》，文渊阁《四库全书》本。

⑥ 《四库提要》卷68。

《附录》1 卷，据陈振孙言："李宗谔祥符所修《图经》，亦颇有后人附益者。郡守李谌又以近事为《附录》焉。"[①]可见《黄州图经》被时人做了适时增附。再如董弅在《重修严州图经序》中指出："因旧经而补辑，广新闻而附见。"即《重修严州图经》亦是以祥符《(严州）图经》为基础，对原有内容做了补辑增附。凡此等等。

二是《九域志》的编修及其影响。史载：真宗"祥符初，命李宗谔修图经，有司请约唐《十道图》以定赋役，上命学士王曾修《九域图》，六年成"[②]。到神宗熙宁八年六月，都官员外郎刘师旦言："今《九域图》自大中祥符六年修定，至今六十余年，州县有废置，名号有改易，等第有升降，兼所载古迹有出于俚俗不经者。乞选有地理学者重修，三馆、秘阁删定。"于是朝廷命赵彦若和曾肇重修。因"以旧书不绘地形，难以称图"，更赐名曰"九域志"。[③]又据《玉海》卷 15《地理》引《会要》云："元丰三年闰九月，延和殿进呈，六年闰三月，诏镌；八年八月颁行。"此即成书的《元丰九域志》10 卷。不过，据王文楚、魏嵩山二先生考证指出：该书"实际上元丰八年以后仍在修订"[④]。到哲宗绍圣四年九月，兵部侍郎黄裳言："今《九域志》所载甚略，愿诏职方取四方州郡山川、风俗、民事、地物、古迹之类，讲求其详，集为一书，以备《九域志》之阙。"[⑤]

---

① 陈振孙著，徐小蛮、顾美华点校：《直斋书录解题》卷 8。

② 王应麟：《玉海》卷 14《地理》。

③ 李焘：《长编》卷 265。

④ 王存等撰，王文楚、魏嵩山点校：《元丰九域志·前言》，中华书局，1984 年。

⑤ 李焘：《长编》卷 491。

此书名为《新定九域志》，书中遂增“古迹”一门。[①]总之，《元丰九域志》分路记载所属府州军监及其地里、户口、土贡、领县、乡镇堡寨与名山大川、古迹，所载政区实为元丰八年之制，叙述沿革以本朝为主。据其《进书表》，其编修宗旨为：“文直事核，欲使览者易知。”

徽宗时期，朝廷又设立专门机构，编修《九域图志》。对此，据程俱记述：“崇宁以后，置编修国朝会要所、详定九域图志所二局于秘书省。……《九域图志》前朝固尝修定，止就馆阁而不置局。崇宁虽就秘书省，然置局设官，以从官为详定，余官为参详，修书官为编修官，检阅、编修，其进用视秘书省官而无定员。当时宰执、从官大抵由此涂出。”[②]可见当时朝廷极为看重对《九域图志》的编修。同时，朝廷还及时征集史料以助修。如黄鼎在《四明图经序》中指出：“爰自大观元年，朝廷创置九域图志局，命所在州郡编纂图经。”又如政和元年夏四月，详定《九域图志》何志同等奏：“送到新汉州教授陈坤臣所进《郡国人物志》一部，合一百五十卷，送编修九域志所看详。据编修官陆修等状，看详所进《郡国人物志》，包括诸史上下千载间，文婉而事详，因成一书，可藏诸馆阁，缘汉晋郡国之境与今不同，人物往往不合，窃虑不须编入《九域志》。”诏依奏。[③]陈坤臣所著虽未被参用，但该举动足以说明，当时征集史料较为广泛。不过，据朱弁记载：“崇宁末，诏置局编修，前后所差

---

① 参见王存等撰，王文楚、魏嵩山点校：《元丰九域志·前言》，中华书局，2011 年。

② 程俱撰，黄宝华整理：《麟台故事》（辑本）卷 2。

③ 苗书梅等点校：《宋会要辑稿·崇儒》五。

官不少，然竟不能成。”[①]由此可见，此时编修的《九域图志》最终未能成书，但它对此后州郡志编修还是产生了一定影响。如王应麟就指出：“诸州《图经》乃景德、祥符所修，而郡志但以大观为据。”[②]又史载：“自宋大观时，诏天下州郡各编志书以进，名为《九域图志》。乾道时明州遂因《图志》而有《四明图经》之作焉。”[③]

三是其他地理总志的编修。北宋时，私家所撰主要有：如乐史撰《太平寰宇记》200卷，据王应麟记述：“太平兴国中，天下一统，史取自古山经地志，考正讹谬，纂成此书，上之。始于河南道，终于四夷。”[④]对于该书在方志体例方面的创新，清四库馆臣指出：“后来方志必列人物、艺文者，其体皆始于史。盖地理之书，记载至是书而始详，体例亦自是而大变。”[⑤]对于其取材及叙事特点，朱彝尊指出：“是编稽之国史，多有不合，殆取诸稗官小说者居多，不若《九域志》《舆地记》之简而有要也。”[⑥]可见其取材和叙事均存在明显缺陷。又如欧阳忞撰《舆地广记》38卷，据晁公武记述：该

① 朱弁撰，张剑光整理：《曲洧旧闻》卷5，《全宋笔记》第三编第七册，大象出版社，2008年。

② 乾隆《鄞县志》，见《浙江方志集成》（第10册）“附录：《宋元四明六志校勘记》卷五”。

③ 雍正《慈溪县志·舆地图序》，见《浙江方志集成》（第10册）“附录：《宋元四明六志校勘记》卷五”。

④ 王应麟：《玉海》卷15《地理》。

⑤ 《四库提要》卷68。

⑥ 朱彝尊：《曝书亭集》卷44《太平寰宇记跋》，文渊阁《四库全书》本。

书“自尧舜以来，至于五代地里沿革离合，皆系以今郡县名”[①]。清四库馆臣进而指出：“其书前四卷先叙历代疆域，提其纲要。五卷以后乃列宋郡县名，体例特为清析。其前代州邑宋不能有，如燕云十六州之类者，亦附各道之末，名之曰化外州，亦足资考证。虽其时土宇狭隘，不足括舆地之全，而端委详明，较易寻览，亦舆记中之佳本也。”[②]可见该书在编修体例和记述内容方面均有自身特点。再如李德刍撰《元丰郡县志》30卷、《图》3卷，[③]等等。

南宋时，朝廷虽偏安一隅，但有志之士仍撰有地理总志类著述。如《皇朝方域志》200卷，布衣王希先撰。据陈振孙记述：该书“凡前代谓之《谱》，十六《谱》为八十卷；本朝谓之《志》，为一百二十卷。《谱》叙当时事实，而注以今之郡县；《志》述今日疆理，而系于古之州国。古今参考，《谱》《志》互见，地理学之详明者，无以过此矣。嘉熙二年上于朝”[④]。由此可知，该书如同前述《舆地广记》，叙事时注重古今结合，记事详明并善于创新。又如曹彦约撰《舆地纲目》15卷，[⑤]他在《舆地纲目初稿序》中论述道：“舆地之书作于车同轨之时则易，作于国异政之时则难。时同轨矣，犹必君相注其意，郡县宣其力，咨访于下者无遗虑，编摩于上者有实学，然后可以稽古，可以传远。兹事浩博，非经生、学士所能独办。自汉班孟坚志《地理》之后，后魏郦道元注《水经》以来，世无俦匹，尚称抵牾。该洽事力，仅能有此，惟唐李吉甫志《元和郡县》，身为

---

① 晁公武著，孙猛校证：《郡斋读书志校证》卷8。

② 《四库提要》卷68。

③ 《宋史》卷204《艺文志》。

④ 陈振孙著，徐小蛮、顾美华点校：《直斋书录解题》卷8。

⑤ 魏了翁：《鹤山先生大全文集》卷87《曹彦约墓志铭》。

宰相，世号中叶，其时尚可，其位又称。比量他书，粗有本末，百或一失，未暇尽备也。本朝全盛之时，记《寰宇》于乐史，志《九域》于王存，一则自出己意，不假朝命；一则依仿旧图，撮其大要。或讨论之不精，或纪载之不备，观者歉然，未为大典。而欧阳忞辈乃欲以专门自许，广记其事，志则良苦，事力犹有限也。观书诵史，如坐暗室，东征西辕，出门有碍，儒者之耻也。暮年脱迹吏事，隐括旧闻，始类韵为《舆地纲目》，以备检阅。在目前称谓则主乎嘉定，其陷没州县则号从中国。详于三代、秦、汉以前，次及于魏、晋分离之后。日附而月益，期以自淑而已。”[①]由此可见，该书亦是古今兼叙的有为之作。再如余嘉撰《圣域记》25卷，“以本朝州县沿革、山川风物及古今守备之处汇书之。”[②]可知该书内容还涉及军事地理方面。其他如范子长撰《皇州郡县志》100卷，[③]《咸淳临安志》和《方舆胜览》等书对其内容有征引。

此外，值得注意的是，一则是宋代还出现了一些天下疆域图或者疆域志。北宋时，如掌禹锡和王洙撰《皇祐方域图志》50卷。[④]又如税安礼撰《地理指掌图》1卷，[⑤]今传本《历代地理指掌图》（1卷）则题苏轼撰。[⑥]到南宋时，如对于《混一内外疆域图》，据宝祐四年姚勉《序》记述：“其法如坡翁《指掌图》，汇列区析，江而淮，襄而蜀，河之南北，山之东西，若关四州，若陕五路，以至不

① 曹彦约：《昌谷集》卷14。

② 王应麟：《玉海》卷15《地理·绍兴历代疆域志》。

③ 《宋史》卷204《艺文志》。

④ 李焘：《长编》卷170。

⑤ 陈振孙撰，徐小蛮、顾美华点校：《直斋书录解题》卷8。

⑥ 《四库提要》卷72。

毛之地，穷发之乡，隐抉显披，无所匿伏。历而阅之，某险可据，某罅可苴，敌情不可以遁也。某郡我境，某县我疆，故物不可以委也。仆为是可以续坡翁《图》为二书，任人家国者，当人置一编几案。”[①]又如无名氏撰《六合掌运图》1 卷，据陈振孙记述：“凡为四十图，首列禹迹，次为中兴后南北三境，其后则诸边关阨险要以及虏地疆界亦著之。”[②]可见以上二《图》更具有军事参考价值。再如吴澥撰《历代疆域志》10 卷，[③]等等。

另一则是宋代出现了偏重“纪胜”“览胜”之作。清四库馆臣在品评《太平寰宇记》时指出：“其书采摭繁富，惟取赅博，于列朝人物一一并登。至于题咏古迹若张祐《金山诗》之类，亦皆并录。”[④]可见该书中已有“题咏”内容。到南宋时，如王象之撰有《舆地纪胜》200 卷。对于该书编撰目的，王氏在《自序》中言道：“世之言地理者尚矣。郡县有志，九域有志，寰宇有记，舆地有记。或图两界之山河，或纪历代之疆域，其书不为不多。不过辨古今，析同异，考山川之形势，指南北之离合，资游谈而夸辨博，则有之矣。至若收拾山川之精华，以借助于笔端，取之无禁，用之不竭，使骚人才士于一寓目之顷，而山川俱若效奇于左右，则未见其书，此《纪胜》之编，所以不得不作也。”由此可知，该书注重汇集吟咏天下山川之辞章，以供骚人才士赋诗撰文之用。陈振孙亦明确指出：该书“盖以诸郡《图经》，节其要略，而山川景物、碑刻诗咏初无所

① 姚勉：《雪坡集》卷 38，文渊阁《四库全书》本。

② 陈振孙撰，徐小蛮、顾美华点校：《直斋书录解题》卷 8。

③ 王应麟：《玉海》卷 15《地理》。

④ 《四库提要》卷 68。

遗，行在宫阙、官寺实冠其首，关河版图之未复者，犹不与焉”[①]。又如祝穆撰《方舆胜览》70卷，记载南宋十七路所属府县之事。据清四库馆臣所言：“书中体例，大抵于建置沿革、疆域道里、田赋、户口、关塞险要，他志乘所详者，皆在所略，惟于名胜古迹多所胪列，而诗赋序记所载独备。盖为登临题咏而设，不为考证而设。”[②]可见其记事有明显偏重。

（2）地方志的广泛编修[③]。除前述依《祥符图经》体例并取名“图经”的州郡志之外，宋代还有许多以“志”命名的地方志。尤其到南宋，以“志”命名的地方志数量激增。对于其中缘由，如宁宗嘉泰元年，陆游在《会稽志序》中指出：“(《会稽志》）虽本之《图经》，《图经》出于先朝，非藩郡所可附益，乃用长安、河南、成都、相台之比，名《会稽志》。”[④]陆氏在此道出了他不用“图经”命志的真实缘由。再结合此前所述，如朱长文在《吴郡图经续记》中，选用“图经续记”命名。又如在续修《黄州图经》时，郡守李谌将所增“近事”以“《附录》”方式单独处理。[⑤]这些现象表明，在陆游选用“志”命名州郡志前，一些时人虽仍选取“图经”命名所撰之志，但它与径直称作“图经”已有了明显区别。至于“图经”与

① 陈振孙撰，徐小蛮、顾美华点校：《直斋书录解题》卷8。

② 《四库提要》卷68。

③ 按：据顾宏义先生依据现存史料考辨统计，宋代路、州、县、镇之志(包括存佚）计一千零三十一种，较张国淦先生的《中国古方志考》所录增多近三百种。见其著《宋代方志考·前言》，上海古籍出版社，2010年。

④ 陆游：《陆游集·渭南文集》卷14，中华书局，1976年。

⑤ 陈振孙撰，徐小蛮、顾美华点校：《直斋书录解题》卷8。

“志”名称变化所隐藏的深层含义，当今学者潘晟指出：“北宋州郡图经为官牍，代表的是中央统一王朝疆理天下的神圣传统；而后者（按指志）却只是地方地理文献，所表现的只是王朝统治下的地方州郡，实有天壤之别！”[①]该说对认识“图经”与“志”间的区别不无帮助。

宋代地方志往往由地方官主持，地方官僚属、乡贤或者文士参与编撰。到南宋时，各地地方志编修日趋普遍，甚至于每个州、府、县都定期编撰地方志。对此，黄岩孙在《仙溪志》尾记中指出：“今僻陋之邦，偏小之邑，亦必有纪录焉。”陈耆卿在《赤城志序》中亦言道：“图牒之传尚矣，今地逾万里，县不登万户，亦必有成书焉。”[②]同时，不少地方志得以续修、增修甚至重修等。如孝宗淳熙九年，梁克家在《淳熙三山志序》中指出：“予领郡，暇日访无诸以来遗迹故俗。闻晋太康既置郡之一百一十三年，太守陶夔始有撰记。又四百五十六年至唐，郡人林谞复增为之。皆散逸无存者。独最后一百九十二年，［至］本朝庆历三年，郡人林世程所作传于世。自言视前志颇究悉，然不过地理、山川、人士、物产之大概，裒次亦复缺略。迄今又一百三十九年，兴废增改，率非其故矣，阙不书者十九。夫追惟往昔之事，不可复记，世常以为恨。至耳目所接，谓未遽泯没，则又不急于纪录。岁月因循，忽莫省忆，使来者复恨之，斯古今通病，所为甚惜也。乃约诸里居与任于此者，相与纂集，讨寻断简，援据公牍，采诸老长所传，得诸闾里所记，上穷

① 潘晟：《宋代地理学的观念、体系与知识兴趣》第三章第三节“州郡志：地方官、士人、缙绅的政治与文化舞台”，商务印书馆，2014年。

② 陈耆卿：《筼窗集》卷3，文渊阁《四库全书》本。

千载建创之始，中阅累朝因革之由，而益之以今日之所闻见。厥类惟九，靡不论载，岂惟使四方知是邦于是为盛，抑向古者有考焉！书成，为四十卷，名曰《三山志》。”由此可见，如梁氏所言，及时续修不仅有利于保存史料，而且有利于宣扬地方历史。又以现存宋代地方志而言，多次续修者就有施宿等撰的《嘉泰会稽志》20卷和张淏撰的《宝庆续志》8卷；张津等撰的《乾道四明图经》12卷、罗濬等撰的《宝庆四明志》21卷，以及梅应发等撰的《开庆四明续志》12卷；周淙撰的《乾道临安志》3卷、施谔等撰的《淳祐临安志》6卷，以及潜说友撰的《咸淳临安志》96卷，等等。[①]

在编修体例方面，宋代地方志有许多创新之处。如除大家共知的《景定建康志》仿《史记》体例而分图、表、志、传自成一书外，王十朋仿左思《三都赋》编《会稽三赋》、王观作《扬州赋》及陈洪范作《续扬州赋》而创赋体方志。[②]又如曹叔远撰有《永嘉谱》24卷，据陈振孙记述：该书“曰《年谱》《地谱》《名谱》《人谱》，……创为义例如此”[③]。再如《景定建康志》卷33《文籍志》一中专列“书籍”“书版”以及“石刻”，此属宋代教育文化以及印刷等取得长足发展后，得以在方志立目中的具体体现。

对于地方志内容编排，一些方志撰修者依据其地特殊的历史地位以及现实社会需要，采取了多样化的编排方式。如对于《咸淳临安志》的内容编排，清四库馆臣指出：该书“前十五卷为行在所，

① 参见《宋元方志丛刊》“影印说明”，中华书局，1990年。

② 陈光贻：《中国方志学史》第一部分第四篇“方志纂撰体裁”，福建人民出版社，1998年。

③ 陈振孙著，徐小蛮、顾美华点校：《直斋书录解题》卷8。

录记宫禁曹司之事，自十六卷以下乃为府志，区画明晰，体例井然，可为都城纪载之法。”该编排正反映着作为都府的临安所具有的独特的政治地位。又如对于周应合撰的《景定建康志》50卷，四库馆臣言道：“书首为留都四卷，次为图、表、志、传四十五卷，末为拾遗一卷，援据该洽，条理详明。”其中卷首“留都”部分，正反映了南宋初的政治现实。再如对于罗濬等撰的《宝庆四明志》21卷，四库馆臣指出：“前十一卷为郡志，分《叙郡》《叙山》《叙水》《叙产》《叙赋》《叙兵》《叙人》《叙祠》《叙遗》九门，各门又分立四十六子目；第十二卷以下则为鄞、奉化、慈溪、定海、昌国、象山各县志，每县俱自为门目，不与郡志相混。”[①]这是将郡、县内容特意分述的处理方式。它如蔡戡修《静江志》12卷，据赵希弁记述，该书以“高宗皇帝除太傅静江奉宁军节度使、桂州牧兼郑州牧制词冠于篇端”[②]。由此彰显该地官员的政治地位。凡此等等。

再是就地方志编修质量以及价值而言，宋代不少地方志受到时人及后人称颂。如陈振孙认为：《襄阳志》（40卷）“为书既详备，而刊刻亦精致，图志之佳者”。薛季宣撰的《武昌土俗编》（2卷），“记一县之事颇详”[③]。又如清四库馆臣认为：施宿等撰的《嘉泰会稽志》“条理秩然”；陈耆卿撰的《嘉定赤城志》“叙述咸中体裁”；罗濬等撰的《宝庆四明志》“叙事谨严，不失古法”；周应合撰的《景定建康志》“凡所考辨，俱见典核”；郑瑶和方仁荣撰的《景定严州续志》“叙事简洁，犹與记中之有古法者”[④]，凡此等等。

① 以上均见《四库提要》卷68。

② 赵希弁撰，孙猛校证：《郡斋读书志校证·读书附志》。

③ 以上均见陈振孙著，徐小蛮、顾美华点校：《直斋书录解题》卷8。

④ 以上均见《四库提要》卷68。

最后，就地方志的主要功用而论，大多由州县学教授或乡贤执笔撰成的地方志，注重宣传地方特色，体现乡土观念，努力达到劝戒教化的目的。对此，郑兴裔表明其可以“察民风、验土俗”[①]。马光祖在《景定建康志序》中明确指出：“忠孝节义，表人材也；版籍登耗，考民力也；甲兵坚瑕，讨军实也；政教修废，察吏治也；古今是非、得失之迹，垂劝鉴也。夫如是，然后有补于世。”不仅如此，更为重要的是，地方官主持修志，不仅可以帮助他们熟知管辖地的山川地貌、人口土俗，乃至先贤良政，而且更能宣扬他们在该地的政绩。对此，董弅在《重修睦州图经序》中明言：使“为政者究知风俗利病，师范先贤懿绩”。林虑亦在《吴郡图经续记后序》中指出：“举昔时牧守之贤，冀来者之相承也。”同时，在体现地方官政绩方面，如在林表民撰修的《赤城三志》内，就记有：“绍定己丑（二年），水坏城，修治兴筑，本末详焉。”[②]类似者还有：《咸淳临安志》多突出主修者潜说友治绩，《景定建康志》多体现主修者马光祖政绩，等等。

此外，在此值得一提的是，宋代都城志编修取得了较大进展。如宋敏求撰有《东京记》《河南志》和《长安志》。对此，苏颂指出：“国朝都汴，沿旧方镇、府寺、邸第、闾里、坊巷，增易数矣，人罕识其故处者。公依韦述《类例》撰《东京记》三卷。雍、洛故京，汉、唐遗事，渐罹残毁，其迹熄矣。公掇方志洎碑记所载，撰《长安》《河南志》各二十卷。”[③]对于其中的《长安志》，清四库馆

① 郑兴裔：《郑忠肃奏议遗集》卷下《广陵志序》。

② 陈振孙著，徐小蛮、顾美华点校：《直斋书录解题》卷 8。

③ 苏颂撰，王同策、管成学、颜中其等点校：《苏魏公文集》卷 51《宋敏求神道碑》。

臣在《钦定日下旧闻考》解题中指出："古来志都京者，前莫善于《三辅黄图》，后莫善于《长安志》。"[①]又如到徽宗宣和末，太常博士李子奇奏称："国家自艺祖受命造邦，混一区宇，定都于汴。神宗稽古有作，焕然一新。陛下绍述，百美备具，京邑之盛，莫如今日。固宜书之简册，如所谓《长安志》者，纂为一书，号《汴都志》，以垂耀万世。"于是朝廷诏令辅臣郑居中提领修纂，李子奇及秘书丞李錞为编修官。可惜《汴都志》"元不曾成书"[②]。再如周淙撰有《乾道临安志》15卷，陈振孙批评道："首卷为行在所，于宫阙殿阁全不记载，籍曰禁省严秘，不敢明著。其视宋次道《东京记》，何其大不侔。其他沿革亦多疏略。"[③]不过，对于其编修体例，四库馆臣指出：该书"第一卷纪宫阙官署，题曰《行在所》，以别于郡志。体例最善。后潜《志》实遵用之。"[④]可见该书虽对都城重要机构记载有所阙略，但其编修体例则受到后人肯定。

## 第二节　史学的创新发展与史学思想的进步

宋代以文治国，官方极为重视史学，官私方著史队伍颇为庞大。其间，不少史家在史书体裁体例创新与发展、金石学等领域拓展，

① 《四库提要》卷68。

② 周煇撰，刘永翔、许丹整理：《清波别志》卷下。

③ 陈振孙撰，徐小蛮、顾美华点校：《直斋书录解题》卷8。

④ 《四库提要》卷68。

以及史学思想丰富与发展等方面，均作出了极为突出的贡献。

## 一、史书体裁体例的创新与史学领域的拓展

自中唐时起，随着社会政治环境以及学术文化风气的急剧变化，人们对史书体裁的选择甚至创新也随之有所变化，纪传体独尊地位不仅被打破，而且随着《春秋》学兴起以及《资治通鉴》成书传世，编年体重获中兴。到南宋时，后世所能见到的史书体裁已基本齐备。其间，如纪事本末体和纲目体便是在编年体基础上的创新之作，年谱、学案体以及金石学在此时亦得以出现。同时，无论是考史、补史、评史和注史，还是宗教史和蕃域史，它们在种类以及编修方式等方面已变得更为丰富多彩。

### 1. 史书体裁体例的创新与发展

(1) 纪事本末体。该体裁出现于南宋前期，由袁枢撰成《通鉴纪事本末》42卷而产生。《通鉴纪事本末》以《资治通鉴》作为取材对象，并将《资治通鉴》中原来分年叙述之事，以事归并，选择汇列为上自“三家分晋”，下至“周世宗征淮南”等共239件大事（另附相关事项66项），每事为一篇，详记始末。这种以事件为中心，每事一篇，自为起讫的编纂方法，克服了“纪传之法，或一事而复见数篇，宾主莫辨；编年之法，或一事而隔越数卷，首尾难稽”[①]之缺陷，更加适应了当时社会的客观需求，并受到时人重视。

几乎与此同时，章冲撰有《春秋左氏传事类始末》5卷。该书以《春秋左氏传》为取材对象，以鲁十二公加以划分。每公之下，按年

---

① 《四库提要》卷49“通鉴纪事本末”解题。

依次类聚史事，每事一篇，自为起讫。总共选择汇聚有上自鲁隐公元年“郑伯克段”，下至哀公二十七年“越子盟于平阳”和“晋荀瑶伐郑”等共357件大事。书末附载灾异、力役、时政、列国兴废及器物等事。它与袁枢之书相比，其设置的事目更细，书名则称作“事类始末”。随后，杨仲良撰有《长编纪事本末》150卷，系将《长编》所载北宋九朝史事析为事目410条，目中复有子目70条。依据姚勉为该书所作《序》可知，该书原名为《本朝通鉴长编节要纲目》。又姚氏指出：“司马《通鉴》一书有节本，有《举要历》，有袁氏《本末》，有朱夫子《纲目》。今此书之节要，辞剪其浮，即司马《通鉴》之自节本也；此书之标题，事举其要，即司马《通鉴》之《举要历》也。类总其萃，年系其时，袁氏之《本末》也；挈提以纲，纪载以目，即朱夫子之《纲目》也。一书而诸体备焉，用心亦勤矣。”[①]可见该书还吸取了《资治通鉴》节本和《举要历》的做法，特别是纲目体的某些长处。同样，彭百川撰有《太平治迹统类》40卷，据陈振孙《直斋书录解题》卷五《典故类》和赵希弁《郡斋读书志附志·类书类》解题可知，该书略用《通鉴纪事本末》条例。赵希弁进而指出：其书“统而类之，事撮其纲，辞举其要”，并且纪事与《中兴治迹统类》一起，“上自艺祖，而下至于孝宗，凡二百门云”。可惜今传本《太平治迹统类》因篇卷断烂、文字讹夺而已非原貌，并且后人将其厘定为30卷。

此外，李文子俾郭允蹈撰成了《蜀鉴》10卷。该书纪事上起秦取南郑，下至宋平孟昶，记载一千三百年关乎蜀之事。全书以事类聚，列有“秦人取南郑”至“西南夷本末（下）”共52个事目。在

① 姚勉：《雪坡集》卷38《本朝长编节要纲目序》。

每事之内，各记事条则有纲有目有论，甚至还有考。在取材方面，该书并非仅限于一书，而是广搜群书。可见该书以纪事本末体为主，同时还吸收了纲目体的编修方法。

总之，纪事本末体以事件为中心，每事一篇，列有标目，并依编年叙事，自为起讫，从而保持了事件的完整性。同时，由前述可知，自袁枢创立纪事本末体之后，南宋时人随即用以编修前代史及本朝史。其间，虽则有些史书在编修时，往往兼取多种体裁体例，细目设置更为多样，书名则有“事类始末”“统类”等不同于纪事本末的名称，但这足以表明，纪事本末体在南宋时仍处于不断被充实、完善，并且逐渐被时人接受的阶段。至迟到明代，基本以“纪事本末”统一命名，并随着纪事本末体史书日渐增多，纪事本末体才被逐渐确立了下来。到明、清时期，该体完全得以独立发展，以至于清四库馆臣在《四库全书总目提要》史部中最终设立纪事本末类，以归并该类史书。①

（2）纲目体。该体系朱熹编修《资治通鉴纲目》时所创立，它是指史书按编年叙事时有纲、目之分。纲仿《春秋》，大字顶格编排；目效《左传》，小字降格分注编排。朱熹在《资治通鉴纲目序例》中具体指出：“盖表岁以首年（原注：逐年之上，行外书某甲子。遇‘甲’字、‘子’字，则朱书以别之。虽无事，依《举要》亦备岁年），而因年以著统（原注：凡正统之年，岁下大书；非正统者，两行分注），大书以提要，而分注以备言。”由此达到：“使夫岁年之久近，国统之离合，事辞之详略，议论之同异，通贯晓析，

① 参见拙文：《论纪事本末体在南宋的创立及运用》，《中华文史论丛》第77辑。

如指诸掌。”据此可知，朱熹创立的纲目体具有纲目分明、条理清楚、观点鲜明以及便于检阅等优点。

纲目体产生之后，一些史家围绕《资治通鉴纲目》进行义例阐释考辨等，如尹起莘撰有《资治通鉴纲目发明》、江珪和吕中撰有《资治通鉴纲目论断》，以及赵希弁撰有《资治通鉴纲目考异》等。[①]同时，一些史家则继承发展了纲目体义例，编修成了纲目体本朝史书。如陈均的《皇朝编年纲目备要》30卷和《中兴两朝编年纲目》18卷，以及佚名的《续编两朝纲目备要》16卷等。

对于纲目体史书编纂程序，一般而言，是先定凡例，再依例定纲，最后再按纲编目。该基本程序在早期纲目体史书中体现得尤为明显。其中，对于朱熹的《资治通鉴纲目·凡例》，今存者凡19门，分注64，内容非常繁复细密。该《凡例》虽则长久以来被疑为伪作，但值得肯定的是，朱熹在编撰《资治通鉴纲目》时，确曾制定有《凡例》。同时，陈均在《皇朝编年备要参用凡例》中指出：“朱文公《资治通鉴纲目》，间或参用《春秋》之法，而不尽用。今纪载本朝之事，则虽《纲目》之例亦不敢尽用。”可见史家在制定《凡例》时，往往随史书编修背景不同而有不同程度的因袭变化。朱、陈二氏所订《凡例》，对当时采用纲目体编撰史著的史家起到了具体的范例作用。随后，在依据《凡例》拟定大纲时，朱熹明确要求做到“纲欲谨严而无脱落”。[②]陈均则在《皇朝编年纲目备要自序》中坚持“举宏撮要”。再是在依据大纲归聚细目时，朱熹曾要求“目欲详备而不烦冗”。[③]陈均在《皇朝编年纲目备要自序》中则要求：“或原

---

① 赵希弁撰，孙猛校证：《郡斋读书志校证·读书附志》。

② 参见《御批资治通鉴纲目》卷首下，文渊阁《四库全书》本。

③ 参见《御批资治通鉴纲目》卷首下。

其始，或要其终，或以附见，或以类从。”总之，正是由于早期纲目体史书撰修者注重编纂程序，突出编修宗旨，从而使得该类史书具有较高的史学价值，并且它对后世史书编纂及史学发展产生了极为深远的影响。

（3）年谱。年谱作为一种依照年月顺序编次人物事迹的编修形式，最早产生于北宋，但被广泛运用并最终定型当在南宋。据今人统计：宋人编的本朝人年谱达 80 余种，加上宋人编的前代人年谱，合计有 130 多种。其中存留至今者有 80 余种。[①]从诸家著录、征引以及存佚状况看，现存最早的年谱是北宋神宗元丰七年由吕大防编的《韩吏部文公集年谱》和《杜工部年谱》。不过，早期年谱纪事甚为简略。如吕大防的《杜工部年谱》仅五百字左右，赵令畤的《元微之年谱》（存于赵氏《侯鲭录》卷五内）和郑世成的《宣抚资政郑公年谱》均不过五百余字。

南宋时，随着年谱编修日益普遍化，年谱在编制体例以及内容方面均表现出多样化特色。一是从年谱类型看，除常谱外，还有专谱和合谱。专谱如程俱编有《韩文公历官记》，专记韩愈仕宦经历。合谱如李焘撰有《三苏年谱》1 卷等。二是从表述方式看，大多为文谱，又有年表。如孙汝听编有《三苏年表》。还有表谱，如施宿编的《东坡年谱》则分纪年、时事、出处以及诗文共四栏为苏轼谱年。三是从谱主身份看，已涉及文人、朝臣乃至僧道等。最后，从记述内容看，不仅有叙事详备者，也有纪事存在明显偏重者。如黄庭坚之

---

① 吴洪泽：《试论年谱的起源》，见《宋代文化研究》第四辑，四川大学出版社，1994 年；又李裕民先生在《宋年谱编年考证》中具体论及 134 种，见其著《宋史考论》，科学出版社，2009 年。

孙黄罃编的《山谷先生年谱》达 30 卷，“极为详备”。[1]而詹大和所编《王荆文公年谱》则偏重记其诗文酬答表状，而略其参政之事。凡此等等。

总之，年谱在南宋时编修已相当普遍，并且编修体例已大体定型。对于其中缘由，清人章学诚揭示道：“宋人崇尚家学，程、朱弟子次序师说，每用生平年月以为经纬。而前代文人若韩、柳、李、杜诸家，一时皆为之谱，于是即人为谱。”他又言：“好古之士谱次前代文人岁月，将以考镜文章得失，用功先后而已；儒家弟子谱其师说，所以验其进德始终，学问变化。”[2]据此可见，由于宋代学者讲求尊师重道、尊祖崇本等，由此推动了南宋年谱编修风气的盛行。

（4）学案体。该体创立一般被认为始自朱熹编撰的《伊洛渊源录》。该书凡 14 卷，记述北宋中叶至南宋初期理学家周敦颐、程颢、程颐、张载、邵雍及其门人后学共 49 人的言行政事。从书名看，该书旨在探求伊洛之学的“渊源”，故它以首倡道学的程颢和程颐为中心，其余人依时间先后为序，各以学术地位区分类聚，或人自一卷，或数人一卷。同时，从编撰意图看，面对南宋前期王安石新学与伊洛之学之争，尤其是伊洛之学能否被确立为上承孔孟之道的道统正宗地位，则是摆在旨在全力卫护程学的朱熹面前的现实问题。基于此，朱熹着力编撰此书。元人李世安在该书《后序》中表明：“昔孔子缵述群圣之道，至孟子而愈明。孟子之后，至二程夫子始克绍其绪，程子之学得于周子而益阐之。……及考亭朱子出，又能集厥

① 赵希弁撰，孙猛校证：《郡斋读书志校证·读书附志》。

② 章学诚著，仓修良编注：《文史通义新编新注》外篇二《〈刘忠介公年谱〉叙》，浙江古籍出版社，2008 年。

大成而折衷之。盖《伊洛渊源》一书，凡周、程、张、邵及其门人之言行政事无不备载，而圣贤相传之道炳然见于其中。”苏天爵在该书《序》中亦指出：“宋氏之兴，儒先挺出。周子得不传之学于《图》《书》，阐发幽秘。二程子扩大而推明之，穷理致知，以究其极。张子、邵子则又上下其论议。然后天理之微、人伦之著、事物之众、鬼神之幽，焕然复明于世。一时及门之士，讲明正学，风采言论各有所传。朱子悉登载于是书，以为训焉。”可见在该书中，朱熹不仅辨清了周程学统问题，而且还梳理了二程及其师友与门人的关系等。总之，朱熹通过对二程学说承传源流的梳理，首次确立了以周敦颐为宗祖，以二程为中坚，张载、邵雍为羽翼的道学统绪。对此，清人评论说：“盖宋人谈道学宗派，自此书始。而宋人分道学门户，亦自此书始。”[1]

又对于该书所创立的学案体，陈祖武、卢钟锋二先生同时指出：该体裁同时吸收了传记体和禅宗灯录体的编纂特点，并将其融为一体，开辟了史籍编纂的新路子。[2]陈垣先生亦指出：“自灯录盛行，影响及于儒家，朱子之《伊洛渊源录》、黄梨洲之《明儒学案》、万季野之《儒林宗派》等，皆仿此体而作也。”[3]确如其言。其中，灯录体具有按禅宗传法世系排列传主座次及重在记言的特点。又该类史籍在宋代编修、流传颇为盛行，如僧道原编有《景德传灯录》30

---

① 《四库提要》卷57。

② 参见陈祖武：《朱熹与〈伊洛渊源录〉》，《文史》第39辑；卢钟锋：《论朱熹及其〈伊洛渊源录〉》，载《孔子研究》，1990（3）。

③ 陈垣：《中国佛教史籍概论》卷4，上海世纪出版集团、上海书店出版社，2001年。

卷、李遵勖编有《天圣广灯录》30卷，以及僧惟白编有《靖国续灯录》30卷等等，[1]加之朱熹本人学识渊博，“自经史著述而外，凡夫诸子、佛老、天文、地理之学，无不涉猎而讲究也。”[2]那么他适时将禅宗灯录体编修体例吸收、运用到所撰史籍中，则是不难理解的事。

随后，李心传运用学案体撰成《道命录》10卷。该书旨在叙述自程颐以来140年间的道学兴废。对此，他在该书《序》中言：“道学之兴废，乃天下安危、国家隆替之所关系。”正因为如此，他着重记述了程颐、朱熹进退始末，备录其褒赠、贬谪、荐举以及弹劾之文。由此可见，该书无疑是一部理学发展史，也是一部运用学案体编就的学术史。

总之，学案体的产生与南宋时期理学发展密切相关。与此同时，学案体亦因理学的广泛传播而为更多人所熟知，甚至被运用。

**2. 史学领域的拓展与推进**

（1）考史[3]。对史实加以必要考据，是自古以来已有之事。一般而言，史家在著史时，往往会在史料鉴别取舍上下一番功夫，甚至

① 晁公武著，孙猛校证：《郡斋读书志校证》卷16《释书类》。

② 黄宗羲原注、全祖望补修，陈金生、梁运华点校：《宋元学案》卷48《晦翁学案上》黄百家按语，中华书局，1986年。

③ 按：近些年来，研究宋代考据之学的论著主要有：陈江的《宋代的考据之学》，参见漆侠、李埏主编：《宋史研究论文集》，云南民族出版社，1997年；张富祥的《宋代文献学研究》第六章“考证学”，上海古籍出版社，2006年；邹志峰的《宋代考据学三题》，载《史学史研究》，2000(3)和《宋代历史考据学的兴起及其发展演变》，载《文献》，2000（4）等。

有人还会以史注形式表明考据状况。同时，一些史家专门考辩他人史著中的纪事失误，甚至撰成论著，如谯周的《古史考》等。

就宋代史家的考史情况而言，一是有的史家在撰史时，有意将对史料取舍考辩状况独立撰成专书，使得原书考据部分与原书分离开来。对此，清四库馆臣在司马光《资治通鉴考异》（30卷）解题中明确指出："昔陈寿作《三国志》，裴松之注之，详引诸书错互之文，折衷以归一是，其例最善。而修史之家，未有自撰一书，明所以去取之故者；有之，实自光始。"①由此可见，《资治通鉴考异》在史书编纂史上具有非同寻常的意义。对其基本做法及其价值，苏轼指出："其是非疑似之间，皆有辩论；一事而数说者，必考合异同而归之一。"②员兴宗在《资治通鉴策》中详细论说道："（司马光）是以在元丰之际，劳形怵心，驰骋上下千载间，讨正诸史，当时未免病乎迂也。故深研穷谛于是时有是事，善可法而恶可戒，然后取之，世谓之编年。岁以首事，以时系岁，以事系时，例见于彼，凡立于此，此之谓《总目》也。一说之真，众说之伪，真伪相驳也；前志为有，后志蔑焉，有无相盖也。今一语伸其中，有无遂明，真伪可了矣，此之谓《考异》也。为编年，为《总目》，为《考异》，此《通鉴》杰然于诸史之中，所以资治者欤！考异班、范而下，字舛文误，纤悉破碎，虽古史有弹误者，有正俗者，有弼谬者，然自吾观之，不胜其烦也。今《考异》之书，辨同析异，其功自名，可谓不细哉！"③清人潘耒在为其兄潘柽章《国史考异》所作《序》中

① 《四库提要》卷47。

② 苏轼著，孔凡礼点校：《苏轼文集》卷16《司马温公行状》。

③ 员兴宗：《九华集》卷11，文渊阁《四库全书》本。

亦指出："亡兄尤博极群书，长于考订，谓诸书之法莫善于司马温公，其为《通鉴》也，先成长编，别著《考异》，故少抵牾。李仁甫仿其体，为九朝《长编》，虽无考异之名，而事迹参差者备载于分注。盖必如是，而后为良史。"①可见《资治通鉴考异》受到一些学者推崇。

此后，一些官修史书直接仿效了司马光的做法。史载："（范）冲之修《神宗实录》也，为《考异》一书，明示去取，旧文以墨书，删去者以黄书，新修者以朱书，世号'朱墨史'。及修《哲宗实录》，别为一书，名《辨诬录》。"②不过，与司马光注重史事考辨归一不同的是，以上两书还体现着鲜明的政争色彩。对此，赵鼎言道："朱书、新录、墨本旧文，凡去取之不同，皆存留于《考异》，详原私意，灼见奸言。"③可见该《考异》所记内容反映着不同政见。总之，以上从考"异"到辨"诬"，不仅体现着政争激烈程度的阶段性变化，而且将政争的现实形态以书面文字形式展现了出来，它无疑为如何处理政争时期的史料提供了样本。此后，李焘重修《徽宗实录》，亦撰有《考异》25 卷。④凡此等等。

同时，在司马光带动下，一些私家撰有直接取名"考异"的论著。如王益之撰《西汉年纪》30 卷、《考异》10 卷，以及《鉴论》

---

① 潘耒：《遂初堂文集》卷 6，见《清代诗文集汇编》第 170 册，上海古籍出版社，2010 年。

② 《宋史》卷 435《范冲传》。

③ 赵鼎：《忠正德文集》卷 4《重修神宗皇帝实录缴进表》，文渊阁《四库全书》本。

④ 陈骙撰，张富祥点校：《南宋馆阁录》卷 4《修纂》上。

若干卷。王氏在《西汉年纪序》中指出："史传互载，不无抵牾，因为订正，为《考异》十卷；诸儒之议多所发明，因为诠次，为《鉴论》若干卷。考诸《年纪》，一代之升降著矣；求诸《考异》，一时之去取见矣；参诸《鉴论》，当时之事情得矣。"此种将述、考、论密切结合的编修方法，明显受到司马光编修《资治通鉴》的启发。今传本《西汉年纪》系从《永乐大典》中辑出，可惜《鉴论》已佚，《考异》已散附于逐条记事之下。不过，据《文渊阁书目》卷 2 记载："王益之《西汉年纪》一部十八册；王益之《西汉年纪考异》一部二册。"由此说明《考异》确曾单行过。又如周必大指出：鲁訔"天性嗜书，少老如一。所论著要以名家者为师法，有《文集》三十卷、《汉纪考异》十一卷，集《皇朝要览》一百卷"[1]。可见鲁氏《汉纪考异》一书，系"师法名家"之作。再如赵希弁"所藏（《资治通鉴纲目》）夔本，为板四千二百有奇。吉本二千八百，而且无陈（孔硕）、李（方子）二公之序。希弁又尝参以泉本，校其去取之不同，并考温公、文公之书法，为《资治通鉴纲目考异》"[2]。可见赵氏之书将版本异同纳入到了考辩范围。如此等等。

二是宋代专门性考史类史著不少。其间，不仅有专门针对正史者，而且有专对本朝史著者。对此现象，宋末周密感叹道："著书之难尚矣。近世诸公多作考异、证误、纠谬等书，以雌黄前辈，该赡可喜而亦互有得失，亦安知无议其后者。"[3]此外，宋代还涌现出

---

① 周必大：《文忠集》卷 32《左朝请大夫鲁公訔墓志铭》。

② 赵希弁撰，孙猛校证：《郡斋读书志校证·读书附志》。

③ 周密撰，俞钢、王燕华整理：《齐东野语》卷 19《著书之难》，《全宋笔记》第七编第十册，大象出版社，2016 年。

一批以考据见长的史家。

在针对正史类史著方面，如吴缜撰有《新唐书纠缪》20卷，在该书《序》中，他对官方集体编修《新唐书》之弊做了较为系统的归纳。他言道："盖修书之初，其失有八：一曰责任不专，二曰课程不立，三曰初无义例，四曰终无审覆，五曰多采小说而不精择，六曰务因旧文而不推考，七曰刊修者不知刊修之要而各徇私好，八曰校勘者不举校勘之职而惟务苟容。……职是八失，故《新书》不能全美以称朝廷纂修之意。"可见他对此次史官分工与修史进度、修史义例与程序、史书取材与剪裁、史官修史职责以及校书者职业素质等均提出了尖锐批评。其间，他共驳正《新唐书》讹误"凡二十门，四百余事"。对于该做法，清四库馆臣论道："欧、宋之作《新书》，意主文章而疏于考证，抵牾踳驳本自不少，缜《自序》中所举八失，原亦深中其病，不可谓无裨史学也。"同样，对于吴缜所撰《五代史纂误》5卷，四库馆臣亦言道："欧阳修《五代史》，义存褒贬而考证则往往疏舛。……至徐无党注，不知参核事迹，寥寥数语，尤属简陋。缜一一抉其阙误，无不疏通剖析，切中症结，故宋代颇推重之。"[①]总之，吴缜敢于挑战权威与官方修史体制，使得人们对于当时官方修史之弊和名家之作有了更为深刻的认识。此外，韩子中撰《新唐史辨惑》60卷，汪应辰撰《唐书列传辩证》20卷，[②]范季才撰《五代史记正误》，[③]等等，均属同类考史之作。

---

① 《四库提要》卷46。

② 《宋史》卷203《艺文志》。

③ 李心传撰，徐规点校：《建炎以来朝野杂记》乙集卷12《范季才五代史正误有未当者》。

又如随着北宋官方校书活动开展以及疑古辩伪思潮推动，刘敞、刘攽和刘奉世撰有《三刘汉书标注》6卷，陈振孙指出："《汉书》自颜监之后，举世宗之，未有异其说者。至刘氏兄弟始为此书，多所辨正发明。"[①]由此说明，自唐以来尊崇《汉书》的局面已被打破。此后，据清四库馆臣推断："刘氏之书，于旧文多所改正，而随笔标记，率不暇剖析其所以然。"于是吴仁杰撰《两汉刊误补遗》10卷，以补正其遗误。[②]又王速"天资素高，而力学至老不少衰。黎明诵书数十过，而后盥栉。……尤通贯汉史，尝辩班固抵牾，为《西汉决疑》三卷"[③]。据陈振孙记述，该书纪事分为："一曰失实，二曰引古，三曰异言，四曰杂证，五曰注释。"[④]可见王氏注重分类辨析《汉书》之误。再是刘巨容撰《汉书纂误》2卷，王应麟撰《汉书艺文志考证》10卷，[⑤]等等。

当然，宋人针对正史加以考辨者并非限于以上诸史，但以上考史做法较为突出，故在此重点加以论述。

同时，宋代还涌现出一些专门考辩本朝史事的专著。如李大性撰有《典故辨疑》20卷。史载：大性"少力学，尤习本朝典故。……进《典故辨疑》百篇，皆本朝故实，盖网罗百氏野史，订以日历、实录，核其正舛，率有据依，孝宗读而褒嘉之"[⑥]。受其直接影响，

---

① 陈振孙撰，徐小蛮、顾美华点校：《直斋书录解题》卷4。

② 《四库提要》卷45。

③ 楼钥：《攻媿集》卷90《王速行状》。

④ 陈振孙撰，徐小蛮、顾美华点校：《直斋书录解题》卷4。

⑤ 《宋史》卷203《艺文志》。

⑥ 《宋史》卷395《李大性传》。

王栐撰有《燕翼诒谋录》5卷。在该书《序》中，王栐明确指出："稗官小说所载国朝典故多相矛盾，故李公伯和质以国史为《典故辨疑》一书，凡诸家所载，无一非妄，几于可以尽废。今余所述，无非考之《国史》《实录》《宝训》《圣政》等书，凡稗官小说，悉弃不取，盖以前人为戒也。凡我同志，讥其妄论则可，以为缪误则不可矣。苟有以警教之，则又幸也。"可见以上二人在辨析、记述本朝史事时，极为看重国史的价值。

又如李心传撰有《旧闻证误》15卷，今存辑本4卷。清四库馆臣指出：该书"凡所见私史小说，上自朝廷制度沿革，下及岁月之参差、名姓之错互，皆一一详征博引，以折衷其是非。大致如司马光之《通鉴考异》，而先列旧文，次为驳正，条分缕析，其体例则如《孔丛》之《诘墨》。其间决疑订舛，于史学深为有裨，非淹通一代掌故者不能为也"[①]。由此可知，该书基本承袭了司马光等人的考辨传统与做法。据徐规先生归纳研究指出："今本《证误》（五卷本）所驳正的宋人书册，包括私史、笔记和官修国史，至少在四十种以上，其中以驳正王明清《挥麈录》一书的条数为最多，……共三十条。其次是驳正李焘《续资治通鉴长编》，有十八条。"[②]可见从现有条目看，李氏驳正的私史小说种类不少。

此外，宋代还涌现出一批以考据见长的史家。如郑樵，据周必大言："樵好为考证伦类之学，成书虽多，大抵博而寡要。"[③]对于他所撰《书辨讹》7卷，陈振孙记述道："其目曰纠谬四，阙疑一，

---

① 《四库提要》卷88。

② 徐规：《〈旧闻证误〉研究》，见《仰素集》，杭州大学出版社，1999年。

③ 周必大：《文忠集》卷163。

复古二。”[①]又在《夹漈春秋传》等书解题中，陈振孙评论道：“樵之学大抵工于考究，而义理多迂僻。”[②]以上评论虽不乏贬低之词，但均认可郑氏在考证方面的学术成就。又如吴棫撰《书裨传》13卷，陈振孙论述道：“首卷举要曰《总说》，曰《书序》，曰《君辨》，曰《臣辨》，曰《考异》，曰《诂训》，曰《差牙》，曰《孔传》，凡八篇。考据详博。”[③]朱熹亦指出：“才老于考究上极有工夫，只是义理上自是看得有不子细。”[④]朱氏还认为：“近世考订训释之学，唯吴才老、洪庆善为善。”[⑤]吴氏还撰有《毛诗叶韵补音》10卷，《论语续解》10卷、又《考异》1卷、《说例》1卷，《韵补》5卷等。[⑥]从朱氏评论不难看出，他更多是按理学家标准评判吴棫的学术成就，即便如此，他对吴氏考据之学给予了极高评价。再如程大昌，陈振孙称其“博学，长于考究，著述甚多，皆传于世”[⑦]。他著有《禹贡论》《雍录》《考古编》《演繁露》以及《北边备对》等。它如刘克庄在记述郑济甫事迹时，指出：“所著有《经史考》。其自述曰：‘郑玄集《六经笺传》，而谈经之失，无出于玄；马迁为史笔巨擘，而记事之失，莫甚于迁。我朝诸儒，接乎朱、吕氏，理义之学大明，而经史百家众说淆辞，未能尽订而归一。《三礼》经传于古人均田、

① 陈振孙撰，徐小蛮、顾美华点校：《直斋书录解题》卷2。

② 陈振孙撰，徐小蛮、顾美华点校：《直斋书录解题》卷3。

③ 陈振孙撰，徐小蛮、顾美华点校：《直斋书录解题》卷2。

④ 黎靖德辑，郑明等校点：《朱子语类》卷78。

⑤ 黎靖德辑，郑明等校点：《朱子语类》卷138。

⑥ 《宋史》卷202《艺文志》。

⑦ 陈振孙撰，徐小蛮、顾美华点校：《直斋书录解题》卷18“程文简集”解题。

建国之制多阙未讲，《纲目》《大事记》于前史记录加笔削而犹多舛讹。’使天假之年而究其学，岂不可以继君家夹漈、湘乡乎？”[①]可见郑氏《经史考》以补证经史著述纪事阙失为编撰宗旨，他继承的是郑樵和郑厚的治学传统。凡此等等。

三是宋代出现了不少考证类笔记。一般而言，这类笔记考证范围极为广泛复杂，往往涉及经史等诸多领域。如叶梦得撰《石林燕语》10 卷。此后，汪应辰撰《石林燕语辨》、宇文绍奕撰《石林燕语考异》。[②]对此，清四库馆臣评论道：“是一朝故事，得梦得之书而梗概俱存，得绍奕之书而考证益密，二书相辅而行，于史学弥为有裨矣。”[③]又如叶大庆撰《考古质疑》6 卷，四库馆臣称颂道：“其书上自《六经》、诸史，下逮宋世著述诸家，凡疑义所在，悉为抉摘而考证之。援据详明，折衷至当，类多前人未发之秘，文笔亦极赡辩可观。其有征引古书及疏通互证之处，则各于本文之下用夹注以明之，使读者一览了然，于体例尤为尽善，在南宋说部中，洵可无愧淹通之目者。”再如对于洪迈的《容斋随笔》，四库馆臣认为：“自经史、诸子百家以及医卜星算之属，凡意有所得，即随手札记，辩证考据，颇为精确。”它如对于王观国及其《学林》，四库馆臣则认为：“南宋诸儒讲考证者不过数家，若观国者，亦可谓卓然特出矣。”[④]凡此等等。以上赞语均出自崇尚考据的四库馆臣之手，由此说明以上著述在考据方面确有其特色。

---

① 刘克庄著，辛更儒校注：《刘克庄集笺校》卷 162《郑逢原墓志铭》。

② 陈振孙撰，徐小蛮、顾美华点校：《直斋书录解题》卷 11。

③ 《四库提要》卷 121。

④ 以上均见《四库提要》卷 118。

此外，一些笔记在分类纪事或者标题设置上，均突显出了考证特色。如吴曾《能改斋漫录》卷三至卷五为“辩误”。又如王得臣《麈史》卷二设有“辨误”类，王应麟《困学纪闻》卷十一至卷十六为“考史”等。再如在叶绍翁《四朝闻见录》中，卷四丁集含有“册立考异二则”和“庆元党考异”，卷五戊集含有“岳侯追封考异”“南园记考异”和“诛韩考异”等。

总之，宋代考史之所以有较大发展，无疑是官私方相互促进、共同推动的结果。一方面，北宋官方校书活动积极开展，以及吴缜敢于对《新唐书》和《新五代史》纠谬辨误，使得人们不再一味迷信正史以及权威地位，而是敢于对其考辩质疑了。另一方面，司马光编撰《资治通鉴考异》时，汇聚官、私史著，综合考辩异同，注明取舍缘由，该做法起到了良好的示范效应。正因为如此，宋代考史类著述种类多样，考辩内容广泛，有突出成就的考史者众多，这无疑为宋代史学繁荣发展增添了不少光彩。

（2）补史、评史和注史。

①补史：宋代补史既包含传统意义上的史事史类补阙，也涉及对上古历史的补述等等。

一是在补充史事阙略方面，宋代有关史著不少。其中，在补足前代史事史类方面，如钱文子撰有《补汉兵志》1卷，清人朱彝尊指出：“钱文子见南渡兵食之冗滥也，以汉制不失寓兵于农遗意，而班《史》无志，因以补之。书仅一卷，言近而旨远，辞约而义该，此非低头拱手、高谈性命之学者所能括也。”[①]可见钱氏是鉴于《汉书》无兵志，以及旨在以汉为鉴而编修该书的。又如熊方撰有《补

---

① 朱彝尊：《曝书亭集》卷45《书钱氏补汉兵志后》。

后汉书年表》10卷，他是鉴于《后汉书》缺表，于是以《后汉书》以及萧梁刘昭的注文作为取材依据，为《后汉书》补表。清四库馆臣称赞道："其贯穿钩考，极为精详。纲目条章，亦俱灿然有法。"[①]再如何偁撰有《西汉补遗》1卷，"补西汉之遗文也"。[②]凡此等等。

同样，在补足本朝史事方面，如绍兴九年春正月，王铚上《元祐八年补录》。[③]其因是："先是，宰臣朱胜非言《哲宗实录》经京、卞之手，论议不公，遂诏史官看详重修。后邵溥上其父伯温《辨诬》，王铚上《元祐八年补录》，送史馆参修。"[④]该书虽已亡佚，但《续资治通鉴长编》等书对其有所征引。又如徐梦莘撰有《三朝北盟会编》250卷，又撰有《北盟集补》50卷。对于后者，据陈振孙记述："梦莘以前书诠载不尽者五家，续编次于中、下二帙，以补其阙。"[⑤]再如张载之孙张同然编有《横渠先生张献公年谱》1卷，据赵希弁记述：该书"谱先生之出处、岁月、墓表、谥议、封告及司马文正谥议之帖、魏文靖公请谥之表，并哀辞之类附焉。希弁又以先生行状补其阙。"[⑥]总之，此类史例颇多，余不一一。

二是在补述上古历史方面，如苏辙撰《古史》、胡宏撰《皇王大纪》、罗泌撰《路史》、刘恕撰《通鉴外纪》、金履祥撰《资治通鉴前编》，以及马廷鸾撰《读史旬编》等。

---

① 《四库提要》卷45。

② 赵希弁撰，孙猛校证：《郡斋读书志校证·读书附志》。

③ 李心传撰，胡坤点校：《要录》卷125。

④ 王应麟撰，武秀成、赵庶洋校证：《玉海艺文校证》卷14《实录》。

⑤ 陈振孙著，徐小蛮、顾美华点校：《直斋书录解题》卷5。

⑥ 赵希弁撰，孙猛校证：《郡斋读书志校证·读书附志》。

其间，有人自伏羲开始记述上古历史。如苏辙撰有《古史》60卷，他在该书《叙》中指出："太史公始易编年之法为本纪、世家、列传，记五帝三王以来，后世莫能易之。然其为人浅近而不学，疏略而轻信。汉景、武之间，《尚书》古文、《诗》毛氏、《春秋》左氏皆不列于学官，世能读之者少，故其记尧、舜、三代之事，皆不得圣人之意。战国之际，诸子辩士各自著书，或增损古事以自信一时之说，迁一切信之，甚者或采世俗相传之语以易古文旧说。及秦焚书，战国之史不传于民间，秦恶其议己也，焚之略尽。幸而野史一二存者，迁亦未暇详也。故其记战国有数年不书一事者，余窃悲之。故因迁之旧，上观《诗》《书》，下考《春秋》及秦、汉杂录，记伏羲、神农，讫秦始皇帝，为七《本纪》、十六《世家》、三十七《列传》，谓之《古史》，追录圣贤之遗意，以明示来世。"由此可见，该书旨在"补司马迁之缺"，其记事起自伏羲、神农。[①]类似者还有司马光的《稽古录》等。

有人从盘古开始追述上古历史。如胡宏撰有《皇王大纪》80卷，主要记述皇帝王伯之事。对于该书，清人朱彝尊称颂道："自盘古氏迄周赧王，举二千余岁事，广摭史传，以经义贯通之，庶几择之精而语之详矣！"[②]而钱大昕则批评道："《太史公书》述《五帝本纪》，始于黄帝。班固《古今人表》《律历志》，依《易·系辞》，首太昊伏羲氏、炎帝神农氏，又依《左氏传》，列少昊金天氏于皇帝之后，于是三皇五帝之目，五德代嬗之序，昭然其不可易也。宋刘恕《通鉴外纪》、司马光《稽古录》、苏辙《古史》皆上溯伏羲，独胡宏

① 赵希弁撰，孙猛校证：《郡斋读书志校证·读书附志》。

② 朱彝尊：《曝书亭集》卷45《胡氏皇王大纪跋》。

《皇王大纪》以盘古、天皇、地皇、人皇、有巢、燧人为《三皇纪》，伏羲至尧、舜为《五帝纪》，夏、商、周为《三王纪》。编年之书，追述上古，始盘古氏，盖起于此；而陈桱《续编》因之。然陈氏《书录解题》讥宏误取‘《庄子》寓言，及叙邃古之初，无征不信’，则当时有识者早议其后矣。”[①]可见前人对该书记事尤其是有关断限问题有着不同认识。

又有人自帝尧开始纪年，如张栻《经世纪年》、金履祥《资治通鉴前编》，以及马廷鸾《读史旬编》等，他们均袭用邵雍《皇极经世》中的做法。其中，金履祥所撰《资治通鉴前编》凡18卷，记事起自尧甲辰，止周威烈王二十三年，凡1950年，以补《资治通鉴》未贯穿远古之缺。在该书《前序》中，他明确指出：“履祥按《竹书纪年》载三代以来事迹，然诡诞不经，今亦不可尽见。《史记·年表》起周共和庚申之岁，以上则无纪焉。历世浸远，其事往往杂见于他书，靡适折衷。邵子《皇极经世》独纪尧以来，起甲辰，为编年历。胡氏《皇王大纪》亦纪甲辰以下之年，广汉张氏因《经世》之年，颇附之以事。顾胡过于详，而张失之简。今本之以史、子、传纪附之，以经翼之，以诸家之论，且考其系年之故，解其辞事，辨其疑误，如东莱吕氏《大事记》，而不敢尽仿其例。起帝尧元载，止周威烈王二十三年，接于《资治通鉴》，名曰《通鉴前编》。”又马廷鸾所撰《读史旬编》凡38卷，记事自尧甲辰至周显德七年庚申，凡3317年。他指出：“愚按张氏本《皇极经世书》作《经世纪年图》，愚之所述，盖亦本此。然尝疑尧之前，标甲子者六，而不载世

① 钱大昕著，杨勇军整理：《十驾斋养新录》卷13《胡五峰皇王大纪》，上海书店出版社，2011年。

代与事迹。意者黄帝命大挠作甲子，则甲子纪年自黄帝始，以前无有甲子，则亦不可得而书也。”[①]在此表明他认为人类社会最初纪年乃至历史，还可自帝尧往上推。

此外，胡卫专门撰有《通史缘起》20卷，以“推盘古以来众说之异同”[②]。又清人钱大昕在论及《皇王大纪》和《路史》时指出：“自后儒生侈谈邃古，而荒唐之词流为丹青，盖好奇而不学之弊。”[③]可见钱氏对后世儒生“侈谈邃古”并不认同。

总之，除上述传统意义上的补史类著述之外，随着宋人对人类社会历史发展变化认识的深化，以及《资治通鉴》等编修推动，从而极大地促进了宋代上古史著述的撰修以及古史观念的形成发展。

②评史：对于评史与宋人议论之风间的关系，清四库馆臣在《四库全书总目提要·史部总叙》中指出：“考私家记载，惟宋、明两代为多。盖宋、明人皆好议论。”可见四库馆臣认为宋代私家记载之所以繁盛，则与宋人“好议论”有关。其间，涉及评史的论著不少，在此仅以能够体现宋代鲜明特色的论著及其现象加以说明。

一是随着史评类论著增加，晁公武在《郡斋读书志》史部目录中首次设立了史评类。他指出：“前世史部中有史钞类而集部中有文史类，今世钞节之学不行而论说者为多。（教）［故］自文史类内，摘出论史者为史评，附史部，而废史钞云。”[④]可见他缘于“论说者多”而创设了该类。不过，该类既包括《史通》《史通析微》

① 马端临：《文献通考》卷193《经籍考》“经世纪年”解题。

② 王应麟撰，武秀成、赵庶洋校证：《玉海艺文校证》卷15《论史》。

③ 钱大昕著，杨勇军整理：《十驾斋养新录》卷13《胡五峰皇王大纪》。

④ 晁公武著，孙猛校证：《郡斋读书志校证》卷7《史评类·刘氏史通》。

和《五代史纂误》等史学评论之书，也包含《历代史赞论》《唐史要论》及《唐鉴》等历史评论之书，可见他未将二者严格区分。随后，尤袤在《遂初堂书目》史部中设有“史学”类，高似孙在《史略》卷4中设有“史评”目，以及马端临在《文献通考·经籍考》卷27中设有“史评”和“史钞”目，以上诸类大多用以著录史评类著述。此种现象的出现，足以表明史评类论著受到宋人重视，宋代在评史方面取得了极大发展。也正因为如此，王义山称赞道：“噫，史岂易评哉？或曰：司马公《通鉴》论断、胡致堂《读史管见》、范淳夫《唐鉴》、陈季雅《两汉博议》、吕东莱与近世吕大中［吕中］《大事记》，诸若此类，不一而足，皆评史也。或累千百言，或一二百言，多乎哉！”[①]可见王氏对于宋代突出的史评类史著赞赏有加。明人胡应麟亦指出：“胡康侯之传《春秋》也，胡明仲之读诸史也，宋人叙事远非汉埒，而其论事核于唐。”[②]这是通过举例与比较，用以说明宋人在评史方面的优势。

二是宋人评史论著多，范围广，新建多，尤其是体现自身学术特色的见解多。其中，在论著形式上，除单部或者单篇评史论著外，还有续作、汇总之作等。如司马光编写《资治通鉴》时，书内原本有“臣光曰”和前人论以表明观点。此后，崔敦诗仍撰成《通鉴要览》60卷，对于“司马公《资治通鉴》于治乱得失、忠邪善恶有所未论者，凡一君之后为总说，一代之末为统论”[③]。可见该书系补论朝政得失与君臣善恶的有为之作。时人韩元吉称颂其“贯穿该洽，

① 王义山：《稼村类稿》卷5《题余尹甫咏史诗序》，文渊阁《四库全书》本。

② 胡应麟：《少室山房笔丛》卷13《史书佔毕》一。

③ 韩元吉：《南涧甲乙稿》卷21《崔敦诗墓志铭》，文渊阁《四库全书》本。

议论醇正。”[①]又如《宋史》卷203《艺文志》著录有《名贤十七史确论》104卷，不知作者。不过，今存《历代名贤确论》100卷，清四库馆臣认为：“盖即此书。……观其评骘人物，自三皇以迄五季，按代分系，各标列主名。其总论一代者，则称通论以别之。虽不标十七史之名，而核其始末，恰应十七史之数。其为即《宋志》之所载，益足证矣。”[②]该书实系汇聚名贤史论而成书者。如此等等。

同时，在对具体史事分析与论述上，宋人多有新论。如叶適撰有《习学记言序目》50卷，其中专论史事者达25卷之多。陈耆卿在《上水心先生书》中指出：“闻所著述，有曰《习学记言》者，天下学子争师诵之。”[③]说明该书颇受时人喜爱。清四库馆臣评论道：“所论喜为新奇，不屑摭拾陈语。……至于论唐史诸条，往往为宋事而发，于治乱通变之原，言之最悉，其识尤未易及。”[④]又如唐庚撰《三国杂事》2卷，四库馆臣将其归于“史评类”，并对其所论之事评述道：“今观其论诸葛亮宽待法正，及不逾年改元事；论荀彧争曹操九锡事，皆故与前人相反。”说明唐氏对于以上史事有着自己的认识。再如钱时撰《两汉笔记》12卷，四库馆臣指出：“此书皆评论汉史。……前一、二卷颇染胡寅《读史管见》之习，如萧何收秦图籍，则责其不收《六经》。又何劝高帝勿攻项羽，归汉中，则责其出于诈术。以曹参、文帝为陷溺于邪说，而归其过于张良。于陆贾《新语》，则责其不知仁义。皆故为苛论，以自矜高识。三卷以后，

① 韩元吉：《南涧甲乙稿》卷9《应诏举所知状》。

② 《四库提要》卷88。

③ 陈耆卿：《筼窗集》卷5。

④ 《四库提要》卷117。

乃渐近情理，持论多得是非之平。”[1]由此足以表明，钱氏之论多不同于他人。

不仅如此，宋代学术发达，不同学术流派时常以史论形式表达自身观点。对此，当今学者孙立尧以北宋苏轼与苏门学士，以及南宋朱熹、张栻、吕祖谦和钱时等人史论为考察重点，研究得出：“宋代史论的发展，却是一个对其史学价值不断破坏、消融的过程，其中最主要的冲击有两次，一次是北宋史论的‘文学化’，一次则是南宋史论的‘理学化’。”[2]此说值得参考。

三是宋人评史多关照现实。对此，陈寅恪先生明确指出：“史论者，治史者皆认为无关史学，而且有害者也。然史论之作者，或有意，或无意，其发为言论之时，即已印入作者及其时代之环境背景，实无异于今日新闻纸之社论时评。若善用之，皆有助于考史。故苏子瞻之史论，北宋之政论也。胡致堂之史论，南宋之政论也。”[3]具体如胡寅撰《读史管见》30卷，史载其“论周、秦至五代得失。其论甚正，盖于蔡京、秦桧之事，数寄意焉”[4]。又如李焘撰《六朝通鉴博议》10卷，清四库馆臣指出：“此书详载三国六朝胜负、攻守之迹，而系以论断。……核其义例，……专为南宋立言者。”[5]再如吕中撰《大事记讲义》23卷，主要论述北宋九朝史事。四库馆臣

---

① 以上均见《四库提要》卷88。

② 参见孙立尧：《宋代史论研究》第一章“史论通解”、第三章“史论的文学化”以及第五章“史论的理学化”，中华书局，2009年。

③ 陈寅恪：《冯友兰中国哲学史上册审查报告》，见《金明馆丛稿二编》。

④ 李心传撰，胡坤点校：《要录》卷175高宗绍兴二十六年闰十月胡寅卒条。

⑤ 《四库提要》卷88。

指出："事以类叙，间加论断，凡政事制度及百官贤否具载于编。论中所议选举资格及茶盐政制诸条，颇切宋时稗政。"[①]此外，他还撰有《中兴大事记讲义》27卷，主要论述南宋前四朝史事。

总之，在议论之风促使下，宋代涌现出诸多颇具鲜明特色的评史论著，甚至目录书中首创史评类。该现象既是宋代学风乃至政风发展变化的体现，更是史学自身得以发展的反映。

③注史：传统传注之学历史悠久，名家辈出。及至宋代，宋人对其有所继承与发展。

一是宋人对前人注书有不少自己的认识。如洪迈指出："注书至难，虽孔安国、马融、郑康成、王弼之解经，杜元凯之解《左传》，颜师古之注《汉书》，亦不能无失。"[②]由此说明注书不易。又如朱熹对汉人注书特点揭示道："汉儒注书，只注难晓处，不全注尽本文，其辞甚简。"[③]再如高似孙称赞刘孝标注《世说新语》时，指出"梁刘孝标注此书，引援详确，有不言之妙。如引汉、魏、吴诸史及子传、地理之书，皆不必言。只如晋氏一朝史及晋诸公列传、谱录、文章，皆出于正史之外，纪载特详，闻见未接，实为注书之法。今采于后"云云。[④]这是就注书时所参用史料丰富程度而言的。当然，对于前人注书之误，宋人往往会指明甚至批评。如王应麟指出："刘赣父《东汉刊误》谓列传第七十九注最浅陋。章怀注书，

① 《四库提要》卷88。

② 洪迈：《容斋续笔》卷15《注书难》。

③ 黎靖德辑，郑明等校点：《朱子语类》卷135。

④ 高似孙撰，储玲玲整理：《纬略》卷9《刘孝标世说》，《全宋笔记》第六编第五册，大象出版社，2013年。

分与诸臣，疑其将终篇，故特草草耳。今观《南匈奴论》‘弃蔑天公’，注引前书云：‘老秃翁何为首鼠两端。’秃翁即天翁也，其谬甚矣。”[①]该类事例甚多，余不一一。

二是宋人注史取得了不少成就。其中，在注释《史记》和《汉书》方面，如据高似孙记述，其父高文虎曾撰有《太史公书注》。[②]姚宽“注《史记》行于世”[③]。藏书家赵希弁在司马贞《补史记》解题中亦指出：希弁尝“考诸家之说，为《读史补注》一书，颇加详焉”[④]。同样，如罗德礼撰有《补注汉书》，杨万里在该书《序》中指出：“始，《汉书》旧注有郭璞、臣瓒辈数十家。使其人自为奇，家自为详矣。及颜师古后出，如道子之画，鲁公之字，子美之诗，盖兼百家而无百家，旷千载而备千载者也。至吾宋，又有三刘之注出焉。学者以为《汉书》于是无余秘矣。今观吾友罗子之注，又出于三刘之外，然则书果有穷哉？”[⑤]由此可见，承继三刘《汉书标注》（6卷）[⑥]之后，罗氏仍继续补注《汉书》。此后，裴及卿撰有《汉注拾遗》，魏了翁在该书《序》中言：“凡史官纪载先后之失次，字义衍阙之异文，大而母后立纪、外戚封王，必明辨详说，以正人心。至于《人物表》九等之叙有不当，《律历志》黍钧之数有不协，靡

---

① 王应麟撰，孙通海整理：《困学纪闻》卷13《考史》，《全宋笔记》第七编第九册，大象出版社，2016年版。

② 高似孙撰，周天游校笺：《史略校笺》卷1《先公史记注》。

③ 王明清撰，燕永成整理：《挥麈后录》卷11。

④ 赵希弁撰，孙猛校证：《郡斋读书志校证·读书附志》。

⑤ 杨万里撰，辛更儒笺校：《杨万里集笺校》卷78，中华书局2007年版。

⑥ 《宋史》卷203《艺文志》。

不搜索，以归于是。邕、虔、康、瓒诸人与先儒宋、刘所注，既为之绳愆纠失，下至一物之微，如蛭蚁、蜩蝉、蜿龟之辨，弗敢忽也。”[①]可见其注释范围极为广泛。此外，谯仲午撰有《汉书补注》，[②]吴莘撰有《西汉补注》10卷，[③]等等。

在注释《新唐书》和新、旧《五代史》方面，如窦苹撰有《唐书音训》4卷，史载：“《新书》多奇字，观者必资训释，苹发挥良多。”[④]又如崇宁五年，董衡撰有《释音》25卷。[⑤]据王观国言：“《唐书释音》，饶州老儒董衡所进，颇为详悉。”[⑥]再如李绘撰有《补注唐书》225卷，史载：“宣和中，进士李绘以《旧书》参《新书》而为之注。”它如樊先生撰《注新书纪》10卷，[⑦]等等。同样，王皞奉诏撰《唐余录》60卷，他“芟《五代旧史》繁杂之文，采诸家之说，仿裴松之体附注之”[⑧]。即该书在删减原文基础上，对《旧五代史》还做了详细注释。又欧阳修门生徐无党注《新五代史》，[⑨]元人吴师道指出：“史注甚简，或终卷不出一字，间特发明其书法而

---

① 魏了翁：《鹤山先生大全文集》卷55。

② 魏了翁：《鹤山先生大全文集》卷76《谯仲午墓志铭》。

③ 赵希弁撰，孙猛校证：《郡斋读书志校证·读书附志》。

④ 王应麟撰，武秀成、赵庶洋校证：《玉海艺文校证》卷15《论史》。

⑤ 王应麟撰，武秀成、赵庶洋校证：《玉海艺文校证》卷12《正史》。

⑥ 王观国撰，徐时仪、郑晓霞整理：《学林》卷7《新唐书释音》，《全宋笔记》第四编第二册，大象出版社，2008年。

⑦ 以上均见王应麟撰，武秀成、赵庶洋校证：《玉海艺文校证》卷12《正史》。

⑧ 晁公武著，孙猛校证：《郡斋读书志校证》卷6。

⑨ 王应麟撰，武秀成、赵庶洋校证：《玉海艺文校证》卷12《正史》。

已。”[①]再是据王明清言：“顷岁姚令威注《五代史》”云云，[②]则知姚宽亦曾注《五代史》，等等。

在注释其他史著方面，鲍彪等对《战国策》做过注释，时人赵与时评论道：“《战国策》旧传高诱注，残缺疏略，殊不足观。姚令威宽补注，亦未周尽。独缙云鲍氏彪校注为优，虽间有小疵，多不害大体。”[③]可见鲍氏校注稍优。又吕祖谦撰有《唐鉴音注》24卷，从今传本来看，吕氏注音释史颇为详明。他不仅详征博引《尚书》《史记》等原始典籍以释史，而且时而还直接予以解说。如在范祖禹论唐太宗最终“亲征”高丽事下，吕氏注解道：“太宗亲身伐高丽。高丽，蛮夷之国。”[④]此体现出他对高丽之国的认识。又如在范祖禹论及唐德宗朝“大弊有三”，二曰“委任宦者”时，吕氏注：“如用刘真玄领兵之属。”三曰“聚敛货财”时，吕氏注：“如借商钱、税商钱，茶、竹、木税，屋间架、算除陌钱之属。”[⑤]此是以具体例证说明弊端。再如对于范祖禹所言：“五代之际，起匹夫而为天子，或五六年，或三四年，或一二年，皆宗族夷灭，世绝不祀。”吕氏注释为：“如梁朱温二主为后唐灭，晋石敬瑭二主为契丹灭族，刘知远二主为后周灭之类。”[⑥]此亦是以具体史实印证范氏观点。再是在

① 吴师道：《敬乡录》卷2《安州谢上表》。

② 王明清撰，燕永成整理：《挥麈后录》卷5。

③ 赵与时撰，姜汉椿整理：《宾退录》卷5，《全宋笔记》第六编第十册，大象出版社，2013年。

④ 范祖禹撰，吕祖谦注：《东莱音注唐鉴》卷5，见黄灵庚、吴战垒主编：《吕祖谦全集》（第九册），浙江古籍出版社，2008年。

⑤ 范祖禹撰，吕祖谦注：《东莱音注唐鉴》卷16。

⑥ 范祖禹撰，吕祖谦注：《东莱音注唐鉴》卷24。

注补本朝史方面，赵希弁撰有《续资治通鉴长编补注》和《建炎以来系年要录补注》，[①]等等。

三是宋人在注史方法上有所发展与开拓。如清四库馆臣在赵一清《水经注释》解题中指出：自《水经注》后，“姚宏补注《战国策》，范成大作《吴郡志》，并于注中夹注，前人尝举以为例”[②]。他们又在《吴郡志》解题中具体言道：“此本犹绍定旧椠，往往于夹注之中又有夹注。考成大以前，惟姚宏补注《战国策》尝有此例，而不及此书之多，亦可云著书之创体矣。”[③]按“注中夹注”，系“双行夹写”。依据以上四库馆臣所言，姚宏和范成大对传统注史之法有继承发展之功。又如姚宽尝注《史记》130卷，补注《战国策》31卷，他“每语人曰：‘古称图书，岂可偏废？’”故其注《史记》《战国策》，辞有所不尽，必画而为图。[④]可见他极为看重以图表义的注史方法，这是对注释方法的有意拓展。

再如胡三省在谈及何以会注《资治通鉴》时，他在《新注资治通鉴序》中言道：“（先君）每谓三省曰：‘《史》《汉》自服虔、应劭至三刘，注解多矣。章怀注范史，裴松之注陈寿史，虽间有音释，其实广异闻，补未备，以示博洽。《晋书》之杨正衡，《唐书》之窦苹、董衝［衡］，吾无取焉。徐无党注《五代史》，粗言欧公书法义例，他未之及也。《通鉴》先有刘安世《音义》十卷，而世不传。《释文》本出于蜀史炤，冯时行为之序，今海陵板本又有温公

① 赵希弁撰，孙猛校证：《郡斋读书志校证·读书附志》。

② 《四库提要》卷69。

③ 《四库提要》卷68。

④ 张淏：《宝庆会稽续志》卷5，见《宋元方志丛刊》。

之子康《释文》，与炤本大同而小异。公休于书局为检阅官，是其得温公辟呏之教诏，刘、范诸公群居之讲明，不应乖剌乃尔，意海陵《释文》非公休为之，若能刊正乎？’三省捧手对曰：‘愿学焉。’”于是他两次为《资治通鉴》作注，并且“凡纪事之本末，地名之同异，州县之建置离合，制度之因革损益，悉疏其所以然”。由此可见，他不仅对《资治通鉴》中有关史事、地名以及典制等做了注释，而且还阐明了其发展变化缘由。正因为如此，胡应麟在《读通鉴胡氏注》中指出：“自裴松之《三国志注》成，史学中无可继者，独胡三省之注《通鉴》，宏蒐博引，备录诸说而斟酌事势，悬断是非，皆昭昭目睫于千载之上，俾温公未发之旨，开卷了然，真司马之忠臣，涑水之素相也。”[①]清四库馆臣亦言：“《通鉴》文繁义博，贯穿最难。三省所释，于象纬推测、地形建置、制度沿革诸大端极为赅备。……至《通鉴》中或小有牴牾，亦必明著其故。……并能参证明确，而不附会以求其合，深得注书之体。”[②]可见他“必明著其故”的注释方法，是对注释学的有力推进与发展。此后，陈垣先生撰有《通鉴胡注表微》一书，主要从史法和史事方面深入揭示了南宋遗民胡三省的爱国情怀。此外，胡三省还撰有《通鉴释文辩误》12卷。在该书中，他不时阐明了对注书的一些看法。如他言道：音训之学，“夫因文见义，各有攸当，不可滞于一隅。”[③]他又言：“晋、宋、齐、梁、陈之疆理不可以释唐之疆理。释《通鉴》者，当随事随时考其建置、离合、沿革也。”[④]对此，四库馆臣评价道：“其言实足

---

① 胡应麟：《少室山房集》卷101，文渊阁《四库全书》本。

② 《四库提要》卷47。

③ 胡三省：《通鉴释文辩误》卷3，见《资治通鉴》附，中华书局，1956年。

④ 胡三省：《通鉴释文辩误》卷11。

为千古注书之法。”[①]可见胡氏依据自身注史实践，总结出了一些值得后人遵循运用的注释方法。

总之，传统传注之学虽则历史悠久，注史成果显著，但宋人在继承前人优良做法的基础上，仍能推陈出新，丰富注史成就。

（3）金石学。金石学作为宋代史学领域开辟的新园地，对于它在北宋时的形成状况，蔡絛指出：“始则有刘原父侍读公为之倡，而成于欧阳文忠公。又从而和之，则若伯父君谟、东坡数公云尔。初，原父号博雅，有盛名，曩时出守长安，长安号多古簋、敦、镜、甗、尊、彝之属，因自著一书，号《先秦古器记》。而文忠公喜集往古石刻，遂又著书，名《集古录》，咸载原父所得古器铭款。由是学士大夫雅多好之，此风遂一煽矣。”[②]由此可见，刘敞的《先秦古器记》当属宋代最早的金石学专书。同时，作为金石学倡导者的欧阳修，当谈及自己嗜好收集金石碑帖时，在《集古录序》中表白道：“予性颛而嗜古，凡世人之所贪者，皆无欲于其间，故得一其所好于斯。好之已笃，则力虽未足，犹能致之。”而他专注于此的目的，则是为：“因并载夫可与史传正其阙谬者，以传后学，庶益于多闻。”即就是要以金石证史。此后，赵明诚著有《金石录》30卷，他在该书《序》中亦谈道：“若夫岁月、地理、官爵、世次，以金石考之，其抵牾十常三四。盖史牒出于后人之手，不能无失，而刻词当时所立，可信不疑。”在此赵氏表明金石对考史不无助益。

与此同时，收集、编制古器物图录日益受到时人重视。如哲宗

---

① 《四库提要》卷47。

② 蔡絛撰，李国强整理：《铁围山丛谈》卷4，《全宋笔记》第三编第九册，大象出版社，2008年。

元祐中，吕大临以所阅三代尊、彝、鼎之器，传摹图写，撰成《考古图》10卷。又据吴曾言："李伯时公麟，雅好钟鼎古文奇字。自夏、商以来，以先后次第之。闻一器，则捐千金不少靳。所蓄日富，具为图记。蔡天启尝得商祖丁彝，李尤宝爱。"[①]李氏撰有《古器图》1卷。[②]翟耆年甚至认为："士大夫知留意三代鼎彝之学，实始于伯时。"[③]再是官方编修有《宣和博古图》30卷，陈振孙指出：该书系"宣和殿所藏古器物，图其形制而记其名物，录其款识。品有总说，以举其凡。而物物考订，则其目详焉"[④]。总之，以上著述的编撰，与当时官僚士大夫日渐喜好搜集古器物风气密切相关。尤其到徽宗朝，这种风气已达到近乎疯狂的程度。对此，叶梦得记述道："宣和间，内府尚古器。士大夫家所藏三代、秦、汉遗物无敢隐者，悉献于上。而好事者复争寻求，不较重价，一器有直千缗者。利之所趋，人竞搜剔山泽，发掘冢墓，无所不至。往往数千载藏，一旦皆见，不可胜数矣。"[⑤]

到南宋时，金石之学仍得以不断发展。如郑樵不仅在《通志》二十略中创立了《金石略》，而且在《通志总序》中指出："方册者，古人之言语。款识者，古人之面貌。方册所载，经数千万传；

---

① 吴曾：《能改斋漫录》卷11《李伯时好钟鼎古文奇字》，上海古籍出版社，1979年。

② 王应麟撰，武秀成、赵庶洋校证：《玉海艺文校证》卷22《图》。

③ 翟耆年：《籀史》之《李伯时考古图五卷》，文渊阁《四库全书》本。

④ 陈振孙著，徐小蛮、顾美华点校：《直斋书录解题》卷8。

⑤ 叶梦得撰，徐时仪整理：《避暑录话》卷下，《全宋笔记》第二编第十册，大象出版社，2006年。

款识所勒，犹存其旧。盖金石之功，寒暑不变，以兹稽古，庶不失真。”在此郑氏旨在强调金石存史的重要性。又如吕祖谦在《李仲南集古录序》中指出：“如正历纪，定世系，刊疆域之误，砭官制之舛，存《容典》之旧，裨《凡将》之缺，尚非一条，在取之者如何耳！”[①]在此吕氏强调了金石证史的功用。由此可见，一些南宋史家极为看重金石学之功用。

同时，官僚士大夫搜集、收藏、编录甚至考释研究古器物风气仍相当浓厚。如据洪迈言：“三代彝器，其存至今者，人皆宝为奇玩。”[②]他又指出：“予家蓄古彝器百种。”[③]可见洪氏家族正是古器物收藏者的典型代表。又如据元人陆友仁记述：“淳熙、绍熙间，尤常伯延之、王左曾顺伯两公酷好古刻，以收储之富相角，皆能辨别真赝。倪文正云。”[④]可见尤袤和王厚之在当时以“博古”鉴赏知名。再如据周密指出：“吾家三世积累，先君子尤酷嗜，至鬻负郭之田以供笔札之用。冥搜极讨，不惮劳费，凡有书四万二十余卷，及三代以来金石之刻一千五百余种。”[⑤]可见周氏家族喜好收藏图书以及古器物。此外，当时集录古器物的著述有：薛尚功的《历代钟鼎彝器款识法帖》20卷和王俅的《啸堂集古录》2卷等。集录历代碑刻的著述有：陈思的《宝刻丛编》20卷等，集录、考释汉魏碑石

① 吕祖谦：《东莱吕太史文集》卷6，见黄灵庚、吴战垒主编：《吕祖谦全集》（第一册）。

② 洪迈：《容斋随笔》卷10《古彝器》。

③ 洪迈：《容斋续笔》卷11《古錞于》。

④ 陆友仁：《研北杂志》卷上。

⑤ 周密撰，俞钢、王燕华整理：《齐东野语》卷12《书籍之厄》。

文字的著述有：洪适的《隶释》27卷和《隶续》21卷，以及初步总结古代器物、金石史的著述有：翟耆年的《籀史》1卷，等等。

总之，始于北宋、开拓于南宋的金石之学，不仅扩展了史学研究范围及手段，而且对后世金石学发展产生了深远影响。

（4）宗教史。

①佛教类史书：宋代是佛教发展的重要时期，在佛教类史著编修方面取得了长足进步。

首先，在僧传撰述方面，宋代佛教史家既能继承已有僧传编写传统，又能适时加以变通。其中，对于北宋僧传撰写状况，释道璨在《西湖高僧传序》中指出："唐之世，僧有列传，皆出于太史氏手。国朝太平兴国中，常诏赞宁修《僧史》。及欧阳子修《唐书》，尽去僧传，山林氏名自此不复入史馆。宣和间，觉范传高僧，凡录于传灯者，不复登载。"[①]由此可知，北宋赞宁和惠洪在僧传撰写方面成就较为突出。

对于宋初名僧赞宁，欧阳修记述道："吴僧赞宁，国初为僧录。颇读儒书，博览强记，亦自能撰述，而辞辩纵横，人莫能屈。"[②]祖无择亦指出："僧赞宁者，颇有学问，近代罕有其比。"[③]就其著述状况而论，吴处厚言道："近世释子多务吟咏，唯国初赞宁独以著书立言、尊崇儒术为佛事，故所著《驳董仲舒繁露》二篇，《难王充论衡》三篇，《证蔡邕独断》四篇，《斥颜师古正俗》七篇，《非史通》六篇，《答杂斥诸史》五篇，《折海潮论》《兼明书》二

---

① 释道璨：《柳塘外集》卷3，文渊阁《四库全书》本。

② 欧阳修撰，李逸安点校：《欧阳修全集》卷128《诗话》。

③ 祖无择：《龙学文集》卷14《家集》，文渊阁《四库全书》本。

篇，《抑春秋无贤臣论》一篇，极为王禹偁所激赏。”[①]以上所言，均属驳难辨证之作。同时，王禹偁在《右街僧录通惠大师文集序》中指出：赞宁，“其先渤海人，隋末徙居吴兴郡之德清县。……太平兴国三年，忠懿王携版图归国，大师奉真身舍利塔入朝。太宗素闻其名，召对滋福殿，延问弥日，别赐紫方袍，寻改师号曰通惠。……八年，诏修《大宋高僧传》，听归杭州旧寺，成三十卷，进御之日，玺书褒美。”[②]赞宁奉诏撰成的《宋高僧传》30卷，系续唐释道宣《续高僧传》之作，主要记述唐五代及宋初高僧事迹，全书分译经、义解、习禅、明律、护法、感通、遗身、读诵、兴福和杂科共十科，凡正传533人，附传130人，传后附以论断，时称“系”“通”。对于该书记事特色，陈垣先生认为：“本书最精彩者为《习禅篇》。”他又言：“考唐代禅宗史者，固可于《宋僧传》求之，此本书之特色也。”[③]不过，该书亦有不足，如惠洪指出：“赞宁作《大宋高僧传》，用十科为品流，以义学冠之，已可笑。又列岩头奯禅师为苦行，智觉寿禅师为兴福，而云门大师乃僧中王也，与之同时，竟不载，何也？”[④]正因为惠洪对该书编撰体例以及收录人物有所不满，此后在他自己所撰僧传中便有所改进。

惠洪，又名德洪，字觉范，据晁公武记述：“姓喻氏，高安人。少孤，能缉文。张天觉闻其名，请住峡州天宁寺，以为今世融、肇

① 吴处厚撰，夏广兴整理：《青箱杂记》卷6，《全宋笔记》第一编第十册，大象出版社，2003年。

② 王禹偁：《小畜集》卷20，文渊阁《四库全书》本。

③ 陈垣：《中国佛教史籍概论》卷2，上海书店出版社，2005年。

④ 释惠洪：《林间录》卷上，文渊阁《四库全书》本。

也。未几，坐累民之。及天觉当国，复度为僧，易名德洪。数延入府中。及天觉去位，制狱穷治其传达言语于郭天信，窜海南岛上。后北归。建炎中卒。著书数万言，如《林间录》《僧宝传》《冷斋夜话》之类，皆行于世。然多夸诞，人莫之信云。”[①]其中，惠洪所撰《禅林僧宝传》凡30卷，主要记述晚唐至北宋间禅门五宗著名禅师的“前言往行”。对其撰修缘由以及目的，元人戴良在《重刊禅林僧宝传序》中指出：“《禅林僧宝传》者，宋宣和初新昌觉范禅师之所撰次也。觉范尝读唐、宋《高僧传》，以道宣、赞宁文陋而识暗，其于为书，往往如户婚按检，不可属读，乃慨然有志于论述。凡经行诸方，见夫博大秀杰之衲，能袒肩以荷大法者，必手录而藏之。后居湘西之谷山，遂尽发所藏，依仿司马迁史传，各为赞辞，合八十有一人，分为三十卷，而题以今名。……觉范是书，既编五宗之训言，复著诸老之行事，盖听言以观事，觉范可谓得迁之矩度矣。”[②]由此可见，正是由于不满道宣和赞宁所撰，于是惠洪以改此前统括十科的僧传编排方式，而是按禅宗不同宗派论述禅师事迹，并于传末设赞加以评论。其间，他将曹山本寂禅师置于篇首，云门文偃次之，则表明了他对禅宗宗派的认识倾向。此后，庆老撰有《补禅林僧宝传》，以及祖琇撰有《僧宝正续传》，均系对惠洪之书的补续之作。

除此之外，僧元敬、元复撰有《武林西湖高僧事略》1卷，据清四库馆臣依据莫子文所作《序》记述：“初，西湖僧了性采自晋至宋高僧卓锡钱塘者二十四人，建阁祀之，功未竟而去。元敬嗣葳其

① 晁公武著，孙猛校证：《郡斋读书志校证》卷19“洪觉范筠溪集”解题。

② 戴良：《九灵山房集》卷21，文渊阁《四库全书》本。

事，因属东嘉僧元复摭二十四人行实为此书。后又续得六人。元敬补为传赞。”[①]可见该书注重为一地僧人作传，是宋人编写僧传的又一表现形式。

其次，就纪传体佛教史而言，宋代佛教史家善于借鉴和吸收世俗史书编修体裁与体例，尤其是仿照纪传体，撰成了具有自身宗教特色的佛教史史著。其中最为突出的是，天台宗僧人为本宗争佛教正统，撰修了凸显该宗正统地位的纪传体佛教通史。如释宗鉴于理宗嘉熙时撰成《释门正统》8卷，该书为释迦牟尼和天台宗始祖龙树作本纪，以天台东土十六祖为世家，诸志记载佛法、僧宝以及护教之俗士，列传记述前山外、后山外等天台支派旁门，载记记述天台以外诸宗。对于如此编排的目的，宗鉴在本书《序》中明确指出：“本纪以严创制，世家以显守成，志详所行之法，以崇能行之侣，诸传派别而川流，载记岳立而山峙。”由此不难看出，他显然是抬高了本宗地位，而贬抑了别派。

随后，释志磐于度宗咸淳五年完成了《佛祖统纪》54卷，主要叙述释迦出世至南宋理宗端平三年儒、释、道三教盛衰之事。据该书《通例》称，早在徽宗政和年间，僧元颖作《宗元录》，记述天台一宗授受之事。宁宗庆元中，吴克已增广之，并取名《释门正统》。到嘉定年间，僧景迁因吴氏之书作《宗源录》，并新增六十余人。又到理宗嘉熙初，僧宗鉴又取《释门正统》，用纪传体加以重修。对于以上诸书，志磐认为皆未尽善，于是据其《序》称，他并取《宗源录》和《释门正统》，“且删且补，依放史法，用成一家之书”。全书由本纪、世家、列传、表和志构成，其中“纪传、世家法太史公，

① 《四库提要》卷145。

《通塞志》法司马法”。即他将纪传体和编年体灵活运用到了该书编撰之中。此外，与宗鉴《释门正统》相比，该书增设了《历代传教表》和《佛祖世系表》，以补其不足；又以《净土立教志》和《诸宗立教志》记述其他宗派之事，取代了《释门正统》中的“载记”；还于“志”中增立了《法运通塞志》和《历代会要志》，记述佛教兴衰以及三教兴废故实等，从而使纪传体佛教史体例更趋完备。对于该书在编修体例等方面的价值，今人释道法指出：在《佛祖统纪》中，志磐以帝王的皇统来比拟天台宗，以天台宗来统摄全部佛教，巧妙地运用了当时所有的修史方法，论其识见，论其全体的组织，此书都堪称中国佛教史学史上至为杰出的代表作。①

再次就编年体佛教史而言，宋代佛教史家在崇尚编年与《通鉴》学极盛风气影响下，撰修成了具有自身特色的编年体佛教史。其中，释祖琇除撰有《僧宝正续传》之外，曾撰有编年体《佛运统纪》。据志磐《佛祖统纪·修书旁引》记述：“祖琇，隆兴初居龙门，撰《佛运统纪》，放《左氏》，寓褒贬法，兼述篡弑、反叛、灾异之事。”②可惜该书今不复见。他还撰有《隆兴佛教编年通论》28卷、附录1卷，记事上起东汉明帝永平七年佛教传入中国，下迄周世宗显德四年。在每代之前皆有“叙”，总括一代佛教重大史事，又于每年之下详记所发生之事，事后常有“论”以表明观点。对于其取材与编撰方法，他明确指出：“今博采累朝外护法圣贤绪余，及弘教秉律、韵人胜士与夫禅林宗师提纲、警策、法要，规仰司马文正公《通

① 参见志磐著，释道法校注：《佛祖统纪校注》“校注说明：四、《佛祖统纪》的地位与成就”，上海古籍出版社，2012年。

② 志磐著，释道法校注：《佛祖统纪校注》。

鉴》，裁成此书。”[1]可见他取法《资治通鉴》而撰成了此书。对于该书价值，经陈垣先生对比指出：元释念常所撰《佛祖通载》中，“自汉明帝至五代十余卷，悉抄《隆兴通论》。……其抄《通论》，不独史料抄之，即叙论亦抄之。”因此，他评论道：“其书（指《隆兴佛教编年通论》）采摭佛教碑碣及诸大家之文颇备。编纂有法，叙论娴雅，不类俗僧所为，然不甚见称于世，遂为《佛祖通载》所掩袭。”[2]

此后至度宗咸淳六年，释本觉亦“用司马法”，撰成《释氏通鉴》12卷，记事始于周昭王二十六年佛诞，终于宋太祖建隆元年。该书叙事简明，并且多注明史源，参考价值较高。它与《隆兴佛教编年通论》相比，记事起始明显不同，可见两位史家在处理佛教史事时，有着各自选择与认识。

最后，其他类佛教史著还有不少。如赞宁撰有《大宋僧史略》3卷，主要记述中土佛教事迹及其典章制度演变等。僧道诚撰有《释氏要览》3卷，“杂录释典，旁求书传，分门编次，成二十类”[3]。以上当属典志类。又如祖沫撰有《大慧普觉禅师年谱》，属年谱类。再如王质撰有《正法世谱》，据其《自序》略言：“其书始周昭王二十四年甲寅释迦佛生，至隆兴元年癸未大慧卒，得二千二百八十五年，以《史记》《通鉴》及《皇极经世》相参以为正。其间诸宗师出某乡，姓某氏，舍某家，所从师某人受具，所游方某所，出世某

① 释祖琇：《隆兴编年通论》卷28，《卍续藏经》第130册，台湾新文丰出版公司，1993年。

② 陈垣：《中国佛教史籍概论》卷六“佛祖通载”。

③ 晁公武著，孙猛校证：《郡斋读书志校证》卷16。

所，得法某人，授法某人，其平生所可见某事，终某所，塔某所，寿若干，腊若干，仿《史记》年表列之，此《世谱》大略也。盖自《大藏经》之余，诸史、诸集、四方图经、诸志铭，若近儒、释之徒所著未及入《藏》者，皆裒以为资。”[①]说明其属谱系类。它如程说撰《释氏蒙求》5卷，释道诚撰《尼蒙求》1卷，则属蒙求类。[②]凡此等等。

总之，由以上史著不难看出，宋代佛教类史书种类多样，叙事特色明显，它们基本反映了宋代佛教史著编修状况。

②道教史：宋代道教得到较大发展，尤其是在真宗和徽宗时期，受朝廷崇奉之风推动，道教史编修也随之取得一定进展。

真宗以神道设教为幌子，大肆从事屡迎天书、争迎符瑞以及东封西祀等活动。如史载：“大中祥符五年十月戊午，延恩殿道场，夜漏未尽八刻，上亲睹九天司命天尊临降，谕以本人皇九人之一，乃赵之始祖，再降，为轩辕皇帝。后唐时，复降，主赵氏之族。”随后朝廷上天尊号圣祖。[③]到该年十一月，真宗作《圣祖降临记》宣示中外。[④]又到大中祥符七年，丁谓请求编修圣祖降临之事，朝廷诏李维、宋绶和晏殊同编。至天禧元年，奏上《降圣记》50卷。又如大中祥符八年冬十月，盛度进呈《圣祖天源录》5卷，并且奏称：“所编事迹，虑有未备，愿别命儒臣就馆阁群书更广编撰，以志先烈。”

① 马端临：《文献通考》卷227《经籍考》。

② 郑樵撰，王树民点校：《通志二十略·艺文略》第五，中华书局，1995年。

③ 李埴撰，燕永成校正：《皇宋十朝纲要校正》卷3，中华书局，2013年。

④ 李焘：《长编》卷79。

诏从之。朝廷命王曾及集贤校理晏殊与盛度共同纂集。[①]

再如王钦若奉诏编集有《先天纪》36卷，真宗御制序并冠其首。据晁公武记述："圣祖赵讳，即轩辕黄帝也，故钦若奉诏编次传记黄帝事迹上之。"[②]王钦若还撰有《翊圣保德真君传》3卷，郑樵作注言："建隆中，有神降于燕南山，告符命之事，故加以号焉。"[③]清四库馆臣评论道："传中所言翊圣真君降盩厔民张守真家，太祖、太宗皆崇信之，事殊怪妄。盖自张鲁之教有三官，天地之外独有水官，而木、金、火、土不与，故道家独尊玄武。此所谓翊圣真君，即玄武也。钦若小人，借神怪之说以固宠，不足多责，至著而为书，则无忌惮之甚矣。"[④]又对于该书所记佛教之事，释志磐批评道："其间论佛最为失义。"[⑤]可见该书记事有令人难以信服的内容。此外，由于王钦若"自以深达道教，多所建明，领校道书，凡增六百余卷"[⑥]。又因当时"封泰山，祀汾阴，天下言符瑞，钦若皆与焉"，所以他还撰有《天书再降泰山祥瑞图》和《五岳广闻记》等。[⑦]

到徽宗朝时，朝廷内外崇奉道教之风甚盛。史载：政和三年十一月五日，恭上神宗、哲宗徽号于太庙。翌日，祀昊天上帝于圜丘。太师蔡京奏："天神降格，实为大庆，乞付史馆。"徽宗出手诏，播

---

① 李焘：《长编》卷85。

② 晁公武著，孙猛校证：《郡斋读书志校证》卷9。

③ 郑樵撰，王树民点校：《通志二十略·艺文略》第五。

④ 《四库提要》卷147。

⑤ 志磐撰，释道法校注：《佛祖统纪校注》卷44《法运通塞志》。

⑥ 《宋史》卷283《王钦若传》。

⑦ 曾巩撰，王瑞来校证：《隆平集校证》卷4，中华书局，2012年。

告天下。群臣诣东上阁门拜表称贺，御制《天真示现记》。明年，又制《神应记》。[1]对于天神降临的详细经过，周煇记述道：龙图阁直学士、提举醴泉观兼侍读、编修《国朝会要》、详定《九域图志》、编类御笔、礼制局详议官蔡攸奏："臣伏奉圣恩，差冬祀大礼升辂执绥。十一月五日，陛下御玉辂，自太庙出南薰门，至玉津园，伏蒙宣谕臣曰：'玉津园东楼殿重复，是何处？'臣奏以城外无楼殿，恐是斋宫。陛下曰：'此去斋宫尚远，可回顾。'见云间楼台殿阁，隐隐数重。既而审视，其楼殿去地数十丈，即知非斋宫。俄顷，陛下又谓臣曰：'见人物否？'臣即见有道流、童子，持幢幡节盖，相继而出云间。人渐众，约千余人，皆长丈余。有辂车舆辇，多青色，驾者不类马，状若龙虎。及辇后有执大枝花数十相继，云间日色穿透，所见分明，衣服眉目历历可识。人皆戴冠，或有类今道士冠而稍大者，或若童子状，皆衣青、紫、黄、绿、红，或淡黄、杏黄、浅碧，望之，衣上或有绘绣。或秉简，或持羽扇，前后仪卫益众，约数千许人。回旋于东方稍南，人物异常，旌旗飞翻飘转，所持幢节高数丈，非人世所睹。移刻，或见或隐，又顷乃隐不见。此盖陛下恪祗祀事，追述三代，作新礼器，上体天道，秉执元圭，斋服盛明，严恭寅畏，天意感昭，神明降格，示现如此。伏望宣付史馆，播告天下。"太师蔡京等奏，乞率百僚，称庆明庭。奉御笔依奏。随后，周煇指出："时政和三年也。煇自省事，即见丈人行谈此事，颇略，兹得其详，因书以示欲知者。先人云，所书亦有润色，在当时已多有议之者。岂亦出神道设教乎？"[2]对于其中缘由，蔡絛指

---

① 《宋史》卷104《礼志》。

② 周煇撰，刘永翔、许丹整理：《清波杂志》卷11。

出："是时上兴道教将十年，独思未有一厌服群下者，数以语近幸，于是神降事起矣。"[①]由此可见，神降事系徽宗亲自主导，蔡京父子等亲近积极迎合所致。对于《天真示现记》，朱熹批评道："所作《天人示现记》，皆集众人之妄。"[②]

又到政和七年二月，温州道士林灵素"托言有二天人：一曰神霄玉清王，一曰青华帝君，降于宝箓宫"，道录傅希烈作《降临记》上之。同年四月，御笔：朕乃昊天上帝元子，卿等可册朕为教主道君皇帝。随后，诏翰林学士承旨王黼，宣和殿学士蔡攸、盛章等至宣和殿观神霄降临，王黼作记上之。[③]按：此处王黼所作系《宣和殿（降）圣记》。[④]到重和元年闰九月，薛昂又进呈《神霄帝君降临记》。[⑤]

与此同时，重和元年八月，朝廷诏《史记·老子传》升于列传之首，《前汉·古今人表》叙列于上圣，其旧本并改正。[⑥]此系因崇奉老子而诏改正史之举。又到该年九月，用蔡京言，集古今道教事为纪志，赐名《道史》。[⑦]再到宣和三年十一月，徽宗御笔："提举道箓院见修《道史》，表不须设，纪断自天地始分，以三清为首，三皇

---

① 杨仲良撰，李之亮点校：《皇宋通鉴长编纪事本末》卷127《道学》引《国史后补》。

② 黎靖德辑，郑明等校点：《朱子语类》卷127。

③ 李埴撰，燕永成校正：《皇宋十朝纲要校正》卷17。

④ 见杨仲良撰，李之亮点校：《皇宋通鉴长编纪事本末》卷127《道学》引。

⑤ 李埴撰，燕永成校正：《皇宋十朝纲要校正》卷18。

⑥ 李埴撰，燕永成校正：《皇宋十朝纲要校正》卷18。

⑦ 《宋史》卷21《徽宗纪》。

而下帝王之得道者，以世次先后列于纪，志为十二篇，传分十类。”又诏：“自汉至五代为《道史》，本朝为《道典》。”[①]此又是诏修《道史》时的具体举措。

总之，从以上事例不难看出，真宗和徽宗朝道教史编修活动大多属朝廷诏修或者系迎合现实需要之作，它们处处体现着极为鲜明的时代特色。

此外，宋人撰修的道教史著述还有不少。其中，传记类如乐史撰《总仙记》130 卷。[②]又如曾慥撰《集仙传》12 卷，据陈振孙记述：“自岑道愿而下，一百六十二人。”[③]元人俞琰指出：“刘向《列仙传》、葛洪《神仙传》、沈份［汾］《续仙传》、曾至游《集仙传》、易如刚《仙传拾遗》、陈葆光《三洞神仙录》，他如《洞仙传》《神仙感遇传》，其说虽杂，然古今诸仙之名，皆载于编。”[④]再如吴淑撰《聂炼师传》1 卷，“记伪吴道士聂绍元事”。[⑤]它如仁宗皇祐三年，云台观道士武元亨进《希夷先生传》。[⑥]又耿延禧撰有《林灵素传》，[⑦]等等。

记事类如史载：王质监舒州灵仙观，采古今练形摄生之术，撰《宝元总录》百卷。[⑧]又如倪守约撰有《赤松山志》1 卷，“首述黄

---

① 杨仲良撰，李之亮点校：《皇宋通鉴长编纪事本末》卷 127《道学》。

② 郑樵撰，王树民点校：《通志二十略·艺文略》第五。

③ 陈振孙著，徐小蛮、顾美华点校：《直斋书录解题》卷 12。

④ 俞琰：《席上腐谈》卷下，文渊阁《四库全书》本。

⑤ 郑樵撰，王树民点校：《通志二十略·艺文略》第五。

⑥ 张方平撰，郑涵点校：《张方平集》卷 33《华山重修云台观记》。

⑦ 赵与时撰，姜汉椿整理：《宾退录》卷 1。

⑧ 王应麟撰，武秀成、赵庶洋校证：《玉海艺文校证》卷 24《录·祥符殊祥录》。

初平兄弟仙迹，次丹类，次洞穴类，次山水类，次宫宇类，次人物类，次制诰类，次碑籍类”。清四库馆臣指出：“志山水而用郡县舆记体例者，自守约是书始。”[①]凡此等等。

（5）蕃域史。宋代自开国始，出于御外等现实考虑，官、私方均极为重视对周边国家以及地区史事的搜集和编撰。与此同时，国内少数民族史撰述也取得了不少成果。

①邻国史：宋朝廷出于对外交往与修史之需，颇为重视对交往诸国基本概况的搜集、整理与编修。如据王栐记述：“唐有《王会图》，皇朝亦有《四夷述职图》。大中祥符八年九月，直史馆张复上言：‘乞纂朝贡诸国衣冠，画其形状，录其风俗，以备史官广记。’从之。是时，外夷来朝者，惟有高丽、西夏、注辇、占城、三佛齐、蒙国、达靼、女真而已，不若唐之盛也。”[②]又如孝宗乾道九年，安南入贡，客省承诏具风俗及贡物名数，为《安南土贡风俗》1卷。[③]由此可见，宋代官方对朝贡诸国基本概况的确有所记述，并且这些成果往往体现在官修史书中。不过，需强调说明的是，在对以上诸国史事撰述中，与宋紧邻且交往频繁的诸国史往往成了宋代官方编修的重点。与此同时，宋代私家出于现实社会需要或者个人兴趣喜好，往往编撰具有一定参考价值的邻国史著，这些史著对官方决策与修史起到了重要的补充作用。详见下表：

① 永瑢等：《四库全书简明目录》卷7，上海古籍出版社，1985年。

② 王栐撰，钟翀整理：《燕翼诒谋录》卷4，《全宋笔记》第七编第一册，大象出版社，2016年。

③ 王应麟：《玉海》卷16《地理·景德交州图》。

**表1-9　宋人所撰邻国重要史著一览表**

| 书名 | 卷数 | 作者 | 身份 | 出处 | 备注 |
|---|---|---|---|---|---|
| 《燕北录》 | | 王易 | | 《遂初堂书目》 | |
| 《契丹志》 | 1 | 王曾 | 使臣 | 《玉海》卷16《地理》 | |
| 《北庭记》 | | 晁迥 | 使臣 | 《宋史》卷305《晁迥传》 | |
| 《虏廷杂记》 | 10 | 赵志忠 | 归明人 | 《郡斋读书志》卷7 | 《宋史》卷205《艺文志》作：赵志忠《大辽事迹》10卷。二书关系待考。 |
| 《阴山杂录》 | 16 | 赵志忠 | 归明人 | 《遂初堂书目》、《直斋书录解题》卷5、《宋史》卷203《艺文志》 | 此书与《虏廷杂记》关系待考。 |
| 《塞北纪实》 | 3 | 大惟简 | | 《宋史》卷203《艺文志》 | |
| 《燕北杂录》 | 5 | 武珪 | 归明人 | 《直斋书录解题》卷5 | |
| 《匈奴须知》 | 1 | 田纬 | 归明人 | 《直斋书录解题》卷5 | |
| 《东北诸蕃枢要》 | 2 | 李季兴 | | 《宋史》卷203《艺文志》 | |
| 《契丹机宜通要》 | 4 | | | 《宋史》卷203《艺文志》 | |
| 《契丹事迹》 | 1 | | | 《宋史》卷203《艺文志》 | |
| 《契丹疆宇图》 | 1 | 不著名氏 | | 《直斋书录解题》卷8 | 《玉海》卷16《地理》作“二卷”。 |
| 《地理图》 | 1 | 不知作者 | | 《玉海》卷16《地理》 | |
| 《辽四京记》 | 1 | 无名氏 | | 《直斋书录解题》卷8 | |

续表

| 书名 | 卷数 | 作者 | 身份 | 出处 | 备注 |
| --- | --- | --- | --- | --- | --- |
| 《辨鸩录》 | 1 | 不著名氏 |  | 《直斋书录解题》卷 5 |  |
| 《虏廷须知》 | 1 | 知安肃军陈昉 | 边臣 | 《直斋书录解题》卷 5 |  |
| 《金人亡辽录》 | 2 | 燕山史愿 |  | 《直斋书录解题》卷 5 | 一作《辽国遗事》，或《北辽遗事》。 |
| 《契丹国志》 | 27 | 叶隆礼 |  |  | 今存 |
| 《金虏承安须知》 | 1 |  |  | 《郡斋读书志·附志》 |  |
| 《金国志》 | 2 | 张棣 | 归明人 | 《直斋书录解题》卷 5 |  |
| 《正隆事迹记》 | 1 | 张棣 | 归明人 |  | 今存 |
| 《金亮讲和事迹》 | 1 | 张棣 | 归明人 | 《宋史》卷 203《艺文志》 |  |
| 《金国志》 | 1 | 不著名氏 |  | 《直斋书录解题》卷 5 |  |
| 《金国节要》 | 3 | 张汇 | 归明人 | 《直斋书录解题》卷 5 |  |
| 《金国明昌官制新格》 | 1 | 不知何人 |  | 《宋史》卷 203《艺文志》 |  |
| 《金人南迁录》 | 1 | 称伪著作郎张师颜撰 |  | 《直斋书录解题》卷 5 |  |
| 《松漠记闻》 | 3 | 洪皓 | 使节 | 《直斋书录解题》卷 5 | 除正续 2 卷外，还有《补遗》1 卷，今存。 |
| 《金国文具录》 | 1 | 洪皓 | 使节 | 《遂初堂书目》 |  |

续表

| 书名 | 卷数 | 作者 | 身份 | 出处 | 备注 |
|---|---|---|---|---|---|
| 《大金国志》 | 40 | 宇文懋昭 | 归明人 | | 今存 |
| 《四系录》 | 20 | 李焘 | | 《玉海艺文校证》卷24《录》 | |
| 《契丹西夏录》 | 10 | 吴思 | | 《龟山集》卷30《吴思墓志铭》 | |
| 《西夏须知》 | 1 | 鄜延都监刘温润 | 边臣 | 《直斋书录解题》卷5 | |
| 《夏国枢要》 | 2 | 孙巽 | | 《郡斋读书志》卷7 | |
| 《治戎精要》 | 3篇 | 任颛 | 使节 | 《宋史》卷330《任颛传》 | |
| 《鸡林记》 | 20 | 吴栻 | 使节 | 《宋史》卷203《艺文志》 | |
| 《鸡林志》 | 30 | 王云 | 使节 | 《郡斋读书志》卷7 | |
| 《宣和奉使高丽图经》 | 40 | 徐兢 | 使节 | 《直斋书录解题》卷8 | 今存 |
| 《鸡林类事》 | 3 | 孙穆 | | 《玉海》卷16《地理》、《宋史》卷204《艺文志》 | |
| 《海东三国史记》 | 50 | 沈忞 | | 《玉海》卷16《地理》 | |
| 《唃厮啰传》 | 1 | 不著作者 | | 《直斋书录解题》卷7 | |
| 《青唐录》 | 1 | 李远 | 武将 | 《直斋书录解题》卷7 | |
| 《青唐录》 | 3 | 汪藻 | | 《宋史》卷203《艺文志》 | |
| 《元符陇右录》 | | 高永年 | 武将 | 《遂初堂书目》、《宋史》卷453《高永年传》 | 又作《陇右日录》，见李焘《长编》征引。 |

续表

| 书名 | 卷数 | 作者 | 身份 | 出处 | 备注 |
|---|---|---|---|---|---|
| 《安南土贡风俗》 | 1 | | | 《玉海》卷16《地理》 | |
| 《南越记》 | 1 | 陈承韫 | | 《玉海》卷16《地理》 | |
| 《交趾事迹》 | 10 | 知新州赵勰 | 边臣 | 《直斋书录解题》卷7 | |
| 《占城国录》 | 1 | 不著名氏 | | 《直斋书录解题》卷7 | |
| 《南蛮录》 | 10 | 未详撰人 | | 《郡斋读书志》卷7 | |
| 《至道云南录》 | 3 | 辛怡显 | | 《郡斋读书志》卷7 | |
| 《剑南须知》 | 10 | 宋如愚 | | 《文献通考》卷205《经籍考》 | |
| 《政和大理入贡录》 | 1 | 周邦 | | 《直斋书录解题》卷7 | |
| 《征蒙记》 | 1 | 李大谅 | | 《直斋书录解题》卷5 | |
| 《蒙鞑备录》 | 1 | 旧题"孟珙" | 使节 | | 今存。据王国维先生考证："孟珙"当作"赵珙"。 |
| 《黑鞑事略》 | | 彭大雅撰、徐霆疏 | 使节 | | 今存 |
| 《诸蕃志》 | 2 | 赵汝适 | | 《直斋书录解题》卷8 | 今存 |

注：该表所列诸国重要史著主依书目著录和现存，其间对于书目未著录而今存者，则在备注中表明。又该表并非宋人所撰诸国所有史著，如地图、奉使以及入贡类一般不予列举，但为照顾史著较少之国，则适当予以列举，特此说明。

一是有关辽国史著。辽出于御外之需，严格限制本国史籍外传。据沈括记述："契丹书禁甚严，传入中国者法皆死。"[①]不过，在现实社会中，一些归宋官凭借所掌握的辽代史事或者自身见闻，撰成了具有较高参考价值的史著。他们所撰史著甚至还影响到了宋代官修史书。

如据欧阳修言："又有赵志忠者，本华人也，自幼陷虏，为人明敏，在虏中举进士，至显官，既而脱身归国，能述虏中君臣世次、山川风物甚详。"[②]在具体著述方面，据晁公武记述："《虏廷杂记》十卷，右契丹降人赵志忠撰。记虏廷杂事，始于阿保谨，迄邪律宗真。李清臣云：'志忠仕虏，为中书舍人，得罪宗真，来归。上此书及《契丹地图》，言契丹事甚详。'"[③]又据史家李焘考知："至忠来归，在庆历元年八月，熙宁二年七月乃致仕。范镇《杂记》称至忠尝为契丹史官，契丹称中书舍人，或中书舍人即兼史职也。（嘉祐）三年二月，又上《国俗官称仪物录》。六年五月，又献《契丹蕃汉兵马机事》十册并《契丹出猎图》。"[④]由此可知，他进献的辽国史籍不少。同时，赵志忠在辽时的史官身份，使其所言及其著述对宋人具有极大吸引力。如史官范镇曾言："契丹之先，有一男子乘白马，一女子驾灰牛，相遇于辽水之上，遂为夫妇。生八男子，则前史所谓迭为君长者也。此事得于赵志忠。志忠尝为契丹史官，必其真也。前史虽载八男子，而不及白马、灰牛事。契丹祀天，至今用

① 沈括撰，胡静宜整理：《梦溪笔谈》卷15。

② 欧阳修撰，储玲玲整理：《归田录》卷2。

③ 晁公武著，孙猛校证：《郡斋读书志校证》卷7。

④ 李焘：《长编》卷185仁宗嘉祐二年夏四月辛未纪事条注文。

灰牛、白马。予尝书其事于《实录·契丹传》，王禹玉恐其非实，删去之。予在陈州时，志忠知扶沟县，尝以书问其八男子迭相君长时为中原何代。志忠亦不能答，而云：‘约是秦汉时。’恐非也。”[①]可见范镇为深入了解契丹先祖史事，曾请教于归明人赵志忠。又如王铚记载：“赵至忠虞部自北地归明，尝仕辽中，为翰林学士，修国史，著《虏廷杂记》之类甚多。《杂记》言：‘圣宗芳仪李氏，江南李景女。初嫁供奉官孙某，为武疆都监。妻女皆为圣宗所获，封芳仪，生公主一人。’晁补之为北都教官，因览此书而悲之。……余尝游庐山，见李主有国时修真风观，皆宫人施财，刊姓氏于碑。有太宁公主、永嘉公主二人，皆景女，不知芳仪者孰是也。”[②]由此表明，王氏对赵志忠所记该事有疑惑。今存《通鉴考异》卷29对《虏庭杂记》有征引。又《遂初堂书目》、《直斋书录解题》卷5以及《宋史》卷203《艺文志》均著录有：《阴山杂录》16卷。它与《虏廷杂记》关系如何？存疑待考。不过，《契丹国志》卷22“四至邻国地理远近”条，王国维先生认为：“当出赵志忠《阴山杂录》诸书。”[③]

又如武珪，本镇州人，陷辽岁久，颇知辽事。仁宗嘉祐六年三月，他奏上所画《契丹广平淀受礼图》。[④]同年，据陈振孙所载：他

① 范镇撰，汝沛、永成整理：《东斋记事》卷5，《全宋笔记》第一编第六册，大象出版社，2003年。

② 王铚撰，汤勤福、白雪松整理：《默记》，《全宋笔记》第四编第三册，大象出版社，2008年。

③ 王国维：《观堂集林》卷15《萌古考》，见《王国维遗书》第2册，上海古籍书店，1983年。

④ 李焘：《长编》卷193。

又进呈《燕北杂录》5卷。[①]但据程大昌记述："《燕北杂录》载契丹兴宗重熙年间衣制、仪卫、打围、射鹿、钓鱼等事，于景祐五年十月撰进。不书撰人姓名，而著其所从闻曰：'思乡人武珪，在虏十余年，以善歌隶帐下，故能习虏事详悉。凡其所录，皆珪语也。'"[②]按此说法，《燕北杂录》系他人据武珪所述完成，并且上进于景祐五年。此与陈振孙所记有异，存疑待考。今曾慥《类说》卷五收录有《燕北杂记》19条纪事，当系该书内容。

再如史愿撰有《北辽遗事》2卷，记女真灭辽事。其《序》言道："辽国自阿保机创业于其初，德光恢廓于其后，吞并诸蕃，割据汉界，南北开疆五千里，东西四千里，戎器之备，战马之多，前古未有。子孙继统二百三十余年，迨至天祚失驭，女真称兵，十二年间，举国土崩。古人谓得之难而失之易，非虚言耳。"[③]可见该书编撰目的颇为明确。又据陈振孙言："《金人亡辽录》二卷，燕山史愿撰。或称《辽国遗事》。"[④]可知《金人亡辽录》与《辽国遗事》《北辽遗事》系同书异名。对于作者史愿，史载："愿，燕山人，有学问。"[⑤]又"史愿字仲参，燕人，先归朝而来也"[⑥]。此外，汪藻

---

① 陈振孙著，徐小蛮、顾美华点校：《直斋书录解题》卷5。

② 程大昌撰，许沛藻、刘宇整理：《演繁露》卷3《契丹于达鲁河钓鱼》，《全宋笔记》第四编第八册，大象出版社，2008年。

③ 晁公武著，孙猛校证：《郡斋读书志校证》卷7。

④ 陈振孙著，徐小蛮、顾美华点校：《直斋书录解题》卷5。

⑤ 李心传撰，胡坤点校：《要录》卷43高宗绍兴元年夏四月庚辰。

⑥ 徐梦莘：《三朝北盟会编》卷208，上海古籍出版社，1987年影印清光绪三十四年许涵度刻本。

《金人背盟录》“多采《北辽遗事》”。①

与此同时，宋代出使辽国的官员往往利用使臣身份，撰成了有关辽史史著。如真宗大中祥符中，知制诰王曾奉使，撰《契丹志》1卷，记载经历山川城郭。②又如史载：晁迥出使契丹还，奏《北庭记》。③凡此等等。

此外，其他人所撰重要史著还有：如王易撰《燕北录》。据程大昌记述：“国初有王易者，著《燕北录》，载契丹受诸国聘觐，皆绘画其人物冠服。”④可见该书还配有插图。又如《契丹国志》27卷，记载辽代二百余年历史史实，题宋叶隆礼撰。从所载内容看，该书大部分内容摘抄自薛居正《旧五代史》、欧阳修《新五代史》、司马光《资治通鉴》、李焘《续资治通鉴长编》、徐梦莘《三朝北盟会编》、洪皓《松漠纪闻》，以及武珪《燕北杂记》和《契丹疆域图》等，由此引发诸多质疑和探索。如余嘉锡先生怀疑该书非叶隆礼所撰。⑤李锡厚先生认为该书中的“进书表”系他人作伪。⑥刘浦江先生认为该书存在篡改史料、误解原文、词不达意、机械抄书和缺乏常识共五大问题，他进而推断说：“(该书）当是出自惯以作伪的坊肆书贾之手。”⑦可见从该书作者、进书表到具体内容，均存在摘抄

---

① 晁公武著，孙猛校证：《郡斋读书志校证》卷6。

② 王应麟：《玉海》卷16《地理·嘉祐契丹地图》。

③ 《宋史》卷305《晁迥传》。

④ 程大昌撰，许沛藻、刘宇整理：《演繁露》卷12《幞头垂脚不垂脚》。

⑤ 余嘉锡：《四库提要辨证》卷5，云南人民出版社，2004年。

⑥ 李锡厚：《叶隆礼和〈契丹国志〉》，见校点本《契丹国志》附录二，上海古籍出版社，1985年。

⑦ 刘浦江：《关于〈契丹国志〉的若干问题》，载《史学史研究》，1992(2)。

伪托之疑。

总之，以上宋人所撰辽代史著述，有不少出自归宋官和宋朝使臣之手。尤其是其间还包含“契丹史官”所撰史著，由此增强了这些史著的可信度和影响力。不过，我们应该认识到，一些史著书名因涉及华夷观念等因素，导致其在流传时出现同书异名等现象；一些史著作者题名存在先有后无等问题；还有不少史著内容仅记述须知类常识或者一般性见闻，参考价值有限，甚至有的史著竟然系杂抄伪托之作，如此等等。以上这些问题无疑影响到了该类史著的参考利用价值，此均值得我们重视。

二是有关金国史著。宋、金交往曾极为频繁，因此，宋人论述金国史事的著述不少。大体而言，一类是由有着金国生活经历之人撰述而成。如朱熹就指出：“榷场中有文字卖，说中原所在山川地理州县邸店甚详，中亦杂以虏人官制。某以为是中原有忠义之人做出来，欲朝廷知其要害处也。”[①]又如张棣撰有《金国志》2卷，张氏系“淳熙中归明人”，记“金国事颇详”。[②]据《三朝北盟会编》卷244征引该书有关内容可知：该书由一、京邑，二、宫室，三、宗庙，四、禘祫，五、山陵，六、仪卫，七、旗帜，八、冠服，九、官品，十、取士，十一、屯田，十二、用师，十三、田猎，十四、刑法，十五、京府节镇防御军，十六、地里驿程共十六部分组成。又据清四库馆臣所言，该书还应包括“族帐部曲”，凡十七门。[③]可见该书涉及金国史事范围颇广。同时，该书有“金国志”“金人志”

---

① 黎靖德辑，郑明等校点：《朱子语类》卷138。

② 陈振孙著，徐小蛮、顾美华点校：《直斋书录解题》卷5。

③ 《四库提要》卷52。

“金志”“金记”“金虏图经”和“金图经”等多个名称。陈振孙还著录有不著名氏的《金国志》1卷，并认为“似节略张棣书”。这足以说明该书在南宋时相当流行。此外，张氏还撰有《正隆事迹记》1卷，所记皆金海陵炀王之事，始于初立，终于瓜洲之变，凡十有二年，末附录世宗立后事数条。再如张汇撰有《金国节要》3卷，据陈振孙记述：兖人张汇“宣和中随父官保州，陷金十五年，至绍兴十年归朝”[①]。可见张氏在金生活达十余年之久，也正因为有如此生活经历，故他撰成《金国节要》一书。

一类是由宋朝使臣撰成。如洪皓使金南归后，撰成《松漠纪闻》正续2卷、《补遗》1卷，据其子洪适在该书末言：“先君衔使十五年，深阸穷漠，耳目所接，随笔纂录。闻孟公庾发箧，汴都危变，归计创艾而火其书。秃节来归，因语言得罪柄臣。诸子佩三缄之戒，循陔侍膝，不敢以北方事置齿牙间。及南徙炎荒，视膳余日，稍亦谈及远事。凡不涉今日强弱利害者，因操牍记其一二。未几，复有私史之禁，先君亦枕末疾，遂废不录。及柄臣盖棺，弛语言之律，而先君已赍恨泉下。鸠拾残稿，厘得数十事，反袂拭面，著为一编。”可见该著成书经历了复杂多变的艰难过程。此后，洪皓另一子洪遵在《补遗》末又指出：“先忠宣《松漠记闻》，伯兄锓板歙、越，遵来守建业，又刻之。暇日搜阅故牍，得北方十有一事，皆曩岁侍旁亲闻之者，目曰《补遗》，附载于此。”由此可知，《松漠纪闻》经洪皓之子整理、续补，并刊刻而流传于世。但因受南宋初朝政与个人遭际等因素影响，该书所记金国史事有限。不过，其史料参考价值较高。如李心传在《建炎以来系年要录》中注明征引达20

① 以上均见陈振孙著，徐小蛮、顾美华点校：《直斋书录解题》卷5。

次。此外，洪皓还撰有《金国文具录》1卷，主要记述金代官制废置。对于该书书名，他在《进金国文具录札子》中指出："臣所编金国行事，以其仿中国之制而不能力行，徒为文具，故号为《文具录》。"[1]可见该书主在揭示金仿宋制及其效果。

此外，南宋朝廷出于御敌备战之需，时常渴望得到敌对方更为全面准确的信息，这就为摘抄伪托之作提供了可乘之机。如张师颜撰有《金人南迁录》1卷，据陈振孙言："顷初见此书，疑非北人语，其间有晓然傅会者，或曰华岳所为也。近扣之汴人张总管翼，则云岁月皆牴牾不合，益证其妄。"[2]李心传亦指出："近传《南迁录》，事悉差误，盖南人伪为之，今不取。"[3]可见该书当属伪托之作。李心传撰有《辨南迁录》1卷，[4]此当系辩证该书之作。又如题宇文懋昭所撰的《大金国志》凡40卷，记载金朝一代史事。该书内容系摘抄《三朝北盟会编》《建炎以来系年要录》《大金吊伐录》《金人南迁录》《中兴小历》以及张棣《金国志》等书而成。元人苏天爵对此指出："叶隆礼、宇文懋昭为辽、金《国志》，皆不及见国史，其说多得于传闻。盖辽末金初稗官小说中间失实甚多，至如建元改号，传次征伐，及将相名字，往往杜撰，决不可信。如张师颜《南迁录》尤为纰缪。"[5]由此表明该书实系摘抄之作。

---

① 洪皓：《鄱阳集》卷4，文渊阁《四库全书》本。

② 陈振孙著，徐小蛮、顾美华点校：《直斋书录解题》卷5。

③ 李心传撰，徐规点校：《建炎以来朝野杂记》乙集卷19《边防二·女真南徙》末注。

④ 《宋史》卷438《李心传传》。

⑤ 苏天爵撰，陈高华、孟繁清点校：《滋溪文稿》卷25《三史质疑》。

三是有关（蒙古）元史著。南宋时，宋与（蒙古）元交往日益增多，于是由宋朝使臣等撰有涉及（蒙古）元史事的史著。如李大谅撰有《征蒙记》1卷，①据朱熹言："李成之子某从兀朮征蒙国，因记征蒙时事。"②按《三朝北盟会编》卷197高宗绍兴九年八月"金人族诛鲁国王都元帅挞懒"纪事条引有"伪史官李成男李大谅《征蒙记》"云云，则知朱氏所言，就是李大谅的《征蒙记》。又如《蒙鞑备录》1卷，旧题孟珙撰，据王国维先生考证，孟珙当为赵珙之误。③该书纪事现今仅存十四则，主要有"立国""国号年号""诸将功臣""军政""征伐""官制"以及"风俗"等，系赵珙奉使蒙古时所记有关蒙古早期历史以及习俗等，其间不时会有作者自己的认识。具体在"奉使"条下，赵珙指出："近使臣到彼国王处，凡相见礼文甚简，言辞甚直，且曰你大宋好皇帝，好宰相。大抵其性淳朴，有太古风。可恨金虏叛亡之臣教之，今乃凿混沌，破彼天真，教以奸计，为可恶也。"又在"国号年号"条下，指出："今二年以来，因金国叛亡降附之人，无地容身，愿为彼国用，始教之以文书。……以愚观之，更迟年岁，则金虏叛亡之臣，必教之撰其诞日以为节，又必教之改年立号也矣。"在此赵氏表明了他对金国叛亡之臣在蒙古作为的认识。如此等等。

再如《黑鞑事略》1卷，彭大雅撰、徐霆疏。对其成书过程，理宗嘉熙元年，徐霆在书末记述道："霆初归自草地，当编叙其风土习俗。及至鄂渚，与前纲书状官彭大雅解后，各出所编，以相参考，

---

① 陈振孙著，徐小蛮、顾美华点校：《直斋书录解题》卷5。

② 黎靖德辑，郑明等校点：《朱子语类》卷131。

③ 王国维：《蒙鞑备录笺证跋》，见《王国维遗书》第13册。

亦无大辽绝，遂用彭所编者为定本，间有不同，则霆复疏于下方，然此亦止述大略。”可见该书系二人出使蒙古国时的所见所闻，内容涵盖蒙古国政治、经济、军事以及社会风俗等，其间时而有作者看法。具体而论，徐霆“尝考鞑人养马之法。自春初罢兵后，凡出战好马，并恣其水草，不令骑动，直至西风将生，则取而空之，縶于帐房左右，啖以些少水草，经月后膘落而实。骑之数百里，自然无汗，故可以耐远而出战。寻常正行路时，并不许其吃水草，盖辛苦中吃水草，不成膘而生病，此养马之良法。南人反是，所以马多病也”。这是用比较法来说明蒙古养马之法的优点。又对于蒙古军器，徐霆“尝考之，鞑人始初草昧，百工之事，无一而有。其国除孳畜外，更何所产。其人椎朴，安有所能，……后来灭回回，始有物产，始有工匠，始有器械。盖回回百工技艺极精，攻城之具尤精，后灭金虏，百工之事，于是大备”。由此可知，蒙古军器之所以完备，与回族工匠等贡献有关。如此等等。

四是有关其他国史著。先是就西夏而言，宋、西夏战和不常，这直接影响到宋对西夏史事编修。如据江休复记载：“司马君实充史讨，白执政：《时政》《起居注》皆并不载元昊叛命、契丹请地事，欲就枢密府检寻事迹，以备载录。庞相自至史院商量，孙朴兼修国史之任，云国恶不可书。会庞去相，遂寝。”[①]又如据陆游言：“仁宗时，册命赵元昊为夏国主，盖用江南故事。然亦赐诏，凡言及‘卿’字处，即阙之，亦或以国主代‘卿’字。当时必有定制，然不尽见于《国史》也。”[②]以上记载说明，宋代官方史籍对于有关西夏

① 江休复：《嘉祐杂志》，文渊阁《四库全书》本。

② 陆游撰，李昌宪整理：《老学庵笔记》卷6。

一些重要史事，采取有意不书或隐讳记述方式，由此造成有关记载阙略不明。此虽属阶段性现象，但它在一定程度上体现着宋官方对西夏史编修的态度。

与官方态度相对应，宋代私家撰述的西夏史著述并不太多。以见于史籍记载者而言，如孙巽撰有《夏国枢要》2 卷，“记夏虏兵屯会要、土地肥硗、井泉涌涸、谷粟窖藏、酋豪姓氏、名位司存，与夫城池之完阙，风俗之所尚，编为两帙，上之于朝。”①《宋史》编修官指出：“今史所载追尊谥号、庙号、陵名，兼采《夏国枢要》等书。”②说明该书对于了解西夏战备等情况具有较高参考价值。又如刘温润撰有《西夏须知》1 卷，据晁公武记述：该书系“刘温润守延州日，编录伪境杂事”③。又据陈振孙言，其记事“凡十五条目”④。此外，他还“采摭羌虏之言，以华音释之，为《羌尔雅》”⑤。即该书系番汉语辞典。再如史载：任颛“为谅祚册礼使，采摭西夏风物、山川、道里、出入攻取之要，为《治戎精要》三篇上之”⑥。凡此等等。

又对于高丽来说，宋与高丽时有交往，有关高丽国史事，多出自宋使臣之手。如史载：崇宁中，吴栻出使高丽，撰有《鸡林志》20 卷，“载往回事迹及一时诏诰”。⑦同时，王云撰有《奉使鸡林

① 晁公武著，孙猛校证：《郡斋读书志校证》卷 7。

② 《宋史》卷 486《夏国传》末论。

③ 晁公武著，孙猛校证：《郡斋读书志校证》卷 7。

④ 陈振孙撰，徐小蛮、顾美华点校：《直斋书录解题》卷 5。

⑤ 章如愚：《群书考索》卷 10《诸子百家门》。

⑥ 《宋史》卷 330《任颛传》。

⑦ 王应麟：《玉海》卷 16《地理·崇宁鸡林志》。

志》30卷，据陈振孙记述："崇宁元年，云以书状从刘逵、吴栻使高丽，归而为此书以进。自元丰创通高丽以后事实，皆详载之。"[①]此后，徐兢撰有《宣和奉使高丽图经》40卷。对于该书取材以及所记内容，徐氏在该书《序》中表明：自己"谨因耳目所及，博采众说，简去其同于中国者，而取其异焉。凡三百余条，厘为四十卷，物图其形，事为之说"。其所记乃"其建国立政之体，风俗事物之宜"。正因其记事较为详明，并且图文并茂，使得"徽宗皇帝览其书，大说，召对便殿，赐同进士出身，擢知大宗正丞事兼掌书学"。[②]不过，令人遗憾的是，该书所配图在此后流传时亡佚了。对此，孝宗乾道三年，徐兢之侄徐蒇在该书《跋》中言道："仲父尝为蒇言：'世传予书，往往图亡而经存。余追画之，无难也。'然不果就。"周煇亦指出："宣和奉使高丽，诏路允迪、傅墨卿为使介，其属徐兢仿元丰中王云所撰《鸡林志》，为《高丽图经》，考稽详备，物图其形，事为其说，盖徐素善丹青也。宣和末，先人在历阳，虽得见其图，但能抄其文，略其绘画。乾道间刊于江阴郡斋者，即家间所传之本。图亡而经存，盖兵火后徐氏亦失元本。"[③]从周氏表述可知，该书流传时之所以会发生"图亡而经存"问题，与传抄者往往受制于绘图技术，只能抄文而略图有关。此外，崇宁初，孙穆撰有《鸡林类事》3卷，叙土风、朝制、方言，附口宣刻石等文。[④]

---

① 陈振孙撰，徐小蛮、顾美华点校：《直斋书录解题》卷7。

② 参见徐兢撰，虞云国、孙旭整理：《宣和奉使高丽图经》附录《宋故尚书刑部员外郎徐公行状》，《全宋笔记》第三编第八册，大象出版社，2008年。

③ 周煇撰，刘永翔、许丹整理：《清波杂志》卷7。

④ 王应麟：《玉海》卷16《地理·崇宁鸡林志》。

再是对于吐蕃，宋朝与之交往频繁，有关吐蕃史事，多出自边将之手。如李远撰有《青唐录》1卷，据陈振孙记述："元符中，取邈川、青唐，已而皆弃之。远，绍圣武举人，官镇洮，奉檄军前，记其经历见闻之实，粲然可观。"[①]可见该书由边将撰成。此后，汪藻撰有《青唐录》3卷，[②]不过，据李焘言："远自有《青唐录》，汪藻删修。"[③]可见汪书系"删修"李远书而成。又如高永年，河东蕃官。史载："永年略知文义，范纯仁尝令赞所著书诣阙，作《元符陇右录》，不以弃湟、鄯为是。"[④]此则属以著述方式表明自身对边主张。再如据陈振孙记述：《唃厮啰传》1卷，可惜"不著作者"。[⑤]

还有就交趾、占城而言，宋与交趾间时有战事发生。因此，在私家所撰有关著述中，除边备类如狄青《平蛮记》、王拱辰《平蛮杂议》、张方平《交趾备守》、赵世卿《安南边说》以及李清臣《平南古今事鉴》[⑥]外，其余史著则有：如《南蛮录》10卷，未详撰人。据晁公武记述："熙宁间，交趾叛，朝廷议讨之，或纂历代南蛮事迹及便宜，上之。"[⑦]可见该书所记内容极为广泛。又如知新州赵勰撰《交趾事迹》10卷。[⑧]再如陈承韫撰《南越记》

---

① 陈振孙撰，徐小蛮、顾美华点校：《直斋书录解题》卷7。

② 孙觌：《鸿庆居士集》卷34《汪藻墓志铭》，文渊阁《四库全书》本。

③ 李焘：《长编》卷516哲宗元符二年闰九月壬辰"青唐有不可守者四"条注文。

④ 《宋史》卷453《高永年传》。

⑤ 陈振孙撰，徐小蛮、顾美华点校：《直斋书录解题》卷7。

⑥ 王应麟：《玉海》卷25《地理》。

⑦ 晁公武著，孙猛校证：《郡斋读书志校证》卷7。

⑧ 陈振孙撰，徐小蛮、顾美华点校：《直斋书录解题》卷7。

1卷。[1]同时，据陈振孙记述：《占城国录》1卷，可惜“不著名氏”。[2]

最后对于大理，宋代与之交往不是太多，私家所撰相关史著更多与边备有关。如辛怡显撰《至道云南录》3卷，[3]史载：“淳化五年，以西蜀（李）顺贼与南蛮结连，诏募命官士庶通边事者往黎、巂界招抚。时怡显自荐请行，至道元年讫事而归。是书备载始末云。”[4]又如宋如愚撰《剑南须知》10卷，据李焘言：该书“第一、第二卷，但编集旧史，弃取或不伦。第三、第四、第五、第六凡四卷，尽出唐樊绰《蛮书》；第七卷以下乃如愚自为之文及所画计策耳。如熙宁买马事，诚西南要害，异时或可补国史之阙云”[5]。说明该书仅部分内容具有一定参考价值。再如周邦撰《政和大理入贡录》1卷，据陈振孙记述：“其（指周邦）祖穜为集贤修撰知桂州时，归明人黄璘招来大理国入贡，诏穜考究其真伪。穜言伪妄不可凭，乞依熙宁故事支马价发还。璘至京师，力主其事，穜落职奉祠。久而觉其诈，乃改正。”[6]可见周邦主在表白其祖功绩。

此外，值得一提的是，宋人还撰有涉及多个国家与地区历史地理等内容的史著。如《诸蕃志》2卷，据陈振孙记述：该书系福建提举市舶赵汝适记诸蕃国及物货所出。[7]对于撰修缘由，赵汝适在该书

---

① 王应麟：《玉海》卷16《地理·景德交州图》。

② 陈振孙撰，徐小蛮、顾美华点校：《直斋书录解题》卷7。

③ 《宋史》卷204《艺文志》。

④ 王应麟撰，武秀成、赵庶洋校证：《玉海艺文校证》卷24《录》。

⑤ 马端临：《文献通考》卷205《经籍考》。

⑥ 陈振孙撰，徐小蛮、顾美华点校：《直斋书录解题》卷7。

⑦ 陈振孙著，徐小蛮、顾美华点校：《直斋书录解题》卷8。

《序》中指出："暇日阅诸蕃图，有所谓石床、长沙之险，交洋、竺屿之限。问其志，则无有焉。乃询诸贾胡，俾列其国名，道其风土。与夫道里之联属，山泽之蓄产，译以华言，删其秽渫，存其事实，名曰《诸蕃志》。"该书今传本分上、下卷，卷上"志国"，记述交趾、占城、新罗国乃至倭国等五十多个国家和地区历史地理、物产以及风土人情；卷下"志物"，涉及脑子、乳香、沉香、胡椒以及象牙等，并指明出处。对其记述偏向及其价值，清四库馆臣评论道："诸蕃惟市舶仅通，故所言皆海国之事，《宋史·外国列传》实引用之。核其叙次事类，岁月皆合，但《宋史》详事迹而略于风土、物产，此则详风土、物产而略于事迹。盖一则史传，一则杂志，体各有宜，不以偏举为病也。……然则是书所记，皆得诸见闻，亲为询访，宜其叙述详核，为史家之所依据矣。"①可见该书有助于了解南宋时海上贸易诸国和地区历史地理与风土人情。

综上所述，宋人所撰邻近甚至域外诸国史著虽然不少，但因所记内容毕竟涉及他国史事，撰述者往往难以提供系统完备甚或真实可信的史事记录，而是多杂记类和见闻类。尽管如此，它可与宋代官方有关记载互为补充，是宋代朝廷内外了解邻国乃至域外诸国史事的必要参考。

②民族史：宋代境内少数民族众多，宋朝廷为加强管理，常派内地官员到边地少数民族地区任职。其间，一些官员将当地物产、风俗甚至边政等加以整理记录，由此便产生了一些具有较高参考价值的民族史著述。

---

① 《四库提要》卷71。

北宋时，范旻撰有《邕管杂记》3卷，[①]据陈振孙记述："旻，国初宰相质之子。岭南初平，旻知邕州，兼转运使。"[②]即该书系曾任职邕州的官员撰就。又史载：雍熙二年九月，太宗览《邕管杂记》，叹其风俗乖异。于是诏令"岭南诸州民嫁娶、丧葬、衣服制度，委所在长吏渐加诫厉，俾遵条例；其杀人祭鬼，病不求医，僧置妻孥等事，深宜化导，使之悛革。无或峻法，以致烦扰"[③]。可见该书对朝廷施政以及改变当地风俗起到了助推作用。又冯拯撰有《番禺记异》5卷，据晁公武记述："拯，淳化中谪知端州，见岭表鸟兽草木、民俗物情举异中原，录之，类为三十门，凡三百事。还朝上之。"[④]再有《番禺杂记》1卷，摄南海主簿郑熊撰。陈振孙明确指出：郑氏系"国初人也"。[⑤]曾慥《类说》卷4存有该书纪事共23条。如"鬼市"条为："海边时有鬼市，半夜而合，鸡鸣而散，人从之多得异物。"由此说明当地集市贸易的特点。又如"潮田"条为："以潮水溉田名潮田。"再如"稻孙"条为："稻经获再生者名稻孙。"以上二条系解释性条目，凡此等等。

南宋时，范成大撰有《桂海虞衡志》1卷，主要记述广西乃至西南少数民族地区地理、物产以及民俗风情等。孝宗乾道末，范氏由中书舍人出知静江府。淳熙二年，除敷文阁待制、四川制置使。据其《自序》，是编乃自桂移蜀，"道中无事，时念昔游，因追记其登

---

① 《宋史》卷204《艺文志》。

② 陈振孙著，徐小蛮、顾美华点校：《直斋书录解题》卷8。

③ 李焘：《长编》卷26。

④ 晁公武著，孙猛校证：《郡斋读书志校证》卷8。

⑤ 陈振孙著，徐小蛮、顾美华点校：《直斋书录解题》卷8。

临之处与风物土宜，凡方志所未载者，萃为一书。蛮陬绝徼，见闻可纪者亦附著之，以备土训之图。”全书共十三篇，包括《志山》《志金石》《志香》《志酒》《志器》《志禽》《志兽》《志虫鱼》《志花》《志果》《志草木》《杂志》和《志蛮》，每篇各有小序，各志其土之所有。清四库馆臣称赞道：“诸篇皆叙述简雅，无夸饰土风、附会古事之习。”[①]该书除地理和物产等外，其中蕴含有宝贵的社会民俗史料。如在《志器》篇小序中，他指出：“外蛮兵甲之制，亦边镇之所宜知者。”于是他列举了“竹弓”“黎弓”“蛮弩”和“药箭”等多种少数民族兵器。又如在《志蛮》篇小序中，他指出：“广西经略使所镇二十五郡，其外则西南诸蛮。蛮之区落，不可殚记。姑记其声问相接、帅司常有事于其地者数种：曰羁縻州洞，曰瑶，曰僚，曰蛮，曰黎，曰蜑，通谓之蛮。”于是他对“六蛮”做了重点介绍。再如李心传在编撰《建炎以来系年要录》卷118高宗绍兴八年三月丁亥“安南与广西诸司通问讯”事时，曾在注文中指出：“安南行移体式，以范成大《桂海虞衡志》增入，他书未尝见也。”可见该条纪事十分珍贵。如此等等，足以说明该书参考价值较高。

周去非撰有《岭外代答》10卷，主要记述广西地区地理、边政、财赋、物产、民俗以及外夷等事。孝宗淳熙中，周氏曾任桂林通判，是书即作于桂林代归之后。对此，他在该书《序》中言：“仆试尉桂林，分教宁越，盖长边首尾之邦，疆场之事、经国之具、荒忽诞漫之俗、瑰诡谲怪之产，耳目所治，与得诸学士大夫之绪谈者，亦云广矣。盖尝随事笔记，得四百余条。秩满，束担东归，邂逅与他

---

① 《四库提要》卷70。

书弃遗，置勿复称也。乃亲故相劳苦，问以绝域事，骤莫知所对者盖数数然。至触事而谈，或能举其一二，事类多而臆得者浸广。晚得范石湖《桂海虞衡志》，又于药里得所抄名数，因次序之，凡二百九十四条。应酬倦矣，有复问仆，用以代答。”可见该书系参考《桂海虞衡志》，并为答“问岭外事者”而作。全书原分二十门，今有标题者凡十九，即《地理门》《边帅门》《外国门》《风土门》《法制门》《财计门》《器用门》《服用门》《食用门》《香门》《乐器门》《宝货门》《金石门》《花木门》《禽兽门》《虫鱼门》《古迹门》《蛮俗门》和《志异门》。对其所含价值，清四库馆臣评论说：“其书条分缕析，视嵇含、刘恂、段公路诸书叙述为详。所纪西南诸夷，多据当时译者之辞，音字未免舛讹，而《边帅》《法制》《财计》诸门，实足补正史所未备，不但纪土风、物产，徒为谈助已也。”[①]可见该书补史价值较高。

朱辅撰有《溪蛮丛笑》1卷，据清四库馆臣考证可知：“朱辅字季公，桐乡人。不详其仕履，惟《虎丘志》载所作《咏虎丘》诗一首，知为南宋末人耳。溪蛮者，即《后汉书》所谓五溪蛮。……辅盖尝服官其地，故据所见闻，作为是书，所记诸蛮风土、物产颇备。”[②]此又是任职边地者的见闻记录。

邓嘉猷撰有《西南备边志》12卷，据陈振孙言：“绍兴末，犍为有蛮扰边。初，莫知其何种族也。已而有能别识其为虚恨蛮者。时蜀边久无事，既去而朝廷忧之，诏诸司经度。嘉猷取秦、汉以来讫于本朝，凡史传所载蛮事，皆著于篇，时乾道中也。其为《志》

---

① 《四库提要》卷70。

② 《四库提要》卷71。

九，为《图》一。”[①]可见该书系贯通性民族史著述。

总之，从以上著述撰修情况可以看出，基本由任职边地官员所撰成的民族史著述，所记内容较为详备，它不仅有助于宋代广大民众了解少数民族地区物产和风俗等情况，而且为宋代朝廷施政边蕃提供了必要参考。

## 二、庞大的著史团队

一般而论，史学发展与繁荣的程度，不仅与官方设馆修史时的史官选配及其修史成就有关，而且与私家是否积极投身于史书编撰与传布的激情以及规模有关。宋代常态化、制度化修史体制下的史官群体，以及始终保持读史、著史与传史热情的众多史家，合力构成了宋代庞大的著史团队。其间，除史官队伍是由朝廷根据不同时期修史需要而选任组建外，自身喜好、家传、师承以及地缘等因素则是促成史家队伍扩大化的主因。

### 1. 群体化的史官构成

（1）庞大的史官队伍。自唐代设立史馆修史以来，朝廷虽则对各修史机构或者组织有定编定员，但在现实修史活动中，史官往往多为兼职，并且迁改频繁，由此便形成具有史官身份者人数众多的现象。对于宋代史馆中的人员变动状况，李心传明确指出：“自真庙以来，史馆无专官。”[②]同时，从两宋史官队伍基本构成及其总体发展趋势来看，北宋时，各修史机构史官队伍规模相对较小。而到

---

① 陈振孙著，徐小蛮、顾美华点校：《直斋书录解题》卷 8。

② 李心传撰，徐规点校：《建炎以来朝野杂记》甲集卷 10《史馆专官》。

南宋时，伴随着繁多的修史任务以及缓慢的修史进度，修史队伍不仅庞大，而且常处于变动之中。如宁宗庆元元年五月，针对《高宗实录》编修进展缓慢状况，有人向朝廷上奏道："窃见累朝置院，修成《实录》，修书所占年月，少者止及二年，多者不过五六年，便见成书。只如仁宗一朝，四十二年之中，事迹可谓繁多，然自嘉祐八年十二月奉诏修撰，至熙宁二年书已告成，首尾才阅六年，而当时修撰官止王珪、贾黯、范镇、冯京，检讨官止宋敏求、吕夏卿、韩维、陈荐、陈绎，前后秉笔，不出此九人而已。今高宗一朝，通计三十六年，自淳熙十五年肇端刊缉，至今已逾六年，修撰、检讨官共计三十一员，而所修者通融儹计，仅及八九年尔。又缘史官迁改，去住不常，已修下者亦多首尾不接，未成年分。"①在此言事官有意将《仁宗实录》和未成书的《高宗实录》编修人数加以对比，明显可知南宋史官人数日益增多。又如陈振孙在《孝宗实录》解题中指出："中兴以来，两朝（指高宗和孝宗）五十余载事迹，置院既久，不以时成，涉笔之臣，乍迁忽徙，不可殚纪。"②再如李心传在谈到《四朝国史》编修状况时，明确指出："盖自开院至成书，凡二十有八年，秉笔者百有余人。"③他如度宗咸淳八年，高斯得针对仍未成书的《中兴四朝国史》言道："以百余年间，历史官二百八十余人。"④总之，以上实例虽仅涉及部分实录、国史编修人数，还未涉及起居注、时政记、日历、宝训、圣政、会要以及玉牒等官方

① 佚名撰，张富祥点校：《南宋馆阁续录》卷1《沿革》。

② 陈振孙著，徐小蛮、顾美华点校：《直斋书录解题》卷4。

③ 李心传撰，徐规点校：《建炎以来朝野杂记》甲集卷10《史馆专官》。

④ 高斯得：《耻堂存稿》卷2《经筵故事》，文渊阁《四库全书》本。

史籍参编人数，但它已足以表明，宋代史官队伍的确相当庞大。

（2）来源多样的史官构成。宋代史官选任主要是通过由馆职人员兼充、皇帝亲自选任、别职转任，以及大臣荐举等途径来进行。其中由帝王亲自选任和大臣荐举有才能者充任史官，是史官选任中较为特殊的两种途径，在此有必要加以重点论述。

在设馆修史体制中，当政帝王对官方修史具有统领作用，他们可以亲自选任史官。如钱若水受真宗之命专修《太宗实录》时，“吕端虽为监修，而未尝莅局，书成不署端名。（李）至抉其事以为专美。若水称诏旨专修，不隶史局，又援唐朝故事若此者甚众，时议不能夺。”[①]可见钱氏所为已打破了常规。又如神宗鉴于《三朝》《两朝国史》各自为书，欲合而为一，于是特意委任曾巩负责该事。据林希记述：“（元丰）四年，手诏中书门下曰：‘曾巩史学见称士类，宜典五朝史事。’遂以为史馆修撰、管勾编修院、判太常寺兼礼仪事。近世修国史，必众选文学之士，以大臣监总，未有以五朝大典独付一人如公者。公入谢曰：‘此大事，非臣所敢当。’上曰：‘此用卿之渐尔。’因谕公，使自择其属。”[②]这是神宗破例选任曾巩通修五朝国史的特殊举措。曾巩之弟曾肇对此事评论道：“故世不以用公为难，而以天子知人、明于属任之为难也。”[③]再如李清臣字邦直，魏人。“韩琦闻其名，以兄之子妻之。……作《韩琦行状》，神宗读之曰：‘良史才也。’召为两朝国史编修官，撰《河渠》《律历》《选举》诸志，文直事详，人以为不减《史》《汉》。”[④]它如据魏泰

① 李焘：《长编》卷43真宗咸平元年八月乙巳。

② 曾巩撰，陈杏珍、晁继周点校：《曾巩集》附录林希《曾巩墓志》。

③ 曾肇：《曲阜集》卷3《子固先生行状》，文渊阁《四库全书》本。

④ 《宋史》卷328《李清臣传》。

言："曾肇为集贤校理兼国子监直讲，修将作监敕，会其兄论市易事被责，执政怒未已，遂罢肇主判。滞于馆下，最为闲冷，又多希旨窥伺之者，众皆危之，曾处之恬然无闷。余尝赠之诗，有'直躬忘坎窞，祥履任巑岏'。盖谓是也。既而曾鲁公公亮薨，肇撰次其行状，上览而善之，即日有旨除史院编修官，复得主判局务。"[①]以上二例又是神宗亲自选任史官的明证。

不仅如此，有些被选任的史官还承担着帝王的特殊旨意。如史载："建炎初，尝下诏以奸臣诬蔑宣仁保佑之功，命史院刊修，未及行，朱胜非为相，上谕之曰：'神宗、哲宗两朝史事多失实，非所以传信后世，宣召范冲刊定。'"[②]在此高宗为何要特选范冲来承担神宗和哲宗《实录》重修之任？其缘由是："冲父祖禹元祐中尝修《神宗实录》，尽书王安石之过，以明神宗之圣。其后安石婿蔡卞恶之，祖禹坐谪死岭表。"又冲"极言王安石变法度之非，蔡京误国之罪"[③]。由此表明，范祖禹父子对北宋后期史的认识与高宗高度一致，范冲极适合担当此任。

与此同时，一些大臣时常会荐举有才能者充任史官。如欧阳修喜好推举学有专长之才。据朱弁言："欧公下士，近世无比。作河北转运使，过滑州，访刘羲叟于陋巷中。羲叟时为布衣，未有知者。公任翰林学士，常有空头门状数十纸随身，或见贤士大夫称道人物，必问其所居，书填门状，先往见之，果如所言，则便以延誉，未尝

① 魏泰撰，燕永成整理：《东轩笔录》卷6，《全宋笔记》第二编第八册，大象出版社，2006年。

② 《宋史》卷360《赵鼎传》。

③ 《宋史》卷435《范冲传》。

以位貌骄人也。”[①]此处所言的刘羲叟，字仲叟，泽州人。“举进士不中第，欧阳修使河东，荐其学术，擢试大理评事，留为《唐书·律历》《天文》《五行志》编修官。书成，授崇文院检讨，未谢，卒。”刘氏“通经史百家之学，国朝典故、财赋刑名、兵械、钟律皆所究知，星历、数术，尤得其要”[②]。他又尝注司马迁《天官书》及著《洪范灾异论》。[③]由此可见，刘氏的确学识广博，史学成就非凡。又如曹彦约“荐隆州布衣李心传素精史学，乞官以初品，寘之史馆”。朝廷从之。[④]此后李氏主持编修过《中兴四朝国史》和《十三朝会要》等。再如理宗嘉熙二年五月，左丞相乔行简奏：“严州布衣钱时山居读书，理学淹贯，欲望圣慈且与钱时特补廸功郎，畀以秘阁校勘。”朝廷从之。[⑤]凡此等等。

此外，值得一提的是，一些原本具有良好史学传承的家庭或者家族成员被选拔进了史官队伍，由此便形成了“家世史官”现象。

如范质曾在后周时任宰相、监修国史，宋初仍任宰相。史载：“太祖因论辅相，谓侍臣曰：‘朕闻范质止有居第，不事生产，真宰相也。’太宗亦尝称之曰：‘宰辅中能循规矩、慎名器、持廉节，无出质右者，但欠世宗一死，为可惜尔。’从子校书郎杲求奏迁秩，质作诗晓之，时人传诵以为劝戒。”范质曾撰《五代通录》65卷，记述朱梁至周五代史事。[⑥]太祖乾德五年三月，上奏朝廷。又据《崇文总

① 朱弁撰，张剑光整理：《曲洧旧闻》卷3。

② 曾巩撰，王瑞来校证：《隆平集校证》卷15《刘羲叟传》。

③ 李焘：《长编》卷156。

④ 《宋史》卷410《曹彦约传》。

⑤ 佚名撰，张富祥点校：《南宋馆阁续录》卷6《故实》。

⑥ 《宋史》卷249《范质传》。

目》记载：“初，梁末帝无《实录》，质自以闻见补成之。其缵次时序，最有条理。”[①]他还撰有《石晋陷蕃记》1卷。[②]同时，太宗时，范杲曾上言：“家世史官，愿秉直笔，成国朝大典。”因被召为史馆修撰。[③]又据王辟之记述：“艺祖收河东凯旋，范杲叩马进诗曰：‘千里版图来浙右，一声金鼓下河东。’上爱叹不已。增秩，赐章服。杲，鲁公质之侄，好学有文，时称‘高、梁、柳、范’，谓高弁、梁周翰、柳开与杲也。”[④]可见他极有才能，并且深得太宗赏识。再据史载：“初，太宗以太祖朝典策未备，乃议召杲。杲闻命喜甚，以为将加优擢，晨夜趋进。至宋州，遇朗州通判钱熙，杲问以‘朝议将任仆何官’，熙言：‘重修《太祖实录》尔。’杲默然久之。感疾，至京师，旬月卒。”[⑤]可见重修《太祖实录》，实属艰巨之任。

又如对于宋绶和宋敏求父子参编本朝史的状况，苏颂称颂道：“国朝史官无常员，惟时撰录所寄，尤艰其选。而宋氏二公载世典领其职。起建隆讫天禧，述祖宗创制致治之美，洎真宗一朝《实录》，时则尚书令、燕国宣献公预焉。自乾兴至治平，叙二帝成功盛德之事，洎仁宗一朝《实录》，时则贰卿龙图常山公继焉。五朝正史，二圣编年，出于一门父子手笔，可谓家世之盛矣。”[⑥]可见宋氏父子在

---

① 王应麟撰，武秀成、赵庶洋校证：《玉海艺文校证》卷14《实录》。

② 晁公武著，孙猛校证：《郡斋读书志校证》卷7。

③ 《宋史》卷249《范杲传》。

④ 王辟之撰，金圆整理：《渑水燕谈录》卷7《歌咏》，《全宋笔记》第二编第四册，大象出版社，2006年。

⑤ 《宋史》卷249《范杲传》。

⑥ 苏颂撰，王同策、管成学、颜中其等点校：《苏魏公文集》卷51《宋敏求神道碑》。

官修北宋前五朝史方面，贡献甚为突出。其中对于宋敏求著述以及自身喜好，元人陆友仁指出："次道撰著有《书闱集》十二卷，《后集》六卷，《西垣制集》十卷，《东观绝笔》二十卷，《大唐诏令》一百三十卷，续唐武、宣、懿、僖、昭、哀六朝《实录》总一百四十八卷，《东京记》三卷，《长安》《河南志》各二十卷，《阁门仪制》十三卷，《集例》三十卷，《例要》五卷，《蕃夷朝贡录》十卷，《三川官下录》《入蕃录》《春明退朝录》各二卷，《韵类》《宗室》各五卷，《安南录》三卷，《元会故事》一卷，《讳行后录》五卷，《宝刻丛章》三十卷。……平生无它嗜好，惟沈酣简牍以为娱乐，虽甚寒暑，未尝释卷也。"[①]正因为宋绶父子喜好藏书、著述，其事迹被时人广为传颂。晁补之在《续岁时杂咏序》中言："宋氏自宣献公益大，德行文章语世族者，必先之。家故藏书，其多与四库等。而宣献公之子常山公次道能世宣献公之学，好书滋不倦，博闻强志，为时显人。与客语，亹亹下上数千载间，在其齿牙也。补之为儿时，诸老先生为补之道宋氏如此。"[②]

再如对于曾巩、曾布、曾肇、曾统以及曾炎家族。据林希言：曾巩"性嗜书，家藏至二万卷，集古今篆刻，为《金石录》又五百卷"。又"公既以文章名天下，其弟牟、宰、布、肇又继中进士科，布尝任翰林学士，肇以选为尚书吏部郎中，与公同时在馆阁，世言名家者推曾氏"[③]。这是曾巩家族显名当世的基本状况。其中，曾巩曾任《英宗实录》检讨官。又以史馆修撰专修过五朝史事。[④]此外，

---

① 陆友仁：《研北杂志》卷上。

② 晁补之：《鸡肋集》卷34，文渊阁《四库全书》本。

③ 曾巩撰，陈杏珍、晁继周点校：《曾巩集》附录林希《曾巩墓志》。

④ 王称：《东都事略》卷48《曾巩传》。

他还撰有《隆平集》20 卷。曾布则于哲宗绍圣元年夏四月参与编修神宗正史，[①]到同年五月，修国史曾布还请以王安石《日录》载之《神宗实录》。[②]对此，吕中评论道："修神宗正史，而以安石私史为照证，则神宗末年追悔之意与安石不尽之奸，皆不可得而见矣。然其迷国误朝之事，亦终不可掩也。"[③]可见曾布的做法受到了时人批评。

再是曾肇曾于神宗元丰元年秋七月，以知礼院、大理寺丞、集贤校理兼修国史院编修官，他上奏指出："臣史学不如臣兄巩，乞回所授。"不听。[④]至元丰五年六月，他参与完成了《两朝国史》。[⑤]到哲宗元祐元年二月，他被任命为编修《神宗实录》检讨官。[⑥]至绍圣二年春正月，朝廷以"赵彦若等修纂先帝《实录》厚加诬毁"，曾肇等被追夺一官。[⑦]到徽宗崇宁初，再被谪降。对此，张邦基言道："崇宁初，既立党籍，臣僚论元祐史官云：'初大臣挟其私忿，济以邪说；力引儇浮，与其厚善，布列史职，毁诋先烈。或凿空造语以厚诬，若范祖禹、黄庭坚、张耒、秦观是也。或隐没盛德而不录，若曾肇是也。或含糊取容而不敢言，若陆佃是也。'皆再谪降，时旧史已尽改矣。"[⑧]可见曾肇因"隐没盛德"而被贬降。此外，他参与了

---

① 佚名撰，李之亮点校：《宋史全文》卷 13 下。

② 《宋史》卷 18《哲宗纪》。

③ 吕中撰，张其凡、白晓霞整理：《类编皇朝大事记讲义》卷20《小人掩过》。

④ 李焘：《长编》卷 290。

⑤ 李焘：《长编》卷 327。

⑥ 李焘：《长编》卷 365。

⑦ 佚名撰，李之亮点校：《宋史全文》卷 13 下。

⑧ 张邦基撰，金圆整理：《墨庄漫录》卷 1。

熙宁《九域志》编修。[①]又参编完成了《两朝宝训》20卷，私撰有《德音宝训》3卷。[②]再是在元符三年十二月，他还被徽宗诏命参编会要。[③]可见曾肇在神宗、哲宗和徽宗三朝均参与了官方修史。曾肇之子曾统，高宗绍兴三年八月守起居郎。[④]史载："统文献故家，藏书素多。绍兴间，重修国史，诸老沦谢，无所订正。成书不缪，足以传信，统之力为多。"[⑤]可知他对高宗朝重修北宋后期史有所助益。又曾肇曾孙曾炎，字南仲，木待问榜进士。[⑥]宁宗嘉泰三年正月，以起居郎兼国史院编修官、实录院检讨官。[⑦]总之，以上情况表明，曾巩家族至少有五人参与过官方修史，他们可谓是名副其实的"史官世家"。

以上虽仅举三例，但宋代类似的史官世家还有一些，如李焘和李埴、高闶和高文虎、袁燮和袁甫，以及高定子和高斯得等，他们无疑为宋代史官队伍增添了新的亮点。

(3) 史官群所带来的连带治史效应。宋代一些史官在完成官方集体修史任务的同时，他们因受到修史环境熏陶与影响，还私自撰有与官方修史任务相关联的史著，甚至私自存留所修史稿，由此便

① 王应麟：《玉海》卷15《地理》。

② 王应麟撰，武秀成、赵庶洋校证：《玉海艺文校证》卷15《政要宝训》。

③ 王应麟撰，武秀成、赵庶洋校证：《玉海艺文校证》卷17《典故》。

④ 李心传撰，胡坤点校：《要录》卷67。

⑤ 佚名：《京口耆旧传》卷2，文渊阁《四库全书》本。

⑥ 章定：《名贤氏族言行类稿》卷29，文渊阁《四库全书》本；佚名撰，张富祥点校：《南宋馆阁续录》卷9《官联》。

⑦ 佚名撰，张富祥点校：《南宋馆阁续录》卷9《官联》。

形成了群体修史体制下的连带治史效应。

如《新唐书》自仁宗庆历五年五月诏修，至嘉祐五年秋七月完成上奏。[①]前后经过十余年，编修官主要有欧阳修、宋祁、吕夏卿、宋敏求、范镇以及刘羲叟等。这些史官在参编《新唐书》前后，一些人私自撰有相关联史著。其中，吕夏卿，字缙叔，“喜聚书，博览强记，而于历代史尤该洽。唐自韦述等著史，又有编年、诸录而旁记杂说几数百家，夏卿讨论是正，于《新书》为力居多，然亦好尚奇异也。”[②]又据苏颂言：他“又集天下碑刻，类为《唐文传信》，考历代氏谱族志为《古今系表》”[③]。可见吕氏不仅撰有《唐文传信》和《古今系表》，而且对该次修史贡献极大。他所撰《唐书直笔》凡4卷，据王应麟记述：“夏卿预修《新史》，此其在书局时所建明，欧、宋间有取焉。”[④]又在有关《新唐书》具体人物分类等问题上，据苏颂言：“（吕夏卿）论史书，谓陆羽、秦系避潜藩辟命，终躬不仕，宜列《隐逸》。阎立本、王玙由艺术躐取高位，宜附《方技》。其表善抑奸之意切矣。《文宗纪》及《宗室》《宰相》《孝友》《藩镇》《外夷》《逆臣》诸传十九赞序，明识独见，劝惩之意深矣。”[⑤]此外，欧阳修在《唐欧阳琟碑》中亦言：“余自皇祐、至和

① 李焘：《长编》卷155仁宗庆历五年五月己未。

② 王称：《东都事略》卷65《吕夏卿传》。

③ 苏颂撰，王同策、管成学、颜中其等点校：《苏魏公文集》卷66《吕舍人文集序》。

④ 王应麟撰，武秀成、赵庶洋校证：《玉海艺文校证》卷15《论史》。

⑤ 苏颂撰，王同策、管成学、颜中其等点校：《苏魏公文集》卷66《吕舍人文集序》。

以来，颇求欧阳氏之遗文，以续家谱之阙。既得颜鲁公《欧阳琟碑》，又得郑真义《欧阳谌墓志》，以与家所传旧谱及《陈书》《元和姓纂》诸书参较，又问于吕学士夏卿。夏卿世称博学，精于史传，因为余考正讹舛，而家谱遂为定本。”[①]可见他对碑刻也颇为精通。同样，据高似孙透漏：《新唐书》主修官宋祁，“虽作百五十传，亦曾自作纪、志。今宋氏后居华亭者有其书。”[②]再是邵必，丹阳人，博学有雅望。[③]仁宗庆历五年闰五月，朝廷任命其为编修《唐书》官。但“必以为史出众手，非是，卒辞之”[④]。不过，据王应麟记述，邵必撰有《史例总论》10卷，“必修《唐书》，因取迁、固、陈寿等书，质以《春秋》之法，为三十篇，上之。”[⑤]凡此等等。

又如英宗治平三年，司马光奉命编修《资治通鉴》。当时英宗准许他设立书局，自辟僚属。对此，史载英宗告知司马光：“卿自择馆阁英才共修之。”司马光答道：“馆阁文学之士诚多，至于专精史学，臣未得而知，所知者惟和川令刘恕一人而已。”英宗言：“善。”司马光退朝即奏召之。[⑥]同样，对于范祖禹，神宗元丰七年十二月，司马光在《荐范祖禹状》中深情叙述道：“臣伏见奉议郎、同编修《资治通鉴》范祖禹智识明敏而性行温良，如不能言；好学能文而谦晦不伐，如无所有；操守坚正而圭角不露，如不胜衣。祖禹乃今正

---

① 欧阳修撰，李逸安点校：《欧阳修全集》卷140《集古录跋尾》。

② 高似孙撰，周天游校笺：《史略校笺》卷2《皇宋修唐书》。

③ 周应合：《景定建康志》卷49，南京出版社，2009年。

④ 李焘：《长编》卷156。

⑤ 王应麟撰，武秀成、赵庶洋校证：《玉海艺文校证》卷15《论史》。

⑥ 司马光：《传家集》卷68《刘道原十国纪年序》，文渊阁《四库全书》本。

议大夫致仕范镇兄孙，自祖禹年未二十为举人时，臣已识之。今年四十余，行义完固，常如一日。祖禹所为本末，无如臣最熟知。臣于熙宁三年奏祖禹自前知资州龙水县事同修《资治通鉴》，至今首尾一十五年。……臣诚孤陋，所识至少，于士大夫间罕遇其比，况如臣者，远所不及。”[①]可见他极为熟知范氏人品与学识。正因为如此，据司马光之子司马康言：“《资治通鉴》之成书，盖得人焉。《史记》、前后汉则刘贡甫，自三国历七朝而隋则刘道原，唐讫五代则范纯甫。此三公者，天下之豪英也。我公以纯诚粹识，不懈昼夜，不时饮食而久乃成就之，庶几有益于天下国家之大治乱，不自辜所志也。”[②]可见《资治通鉴》之所以能顺利成书，与司马光所领导的强有力的集体修史班子密不可分。

不仅如此，该修史班子成员还撰有与《资治通鉴》相关联的史著。其中，司马光在主持完成《资治通鉴》（294 卷）后，又撰有《通鉴举要历》80 卷。对此，陈振孙指出：“《通鉴》既成，尚患本书浩大难领略，而《目录》无首尾，晚著是书，以绝二累。”[③]即《举要历》系《资治通鉴》简化本。刘恕撰有《十国纪年》42 卷、《资治通鉴外纪》10 卷，又有《疑年谱》和《年略谱》各 1 卷。[④]其中对于《通鉴外纪》，陈振孙指出：“(刘恕) 尝谓《史记》不及庖牺、神农，今历代书不及威烈之前，欲为《前纪》，而本朝为《后纪》，将俟书成，请于公。会道原病发，绝意《后纪》，乃改《前纪》

① 司马光：《传家集》卷 45。

② 晁说之：《景迂生集》卷 17《送王性之序》，文渊阁《四库全书》本。

③ 陈振孙撰，徐小蛮、顾美华点校：《直斋书录解题》卷 4。

④ 范祖禹：《范太史集》卷 38《秘书丞刘君墓碣》，文渊阁《四库全书》本。

为《外纪》云。《通鉴》书成，恕已亡，范淳父奏恕于此书用力最多。”可见该书系续补《资治通鉴》之作。对于《疑年谱》和《年略谱》，陈振孙言道：“（刘恕）谓《春秋》起周平、鲁隐，《史记》本纪自《轩辕》，列传首《伯夷》，年表起共和。共和至鲁隐，其间七十一年，即与春秋相接矣。先儒叙庖牺、女娲，下逮三代，享国之岁，众说不同，惧后人以疑事为信书，穿凿滋甚，故周厉王以前三千五百一十九年为《疑年谱》，而共和以下至元祐壬申一千九百一十八年为《年略谱》，大略不取正闰之说，而从实纪之。四夷及寇贼僭纪名号，附之于末。”[①]同样，范祖禹撰有《唐鉴》20卷，晁公武指出：“醇夫为温公《通鉴》局编修官十五年，分掌唐史，以其所自得，著成此书。”[②]此外，司马光原本撰有《稽古录》20卷，此后刘攽“因司马温公所撰”，编次《编年纪事》（原名《帝统编年纪事珠玑》）11卷。[③]刘氏还撰有《后汉书精要》。[④]司马康则撰有《通鉴释文》20卷。[⑤]可见该班子成员所撰相关史著不少。

再如理宗嘉熙二年三月，朝廷任命李心传为秘书少监兼史馆修撰，专一修纂《中兴四朝国史》《实录》。[⑥]于是他辟举高斯得和牟子才等人为僚属。其间，高斯得在《中兴四朝国史·宁宗纪》末如实

---

① 以上均见陈振孙著，徐小蛮、顾美华点校：《直斋书录解题》卷4。

② 晁公武著，孙猛校证：《郡斋读书志校证》卷7。

③ 晁公武著，孙猛校证：《郡斋读书志校证》卷5；王应麟撰，武秀成、赵庶洋校证：《玉海艺文校证》卷22《图》。

④ 刘攽：《彭城集》卷34，文渊阁《四库全书》本。

⑤ 陈振孙著，徐小蛮、顾美华点校：《直斋书录解题》卷4。

⑥ 佚名撰，张富祥点校：《南宋馆阁续录》卷9《官联》。

记述理宗与济王事，用以揭露史弥远矫诏立帝、逼死济王真相。但时相史嵩之为其叔弥远回护，于是“妄加毁誉于理宗、济王，改斯得所草《宁宗纪》末卷”。斯得与史官杜范、王遂予以辩驳。杜范报书有“奸人剿入邪说”之语，然而书已进呈。李心传收藏高斯得草稿，题其末曰：“前史官高某撰。”可见高斯得不畏权臣，能够直笔修史。此后，高斯得仍参与着官方修史，他自己还著有《孝宗系年要录》和《高宗系年要录纲目》等。①同样，牟子才亦曾多次参与官方修史，著有《四朝史稿》等。②

它如据马廷鸾在《书御史龙图公集后》中言：“赵忠定镇成都，奉诏编本朝《名臣奏议》，蜀之巨公李季章兄弟实与论次，于公奏篇录之无遗。”③可见李壁兄弟实际参与了《国朝诸臣奏议》编撰。此后，李壁编有《国朝中兴诸臣奏议》。④

此外，一些史官在参与官方修史后，还存留有自撰史稿。如陆游有《高宗圣政草》1卷。⑤又如杜范作有《黄灏传》《王蔺传》《詹体仁传》和《蔡元定传》。⑥再如黄震有《戊辰修史传》1卷，今存，等等。

总之，由修史业缘促成的宋代史官队伍，不仅人数日渐增多，而且还出现了值得关注的家世史官现象。该现象的出现，表明史官

---

① 以上均见《宋史》卷409《高斯得传》。

② 《宋史》卷411《牟子才传》。

③ 马廷鸾：《碧梧玩芳集》卷14，文渊阁《四库全书》本。

④ 王应麟撰，武秀成、赵庶洋校证：《玉海艺文校证》卷27《奏疏策》。

⑤ 陈振孙撰，徐小蛮、顾美华点校：《直斋书录解题》卷5。

⑥ 参见杜范：《清献集》卷19，文渊阁《四库全书》本。

队伍吸纳到了一些颇为优秀的史学人才。与此同时，突出的治史才能以及优越的官方修史环境，不时激发着一些史官私自著史的热情，此正是官方修史所引发的联动治史效应。

**2. 多样化的史家队伍**

（1）具有浓厚喜好而独自著史者。这些史家能够始终秉持我国自古以来优良的著史传统，刻苦为学，勤奋著述，积极宣扬与传承历史，他们在宋代极为常见。如史载："东川布衣崔子方，治《春秋》。绍圣间，三上疏乞置博士，不报，乃隐居真州六合县。子方刚介有守，虽衣食不足，而志气裕然，杜门著书三十余年而死。"到高宗建炎二年六月，兵部员外郎江端友请下湖州取崔子方所著《春秋传》，藏于秘书监。朝廷从之。[①]陈振孙在《春秋经解》解题中论述道："黄山谷称之曰：'六合有佳士，曰崔彦直。其人不游诸公，然则其贤而有守可知矣。'"[②]又据晁说之言："方举世不为《春秋》之学时，有六合崔子方伯直者，世莫知其为人。子和（江端礼字）一见而定交，曰：'此吾之所学也，愿与子共之。'伯直遂因子和得名于诸公间，子和之志行远矣哉！"[③]这是布衣崔子方能不受时风影响，独守所学，终生坚持杜门著书的真实写照。

又如孙纬字彦文，据龚明之记述："公精于本朝典故，及巨室大家名系世次，无不通晓。尝著《本朝人物志》行于世。"[④]又据史

---

① 李心传撰，胡坤点校：《要录》卷 16。

② 陈振孙著，徐小蛮、顾美华点校：《直斋书录解题》卷 3。

③ 晁说之：《景迂生集》卷 19《江子和墓志铭》。

④ 龚明之撰，张剑光整理：《中吴纪闻》卷 6《孙郎中》，《全宋笔记》第三编第七册，大象出版社，2008 年。

载：高宗绍兴五年闰二月，“右宣教郎、知婺州金华县孙纬为宗正丞，填复置阙，用少卿范冲奏也。自建炎初，宗正移司，而属籍诸书中道散佚，无有知其法者。冲言纬谙晓编修次第，遂以命之。”[①]到同年十一月，宗正寺上《仙源庆系属籍总要》，朝廷下诏宗正丞孙纬进秩一等。[②]这说明孙氏的学识在官修史籍中得到了充分发挥。再据晁公武记述，孙纬撰有《集谥总录》1卷，其成书状况：“《春明退朝录》尝集类国朝谥几二百人。纬任宗正寺丞日，因宋氏之旧，纂元丰以后，遂得三百余人。自宗室、宰相以下，分为九等。其《序》略云：‘有爵位已高当得谥而未闻者，若范质、吕余庆、韩崇训、王博文、姜遵、王沔是也。’”[③]此则是孙纬有自身嗜好，并且能为时所用的突出体现。

再如据元人陆友仁记述：“陈长方字齐之，其先长乐人。父侁，字复之，娶林大卿旦之女、大云翁虙之妹，与陈莹中交甚契，莹中谪廉州，侁以书贺之，至千余言，由此得罪。又尝从游定夫，深得治气养心、行己接物之要，故其子亦为道学之士。齐之因外家，居于步里，终日闭户研究经史，号唯室先生。有《步里客谈》《汉唐论》行于世。”[④]时人胡百能亦指出：“公于经史无所不读，家贫不能置书，假借手抄，几数千卷。有文集十四卷、《春秋私记》三十二篇、《尚书讲义》五卷、《两汉论》十卷、《步里谈录》二卷、

① 李心传撰，胡坤点校：《要录》卷86。

② 佚名撰，李之亮点校：《宋史全文》卷19中。

③ 晁公武著，孙猛校证：《郡斋读书志校证》卷2。

④ 陆友仁：《吴中旧事》，文渊阁《四库全书》本。

《辨道论》一卷。”[①]此乃陈长方闭户研读，一生勤于著述的体现。

它如苏门居士胡戢，字叔文，曾“闭关却埽，益涵肆诗书百氏，为文章。家故藏书万卷，集古今石刻又千卷，尽陈诸左右，而牓其堂曰‘琬琰’。……然晚尤笃学，长于论议，至古今成败得失、因革废置，皆深思而默识之，近于可用，而叔文不自以为用也。……有文集十卷、《二府拜罢录》二卷、《大臣家谱》二卷、《续衣冠盛事图》一卷，而九十二人者之传方属稿，将就宪臣写之，以备太史氏择焉”。此处所言的“九十二人者之传”，是指胡氏“尝为本朝将相九十二人者传”。[②]此系苏门弟子喜好广泛，尤其专注于本朝史的具体体现。

此外，宋代极少数官僚士大夫还结合自身治学、理政经验等，独自撰有实用类史著。典型者如李蘩，据魏了翁记述：“公讲学、临政，皆探源寻流，取法前古。读书有《春秋至当集》《春秋机关》《春秋集解》。又采摭群书，自春秋迄战国时事，比年月而纪之，曰《战国新书》。又有《通鉴汉唐详节》《汉唐事类》《三国捷径》《南北精华》。其为文则有《骚坛武备》，有《忘筌集》，有《薤露碎珠》，有《韩退之书墓式》，有《经语提要》。其临政有《理财要术》《荒政录》《榜示鼓舞集》《经总条画》《台备录》《西宪杂记》《榷牧集》《山南杂记》《帅阃备录》《总所财赋源流》《总司杂记》《奏免和籴录》。自经史子集无不覃思研精，昼抄夜诵。自号桃溪先生。”[③]可见李氏之所以著述颇丰，与他自身喜好、刻苦程度以

① 陈长方：《唯室集》卷5附录《陈唯室先生行状》，文渊阁《四库全书》本。

② 晁补之：《鸡肋集》卷66《苏门居士胡戢墓志铭》。

③ 魏了翁：《鹤山先生大全文集》卷78《李蘩墓志铭》。

及仕宦经历密切相关。

(2) 良好的史学传家传统。传统以史传家之风因蕴含着极为浓厚的亲缘因素，因此，这种史家培养与成才方式极为独特，由此所形成的良好家学传统促使史学人才与史学成果不断涌现。

北宋时，如欧阳修不仅自身史学成就极为突出，而且其子因能传承家学，故被时人所称道。据史载：欧阳修之子欧阳发，字伯和，“少好学，师事安定胡瑗，得古乐钟律之说。不治科举文词，独探古始立论议。自书契以来，君臣世系，制度文物，旁及天文、地理，靡不悉究。”①可见他不趋时好，以博学见长。神宗熙宁八年闰四月，以三司使章惇荐其有史学，朝廷特赐其进士出身。②苏轼在《祭欧阳伯和父文》中称颂道：“惟伯和父，得公（指欧阳修）之学，甚敏且艺。罔罗幽荒，掎摭遗逸，驰骋百世。有求则应，取之左右，不择巨细。如汉伯喈，如晋茂先，余子莫继。”③他著有《古今系谱图》《国朝二府年表》和《年号录》。④又另一子欧阳棐，字叔弼。毕仲游在《欧阳叔弼传》中指出：“昔司马谈为太史，其子迁继之，而司马氏书行于世。司徒掾班彪著《汉史》，不成，其子固继之，而《前汉书》行于世。中垒校尉刘向博物洽闻，善文章，其子歆继之，而向、歆父子之书亦传而不朽。自汉、魏以来，父子之文显者多矣。至于名天下而传后世，则未有如三家之盛也。本朝庐陵欧阳文忠公

① 《宋史》卷319《欧阳发传》。

② 李焘：《长编》卷263。

③ 苏轼著，孔凡礼点校：《苏轼文集》卷63。

④ 张耒撰，李逸安、孙通海、傅信点校：《张耒集》卷59《欧阳伯和墓志铭》，中华书局，1990年。

起于天圣、明道之间，主天下文章之盟者三十年。当时言文章者至欧阳文忠公然后以为极而不可加，谓之文师。而位居三府，身辅三朝，有大功于社稷。而其子叔弼甫复以文学登第，能世其家。为人广览强记，博通经籍史氏、诸子百家之言。文忠公之文须人代者，多出叔弼甫之手。……叔弼甫常著《尧历》三卷、《合朔图》一卷、《历代年表》十卷、《三十国年纪》七卷、《九朝史略》三卷、《食货策》五卷、《集古总目》二十卷、《襄录》二卷。”[①]可见欧阳棐亦能传承家学，并且学术成就斐然。

又如刘熙古字义淳，宋州宁陵人。史载其“年十五，通《易》《诗》《书》；十九，通《春秋》、子、史。……尝集古今事迹为《历代纪要》五十卷”[②]。其子蒙叟，字道民，“好学，善属辞，著《五运甲子编年历》三卷。”[③]对于二人著述间的传承关系，王应麟指出：刘蒙叟“采其父熙古所著《皇王纪要》及《古今帝王年代历》，别为《五运甲子编年历》三卷。自唐尧起庚子，至太祖建隆元年庚申，原注：凡三千三百十二年。首尾无误。……景德中上之”[④]。可见刘蒙叟之书实则脱胎于其父所著，这是子能传承其父之学的突出表现。

再如刘恕字道原，其子刘羲仲字壮舆。据徐度言：“道原以史学自名，羲仲世其家学。”[⑤]黄庭坚在《书欧阳子传后》中亦指出：

---

① 毕仲游：《西台集》卷6，文渊阁《四库全书》本。

② 《宋史》卷263《刘熙古传》。

③ 《宋史》卷263《刘蒙叟传》。

④ 王应麟撰，武秀成、赵庶洋校证：《玉海艺文校证》卷13《编年》。

⑤ 徐度撰，朱凯、姜汉椿整理：《却扫编》卷中，《全宋笔记》第三编第十册，大象出版社，2008年。

“高安刘羲仲壮舆，序列欧阳文忠公之文章，论次荀卿、扬子云之后。又考其行事，为《欧阳子列传》。余三读其书而告之曰：‘昔壮舆之先君子道原，明习史事，撰《十国纪年》，自成一家。今壮舆富于春秋，笔端已有史氏风气，他日当以不朽之事相传也。昔司马谈之子迁、刘向之子歆、班彪之子固、王铨之子隐、姚察之子简、李大师之子延寿、刘知幾之子悚，皆以继世，功在汗简。而旧史笔法之美，刘氏再显。今使壮舆能尽心于《春秋》之旧章，以考百世之典籍，斧藻先君子之凡例，著是去非，则十国之事虽浅，笔法所寄，自当与日月争光。壮舆尚勉之！’”[①]这是时人勉励刘羲仲传承家学，完成《十国纪年》。

对于刘恕为人以及学识，张耒详细论述道：“公讳恕，道原盖其字。后十余年而当元祐元年，予受诏校《资治通鉴》于秘书省。是时公同时修书之人往往而在，道公之事本末尤详，皆曰：‘道原廉介刚直，其仕必欲达其道，不以一毫挫于人者也。……其学自书契以来以至于今，国家治乱，君臣世系，广至于郡国山川之名物，详至于岁月日时之后先，问焉必知，考焉必信，有疑焉必决，其言滔滔汩汩，如道其闾里族党之事也。其著书有《疑年谱》《年略谱》《通鉴外纪》《十国纪年》，惟《十国纪年》先成，世传之。世以比迁、固、歆、向，公亦自以不愧，而自蔚宗以降不论也。当时司马君实、欧阳文忠，号通史学，贯穿古今，亦自以不及而取正焉。’”[②]而对于其子羲仲为人及学识，晁说之言道：“公之子羲仲壮舆，人

① 黄庭坚撰，刘琳、李勇先、王蓉贵校点：《黄庭坚全集·正集》卷25，四川大学出版社，2001年。

② 张耒撰，李逸安、孙通海、傅信点校：《张耒集》卷49《冰玉堂记》。

视其迈往不群，而自处恂恂循约，唯恐前修之辱也。……既已踵成其父《十国纪年》，而身采周秦以来遗文，以为十二国史。尝论著《春秋》，而方且为《周易》之学。”[①]可见刘羲仲不仅续成了《十国纪年》，而且还有更大学术作为。此外，据元人王义山言：“恕子羲仲，恕死，与一子官，充检讨。有《通鉴问拟》，有《五代史纠缪》。以忤蔡京，弃官去。”[②]可见刘恕父子均具有优良品格和极高的著述才能。

同样，南宋时亦涌现出不少史学传家者。如熊克字子复，建阳人。据章定记述：熊克“举进士，历官起居郎兼直学士院，出知台州。绍熙间卒。所著书有《九朝通略》《中兴小历》《官制新典》《帝王经谱》。经婿王克勤状其行实，曰：‘文有颜延之错综之工，史有陈寿叙事之长。牧民得曹参清静之旨，制行适徐公通介之常’”[③]。又据谢采伯言：“熊克进《九朝要略》，转一官，李龟朋以诗贺之云：‘翰苑前资汉硕儒，苦心何翅十年余。修成当代将来法，读尽生平未见书。黄帊奏篇登御府，紫纶加秩下宸除。近臣已是闻天语，鸾鹊催归定不虚。’”[④]可见他不仅嗜好著述，而且还有较为突出的文史功底和治政才能。其从孙熊庆胄，字竹谷。据熊禾在《熊竹谷文集跋》中记述：“公生平精力，于《三礼通义》《春秋约说》《中兴三朝通略》用功最久。又有《大学中庸绪言》《[心]经集传》《采［诗］小编》《史学提纲》等编，悉毁于丙子兵难。《三朝通

---

① 晁说之：《景迂生集》卷16《刘氏藏书记》。

② 王义山：《稼村类稿》卷8《瑞州重建西涧书院碑》。

③ 章定：《名贤氏族言行类稿》卷1。

④ 谢采伯撰，李伟国整理：《密斋笔记》卷3。

略》，盖欲续从祖左史公《九朝通略》，以成一家言。庸斋赵公在史馆时，尝以上闻，有旨下本郡抄写，且荐公由布衣入馆，同豫史事，公力辞不就。……盖公平生潜心问学，不求知闻。蚤受学于节斋蔡先生，与进斋徐公、觉轩蔡公、敬斋詹公、思斋翁公为同门友。所造既深，自任之意弥笃。后登西山真先生、静斋刘先生之门，尤见器重。壮岁即弃科举，一意精研经史之学。惜乎书稿甫脱，而公竟抱志以没，可胜惜哉！”①可见熊庆胄不仅能继承从祖熊克的治学传统，而且广交师友，潜心问学。

又如袁文家族，楼钥在《袁府君文挽词》中称赞道：“家学传三世，几间无二书。力行真勇猛，进取故舒徐。前辈多遗墨，先人祗故庐。后来窥瓮牖，志士为欷歔。”②由此可见袁文家族素有学术传家传统。其中，袁文字质甫，据其子袁燮言：“然颇喜古图画器玩，环列左右。前辈诸公遗墨，尤所珍爱，时时展对，想见其人。……自经史子集下至稗官小说，奥编隐帙，多所记览。好观历朝故事，既录其大者，又掇拾其小者，为《名贤碎事余》三十卷，字百余万，皆手所自抄也，无惰笔。杂著一编，目曰《瓮牖闲评》，凡制度之沿革、事物之原本、传记之讹舛、风俗之变迁、先世之模范与古今之善可法恶可戒者，咸在。”③又袁燮“少而嗜书，白首弗厌。凡圣贤大训切于已者，味之终身。夜则默诵，病亦吟讽。讲道于家，以诸经《论》《孟》大义警策学者，于《书》《礼记》论说尤详，

① 熊禾：《勿轩集》卷1，文渊阁《四库全书》本。

② 楼钥：《攻媿集》卷13。

③ 袁燮：《絜斋集》卷16袁燮代叔父作《先公行状》，文渊阁《四库全书》本。

其所成就后学甚众。博观群籍，取其切用者会粹成编。谓法度之言自秦以前乃可矜式，故有《先秦古书》若干卷；谓学士大夫不知兵，则武夫悍将得矜所长，而缓急无以应变，故有《兵略》若干卷；谓祖宗成宪为人臣者所当讲究，故有《皇朝要录》若干卷”。可见他论说、著述均具有极为明确的目的。同时，他在官史编修中亦贡献不小。真德秀继续言道：“公之在宗正也，修《宁宗玉牒》。在枢庭修《经武要略》。先时修书官类不经意，将进则取具临时。公莅职即悉力编摩，后数岁乃进呈，大要多出公笔。史院修《高宗宝训》，纪录过详，公删繁剪浮，见谓得体。后修《孝宗宝训》，遂专以属公。”[①]再是袁燮之子袁甫，字广微，“少服父训，谓学者当师圣人，以自得为贵。又从杨简问学。”他著有《孝说》《孟子解》《后省封驳》《信安志》《江东荒政录》《防拓录》以及《乐事录》等。[②]

再如程大昌家族的家学传统，元人陈栎指出：“程文简公泰之大昌，穷经考古之学极高；乃侄正惠公从元卓之，文固善，官至同知枢密。”[③]其中，史载：“大昌笃学，于古今事靡不考究。有《禹贡论》《易原》《雍录》《易老通言》《考古编》《演繁露》《北边备对》行于世。”[④]可见程氏为学涉及广泛，著述颇丰。对于程卓，据傅伯成记述：“公生而神姿高彻，颖悟绝人，纯静无他好，惟潜

① 真德秀：《西山先生真文忠公文集》卷47《袁燮行状》。

② 《宋史》卷405《袁甫传》。

③ 陈栎：《勤有堂随录》，文渊阁《四库全书》本。

④ 《宋史》卷433《程大昌传》。

心经术。文简公深奇之，尽以其学传焉。”[①]他著有《使金录》1卷，今存。

(3) 广泛的师学传承。自古以来，为学注重师承系史学传承的基本做法，宋代也不例外。其间，不少史家学有所承，并且他们往往还能发扬光大其学派的治史传统。

如司马光弟子晁说之，字以道，“元丰五年进士。元祐初，苏文忠、范太史、曾文昭皆荐之。坐元祐邪等，废弃，靖康末始为从官。卒于建炎三年。”[②]韩淲指出：晁说之“慕温公为人，自号景迂生。官至中书舍人、太子詹事、侍读。经史律历无不精考，文章雅正，皆不肤浅”[③]。据王楙记述：“司马文正不喜《孟子》，作《疑孟》十余篇，皆求瑕语。余欲作辨疑示后人，未暇也。晁说之以道自云受学于司马公，因作《诋孟》一书，江南僧宗杲云：‘晁以道可谓不善学柳下惠矣！’”[④]又韩淲指出：“《太玄》其辞准《易》，其数可以起历而已，盖得于浑天仪者也。司马君实为《潜虚》，得其用意之所在矣。晁以道作《星谱》，可谓善发明矣。二家之书也［出］，而《玄》之学备，欲观之者当参考也。”[⑤]这是晁说之崇奉司马光为人

---

① 程敏政撰，何庆善、于石点校：《新安文献志》卷74《程卓行状》，黄山书社，2004年。

② 陈振孙著，徐小蛮、顾美华点校：《直斋书录解题》卷18“景迂集”解题。

③ 韩淲撰，张剑光整理：《涧泉日记》卷上，《全宋笔记》第六编第九册，大象出版社，2013年。

④ 王楙撰，郑明、王义耀校点：《野客丛书》附录，上海古籍出版社，1991年。

⑤ 韩淲撰，张剑光整理：《涧泉日记》卷中。

为学的典型写照。再据陈振孙言："其稿（指司马光《通鉴举要历》）在晁说之以道家。绍兴初，谢克家任伯得而上之。"①晁公武亦言：《司马文正公传家集》80卷，"集乃公自编次。公薨，子康又没，晁以道得而藏之。中更禁锢，迨至渡江，幸不失坠。后以授谢克家，刘峤刻版上之。"②这则是晁说之尽力守护与传布司马光学术的突出体现。此外，晁以道撰有《扬雄别传》1卷，据晁公武言："杂取诸书所载雄逸事为一编，系之以赞。"③范祖禹则称赞道："晁说之作《扬雄别传》，有史才。"④

又如叶梦得以研究《尚书》和《春秋》著称，陈振孙对此评论道：叶氏"博极群书，强记绝人。《书》与《春秋》之学，视诸儒最为精详"。他撰有《石林书传》10卷、《春秋传》12卷、《考》30卷及《谳》30卷。⑤同时，其弟子章冲撰有《春秋左氏传事类始末》5卷。章氏在该书《自序》中指出："始，冲少时，侍石林叶先生为学，先生作《春秋谳》《考》《传》，使冲执左氏之书，从旁备检阅。"⑥可见他少时就师从叶氏学习《春秋》。那么他之所以撰有改编《春秋》类史著，分明与其师精通、传授《春秋》学不无关系。

再如陈傅良字君举，号止斋。据吴子良言："止斋年近三十，聚徒于城南茶院，其徒数百人，文名大震。……其时止斋有《待遇

① 陈振孙著，徐小蛮、顾美华点校：《直斋书录解题》卷4。
② 晁公武著，孙猛校证：《郡斋读书志校证》卷19。
③ 晁公武著，孙猛校证：《郡斋读书志校证》卷9。
④ 范祖禹：《范太史集》卷55《手记》。
⑤ 陈振孙著，徐小蛮、顾美华点校：《直斋书录解题》卷2。
⑥ 朱彝尊：《经义考》卷188《春秋》，文渊阁《四库全书》本。

集》板行，人争诵之。既登第后，尽焚其旧稿，独从郑景望讲义理之学，从薛常州讲经制之学。其后止斋文学日进，大与曩时异。”[①]可见陈氏早年虽名震一时，弟子众多，但他并未满足于此，而是又从学于郑伯熊和薛季宣。又据蔡幼学言：“公有《毛氏诗解诂》二十卷、《周礼说》三卷、《春秋后传》十五卷、《左氏章指》三十卷、《读书谱》一卷、《建隆编》一卷、《制诰集》五卷、文集三十卷。公深于《春秋》，其于王霸尊卑、华夷消长之际，及乱臣贼子之所由来，发明独至。又以为左氏最有功于经，能存其所不书以实其所书，故作《章指》，以明笔削之义。”可见他还有自己的治学偏重。又蔡氏在谈及他从学于陈氏情景时，言道：“幼学未冠，从公游，朝夕侍侧者且十年。公爱而教之，勉以前辈学业。幼学虽不敏，然佩公之训，不敢自弃。”[②]此后蔡氏史学成就亦相当突出。同样，曹叔远字器远，温州瑞安人，少学于陈傅良。尝编《永嘉谱》，“识者谓其有史才”[③]。再是朱黼字文昭，据叶適在《纪年备遗序》中言：“初，陈公君举未壮讲学，文昭年差次，最先进。及后来取名官，弁冕接踵，而文昭蓬累耕南荡上，山水迭重，声迹落落，人不知其能传陈公之业也。一旦此书出，义理所会，宝藏充斥，遂为成学，而陈公卒久矣。相与论旧事，追念怆然。然则文昭岂徒以博习自是而已哉！后有欲知陈公者，于此书求之可也。”[④]以上诸例足以

① 吴子良：《荆溪林下偶谈》卷4《陈止斋》，文渊阁《四库全书》本。

② 陈傅良撰，周梦江点校：《陈傅良先生文集》附录二蔡幼学《陈傅良行状》，浙江大学出版社，1999年。

③ 《宋史》卷416《曹叔远传》。

④ 叶適著，刘公纯、王孝鱼、李哲夫点校：《叶適集·水心文集》卷12。

表明，陈氏不少弟子能继承并发扬本门派的治史传统，并且成就显著。

总之，宋代讲究师承者不止以上三例，但它们足以表明：讲求师承关系的史家群体，往往能形成具有各自治学特色的门派风格，并且影响深远。

（4）特殊的地缘因素。我国素有敬仰乡贤的优良传统，宋代一些优秀史家高尚的人格魅力与优良的治史做法，往往被同乡士人所仿效。或者原本因学术文化发展不平衡，使得不同地区形成了颇具本区域治史特色的史风，产生了地域性史家群体。

如周必大在《汉兵本末序》中指出："临江自三刘有功汉史，其学盛行。今徐筠孟坚既为《汉官考》四卷，季（当作徐）天麟仲祥又惜司马迁、班固不为兵志，于是究极本末，类成一书。"[①]此处"三刘"指刘攽、刘敞和刘奉世。史载：刘攽"所著书百卷，尤邃史学。作《东汉刊误》，为人所称。预司马光修《资治通鉴》，专职汉史"[②]。又据徐度言："盖刘原甫与其子仲冯并贡甫皆精于《汉书》，每读，随所得释之，后成一编，号'三刘《汉书》'。"[③]同样，徐天麟除撰有《汉兵本末》1卷外，他还撰有《西汉会要》70卷和《东汉会要》40卷，陈振孙记述道："仲祥，乙丑进士，世有史学。其世父梦莘商老著《北盟会编》，父得之思叔为《左氏国纪》，兄筠孟坚作《汉官考》，皆行于世。"[④]可见三刘治史的优良传统，对家乡徐天麟兄弟产生了直接影响。

---

① 周必大：《文忠集》卷54。

② 《宋史》卷319《刘攽传》。

③ 徐度撰，朱凯、姜汉椿整理：《却扫编》卷下。

④ 陈振孙著，徐小蛮、顾美华点校：《直斋书录解题》卷5。

又如眉山王当撰有《春秋列国诸臣传》51卷，系“类《左氏》所载列国诸臣事，效司马迁为之传，凡一百三十四人，系以赞”[①]。陈造在《题春秋名臣传》中称赞道：“此书成于贤良王当，不惟该备无遗，而复引《史记》《国语》等书补苴弥缝之，而终之以赞，多出新见。学者与经传参读，既足以见当时人才出处语默之大概，抑于著述体制所得将不赀。”[②]同样，杜谔尝集《春秋传》。史载：“谔，眉山人，以《春秋》教授诸王。元祐中，举进士不第而卒。”[③]另据刘光祖言：“吾友程公说，字伯刚，眉之丹棱人。……尤积学苦志，平生于《春秋》一书，究之反复不厌。有《春秋分记》九十卷、《左氏始终》三十六卷、《通例》二十卷、《比事》十卷。勤矣哉，而未尝止也。又取诸儒讲解钩纂之，名曰《精义》，病中犹不去手，书未及成而卒。”[④]凡此等等。以上眉山诸人均对《春秋》有深入研究，此现象的出现绝非偶然，当与乡贤带动与本地学风影响有关。

与此类似，李焘撰成《续资治通鉴长编》后，据吴泳言：“间者乡里范洁斋作《长编举要》，李悦斋作《十朝纲要》。又有眉山杨明叔者，纂成《长编纪事》，流传世间，本末粗为详备，同先世一书参错互见，后学者何其为幸耶！”[⑤]此处所言除范洁斋《长编举要》外，杨明叔的《长编纪事》即现今传世的杨仲良《长编纪事本末》

① 王应麟撰，武秀成、赵庶洋校证：《玉海艺文校证》卷24《传》。

② 陈造：《江湖长翁集》卷31，文渊阁《四库全书》本。

③ 李心传撰，胡坤点校：《要录》卷59。

④ 程公说：《春秋分记》前附刘光祖《程伯刚墓志铭》，文渊阁《四库全书》本。

⑤ 吴泳：《鹤林集》卷32《答郑子辩书》，文渊阁《四库全书》本。

150 卷，《十朝纲要》属李焘之子李垕所撰。此外，眉山彭百川编集有《太平治迹统类》40 卷和《中兴治迹统类》35 卷。赵希弁指出：其“仿《通鉴纪事本末》条例，统而类之。事撮其纲，辞举其要。上自艺祖，而下至于孝宗，凡二百门云”[①]。再是眉山杨泰之撰有《历代通鉴》及《本朝长编类》25 卷。[②]如此等等，可见《续资治通鉴长编》对家乡学者研读、改编或者取材该书产生了明显的带动效应。

再如李幼武编有《宋名臣言行录》续集 8 卷、别集 26 卷，以及外集 17 卷，据清四库馆臣言：“幼武字士英，庐陵人。据其续集《序》文，盖理宗时所作，其始末则未详。”[③]同样，据明人杨士奇记述：《宋名臣言行类编举要》，庐陵钟尧俞编。“尧俞，咸淳四年以史馆编校得旨赴殿，进士出身。”[④]由此不难看出，钟氏著述明显受到乡贤李氏影响。

总而言之，宋代著史队伍与史家史学传承方式的多元化，表明宋代已不再是主要依靠史家个人、家庭或者家族以及师门来传承史学，著史队伍的构成也不再属私家单方面为主导，而是随着官方修史规模的不断扩大，以及史学发展的地域化，由此极大地改变了著史队伍构成，扩充了著史队伍规模，丰富了史著编撰形式，形成了多样化的著史风格，促进了宋代史学整体水平的发展与繁荣。

---

① 赵希弁撰，孙猛校证：《郡斋读书志校证·读书附志》。

② 魏了翁：《鹤山先生大全文集》卷 81《杨泰之墓志铭》。

③ 《四库提要》卷 57。

④ 杨士奇：《东里续集》卷 18。

## 三、史学思想的多样化

宋代哲学发达，相应地也促进了史学的发展，尤其是史学思想的发展。其间，宋代史家纷纷研治《春秋》，讲求正统，褒扬忠义，崇尚义理，倡导会通，甚至有人还对社会历史的发展变化提出了自己的看法，这无疑使得宋代史学思想变得极为丰富多彩。

### 1.《春秋》学与正统论

（1）《春秋》学。受中唐以来《春秋》学研究直接影响，两宋《春秋》学研究达到了一个新阶段。首先，以两宋存留与研究《春秋》的著述数量而言，史载《三朝国史·艺文志》著录有72部，658卷；《两朝国史·艺文志》著录17部，114卷；《四朝国史·艺文志》著录36部，375卷；《中兴四朝国史·艺文志》著录129家，174部，2271卷。[①]其间可以确定的是北宋有125部，南宋《中兴四朝国史·艺文志》虽载有174部，但存在重录北宋著述和缺少南宋末著述现象。由此不难看出，两宋时期《春秋》类著述不少。仅现今存世的宋人所撰该类著述就达40多种，详见下表：

**表1–10 今存宋人研究《春秋》著述一览表**

| 书名 | 作者 | 原卷数 | 今存卷数 | 时代 |
|---|---|---|---|---|
| 《春秋尊王发微》 | 孙复 | 12 | 12 | 北宋 |
| 《春秋皇纲论》 | 王晳 | 5 | 5 | 北宋 |
| 《春秋权衡》 | 刘敞 | 17 | 17 | 北宋 |

① 马端临：《文献通考》卷182《经籍考》。

续表

| 书名 | 作者 | 原卷数 | 今存卷数 | 时代 |
|---|---|---|---|---|
| 《春秋传》 | 刘敞 | 15 | 15 | 北宋 |
| 《春秋意林》 | 刘敞 | 2 | 2 | 北宋 |
| 《春秋列国名臣传》 | 王当 | 50 | 30 | 北宋 |
| 《春秋经解》 | 孙觉 | 15 | 13 | 北宋 |
| 《程氏经说》（卷五《春秋传》） | 程颐 | 1 | 1 | 北宋 |
| 《春秋集解》 | 苏辙 | 12 | 12 | 北宋 |
| 《春秋经解》 | 崔子方 | 12 | 12 | 两宋之交 |
| 《春秋例要》 | 崔子方 | 20 | 1 | 两宋之交 |
| 《春秋本例》 | 崔子方 | 20 | 1 | 两宋之交 |
| 《春秋通训》 | 张大亨 | 16 | 6 | 两宋之交 |
| 《春秋五礼例宗》 | 张大亨 | 10 | 7 | 两宋之交 |
| 《春秋经辨》 | 萧楚 | 10 | 4 | 南宋 |
| 《春秋传》 | 胡安国 | 30 | 30 | 南宋 |
| 《春秋谳》 | 叶梦得 | 30 | 22 | 南宋 |
| 《春秋考》 | 叶梦得 | 30 | 16 | 南宋 |
| 《春秋传》 | 叶梦得 | 20 | 20 | 南宋 |
| 《春秋集解》 | 吕本中 | 30 | 30 | 南宋 |
| 《春秋集注》 | 高闶 | 14 | 40 | 南宋 |
| 《春秋比事》 | 刘朔 | 20 | 20 | 南宋 |
| 《春秋后传》 | 陈傅良 | 12 | 12 | 南宋 |
| 《春秋左氏传类编》 | 吕祖谦 | 6 | 6 | 南宋 |
| 《左氏博议》 | 吕祖谦 | 20 | 25 | 南宋 |

续表

| 书名 | 作者 | 原卷数 | 今存卷数 | 时代 |
|---|---|---|---|---|
| 《春秋左氏传说》 | 吕祖谦 | 20 | 20 | 南宋 |
| 《左氏传续说》 | 吕祖谦 | 12 | 12 | 南宋 |
| 《春秋左氏传事类始末》 | 章冲 | 5 | 5 | 南宋 |
| 《春秋集注》 | 张洽 | 11 | 11 | 南宋 |
| 《春秋纲领》 | 张洽 | 1 | 1 | 南宋 |
| 《春秋分记》 | 程公说 | 90 | 90 | 南宋 |
| 《春秋说》 | 洪咨夔 | | 30 | 南宋 |
| 《春秋左传要义》 | 魏了翁 | 60 | 31 | 南宋 |
| 《春秋讲义》 | 戴溪 | 4 | 4 | 南宋 |
| 《春秋集义》 | 李明复 | 50 | 50 | 南宋 |
| 《集义纲领》 | 李明复 | 2 | 3 | 南宋 |
| 《春秋通说》 | 黄仲炎 | 13 | 13 | 南宋 |
| 《春秋王霸列国世纪编》 | 李琪 | 3 | 3 | 南宋 |
| 《春秋经筌》 | 赵鹏飞 | 16 | 16 | 南宋 |
| 《春秋五论》 | 吕大圭 | | 1 | 南宋 |
| 《春秋或问》 | 吕大圭 | | 20 | 南宋 |
| 《读春秋日抄》 | 黄震 | 7 | 7 | 南宋 |
| 《读三传日抄》 | 黄震 | 1 | 1 | 南宋 |
| 《春秋集传详说》 | 家铉翁 | 30 | 30 | 南宋 |
| 《纲领》 | 家铉翁 | 1 | 1 | 南宋 |
| 《读春秋编》 | 陈深 | 12 | 12 | 南宋 |

注：该表参据宋鼎宗《春秋宋学发微》（台湾文史哲出版社，1986年）及文渊阁《四库全书》等拟制而成。

其次，从两宋《春秋》学的发展历程来看，中唐以来，以啖助、赵匡和陆淳为代表，他们在探求《春秋》经义之时，考《春秋》三传，并论其短长，从而开疑古辨伪之风。对此，陈振孙指出："案汉儒以来，言《春秋》者，惟宗《三传》，《三传》之外，能卓然有见于千载之后者，自啖氏始，不可没也。"①他们同时极力倡导《春秋》的撰修宗旨在于"尊王"。受其影响，北宋中期，孙复著《春秋尊王发微》，倡导尊王之说，由此"世人多师孙明复，不复信史，故尽弃《三传》，全以《左氏》为本"②。此时尊经和崇慕《春秋》笔法者尚多。如欧阳修著史时，往往效法《春秋》，突出尊王大一统观念。到宋神宗时，王安石曾言："至于《春秋》三传，既不足信，故于诸经尤为难知。"③因此，他未专治《春秋》，也未将其列入科举取士书目中。而到哲宗元祐时期，一切以熙（宁）、（元）丰为非，此时治《春秋》者形成风气。张端义对此指出："荆公黜词赋尊经，独《春秋》非圣经，不试，所以元祐诸人多作《春秋传解》。自胡安定先生始，如孙莘老辈，皆有《春秋集解》，则知熙宁、元祐诸人议论素不同矣。"④但自绍圣至北宋末，随着新法党人重新执政，《春秋》又一次被朝廷所罢用。如史载："绍圣中罢《春秋》取士，（崔）子方三上书乞复之，不报。遂不应进士举。"⑤洪迈因此批评

---

① 陈振孙著，徐小蛮、顾美华点校：《直斋书录解题》卷3"春秋集传纂例"解题。

② 晁公武著，孙猛校证：《郡斋读书志校证》卷3《春秋类·颍滨春秋集传》。

③ 王安石：《王文公文集》卷7《答韩求仁书》，上海人民出版社，1974年。

④ 张端义撰，许沛藻、刘宇整理：《贵耳集》卷下。

⑤ 陈振孙著，徐小蛮、顾美华点校：《直斋书录解题》卷3"春秋经解"解题。

道："绍圣中，章子厚作相，蔡卞执政，遂明下诏罢此经，诚万世之罪人也。"[①]总之，北宋时，《春秋》学虽时有发展，但受朝政和学风影响极大。

南宋时，注重讲求攘夷之义的《春秋》学大盛。宋高宗本人就"雅好《左氏春秋》"，他命范冲和朱震为其专讲。[②]同时，士大夫研治《春秋》者众多。如叶梦得对于"《书》与《春秋》之学，视诸儒最为精详"[③]。他著有《春秋传》20卷、《春秋谳》30卷和《春秋考》30卷。又如胡安国撰成《春秋传》30卷，因大力倡导攘夷思想，使得"近世学《春秋》者皆宗之"[④]。再如陈傅良"博极群书，而于《春秋左氏》尤究极圣人制作之本意，左氏翼经之深旨"。他著有《春秋后传》12卷和《左氏章指》42卷。[⑤]总之，因有宋高宗雅好以及官僚士大夫积极响应，南宋注重御侮之义的《春秋》学研究更为迅猛。

再次，从宋人研治《春秋》的具体表现来看，一是在对《春秋》褒贬义例认识与阐释上，宋代研治《春秋》者有着自己的看法与做法。其中，一些人明确表明《春秋》无褒贬。如据司马光记载："(杨) 忱，故翰林侍读学士偕之子，少与弟慥俱有俊声。忱治《春秋》，慥治《易》，弃先儒旧说，务为高奇，以欺骇流俗。其父甚奇

---

① 洪迈：《容斋续笔》卷15《绍圣废春秋》。

② 《宋史》卷435《范冲传》。

③ 陈振孙著，徐小蛮、顾美华点校：《直斋书录解题》卷2"石林书传"解题。

④ 陈振孙著，徐小蛮、顾美华点校：《直斋书录解题》卷3。

⑤ 楼钥：《攻媿集》卷95《陈傅良神道碑》。

之，与人书曰：‘天使忱、慥，力扶周、孔。’忱为文尤怪僻，人少有能读其句者。忱常言《春秋》无褒贬。”[①]可见杨忱之说虽难以被时人所接受，但却得到其父称赞。又如据林之奇记载，喻樗云：“《春秋》无褒贬，圣人只如一面镜相似，是非善恶，各因其实尔。”[②]按：喻樗字子才，据陈渊言，“盖龟山门人”[③]。再如郑樵指出：“以《春秋》为褒贬者，乱《春秋》者也。”[④]他又在《通志·灾祥略》之《灾序》中指出：“凡说《春秋》者，皆谓孔子寓褒贬于一字之间，以阴中时人，使人不可晓解。《三传》唱之于前，诸儒从之于后，尽推己意而诬以圣人之意，此之谓欺人之学。”总之，以上虽仅属极少数人说法，但它却反映出宋人对《春秋》的不同认识。

与以上说法形成鲜明对比的是，宋代许多《春秋》研治者认为《春秋》存在褒贬义例，但其间又有认识上的差异。突出者如孙复明确倡导“有贬无褒”说。据王得臣言：孙复“以为凡经所书，皆变古辞常则书之，故曰‘《春秋》无褒’”[⑤]。该说在当时产生了不小影响。对此，清四库馆臣在《御纂春秋直解》解题中指出：“自啖助、赵匡倡为废《传》解《经》之说，使人人各以臆见私相揣度，务为新奇以相胜，而《春秋》以荒。自孙复倡为有贬无褒之说，说《春

① 司马光撰，邓广铭、张希清整理：《涑水记闻》卷10，《全宋笔记》第一编第七册，大象出版社，2003年。

② 林之奇：《拙斋文集》卷1《记闻》上，文渊阁《四库全书》本。

③ 陈渊：《默堂集》卷22《题富郑公河北安边策》，文渊阁《四库全书》本。

④ 黄震：《黄氏日抄》卷7。

⑤ 王得臣撰，黄纯艳整理：《麈史》卷中《经义》，《全宋笔记》第一编第十册，大象出版社，2003年。

秋》者必事事求其所以贬，求其所以贬而不得，则锻炼周内以成其罪，而《春秋》益荒。”[①]其实，早在宋代，就有不赞同其说者。据史载：罗汝楫迁起居郎兼侍讲，宋高宗问：“或谓《春秋》有贬无褒，此谊是否？”罗汝楫对答道：“《春秋》上法天道，春生秋杀，若贬而无褒，则天道不具矣。”高宗称善。[②]又徐积指出：“说者谓《春秋》无褒，非也。然方其时，书褒者少尔。如齐之斥夷狄而强中国，孔子言一正天下；而葵丘之会，孟子亦取之。岂非褒乎？如存卫国而有《木瓜》之诗，岂得不为褒邪？”[③]在此徐氏以实例表明“有贬无褒”说不可全信。再是王日休还撰有《孙复解三传辩失》4卷。[④]凡此等等。又如朱熹虽然承认《春秋》存在褒贬之义，但他却明确反对《春秋》“字字有义”说。对此，他明确指出：“《春秋》大旨，其可见者，诛乱臣，讨贼子，内中国，外夷狄，贵王贱伯而已。未必如先儒所言，字字有义也。”他又言：“《春秋》一发首不书即位，即君臣之事也；书仲子嫡庶之分，即夫妇之事也；书及邾盟，朋友之事也；书‘郑伯克段’，即兄弟之事也。一开首，人伦便尽在。”[⑤]如此等等，表明他对《春秋》褒贬之义有独特认识。

与此同时，在对《春秋》褒贬义例的阐释上，自汉代以来，以例说经现象较为突出。对此，楼钥在《止斋春秋后传左氏章指序》中指出：“先儒以例言《春秋》者，切切然以为一言不差。有不同

---

① 《四库提要》卷29。

② 《宋史》卷380《罗汝楫传》。

③ 江端礼：《节孝语录》，文渊阁《四库全书》本。

④ 王应麟撰，武秀成、赵庶洋校证：《玉海文艺校证》卷6《春秋·绍兴春秋明例》。

⑤ 黎靖德辑，郑明等校点：《朱子语类》卷83《春秋》。

者，则以为变例。”[①]如刘敞撰有《春秋传说例》1卷，清四库馆臣指出：“据《书录解题》称，《说例》凡四十九条。今之所裒仅二十五条，止得其半，且多零篇断句，不尽全文。……敞说《春秋》，颇出新意，而文体则多摹《公》《穀》，诸书皆然。是编尤为简古，……多得经意。”[②]可见该书内容虽然不全，但清人评价颇高。其间，在《灾例》中，刘敞言：“《春秋》记灾不记火。火者，人所为也；灾者，天所为也。天所为，故大之而记之；人所为，则被其焚者，火之性耳，是何足记也？”在《遇例》中，他言道：“公与诸侯遇，志也；外遇，不志也。其志者，以我有事接之也。所以谓外遇不志者，遇者小事，小事不志。”凡此类均体现出他对《春秋》记事原则的基本认识。又如冯正符撰有《得法忘例论》30卷，据晁公武言：“其书例最详，悉务通经旨，不事浮辞。”[③]陈振孙更具体指出：“其书首辨王鲁、素王之说，及杜预三体五例、何休三科九旨之怪妄穿凿。皆正论也。”[④]再如王日休撰有《春秋明例》1卷，凡十篇，通谓之《明例》，又冠以《例要》《例意》《例释》。[⑤]说明该书对义例作了较详尽的分类阐释。

在此尤为值得一提的是，崔子方曾撰有《春秋经解》16卷、《本例例要》1卷，陈振孙指出：“其学辨《三传》之是非，而专以日月为例。”[⑥]从今存《春秋本例》看，全书共20卷，分16门，每

---

① 楼钥：《攻媿集》卷51。

② 《四库提要》卷26。

③ 晁公武著，孙猛校证：《郡斋读书志校证》卷3。

④ 陈振孙撰，徐小蛮、顾美华点校：《直斋书录解题》卷3。

⑤ 王应麟撰，武秀成、赵庶洋校证：《玉海艺文校证》卷6《春秋》。

⑥ 陈振孙撰，徐小蛮、顾美华点校：《直斋书录解题》卷3。

门分例日、例月、例时，并且门内又分著例和变例，正体现着他“专以日月为例”之说。该说虽在宋代独树一帜，但也受到了时人批评。如朱熹就指出：“或有解《春秋》者，专以日月为褒贬，书时月则以为贬，书日则以为褒，穿凿得全无义理。”①

总之，以上以例说经之作，是宋人研治《春秋》成果中不可或缺的部分。不过，对于《春秋》凡例及其相关著述，朱熹则指出：“《春秋》之有例，固矣。”他又言：“《春秋传》例多不可信。圣人记事，安有许多义例?”②这是他的《春秋》义例观的反映。

此外，不少宋人直接撰写解经论著，以阐明《春秋》褒贬大义。此类论著甚多，如胡安国潜心二十余年，撰成《春秋传》30卷，今存。在该书《序》中，谈及撰述目的时，言道：“虽微辞奥义，或未贯通，然尊君父，讨乱贼，辟邪说，正人心，用夏变夷，大法略具，庶几圣王经世之志，小有补云。”正是由于该书旨在阐发尊王攘夷等思想，以义理解说《春秋》，故当上奏给宋高宗时，高宗褒奖道：“安国明于《春秋》之学，比诸儒所得尤邃。”③朱熹亦指出：“胡《春秋》大义正，但《春秋》自难理会。”④陈傅良更是指出：“浙间人家，家有《春秋传》。”⑤

又如李明复撰有《春秋集义》50卷、《纲领》3卷，今存。他在《进春秋集义表》中指出：“呜呼！知孔子者惟（孟）轲，知轲惟

① 黎靖德辑，郑明等校点：《朱子语类》卷83《春秋》。

② 黎靖德辑，郑明等校点：《朱子语类》卷83《春秋》。

③ 李心传撰，胡坤点校：《要录》卷109高宗绍兴七年三月丙子。

④ 黎靖德辑，郑明等校点：《朱子语类》卷83《春秋》。

⑤ 陈傅良撰，周梦江点校：《陈傅良先生文集》卷41《跋胡文定公帖》。

（周）惇颐乎！惇颐《春秋》之学，程颢、程颐得其传，颐尝作《传》，而颢则间及之。若张载则与颢、颐讲明而得之，若刘绚、谢湜则见而发明之，若范祖禹诸人则见而知之，若胡安国则闻而发明之，若李侗诸人则闻而知之。其派分，其源同，说虽不无稍异，而尊王贱霸，内中国外夷狄，即事明纲常，以著人君之用，则一而已。”随后，他“尝取惇颐以下十有七家，或著书以明《春秋》，或讲他经而及《春秋》，或其说之有合于《春秋》，皆广搜博访。始乃定其后先，审其精粗”。今通观全书，李氏在每条经文之后，依次罗列诸儒之说，以体现其褒贬大旨。

再如王应麟曾撰有《春秋三传会考》36卷，[①]可惜已佚。不过，在《困学纪闻》中，他对《春秋》褒贬大义有专门论述。他指出：“明天理，正人伦，莫深切于《春秋》。三忠臣书及，而为义者劝焉；三叛人书名，而不义者惧焉。书克段、许止而孝悌行矣，书仲子、成风而纲常立矣，书郜鼎、卫宝而义利辨矣，书遇于清、会于稷而乱贼之党沮矣。”[②]可见他以具体例证表明《春秋》具有极强的社会功用。

二是在尊经解经时，宋人对《春秋》三传有着不同认识和处理。其中，一些人坚持尊经弃传或者疑传。在唐代啖助、赵匡和陆淳等废传解经之风影响下，如孙复“治《春秋》，不取传注。其言简而易，详明诸侯大夫功罪，以考时之盛衰，而推见治乱之迹，故得经之意为多”[③]。此后，受孙复影响者不在少数。对此，苏辙在《春秋

① 《宋史》卷202《艺文志》。

② 王应麟撰，孙通海整理：《困学纪闻》卷6《春秋》。

③ 曾巩撰，王瑞来校证：《隆平集校证》卷15《孙复传》。

集解引》中揭示道："予少而治《春秋》，时人多师孙明复，谓孔子作《春秋》略尽一时之事，不复信史，故尽弃三传，无所复取。"又如欧阳修明确指出："孔子之于经，三子之于传，有所不同，则学者宁舍经而从传，不信孔子而信三子，甚哉其惑也。……经之所书，予所信也；经所不言，予不知也。"[①]可见欧阳修针对现实中舍经从传现象，力主尊经。再如赵鹏飞撰有《春秋经筌》16卷，今存。在该书《序》中，他明确指出："然世之说者，例以为非传则经不可晓。呜呼！圣人作经之初，岂意后世有三家者为之传邪？若三传不作，则经遂不可明邪？……愚尝谓学者当以无传明《春秋》，不可以有传求《春秋》。"可见他倡导"以无传明经"，而非必以三传明经。凡此等等。

同时，相当多的人在研治《春秋》时，以融合吸收三传，或者以一传为主而兼顾其余等方式治经。如孙觉撰有《春秋经解》15卷，在该书《自序》中，他言道："今以三家之说，校其当否，而《穀梁》最为精深。且以《穀梁》为本者，其说是非褒贬，则杂取三传及历代诸儒、唐啖赵陆氏之说，长者从之，其所未闻，即以所闻安定先生之说解之云。"又如刘敞撰有《春秋传》10卷、《权衡》17卷和《意林》1卷，他"始为《权衡》以平三家之得失，然后集众说，断以己意，而为之《传》。《传》所不尽者，见之《意林》"。可见他在评判三传得失等时，有着自己的标准。再如苏辙撰有《春秋集传》12卷，该书"专本《左氏》，不得已乃取二传、啖、赵。盖以一时谈经者不复信史，或失事实故也"[②]。由此可知，苏氏以《左

① 欧阳修撰，李逸安点校：《欧阳修全集》卷18《春秋论》上。

② 以上均见陈振孙撰，徐小蛮、顾美华点校：《直斋书录解题》卷3。

传》为本解经，看重的是经书所载的基本史实。它如余安行撰有《春秋新说》11卷，据晁公武言：该书“采左氏、公羊、穀梁及孙复四家书，参以己意为之”[①]。此类事例甚多，余不一一。

总之，对于宋代主要《春秋》研治者有关三传的认识，王应麟总结道：“三传皆有得于《经》而有失焉。……‘《左氏》拘于赴告，《公羊》牵于谶纬，《穀梁》窘于日月’，刘原父之言也。‘《左氏》失之浅，《公羊》失之险，《穀梁》失之迂’，崔伯直之言也。‘《左氏》之失专而纵，《公羊》之失杂而拘，《穀梁》不纵不拘而失之随’，晁以道之言也。‘事莫备于《左氏》，例莫明于《公羊》，义莫精于《穀梁》；或失之诬，或失之乱，或失之凿’，胡文定之言也。‘《左氏》传事不传义，是以详于史而事未必实；《公羊》《穀梁》传义不传事，是以详于《经》而义未必当’，叶少蕴之言也。‘《左氏》史学，事详而理差；《公》《穀》经学，理精而事误’，朱文公之言也。学者取其长，舍其短，庶乎得圣人之心矣！啖、赵以后，凭私臆决，甚而阁束三传，是犹入室而不由户也。”[②]同时，对于宋人对待《春秋》三传所形成的不同流派，清四库馆臣在程端学《春秋三传辨疑》解题中总结道：“盖不信三传之说，创于啖助、赵匡，其后析为三派：孙复《尊王发微》以下，弃传而不驳传者也；刘敞《春秋权衡》以下，驳三传之义例者也；叶梦得《春秋谳》以下，驳三传之典故者也。”[③]由此可见，宋人对待《春秋》三传已多样化了。

① 晁公武著，孙猛校证：《郡斋读书志校证》卷3。

② 王应麟撰，孙通海整理：《困学纪闻》卷6《左氏》。

③ 《四库提要》卷28。

三是借经济世，即宋人凭借解说《春秋》以匡时论政。如史载：王沿“因诣阙奏事，上所著《春秋集传》十五卷。复上书以《春秋》论时事”。又“尝论以《春秋》法断事，然真定之狱，人以为沿傅致之”[①]。可见时人对其“以《春秋》断狱”并不认同。又如萧楚撰有《春秋辨疑》10卷，今存4卷。萧楚字子荆，庐陵人。据陈振孙言：“绍圣中，贡礼部不第。蔡京用事，与其徒冯澥书，言蔡将为宋王莽，誓不复仕。死建炎中。……胡邦衡师事之，以《春秋》登甲科，归拜床下，楚告之曰：‘学者非但拾一第，身可杀，学不可辱，毋祸吾《春秋》乃佳。’邦衡志其墓。”[②]《春秋辨疑》篇目有《春秋鲁史旧章辨》《盟会侵伐统辨》《兄弟总辨》《弑杀辨》《迁国辨》和《即位辨》等，可知该书属专论性质。至于其编修宗旨，清四库馆臣指出：“书之大旨，主于以统制归天王，而深戒威福之移于下。虽多为权奸柄国而发，而持论正大，实有合尼山笔削之义。与胡安国之牵合时事、动乖经义者有殊；与孙复之名为尊王，而务为深文巧诋者用心亦别。”[③]四库馆臣在此以比较方式，说明该书大旨更为突出。再如戴溪撰有《春秋讲义》4卷，今存。牛大年在该书《序》中言：“岷隐先生以儒宗为一世所尊，颛席谈经，发明大旨，凡经之所不书、说之所未及者，莫不昭然而义见。虽然，是书盖期于启沃君听，天下学士不可得而闻也。”即该书旨在于经筵“启沃君听”。它如黄仲炎撰有《春秋通说》13卷，今存。在该书《序》中，他指出：“《春秋》者，圣人教戒天下之书，非褒贬之书也。何谓教？所

---

① 《宋史》卷300《王沿传》。

② 陈振孙撰，徐小蛮、顾美华点校：《直斋书录解题》卷3。

③ 《四库提要》卷26。

书之法是也。何谓戒？所书之事是也。法，圣人所定也，故谓之教；事，衰乱之迹也，为戒而已矣。”该书时常引史证经，因此，李鸣复在《奏举状》中言道：“伏见温州布衣黄仲炎，折衷是非，事为之说，证以后代，鉴戒昭然，言古验今，切于治道。”[①]凡此等等。正因为如此，牟润孙先生指出：“两宋解说《春秋》之书虽众，笃守汉唐矩矱，专言一传，而不影射时事者，几可谓无之。”[②]

第四，宋人对《春秋》经传时有改编。其间，从对《春秋》经、史属性的认识来看，程颐在《春秋传自序》中言道：“后世以史视《春秋》，谓褒善贬恶而已。”又有人问朱熹《春秋》当如何看？朱熹言：“只如看史样看。”他又言：“以三传言之，《左氏》是史学，《公》《穀》是经学。”[③]再是叶適指出：“盖笺传之学，惟《春秋》为难工。经，理也；史，事也。《春秋》名经而实史也。”[④]正因为宋代一些学人将《春秋》和《左传》作为编年体史书来看待，故将其加以改编者不少。

北宋时，如杨彦龄撰有《春秋左氏年表》2卷，王当撰有《春秋列国名臣传》50卷，郑昂撰有《春秋臣传》30卷，沈括撰有《春秋左氏纪传》50卷，以及税安礼撰有《春秋列国图说》1卷等。以上诸书基本是将编年体改编成了传记体、纪传体以及年表、图表等形

---

① 朱彝尊：《经义考》卷190《春秋》。

② 牟润孙：《注史斋丛稿》之《两宋春秋学之主流》“一、绪说”，中华书局，1987年。

③ 黎靖德辑，郑明等校点：《朱子语类》卷83《春秋》。

④ 叶適著，刘公纯、王孝鱼、李哲夫点校：《叶適集·水心文集》卷12《徐德操春秋解序》。

式。其中，郑昂《春秋臣传》凡30卷，“以人类事，凡二百十五人，附而名者又九十三。”[①]又王当《春秋列国诸臣传》则“类《左氏》所载列国诸臣事，效司马迁为之传，凡一百三十有四人，系之以赞云”。该书原作50卷，今存30卷。以上二书属传记体史著。此外，张根撰有《春秋指南》10卷，晁公武指出：该书“以征伐会盟，年经而国纬”[②]。陈振孙则言：其“专以编年旁通该括诸国之事，如指诸掌”[③]。可见该书主要以编年体旁通概括春秋诸国征伐会盟之事。

南宋时，以多种形式改编《春秋》经传的史著就更多了。如唐阅撰《左史传》51卷，徐得之撰《左氏国纪》20卷，章冲撰《春秋左氏传事类始末》5卷，邓名世撰《春秋四谱》6卷，程公说撰《春秋分记》90卷，勾龙传撰《春秋三传分国纪事本末》，环中撰《左氏春秋二十国年表》1卷和《春秋列国臣子表》10卷，张洽撰《春秋历代郡县地理沿革表》27卷、《目录》2卷，以及李琪撰《春秋王霸列国世纪编》3卷等。可见南宋时人已将《春秋》经传改编成了国别体、纪事本末体以及纪传体等多种形式。其中唐阅“尤长于《春秋左氏》，尝仿迁、固史例，以周为《纪》，列国为《传》。又为《表》《志》《赞》，合五十一卷，号《左史传》”[④]。可见他撰成的是纪传体史书。又程公说的《春秋分记》，“以《春秋》经传仿司马迁书为《年表》《世谱》《历》《天文》《五行》《地理》《礼乐》《征伐》《官制》诸书。自周、鲁而下，及诸小国、夷狄皆汇次之。时

---

① 王应麟撰，武秀成、赵庶洋校证：《玉海艺文校证》卷6《春秋》。

② 晁公武著，孙猛校证：《郡斋读书志校证》卷3。

③ 陈振孙著，徐小蛮、顾美华点校：《直斋书录解题》卷3。

④ 施宿等：《嘉泰会稽志》卷15《相辅》，见《宋元方志丛刊》。

有所论发明，成一家之学。”[①]可见该书系参考司马迁纪传体表、志体例等编修而成。再是李琪在《春秋王霸列国世纪编自序》中，表明该书旨在：“叙东周十有四王之统，合齐、晋十有三伯之目，举诸侯数十大国之系，皆世为之纪，不失全经之文，略备各代之实。每纪之后，序其事变之由，得失之异，参诸传之纪载，以明经之所书。”今观其书，即以诸国为纲，而以《春秋》所载事迹类编为目，前有序，后有论断。其中卷一为王朝及霸国。霸国之中，黜秦穆公、楚庄王而存宋襄公。又于晋文公以下，列自襄公至定公，而特附以鲁。卷二为周同姓之国，而特附以三恪。卷三为周异姓之国，而列秦、楚、吴、越于诸小国之后。可见该书在编排形式上具有国别史特点，并且诸国编排次序亦寓有深意。

最后，《春秋》对宋代史学有一定影响。其中，宋代一些史书往往采用《春秋》笔法纪事。如据蔡絛言：“国朝实录、诸史，凡书事皆备《春秋》之义，隐而显。若至贵者以不善终，则多曰‘无疾而崩’。大臣亲王则曰‘暴卒’，或云‘暴疾卒’。无疾者，如李毂是也。暴疾卒，如魏王德昭是也。”[②]此系《春秋》笔法被运用到了国史中。同时，一些宋人模拟《春秋》凡例而制定史书凡例。如据叶梦得言：“庆历后，欧阳文忠公以文章擅天下，世莫敢有抗衡者。刘原甫虽出其后，以博学通经自许，文忠亦以是推之。作《五代史》、《新唐书》凡例，多问《春秋》于原甫。”[③]按叶氏说法，《新唐书》和《新五代史》制定凡例，均受到精通《春秋》之学的刘敞

① 陈振孙著，徐小蛮、顾美华点校：《直斋书录解题》卷3。

② 蔡絛撰，李国强整理：《铁围山丛谈》卷3。

③ 叶梦得撰，徐时仪整理：《避暑录话》卷上。

影响。又据李廌记述："欧阳公《五代史》最得《春秋》之法，盖文忠公学《春秋》于胡瑗、孙复，故褒贬谨严，虽司马子长无以复加。"[①]此系欧阳修在《新五代史》中充分运用《春秋》笔法的体现。又如陈均在《皇朝编年备要参用凡例》中指出："朱文公《资治通鉴纲目》间或参用《春秋》之法，而不尽用。今纪载本朝之事，则虽《纲目》之例，亦不敢尽用。"[②]按陈均以上说法，朱熹在制定《资治通鉴纲目》凡例时，曾参用过《春秋》之法。而陈氏在制定《皇朝编年纲目备要》凡例时，又参考了《资治通鉴纲目》凡例。可见朱、陈二人在制定史书编修凡例时，均直接或者间接参取过《春秋》之法。

此外，值得一提的是，在宋代官僚士大夫政治生活中，不少人会运用《春秋》之义来评判时事。如沈作喆论述道："神宗朝，王文恪公陶为御史中丞，论宰相韩魏公不押常朝班，至诋为跋扈。韩公力请去位，王公亦出为郡。或谓王公之语太过，予以为尊君重朝廷，固当防微杜渐如此。使为宰相者，人人皆忠贤如魏公，虽不押常朝班，未为过也。不幸而有怀奸藏祸之臣，废法而逼上，则将有御史抨弹之所不能止者矣。抑《春秋》之义，责备于贤者，如魏公名德之重，盖可以责备矣，王公待之不轻也。"[③]可见沈氏之所以对王陶弹劾韩琦不押常朝班做出非同常人的评判，其判别标准是《春

---

① 李廌：《苏门六君子文粹》卷49《济南文粹·师友法言》，文渊阁《四库全书》本。

② 见陈均撰，许沛藻等点校：《皇朝编年纲目备要》书前，中华书局，2006年。

③ 沈作喆撰，俞钢、萧光伟整理：《寓简》卷4，《全宋笔记》第四编第五册，大象出版社，2008年。

秋》之义。又如朱熹就明确指出："自秦桧和戎之后，士人讳言内外，而《春秋》大义晦矣。"[①]再如王应麟指出："列国之变，极于吴、越。通吴以疲楚者，晋也；通越以挠吴者，楚也。《春秋》于是终焉。唐以南诏攻吐蕃，而唐之亡以南诏。本朝以女真灭契丹，而中原之亡以女真。女真之将亡也，吾国又不监宣和而用夹攻之策，不知《春秋》之义也。"[②]他又言："《春秋》书灾异，不书祥瑞，所以训寅畏，防怠忽也。……自景定后，枋臣欲末杀灾异，三馆遂不复知。甲子，彗星宫中见之，乃下求言之诏，则蒙蔽可见。壬申，地生毛，明年失襄阳。灾异其可忽哉？为人臣不知《春秋》之义，其祸天下极矣！"[③]在此王氏结合现实，以验证《春秋》书法义例。

（2）正统论。史学大师梁启超指出："正统之辨，昉于晋而盛于宋。"[④]自赵宋初兴，有司就上言："国家受周禅，周木德，木生火，则本朝运膺火德，色当尚赤。腊以戌日。"诏从之。[⑤]由此赵宋崇奉火德，按照五德转移学说，其政治合法性来自于后周。那么该德运体系究竟是如何承袭的呢？史载到太宗雍熙元年夏四月，当布衣赵垂庆上书请求本朝应继唐或后唐而为金德时，徐铉等奏道："顷者，唐末丧乱，朱梁篡代，……不可以为正统也。庄宗中兴唐祚，重新土运。自后数姓相传，晋以金，汉以水，周以木。天造皇

---

① 黎靖德辑，郑明等校点：《朱子语类》卷83《春秋》。

② 王应麟撰，孙通海整理：《困学纪闻》卷6《春秋》。

③ 王应麟撰，孙通海整理：《困学纪闻》卷6《左氏》。

④ 梁启超：《新史学·论正统》，见《梁启超史学论著四种》，岳麓书社，1998年。

⑤ 《宋史》卷70《律历志》。

宋，运膺火德。”[①]此正如刘浦江先生所言：该体系是“沿袭后唐以来传统的正闰标准，斥朱梁于闰位”[②]。此后，对于朝廷这种未直接承唐或者五代中“伪梁”的做法，除前述赵垂庆之外，不时有人提出异议。如到真宗大中祥符三年九月，张君房指出：“唐土德，五运相承，国家当承唐室正统，用金德王。”[③]又到天禧四年，光禄寺丞谢绛主行土德，大理寺丞董行父主行金德。于是朝廷下诏两制详议，皆以为用土德则“当越唐上承于隋”，用金德则当“越五代绍唐”，而太祖实受终于周室，故均未被采纳。[④]

不过，对于宋朝廷所坚持的五代中“伪梁”之说，在当时官、私方编修五代史著时，往往使一些史家陷入矛盾境地。如欧阳修指出：“伏见太宗［祖］皇帝时，尝命薛居正等撰梁、唐、晋、汉、周事为《五代史》，凡一百五十篇。又命李昉等编次前世年号为一篇，藏之秘府。而昉等以梁为伪。梁为伪，则史不宜为帝纪，而亦无曰五代者，于理不安。”[⑤]这是他对宋初官修史书两种处理方式本身存在矛盾的质疑。但对于他处理《新五代史》与《正统论》时的矛盾做法，有人提问道：“子于《史记·本纪》，则不伪梁而进之，于论正统，则黜梁而绝之，君子之信乎后世者，固当如此乎？”他解释道：“梁，贼乱之君也。欲干天下之正统，其为不可，虽不论而

① 李焘：《长编》卷25。

② 刘浦江：《正统论下的五代史观》，见《唐研究》第11卷，北京大学出版社，2005年。

③ 李焘：《长编》卷74。

④ 《宋史》卷70《律历志》。

⑤ 欧阳修撰，李逸安点校：《欧阳修全集》卷16《正统论》三首《序论》。

可知。然谓之伪，则甚矣。彼有梁之土地，臣梁之吏民，立梁之宗庙社稷，而能杀生赏罚以制命于梁人，则是梁之君矣，安得曰伪哉？故于正统则宜绝，于其国则不得为伪者，理当然也。”[①]很显然，他的做法与说法也不统一。总之，以上官、私方处理均难以令人满意。但也有较巧妙处理该问题者，据俞德邻指出：“先儒谓五代之君，周世宗为上，唐明宗次之。至谓作史，欲起自梁之丁卯，讫于周之己未，止书甲子，不书建年。其意亦微矣。”[②]

到北宋中期，随着儒学复兴运动逐步展开，由欧阳修发起的正统之辨使得五德转移政治学说遭受到了前所未有的冲击。对此，刘复生先生甚至断言：“欧阳修的《正统论》在理论上宣告了‘五德转移’政治学说的终结。”[③]刘浦江先生亦指出：有关宋代正统之辨的最大收获就在于，它第一次将王朝的更迭由“奉天承运”的政治神话变成了“居天下之正”的政治伦理问题。[④]

具体而论，欧阳修于早年作有正统论七篇，含《原正统论》《明正统论》，以及分论秦、魏、东晋、后魏、梁各代，又有《正统辨》上、下。晚年删定为三首，含《序论》《正统论》上下及《或

---

① 欧阳修撰，李逸安点校：《欧阳修全集》卷16《或问》。

② 俞德邻：《佩韦斋辑闻》卷1，文渊阁《四库全书》本。

③ 参见刘复生：《宋朝“火运”论略：兼谈“五德转移”政治学说的终结》，载《历史研究》，1997（3）。不过，按宋庠《纪年通谱》（12卷），以及诸葛深《绍运图》（1卷）等，仍采用五德终始说，并且在当时仍很流行。这表明该学说消亡是逐步完成的。

④ 刘浦江：《“五德终始”说之终结：兼论宋代以降传统政治文化的嬗变》，载《中国社会科学》，2006（2）。

问》。其中在《原正统论》中，他指责五运说为“不经之说”“昧者之论”。在《正统论》上，更是指出：“自古王者之兴，必有盛德以受天命，或其功泽被于生民，或累世积渐而成王业，岂偏名于一德哉？……而曰五行之运有休王，一以彼衰，一以此胜，此历官、术家之事。而谓帝王之兴必乘五运者，缪妄之说也。”[①]正是基于对传统五运说不信任，于是他依据儒家经典“君子大居正，王者大一统”之语，以“居正”和“一统”作为正统的标尺。他明确指出：“夫居天下之正，合天下于一，斯正统矣，尧、舜、夏、商、周、秦、汉、唐是也。始虽不得其正，卒能合天下于一，夫一天下而居正，则是天下之君矣，斯谓之正统可矣，晋、隋是也。天下大乱，其上无君，僭窃并兴，正统无属。当是之时，奋然而起，并争乎天下，有功者强，有德者王，威泽皆被于生民，号令皆加乎当世。幸而以大并小，以强兼弱，遂合天下于一，则大且强者谓之正统，犹有说焉。不幸而两立不能相并，考其迹则皆正，较其义则均焉，则正统者将安予夺乎？东晋、后魏是也。其或终始不得其正，又不能合天下于一，则可谓之正统乎？魏及五代是也。”可见他所认定的既正且统的王朝有尧、舜、夏、商、周、秦、汉、晋、隋、唐，正而不统者如东晋和后魏。同时，他认为正统有断有续，断而后续。他说：“上自尧、舜，历夏、商、周、秦、汉而绝，晋得之而又绝，隋、唐得之而又绝，自尧、舜以来，三绝而复续。”[②]此外，在有关三国正统归属问题上，他坚持以曹魏为正统。我们知道，邹衍创立的五运说，讲求五行替代，相承不绝，而欧阳修绝统说的提出，则是从根

① 欧阳修撰，李逸安点校：《欧阳修全集》卷16。

② 欧阳修撰，李逸安点校：《欧阳修全集》卷16《正统论》下。

本上动摇了五德转移政治学说赖以成立的基础。

此后，苏轼撰有《正统论》三首。他认为："正者，所以正天下之不正也；统者，所以合天下之不一也。"[①]其看法与欧阳修基本相同。此间，对于欧阳修早年在《魏论》和《梁论》中"论魏、梁为正统"，其所荐士章望之以为非，并著有《明统》三篇。[②]对此，史又载：王安石论苏轼"附丽欧阳修，……乃作论排章望之。"[③]苏轼自己也言道："正统之论，起于欧阳子，而霸统之说，起于章子。二子之论，吾与欧阳子，故不得不与章子辨，以全欧阳子之说。欧阳子之说全，而吾之说又因以明。"[④]可见苏轼的《正统论》，实为北宋中期正统之辨的产物。

此外，受正统之辨影响的还有：毕仲游《正统议》[⑤]，陈师道《正统论》[⑥]，等等。在此不再赘述。

不过，在此需要说明的是，司马光在编修《资治通鉴》时，则不别正闰。他指出："是以正闰之论，自古及今，未有能通其义，确然使人不可移夺者也。臣今所述，止欲叙国家之兴衰，著生民之休戚，使观者自择其善恶得失，以为劝戒，非若《春秋》立褒贬之法，拨乱世反诸正也。正闰之际，非所敢知，但据其功业之实而言之，周、秦、汉、晋、隋、唐，皆尝混壹九州，传祚于后。……四

---

① 苏轼著，孔凡礼点校：《苏轼文集》卷4《正统论·总论》。

② 《宋史》卷443《章望之传》。

③ 彭百川：《太平治迹统类》卷13《神宗任用安石》。

④ 苏轼著，孔凡礼点校：《苏轼文集》卷4《正统论·辩论》。

⑤ 毕仲游：《西台集》卷4。

⑥ 陈师道：《后山集》卷13，文渊阁《四库全书》本。

方与之争衡者，皆其故臣也，故全用天子之制以临之。其余地丑德齐，莫能相壹，名号不异，本非君臣者，皆以列国之制处之，彼此均敌，无所抑扬，庶几不诬事实，近于至公。”①可见他主张据事纪实，不论正闰。尤其如他以曹魏年号统纪三国之事，并声称：“故于所修《通鉴》，叙前世帝王，但以授受相承，借其年以记事尔，亦非有所取舍抑扬也。”②其实这种做法隐含有以曹魏政权为正统的思想，而这种思想正是宋初结束分裂割据，完成国家统一后客观社会形势在思想领域中的具体反映。

总之，北宋诸儒讲求正统思想的最终目的，是为本王朝统继问题寻找理论依据，以便说明本王朝存在的合理化。

然而，“靖康之难”后，金占有中原，赵宋王朝只能偏安江左。这种客观现实反映到南宋时人的思想意识中，则是他们对于正统理论中“合天下于一”的观念淡薄了，而“居天下之正”的意识突现了。他们需要重新论定历代正闰问题，将中兴绍续绝统放在了首位。尤其是只有将禹夏之少康、东汉之光武、蜀汉之昭烈和东晋之琅琊视为中兴续统的正统政权的政治领袖，才可认定南宋康王亦为绍续正统地位的南宋政权的政治领袖。③正因为如此，张栻在《经世纪年自序》中，所列“大节目”便有少康复续夏统、光武中兴、昭烈以

---

① 司马光：《资治通鉴》卷69《魏纪》文帝黄初二年夏四月“臣光曰”，中华书局，1956年。

② 司马光：《传家集》卷61《答郭纯长官书》。

③ 范立舟：《宋儒正统论之内容与特质》，见《宋代思想学术史论稿》，澳亚周刊出版有限公司，2004年。

正义立于蜀等，[1]并且他认定三国以蜀为正。对此，朱熹评论道："《经世纪年》，其论甚正，然古人已尝言之。如汉高后之年，则唐人已于《武后》《中宗纪》发之；蜀汉之统，则习凿齿《晋春秋》已有此论矣。"[2]此外，张栻特意撰有《汉丞相诸葛忠武侯传》，在颂扬诸葛辅佐之功的同时，表明正统所在。对此，他在该书《跋》中指出："近世钜公（指司马光）作史书，编年乃以魏年号接汉献之统，故其所书名不正而言不顺。予谓献帝虽废，而昭烈以正义立于蜀，武侯辅之，汉统未坠地也，要尽后主末年始系魏年号为正。"

继张栻之后，朱熹明确将正统论作为史著编修的根本纲领。他编撰《资治通鉴纲目》的目的，就是为了明正统，正名分。为此，在现存该书"凡例"统系门中，除正统外，则分列国、篡贼、建国、僭国、无统，以及不成君小国。他还在该书《序例》中明确指出：该书"因年以著统。凡正统之年，岁下大书；非正统者，两行分注"。又表明："岁周于上而天道明矣；统正于下而人道定矣。"那么他认定的正统究竟如何呢？他说："只天下为一，诸侯朝觐，狱讼皆归，便是得正统。"按此标准，宋之前的周、秦、汉、西晋、隋、唐属于正统，而其余王朝称不上正统。他又把正统分为两种，一是正统之始，一是正统之余。"如秦初犹未得正统，及始皇并天下，方始得正统。……如本朝，至太宗并了太原，方是得正统。"而如东晋、蜀汉始得正统，以后竟失去，这是正统之余。对于魏蜀正闰问题，当有人问及时，他言道："三国当以蜀汉为正，而温公乃

---

① 马端临：《文献通考》卷193《经籍考》。

② 朱熹著，刘永翔等校点：《晦庵先生朱文公文集》卷45《答廖子晦》。

云某年某月‘诸葛亮入寇’，是冠履倒置，何以示训?”[①]这表明他对司马光做法不甚满意，而他认定蜀汉当为正统。此外，他还有所谓“无统”说，指周秦、秦汉、汉晋、晋隋以及隋唐之间的时代和五代十国。该说与欧阳修的绝统说是一脉相承的。总之，朱熹正统论的基本点在于国家是否统一，大权是否归一，某一姓统治是否中断，以及是否“居天下之正”？这表明他不仅要阐明历代正统归属，而且更要为南宋政权合法化找到强有力的理论依据。

再是陈傅良弟子朱黼撰有《纪年备遗》100卷，据叶適言：该书“因《通鉴》《稽古录》，章别论著，始尧、舜，迄五代，三千余篇。述吕、武、王莽、曹丕、朱温，皆削其纪年以从正统，曰：‘吾为书之志也。’书法无大于此矣。报仇明耻，贵夏贱夷，其次也”[②]。又按袁燮在谈及黄度所著《通史编年》时，言道：“司马公《通鉴》于汉纪吕后、新莽，于三国进魏黜蜀，于东晋用五胡僭号，于唐末系五代。心疑焉，更立书法，名《通史编年》，未绝笔也。今止四卷。”[③]可见以上二人均因不同意《资治通鉴》相关“书法”，而另撰新著。

在张栻、朱熹等人影响和感召下，南宋论述正统问题的学者还有不少，而其中尤以论及三国正闰之属为最。如宁宗庆元年间，吉州布衣萧常撰有《续后汉书》42卷，“起昭烈章武元年辛丑，尽少帝炎兴元年癸未。……吴、魏君臣并为载记，列于后。”又如开禧

① 黎靖德辑，郑明等校点：《朱子语类》卷105。

② 叶適著，刘公纯、王孝鱼、李哲夫点校：《叶適集·水心文集》卷12《纪年备遗序》。

③ 袁燮：《絜斋集》卷13《黄度行状》。

中，李杞撰有《改修三国志》67卷，“尊昭烈、后主为《汉纪》，魏、吴次之。”[①]再如俞德邻曾指出：“司马公著《资治通鉴》，垂万世法，独以魏接汉统，疑蜀先主非中山靖王之后。至诸葛亮伐魏，皆以入寇书。此不可晓。”[②]此后，南宋末周密对此论说道：“正闰之说尚矣。欧公作《正统论》，则章望之著《明统论》以非之；温公作《通鉴》，则朱晦庵作《纲目》以纠之。张敬夫亦著《经世纪年》，直以蜀先主上继汉献帝。其后庐陵萧常著《(续）后汉书》，起昭烈章武元年辛丑，尽后主炎兴元年癸未。又为吴、魏载记。近世如郑雄飞亦著为《续后汉书》，不过踵常之故步。最后，翁再又作《蜀汉书》，此又不过拾萧、郑弃之竹马耳。盖欲沽特见之名，而自附于朱、张也。”[③]可见南宋诸儒在论述三国正统问题时，基本持帝蜀观点，其最终目的是为南宋政权统系问题提供理论依据。

此外，值得注意的是，南唐主李昪建国时，“自云唐宗室建王恪之后，下令复姓李氏，国号唐。”[④]即南唐统治者自认系唐皇室之后，承继唐统。而在北宋时的正统之辨中，时人为说明各自正统观的合理性，时有将南唐作为论说证据的。如张君房在论证宋当承唐正统时，就曾言：“且朱梁虽受唐禅而后唐克复，不可谓承正统。晋称金德，而江南李昪时实称唐。”[⑤]又如谢绛为说明宋当承土德，亦言道：“朱梁不预正统者，谓庄宗复兴于后。自石晋、汉氏以及

① 王应麟撰，武秀成、赵庶洋校证：《玉海艺文校证》卷13《杂史》。

② 俞德邻：《佩韦斋集》卷17《辑闻》。

③ 周密撰，吴企明点校：《癸辛杂识》后集《正闰》，中华书局，1988年。

④ 《宋史》卷478《南唐李氏世家》。

⑤ 李焘：《长编》卷74真宗大中祥符三年九月戊戌。

于周，则李昪建国于江左而唐祚未绝。”[①]到南宋陆游撰修纪传体《南唐书》时，“乃于烈祖、元宗、后主皆称本纪。”清四库馆臣指出：“得非以南渡偏安，事势相近，有所左袒于其间乎？”[②]四库馆臣看法不无道理。

总之，对于宋人热衷于辨明正统，清人章学诚结合当时客观历史环境辨析道：“昔者陈寿《三国志》，纪魏而传吴、蜀，习凿齿为《汉晋春秋》，正其统矣。司马《通鉴》仍陈氏之说，朱子《纲目》又起而正之。‘是非之心，人皆有之。’不应陈氏误于先，而司马再误于后，而习氏与朱子之识力偏居于优也。而古今之讥《国志》与《通鉴》者，殆于肆口而骂詈，则不知起古人于九原，肯吾心服否邪？陈氏生于西晋，司马生于北宋，苟黜曹魏之禅让，将置君父于何地？而习与朱子，则固江东南渡之人也，惟恐中原之争天统也。诸贤易地则皆然，未必识逊今之学究也。是则不知古人之世，不可妄论古人文辞也。……今则第为文人论古必先设身，以是为文德之恕而已尔。”[③]章氏设身处地的分析，恰能说明宋人正统论思想是特定时代的产物。

### 2. 忠义观与华夷之辨

（1）宋人的忠义观。忠义观念作为我国古代重要伦理道德观念，始终被有识之士加以倡导与宣扬，尤其是当国家、民族处于危难之时，或者社会处于分裂时期，该观念表现得更为突出。宋代因是继五代分裂割据局面后建国的，又长期面对强邻威胁，因此，除宋官

---

① 《宋史》卷 70《律历志》。

② 《四库提要》卷 66。

③ 章学诚著，仓修良编注：《文史通义新编新注》内篇二《文德》。

方积极重构忠义观念外，不少宋人心目中也存有浓厚的忠义观念。其间，他们不仅在谈论与忠义有关的史事时，时常表明自己的看法，而且在编修史著时，有意编排并褒扬忠义，其目的使得忠义观念发扬光大、深入人心。

先是自中唐以来，地方割据势力强大，甚至出现分裂割据局面，由此造成忠义观念日渐丧失。于是到北宋时，朝廷内外需要总结和反思该段历史，重建社会伦理道德。其间，如对于五代时冯道历仕多朝的政治品行，时人多有批评。据洪迈记述："冯道为宰相历数朝，当汉隐帝时，著《长乐老自叙》，云：'余先自燕亡归河东，事庄宗、明宗、愍帝、清泰帝、晋高祖、少帝、契丹主、汉高祖、今上，三世赠至师傅，阶自将仕郎至开府仪同三司，职自幽州巡官至武胜军节度使，官自试大理评事至兼中书令，正官自中书舍人至戎太傅、汉太师，爵自开国男至齐国公。孝于家，忠于国，口无不道之言，门无不义之货，下不欺于地，中不欺于人，上不欺于天。其不足者，不能为大君致一统、定八方，诚有愧于历官，何以答乾坤之施？老而自乐，何乐如之？'道此文载于范质《五代通录》，欧阳公、司马温公尝诋诮之，以为无廉耻矣。"①又据僧文莹记述："熙宁而来，大臣尽学术该贯，人主明博。议政罢，每留之询讲道义。日论及近代名臣始终大节，时宰相有举冯道者，盖言历事四朝不渝其守。参政唐公介曰：'兢慎自全，道则有之，然历君虽多，不闻以大忠致君，亦未可谓之完。'宰相曰：'借如伊尹，三就桀而三就汤，非历君之多乎？'唐公曰：'有伊尹之心则可。况拟人必于其

① 洪迈：《容斋三笔》卷9《冯道王溥》。

伦，以冯道窃比伊尹，则臣所未喻也。'" [1]以上史例表明，欧阳修、司马光和唐介等史学家和政治家对冯道未能"以大忠致君"多有谴责。

又如对于五代时的忠节问题，欧阳修在《新五代史》中重构忠节观，将忠义分为死节和死事。其中死节指"全节之士"，死事指"其初无卓然之节，而终以死人之事者"，但"战没者不得与也"。他还在该书体例、内容、用词和议论等方面褒忠批逆，宣扬"忠臣不事二主"思想。此后，吕本中对五代少死节之士反思道："朝廷有伉直之风，然后临难有死节之士。五代之际，能以端谨厚重，不忌嫉人，不为中伤，不为倾陷，已是极至。若责仗节死难，则犹阙焉。曹彬在朝，忠厚宽和，足师表一世，然史家称其未尝抗辞忤旨，此乃为大臣功名之极，势须如此，然未可以为事君之法。五代之际，所以无死节之士，良由于此。为是事君之法，当如宋璟、颜真卿、萧复乃是极至。人主必欲有益于国，则当何用？亦曰当用伉直之士，缓急有益于己者耳。" [2]可见五代诸朝缺少伉直之风，故乏死节之士。

再如对于赵匡胤夺权时范质和韩通的表现，当范质去世时，史载："殁无余财，太祖叹其清慎，曰：'真宰相也。'太宗亦言：'近世辅弼，循规矩，慎名器，无与比者，特不能死周社稷，乃其短尔。" [3]在此与太祖褒扬相比，太宗之所以对范氏有所贬斥，王应麟

---

① 释文莹撰，郑世刚整理：《湘山野录》卷上，《全宋笔记》第一编第六册，大象出版社，2003 年。

② 吕本中撰，查清华、胡俭整理：《紫微杂说》，《全宋笔记》第三编第六册，大象出版社，2008 年。

③ 曾巩撰，王瑞来校证：《隆平集校证》卷 4《范质传》。

揭示道："欧阳子、司马公之贬冯道，《春秋》之法也。我朝太宗谓范质欠世宗一死，所以立万世为臣者之训。"[①]即太宗要倡导忠臣观念。而与此形成鲜明对照的是，对于在陈桥兵变中死难的韩通，王皞所撰《唐余录》"列韩通于《忠义传》，且表出本朝褒赠之典"[②]。又据王应麟记述："我艺祖《赠韩通中书令制》曰：'易姓受命，王者所以徇至公；临难不苟，人臣所以明大节。'大哉王言！表忠义以厉臣节，英主之识远矣。欧阳公《五代史》不为韩通立传，刘原父讥之曰：'如此，是第二等文字。'"[③]由此可见，无论是宋太祖还是王皞、刘敞等，均对韩通的忠义行为有所肯定。

又到南宋前期，经过"靖康之难"和艰难中兴洗礼的南宋君臣，在深刻反思和总结北宋亡国之痛以及南宋重建历程时，不仅尽力搜集、编撰死难之士的忠义事迹，而且在社会上积极褒扬忠节，倡导人们树立忠义观念。如高宗绍兴十三年闰四月，朝廷命史馆编《靖康建炎忠义录》。[④]据朱熹言："和州有官本《忠义录》，刻靖康以来忠义死节之人。原注：从《实录》编出。"[⑤]又如龚颐正撰有《中兴忠义录》3卷，"自建炎至绍兴辛巳，上自李若水、刘韐贵臣、名士，下及一妇人、卒伍之微，皆录之"。[⑥]再如对于朱昭等忠义事迹，据朱熹在《跋朱奉使奏状》中言："右叔祖奉使直阁公还自虏中，

① 王应麟撰，孙通海整理：《困学纪闻》卷14《考史》。

② 陈振孙著，徐小蛮、顾美华点校：《直斋书录解题》卷4。

③ 王应麟撰，孙通海整理：《困学纪闻》卷14《考史》。

④ 《宋史》卷30《高宗纪》。

⑤ 黎靖德辑，郑明等校点：《朱子语类》卷130。

⑥ 陈振孙著，徐小蛮、顾美华点校：《直斋书录解题》卷7。

乞表朱昭等死节事状也。……今观历阳龚君所纂《中兴忠义录》，至纤悉矣，然亦无昭等名，乃录此状以寄和州史君敷文张公，请刻而附于其后，庶几此数人者得托以不朽。”[①]此后，据洪迈言：“如靖康之难，朱昭等数人死于震武城之类，予得朱弁所作《忠义录》于其子棣，乃为作传于《四朝史》中，盖惜其无传也。”[②]可见时人对于一些忠烈之士的事迹还做了补遗工作。它如据赵希弁记述：《张忠文公节义录》4卷，为“张公叔夜告敕、奏箚、书东北行记、旌忠愍节庙碑及事类也”[③]。这又是汇集忠烈之士张叔夜事迹的突出体现。

除上述专门性忠义类著述外，一些本朝史史著还将褒扬忠义气节之士作为修撰主旨之一。如陈亮在《中兴遗传》所分十二门类中，就包含有死节和死事。其中属于前者的有李若水、刘韐和孙傅，属于后者的有种师中、王禀和徐徽言。[④]又如王称在《东都事略》中专设《忠义传》，记述忠义之士达20余人。在该传《总叙》中，王称论道：“《语》曰：‘无求生以害仁，有杀身以成仁。’而《孟子》亦谓：‘所欲有甚于生者，则舍生而取义。’信哉！盖死者，人之所难，而得其死者，尤难也。世治，则忠义之士作其荣名；世乱，则忠义之士其节乃见。主忧臣辱，义在必死，不以祸福动其心，不以死生易其守，此诚烈丈夫也哉！乌呼！祖宗以来，忠义之士以身徇国者非无其人，仅有之而已，盖逢治世也。若夫靖康之难，则守死

① 朱熹著，刘永翔等校点：《晦庵先生朱文公文集》卷83。

② 洪迈：《容斋续笔》卷16《忠臣名不传》。

③ 赵希弁撰，孙猛校证：《郡斋读书志校证·读书附志》。

④ 陈亮撰，邓广铭点校：《陈亮集》（增订本）卷22《中兴遗传序》，中华书局，1987年。

仗节之士见矣，此所谓板荡识忠臣者欤！”可见王称极为推崇仁义之士，并且他认定靖康之难中着实涌现出了这样为数不多的忠节之士。再如徐梦莘在《三朝北盟会编序》中明确指出，他编撰该书的目的是：“使忠臣义士、乱臣贼子善恶之迹，万世之下不得而掩没也。”

与此同时，当时许多仁人志士坚守“忠臣不事二主”信念。他们不承认由金人扶植的楚政权和齐政权，而始终拥戴赵宋政权。如王称在《东都事略》卷122《张邦昌传》末议论道：“邦昌之僭，良由胁迫。及金骑已退，乃纳政孟后，归玺康王，其心亦可见矣。然圣人之大宝曰位，邦昌乃起而代之，可乎？《春秋》之法，于君君、臣臣、父父、子子之道特严焉，苟于大位而不问，而曰彼胁迫也，是岂《春秋》之志哉？然则邦昌之死，其亦合于《春秋》之法也，何矜宥之有云！”可见王称认为张邦昌由金人扶植称帝，实不合《春秋》之义。施德操亦记述道：“张邦昌僭叛，论者以谓非出邦昌本心，凡邦昌之立，止为救一城生灵。吾乡傅商霖曰：‘此何言也？当时邦昌之分止有一死耳，除一死更无可言，吾知死分耳，何知一城生灵邪？邦昌不立，未必累一城生灵。设令累之，则二圣北狩，一城死之适其义，复何恨哉！’商霖，名岩叟。”[①]可见时人有与王称类似的看法。同样，杨尧弼在《伪豫传序》中明确指出：“谨按《春秋》大法，圣人书于经，褒贬善恶彰著，以昭示后世。……今豫虽废，得免万死为幸。然尚称伪齐，若不诛绝，何以昭示惩戒？当削其僭号，贬其官，除其姓氏，作《伪豫传》，以为乱臣贼子之戒

① 施德操撰，虞云国、孙旭整理：《北窗炙輠录》卷上，《全宋笔记》第三编第八册，大象出版社，2008年。

云。”[①]可见杨氏编撰此书，旨在申明《春秋》大义，痛斥刘豫称帝之非。它如史载：“或为之诗曰：‘张中孚、张中彦，江南、塞北都行遍，教我如何做列传。’”[②]这则是当时民众对叛臣张氏兄弟的有力嘲讽和谴责。

此外，在宋、金议和期间，还涌现出了能经受磨难和艰苦考验的外交使臣，他们的节义之举同样被时人所称颂。对此，元人苏天爵指出：“金人入中原，宋臣死节者仅十数人，奉使不屈如洪皓、朱弁辈又数人。而宇文虚中者，既失身仕金为显官矣。”[③]

再是到南宋末，在抗元斗争中还涌现出文天祥、陆秀夫等不少忠节之士。如文天祥在《指南录后序》中言道：“生无以救国难，死犹为厉鬼以击贼，义也！赖天之灵，宗庙之福，修我戈矛，从王于师，以为前驱。雪九庙之耻，复高祖之业，所谓誓不与贼俱生，所谓鞠躬尽力，死而后已，亦义也。”[④]正是由于文天祥以“舍身取义”作为立身报国之志，因而在抗元斗争中体现出了非同寻常的英雄气概。又如据明人杨士奇在《题袁进士镛传后》中言：“余读林公辅传宋进士袁镛死节事，何其伟哉！镛尝举进士，与将作少监谢昌元、华文阁直学士赵孟頫友善，时宋运益蹇，三人者相结尽忠报国。德祐丙子，元兵入宋都，镛竟死国事，其家十七人闻镛死，亦皆赴水死，岂非烈乎？谢、赵后皆去为元臣。揭文安公尝论宋以弱亡，与周同，且叹周死节之臣不能如宋，岂非谓有如镛者之众乎？

---

① 徐梦莘：《三朝北盟会编》卷181。

② 李心传撰，胡坤点校：《要录》卷134高宗绍兴十年三月己卯。

③ 苏天爵撰，陈高华、孟繁清点校：《滋溪文稿》卷25《三史质疑》。

④ 文天祥撰，熊飞、漆身起、黄顺强校点：《文天祥全集》卷13，江西人民出版社，1987年。

然镛不见录于史，何耶？吾尝观宋季野史，当时自荐绅大夫下至工艺及方外之徒，奋身死王事者不可胜数，而考之国史，所载十无二三，则史之所遗者独镛哉？”[①]由此表明，当时诸如袁镛等忠烈之士还有不少。

总之，以上主要围绕国家处于危难时的忠节之士事迹加以论述。不仅如此，在日常社会生活中，宋朝廷上下也很重视忠义观念的宣传与普及。如孝宗淳熙八年冬十月，国子监簿喻良能进奏《忠义传》25卷，该书记事“起于战国王蠋，终于五代孙晟，上下一千一百年，所取者一百九十人”。喻氏请求颁之武学，授之将帅。孝宗称赞道：“忠臣义士，不顾一身，可以表厉风俗。”[②]可见对于该书所具有的现实教化功用，论撰者均有清醒认识。

（2）华夷之辨。宋代长期与强敌为邻，民族矛盾始终存在，甚至时而还异常尖锐，由此使得宋人具有较强的夷夏观念，并且它们以多种形式得以体现。

北宋时，出于维护中央集权、重整社会伦理道德的现实之需，一些人在阐发《春秋》攘夷思想时，注重体现“尊王”主题。孙复撰写《春秋尊王发微》一书，正是该主题的突出体现。如在《春秋尊王发微》卷五《春秋》僖公二十一年秋“宋公、楚子、陈侯、蔡侯、郑伯、许男、曹伯会于盂，执宋公以伐宋”纪事条下，孙复论说道：“宋襄合诸侯于盂，以致楚子，楚子怒，执宋公以伐宋。不

① 杨士奇：《东里续集》卷23。按：明徐一夔有《跋袁镛传后》，见《始丰稿》卷14；梁潜有《书袁镛死节传》，见《泊庵集》卷16；杨荣有《题宋进士袁镛传后》，见《文敏集》卷15。以上均属文渊阁《四库全书》本。

② 王应麟撰，武秀成、赵庶洋校证：《玉海艺文校证》卷24《录》。

言楚子执宋公以伐宋者，不与楚子执宋公以伐宋也，故以诸侯共执为文，所以抑强夷而存中国也。……吴、楚之君，狂僭之恶，罪在不赦，固宜终春秋之世贬之。孔子不终春秋之世贬之者，伤圣王不作，中国失道之甚也。”在此孙氏揭示出不明言楚子执宋公以伐宋，是出于贬抑夷狄之故。又如在同书卷五《春秋》僖公二十八年夏四月己巳“晋侯、齐师、宋师、秦师及楚人战于城濮，楚师败绩”纪事条下，孙复解释道：“晋文始见于经，孔子遽书爵者，与其攘外患、救中国之功不旋踵而建也。昔者齐桓既殁，楚人复张，猖狂不道，欲宗诸侯。自城濮之败，不犯中国者十五年，文公之功伟矣，故《春秋》与之。”在此孙氏说明晋文公之所以被孔子“遽书爵”，则在于晋文公建有“攘外患、救中国之功”。凡此等等。总之，孙氏通过对《春秋》纪事含义直接阐发或者对其褒贬义例加以揭示，说明他极为强调华夷之辨，其目的是为统治者提供借鉴。

同样，理学家程颐亦极为注重阐发《春秋》攘夷思想。如在解说《春秋》隐公二年春“公会戎于潜”纪事时，他指出：“周室既衰，蛮夷猾夏有散居中国者，方伯大国明大义而攘斥之，义也；其余列国慎固封守可也，若与之和好，以免侵暴，非所谓‘戎狄是膺’，所以容其乱华也，故《春秋》华夷之辨尤谨。……公之会戎，非义也。”在此程氏以《春秋》所蕴含的华夷之辨思想，表明鲁隐公会戎实系非义之举。又如对于《春秋》文公十年夏“秦伐晋”纪事，程颐解说道：“秦不顾义理之是非，惟以报复为事，夷狄之道也，故夷之。”[①]这是对夷狄之秦未能以义理处事的有力贬斥。如此等等。

① 程颢、程颐著，王孝鱼点校：《二程集·河南程氏经说》卷4《春秋传》，中华书局，1981年。

总之，以上虽仅列举了孙复和程颐在阐释《春秋》纪事时的华夷观念，但他们在北宋影响非同一般。加之还有不少研治《春秋》者也在有意阐发《春秋》攘夷思想，并且从其出发点来看，他们中的多数人均是以现实为参照，旨在因事致戒，借古讽今。

又有一些北宋时人在其史著中表明了他们对华夷问题的看法。如欧阳修在《新五代史》最后三卷专立“四夷附录”，前两卷记述契丹，后一卷记述五代时期周边其他少数民族和外国政权。该排序与标题就含有明显的华夷之分观念。又在论及周世宗收复燕云之事时，他指出：“呜呼！自古夷狄服叛，虽不系中国之盛衰，而中国之制夷狄则必因其强弱。……世宗南平淮甸，北伐契丹，乘其胜威，击其昏殆，世徒见周师之出何速，而不知述律有可取之机也。是时，述律以谓周之所取，皆汉故地，不足顾也。然则十四州之故地，皆可指麾而取矣。不幸世宗遇疾，功志不就。然瀛、莫、三关，遂得复为中国之人，而十四州之俗，至今陷于夷狄。彼其为志岂不可惜，而其功不亦壮哉！”由此可见，欧阳氏在论及燕云之事时，则体现出鲜明的华夷观念。同样，曾巩在《隆平集》末卷专立“夷狄”标目，记有契丹、夏国、唃厮啰以及交州李公蕴。其中在叙述契丹帝位传承以及宋、辽间战和关系时，他有意选用“明记伪号景宗”等语。又在叙述西夏李元昊事迹时，他言道：“景祐元年遂僭，改元开运。……其俗旧止重冬至，自曩宵僭窃，乃更以四孟朔及其生辰相庆贺。”凡此等等，以表明他的华夷之辨观念。

还有一些北宋时人在正统论中阐述自己的夷夏观。早在五代统系传承中，沙陀族所建后唐号称“继唐”，并由此形成“伪梁”说。此后一些宋人承袭了后唐以来的“伪梁”说，这本身就表明对于沙陀所建政权合理性的接受和认可。对此，叶適感叹道：“李克用父子、李嗣源、王从珂，三姓不同，皆称继唐，虽可笑，而唐之故家文献，由此粗传；岂惟一唐，乃中国、夷狄分合之所系也。”[①]由此可见，唐王朝对此后民族认同影响非凡。

此外，直接表达夷夏看法者也有不少。如在太平兴国八年，吐蕃以马来献，太宗告诉宰相：“吐蕃言语不通，衣服异制，朕常以禽兽畜之。自唐室以来，颇为边患。以国家兵力雄盛，聊举偏师，便可驱逐数千里外，但念其种类蕃息，安土重迁，倘因攘除，必致杀戮，所以置于度外，存而勿论也。”[②]从宋太宗言谈中，可知他在当时具有强烈的华夷之辨观念。又如石介在《中国论》中言道：“夫天处乎上，地处乎下，居天地之中者曰中国，居天地之偏者曰四夷。四夷外也，中国内也。天地为之乎［平］，内外所以限也。”又言：“四夷处四夷，中国处中国，各不相乱。”[③]由此表明石介极为看重华夷之别。如此等等。

到南宋时，朝廷偏安一隅，民族矛盾更为尖锐，华夷之辨思想极其突出。其间，研治《春秋》者往往注重阐发《春秋》攘夷思想。如胡安国在《春秋传序》中谈到他撰写该书缘由时，就明确指出：“近世推隆王氏新说，按为国是，独于《春秋》，贡举不以取士，庠序不以设官，经筵不以进读，断国论者无所折衷，天下不知所适，人欲日长，天理日消，其效使夷狄乱华，莫之遏也。”为此他潜心二十余年撰成此书，用以表明复仇攘夷之义。其间，他从地域和文化方面阐发“攘夷”之义。他言道：“《春秋》，圣人倾否之书，内中

① 叶適：《习学记言序目》卷43《五代史》，中华书局，1977年。

② 《宋史》卷492《吐蕃传》。

③ 石介：《徂徕集》卷10，文渊阁《四库全书》本。

国而外四夷，使之各安其所也。”[①]此讲内外有别，从地域上区分华、夷。他又言：“中国之所以贵于夷狄，以其有父子之亲、君臣之义尔。”[②]此讲贵贱之分，从文化观念上区分华、夷。正因为他极力倡导“攘夷”，因此，他认为：“以诸夏而亲戎狄，致金缯之奉，首顾居下，其策不可施也。以戎狄而朝诸夏，位侯王之上，乱常失序，其礼不可行也。以羌胡而居塞内，无出入之防，非我族类，其心必异。……为此说者，其知内外之旨而明于驭戎之道。”[③]即要求统治者要“明驭戎之道”。随后，受《春秋传》推动以及高宗偏爱《春秋》影响，南宋《春秋》学甚为兴盛，并且这些著述均有意阐发《春秋》攘夷思想。

又有一些正统论者极为看重华夷之辨。如张栻在《经世纪年自序》中指出：“由魏以降，南北分裂，如元魏、北齐、后周，皆夷狄也，故统独系于江南。”这明显是从“华夷之辨”角度来论述历史上的正统归属，它具有强烈的“攘夷”特色。又如郑思肖在《古今正统大论》中明确言道：“臣行君事、夷狄行中国事，古今天下之不祥，莫大于是。夷狄行中国事，非夷狄之福，实夷狄之妖孽。”他又言：“夷狄行中国之事曰‘僭’，人臣篡人君之位曰‘逆’，斯二者，天理必诛。”他还主张《北史》宜黜曰《胡史》，《南史》宜崇曰《四朝正史》。[④]由此可见，郑氏华夷之辨思想更为激进。

再是南宋不少本朝史史著中体现着强烈的华夷之辨思想。如王

---

① 胡安国著，钱伟强点校：《春秋传》卷1，浙江古籍出版社，2010年。

② 胡安国著，钱伟强点校：《春秋传》卷23。

③ 胡安国著，钱伟强点校：《春秋传》卷1。

④ 郑思肖著，陈福康校点：《郑思肖集》，上海古籍出版社，1991年。

称在《东都事略》末，附录有辽国、金国、西夏、西蕃和交趾传。在该书卷 123 卷首《总叙》中，他感叹道："甚矣！中国之有夷狄也，蛮夷、猾夏见于尧、舜之时，昆夷、玁狁见于文王之世。夫尧、舜、文王，帝王之盛也，夷狄犹未尽率服，则后世可知矣。在汉则有匈奴之强，而唐亦有突厥、回纥、吐蕃之暴。汉、唐尚然，则非汉、唐又可知矣。"由此说明夷夏并存由来已久，并且夷狄常呈强暴之势。接着他概述了北宋御边以及亡国的悲痛史。在具体论及宋与辽、金关系时，他认为信义是维系双方关系的基础。如在卷 124《辽国传》后的"臣称曰"中，他称颂真宗和仁宗两朝能以信义与辽和平相处。他言道："真宗以礼币结隆绪，仁宗以信义怀宗真，圣人一视同仁，兼爱南北盖如此。"而在卷 126《金国传》后的"臣称曰"中，则说："女真以戎虏遗绪，崛起海陬，乘天祚暴昏，谋殒厥祀。是时中国承平日久，大臣喜开边事，首纳良嗣之叛，以图燕壤之复。又听张觉之归，以启狂虏之衅，自是中国弱而夷狄强矣。然蔑弃信义，犯我畿甸，邀索金币，济其贪毒，于斯时也，国何以支，而民何以堪乎？以此言之，中国武备盖不可一日而忘也。"在此王称痛斥宋臣轻易开边、纳叛，致使金弃信义，索要财物，侵占宋土，原以信义为基础的格局被破坏，因此他认为朝廷需要始终讲求武备。

又如徐梦莘在《三朝北盟会编自序》之首便感叹道："呜呼！靖康之祸，古未有也。夷狄为中国患久矣！昔在虞周，犹不免有苗、猃狁之征。汉、唐以来，如冒顿之围平城，佛狸之临瓜步，颉利之盟渭上，此其盛者。又其盛则屠各陷洛，耶律入汴而已。是皆乘草昧、凌迟之时，未闻以全治盛际，遭此其易且酷也。"可见他是怀着强烈的亡国之痛在编撰此书，那么对于书中所体现出的强烈复仇攘夷观念，我们就不难理解了。

再如李心传在编修《建炎以来系年要录》时，对于有关金国文献明显持贬斥态度。如他在该书卷135高宗绍兴十年五月丙戌“宗弼入东京”纪事正文部分，对“金复取河南诏”仅选取了“非朕一人与夺有食言，恩威张弛之间，盖不得已”共十数字，而注文在用《绍兴讲和录》存录原诏时，则认为：“其词悖慢如此。……其诋斥之词三百六十三字，已削去，要当更删削，附书之。”[①]可见李氏以金人文献存在“悖慢”为由，在《建炎以来系年要录》正、注文中对所录原诏多加删削，这种做法实质是他华夷之辨思想的突出体现。

综上所述，从以上所举例证来看，宋代不少人有着极为强烈的夷夏观念。不过需要说明的是，虽然宋代长期受强邻威胁，民族矛盾始终存在，但在不同时段，随着民族矛盾强弱变化，人们的夷夏观念会有所不同。此外，针对不同民族，因交往程度等有明显差异，宋人所表现出的华夷观念又会有所不同。

**3. 史学会通思想**

我国通史撰述由来已久，如早在汉、唐时期，就有纪传体《史记》和典制体《通典》。到宋代，随着编年体《资治通鉴》问世，郑樵对于“会通之义”的阐发，以及广大学人崇尚三代、贯通古今观念的流行，使得会通思想作为宏观考察社会历史发展变化的观念，其影响更为广泛。加之《文献通考》使得典制体通史编撰更趋完善，更增进了人们对于会通思想的认识。

北宋时，司马光主编完成《资治通鉴》294卷。该书记事始于三家分晋，终于周世宗显德六年，共记述1362年历史。对于该书编修缘起，刘恕在《资治通鉴外纪序》中叙述道：仁宗嘉祐中，司马光

---

① 李心传撰，胡坤点校：《要录》卷135。

曾对他言道："《春秋》之后，迄今千余年，《史记》至《五代史》一千五百卷，诸生历年莫能竟其篇第，毕世不暇举其大略，厌烦趋易，行将泯绝。予欲托始于周威烈王命韩、魏、赵为诸侯，下讫五代，因丘明编年之体，仿荀悦简要之文，网罗众说，成一家书。"可见司马光鉴于学者难以遍览卷帙繁多的纪传体史书，于是欲仿《左传》之体，以简要之文撰成贯通性编年体著述。同时，对于该书取材及其编修目的，司马光在《进资治通鉴表》中明确指出："专取关国家兴衰，系生民休戚，善可为法，恶可为戒者。"并且要达到："监前世之盛衰，考当今之得失，嘉善矜恶，取是舍非，足以懋稽古之盛德，跻无前之至治，俾四海群生，咸蒙其福。"即就是说，他主要记述有关国家兴衰、生民休戚等政治大事，最终目的在于"资治"。对于《资治通鉴》的价值，则主要体现在思想、文献以及影响等方面。其中，在论及其思想价值时，瞿林东先生明确指出："《资治通鉴》的思想价值主要在于，它以极其丰富的历史事实证明：政治统治的存在、巩固和发展，离不开对于历史经验教训的总结。换言之，《资治通鉴》证明了史学对于政治统治的极其重要性。"[①]同样，在历史编纂学方面，朱维铮先生认为该书最大特色在"通"。对此他具体指出："司马光发现并突破了断代和纪传的限制，那第一步，便是复古，复《左传》之古，即恢复重视历史运动的时间性的特色。……这个复古，表面上是否定了西汉以来历史编写形式的重大进步，实际上是对已经僵化的纪传史体裁的一次突破，使人们知

① 瞿林东：《会通思想与历史编纂：论中国古代史学的一个特点和优点》，载《史学月刊》，2010（11）。

道它并非编写通史和王朝史的唯一形式。”[①]

总之，无论是出于对历代政治得失的专门性汇聚总结，还是对史书体裁体例的发展突破，均体现出司马光具有贯通古今的历史发展眼光。他主编的《资治通鉴》不仅受到统治阶层广泛喜爱，而且广大学者对其改、注、考、评以及续者不在少数，由此还形成了《通鉴》学，而该学又成就了一代代具有通史意识的学者。

到南宋初，明确倡导“会通”思想的郑樵，在《通志·总序》之首便说：“百川异趋，必会于海，然后九州无浸淫之患。万国殊途，必通诸夏，然后八荒无壅滞之忧。会通之义大矣哉!”在此他以比喻方式说明“会通”的重要性。具体而论，他强调：“修书之本，不可不据仲尼、司马迁会通之法。”一则是：“仲尼之为书也，凡典、谟、训、诰、誓、命之书，散在天下，仲尼会其书而为一[书]。举而推之，上通于尧、舜，旁通于秦、鲁，使天下无逸书，世代无绝绪，然后为成书。[马迁之为书，当汉世挟书之律初除，书籍之在天下者，不过《书》《春秋》《世本》《战国策》数书耳。迁会其书而为一书，举而推之，上通乎黄帝，旁通乎列国，使天下无绝书，世代无绝绪，然后为成书。]”[②]在此郑氏指出孔子和司马迁修史时能够“会天下书而修”。另一则是：“自书契以来，立言者虽多，惟仲尼以天纵之圣，故总《诗》《书》《礼》《乐》而会于一手，然后能同天下之文，贯二帝三王而通为一家，然后能极古今之变。”在此

① 朱维铮：《中国史学史讲义稿》第十章《编年史的复兴》，复旦大学出版社，2015年。

② 郑樵撰，吴怀祺整理：《郑樵文集·夹漈遗稿》卷3《上宰相书》，见《郑樵研究》。

他又指出孔子修史不仅能“同天下之文”，而且能“极古今之变”。综合郑樵之言，可见他推崇的“会通之义”，实际包含古今相因和古今变化两方面内容。正缘于此，他对班固断汉为史予以批评。他说：“自《春秋》之后，惟《史记》擅制作之规模，不幸班固非其人，遂失会通之旨。”他又言：“由其断汉为书，是致周、秦不相因，古今成间隔。”①

基于以上认识，在编修《通志》时，郑樵以会通为原则，并时而有所创新变通。他集天下之书编成的纪传体《通志》200卷，其中在记述典制内容时，除列有传统项目礼、职官、选举、刑法和食货之外，又增添了六书、七音、氏族和草木鱼虫等有关学术、社会组织以及博物学事项，从而扩大了记述范围。同时，在该书纪、略、年谱、世家、列传和载记六种体例中，其中“略”旨在“举其大纲”，是纪传体史书中“书”或“志”的改称，“年谱”是“年表”“世表”等的改称。以上这些名称的变化，同样反映着郑樵在史书编修体例上的有意变通。

总之，郑樵所倡导的“会通”思想和对史学体系的设想，对史学研究有不小贡献，以至于陈宓在《郑樵通略序》中评论道：“是以六艺之文、百家之学，无不通贯古今，而著书立言，诚有功于后学不细也。”②

南宋倡导会通、重视典制者还有浙东学派。据叶适记述：浙东“诸儒方为制度新学，抄记《周官》《左氏》、汉、唐官民兵财所以

① 以上均见郑樵撰，王树民点校：《通志二十略·通志总序》。

② 魏了翁撰，方回续：《古今考》卷1《附陈宓郑樵通略序》，文渊阁《四库全书》本。

沿革不同者，筹算手画，旁采众史，转相考摩。其说膏液润美，以为何但捷取科目，实能附之世用，古人之治可复致也。”[①]元人苏天爵在为柳贯《待制集》所作《序》中更是具体指出：“尝考南渡之初，一二大贤既以其学作新其徒，吕成公在婺，学者亦盛。同时有声者，有若薛、郑之深淳，陈、蔡之富赡，叶正则之好奇，陈同父之尚气，亦各能自名家，皆有文以表见于世。其为文也，本诸圣贤之经，考求汉、唐之史，凡天文、地理、井田、兵制、郊庙之礼乐、朝廷之官仪，下至族姓、方技，莫不稽其沿袭，究其异同。”具体如吕祖谦撰有《历代制度详说》12卷，分门十五类，每类均加以详细解说。对此，彭飞在该书《序》中言道：“所著《制度详说》，……于古今沿革之制，世道通变之宜，贯穿折衷，首尾备见。凿凿如桑麻谷粟，切于民生实用，有不容阙者焉。……使读者知穷经以立其本，涉史以通其变，研究事理以观其会通。”又如陈傅良为学，“自三代、秦、汉以下靡不研究，一事一物必稽于极而后已。”[②]他撰有《历代兵制》8卷，主要记述西周至宋时兵制发展状况及其得失，是我国古代首部兵制通史。再如薛季宣“于古封建、井田、乡遂、司马法之制，靡不研究讲画，皆可行于时”[③]。凡此等等，均表明浙东学派注重从历代制度沿革中探究古今社会发展变化之理。

到宋末元初，马端临鉴于《资治通鉴》“详于理乱兴衰而略于典章制度”，杜佑《通典》于“节目之间，未为明备，而去取之际颇

---

① 叶适著，刘公纯、王孝鱼、李哲夫点校：《叶适集·水心文集》卷14《陈彦群墓志铭》。

② 《宋史》卷434《陈傅良传》。

③ 《宋史》卷434《薛季宣传》。

欠精审”[①]，于是他撰有典制体《文献通考》348卷。全书分24考，记事始于上古，终于宋宁宗嘉定末年。马氏发展与实践会通思想的主要表现有：一是他将会通运用到了历史编纂学方面。他在《文献通考自序》中明确指出：“窃尝以为理乱兴衰，不相因者也。晋之得国异乎汉，隋之丧邦殊乎唐，代各有史，自足以该一代之始终，无以参稽互察为也。典章经制，实相因者也。殷因夏，周因殷，继周者之损益，百世可知，圣人盖已预言之矣。爰自秦、汉以至唐、宋，礼乐兵刑之制，赋敛选举之规，以至官名之更张，地理之沿革，虽其终不能以尽同，而其初亦不能以遽异。……其变通张弛之故，非融会错综，原始要终而推寻之，固未易言也。”可见他十分看重历代典制因革之故。同时，因《通典》未专列天文、五行和艺文等目，又未涉及封建、帝系等内容，故杜书“未为集著述之大成”。而他在《文献通考》中有意变更了一些门类设置，以便更好地探寻历代典制变通之故。如他将《通典》食货门细分成田赋、钱币、户口、职役、征榷、市籴、土贡和国用八门，从而使该部分分类更合乎“世移事异”后的社会发展变动状况。与《通典》门类相比，他又新增了经籍、帝系、封建、象纬和物异五门；将礼分为郊社、宗庙和王礼三门，而卷数由《通典》100卷压缩到60卷；还针对《通典·兵门》只叙述用兵之法，而改为详考古今兵制沿革。总之，以上诸类的变更，实质上反映着马端临对历代典制沿革变化的深刻看法，体现着他探究社会发展变化的通变思想。

二是他将会通运用到了文献学问题的处理上。他在《文献通考自序》中谈到该书构成特点时，言道：“凡叙事则本之经史，而参

① 马端临：《文献通考自序》。

之以历代会要，以及百家传记之书，信而有证者从之，乖异传疑者不录，所谓‘文’也。凡论事则先取当时臣僚之奏疏，次及近代诸儒之评论，以至名流之燕谈、稗官之记录，凡一话一言可以订典故之得失，证史传之是非者，则采而录之，所谓‘献’也。其载诸史传之记录而可疑，稽诸先儒之论辨而未当者，研精覃思，悠然有得，则窃著己意，附其后焉。”由此可见，全书由“文”“献”和“考”三部分构成，并且有效通贯为有机整体。其中“文”部分，马端临不仅广征博引历代史传和会要等文，而且对所征引史料坚持做到“信而有征”。“献”主要取自前人议论，尤其是引用了不少对制度沿革素有研究之人的议论，并且他还用以考订典故得失，说明典制沿革之故。“考”主要由《总序》《小序》和“按”语组成。其中诸《小序》最能反映各类典制发展沿革脉络；“按”语“亦多能贯穿古今，折衷至当”。[①]总之，他的这种编排方式，既能反映历代典制沿革本身情况，又突出了前人甚至自己对历代典制沿革变化的相关看法，最终使得“变通张弛之故”更为明晰。

三是他将会通思想运用到了历史问题的探究上。他认为社会历史变化是由必然之“势”支配的。如井田制自秦统一六国至宋代，始终有人欲用以解决土地兼并问题，但马端临尖锐指出：“欲复井田，是强夺民之田产，以召怨讟。”[②]其因是“时异势变”。同样，对于有人企图用封建之法来解决社会危机的主张，他批评说：“夫封建者，古帝王所以建万世之长策。今其公心、良法一不复存，而顾强希其美名以行之，上则不利于君，中则不利于臣，下则不利于民。

① 《四库提要》卷 81。

② 马端临：《文献通考》卷 1《田赋考》。

而方追咎其不能力行，此书生之论，所以不能通古今之变也。”[①]为此他编撰《文献通考》，正是为了探求典章制度“变通张弛之故”，即探求一种必然的变革结果。

当然，宋人以通史意识撰史者并不止以上所述。其中，若以编修形式而言，历史纪年类史著就有：宋庠撰《纪年通谱》12卷、章衡撰《编年通载》10卷、[②]朱绘撰《历代帝王年运诠要》10卷、晁公迈撰《历代纪年》10卷，以及孙应符撰《历代帝王纂要谱括》2卷，[③]等等。历史年表类史著有：李焘撰《历代宰相年表》33卷等。[④]传记体通史有：如黄震撰《古今纪要》19卷等。另外，还有以“十七史”作为书名而撰就的史著。如王令撰《十七史蒙求》16卷、[⑤]陈梦协撰《十七史蒙求》、[⑥]吕祖谦撰《十七史节详》273卷，以及佚名者撰《名贤十七史确论》104卷，[⑦]等等。

除此之外，《通志·艺文略》“史部·正史类”中专设有“通史”子目，《史略》卷4专列有“通史”专目。以上目录类论著专列“通史”类目，正是该类史著编修兴盛与时人对该类史著认识得以提高的体现。

综上所述，一方面，宋代通史类著述不仅种类多样，而且编修

① 马端临：《文献通考》卷275《封建考》。

② 《宋史》卷203《艺文志》。

③ 陈振孙撰，徐小蛮、顾美华点校：《直斋书录解题》卷4。

④ 《宋史》卷203《艺文志》。

⑤ 《宋史》卷207《艺文志》。

⑥ 王应麟撰，武秀成、赵庶洋校证：《玉海艺文校证》卷15《论史》。

⑦ 《宋史》卷203《艺文志》。

主旨和功用极为明确。如作为编年体通史代表的《资治通鉴》，其编修目的和现实功用在于“资治”。又作为纪传体的《通志》，其编修目的在于总天下之学术，通古今之变化，体现会通理念。而作为典制体的《文献通考》，其编修目的在阐明历代典制变通张弛之故。再是《十七史蒙求》和《十七史节详》等普及类史著，其编修目的在普及历史知识，宣扬历史观念，如此等等。另一方面，在学术观念发展演变方面，无论是郑樵所倡导的“天下之理不可以不会，古今之道不可以不通”①，还是马端临所探寻的历代典制“变通张弛之故”，均表明会通思想在宋人探寻社会发展变化规律时，已成了一种主流思想。在这种思想激发下，一些研究者已不再将眼光仅仅局限于对一事一物、一种制度的根究，而是在集天下之书基础上，重新审视自古以来事物、制度的源流变化，从而探究出整个社会发展变化规律。这种变化无疑是社会进步和人们认识水平有所提高的表现，也是史学发展变化的一种突出体现。

#### 4. 崇尚义理的史学观

宋代是义理之学兴盛的时期。对此，黄震明确指出：“义理之学，独盛本朝。”②明人胡应麟亦言：“汉尚经术，故学问之士在经术；唐尚词章，故学问之士在词章。六朝兼斯二者而皆弗如也，而名物之学兴焉；两宋兼斯三者而皆弗屑也，而义理之学出焉。”③其中，在《春秋》学和理学等直接推动下，宋代崇尚义理的史学风气

① 郑樵撰，吴怀祺整理：《郑樵文集·夹漈遗稿》卷3《上宰相书》。

② 黄震：《黄氏日抄》卷91《跋尹和靖家传》。

③ 胡应麟：《少室山房笔丛》卷39《华阳博议》下。

日渐兴盛。[①]

北宋时期，受《春秋》学直接推动，以及理学的兴起，崇尚义理的史学风气日渐兴起并有所发展。具体而言，一是在撰史方面，一些史家有意识地仿效《春秋》笔法著史，以体现褒贬之旨。如南宋史官指出：欧阳修"奉诏修《唐书》纪、志、表，自撰《五代史记》，法严词约，多取《春秋》遗旨，殆与《史》《汉》相上下"[②]。欧阳修之子欧阳发亦记述道："先公既奉敕撰《唐书》纪、志、表，又自撰《五代史》七十四卷。其作《本纪》，用《春秋》之法，虽司马迁、班固皆不及也。……其于《五代史》，尤所留心，褒贬善恶，为法精密，发论必以'呜呼'，曰'此乱世之书也'。其论曰：'昔孔子作《春秋》，因乱世而立治法；余述《本纪》，以治法而正乱君。'此其志也。"[③]再是陈师锡在《五代史记序》中明确指出："其事迹实录详于旧记，而褒贬义例仰师《春秋》，由迁、固而来，未之

① 按该方面研究成果甚多，除此前在"绪论"部分有所列举外，尤其需要关注的是，近些年在有关义理史学概念等探讨方面，涌现出不少成果。如汤勤福《义理史学发微》，见其著《半甲集》，上海三联书店，2010年；罗炳良《宋代义理史学再评价》，参见邓小南主编的《宋史研究论文集》，云南大学出版社，2009年；钱茂伟《关于理学化史学的一些思考》，载《华东师范大学学报》，2000（1）；曹宇峰《义理史学名称的界定、特征以及发展阶段》，见《南宋义理史学研究》"导论"，山西人民出版社，2011年，以及曹鹏程《历史事实的重建与诠释：宋代义理史学再认识》，载《史学月刊》，2014（12）等。以上成果有助于深入认识义理史学概念等。

② 欧阳修撰，李逸安点校：《欧阳修全集》附录卷2《四朝国史本传》。

③ 欧阳修撰，李逸安点校：《欧阳修全集》附录卷2《先公事迹》。

有也。”通观以上说法，不仅表明欧阳修修史时采用了《春秋》褒贬义例，而且时人将其修史成就抬高到与司马迁和班固相媲美的地步。

其中在私撰《新五代史》时，欧阳修指出：“《春秋》因乱世而立治法，本纪以治法而正乱君。世乱则疑难之事多，正疑处难，敢不慎也？”[①]正是基于以上认识，在书法义例、内容编排和史事评论等方面，该书无不体现着他的史学观念。其间，其弟子徐无党专门作注，以表明该书所蕴含的书法义例。清人赵翼则举例指出：“欧《史》不惟文笔洁净，直追《史记》，而以《春秋》书法寓褒贬于纪传之中，则虽《史记》亦不及也。其用兵之名有四：两相攻曰攻，如《梁纪》孙儒攻杨行密于扬州是也。以大加小曰伐，如《梁纪》遣刘知俊伐岐是也。有罪曰讨，如《唐纪》命李嗣源讨赵在礼是也。天子自往曰征，如《周纪》东征慕容彦超是也。……凡此皆先立一例，而各以事从之，褒贬自见。其他书法，亦各有用意之处。如《梁纪》书弑济阴王，王即唐昭宣帝也，不曰昭宣帝而曰济阴王者，逊位后梁所封之王，书之以著其实，又书弑以著梁罪也。……其列传亦有折衷至当者，死节分明。”[②]可见该书蕴含着极为谨严的书法义例。

在内容编排与史事评论方面，欧阳修处处以《春秋》“尊王”“忠孝节义”以及“攘夷”等思想作为标准。其中，除在《新五代史》中专立“死节传”和“死事传”之外，他还指出：“五代之乱，君不君，臣不臣，父不父，子不子，至于兄弟、夫妇人伦之际，无

---

① 欧阳修：《新五代史》卷71《十国世家年谱》，中华书局，1974年。

② 赵翼著，王树民校证：《廿二史劄记校证》卷21《欧史书法谨严》，中华书局，1984年。

不大坏，而天理几乎其灭矣。于此之时，能以孝悌自修于一乡，而风行于天下者，犹或有之，然其事迹不著，而无可纪次，独其名氏或因见于书者，吾亦不敢没，而其略可录者，吾得一人焉，曰李自伦。”于是将其置于《一行传》，[①]用以表彰孝义之士。又据王应麟言：“欧阳子书‘唐六臣’于唐亡之后，贬其恶也；朱子书‘晋处士’于晋亡之后，表其节也。一字之惩劝深矣。”[②]再是对于后晋王朝兴亡，欧阳修感叹道：“自古祸福成败之理，未有如晋氏之明验也！其始以契丹而兴，终为契丹所灭。……盖夫本末不顺而与夷狄共事者，常见其祸，未见其福也。可不戒哉！可不戒哉！”[③]由此体现出他具有强烈的华夷之辨思想。此类事例甚多，余不一一。

对于《新五代史》叙事特点，清人赵翼揭示道：“盖欧《史》专重书法，薛《史》专重叙事。”[④]正因为如此，如对于后梁朱友珪杀父“于柩前即皇帝位”，欧阳修未列友珪于《本纪》。当有人提出疑问时，他答道：“《春秋》之法，君弑而贼不讨者，国之臣子任其责。予于友珪之事，所以伸讨贼者之志也。”[⑤]在此他虽借用《左传》宣公二年“赵盾弑君”书法为自己辩护，但毕竟不符合历史史实。王鸣盛亦指出：“欧不但学《史记》，并往往自负法《春秋》。……愚谓欧公手笔诚高，学《春秋》却正是一病。《春秋》出圣人手，义例精深，后人去圣久远，莫能窥测，岂可妄效？且意主褒贬，将

---

① 欧阳修：《新五代史》卷34。

② 王应麟撰，孙海通整理：《困学纪闻》卷14《考史》。

③ 欧阳修：《新五代史》卷29《晋臣传》。

④ 赵翼著，王树民校证：《廿二史劄记校证》卷21《薛居正五代史》。

⑤ 欧阳修：《新五代史》卷13《梁家人传》。

事实壹意删削，若非《旧史》复出，几叹无征。”[1]诚如王氏所言，因欧阳氏刻意仿效《春秋》笔法，一味追求褒贬之义，使得历史事实往往要屈从于个人观点，因此，从史书记事讲求求真务实基本原则来看，这正是《新五代史》弱点所在。

同样，欧阳修主修《新唐书》时，据晁公武记述：“议者颇谓永叔学《春秋》，每务褒贬。”[2]其间，如他在撰写《新唐书》本纪时，仿《春秋》以简洁之文论述唐朝一代史事。不过，在用字与行文方面，仍存在不适宜之处。据杨简记述：“欧阳公作《唐纪》，皆书其君曰大圣。夫为唐臣，犹曰不敢不书。欧阳公宋臣，而书唐君曰大圣，是将以为后世之公言耶？”[3]又在吴缜所撰《新唐书纠谬》中，吴氏就列举有欧阳修过于讲求书法而导致叙事不太明晰之例。比如该书卷三《节愍太子诛武三思事》、卷九《李进贤被逐纪传不同》、卷一四《穆宗改名》，以及卷一五《温王不立纪传》等。再是由于《新唐书》本纪存在纪事失误和体例不一问题，赵翼在列举诸多事例后，指出：“此皆欧公过求简净之失也。”[4]随后，他又在《新书本纪书安史之乱》篇中指出：“欧公本纪书法，凡反逆者，虽遣其将拒战，亦必书逆首姓名，不书贼将也。然亦有不可通者，如秦宗权、董昌等部将不多，举事又小，书其逆首，自不至混淆。至安禄山、史思明等，地广兵雄，遣将四出，其将又皆僭大官，拥大

① 王鸣盛著，黄曙辉点校：《十七史商榷》卷93《欧法春秋》，上海书店出版社，2005年。

② 晁公武著，孙猛校证：《郡斋读书志校证》卷5。

③ 杨简：《慈湖遗书》卷16《家记》十。

④ 赵翼著，王树民校证：《廿二史劄记校证》卷16《新唐书本纪书法》。

众，分路专征，各当一面，此岂得概以逆首之名书之。”[①]这就是说，赵翼对欧阳修严格恪守书法义例而未对具体历史问题加以变通处理表示不解。通过赵氏随后所举例证表明，变通性地阐明一些重要历史史实，更有利于人们了解当时事件发生的具体过程以及原委。

总之，欧阳修在撰史时有意仿效《春秋》褒贬笔法，仿经撰史、以经论史，以及以史明理，其最终目的旨在体现他尊崇封建纲常伦理的历史观。

又如尹洙撰有《五代春秋》2卷。尹洙字师鲁，“博学有识度，遇事无难易，勇于敢为。人有疑难不能自决者造问焉，洙为指画讲说，皆释然而去。通《六经》，尤深于《春秋》。”[②]据欧阳修言：尹洙“素以史笔自负”，又曾与其商讨过《五代史记》的编修。[③]不过，此后邵伯温质疑道：“如《五代史》，公尝与师鲁约分撰。……其后师鲁死，无子。今欧阳公《五代史》颁之学官，盛行于世，内果有师鲁之文乎？抑欧阳公尽为之也？”[④]清人朱彝尊则明确指出：“欧阳子《五代史》，其初约尹师鲁分撰，既而不果，师鲁别撰《五代春秋》，载《河南集》，欧阳子诸帝纪，实取其材，盖心折其辞之简而有法，务削繁归于要。”[⑤]以上情况至少表明，欧阳修私撰《新五代史》时，的确得到过尹洙帮助，甚至还参考了尹洙的《五代春秋》。

---

① 赵翼著，王树民校证：《廿二史劄记校证》卷16。

② 曾巩撰，王瑞来校证：《隆平集校证》卷15《尹洙传》。

③ 欧阳修撰，李逸安点校：《欧阳修全集》卷69《与尹师鲁第二书》。

④ 邵伯温撰，查清华、潘超群整理：《闻见录》卷15，《全宋笔记》第二编第七册，大象出版社，2006年。

⑤ 朱彝尊：《曝书亭集》卷35《五代史记注序》。

《五代春秋》以编年简要叙述五代时期的大事，纪事始于梁太祖开平元年，迄于周恭帝显德七年。纵观全书可知，该书具有文简事略，极为注重一字褒贬，全然仿效《春秋》笔法的记事特点。其间，除严格选用“弑”“诛”“杀”“薨”以及“崩”等词表示特定褒贬含义外，还体现出浓厚的尊王攘夷思想。如对于后梁朱友珪杀父称帝事，该书仅记为：乾化二年六月戊寅，“皇子友珪弑逆，帝崩于寝殿。”其间并未提及朱友珪称帝事，此与欧阳修在《新五代史》中未列朱友珪于《本纪》做法一致。又如对于契丹灭亡后晋之事，他叙述道：开运四年正月，“帝逊于北郊。契丹德光入京师”。此处直称“契丹德光”，明显具有贬抑之义。再如对于后周亡国之事，他记述道：显德七年正月甲辰，“帝逊位于我宋”。此处用“我”，表现出尊崇本朝的鲜明倾向。如此等等。

正因为尹洙该史叙事特点鲜明，因此，清四库馆臣称颂道：其“笔削颇为不苟，多得谨严之遗意，知其《春秋》之学深矣”①。不过，王鸣盛则批评说：“师鲁此作全仿《春秋》，缪妄已甚。”随之他举例指出：“即如晋人、燕人、赵人、秦人、吴人、楚人等称，此史家于叙事中间贪其文省用之则可，若以此摹效《春秋》笔法，动辄云某人伐某、某人败某师于某地，岂非笑端？且如李克用、李茂贞不言姓名，而突书之曰晋人、秦人，后世读者知为谁乎？……唐庄宗已建尊号国为唐矣，而于梁事中称为晋人，是其意将夺唐而与梁乎？其他名号之进退、义例之出入，纠纷无定，盖有不可知者。幸师鲁不秉史笔，若令修史，史法坏矣。”②以上批评表明，尹氏全

① 《四库提要》卷48。

② 王鸣盛著，黄曙辉点校：《十七史商榷》卷98《五代春秋》。

然仿效《春秋》修史笔法，必然导致许多史事指代不明，甚至容易造成混淆，故其弊端极为明显。

再如《唐书直笔》系吕夏卿参编《新唐书》时所撰的以史例为记事主体的史著。吕夏卿字缙叔，史载其“学长于史，贯穿唐事，博采传记杂说数百家，折衷整比。又通谱学，创为世系诸表，于《新唐书》最有功云”[①]。对于《唐书直笔》一书构成，晁公武著录为：《唐书直笔》4卷和《唐书新例须知》1卷。[②]王应麟亦著录为：吕夏卿《唐书直笔新例》1卷。又《唐书直笔》4卷，“夏卿预修《新史》，此其在书局时所建明，欧、宋间有取焉。如增入‘高祖字叔德’之类。”[③]按以上二氏所言，《唐书直笔》与《唐书新例须知》并行流传。而陈振孙著录为：《唐书直笔新例》4卷，“纪、传、志各一卷，摘《旧史》繁阙，又为《新例须知》附于后，略举名数如目录之类。”[④]可见陈氏所见系《唐书直笔》附《唐书新例须知》。由此说明，宋时《唐书直笔》就有内容构成不一的多种传本。在现今传刊的四卷本《唐书直笔》中，前三卷系论纪、传、志以及摘繁文阙误，第四卷为《新例须知》。该传本又与宋时诸本有异。何以会如此？清四库馆臣以为：“或后来合并”所致。[⑤]

《唐书直笔》作为《新唐书》制定体例时以备参考之书，所定史例较为详备。在该书帝纪、列传和志中，帝纪含名字、书母、即位、

---

① 《宋史》卷331《吕夏卿传》。

② 晁公武著，孙猛校证：《郡斋读书志校证》卷7。

③ 王应麟撰，武秀成、赵庶洋校证：《玉海艺文校证》卷15《论史》。

④ 陈振孙撰，徐小蛮、顾美华点校：《直斋书录解题》卷4。

⑤ 《四库提要》卷88。

内禅、立皇太子、立皇后、宰相拜复、命将征伐、公主下降、乱臣、方镇、权臣、宣慰宣谕使、僭国、义师、巡幸、朝贺、宴飨、土木功、亲蚕、耤田、失礼过举之礼、灾祥、诏令、太子事以及皇后事迹共 26 项。列传含先后、特传、赐姓、题传、宗室、谥赠、议论、官爵、外戚以及皇后传共 10 项。志含论天文志、论郡国车服志以及赞论共 3 项。由此不难看出，本纪作为纪传体史书的纲，吕夏卿极为重视对其体例的制定与说明。

纵观全书，可知该书旨在仿效《春秋》经传以立例，又以例明义，尤其是突出儒家纲常伦理对史撰的意义，以便为“依例撰史”的最终目的服务。具体而言，该书在以史例表达褒贬书法时，其一是除直接沿袭《春秋》惯用褒贬笔法外，还注重用常文、便文、同文、异文、变文、轻文、重文、缓文以及直文等不同词语以表义。如在“方镇”项下，对于“军乱”，吕夏卿举例：“《文宗纪》书曰：‘大和四年二月，兴元军叛，其帅李绛遇害。’”他随之解释道：“先‘叛’后‘杀’者，闻军变尚冀其生，不忍闻其死，用缓文。”又如在“宣慰宣谕使”项下，对于“行人防变”事，吕夏卿举例：“《德宗纪》书曰：‘建中四年七月，给事中孔巢父遇害于河中。’”他对此解释道：“恶国威之沮废，故（李）怀光得以称国，用重文。”再如“义师”项规定：“王室有变，举义以谋兴复，则异文以见志。”它如在“失礼过举之礼”项中，就规定：“失礼过举，直文以见恶。”①凡此等等。

其二是该书史例突显着详内略外、尊王攘夷以及一字定褒贬等《春秋》笔法精神。其中在尊王方面，如在“命将征伐”项下，规

① 以上均见吕夏卿著，王东、左宏阁校证：《唐书直笔校证》卷 2，四川大学出版社，2014 年。

定："王师有功，执其丑虏，书'获'。"又"破夷狄，必称王师"。以上旨在有意提升"王师"地位。与此相对，如在"乱臣"项下，规定："拒君命于外，失臣子之义，书'拒命'，以见恶。"[①]又如在"方镇"项下，对于"方镇来朝"，吕夏卿举例："《昭宗纪》书曰：'乾宁元年正月，凤翔李茂贞入朝。'"随之他解释说："不书'来朝'，迹嫌势逼，不与其来也，书示臣礼犹存焉。"又举例："《昭宗纪》书曰：'二年五月，凤翔李茂贞、邠州韩建至京师，凌铄王室。'"他解说道："臣礼替矣，变'朝'书'至'，讥暴也。"以上重在强调君臣之义。再如在"祥瑞"项下，规定："祥瑞福应之事，王者盛德所致，则载之本纪，以事继日月。否则总于一岁之终。"[②]此又在突显王者之德的感化作用。

对于武则天代李唐建周，吕夏卿予以贬斥。如在"新例须知"之"高祖至哀帝二十帝十四世享国二百八十九年"中，未列则天皇帝。[③]又如在"立皇后"项下，规定："以爱夺权，以计得众，立非恩德，则从自立文。"吕夏卿举例："《高宗纪》书曰：'永徽六年十月，皇后武氏立'是也。"他随之解释道："凡立后，恩泽皆出于己，大赦天下，老人赐粟，不出《高宗纪》者，恶武后之立，正始而杜渐故，但载武后本传。"[④]再如在"亲蚕"项下，规定："亲蚕之礼，不书本纪，讥后德之不建也。"随后吕夏卿指出："高宗之世，武后四亲蚕，不书，其德不足以率天下，故载之本传。"[⑤]

---

① 以上均见吕夏卿著，王东、左宏阁校证：《唐书直笔校证》卷1。

② 以上均见吕夏卿著，王东、左宏阁校证：《唐书直笔校证》卷2。

③ 吕夏卿著，王东、左宏阁校证：《唐书直笔校证》卷4。

④ 吕夏卿著，王东、左宏阁校证：《唐书直笔校证》卷1。

⑤ 吕夏卿著，王东、左宏阁校证：《唐书直笔校证》卷2。

在华夷之辨方面，如在“命将征伐”项下，规定：“执戎狄，则大将不名，以蛮夷抗中国也。”又如在“公主下降”项下，规定：“公主下嫁外国，必书逆女之使。”吕夏卿举例：“《太宗纪》书曰：‘十三年十二月，吐谷浑遣使来逆女。十四年二月，弘化公主归于吐谷浑。’”随后他解释说：“《春秋》纪裂繻来逆女，中国之臣得以名通。吐谷浑慕容诺曷钵逆女，不书名，惟以使称，贱夷狄也。”同时，在同项下，规定：“外国之君赴告，不书于纪，贱之也。”①再如在“权臣”项下，规定：“四夷册立、吊祭之使不书，不以中国临夷狄也。”②如此等等，以上诸例无不体现出他具有强烈的华夷之辨思想。

在倡导忠孝观念方面，如在“即位”项下，规定：“继故而立，其贼不讨，则为子之谊轻，不称‘太子’，无嗣父之道也。”③又如在“僭国”项下，规定：“僭命之盗，为子所弑，虽得罪于天下，而父子之义存焉，天下所不容，故不书窃位，而记其亡终故事。”④以上强调父子之道。同样，如在“命将征伐”项下，规定：“官军失利，以将名师，恶衄国也。効命而死，书‘失利’；将奔北俘辱，书‘大败’。”⑤又如在“宣慰宣谕使”项下，规定：“使出疆，能利社稷，安人民，不辱君命，则书宣慰、宣谕之名。”⑥以上则突出大臣忠节观念。

---

① 以上均见吕夏卿著，王东、左宏阁校证：《唐书直笔校证》卷1。

② 吕夏卿著，王东、左宏阁校证：《唐书直笔校证》卷2。

③ 吕夏卿著，王东、左宏阁校证：《唐书直笔校证》卷1。

④ 吕夏卿著，王东、左宏阁校证：《唐书直笔校证》卷2。

⑤ 吕夏卿著，王东、左宏阁校证：《唐书直笔校证》卷1。

⑥ 吕夏卿著，王东、左宏阁校证：《唐书直笔校证》卷2。

其三是在对《新唐书》立目设计上，吕夏卿提出了一些具体举措。如对于“特传”项，规定：“备贤愚，纪成败，功高行称，特传。”又如在“宗室”项下，规定：“凡列传之类有六：冠以后妃，尊也；次宗室诸王，亲也；列以僭国，受命之始也；序以一时之君臣，善恶之总也；继以四夷，王化之及也；终以逆臣，成败之归也。”再如在“官爵”项下，规定：“《循吏》《儒林》《文苑》《忠烈》《孝友》《隐逸》《节妇》皆得一端，则标其传而总目之。其余若《酷吏》《文艺》皆不足训世，皆不标其传名也。”[①]它如在《新例须知》中，就专设有“奸臣”“叛臣”和“逆臣”三传。[②]

其四是对于该书史例的实际运用及其价值，清人王鸣盛指出：“夏卿与宋、欧等同修《新唐书》，而此书所述体例与《新唐》多不合，俱属自出意见，不知是同修之时夏卿建议如此，宋、欧不用其言邪，抑书成后夏卿不服，别作此例邪？观其卷尾一段，纠《旧书》之谬而云‘《唐书》著于五代幅裂之际，成篇匆遽，殊未详悉，故有诏纂辑，十余年矣’云云，则其为同修之时夏卿建议如此，而其后不用可知，观其条例棼烦，正是宋人气习。”[③]由此可知，王氏推断该书史例仅属吕夏卿“建议”。又钱大昕认为：“夏卿于仁宗朝预修《唐书》，故作此例。今以《新书》考之，殊不相应。如书母、书内禅、书立皇太子、书立皇后、书命将征伐诸条，按之《本纪》，无一同者。又谓仆固怀恩不当立传，宜见于《铁勒传》；李白、杜甫同传，不入《文苑》；李适之当附《恒山王传》，今本皆不尔。是夏卿

① 以上均见吕夏卿著，王东、左宏阁校证：《唐书直笔校证》卷3。

② 吕夏卿著，王东、左宏阁校证：《唐书直笔校证》卷4。

③ 王鸣盛著，黄曙辉点校：《十七史商榷》卷92《唐书直笔新例》。

虽有此议，而欧、宋两公未之许也。欧公本纪颇慕《春秋》褒贬之法，而其病即在此。夏卿《新例》益复烦碎非体。史家纪事唯在不虚美，不隐恶，据事直书，是非自见。各若出新意，掉弄一两字以为褒贬，是治丝而棼之也。”[①]这是钱氏对吕夏卿刻意效仿《春秋》以显褒贬之义的批评。再是近代人刘咸炘指出：“吕夏卿缙叔佐欧修《唐书》，作《唐书直笔》，详言本纪书法，大抵仿《春秋》重褒贬。盖自中唐人惩藩镇之乱，喜谈《春秋》，已援以为史法。夏卿书即承其流，而开晚宋以后之习。其说多为义而失事实，如不用时官名而用古官名，如丞相。因褒惜而书其故官，如丞相陆贽。皆非史法。又义例出入无定，如讳则削，不予则略，与示戒之意相反。其变文示意，大抵强为分别，苟不观其说，必无由知其意。言书法者始此书，而其不通无用，亦即此书而可见矣。”[②]今比照《新唐书》，确如王、钱、刘三氏所言，《唐书直笔》所定史例与《新唐书》多不合，说明其并未被修史官完全采用。加之该史例重在彰显褒贬之义，这不仅使其本身显得颇为烦琐，而且使得依其记事者必然会变得较为隐晦、简略，给不明史例者带来阅读理解不便，这是其弱点所在。

最后，该书卷三“摘繁文阙误”部分，重点对《旧唐书》的《高祖纪》《太宗纪》《明皇纪》《元献皇后传》《程怀直传》《孔巢父传》和《韩愈传》记事阙误进行了辨正。如对于《旧唐书·高祖纪》所记：“武德四年十月，赵郡王孝恭平荆州，获萧铣。”吕夏卿依据同书《萧铣传》等，指出：“铣自度救兵不至，便率官属，缌

---

① 钱大昕著，杨勇军整理：《十驾斋养新录》卷13《唐书直笔新例》。

② 刘咸炘：《史学述林》之《宋史学论》，见《刘咸炘论史学》，上海科学技术文献出版社，2008年。

缫布帻诣李靖军降，请无杀掠。铣降后数日，江南救兵十余万，一时大至。然则铣降得亡国之礼，识天命之正，……《本纪》纵不足异文，亦不当书‘获’，近乎诬矣。”这是从书法义例角度对萧铣史事做了辩证。又如对于《旧唐书·韩愈传》，吕氏认为传首缺少追述其先祖，传末未附其弟子交游，即不合乎传统叙事之体。凡此等等，从中体现出吕氏在考史、叙事方面的才能与认识。此外，该书卷四“新例须知”重点介绍了《旧唐书》和《新唐书》在传、志增废，以及《新唐书》设表等方面情况，这对了解两《唐书》编修状况则有帮助。

总而言之，以上欧阳修、尹洙和吕夏卿三人刻意仿效《春秋》经传撰史或者创例，目的在效经撰史，以史明义。该做法是北宋中期儒学复兴思潮的产物，是《春秋》学对史学直接推动的体现。尤其是《春秋》笔法被运用到著史活动中，使得崇尚义理的史学风气逐步得以形成。当然，如前所述，这种偏重通过褒贬笔法来叙述史事、阐明义理的做法，往往使得治史者需先明晰该笔法义例。它比直叙史事更显得复杂曲折，甚至有时还会出现所叙史事过简，使得史事不太明了之弊。故该类撰史者的做法虽对朱熹等人有一定影响，但影响范围毕竟有限。

二是在评史等方面，宋代一些史家和理学家用“义理”品评、认识历史，以期达到以史明理的目的。如孙甫字之翰，“性劲果，善持论”。[①]他曾撰有编年体《唐史记》75卷，并且“以谓己之学治乱得失之说具于此”[②]。对于该书与今存《唐史论断》（3卷）间的

---

① 《宋史》卷295《孙甫传》。

② 曾巩撰，陈杏珍、晁继周点校：《曾巩集》卷47《孙甫行状》。

关系及其流传情况，张敦颐在《唐史论断跋》中指出："（孙甫）尝称唐太宗规模法制有三代王者之风，故平生多喜言唐事。每叹《旧史》猥杂，不足以垂戒后世，乃仿《春秋》编年法，修成《唐史记》七十五卷，其间善恶昭然、可为龟鉴者，因著论以明之，篇目凡九十有二。……其《史记》全书，自公殁，取留禁中。世所可得而见者，《论断》而已。"由此可知，《唐史论断》原系《唐史记》议论部分，自《唐史记》被取留于禁中而绝少流传世间后，惟有《唐史论断》流传至今。

孙甫极为推崇《春秋》褒贬戒劝之义，对此，他在《唐史论断序》中明确指出："《春秋》记乱世之事，以褒贬代王者之赏罚。时之为恶者众，率辩其心迹而贬之，使恶名不朽，为君者、为臣者见为恶之效，安得不惧而防之？此戒之之道也。其间有善事焉，明其心迹而褒之，使光辉于世，此又所以为劝也。"后之为史者欲明治乱之本，谨戒劝之道，不师"《春秋》之意，何以为法"？因此，他在《唐史论断》中，以唐代史事为依据，略取《春秋》等儒家经典之义，结合唐代社会历史发展变化情况，对唐王朝盛衰兴亡之因以及其中的善恶劝戒之义进行了深入细致评析，以期达到为本朝乃至后世统治者提供治政鉴戒的目的。

具体而言，一方面，从《唐史论断》篇目看，如《贬权万纪言利》《用聚敛臣王铁》《韦后安乐公主进鸩帝》《贼陷睢阳害张巡》《不能驾驭李德裕》《令狐绹纵贼》以及《朱全忠篡逆》等，其本身就蕴含着对义利、君臣等所持的鲜明褒贬意味。

另一方面，在品评唐代具体历史事件、人物乃至制度等时，孙甫一般依朝代先后，选取能"明治乱之本、谨戒劝之道"类典型事例，以自身历史眼光对其加以剖分缕析。其间，他还不时以儒家伦理道德观念作为评判准则。纵观全书可知，他注重选取以及评论唐代政治史方面的内容。其中颇为突出者有：

首先，他极为讲求为君之道。在对唐代治政之风总体评价中，孙甫独对唐太宗的王道之治赞赏有加。如在《魏郑公论致治不难》篇中，孙甫言道："观魏公之论，诚得圣人之意，文皇能纳其言而不惑奸人之论，力变时弊，以行王道。呜呼明哉！"又在《房杜相业》篇中表明："贞观之初，太宗求治方切，魏公专论王道，封伦横议以沮之，太宗不惑奸言，力行王道。及天下之治也，嘉贤人之论，足以明道，故称魏公之力。"这是他崇尚三代观念在史评中的具体体现。同时，对于君权及其施用问题，他不仅强调君主要握好手中之权，而且多次强调在用人等方面要利用好权力。如在《杀卢祖尚》篇中，强调人主当操"威令"。在《不能驾驭李德裕》篇中，论及"驾驭之术"的重要性。在《杀刘文静释裴寂》篇中，明辨人主应如何用好恩、刑大权。其间，尤其对于用人，孙甫赞扬能知人善任的君主。如在《相姚元崇》篇中，他论道："明皇之用相姚元崇之事，君得其道矣。……呜呼！人主知疏远之臣可用，付以大柄，推诚待之，使尽其心，以成开元治平之业，后之人主固宜以此为用贤之法也。"类似善用人例子还有《任用房杜》《命李靖讨吐谷浑》《狄仁杰荐张柬之为相》以及《用裴度相》等。而有关君主昧于知人、用人例子则有《刘仁轨请李敬元统兵御吐蕃王师覆败》《用李林甫平章事》《卢杞奸邪》《疑忌李晟》以及《不能制内臣》等。由此表明，孙甫已将君主用人看作是决定唐王朝盛衰的关键因素之一。此外，对于唐代君主自身才智与政治素质，孙甫做了有意区分。如称太宗为英主，中宗"真天下下愚之人"，宪宗系"中智以上之主"，穆宗"仅及中智"，敬宗系"中人之性"，武宗系"中常之主”，以及懿宗“固中智以下之才”等等，并由此说明他们对于朝政的影响。

其次，他看重君臣间拥有良好的主辅关系，力主褒贤贬逆。如在《降李绩为迭州都督》篇中，孙甫指出：“君待臣以道，臣以道报之；君待臣以利，臣以利报之，此历代君臣之常理也。”以此说明君主善待大臣的重要性。又宰相在处理朝廷政务中往往充当着重要角色，因此，孙甫以多篇评论阐述该问题。如在《李绛料魏博事势》篇中，他明确指出：“然则宰相之任，能了军国大事，此固大才上也。若智谋不至，能从同列之议而赞助焉，亦其次也。若不能发明同列议论，循默不言，斯为下矣。”在此他对宰相理政时的才能做了有意区分。又在《注意相》篇中，则充分证明“天下安危皆系于相”。再在《开陵阳渠城原州》篇中，则表明“宰相固当竭才力以兴国事”。此外，对于朝臣政治行为和政治理念，孙甫注重褒扬忠良，贬斥恶逆。如在《魏公不避形迹》篇中，他赞扬为国计之忠臣。又在《郝处俊谏令后摄政》篇中，主张为臣当“不失忠义大节”。再在《韦处厚乞相裴度》篇中，表明为臣当有“公忠之性”。与此相对，如在《李光弼斩御史崔众》篇中，批评李光弼为臣“跋扈”。又在《宰相崔损便辟固位》篇中，对“过为恭逊固宠”者加以批评。再在《贬杜元颖》篇中，指出“导侈欲以图恩宠”之害。在《昭愍遇害》和《朱全忠篡逆》等篇中，对篡逆行为予以谴责。总之，以上诸例表明，孙甫认为维护良好的君臣关系，以及为臣当讲求忠节观念，对于维系唐王朝统治极为重要。

再次，讲求正统，申明自己对称帝立子看法。武则天为后称帝是唐代历史上的重大事件，历来对其看法不一。孙甫从维护李唐正统地位出发，对其持贬斥态度。如在《褚遂良谏废立皇后》篇中，他详细阐释了自己对该事的看法。他“书曰：‘右仆射、河南郡公褚遂良谏废立皇后，降潭州都督。’书其官爵，明大臣之任也。谏废立，明废者不当废，立者不当立也。因谏而降，明无罪也。‘遣（李）勣、（于）志宁立皇后。’不书其官，但名之，明勣、志宁无大臣节，贱之也。书‘临轩立后’，而不曰帝，见高宗无人君之体也”。他又在《不称武后年名》篇中，明确指出：“武后僭窃位号，唐史臣修实录、撰国史者，皆为立纪，系后事于帝王之年，列伪国于有唐之史，名体大乱，史法大失矣。”随后他依照唐人沈既济之议，“书武后事于《中宗纪》中。……武后所改，但存其名，备证它事而不以表年焉。所以正帝统而黜僭号也。”再在《废武后》篇中，他还指出：“武氏夺嗣君之位，变唐国号，凶威虐法，为害岁久，安得无所贬也？……故用《春秋》之法，为唐贬绝罪人，且作戒于后也。”由此可见，孙甫以《春秋》褒贬之义，对武则天为后称帝行为强烈贬斥，其目的不只是“正帝统而黜僭号”，而且是“作戒于后”也。

同时，对于唐代帝位传承问题，如在《立建成为太子》篇中，孙甫主“有功而非嫡长”，并且表明：“时平则先嫡长，世难则归有功，此万世不易之论也。”此与范祖禹“以德不以功”之说有异。又如在《立晋王为太子》篇中，他则主张“取众望、决己意”。其他涉及帝位传承者还有《传位皇太子使主细务》《册忠王为皇太子》以及《杀陈王安王》等篇。

第四，强调华夷有别，主张以威德待夷狄。如在《魏郑公温彦博论处置降虏》篇中，孙甫指出：“夷狄之态，弱则仗人，强则为患，礼义不能移其性，仁恩不能怀其心，从古而然也。颉利之败，其部落之降者，岂慕德义而来，正为逃死之计耳。置之塞外，分酋长以立之，足示好生之德，何过处置有差也。”他又在《以高昌为州县》篇中表明：“中夏之于四夷，天分内外之地也，故嗜好不同，服用不类，礼义不能化，人情不可通，地形险固，自限其所。帝王能以德服而威制之，常使不为中夏患，则上策也。”以上言论表明，无论是从夷狄自身特性还是从地域因素考虑，孙甫均认为夷夏有别，而且还提出了处置措施。其他如在《召突厥兵》篇中，他强调“威德”对“四夷款附”的重要性。又在《亲征高丽》篇中，表明威德丧失之害。再在《陆贽论吐蕃疾疫退军》篇中，表明“中国虽衰不可假夷狄”，等等。

最后，以唐史为例，注重现实关照。张敦颐在《唐史论断跋》中，表明《唐史论断》“皆君相之事业，台谏之纪纲，非徒为是区区空言也”。内忧外患促使北宋中期政坛和政风均发生着重大变化，如台谏地位上升，朋党之争加剧，庆历新政实施，以及对西夏战和之争等，这些现实问题无不促使孙甫欲依《唐史论断》以达到“以唐为鉴”目的。如在《中书门下议事使谏官预闻》篇中，孙甫指出：“当君相议事之际，使谏官预闻，得以关说。或有阙失，从而正之，天下但睹朝政之得宜，不知谏者之何言，上下诚通国体，岂不美乎？况大臣论事，以谏官规正于人君之前，安有不公之议？兹亦制御大臣，使之无过之术尔。”在此他充分表达了谏官预闻国事的重要性。又如在《魏郑公谏诤》篇中，他指出：“魏公以忠直称，历数百年而乃愈高。李翱论修史之法，则曰假如传魏征，但记其谏诤之词，足以见正直。是魏公得谏诤之道，其言足以传信于后也。”这是以魏征作为成功范例，说明谏诤重要性。再如在《辩朋党》篇中，他指出：“盖君子小人各有其徒。君子之徒以道合，小人之徒以利合。以道合者，思济其功，此同心于国事，非朋党也；以利合者，思济其欲，此同心于私计，乃朋党也。”随后他以具体事例加以论证，说明朋党所欺之事“害于国，病于人，图于利”，君主当以“明与公”辨之。在此他提出自己对“朋党”的理解，与欧阳修“君子有党论”明显不同，凡此等等。总之，以上问题均与宋代现实朝政有密切关联，故孙甫论述的目的，在起劝诫作用。

对于孙甫及其《唐史论断》，时人及后人均有评论。如苏轼在《答李方叔书》中谈及《唐史论断》时，指出：“至论褚遂良不谮刘洎，太子瑛之废缘张说，张巡之败缘房琯；李光弼不当图史思明，宣宗有小善而无人君大略，皆《旧史》所不及。议论英发，暗与人意合者甚多。”[①]苏氏在此以具体例证对该书所论给予了肯定。又如韩淲指出：“《唐论》有才术，《唐鉴》有学术。《论》所及者广，可以开明于臣下；《鉴》所陈者正，可以耸动于人主。之翰，史才也；醇甫，学者耳。”[②]这是以比较方式对孙甫才学予以赞扬。不过，清人王鸣盛则对孙甫及其论著持批评态度。他指出：“其人正与宋、欧同时，而于修史事却不与，别自作《唐史记》七十五卷，今已亡，而此则其论断也。凡九十二首，分上、中、下三卷。观其《自序》，欲效《春秋》笔法，以褒贬予夺示劝戒，以制度为不必具载，不作志。幸其书亡，若存，徒汩乱学者耳目。《论断》虽多平正，皆空论，亦不足传。大抵作史者宜直叙其事，不必弄文法、寓予夺；读史者宜详考其实，不必凭意见、发议论。宋人略通文义，便想著作传世，一涉史事，便欲法圣人笔削，此一时习气，有名公大儒为之

① 苏轼著，孔凡礼点校：《苏轼文集》卷49。

② 韩淲撰，张剑光整理：《涧泉日记》卷中。

渠帅，而此风益盛，名公大儒予不敢议，聊借甫以发之。”[①]在此王氏认为《唐史论断》“皆空论”，是站在清代考据学家立场上加以评论，未必完全正确，但他所揭示的孙甫“效《春秋》笔法，以褒贬予夺示劝诫”，以及北宋中期盛行“法圣人笔削”风气则是事实。

总而言之，孙甫在《唐史论断》中，立足唐代政治史事，品评君臣得失，强调纲纪法令，其间处处阐发着国家兴衰存亡之理与惩恶劝善之义。同时，他在着重从历史角度分析考辨唐代史事时，还不时参用儒家经典及其理念来阐明史事，从而使得儒家治国修身理念渗透到了对史事评说解读中，这无疑是史学崇尚义理的体现。

又如范祖禹撰有《唐鉴》12卷。对于该书撰述缘由，他在《进唐鉴表》中明确指出：“臣昔在先朝，承乏书局，典司载籍，实董有唐。尝于䌷次之余，稽其成败之迹，折以义理，缉成一书。”由此可见，该书撰就于他参编《资治通鉴》之时，目的是以“义理”论断唐王朝的兴衰成败。纵观全书，共含306篇评论，其中论及太宗、玄宗和德宗三朝史事为多。

具体而言，在《唐鉴》中，无论是选择重要史事，还是品评历史事件和重要人物，甚至是谈论王朝兴衰等，范祖禹多以是否符合儒家纲常伦理作为论述标尺。其突出表现为：首先，正纲常、辨名分。如对于武德九年六月，秦王李世民杀皇太子李建成和齐王李元吉之事，范祖禹评论道：“建成虽无功，太子也；太宗虽有功，藩王也。太子，君之贰，父之统也，而杀之，是无君父也。立子以长不以功，所以重先君之世也。”在此他一改前人多以功业称颂唐太宗或者替其辩护的做法，而是更为强调儒家君臣、父子之道，极力维

① 王鸣盛著，黄曙辉点校：《十七史商榷》卷92《唐史论断》。

护嫡长子继承制等正统观念。同时，他指出："或者又以为：'使建成为天子，又辅之以元吉，则唐必亡。'臣曰：'古之贤人守死而不为不义者，义重于死故也。'……故为唐史者书曰：'秦王世民杀皇太子建成、齐王元吉。立世民为皇太子。'然则太宗之罪著矣。"可见他更为看重传统节义观念，并且对以"杀"字表明唐太宗之罪极为赞赏。[①]又如对于天宝四载，唐玄宗纳寿王妃杨氏事，范祖禹评论道："明皇杀三子，又纳子妇于宫中，用李林甫为相，使族灭无罪。父子、夫妇、君臣，人之所以立也。三纲绝矣，其何以为天下乎？"[②]这是对唐玄宗君臣违背道德伦理的极力贬斥。再如于至德元载肃宗即帝位纪事条下，他评论说："唐有天下几三百年，由汉以来，享国最为长久。然三纲不立，无父子、君臣之义，见利而动，不顾其亲，是以上无教化、下无廉耻。……唐之父子不正，而欲以正万事，难矣！"[③]此是对整个唐代君臣道德伦理行为所做的评判。

其次，积极维护李唐正统地位，贬斥武则天称帝行为。对此，晁公武指出：范祖禹"取武后临朝二十一年系之中宗，其言曰：'此《春秋》"公在乾侯"之义也，虽得罪于君子，亦所不辞。'"随之晁氏评论道："观此，则知醇夫之从公（指司马光），决非苟同者。"[④]确如其言，范祖禹在编排与评论武周政权史事时，并未遵从《资治通鉴》"不没其实"的做法，而是以"帝在房州""帝在东宫"等方式简单处理该段史事，其目的是突现《春秋》大义，而非

---

① 范祖禹：《唐鉴》卷1，上海古籍出版社，1984年。

② 范祖禹：《唐鉴》卷5。

③ 范祖禹：《唐鉴》卷6。

④ 晁公武著，孙猛校证：《郡斋读书志校证》卷7"唐鉴"解题。

阐明史事。

最后，极力倡导华夷之辨。如对于武德八年，唐高祖答应与西突厥可汗和亲之事，范祖禹指斥道："夫匹士庶人求配偶，犹各以其类，况王姬公族而弃之远裔，变华为夷，岂不哀哉！而终唐之世，人君行之不以为难也，其臣亦不以为非，高祖、太宗实启之。"[①]又如对于贞观四年，唐王朝灭突厥，并置其部落于塞下之事，范祖禹论说道："太宗既灭突厥，而引诸戎入中国，使殊俗丑类与公卿大夫杂处于朝廷，苟欲冠带四夷，以夸示天下，而不知乱华亦甚矣。"[②]以上均是他极为看重华夷之别的体现。再如在贞观二十年，唐朝军队"击破薛延陀"纪事条下，范祖禹论道："中国之有夷狄，如昼之有夜，阳之有阴，君子之有小人也。中国失政，则四夷交侵。先王所以御之者，亦可得而略闻矣。……然则欲其率服，莫若难任人。欲其来王，莫若无怠荒。柔远能迩，治内安外，而殊俗之民向风慕义。不以利诱，不以威胁，而自至矣。欲附者则抚之，不欲者不强致也。"可见他反对以利诱夷狄，主张以义怀来安抚。[③]

总之，范祖禹借评论唐代史事，以宣扬儒家道德纲常伦理，达到以史明理目的。其间，有人曾指出："范淳夫尝与伊川论唐事，及为《唐鉴》，尽用先生之论。先生谓门人曰：'淳夫乃能相信如此。'"[④]那么范氏是否在《唐鉴》中运用了理学家程颐之论，现今难

---

① 范祖禹：《唐鉴》卷1。

② 范祖禹：《唐鉴》卷2。

③ 范祖禹：《唐鉴》卷3。

④ 程颢、程颐撰，王孝鱼点校：《二程集·河南程氏外书》卷11《时氏本拾遗》。

以断定，但他在评论史事时极为崇尚义理则是事实。

再如程颢和程颐作为宋代理学的奠基者之一，他们的理学思想中，就包含着对历史问题的认识。二程认为“理”是世界上一切事物的本源，即“万事皆出于理”。[①]又认为人们要认识事物之理，就需在一事一物上穷得其理。对此，程颐指出：“物则事也，凡事上穷极其理，则无不通。”[②]那么如何穷理呢？有人问：“学必穷理。物散万殊，何由而尽穷其理?”二程言：“诵《诗》《书》，考古今，察物情，揆人事，反复研究而思索之，求止于至善，盖非一端而已。”[③]二程又指出：“理则天下只是一个理，故推至四海而准，须是质诸天地、考诸三王不易之理。”[④]以上看法表明了穷理的途径和理的本质。再是程颐还指出：“读史须见圣贤所存治乱之机，贤人君子出处进退，便是格物。”[⑤]对于何为“格物”，程颐解释道：“格，至也，言穷至物理也。”[⑥]由此可见，史学是穷理的主要途径之一，并且它在二程理学体系中占有较重要的地位。

在观史方面，二程认为应读史明理。程颐言：“凡读史，不徒要记事迹，须要识治乱安危兴废存亡之理。且如读高帝一纪，便须识得汉家四百年终始治乱当如何，是亦学也。”[⑦]在此他以汉代历史

---

① 程颢、程颐：《二程遗书》卷2上，上海古籍出版社，2000年。

② 程颢、程颐：《二程遗书》卷15。

③ 程颢、程颐撰，王孝鱼点校：《二程集·河南程氏粹言》卷1《论学篇》。

④ 程颢、程颐：《二程遗书》卷2上。

⑤ 程颢、程颐：《二程遗书》卷19。

⑥ 程颢、程颐：《二程遗书》卷22上。

⑦ 程颢、程颐：《二程遗书》卷18。

为例，要求读史者应从历史上的治乱兴亡中明晰历史发展变化之理。同时，因儒家经典中不仅包含三代之政，而且还蕴含着圣贤治国修身等理念，因此，程颐倡导“由经穷理”。如他认为：“学者不观他书，只观《春秋》，亦可尽道。”他又言：“学《春秋》亦善，一句是一事，是非便见于此，此亦穷理之要。”[①]他甚至认为：“《春秋》之文，莫不一一意在示人，如土功之事，无小大莫不书之，其意止欲人君重民之力也。”[②]以上言论表明，程颐认为《春秋》纪事蕴含有圣人的微言大义，需要读者细心深入地体会。同样，程颐指出：“看《书》，须要见二帝、三王之道。如二《典》，即求尧所以治民，舜所以事君。”[③]此外，有学生记述道：“先生每读史到一半，便掩卷思量，料其成败，然后却看有不合处，又更精思，其间多有幸而成，不幸而败。今人只见成者便以为是，败者便以为非，不知成者煞有不是，败者煞有是底。”[④]由程颐读史法可以看出，他在读史以探明成败之理时，并非简单判定成是败非，而是采取辩证分析的态度。

在评史方面，二程则要求体察史中之理、以理论史。二程曾指出：“论学便要明理，论治便须识体。”[⑤]具体而言，在评论史书时，二程强调要准确把握儒家经典的基本功用以及史中之理。如程颐言：“夫子删《诗》，赞《易》，叙《书》，皆是载圣人之道，然未见圣人之用，故作《春秋》。《春秋》，圣人之用也。如曰：‘知我者，其

---

① 程颢、程颐：《二程遗书》卷 15。

② 程颢、程颐：《二程遗书》卷 17。

③ 程颢、程颐：《二程遗书》卷 24。

④ 程颢、程颐：《二程遗书》卷 19。

⑤ 程颢、程颐：《二程遗书》卷 5。

惟《春秋》乎！罪我者，其惟《春秋》乎！'便是圣人用处。”[①]可见在程颐眼中，《诗》《易》和《书》是道的精神所在，《春秋》是道的具体体现、说明。又对于《春秋》书法，二程指出：“礼一失则为夷狄，再失则为禽兽。圣人初恐人入于禽兽也，故于《春秋》之法极谨严。”[②]程颐甚至认为：“后世人理全废，小失则入于夷狄，大失则入于禽兽。”[③]当有人问：“桓四年无秋冬，如何?”程颐言：“圣人作经备四时也。如桓不道，背逆天理，故不书秋冬。《春秋》只有两处如此，皆言其无天理也。”又有人问：“《春秋》书日食，如何?”程颐言：“日食有定数，圣人必书者，盖欲人君因此恐惧修省，如治世而有此变，则不能为灾，乱世则为灾矣。”[④]以上例证表明，二程认为《春秋》系体现“圣人之用”的有为之作，其书法义例中体现着天理。

在评论历史人物时，二程往往以纲常名分作为评判标准。如程颐认为：“幽王失道，始则万物不得其性，而后恩衰于诸侯以及其九族，其甚也，至于视民如禽兽。”[⑤]这是对周幽王失道后果的具体揭示。又如程颐指出：“唐太宗，后人只知是英主，元不曾有人识其恶，至如杀兄取位。若以功业言，不过只做得个功臣，岂可夺元良之位？至如肃宗即位灵武，分明是篡也。”[⑥]这是从道德伦理角度，

---

① 程颢、程颐：《二程遗书》卷23。

② 程颢、程颐：《二程遗书》卷2上。

③ 程颢、程颐：《二程遗书》卷17。

④ 程颢、程颐：《二程遗书》卷22下。

⑤ 程颢、程颐：《二程遗书》卷21下。

⑥ 程颢、程颐：《二程遗书》卷17。

对唐太宗和唐肃宗篡位行为加以指斥。程颐甚至认为："唐之纪纲，自太宗乱之。终唐之世无三纲者，自太宗始也。"[①]在此他进一步探究了唐代无纲纪的缘由。再如二程指出："天下宁无魏公之忠亮，而不可无君臣之义。昔事建成而今事太宗，可乎？"[②]这又是从道义出发，对魏征未能始终侍奉一主行为加以批评。以上仅是对具体人物所做的评判。不仅如此，程颐还结合朝代兴亡，对不同时期所涌现出的士人群体及其特征归纳总结。他指出："秦以暴虐，焚《诗》《书》而亡。汉兴，鉴其弊，必尚宽德崇经术之士，故儒者多。儒者多，虽未知圣人之学，然宗经师古，识义理者众，故王莽之乱，多守节之士。世祖继起，不得不褒尚名节，故东汉之士多名节。知名节而不知节之以礼，遂至于苦节，故当时名节之士，有视死如归者。苦节既极，故魏、晋之士变而为旷荡，尚浮虚而亡礼法。礼法既亡，与夷狄无异，故五胡乱华。夷狄之乱已甚，必有英雄出而平之，故隋、唐混一天下。"[③]由此可见，程氏极为看重秦王朝文化政策对此后王朝士人群体及其行为的重要影响。

在对社会历史发展变化的认识上，二程对历史发展做了阶段性划分。他们认为："先王之世以道治天下，后世只是以法把持天下。"[④]可见在二程眼里，三代用"理""道"治天下，秦汉以后则用"法"控制天下，他们崇尚的是三代理想之治。当然，在以上大

---

① 程颢、程颐：《二程遗书》卷18。

② 程颢、程颐撰，王孝鱼点校：《二程集·河南程氏外书》卷10《大全集拾遗》。

③ 程颢、程颐：《二程遗书》卷18。

④ 程颢、程颐：《二程遗书》卷1。

阶段变化之内，还存在小阶段的盛衰变化。对此，程颐言："且以历代言之，二帝、三王为盛，后世为衰。一代言之，文、武、成、康为盛，幽、厉、平、桓为衰。以一君言之，开元为盛，天宝为衰。"[①]该论体现着二程历史盛衰论的丰富内涵。不仅如此，对于影响历史盛衰变化的具体问题，他们也有所探讨。如程颐指出："孔子之时，诸侯甚强大，然皆周所封建也。周之典礼虽甚废坏，然未泯绝也。故齐、晋之霸，非挟尊王之义，则不能自立。至孟子时则异矣。天下之大国七，非周所命者四，先王之政绝而泽竭矣。"[②]这是他对先王之政在春秋战国时期发生演变的认识。又如程颐言："尝观自三代而后，本朝有超越古今者五事：如百年无内乱；四圣百年；受命之日，市不易肆；百年未尝诛杀大臣；至诚以待夷狄。此皆大抵以忠厚廉耻为之纲纪，故能如此，盖睿主开基，规模自别。"[③]这是从纲常伦理角度对北宋前中期历史所做的总结。

此外，理学家邵雍撰有《皇极经世书》，该书是一部贯通天人古今的理学著作，其间反映着邵雍对历史兴衰等问题的认识，并且它对后世崇尚义理的史学家及其著述有一定影响。吴怀祺先生对此有详细论述，在此不再赘述。[④]

南宋时，随着理学地位逐步抬升，理学家影响逐渐增大，理学对于史学的影响更为突出。其间，理学家往往将史学作为论证、宣

---

① 程颢、程颐：《二程遗书》卷18。

② 程颢、程颐：《二程遗书》卷21下。

③ 程颢、程颐：《二程遗书》卷15。

④ 参见吴怀祺：《中国史学思想通史》（宋辽金卷）第三章"《皇极经世》和邵雍的历史哲学"，黄山书社，2002年。

扬其理学思想的工具，以期达到以史证理、以史明理的目的。如胡安国、胡宏、胡寅、朱熹、吕祖谦、叶適以及黄震等等，均在阐明义理化史学方面有不小贡献，为此今举例加以说明。

如胡寅撰有《读史管见》30 卷，以评论周秦至五代得失。对其撰修缘起，赵希弁指出：胡寅“意谓二百四十二年之后至于五代，司马文正所述《资治通鉴》，事虽备而立义少。遂用《春秋》经旨，尚论详评”[①]。由此可知，他是依据《资治通鉴》所记史事而发论的。他又为何选用《春秋》经旨？此则与其家学传统有关。对此，刘震孙在《读史管见序》中指出：“昔文定胡公奉诏作《春秋传》，天下传之，以为百世不刊之书。自三家分晋而后，迄于五季，则未有论述。致堂《管见》盖以继文定之遗志，其于君臣之义、夷夏之分、君子小人之别、天理人欲之辨，辞严义密，莫不以经为断。学者必通二书而读之，然后知其后先述作，粹然成一家言。”正因为如此，胡寅对《春秋》经旨有深刻认识，他明确主张读经当求义理于本心。他言道：“故穷经旨而不归之义理，则经必不明；索义理而不归之于心，则理必不得。”[②]张元先生在探讨《读史管见》基本论旨时，亦认为：该书“是要从历史的事例说明理学的主张，要人们从对历史的是非评判中了解做人处事的道理”[③]。张先生的论断不无道理。在此仅就胡寅以义理论史中较突出的部分加以论述。

首先，胡寅极为重视儒家纲常伦理道德。对此，他明确指出：

---

① 赵希弁撰，孙猛校证：《郡斋读书志校证·读书附志》。

② 胡寅著，刘依平校点：《读史管见》卷 24，岳麓书社，2011 年。

③ 参见张元：《马端临对胡寅史论的看法》，《宋史研究集》第 22 辑，台湾国立编译馆，1992 年。

“义理莫大于人伦，人伦莫重于父母。圣人人伦之至也，不敢以母比于父者，以天无二日，尊无二上故也。……夫天下有疑义，无所折衷，一断以圣人之法，则贤者当俯而就，不肖者当企而及，庶乎不失于中道。”[①]可见他极为推崇圣人之法。他又言：“人伦有五，莫重于三纲。唐末五代，三纲沦灭尽矣。”[②]这是他对唐末五代三纲尽灭史实的强烈批评。再是对于玄武门之变，他论道：“太宗天资长于智勇，短于仁义者也。……夫太子，父之统也，杀之于父之侧，犹无父也。”[③]与此同时，他在唐肃宗即位纪事条下，评论道：“唐高祖、睿、玄之为上皇，非所欲也，势所以释位而不释，遂至逼迁，不见几故也。而太宗、明、肃不能少待，或称兵，或借便，皆有夺位之恶，欲速见小利故也。父不父，子不子，昧于《春秋》首恶诛死之戒甚矣，岂非后世之大鉴欤？”[④]这仍是从儒家纲常伦理出发，对唐太宗等在帝位传承时的不义行为加以批评。

其次，对于历史上的正闰问题，胡寅指出：“司马氏自以（为）［谓］正闰之际，非所敢知。然蜀、魏分据，则书诸葛亮入寇，是以魏为正矣。梁、晋交争，而书晋兵寇洺州，是以梁为正矣。……先主、武侯纵不为兴复汉室，其人品高贤，固自冠冕三国，乃以曹氏压之。若河东虽出蕃夷，然忠功义烈，盖唐末第一流，而又显然斥为梁寇。地虽数倍，德则不伦，是以成败论事，而不要义理之实，岂所以训哉？然则如何？以两下相杀书梁、晋之事，以北伐魏贼纪

① 胡寅著，刘依平校点：《读史管见》卷20。

② 胡寅著，刘依平校点：《读史管见》卷29。

③ 胡寅著，刘依平校点：《读史管见》卷17。

④ 胡寅著，刘依平校点：《读史管见》卷21。

蜀兵之出，然后当于人心矣。”[1]可见他并不认同司马光有关三国、五代的正闰观，而是主张以“义理之实”对其加以论断及书写。

再次，胡寅颇为看重华夷之别。对此，他明确指出：“《春秋》善解纷，嘉释怨，谓不义之兵，忮求之举耳。至于攘夷狄，雪仇耻，义所当为，则一书再书屡书而犹不足，未尝以忮求、不义一概蒙之。不如是，则人欲日长，天理日消，夷狄之不若矣。”[2]在此他表明了《春秋》之所以屡书“攘夷狄”的缘由。同时，他指出：“‘天之生人，有华夷之分乎？’曰：‘否。’‘然则圣人内华而外夷，贱戎狄而贵中国，无乃与天异乎？’曰：‘使夷狄而为中国之事，是亦中国矣，惟其不仁不义，贪得而嗜杀，非人理也，故贱而外之，恶其以所行者，乱中国而沦胥也。’”[3]他又言：“中国之为中国，以有仁义也。”[4]这是从文化视角，用仁义道德标准对华夷做了区分。正因为如此，在对待夷狄态度上，他指出：“二帝三王之时，未尝无戎狄，闻有慎德而来宾者，悖德而率服者。封略既定，华夷有限，侵叛则伐之，去则不追也。”[5]可见他对二帝三王时的华夷关系颇为认同。与此相反，他对唐、五代时的对外政策及其影响深为不满。他指出：“唐世家法不正，又好结戎狄，非独当其世数困于猾夏，流及五代，更据中国，犹七八传。其甚则契丹主服赭袍，坐崇元殿，百官行入阁礼，而天下之乱极矣。”[6]他甚至指出：“五代之乱，至于夷狄制

① 胡寅著，刘依平校点：《读史管见》卷27。
② 胡寅著，刘依平校点：《读史管见》卷27。
③ 胡寅著，刘依平校点：《读史管见》卷7。
④ 胡寅著，刘依平校点：《读史管见》卷8。
⑤ 胡寅著，刘依平校点：《读史管见》卷16。
⑥ 胡寅著，刘依平校点：《读史管见》卷29。

诸夏，德光居京师，人理尽矣。人而无君臣之义、父子之亲，则夷狄、禽兽耳。”[①]在此他极为哀叹“夷狄制诸夏”，导致“人理尽矣”。

最后，胡寅有强烈的现实关照。他曾表明：“善讲经义者，必以今世之事参之，然后其合否可断。”[②]具体而言，史载胡寅“盖于蔡京、秦桧之事，数寄意焉”[③]。理学家张栻对此批评道：“看元来意思，多是为桧设言。天下之理，而往往特为讥刺一夫，不亦隘且陋乎?”[④]赵与时则结合具体事例言道：“胡致堂著《读史管见》，主于讥议秦桧，一开卷可考也。如论耶律德光谕晋祖宜以桑维翰为相，谓：‘维翰虽因德光而相，其意特欲兴晋而已，固无挟虏以自重，劫主以盗权之意，犹足为贤。’尤为深切。”[⑤]正因为如此，周密指出：“盖此书有为而作，非徒区区评论也。”[⑥]

总之，正如胡寅之子胡大壮在《读史管见序》中所言，该书系“用经义以断往事者也”。其间，胡寅以《春秋》经旨鉴别史事，阐述义理，倡明大义，以期达到经世致用的目的。不过，因其用心甚切，清四库馆臣批评道：“大抵其论人也，人人责以孔、颜、思、孟；其论事也，事事绳以虞、夏、商、周。名为存天理，遏人欲，崇王道，贱霸功，而不近人情，不揆事势，卒至于窒碍而难行。”[⑦]

---

① 胡寅著，刘依平校点：《读史管见》卷30。

② 胡寅著，刘依平校点：《读史管见》卷24。

③ 李心传撰，胡坤点校：《要录》卷175高宗绍兴二十六年闰十月。

④ 张栻：《南轩集》卷21，文渊阁《四库全书》本。

⑤ 赵与时撰，姜汉椿整理：《宾退录》卷2。

⑥ 周密撰，俞钢、王燕华整理：《齐东野语》卷6《胡明仲本末》。

⑦ 《四库提要》卷89。

又如朱熹作为理学集大成者，其历史哲学的最高层次是天理论。他指出："合天地万物而言，只是一个理。"他又言："未有天地之先，毕竟也只是理。有此理，便有此天地；若无此理，便亦无天地。无人无物，都无该载了。有理便有气流行，发育万物。"①由此表明，他认为理派生和决定天地万物以及人类活动。同时，他言道："宇宙之间，一理而已。……其张之为三纲，其纪之为五常，盖皆此理之流行，无所适而不在。"②他又指出："夫天下之事莫不有理，为君臣者有君臣之理，为父子者有父子之理，为夫妇、为兄弟、为朋友以至于出入起居、应事接物之际，亦莫不各有理焉。"③这是将天理与三纲五常有机联结了起来。

正是基于以上认识，朱熹要求人们观史时就得发现天理。他认为："读史当观大伦理、大机会、大治乱得失。"④其中，大伦理是指宗法社会的伦理纲常，大机会是指时势，大治乱得失是指历史的经验教训。读史者应将三者有机联系起来考虑，最后归结于天理。同时，他明确指出："盖为学之道，莫先于穷理，穷理之要，必在于读书。"⑤在读书顺序上，他强调先经后史。他认为："《六经》是三代以上之书，曾经圣人手，全是天理。"他又言："凡读书，先读《语》《孟》，然后观史，则如明鉴在此，而妍丑不可逃。若未读彻《语》《孟》《中庸》《大学》便去看史，胸中无一个权衡，多为所

① 黎靖德辑，郑明等校点：《朱子语类》卷1。

② 朱熹著，刘永翔等校点：《晦庵先生朱文公文集》卷70《读大纪》。

③ 朱熹著，刘永翔等校点：《晦庵先生朱文公文集》卷14《行宫便殿奏劄二》。

④ 黎靖德辑，郑明等校点：《朱子语类》卷11。

⑤ 朱熹著，刘永翔等校点：《晦庵先生朱文公文集》卷14《行宫便殿奏劄二》。

惑。”可见他将经作为体认天理之本，将史作为考究治乱兴衰之末。此外，当有弟子问如何观史时，朱熹言道：“只是以自家义理断之。大概自汉以来，只是私意，其间有偶合处尔。只如此看它，已得大概。范《唐鉴》亦是此法，然稍疏。更看得密如它，尤好。然得似它，亦得了。”[①]即观史时，需以“自家义理断之”。总之，时人评论道：“朱先生惩谈高说妙之弊，只教人读书，寻义理为学。其寻行数墨，又拘拘以论说为学，其弊反不足以成己，教人岂非难事?”[②]

在著史方面，朱熹同样强调必须贯穿义理（即天理）。他主编有《资治通鉴纲目》59卷，对于该书撰修缘由及其宗旨，弟子李方子在该书《后序》中指出：“(《资治通鉴》）至于帝曹魏而寇蜀汉，帝朱梁而寇河东，系武后之年，黜中宗之号，与夫屈原、四皓之见削，扬雄、荀彧之见取，若此类，其于《春秋》惩劝之法，又若有未尽同者，此子朱子《纲目》之所为作也。”在此李氏以具体事例说明《资治通鉴》书法不合《春秋》惩劝之法，故朱子有《资治通鉴纲目》之作。他又指出：《资治通鉴纲目》一书，“纲仿《春秋》，而参取群史之良；目仿左氏，而稽合诸儒之粹。至于大经大法，则一本于圣人之述作，使明君贤辅，有以昭其功；乱臣贼子，无所逃其罪。而凡古今难制之变、难断之疑，皆得参验稽决，以合于天理之正，人心之安。”在此李氏表明，该书编修正是为突显天理之正、人心之安。为此，朱熹曾定有《凡例》。而对于现存颇为详备的19条《凡例》，虽难以完全认定系朱熹所为，但对其所体现出的核心思想、文化精神，张立文先生归结为：“明正统，斥篡贼；立纲常，扶名

① 以上均见黎靖德辑，郑明等校点：《朱子语类》卷11。

② 韩淲撰，张剑光整理：《涧泉日记》卷中。

教；除史弊，法《春秋》。”[①]该思想基本合乎朱熹主编《资治通鉴纲目》的宗旨。突出者如谢采伯指出：“诸儒西汉自孔光、张禹、刘歆、扬雄，号为儒者，或依阿取容，或谄事新室，遂至言符命者以千数。朱文公作《通鉴纲目》，标扬雄曰‘莽大夫扬雄’，自是千古定论。”[②]正因为朱熹如此重视书法义例，清人钱大昕批评道：“欧公修《唐书》，于《本纪》亦循《旧史》之例，如李林甫书薨，田承嗣、李正己书卒，初无异词，独于《宰相表》变文，有书薨、书卒、书死之别，欲以示善善恶恶之旨。然科条既殊，争端斯启，书死者固为巨奸，书薨者不皆忠谠，予夺之际，已无定论。紫阳《纲目》颇取欧公之法，而设例益繁，或去其官，或削其爵，或夺其谥。书法偶有不齐，后人复以己意揣之，而读史之家，几同于刑部之决狱矣。”[③]

在评史方面，朱熹往往以天理作为衡量标准。如他明确指出：“左氏之病，是以成败论是非，而不本于义理之正。”他又言：“《左氏传》是个博记人做，只是以世俗见识断当它事，皆功利之说。”当有人问《春秋》三传优劣时，他指出：“左氏曾见国史，考事颇精，只是不知大义，专去小处理会，往往不曾讲学。《公》《穀》考事甚疏，然义理却精。二人乃是经生，传得许多说话，往往都不曾见

① 张立文：《朱熹思想研究》第十四章“朱熹的史学思想”，中国社会科学出版社，2001 年。

② 谢采伯撰，李伟国整理：《密斋笔记》卷 2。

③ 钱大昕著，陈文和、张连生、曹明升校点：《廿二史考异》卷 46，凤凰出版社，2008 年。

国史。”[①]可见他将义理作为评判《春秋》三传优劣的主要标尺。同样，对于品评历史人物，朱熹仍以天理作为标准。如有人问及“太宗杀建成事，及王、魏教太子立功结君，后又不能死难”之事，朱熹答道：“只为衹见得功利，全不知以义理处之。”[②]在此朱熹认为对唐初唐太宗等人作为，不能仅看“功利”，而需用“义理”衡量。凡此等等。

最后，朱熹将天理作为衡量社会历史发展变化的标准。他认为三代天理流行，是王道政治；汉、唐人欲横流，是霸道政治。历史的发展呈退化之势。那么为何如此？朱熹认为关键是与帝王心术有关。他指出：“夫人只是这个人，道只是这个道，岂有三代、汉、唐之别？但以儒者之学不传，而尧、舜、禹、汤、文、武以来转相授受之心不明于天下，故汉、唐之君虽或不能无暗合之时，而其全体却只在利欲上。此其所以尧、舜、三代自尧、舜、三代，汉祖、唐宗自汉祖、唐宗，终不能合而为一也。”[③]这就是说，朱熹认为三代圣王以诚心行仁道，汉、唐帝王好利欲讲霸道。

总之，朱熹的史学思想极为丰富，此正如汤勤福先生所言，具有“以理阐史，以史证理”的鲜明特点，[④]并且它的影响颇为深远。

再如吕祖谦将理与心作为自己的最高哲学范畴。他不仅认为永恒存在的理产生天地万物，而且还规范着封建等级秩序。他言道：

---

① 黎靖德辑，郑明等校点：《朱子语类》卷 83。

② 黎靖德辑，郑明等校点：《朱子语类》卷 136。

③ 朱熹著，刘永翔等校点：《晦庵先生朱文公文集》卷 36《答陈同甫》。

④ 汤勤福：《朱熹的史学思想》第七章“朱熹史学思想在宋代史学上的地位”，齐鲁书社，2000 年。

“理之在天下，犹元气之在万物也。……理之在天下，遇亲则为孝，遇君则为忠，遇兄弟则为友，遇朋友则为义，遇宗庙则为敬，遇军旅则为肃。随一事而得一名，名虽至于千万，而理未尝不一也。气无二气，理无二理。”[①]同时，他认为理必然有触于心，心反映出天理。他断言：“乃若圣人之心，万物皆备，尚不见有内，又安得有外耶！史，心史也；记，心记也。”[②]这种以心论史的历史哲学观念具有浓厚的心学倾向。此外，他还将人心分为“内心”（又称本心、道心）和“外心”（即私心、利心）。他指出：“‘人心惟危’，人心是私心；‘道心惟微’，道心是本心。”[③]正是基于以心论史之说，他要求“于古圣贤之言行，考迹以观其用，察言以求其心，如是而后，德可畜也”[④]。

同时，吕祖谦在“识古圣贤言行”以蓄德致用方面，特别强调观史的重要性。他指出：“看史非欲闻见该博，正是要‘识前言往行，以畜其德。’”[⑤]他又言：“学者当深观《春秋》，以察天理人欲之辨。”[⑥]他还在《左氏传说》卷首“看左氏规模”中指出：“看《左传》须看一代之所以升降，一国之所以盛衰，一君之所以治乱，

---

① 吕祖谦：《左氏博议》卷3《颍考叔争车》，见黄灵庚、吴战垒主编：《吕祖谦全集》（第六册）。

② 吕祖谦：《左氏博议》卷10《齐桓公辞郑太子华》。

③ 吕祖谦：《丽泽论说集录》卷9，见黄灵庚、吴战垒主编：《吕祖谦全集》（第二册）。

④ 吕祖谦：《丽泽论说集录》卷1。

⑤ 吕祖谦：《丽泽论说集录》卷10。

⑥ 吕祖谦：《东莱吕太史别集》卷13《春秋讲义·无骇帅师入极》。

一人之所以变迁。能如此看，则所谓‘先立乎其大’者，然后看一书之所以得失。”随后他专举“隐公六、七年间”事加以论说，并且在该篇最后，他言道：“《左氏》一书，接三代之末流，五经之余派，学者苟尽心于此，则有不尽之用矣！”可见他在指导人们如何看《左氏》的同时，还认为该书着实可以致用。同时，在谈到如何观史时，他在《读史纲目》中指出：“读史既不可随其成败以为是非，又不可轻立意见，易出议论。须揆之以理，体之以身，平心熟看，参会积累，经历谙练，然后时势事情渐可识别。”[①]在此他明确强调读史需“揆之以理，体之以身”。他又指出：“看史须看一半便掩卷，料其后成败如何。其大要有六：择善、警戒、阃范、治体、议论、处事。”[②]他所列举的观史要点，无不围绕经世致用而言。他所撰的《历代制度详说》，正好体现了史学致用思想。

此外，对于人类社会发展变化问题，吕祖谦认为历史是向前发展变化的。对此，他曾针对有人言及的“湖北和广西钱荒”事，指出：“此事极则须有人变之，无人变，则其势自变。”[③]他又曾言：“天下之事，向前则有功。不向前，百年亦只如此，盖往则有功也。”[④]同时，针对时人“今不如古”之叹，他批评道：“常人之情，以谓今之事皆不如古，怀其旧俗而不达于消息盈虚之理，此所谓不‘达于事变’者也。‘达于事变’，则能得时措之宜，方可‘怀其旧俗’。

① 吕祖谦：《东莱吕太史别集》卷14。

② 吕祖谦：《丽泽论说集录》卷10。

③ 吕祖谦：《丽泽论说集录》卷9。

④ 吕祖谦：《丽泽论说集录》卷1。

若唯知旧俗之是怀，而不达于事变，则是王莽行井田之类也。”[①]由此可见，他的历史发展观含有进步成分。

总之，吕祖谦治学时因能博采众长，兼容并蓄，从而注定其史学思想不仅含有理学成分，而且更注重史学传统，形成“言性命必究于史”和“蓄德致用”的突出特色。

综上所述，随着《春秋》学和理学发展，宋代崇尚义理的史学风气得以逐步形成并迅猛发展。其间，不少研治《春秋》的学者和理学家成了该风气的主要推动者。他们往往在史著中阐发或倡导《春秋》大义，或借助史学以表明理学观点，形成以理明史、以史证理等鲜明特色。该史学风气的产生与发展，既是宋代学术文化积极推动的产物，更是宋代史学向纵深化发展的必然结果。

## 第三节 史学发展的阶段性特征

一个时代有一个时代的史学，并且每个时代史学的发展与变化除受史学自身发展因素影响外，还与该时代的社会政治以及学术文化等发展变化紧密相关。宋代史学发展也不例外，它的发展变化同样体现出明显的阶段性特征。

### 一、史学发展的阶段性

宋代史学的发展变化不仅受到时局以及相关政策发展变化的影

① 吕祖谦：《丽泽论说集录》卷3。

响，而且还与当时的学术文化、官方修史活动等紧密相关。正是由于有以上因素影响与制约，从而使得宋代史学发展具有明显的阶段性特征。

1. 北宋时期史学总体发展变化是在相对统一的社会政治环境下进行的。其间，官方主导修史，官方修史体制得以形成并日益完备，修史成就颇为突出。相对而言，私家则处于被官方带动发展的地位。当然，该时期史学发展并非铁板一块，因受时局、学术发展变化以及史学自身发展等因素影响，在不同阶段会呈现出不同的发展态势。大致而言，该时期史学可分为北宋初期、北宋中期和北宋后期共三个阶段。

（1）北宋初期史学：是指太祖、太宗时期的史学，该时期史学发展尚处于初步形成阶段。因为此时正值建国初期，完成统一与稳定国内局势是当时朝廷迫切的政治任务，太祖和太宗二位创业之君为此做出了艰苦努力，并且取得了不错战绩。对此，时人言道："五代之际，天下剖裂，太祖启运，虽则下西川，平岭表，收江南，而吴越、荆、闽，纳籍归覲，然犹有河东未殄。其后太宗再驾，乃始克之，海内自此一统。"①可见至太宗时，宋王朝才实现了"海内一统"。

伴随着国内统一局面的逐步形成与稳固，宋初统治者急需总结该段历史，并由此说明新建王朝的合法性与正统性，于是由官方主导的修史活动随即展开。同时，一些有责任感或者对历史颇为敏感的史家则依据自身所掌握的史料，积极投入到该项史学活动中。具体而言：

---

① 吴处厚撰，夏广兴整理：《青箱杂记》卷2。

一是官私方初步总结、整理与修纂五代十国史。为顺利修史，官方在修史机构设置方面，除于太宗淳化五年设立起居院外，宋初承袭唐五代修史体制，设立史馆，专门修纂日历、实录和正史等。其间，如扈蒙、董淳和贾黄中撰有《显德日历》1卷、[①]扈蒙撰有《周恭帝日历》3卷，[②]以及王溥等撰有《周世宗实录》40卷。[③]由此可知，以上史官主在编修后周史。同时，当时的私家也积极修撰史著。如范质撰有《五代通录》65卷，据晁公武言："五代《实录》共三百六十卷，质删其繁文，摭其要言，以成是书。自乾化壬申至梁亡十二年间，简牍散亡，亦采当时制敕碑碣，以补其阙。"[④]可见该书系范质主要删补五代《实录》而成。又据《崇文总目》记载："初，梁末帝无实录，质自以闻见补成之。其缵次时序，最有条理。"[⑤]此又是范质积极补足梁末帝史事的表现。又如王溥撰有《五代会要》和《唐会要》，[⑥]此系王氏热心记述唐、五代典制的成果。再如张昭远又名张昭，"博通学艺，书无不览，兼善天文、风角、太一、卜相、兵法、释老之说，藏书数万卷。尤好纂述，自唐、晋至宋，专笔削典章之任。"他著有《名臣事迹》5卷。[⑦]又参与编修过《旧唐书》、《唐庄宗实录》30卷、《唐愍帝实录》3卷、《唐废帝实录》

---

① 《宋史》卷203《艺文志》。

② 郑樵撰，王树民点校：《通志二十略·艺文略》第三。

③ 《宋史》卷203《艺文志》。

④ 晁公武著，孙猛校证：《郡斋读书志校证》卷5。

⑤ 王应麟撰，武秀成、赵庶洋校证：《玉海艺文校证》卷14《实录》。

⑥ 《宋史》卷249《王溥传》。

⑦ 《宋史》卷263《张昭传》。

17卷、《汉隐帝实录》15卷，以及《周太祖实录》30卷等。[①]可见他系官修唐、五代史书时的主力成员。它如阎自若撰有《唐末泛闻录》1卷，“记五代及诸僭伪事”[②]。总之，不难看出，宋初就有范质、王溥、张昭远以及扈蒙等著史成就突出的史家，他们的著史成果为官方继续修史奠定了坚实基础。

此后，官方主持编修了在当时颇具影响的《旧五代史》。史载：太祖开宝六年四月，朝廷下诏令参政薛居正监修，卢多逊、扈蒙、张澹、李穆和李昉等同修梁、后唐、晋、汉、周五代史。到七年闰十月书成，凡150卷，《目录》2卷。凡记十四帝，五十三年，为纪六十一、志十二、传七十七。原注：其书取《建康实录》为准。胡旦以为褒贬失实。[③]可见该书虽则及时总结了五代时期的历史，并适时表明了宋王朝建立的合法性和正统性，但时人胡旦却认为该书存在评判失实问题。与胡旦看法相似，史载仁宗嘉祐七年十二月，朝廷下诏以七史板本四百六十四卷送国子监镂板颁行，“唯开宝所修《五代史》未布，以俟笔削”[④]。又章如愚指出：“旧梁、唐、晋、汉、周各有史，宋开宝中，卢多逊、扈蒙等修五代史，史成而褒贬失实。仁宗命欧阳公修之，其立例皆寓褒贬之意。”[⑤]这说明直至仁宗末，官方对《旧五代史》仍不太满意。另据清四库馆臣所言：“其后欧阳修别撰《五代史记》七十五卷，藏于家。修没后，官为刊印，

---

① 《宋史》卷203《艺文志》。

② 陈振孙著，徐小蛮、顾美华点校：《直斋书录解题》卷7。

③ 王应麟撰，武秀成、赵庶洋校证：《玉海艺文校证》卷12《正史》。

④ 王应麟撰，武秀成、赵庶洋校证：《玉海艺文校证》卷9《雠正五经》。

⑤ 章如愚：《群书考索》卷15《正史门·五代史类》。

学者始不专习薛《史》，然二书犹并行于世。至金章宗泰和七年，诏学官止用欧阳修《史》，于是薛《史》遂微。元、明以来，罕有援引其书者，传本亦渐就湮没。”[①]由此可见，《旧五代史》传本之所以日渐湮没，既与宋代官方以及一些批评者的态度与认识有关，也与金代官方对该书传布政策的外在影响密不可分。

与此同时，对于后蜀、南唐等十国历史，宋初统治者为表明“海内一统”的合理性，及时下诏整理、纂修诸国史事。如董淳奉诏撰《孟昶纪事》。[②]不过，对于该书书名和卷数，目录著作记载有异。其中陈振孙著录为“《后蜀纪事》二卷”[③]，而《宋史》卷204《艺文志》作“《后蜀孟氏记事》三卷”。至于该书内容究竟如何，因久已亡佚，难以详知。与官修活动相对，勾延庆私自撰有《续锦里耆旧传》3卷，据清人朱彝尊在该书《跋》中言：“予年来思注欧阳子《五代史记》，求野史于蜀，若毛文锡《前蜀记事》二卷，董淳《后蜀记事》三卷，李昊《蜀书》二十卷，张靓《锦里耆旧传》一卷，俱佚不传。仅存者张唐英《蜀梼杌》十卷，今止二卷。若勾延庆《续锦里耆旧传》三卷，恐亦非完书也。延庆字昌裔，成都人，官应灵县令。书成于开宝二年。起咸通九年，迄乾德三年。一名《成都理乱记》。卷中载《李昊降表》及从降三十二人，入除目者二十六人，李顺、王均、刘旴作乱亦略载之，可以资采获者。惜太常博士张约序已亡之矣。”[④]由此可见，当时史家亦私自撰有前、后蜀史著

① 《四库提要》卷46“旧五代史”解题。

② 《宋史》卷439《郑起传》。

③ 陈振孙著，徐小蛮、顾美华点校：《直斋书录解题》卷5。

④ 朱彝尊：《曝书亭集》卷44。

多部。

同样，对于徐铉、汤悦奉诏修撰的《江南录》，马令指出：汤悦“仕南唐为宰相。……后仕皇朝，奉太宗皇帝敕，撰《江南录》十卷，自言有陈寿史体”。又徐铉“后仕皇朝，与汤悦同奉敕撰《江南录》，至于李氏亡国之际，不言其君之过，但以历数存亡论之。君子有取焉”[①]。可见该书因出自南唐旧臣之手，故难免存有故国情怀。此外，据苏象先言：“祖父常得徐铉《李王墓碣》，云：‘武侯以崎岖之地，拙于应变；偃王以仁义之师，终于亡国。’当时以此得罪太宗，终躬不复召。”[②]可见徐铉等确因袒护南唐故主而得罪了宋太宗。除以上官修南唐史著外，宋初私家亦有及时汇聚南唐史料者。如徐铉弟子郑文宝在太宗太平兴国二年《南唐近事序》中言道：“南唐烈祖、元宗、后主三世，共四十年，起天福丁酉之春，终开宝乙亥之冬。君臣用舍，朝廷典章，兵火之余，史籍荡尽，惜乎前事十不存一。余匪鸿儒，颇常嗜学，耳目所及，志于缣缃，聊资抵掌之谈，敢望获麟之誉，好事君子无或陋焉。”可见该书系郑氏主依见闻撰成的南唐著述。

此外，荆南孙光宪曾被高从诲“辟之，用为掌书记，自是凡笺奏书檄皆出其手”。孙氏“每患兵戈之际，书籍不备，遇发使诸道，未尝不厚赍金帛购求焉。于是三年间，收书及数万卷。……又尝慕史氏之作，自恨诸侯幕府不足展其才力，每谓交亲曰：‘安知获麟

---

① 以上均见马令撰，李建国校点：《南唐书》卷23《归明传》下，见傅璇琮、徐海荣、徐吉军主编：《五代史汇编》，杭州出版社，2004年。

② 苏象先撰，储玲玲整理：《丞相魏公谭训》卷10，《全宋笔记》第三编第三册，大象出版社，2008年。

之笔，反为倚马之用。'"[1]他在荆南归宋之时，劝谏之功甚巨。史载："秘书监孙光宪曰：'中国自周世宗时，已有混一之志。况圣宋授命，真主出焉。'以理谕继冲，令献三州之地。延钊军至，继冲出迎于郊，而前锋遽入其城。"[2]可见喜好藏书著述的孙氏，对当时时势发展有着清醒认识。他撰有《续通历》10卷，系"辑唐洎五代事，以续马总《历》，参以黄巢、李茂贞、刘守光、阿保机、吴、唐、闽、广、湖、越、两蜀事迹"。[3]可见该书是孙氏有意辑录记述唐、五代史事的有为之作。不过，因其"纪事颇失实，太平兴国初，诏毁之"[4]。该事究竟如何？虽难以确知全貌，但如《钓矶立谈》作者在记述南唐元宗事时，指出："是以荆渚孙光宪叙《续通历》云：'圣表闻于四邻。'"[5]可知孙氏对南唐等有褒奖之意，这或许是该书被毁的重要原因之一。

综上所述，宋初朝廷出于政治因素考虑，及时下诏修纂五代以及后蜀、南唐等国史著，虽取得了一定成就，但或因修撰者有意避讳，或因史料不够完备，或因观点有所偏颇，从而使得这些史著存在一定缺陷，以至于此后散佚严重。不过，它们与私家所撰五代十国史籍一起，既为此后五代十国史修撰奠定了史料基础，也为日益完善五代十国史修撰埋下了伏笔。

---

① 周羽翀撰，俞钢校点：《三楚新录》卷3，见傅璇琮、徐海荣、徐吉军主编：《五代史汇编》。

② 王称：《东都事略》卷24《高继冲传》。

③ 晁公武著，孙猛校证：《郡斋读书志校证》卷5。

④ 《宋史》卷483《孙光宪传》。

⑤ 史□撰，虞云国、吴爱芬整理：《钓矶立谈》，《全宋笔记》第一编第四册，大象出版社，2003年。

二是官私方初步纂修宋太祖创业史。此间颇为突出的是，《太祖实录》初修本得以完成。史载：太宗太平兴国三年，朝廷下诏李昉、扈蒙、李穆、郭贽、宋白、董淳和赵邻几同修，沈伦总其事。更历二载，完成《太祖实录》50卷。该书纪事起创业，迄山陵，凡十七年。[①]对于该初修本，晁以道在《元符三年应诏封事》中指出："太宗患国初承学之士所撰《太祖实录》不足以尽创业之大美，诏张洎等重修《太祖实录》，而今之好学者犹多求旧史以考同异，是旧史之不可掩如此，不若因之以公天下，而不措意于其间也。且夫初欲增美者，犹不能塞后世异同之辩，而初谓辩谤者，能免后世二三之议乎？"[②]可见该书纪事少"增美"而颇具原始性，故受到此后一些好学求真之士追捧。淳化五年夏四月，因太宗指出"今《实录》中颇有漏略，可集史官重撰"，于是朝廷诏命吏部侍郎兼秘书监李至、翰林学士中书舍人张洎、右谏议大夫史馆修撰张佖、范杲同修国史。[③]到该年冬十月，翰林学士张洎等献重修《太祖纪》一卷，"以朱墨杂书。凡躬承圣问及史官采摭之事，即朱以别之。史未及成，洎迁参知政事，宋白独领史职。历数岁，史卒不就，洎等所上《太祖纪》，亦不列于史馆云。"[④]可见此次重修未能顺利完成。

又据史载：早在太宗雍熙四年九月，直史馆胡旦言："自建隆元年至雍熙三年，实录、日历皆未备。臣按汉明帝后撰《光武纪》，至灵帝时成百二十七卷，今《东观记》是也。唐太宗述国初起义，

---

① 晁公武著，孙猛校证：《郡斋读书志校证》卷6。

② 晁以道：《景迂生集》卷1。

③ 李焘：《长编》卷35。

④ 李焘：《长编》卷36。

纪、传、表、志每朝编录，至代宗成百三十卷，今《旧唐书》是也。望准汉、唐故事，撰纪、表、传、志，以备将来国史。”朝廷诏以史馆西庑别置修史院，给钱五百千为公用，写御书吏七人供其役。可惜“未几，成三卷，会（胡旦）迁知制诰，罢史职。以孔维、李觉代之，以不称职罢修纂”[①]。这是胡旦以《东观汉记》等编修做法为凭依，希望朝廷及时撰修国史，可惜最终未能顺利进行。

此外，对于宋太祖获取帝位等事，时人多有记述。如赵普撰有《龙飞日历》1卷，“记显德七年正月艺祖受禅事。是年改元建隆，三月，普撰此书。普时为枢密学士”。又如《景命万年录》和《艺祖受禅录》各1卷，据晁公武记述：“皆未详撰人，记赵氏世次，艺祖历试，迄受禅事。”[②]凡此等等。

总而言之，该时期五代十国史编修仍处于初步阶段，即便是官方主修的《旧五代史》《江南录》以及蜀史等，仍然未能使官方满意。同时，在本朝史编修方面，《太祖实录》初修本的完成，仅仅是拉开了本朝史编修的序幕。此外，起居注和时政记等进御制的实施，为皇帝干预修史合法化与正常化开了恶例。

（2）北宋中期史学：指真宗、仁宗和英宗时期的史学。该时期既有宋、辽以及宋、西夏等和战，又有东封西祀、庆历新政等重要内政，它无疑是宋代政治与社会发展极为重要的时期。在该阶段，史学在初期发展基础上，史书种类不断增多，史书修纂日益兴盛，修史制度进一步完善。尤其值得一提的是，当时的政风和学风对史学发展演变产生了巨大影响。具体而论：

---

① 王应麟：《玉海》卷168《宫室·雍熙修史院》。

② 以上均见晁公武著，孙猛校证：《郡斋读书志校证》卷6。

一是官私方持续总结、编修五代十国史和唐代史。此时吴越等国已完全被纳入北宋版图，五代十国乃至唐代历史需要进一步总结，一些史家在此前官方诏修与部分私家初步著述基础上，对五代十国乃至唐代历史做了逐步补充完善甚至重修等工作。

如前所述，五代历史虽已有官修史书对其做了记述、总结，但官方记述、总结是否完备？尤其是若从正统论以及社会伦理道德等方面考察，该段历史究竟如何认识？又对于某些敏感人物以及重要史事的品评与处理，如何才能达到恰当完美？这是当时人欲努力解决的问题。其中，在补足史事方面，如王禹偁对因何要撰写《五代史阙文》[①]，他在该书《序》中指出："臣读五代史，总三百六十卷，记五十三年行事，其书固亦多矣。然自梁至周，君臣事迹传于人口而不载史笔者往往有之，或史氏避嫌，或简牍漏略，不有纪述，渐成泯灭，善恶鉴诫，岂不废乎？因补一十七篇，集为一卷，皆闻于耆老者也。"可见他旨在用耆老见闻以补官史缺漏。其中，如在"梁太祖"条下，记"梁太祖岐下系鞢"事，他指出："臣谨按梁祖以天复三年迎唐昭宗于岐下，岁在甲子，其年改天祐，至国初建隆庚申岁，才五六十年矣，然则乾德七十岁人皆目睹其事。盖唐室自懿宗失政，天下乱离，故武宗已下《实录》不传于世，昭宗一朝全无记注。梁祖在位止及六年，均王朝诏史臣修《梁祖实录》，岐下系鞢之事，耻而不书。晋天福中，史臣张昭重修《唐史》，始有《昭宗本纪》，但云即位之始，有会昌之风、岐阳事迹，不能追补。此亦明唐昭宗有英睿之气，而衰运不振；又明左右无忠义奋发之臣，致梁

① 按：对于该书撰成时间，徐规先生认为，"据《五代史阙文》卷末〈王朴〉条考定，应在咸平二年六月宰相李沆等上《重修太祖实录》之后。"参见其著《王禹偁事迹著作编年》，见《仰素集》。

祖得行其志，有所警诫，不可不书。”又如在“王朴”条下，记“有殿直乘马误冲太祖道从而王朴建议不应勘诘”事，他指出：“臣谨按朴之行事，传于人口者甚众，而史氏阙书。臣闻重修《太祖实录》，已于《李穀传》中见朴遗事，今复补其大者。况太祖、太宗在位，每称朴有公辅之器，朝列具闻。”凡此等等，均表明对于官修史书有意避讳、阙漏之处，王禹偁特意做了补充，并且以按语形式加以说明。由此可见，大约至真宗时，对于五代重要君臣史事，虽有官私方尤其是官修等多种史籍，但仍需不断补修改正。这也是私家推动史书编修日益走向完备的体现。

又据周煇言：“大中祥符五年，浔阳陶岳作《五代史补》百余条，盖补王元之内相《五代史阙文》未备者。”[①]对此，陶岳亦在《五代史补序》中指出：“五代之相承也，其辟土则不广，享祚则不永，干戈尚被于原野，声教未浃于华夏，虽唐室名儒或有存者，然俎豆军旅，势不两立，故其史书漏落尤甚。近年以来，议者以国家诞膺宝命，廓清区宇，万邦辐辏以入贡，九流风动而观政，五代之书，必然改作。岳自惟浅陋，久居冗散，一札诏下，恐非秉笔之数，因思自幼及长，侍长者之座，接通人之谈，至于诸国窃据，累朝创业，其间事迹颇曾寻究，因书其所闻，得百余条，均其年代，为之次序，勒成五卷，命曰《五代史补》。”由此可见，陶氏坚信“五代之书，必然改作”，因此他凭借自身见闻，在《五代史阙文》基础上，对五代史事有意补作，以至于清四库馆臣称赞道：“然当薛《史》既出之后，能网罗散失，裨益缺遗，于史学要不为无助也。”[②]

① 周煇撰，刘永翔、许丹整理：《清波杂志》卷12。

② 《四库提要》卷51。

此外，有意撰补五代史事的私家史著还有：胡旦撰《五代史略》43卷、[①]孙冲撰《五代纪》77卷、刘攽撰《五代春秋》1部，[②]以及尹洙撰《五代春秋》1卷，[③]等等。

同时，在补足五代史料之时，不少史家更着眼于表明自身观点。如王皞撰有《唐余录（史）》30卷，陈振孙指出："是时惟有薛居正《五代旧史》，欧阳修书未出。此书有纪，有志，有传，又博采诸家小说，仿裴松之《三国志注》，附其下方，盖五代别史也。其书列韩通于《忠义传》，且表出本朝褒赠之典，《新》《旧史》皆不及此。"[④]可见在对韩通死难之事的定性上，王氏见识胜于他人。又据晁公武记述：王皞"以本朝当承汉、唐之盛，五代，则闰也，故名之曰《唐余录》"[⑤]。同样，郑向撰有《五代开皇纪》30卷。史载："五代乱亡，史册多漏失，向著《开皇纪》三十卷，摭拾遗事，颇有补焉。"[⑥]又据王应麟记述，郑氏言："唐明宗祈天愿早生圣人，是五代闰紫，实开皇朝也，目曰'开皇'。"[⑦]由此可见，王、郑二氏均主宋统承唐之说。此后，欧阳修依据其"正统观"，认为后梁"于正统则宜绝，于其国则不得为伪"[⑧]。他将该看法具体运用到了

---

① 王称：《东都事略》卷38《胡旦传》。

② 《宋史》卷203《艺文志》。

③ 王应麟撰，武秀成、赵庶洋校证：《玉海艺文校证》卷7《续春秋》。

④ 陈振孙著，徐小蛮、顾美华点校：《直斋书录解题》卷4。

⑤ 晁公武著，孙猛校证：《郡斋读书志校证》卷6。

⑥ 《宋史》卷301《郑向传》。

⑦ 王应麟撰，武秀成、赵庶洋校证：《玉海艺文校证》卷13《杂史》。

⑧ 欧阳修撰，李逸安点校：《欧阳修全集》卷16《或问》。

《新五代史》编修中，如在该书卷 2《梁本纪》末声称："呜呼！天下之恶梁久矣！自后唐以来，皆以为伪也。至予论次五代，独不伪梁。"此外，王轸撰有《五朝春秋》25 卷，"托始于吴越"。[①]对于该书，晁说之评论道："讬始于吴越，犹之鲁也。忠懿王文武之才，于是乎亦可少窥矣。"[②]总之，以上诸位史家或者以书名体现观点，或者以独特编排表明看法，此均属他们对于五代历史的不同认识。

同样，随着十国历史尘埃逐渐落定，私家对该段史实补充完善以及认识进入了新阶段。其间既有补足完善已有史著者，也有为无史之国补撰史著者。如郑文宝在《江表志序》中指出："太宗皇帝欲知前事，命汤悦、徐铉撰成《江南录》十卷，事多遗落，无年可编，笔削之际，不无高下，当时好事者往往少之。文宝耳目所及，编成三卷。方《国志》则不足，比《通历》则有余，聊补足以俟来者。"可见郑氏基于官修《江南录》存在史料不足等问题，从而撰成了《江表志》。又如张唐英撰有《蜀梼杌》（一作《外史梼杌》）10 卷，他在该书《自序》中指出："王、孟父子四世，凡八十年，比之公孙述辈，最为久远。其间善恶之迹，亦可为世之鉴戒。……真宗时，知制诰路公振修《九国书》，有前蜀、后蜀世家、列传，然而繁简失当，尚多疏略。……予家旧藏《前蜀开国记》《后蜀实录》，凡一百三十卷，尝欲焚弃而不忍。今因检阅始终，削去烦冗，编年叙事，分为十卷。"并且他表明："凡《五代史》及《皇朝日历》所载者，皆略而不书。"可见张氏鉴于路振《九国书》所记前、后蜀事"尚多疏略"，于是主依所藏前蜀和后蜀原有史籍，撰成了《蜀梼杌》

① 王应麟撰，武秀成、赵庶洋校证：《玉海艺文校证》卷 13《编年》。

② 晁说之：《景迂生集》卷 18《跋忠懿王草圣》。

一书。再如王保衡撰有《晋阳见闻要录》1卷，[①]对此，司马光在《资治通鉴考异》中指出："河东刘氏有国，全无记录，惟其旧臣中书舍人、直翰林院王保衡归朝后，所纂《晋阳伪署见闻要录》"云云。[②]可见对于全无国史记录的北汉而言，王氏该书弥足珍贵。

不仅如此，随着十国诸国史的不断涌现，以及相关史料的日益丰富，一些史家有意将十国作为整体加以贯通叙述。如据薛季宣言："旧书国自为例，滤漫杂芜而不可稽考。治平中，知制诰路振始志九国，成一家书，惜其得书未备，疏略者多，荆南一篇阙而不录，御史张唐英补志北楚，书稍就完。"[③]可见因十国诸国之史体例不一，纪事杂芜，路振为此撰成《九国志》。《九国志》共51卷，[④]系路氏"尝采五代九国君臣事作世家、列传，行于世"[⑤]。对于此后该书何以会变成《十国志》？除前述薛氏所言张唐英补足《北楚书》外，另一种说法为：路振之孙路纶"又增高氏季兴，为《十国志》"，英宗治平元年六月上之。[⑥]又如王举撰有《天下大定录》1卷，据陈振孙言："始高季兴，终刘继元。其所记疏略，独江南稍详。书本十卷，今但为一卷，恐非全书也。"[⑦]即该书不仅纪事略有偏重，而且它流传至南宋后期时，已非全书了。

此外，对于唐代历史，一方面，在后晋所修《旧唐书》基础上，

① 《宋史》卷204《艺文志》。

② 司马光：《资治通鉴》卷292后周太祖显德元年十一月"北汉主殂"注文。

③ 薛季宣：《浪语集》卷30《叙十国纪年》，文渊阁《四库全书》本。

④ 《宋史》卷204《艺文志》。

⑤ 王称：《东都事略》卷115《路振传》。

⑥ 王应麟撰，武秀成、赵庶洋校证：《玉海艺文校证》卷13《杂史》。

⑦ 陈振孙著，徐小蛮、顾美华点校：《直斋书录解题》卷5。

宋人不断搜集、补充以及完善着唐史史料，继续总结、反思着唐代历史，并且由此还形成了有别于五代人的新认识。另一方面，北宋中期出现的种种社会政治危机，促使时人需要对唐代历史加以总结，以期达到以史为鉴的政治目的。

具体而言，早在宋初，一些士人便有意宣扬以及搜集、整理唐代史事。如韩溥，长安人，唐宰相韩休之后，“多知唐朝氏族，与人谈，娓娓可听，号为‘近世肉谱’，缙绅颇推之。”[①]这是唐代士族后裔热心追述、宣扬唐代史事的典型例证。又如赵邻几“常欲追补唐武宗以来实录，孜孜访求遗事，殆废寝食，会疾革，唯以书未成为恨。至淳化中，参知政事苏易简因言及邻几追补《唐实录》事。……太宗遣直史馆钱熙往取其书，得邻几所补《会昌以来日历》二十六卷”[②]。此则是私家鉴于唐后期史料残缺严重，于是有意追补唐后期史事的具体体现。总之，以上例证虽然不多，但通过一些私家乐于谈史、补史举动可知，宋初时人对于唐史仍存有一定热情，它无疑是宋人唐史学发展不可或缺的阶段。

又在朝廷重修《新唐书》前后，宋代私家撰有不少唐代史史著。其中，以编年体史著而言，主要有孙甫的《唐史记》75卷和陈彭年的《唐纪》40卷。[③]对于孙甫之书，据陈振孙言：“甫以《唐书》烦冗遗略，多失体法，乃修为《唐史》，用编年体。自康定元年逮嘉祐元年，成七十五卷，为论九十二首。”[④]由此可知，因孙氏对《旧

---

① 王称：《东都事略》卷115《韩溥传》。

② 《宋史》卷439《赵邻几传》。

③ 王应麟撰，武秀成、赵庶洋校证：《玉海艺文校证》卷13《编年》。

④ 陈振孙著，徐小蛮、顾美华点校：《直斋书录解题》卷4“唐史论断”解题。

唐书》纪事与体例均不满，从而选用编年体撰成了该书。又对于陈彭年之书，李焘指出：“彭年所撰《唐纪》，盖用编年法，次刘明远《新书》，最号疏略，故三百年治乱善恶之迹，彭年亦多所脱遗。其后欧阳修、宋祁别修纪、志、表、传，及司马光编集《资治通鉴》行于世，则彭年此《纪》宜无足观。然彭年之用意亦勤矣，犹可与袁、干、裴、元等备一家言，而荀悦所谓参得失、广视听者，要不可废也。”[①]由此可知，陈氏该书纪事虽则疏略，但具有简明化特色。总之，以上二书虽各有自身特点，但均难以摆脱残佚命运，尤其是《唐纪》在《新唐书》和《资治通鉴》冲击下，由于自身存在严重缺陷，逐渐消亡是其必然结果。此外，赵瞻撰有《唐春秋》50卷。[②]同样，由删定《旧唐书》而成的史著有刘直方撰《大唐机要》30卷。据王应麟记述，刘氏对《唐书》“删冗补遗”[③]。又丁度除撰有《大唐史略》100卷之外，则刊定《唐书纪》10卷、《志》40卷。[④]此外，基于现实之需，宋人所撰鉴戒类史著有：石介所撰《唐鉴》“行于世”[⑤]。江休复撰有《唐鉴》5卷。[⑥]李及之“尝撰次唐史有益治体者”，为《君臣龟鉴》80卷。[⑦]范师道字贯之，系范仲淹之侄。

---

① 马端临：《文献通考》卷193《经籍考》。

② 王应麟撰，武秀成、赵庶洋校证：《玉海艺文校证》卷7《续春秋》。

③ 王应麟撰，武秀成、赵庶洋校证：《玉海艺文校证》卷13《编年》。

④ 杜大珪：《名臣碑传琬琰集》上卷三《丁文简公度崇儒之碑》，文渊阁《四库全书》本。

⑤ 王称：《东都事略》卷113《石介传》。

⑥ 曾巩撰，王瑞来校证：《隆平集校证》卷15《江休复传》。

⑦ 《宋史》卷310《李及之传》。

尝为《唐史》，著君臣治忽之迹。“命藏秘阁，有诏褒美。”[①]王曙撰有《唐书备问》3卷。[②]凡此等等。

再是《新唐书》编修完成，实属该时期最为突出的史学成就。对于该书编修缘起，据王应麟记述：“咸平中，校《三国志》《晋》《唐书》，后又校《隋书》《南》《北史》。独《唐书》以讹略不用，改修，十七年乃成。”[③]晁公武进而指出：《旧唐书》“繁略不均，校之实录，多所漏阙，又是非失实，其甚至以韩愈文章为大纰缪，故仁宗时删改，盖亦不得已焉。”[④]由此可见，《旧唐书》因存在史实阙略、是非失实等缺陷，故被重修。同时，对于《新唐书》参编者的前后变动状况，据史载：“初，贾昌朝建议修《唐书》，始令馆职日供《唐书》所未载者二事附于本传，命祁与王尧臣、杨察、张方平为修撰。又命范镇、邵必、宋敏求、吕夏卿为编修，而以昌朝提举。昌朝举王畴编修。必以为史出众手，非是，辞之。昌朝罢相，以丁度兼领；度卒，刘沆代之；沆罢，王尧臣代之；尧臣卒，曾公亮代之。《唐书》初修，而尧臣以忧去。方平、察相继出外，祁遂独秉笔，虽外官亦以稿自随。久之，又命欧阳修刊修，分作纪、志。刘羲叟修《律历》《天文》《五行志》，将卒业，而梅尧臣入局，修《方镇》《百官表》。祁与范镇在局一十七年，王畴一十五年，宋敏求、吕夏卿并各十年，刊纂纪、志六十卷，列传一百五十卷，至是书成。”[⑤]据此可知，该书重修实由后晋史官贾纬之从曾孙贾昌朝发

① 龚明之撰，张剑光整理：《中吴纪闻》卷3《范贯之》。

② 尹洙：《河南集》卷12《王曙神道碑铭并序》，文渊阁《四库全书》本。

③ 王应麟撰，武秀成、赵庶洋校证：《玉海艺文校证》卷15《论史》。

④ 晁公武著，孙猛校证：《郡斋读书志校证》卷5“唐书”解题。

⑤ 王称：《东都事略》卷65《宋祁传》。

起，并且提举变动频繁，编修官队伍始终未能稳固。

对于《新唐书》主要部分编修大体分工、取材以及内容增改状况，据张九成言：《新唐书》“纪、志出于欧阳公，列传出于宋公，《天文》《律历》《五行志》则刘羲叟为之，《方镇》《百官表》则梅尧臣为之，《礼仪》《兵制》初出于王景彝，未竟而卒”[①]。又据赵彦卫记述：“至本朝修《唐书》，曾鲁公提举，欧阳公分修帝纪，宋祁公修列传，而志、表乃范镇、王畴、宋敏求、吕夏卿、刘羲叟分修。今观《百官志》乃《唐六典》，《地理志》乃《十道志》，《礼乐志》乃《开元礼》云。”[②]可见该书纪、传、表、志主要撰修者还是较为明确的，又部分志的史源亦可得知大概。再据陈振孙言：《新唐书》“凡废传六十一，增传三百三十一，志三，表四”[③]。《新唐书》对《旧唐书》具体增废情况，可参考吕夏卿《唐书直笔》卷 4《新例须知》。

宋人在看待、评价《新唐书》时，明显存在褒贬不一现象。如苏颂曾言：仁宗“平生无所好，惟修《唐书》及制雅乐”[④]。可见，重修《新唐书》是仁宗平生极为看重的事。又据吴缜在《新唐书纠谬序》中言：“我宋之兴，一祖五宗，重熙累洽，尊儒敬道，储思艺文，日以崇广学校、修纂文史为事，故名臣缀缉，不绝于时。前朝旧史如《唐书》洎《五代实录》，皆已修为新书，颁于天下。其间，惟《唐书》自颁行迨今，几三十载，学者传习，与迁、固诸史均

① 赵希弁撰，孙猛校证：《郡斋读书志校证·读书附志》之“唐鲙”解题。

② 赵彦卫撰，朱旭强整理：《云麓漫抄》卷 5，《全宋笔记》第六编第四册，大象出版社，2013 年。

③ 陈振孙著，徐小蛮、顾美华点校：《直斋书录解题》卷 4。

④ 苏象先撰，储玲玲整理：《丞相魏公谭训》卷 1。

焉。”由此说明该书颇受当时学者重视。甚至还有训释其书者，如窦苹撰有《音训》4 卷，据王应麟记述：“《新书》多奇字，观者必资训释。苹发挥良多。”[①]又据王观国言：“《唐书释音》，饶州老儒董衡所进，颇为详悉。”[②]可见以上二人均对《新唐书》做了详细训释，由此更便于读者参阅。

与此相对，对《新唐书》纠谬、批评者亦不乏其人。除吴缜的《新唐书纠谬》外，王观国就指出：“近时有《唐史辨疑》一帙，疏《新唐史》之舛误，其事数百，颇为详悉。观国读《唐史》，于《辨疑》之外，复有可疑者，今列于下方。……凡此皆修史之际，讨论之失也。”[③]以上均系时人辨疑《新唐书》记事舛误之作。又如王称评论道：“唐有天下，载祀三百，其兴衰治乱之迹，必考信于史，而《旧书》则纪次无律，惩劝不明，不可以训。祁与诸儒博采旧闻，作为《新史》，于是一代之典粲然大备。然其为书，事虽增而失之冗，文虽省而失之略，此未免有是非轻信之蔽，虽然能与班、马并驱，则虽长于载记者，有不能，乌虖！祁亦良史也哉！”[④]在此王氏认为《新唐书》仍存在“事冗文略、是非轻信”之弊。再如陈振孙指出：“今案旧史成于五代文气卑陋之时，纪次无法，详略失中，论赞多用俪语，固不足传世。而新书不出一手，亦未得为全善。本纪用《春秋》例，削去诏令，虽太略犹不失简古，至列传用字多奇涩，殆类虬户铣溪体，识者病之。”[⑤]可见按陈氏说法，《新唐书》

① 王应麟撰，武秀成、赵庶洋校证：《玉海艺文校证》卷 15《论史》。

② 王观国撰，徐时仪、郑晓霞整理：《学林》卷 7《新唐书释音》。

③ 王观国撰，徐时仪、郑晓霞整理：《学林》卷 3《唐史疑》。

④ 王称：《东都事略》卷 65 末。

⑤ 陈振孙著，徐小蛮、顾美华点校：《直斋书录解题》卷 4。

存在成于众手以及列传“用字多奇涩”等不足。凡此等等。

最后，还需提及的是，英宗治平三年夏四月，朝廷命司马光编修历代君臣事迹，官方支持下的《资治通鉴》编修工作正式拉开了序幕。

二是官私方本朝史编修兴盛。一方面，该时期朝廷着重编修成的官修史籍主要有：真宗咸平元年九月诏修，至二年六月完成《太祖实录》重修本，以及大中祥符九年诏修，至次年完成《太祖实录》增修本；至道三年十一月诏修，至咸平元年八月完成《太宗实录》初修本，以及大中祥符九年二月诏修，至次年完成《太宗实录》增修本；乾兴元年十一月诏修，至天圣二年三月完成《真宗实录》。[①]景德四年八月诏修，大中祥符九年二月完成《两朝正史》120卷，以及仁宗天圣五年二月诏修，八年六月增修成《三朝国史》150卷。[②]可见至此时已基本完成了北宋前三朝实录和国史的编修工作。同时，天圣五年冬十月，经王曾奏请，明道元年二月完成《三朝宝训》30卷。它是宋朝编修《宝训》的开始。又早在咸平六年八月，钱惟演上《圣政录》2卷。[③]此后圣政、政要等同类著述明显增多。再是天圣八年秋七月，朝廷诏修国朝会要，至庆历四年夏四月成书。[④]这是宋朝编修本朝《会要》的开始。以上三类史籍开始编修，既丰富了官修史籍种类，也为宋朝统治者以史求治提供了合适素材。

另一方面，随着官修史籍日渐增多，一些学者将其作为主要史

① 王应麟撰，武秀成、赵庶洋校证：《玉海艺文校证》卷14《实录》。

② 王应麟撰，武秀成、赵庶洋校证：《玉海艺文校证》卷12《正史》。

③ 王应麟撰，武秀成、赵庶洋校证：《玉海艺文校证》卷15《政要宝训》。

④ 李焘：《长编》卷109仁宗天圣八年秋七月丁巳。

源，有意选编有名臣传、圣政录等。如史载：《两朝名臣传》30卷，系“真宗、仁宗《实录》中后妃、诸臣等列传，不知作者”。又《咸平诸臣传》1卷，“起雷有终，迄路振，凡三十九人，不知作者。”又如胡讷撰《孝行录》2卷、《贤惠录》2卷和《民表录》3卷。①再如孙甫撰《三圣政范》，石介撰《三朝圣政录》。②此外，陈湜撰《三朝逸史》1卷，③等等。以上这些史著或反映名臣言行，或体现本朝圣政，或凸显孝道节义。它们的出现，既是编修者主观意愿的体现，更是社会需要的反映。它们流行于世时，必然有助于政风和民风转变。同时，据晁公武言：“近世著史者，喜采小说，以为异闻逸事，如李繁录其父泌、崔允记其父慎由事，悉凿空妄言。……而《唐书》皆取之，以乱正史。由是近时多有家传、语录之类行于世。”可见因《新唐书》编修时参取了诸多私家著述，从而引发了当时纂修家传、语录的热潮。如韩忠彦撰《韩魏公家传》2卷，记录其父韩琦平生行事。张咏门人李畋撰《张忠定公语录》4卷，记录张咏守蜀善政。④以及无名氏撰《杜祁公语录》1卷，⑤等等。这些出自门生子弟之手的私家著述，不仅多方面展现了所记人物多样化的生活场景，而且是官史纪事的必要补充。

三是正史校勘印行成就明显。除《史记》《汉书》和《后汉书》在此时仍不时校正外，史载：真宗咸平三年冬十月，朝廷下诏校

---

① 以上均见王应麟撰，武秀成、赵庶洋校证：《玉海艺文校证》卷24《录》。

② 王应麟撰，武秀成、赵庶洋校证：《玉海艺文校证》卷15《政要宝训》。

③ 《宋史》卷203《艺文志》。

④ 以上均见晁公武著，孙猛校证：《郡斋读书志校证》卷9。

⑤ 陈振孙撰，徐小蛮、顾美华点校：《直斋书录解题》卷7。

《三国志》《晋书》和《唐书》，五年毕。不过，《唐书》将别修，不刻版。又仁宗天圣二年六月，校《南》《北史》和《隋书》，四年十二月毕。[①]再据晁公武记述："嘉祐中，以《宋》《齐》《梁》《陈》《魏》《北齐》《周书》舛缪亡阙，始诏馆职雠校，曾巩等以秘阁所藏多误，不足凭以是正，请诏天下藏书之家悉上异本。久之，始集。治平中，巩校定《南齐》《梁》《陈》三书上之，刘恕等上《后魏书》，王安国上《周书》。"[②]总之，据以上史籍记载可知，至英宗时，《旧唐书》之前的正史已基本得到官方校正，随后不少正史得以刊印行世，它无疑更便于广大官僚士大夫购藏、参阅。

四是其他类史著纂修有较快发展。突出者如《春秋》学在此时极为兴盛。如孙复撰《春秋尊王发微》12卷和《春秋总论》1卷，王沿撰《春秋集传》15卷，刘敞撰《春秋传》15卷、《春秋权衡》17卷、《春秋说例》11卷以及《春秋意林》2卷，等等。[③]同时，该时期研治《春秋》者多不专于传注，而是以己意解经。如孙复"治《春秋》，不惑传注，不为曲说以乱经"[④]。又如周尧卿撰《春秋说》30卷，《宋史·周尧卿传》记载：他"为学不专于传注，问辨思索，以通为期。长于《毛》《郑诗》及《左氏春秋》。……其学《春秋》，由左氏记之详，得经之所以书者，至《三传》之异同，均有所不取。曰：'圣人之意岂二致耶?'"[⑤]可见他对《春秋》传注有着自己的认

① 王应麟撰，武秀成、赵庶洋校证：《玉海艺文校证》卷9《雠正五经》。

② 晁公武著，孙猛校证：《郡斋读书志校证》卷5"宋书"解题。

③ 《宋史》卷202《艺文志》。

④ 欧阳修撰，李逸安点校：《欧阳修全集》卷30《孙明复先生墓志铭》。

⑤ 《宋史》卷432《周尧卿传》。

识。其他史著还有不少，余不一一。

总之，该时期随着人们对于五代十国史不断反思与总结，官方修史体制日渐定型化，以及朝廷重整社会伦理道德的现实之需，使得官私方史学发展进入了一个崭新时期。如前所述，诸如《新唐书》和《新五代史》完成问世，《资治通鉴》开始编纂，《春秋》学兴盛，还有本朝实录、国史、圣政、宝训以及会要陆续编修完成等，它们均是史学自身发展与现实社会之需在史学领域的突出体现。与北宋初期史学相比，无论在修史体制、史书数量与种类、治史队伍规模、史学思想丰富程度，以及史书社会普及化等方面，均取得了突飞猛进的发展，该时期无疑是宋代史学发展具有显著变化的时期。

（3）北宋后期史学：指神宗、哲宗、徽宗和钦宗时期的史学。该时期属于变革时期，熙丰变法、元祐更化、绍圣绍述以及崇宁变革等构成了该时期政治活动的主线。其间，虽然随着元丰官制的推行，新的官方修史体制得以制度化、完备化，修史活动也在持续进行，但当时的政风直接影响到史学发展，甚至随着朝廷政争的不断激化，史学沦为各党派政治斗争的工具。加之朝廷实施阶段性史禁，使得史学发展变得曲折艰难，乃至时而呈现单一化发展格局。同时，在学风方面，王安石新学成为官学，并且占据主导地位，它在客观上对史学尤其是私家著史构成了强烈的抑制作用。不过，该时期史学发展并非一成不变，其中元祐时期作为政治上的更化时期，相应地，此时的史学风气承袭了北宋中期史学传统，与熙丰时期形成了强烈反差。此外，建中靖国以及靖康时期，随着政治风气急剧转变，史学风气也出现短暂性变化。具体而言：

一是官方持续编修本朝史。其间，朝廷于仁宗嘉祐八年十二月诏修，神宗熙宁二年七月完成《仁宗实录》200 卷；熙宁元年正月诏修，二年七月完成《英宗实录》30卷；哲宗元祐元年二月诏修，六年三月完成《神宗实录》元祐本；绍圣元年四月诏修，三年十一月重修完成《神宗实录》绍圣本；徽宗元符三年诏修，至大观四年四月完成《哲宗实录》初修本。[①]又熙宁十年五月诏修，元丰五年六月完成仁宗、英宗《两朝国史》120卷；元祐七年七月诏修，崇宁三年完成《神宗正史》；大观四年四月诏修，政和四年五月完成《哲宗正史》210卷。[②]其他持续撰修的有会要、宝训和圣政等，在此不再赘述。由此可见，仁宗和英宗朝实录与国史最终成书于该时期，神宗和哲宗朝实录与国史编修在本阶段取得了带有鲜明政治倾向的时段性成果。

此外，元丰七年十二月，历经十九年艰苦努力，司马光主持完成了《资治通鉴》294卷。[③]

二是官方尊崇新学与阶段性禁史态势下的史学，使得史学发展极为艰难曲折。北宋后期除元祐、建中靖国和靖康三时段之外，王安石新学始终占据绝对主导地位，客观上它对此时史学发展起到明显抑制作用。同时，朝廷或者权臣阶段性地贬抑史学，使得史学地位受到严重打压。

其中对于新学抑制史学现象，朱弁结合具体事例论说道："科举自罢诗赋以后，士趋时好，专以《三经义》为捷径，非徒不观史，而于所习经外他经及诸子无复有读之者，故于古今人物及时世治乱

---

① 以上均见王应麟撰，武秀成、赵庶洋校证：《玉海艺文校证》卷14《实录》。

② 王应麟撰，武秀成、赵庶洋校证：《玉海艺文校证》卷12《正史》。

③ 《宋史》卷16《神宗纪》。

兴衰之迹亦漫不省。元祐初，韩察院以论科举改更事，尝言臣于元丰初差对读举人试卷，其程文中或有云：‘古有董仲舒，不知何代人。’当时传者莫不以为笑。此与定陵时省试，举子于帘前上请云：‘尧、舜是一事，是两事’绝相类，亦可怪也。”[①]可见在以新学作为科举取士主导科目的现实背景下，广大士子“不观史”现象极为突出，甚至还闹出了不知董仲舒为何代人的笑话。到大观二年九月，朝廷又下诏：“比闻诸路州学有阁藏书，皆以经史为名，方今崇八行以迪多士，尊《六经》以黜百家，史何足言。应已置阁处，可赐名‘稽古’。”[②]在此经史阁改名稽古阁，仅尊《六经》而不言史的政治导向更加使得广大官僚士大夫有了趋时性读书治学偏向。总之，无论是崇奉新学导致的学风转变，还是朝廷有意贬抑史学，均使得史学地位受到严重打压，由此造成的弊端也极为明显。如郑刚中就指出：“崇、观舍法之弊，肉食鄙人倡为肤浅之说，学校之士从而听之。自本经、《语》《孟子》外，尽指为驳杂不纯之书，漫不加意。间有论议汉、唐间人物者，则朋友笑之，师儒黜之，曰：‘是安得粗拙之语？’故一时气概意象，熟烂委靡。及化为绅笏贵人，则进无保国捍难之功，退无仗节死义之行。此无他，无古以鉴今尔！”[③]在此郑氏表明，正因为朝廷内外不重视历史，从而导致临难乏忠义之士，士人无以古鉴今意识。

不过，面对朝廷内外不利于史学发展的艰难局面，仍有一些帝王以及官僚士大夫尽力予以扭转。如据朱弁言：“（朱）行中尝与坡

① 朱弁撰，张剑光整理：《曲洧旧闻》卷3。

② 苗书梅等点校：《宋会要辑稿·崇儒》二。

③ 郑刚中：《北山集》卷9《答梅秀才》，文渊阁《四库全书》本。

言，裕陵晚年深患经术之弊，某时判国子监，因上殿，亲得宣谕，令教学者看史。”[①]依照朱氏所言，神宗晚年亦对“经术之弊”有所反省深思，并且要求重视历史。又如陈瓘作为反对王安石之学的突出人物，史载：“公尝为别试所主文。林自谓蔡卞曰：‘闻陈瓘欲尽取史学，而黜通经之士，意欲沮坏国是，而动摇荆公之学也。’卞既积怒，谋将因此害公，而遂禁绝史学。计划已定，唯候公所取士求疵，立说而行之。公固预料其如此，乃于前五名悉取谈经及纯用王氏之学者，卞无以发，然五名之下，往往皆博洽稽古之士也。公尝曰：‘当时若无矫揉，则势必相激，史学往往遂废矣。故随时所以救时，不必取快目前也。’”该纪事反映出陈氏以灵活方式消减了新学在取士时的绝对威力。又史载：“公每谓：‘天下之事，变故无常，唯稽考往事，则有以知其故而应变。王氏之学，乃欲废绝史学，而咀嚼虚无之言，其事与晋无异，将必以荒唐乱天下矣。’故弹蔡京疏文有曰：‘绝灭史学，一似王衍；重南轻北，分裂有萌。’”[②]这又是陈氏表明史学不可废绝的基本看法。再如据元人陆友仁记述：“周子充闻徐敦立言：政和、宣和间，后生少读史。一日，沈状元晦以博学至京师，东南士子翕然宗之，来者满门，闻举古事，莫不竦听。惟歙人金彦亨在下坐，数摇其首，乡人问故，则云某事误，某事非。退而考按，信然。”[③]这说明沈晦虽然在讲史时出现失误，但仍受到诸多“少读史”士子追捧。

---

① 朱弁撰，张剑光整理：《曲洧旧闻》卷2。

② 以上均见朱熹撰，李伟国校点：《三朝名臣言行录》卷十三之三《谏议陈忠肃公》。

③ 陆友仁：《研北杂志》卷上。

同时，神宗熙宁年间，《春秋》未被列于学官，导致《春秋》学发展在北宋后期出现时段性变化。对此，杨时在《孙先生春秋传序》中明确指出："熙宁之初，崇儒尊经，训迪多士，以为三传异同无所考正，于《六经》尤为难知，故《春秋》不列于学官，非废而不用也，而士方急于科举之习，遂阙而不讲，可胜惜哉！"[①]可见《春秋》之所以未被列入学官，则缘于《春秋》"三传异同无所考正"、《春秋》在《六经》中尤为"难知"之故，但其影响则极为严重。突出者如"常秩旧好治《春秋》，凡著书讲解，仅数十卷，自谓圣人之意皆在是矣。及诏起而王丞相介甫不好《春秋》，遂尽讳所学"[②]。这是随时好而讳言所学的典型例证。而与此形成鲜明对照的是，据朱震言："故东川布衣崔子方，当熙宁间，宰相王安石用事，不喜《春秋》之学，正经三传不列学官。是时颍阴处士常秩号知《春秋》，尽讳其学，追逐时好，况不知者乎？逮于元丰，习已成俗，莫敢议其非者。而子方独抱遗经，闭门研究，著《春秋经解》《本例》《例要》三书，相为表里，自成一家之言，以遗子孙。"[③]可见崔子方则不趋时好，独守所学，并且自成一家之言。又如据叶適言："有彬老者，北游程氏师生间，得性命微旨，经世大意。方禁《春秋》学，《石经》甫刻即废，彬老窃赂守者，自摹藏之。"[④]这是时

① 杨时：《龟山集》卷25，文渊阁《四库全书》本。

② 彭乘撰，孔凡礼整理：《墨客挥犀》卷7引《倦游杂录》，《全宋笔记》第三编第一册，大象出版社，2008年。

③ 崔子方：《春秋经解》书前《朱震札子二通》，文渊阁《四库全书》本。

④ 叶適著，刘公纯、王孝鱼、李哲夫点校：《叶適集·水心文集》卷17《沈仲一墓志铭》。

人设法私传《春秋》的突出例证。

到哲宗元祐时期，随着更化举措积极推行，朝廷内外崇奉《春秋》之风甚盛。如元祐元年九月，刘绚任太学博士时，朝廷敕言："《春秋》之废，于今二十年矣，讲者不以为师，而学者不以为弟子。孔氏之遗书而陵迟至是，朕甚悯之！尔能讲诵其说，遭弃而不废，盖将有见于此。夫三传之义，其得之者多矣，附以啖、赵，无蔽于一家，庶几士有考焉！"[①]在此当政者特意褒扬了坚持讲诵《春秋》的刘绚。刘绚著有《春秋》5卷，史载他"力学不倦，最明于《春秋》"[②]。又如朱长文撰有《春秋通志》20卷，他在该书《序》中指出："熙宁中，王荆公秉政，以《诗》《书》《易》《礼》取天下士，置《春秋》不用，盖病三家之说纷纠而难辨也。由是学者皆不复治此经，独余于忧患颠沛之间，犹志于是。会元祐初，诏复立于学宫，而余被命，掌教吴门，于是首讲大经，以授学者。……绍圣初，被召为太学博士，复讲此经。乃裒其所录，次为二十卷，名之曰《通志》。使学者由之可以见圣人之道，如破荆榛而瞻门庭，披云雾而观日月也。异日立朝端，断国论，立宪章，施政教，可推其本旨而达于行事，岂小补哉！"[③]在此朱氏不仅阐明了他之所以撰述《春秋通志》的缘由，而且还指出了《春秋》所蕴含的现实功用。再如苏辙撰有《春秋集传》12卷，"本《左氏》，参《公》《穀》、啖、赵。"它如孙觉撰有《经社要义》6卷，"其学亦出啖、赵，凡四十余门。"[④]可见当时名士苏、孙二氏亦积极撰述了《春秋》类著述。

① 苏辙著，陈宏天、高秀芳点校：《苏辙集·栾城集》卷27。

② 《宋史》卷428《刘绚传》。

③ 朱长文：《乐圃余稿》卷7。

④ 王应麟撰，武秀成、赵庶洋校证：《玉海艺文校证》卷6《春秋》。

凡此等等。

但到徽宗朝，《春秋》学又处于艰难发展境地。如据王若冲记述："《春秋》博士，废之久矣，诸王有得此书阅者，太上闻之不怿。宣谕蔡絛曰：'《春秋》之书，多弑君、弑父之事，为人臣子者岂宜观哉？'絛顿首从容对曰：'《春秋》者，鲁之《史记》也。周德既衰，君臣失守，上下无别，孔子所以惩恶劝善，以正褒贬，使后世知惧。凡君子之所疑而不决者，至《春秋》而后定。故司马迁曰：《春秋》，礼仪之大宗也。为人君而不知《春秋》者，前有谗臣而不见，后有贼臣而不知；为人臣而不知《春秋》者，守经事而不知其宜，遭变事而不知其权。愿陛下试取一观之。'他日，絛因奏事，太上谓曰：'比取《春秋》读之，始知宣圣之深意，恨见此书之晚。'自是披览不倦。"[①]按王氏所记，徽宗"北狩"时经蔡絛推劝才读《春秋》，未必可信。但在徽宗当政时，《春秋》不受重视，尤其是徽宗不大喜好该书则是事实。又如萧楚字子荆，庐陵人，"绍圣间贡于乡，不第，因留太学。时方尚词赋，子荆独崇经术，尤深于《春秋》。从其学者尝百余人。会蔡京当国，黜《春秋》之学，子荆慨然引还，移书谓冯澥曰：'蔡氏废麟经，忘尊王之义矣。是将为宋王莽，吾不愿仕。'澥得书不敢答。澥亦尝受《春秋》大义。……有《春秋经辩》行于庐陵。"[②]可见萧楚在徽宗时能排除干扰，专治所好之学。

---

① 王若冲撰，程郁、余珏整理：《北狩行录》，《全宋笔记》第四编第八册，大象出版社，2008年。

② 曾敏行撰，朱杰人整理：《独醒杂志》卷6，《全宋笔记》第四编第五册，大象出版社，2008年。

而到钦宗朝时，据庄绰言："靖康初，罢舒王王安石配享宣圣，复置《春秋》博士，又禁销金。时皇弟肃王使敌，为其拘留未归，种师道欲击之，而议和既定，纵其去，遂不讲防御之备。太学轻薄子为之语曰：'不取肃王废舒王，不御大金禁销金，不议防秋治《春秋》。'"[①]可见在国家深处危难关头，《春秋》却得以被尊崇。

总之，北宋后期《春秋》学的发展变化，始终与朝政变化交织在一起，这明显反映出政风对学风具有巨大影响。

此外，北宋后期政治风云翻转无常的客观现实，促使一些时人撰有与现实政治相关联的史著。如蔡京撰有《党人记》1卷，蔡絛撰有《北征纪实》2卷。[②]可惜蔡京父子以上史著或佚或残，无法获知详情。又如马永锡撰有《元和录》3卷，据陈振孙言："自元和三年牛、李对策，以至大中十三年令狐绹罢相，唐朋党本末具矣。"[③]此书虽然记述的是唐代牛、李党争之事，但其成书于同样党争极为激烈的北宋后期，它显然属于受现实激发的有为之作。再如马令撰有《南唐书》30卷，其中在门类设置上就有《党与传》《廉隅传》《苛政传》以及《归明传》等类传，此亦属受现实启发之作。它如费枢撰有《廉吏传》10卷。[④]凡此等等。

该时期其他重要私著还有刘恕撰《十国纪年》42卷，薛季宣评论道："是书盖一世奇作，其叙事微而赡，简而详，疏而有旨，质而不芜，广博辞文，贤于国志旧史远甚。然而牵于多爱，泛取兼收，

① 庄绰撰，夏广兴整理：《鸡肋编》卷中。

② 《宋史》卷203《艺文志》。

③ 陈振孙著，徐小蛮、顾美华点校：《直斋书录解题》卷5。

④ 《宋史》卷203《艺文志》。

琐务中人，尚多志载；至其书法，端不俟后言而见。”[①]又晁公武指出：“以予考之，长于考异同，而拙于属文。其书国朝事，皆曰宋，而无所隐讳。意者各以其国为主耳。”[②]可见以上二人对刘书优劣做了较为中肯的评价。又如张唐英撰《仁宗政要》和《宋名臣传》。[③]再如欧阳忞撰《舆地广记》38 卷。[④]它如苏辙撰《古史》60 卷。[⑤]如此等等。

三是元祐时期形成独特史风。该时期作为更化时期，不仅在政治举措上一反熙丰时的做法，而且在史学发展方面则直承庆历史风。除前述《春秋》学颇受推崇外，该时期私家所撰重要史著有：司马光撰《稽古录》20 卷，范祖禹撰《仁皇训典》6 卷、《唐鉴》12 卷和《帝学》8 卷，[⑥]王岩叟撰《中宫懿范》，[⑦]等等。在以上史著或者史著所述内容中，就不乏推崇仁宗之治者。

与此同时，该时期学术辩驳与政治斗争紧密相关。如王安石曾撰有《洪范传》1 卷，元祐中博士孙谔则撰《洪范会传》1 卷，“颇攻王氏之失。”王雱撰有《新经尚书》13 卷，杨时则撰《书义辨疑》1 卷，“专攻王雱之失。”又苏轼撰《书传》13 卷，亦“驳王氏之说为多”[⑧]。同样，王安石自撰《周礼新义》22 卷，杨时则撰《辨疑》

① 薛季宣：《浪语集》卷 30《叙十国纪年》。

② 晁公武著，孙猛校证：《郡斋读书志校证》卷 7。

③ 《宋史》卷 351《张唐英传》。

④ 《宋史》卷 204《艺文志》。

⑤ 《宋史》卷 203《艺文志》。

⑥ 《宋史》卷 203《艺文志》。

⑦ 王称：《东都事略》卷 90《王岩叟传》。

⑧ 王应麟撰，武秀成、赵庶洋校证：《玉海艺文校证》卷 3《书·书九意》。

1卷，“攻安石之书。”[①]可见王安石父子之书受到一些元祐执政者或者推崇者激烈辩驳。

总而言之，在北宋后期史学发展变化中，官方修史取得了较大成就，甚至到徽宗时，各类官修著述极为详备。对此，魏了翁指出：“国朝列局修书，至崇、观、政、宣而后尤为详备，而其书则经史图、乐书、礼制、科条、诏令、记注、故实、道史、内经。”[②]该时期官修史著种类虽颇为完备，但不少史著带有鲜明的政治倾向。与此同时，该时期私家史学也得到一定程度发展，但因受到政风以及学风严重干扰和影响，使得私家著史处于极为不利境地。因此，与北宋中期史学相比，该时期史学发展属于相对低潮时期。

2. 南宋时期的史学呈现出官私方史学齐头并进、共同发展的良好态势。其间，面对偏安一隅的国家处境以及中兴初期史籍散佚严重等客观现实，官方采取强有力举措使得史学得以迅速恢复和发展。又各地编修地方志和立祠崇贤之风颇盛，此为该时期史学增添了新的亮点。在此考虑到该时期史学本身发展状况以及不同时段政风和学风对史学影响等因素，大体可将该时期史学划分为前、后两个阶段。

（1）南宋前期史学：指高宗、孝宗、光宗和宁宗时期的史学。遭受“靖康之难”后，新建的南宋王朝迫切需要总结北宋亡国以及南宋中兴的历史，以便重聚人心，振奋士气。因此，该时期官私方史学均得到较快恢复和发展。但随着时间推移，人们谈论、探究往

① 王应麟撰，武秀成、赵庶洋校证：《玉海艺文校证》卷5《三礼·熙宁新经周礼义》。

② 魏了翁：《鹤山先生大全文集》卷51《临川诗注序》。

昔史事的兴趣会逐渐消退。对此，理宗淳祐四年，张端义就明确指出："而渡江以来，隆、绍间士大夫犹语元符、宣、政旧事，淳熙间士大夫犹语炎、隆旧事。庆元去淳熙未远，士大夫知前事者渐少。嘉定以后，视宣、炎间事，十不知九矣，况今端、淳乎？"[①]可见往昔史事会随着时间流逝而逐渐淡出人们的视野。该时期史书编修所反映出的阶段性特点，正与人们的兴趣转移相合拍。

一是官方注重整理、编纂北宋后期史与私家偏重编撰北宋史。史载建炎元年五月一日，高宗即位赦书称："应蔡京、童贯、王黼、朱勔、李彦、梁师成、谭稹及其子孙，皆误国害民之人，见流窜者更不收叙。"到次日，高宗降手诏指出："宣仁圣烈皇后保佑哲宗，有安社稷大功。奸臣怀私，诬蔑圣德，著在国史，以欺后世。可令国史院别差官摭实刊修，播告天下。其蔡卞、邢恕、蔡懋，三省取旨行遣，仍不得用建炎元年五月一日赦。"周煇对此指出："议者谓中兴新政，孰先于此，抑推原祸乱之自云。"[②]可见高宗甫一即位，便对北宋末期权奸做了严厉处置，并且直接拉开了编修北宋后四朝史的序幕。至绍兴四年五月，朝廷正式下诏重修神宗和哲宗实录。[③]至绍兴六年和八年，神宗和哲宗二朝实录相继完成重修。同时，绍兴七年，诏修《徽宗实录》，到二十八年才告完成。不过，孝宗乾道五年十二月又诏重修，至淳熙四年三月宣告完成。《钦宗实录》则始修于乾道二年十二月，至四年四月上进。[④]伴随着北宋后四朝实录

① 张端义撰，许沛藻、刘宇整理：《贵耳集》卷中。

② 周煇撰，刘永翔、许丹整理：《清波杂志》卷2。

③ 李心传撰，胡坤点校：《要录》卷76高宗绍兴四年五月癸酉。

④ 王应麟撰，武秀成、赵庶洋校证：《玉海艺文校证》卷14《实录》。

诏修与完成，编修北宋后四朝国史的条件已经具备。于是在绍兴二十八年八月，朝廷设置国史院，先诏修神宗、哲宗和徽宗三朝正史。到孝宗淳熙十三年十一月，《四朝国史》完成上进。[①]其他有关北宋后四朝宝训、圣政、会要以及玉牒等亦在同时编修，在此不再赘述。总之，到孝宗时，朝廷基本编修完成了北宋后四朝史，官方对北宋后四朝历史的看法也已基本成型。

与官方积极从事北宋后四朝史编修相呼应，私家亦在积极总结、纂述北宋史。如绍兴九年正月，王铚上奏《元祐八年补录》及《七朝国史》。[②]淳熙十年，李焘上奏《续资治通鉴长编》980卷和《举要》68卷，十二年［十］二月，熊克上所著《九朝通略》。十三年八月，王称进献《东都事略》130卷。[③]又徐度撰有《国纪》65卷，李丙撰有《丁未录》200卷。[④]王炎撰有《东都纪年》30卷。[⑤]再是汪藻撰有《靖康要录》16卷，徐梦莘撰有《三朝北盟会编》250卷。凡此等等。在以上史著中，如李焘在隆兴元年进呈太祖朝《长编》奏状中明确指出："臣尝尽力史学，于本朝故事尤切欣慕，每恨学士大夫各信所传，不考诸实录、正史，纷错难信。如建隆、开宝之禅授，涪陵、岐魏之迁殁，景德、庆历之盟誓，曩宵、谅祚之叛服，嘉祐之立子，治平之复辟，熙宁之更新，元祐之图旧，此最大事，

---

① 王应麟撰，武秀成、赵庶洋校证：《玉海艺文校证》卷12《正史》。

② 王应麟撰，武秀成、赵庶洋校证：《玉海艺文校证》卷12《正史》。

③ 李心传撰，徐规点校：《建炎以来朝野杂记》甲集卷4《续资治通鉴长编》。

④ 《宋史》卷203《艺文志》。

⑤ 王炎：《双溪类稿》卷25《东都纪年序》，文渊阁《四库全书》本。

家自为说。臣辄发愤讨论，使众说咸会于一。”[①]由此表明，他旨在以官修国史为主体，广泛参考私家著述，系统总结北宋历史，以期达到使众说“咸会于一”的目的。而他的这种目的，也是当时诸多史家共同的愿望。

二是官私方积极编修南宋史。其间，朝廷于淳熙十五年三月开修，至嘉泰二年春正月完成《高宗实录》500卷。庆元元年七月，又诏修《孝宗实录》；嘉泰元年二月，则诏修《光宗实录》。至嘉泰三年四月，《孝宗实录》500卷和《光宗实录》100卷得以同时完成。[②]嘉泰二年二月，在《高宗实录》刚完成上进的基础上，朝廷下诏编修《高宗正史》，[③]由此拉开了编修《中兴四朝国史》的序幕。其他如宝训、圣政、会要以及玉牒等亦在正常修撰，在此不再一一列举。

与此同时，私家亦在积极撰修南宋本朝史。如熊克撰有《中兴小历》41卷、赵甡之撰有《中兴遗史》60卷、李焘撰有《思陵大事记》36卷和《阜陵大事记》2卷、李心传撰有《建炎以来系年要录》200卷。[④]又李心传还撰有《建炎以来朝野杂记》甲乙集共40卷，陈振孙评论道：“盖南渡以后，野史之最详者。”[⑤]其他如章颖撰有《四将传》4卷，系“中兴名将刘锜、岳飞、李显忠、魏胜之传也”[⑥]。

---

① 马端临：《文献通考》卷193《经籍考》“续通鉴长编举要”解题。

② 王应麟撰，武秀成、赵庶洋校证：《玉海艺文校证》卷14《实录》；《宋史》卷38《宁宗纪》。

③ 《宋史》卷38《宁宗纪》。

④ 陈振孙著，徐小蛮、顾美华点校：《直斋书录解题》卷4。

⑤ 陈振孙著，徐小蛮、顾美华点校：《直斋书录解题》卷5。

⑥ 赵希弁撰，孙猛校证：《郡斋读书志校证·读书附志》。

凡此等等。

三是其他各类史著不断涌现。突出者除《春秋》学著述外，如郑樵撰有《通志》200卷、吕祖谦撰有《大事记》27卷、朱熹撰有《资治通鉴纲目》59卷、袁枢撰有《通鉴纪事本末》42卷，以及胡宏撰有《皇王大纪》80卷，[①]陆游撰有《新修南唐书》15卷，[②]等等。此外，该时期也是地方志编修的兴盛期，以现存该类著述而言，就有《乾道临安志》15卷、《淳熙三山志》42卷、《嘉泰会稽志》20卷、《嘉定镇江志》22卷，以及《嘉定赤城志》40卷，等等。

四是与史学发展密切相关的立祠建堂等尚贤活动有所发展。如孝宗淳熙十六年，赵彦操于平江府府学建五贤堂，纪念陆贽、范仲淹、范纯仁、胡瑗和朱长文。[③]该举措旨在表彰唐、宋时期此地所涌现出的贤达之士。又如詹仪之字体仁，登绍兴二十一年进士第。史载："乾道间，张宣公守乡郡，吕成公分教，公方占家食，日以问学为事。淳熙二年，公知信州时，朱文公、吕成公俱在鹅湖，往复问辨无虚日。及帅广东，首以濂溪旧治立祠曲江上，张宣公为之记。"[④]可见詹氏作为理学传人，为宦治政时极为注重敬仰理学先贤。再如嘉定五年春正月，天台郡学始建四先生祠，纪念周敦颐、二程和朱熹。[⑤]凡此等等。可见南宋前期时人不仅注重纪念先贤人物，而

① 《宋史》卷203《艺文志》。

② 陈振孙著，徐小蛮、顾美华点校：《直斋书录解题》卷5。

③ 范成大撰，陈振岳校点：《吴郡志》卷4《学校》，江苏古籍出版社，1986年。

④ 郑瑶等：《景定严州续志》卷3，见《宋元方志丛刊》。

⑤ 林表民编：《赤城集》卷8刘爚《四先生祠堂记》，文渊阁《四库全书》本。

且对理学先贤崇尚纪念活动日渐增多，范围日趋广泛。

总之，该时期史学发展呈现出官私并进、史学成就突出等显著特点。其间，尤为值得一提的是，私家进献史书现象极为突出，如前所述的王铚、郑樵、王称、熊克甚至李焘等均如此。正因为如此，《宋会要·崇儒》中专列有“献书升秩”标目，其中多数条目是有关南宋前期的。

（2）南宋后期史学：指理宗、度宗和嬴国公时期的史学。在南宋前期史学发展基础上，此时制度化的官方修史活动虽然仍在进行，但因该时期宋与蒙古（元）冲突日益加剧，南宋国土残破严重，加之权相专权，使得该时期官方修史日渐受到极大冲击，以至于末期史籍严重不备。同时，私家撰史也取得了一定成绩，但并不明显。此外，理学对史学抑制作用显著。

具体而言，一是在官方修史方面，据史料记载，《宁宗实录》历经数次编修上进，《理宗实录》亦曾编修。对其成书状况，据元史官记述：“《宁宗实录》四百九十九册，《理宗实录初稿》一百九十册。”[①]又苏天爵指出：“理、度两朝，事最不完。《理宗日历》尚二三百册，《实录》纂修未成，国亡，仅存数十册而已。”他又言：“今《理宗实录》未完，度宗、卫王、哀帝皆无《实录》。”[②]由此可见，除《宁宗实录》已完成外，《理宗实录》未完成，理宗后诸朝尚无实录。同时，《中兴四朝国史》仍在编修，是否成书则只

① 《宋史》卷203《艺文志》。

② 苏天爵撰，陈高华、孟繁清点校：《滋溪文稿》卷25《三史质疑》。

能存疑。[1]此外，地方官员主导编修地方志成效显著。如现存有：《宝庆四明志》21卷、《开庆四明续志》12卷、《景定建康志》50卷、《景定严州续志》10卷、《淳祐临安志》6卷以及《咸淳临安志》96卷等。其间，在前期地方志编修基础上，此时地方志续修现象突出，体例创新明显，甚至还出现了卷帙较大、内容丰富的地方志，它们的史料参考价值也有所增强。总之，从以上修史状况可知，虽然明显受到朝廷内外诸多不利因素干扰和影响，但该时期朝廷与地方对修史均极为重视，官方修史取得了一定成效。

二是此时私家撰史虽取得一定成就，但与南宋前期相比，因受战乱等因素干扰，史著存流难以保证，从而导致该时期私家著史成果并不显著，况且有些史著仅属承袭此前史书体裁体例编就，或者系抄撰、续编之作，它们明显缺乏创新。如彭百川撰《太平治迹统类》40卷和《中兴治迹统类》30卷，[2]杨仲良撰《长编纪事本末》150卷，均属运用纪事本末体撰就的本朝史著述。又如高斯得撰《孝宗系年要录》，[3]熊庆胄撰《中兴三朝通略》。[4]以上二书则系续编李心传和熊克之作。再如吕中撰《皇朝大事记》，[5]此属专门评论本朝

① 按：蔡崇榜先生认为，"《中兴四朝国史》的修撰估计其中有部分并未定稿，是难以称为'完书'的。要之，高、孝、光三朝稍详，宁宗朝则颇疏略；帝纪与诸志略备，而列传则杂乱有遗漏。"见《宋代修史制度研究》第七章"历朝国史的修纂"。

② 《宋史》卷203《艺文志》。

③ 《宋史》卷409《高斯得传》。

④ 熊庆胄：《勿轩集》卷1《熊竹谷文集跋》。

⑤ 王应麟撰，武秀成、赵庶洋校证：《玉海艺文校证》卷13《编年》。

史事的史论性著述。凡此等等。

三是随着理学地位不断抬升，理学在南宋后期学术发展中日渐占据主导地位，它对史学的渗透与抑制作用极为明显。其间，注重突显鲜明观点的纲目体史书以及旨在达到社会教化目的的言行录日益增多。如尹起莘撰《纲目发明》59卷、江珪和吕中撰《纲目论断》20卷。[①]又陈均撰《皇朝编年纲目备要》30和《中兴两朝编年纲目》18卷，无名氏撰《续编两朝纲目备要》16卷。再是李幼武撰《皇朝名臣言行录》续集8卷、别集26卷和外集17卷等。同时，受当时主流学风影响，一些史家推崇理学，甚至学术兴趣日益转向了理学。如史家李心传虽则一度主持过官方修史活动，并且他本人史学成就相当突出，但他晚年的学术兴趣却发生了极大转变。对此，其弟子高斯得言："秀岩先生，近世大儒也，世徒见其论著藏于明堂石室金匮玉版，遂以良史目之，不知先生中年以后穷极道奥经术之邃，有非近世学士大夫所能及者。"[②]该评论恰能说明理学对史学影响不可忽视。不过，现实情况虽则如此，但一些理学家以及理学崇尚者以特有方式推动着史学传承。如真德秀和魏了翁作为南宋晚期知名理学家，他们不惜余力地宣扬理学及其理学家著述，其间自然包括理学家的史学成果。据史载："自（韩）侂胄立伪学之名以锢善类，凡近世大儒之书，皆显禁以绝之。德秀晚出，独慨然以斯文自任，讲习而服行之。党禁既开，而正学遂明于天下后世，多其力也。"[③]同样，史载："侂胄亦以误国诛。朝廷收召诸贤，了翁预焉。会史

---

① 赵希弁撰，孙猛校证：《郡斋读书志校证·读书附志》。

② 高斯得：《耻堂存稿》卷5《跋李秀岩先生学易编诵诗训》。

③ 《宋史》卷437《真德秀传》。

弥远入相专国事，了翁察其所为，力辞召命。丁生父忧，解官心丧，筑室白鹤山下，以所闻于辅广、李燔者开门授徒，士争负笈从之。由是蜀人尽知义理之学。”[①]此外，理学家及其崇奉者纷纷创建书院，修建先贤祠，设立忠烈庙，其主旨虽在于传承、宣扬理学观念，但它对相关历史知识传播、社会风俗转化等不无益处。

四是史书简明化以及史学普及化极为突出。一方面，在科举教育制度和官私印刷业强力助推下，社会民众尤其是广大士子、蒙童等喜好参阅简明化和通俗化史书，从而使得该类史著日益增多。如李埴撰有《皇宋十朝纲要》25 卷，[②]楼昉撰有《宋十朝纲目》并《撮要》，[③]张洽撰有《左氏蒙求》和《续通鉴长编事略》。[④]还有现存黄继善《史学提要》2 卷、南宫靖一《小学史断》2 卷，以及刘时举《续宋中兴编年资治通鉴》15 卷等。它们均属社会民众对该类史著有所需求的产物。另一方面，民间讲史活动极为活跃。如仅据吴自牧言：“又有王六大夫，元系御前供话，为幕士请给讲，诸史俱通。于咸淳年间敷演《复华篇》及《中兴名将传》，听者纷纷。”[⑤]由此可见，若从讲者身份看，王六大夫曾系朝廷讲史官。又从所面对的受众看，已从宫廷走向社会。再从所讲说内容看，明显宣讲本朝史事，因而它更贴近现实社会，对大众吸引力更强。类似事例还有一些，余不一一。

---

① 《宋史》卷 437《魏了翁传》。

② 王应麟撰，武秀成、赵庶洋校证：《玉海艺文校证》卷 15《政要宝训》。

③ 《宋史》卷 43《理宗纪》。

④ 《宋史》卷 430《张洽传》。

⑤ 吴自牧：《梦粱录》卷 20《小说讲经史》，中国商业出版社，1982 年。

总之，该时期官方修史虽取得一定成就，但后期史书不备现象突出。又私家著史多沿袭、模仿之作，创新性不够明显。再是史学发展受理学渗透与抑制作用明显，史书简明化以及史学普及化现象突出。它与南宋前期史学相比，已明显处于史学发展缓慢时期。

综上所述，宋代史学发展的阶段性极为明显。之所以如此，一是与宋代时局变动以及朝廷政策导向密切相关。二是与官方修史体制与修史状况紧密相连。三是与史料本身丰缺变化以及私家著述状况不无关系。四是与学术文化发展变化密切关联。

## 二、史学发展的第一次显著变化

随着宋代修史制度逐步完备，文化教育事业蓬勃发展，儒学复兴运动日渐展开，以及自安史之乱后，由割据分裂走上统一的客观现实，均需人们在深刻反思和总结历史中提高认识，由此在北宋中期便形成了史学发展的第一次显著变化。具体而言：

一是从史学自身发展变化来看，首先，对前代历史的总结性史著在该时段占据突出地位。如前所述，在北宋初期史学得以初步形成基础上，该时期官私方对唐五代十国史编修极为兴盛。这不仅表现在史家人数众多，相关史著种类多样，史书数量繁多，而且还体现在史书修撰主旨极为鲜明。如石介著有《唐鉴》5卷，“以戒奸臣、宦官、宫女，指切当时，无所讳忌。”[①]由此说明诸如石介等史家将以史为鉴作为真正的治史目的。其他如《新唐书》等无不如此。

其次，宋代官修本朝史籍种类至此基本齐备，并且其现实功用

① 《宋史》卷432《石介传》。

极为突出。如前所言，随着官方修史体制完全建立，各种本朝史编修更加系统完备。其间，宝训、圣政以及会要开始编修，不仅使得该类史籍编修日渐制度化，而且其现实功用在政治实践活动中得以逐步实施。

再次，名臣传、家传和语录类著述日益增多。一方面，正如前所言，一些时人适时从官方史书中摘编名臣事迹，并单独成书流传。另一方面，如前所述，受《新唐书》取材旁及私家著述影响，一些名家门生子弟及时汇聚名贤语录以及名宦家世史料。这种做法既是世人尊崇名贤的体现，更是现实社会需要树立名贤典范、以便教化民众的反映。

最后，官方校史以及刊刻印行历代正史成就显著。随着雕版印刷发展与科教文化事业的现实需要，宋代朝廷极为重视对历代正史校刊工作。该工作涉及宋代之前的所有正史，尤其是诸如《史记》和《汉书》等经过多人多次校勘整理。而经过朝廷如此精心校勘整理的正史，不仅便于专业参考者阅读使用，而且有利于它们在社会上广泛传播。

二是北宋中期学风对史学推动作用明显。北宋中期是疑古惑经思潮推动下儒学复兴运动极为兴盛的时期。[①]据陆游言："唐及国初，学者不敢议孔安国、郑康成，况圣人乎？自庆历后，诸儒发明经旨，非前人所及，然排《系辞》，毁《周礼》，疑《孟子》，讥《书》之《胤征》《顾命》，黜《诗》之《序》，不难于议经，况传注

---

① 对该问题的研究成果主要有：叶国良《宋人疑经改经考》，台湾大学出版委员会，1980 年；杨新勋《宋代疑经研究》，中华书局，2007 年；杨世文《走出汉学：宋代经典辨疑思潮研究》，四川大学出版社，2008 年，等等。

乎？”[①]彭龟年亦指出：“自刘氏为《七经小传》，以经名家者皆有训义，欧阳氏、陈氏、王氏、苏氏，其最著也。虽其学深浅不同，然其间析理精微、守道纯固者，自汉以下，诸儒鲜能及之。”[②]王应麟同样表明：“自汉儒至于庆历间，谈经者守训故而不凿。《七经小传》出，而稍尚新奇矣。至《三经义》行，视汉儒之学若土梗。”[③]可见刘敞《七经小传》带动效应极为明显。正因为如此，蒙文通先生指出：“庆历时代，然后朝野皆新学之流。”[④]

受疑古惑经思潮直接影响，北宋中期《春秋》学极为兴盛。对其由来，朱长文指出：“唐儒啖助始作《三传集解》，赵伯循又为之损益。陆淳会稡其说，作《纂例》《辨疑》《微指》之类，取其长而弃其短，撮其是而删其非，又颇益以己说。由是《春秋》之学初得会通，学者赖焉。本朝孙明复隐泰山三十年，作《尊王发微》，据经推法，洞究终始，不取三传，独析诸圣人之言，明诸侯、大夫功罪，得于经之本指为多。庆历中，仁宗皇帝锐意图治，以庠序为教化之本，于是兴崇太学，首善天下。乃起石守道于徂徕，召孙明复于泰山之阳，皆主讲席。明复以《春秋》，守道以《易》学，士大夫翕然向风，先经术而后华藻。”[⑤]由此可见，北宋时期的《春秋》学，其实是沿袭了唐中后期的学术风气。受该风气感染，据王应麟记述：

---

① 王应麟撰，孙通海整理：《困学纪闻》卷8。

② 彭龟年：《止堂集》卷9《策问十道》，文渊阁《四库全书》本。

③ 王应麟撰，孙通海整理：《困学纪闻》卷8。

④ 蒙文通：《中国史学史》第三章“中唐两宋”，见《蒙文通文集》第三卷《经史抉原》。

⑤ 朱长文：《乐圃余稿》卷7《春秋通志序》。

庆历中，大理丞李尧俞辨三传诸家得失，及采陈岳《折衷》，总其类例五百余目而成195论，进表称《春秋集议略论》30卷，今分上下2卷。章拱之撰《统微》25卷，据三传、啖、赵意所不及者，断以己见，并采陆淳可取之义。至和中，太常博士王晳撰《春秋通义》12卷，据三传注疏及啖、赵之学，其说通者附经文之下，缺者用己意释之。又撰《异义》12卷，《皇纲论》5卷23篇。嘉祐中，杜谔撰《春秋会义》26卷，自《左氏》至啖、赵及皇朝诸儒三十余家，集其论议系经下。[①]凡此等等。

以上仅是围绕《春秋》本身所形成的修撰热潮。不仅如此，时人改编《春秋》经传或者仿《春秋》撰修编年体史书亦值得重视。如叶清臣取《左氏传》，随事编类，撰成《春秋纂类》10卷共26门。又如宋敏修撰有《春秋列国类纂》。[②]再如据张敦颐言："（孙甫）每叹《旧史》猥杂，不足以垂戒后世，乃仿《春秋》编年法，修成《唐史记》七十五卷。"[③]这种仿《春秋》编年法撰史的做法，正是当时《春秋》学对史著编修产生影响的真实写照。

同时，在疑古思潮影响下，北宋中期以欧阳修、刘敞等人倡导的金石考据之风日渐兴起。他们往往以金石考史，以金石证史，由此拓展了史学研究领域。

此外，受儒学复兴运动影响，史家欧阳修和宋祁均排斥佛老。如欧阳修在《本论》中指出："尧、舜、三代之际，王政修明，礼义之教充于天下，于此之时，虽有佛，无由而入。及三代衰，王政

① 王应麟撰，武秀成、赵庶洋校证：《玉海艺文校证》卷6《春秋》。

② 王应麟撰，武秀成、赵庶洋校证：《玉海艺文校证》卷6《春秋》。

③ 孙甫：《唐史论断》末附，文渊阁《四库全书》本。

阙，礼义废，后二百余年而佛至乎中国。由是言之，佛所以为吾患者，乘其阙废之时而来，此其受患之本也。补其阙，修其废，使王政明而礼义充，则虽有佛，无所施于吾民矣，此亦自然之势也。”[①]在此欧阳氏指出了佛教传入中国的缘由以及明确的应对之策。同样，宋祁在《新唐书》卷181《李蔚传赞》中指出：“若佛者，特西域一槁人耳。……至汉十四叶，书入中国。迹夫生人之情，以耳目不际为奇，以不可知为神，以物理之外为畏，以变化无方为圣，以生而死、死复生、回复偿报、歆艳其间为或然，以贱近贵远为意。鞮译差殊，不可研诘。华人之谲诞者，又攘庄周、列御寇之说佐其高，层累架腾，直出其表，以无上不可加为胜，妄相夸胁而倡其风。于是，自天子逮庶人，皆震动而祠奉之。”宋氏在此表明了他对佛教的看法，并且该排佛之说受到了朱熹赞赏。朱氏指出：“宋景文《唐书赞》，说佛多是华人之谲诞者，攘庄周、列御寇之说佐其高。此说甚好！如欧阳公只说个礼法，程子又只说自家义理，皆不见他正赃，却是宋景文捉得他正赃。”[②]不仅如此，宋祁在编修《新唐书》时，删去了《旧唐书》原有的玄奘、神秀以及一行等传。对此，清人赵翼评论道：“《旧书·方技传》有僧玄奘及神秀、惠能等，《新书》以其非‘艺术’，遂删之，竟使此数人不列于史。抑知神仙可入‘方技’，佛教独不可入‘方技’乎？”[③]赵氏又言：“余尝谓《新唐书》一部独缺两僧，一高行之玄奘，一邪佞之怀素，究属史家缺事

① 欧阳修撰，李逸安点校：《欧阳修全集》卷17。

② 黎靖德辑，郑明等校点：《朱子语类》卷126。

③ 赵翼撰，栾保群、吕宗力校点：《陔余丛考》卷10《新唐书编订之失》，河北人民出版社，1990年。

也。”[①]可见赵氏对宋祁删去《旧唐书》诸僧传做法有所批评。

三是北宋中期文风对史学产生了一定影响。北宋中期，古文运动再次掀起高潮。据沈括言：“往岁士人多尚对偶为文，穆修、张景辈始为平文，当时谓之‘古文’。”[②]可见古文运动始于穆修、张景等。此后，据王正德记载：“本朝自明道、景祐间，始以文学相高，故子瞻、师鲁兄弟、欧阳永叔、梅圣俞为文皆宗主《六经》，发为文采，脱去晚唐、五代气格，直造退之、子厚之阃奥，故能浑灏包含，莫测涯涘，见者皆晃耀耳目，天下学者争相矜尚，谓之古文，皆以不识其人、不习其文为深耻，乃不知君子之言，本来如此也。今执笔之士，虽名家自负，亦系当时诸公为之倡率，楷模风流渐渍之所成，故相距七八十年，长老之人犹能传诵以教人，其为泽也厚哉！”[③]由此说明古文运动的确在北宋中期形成了高潮。其间，欧阳修作为古文运功领袖人物，他的引领作用极为突出。南宋史臣对此总结道：“由三代以降，薄乎秦、汉，文章虽与时盛衰，而蔼如其言，烨如其光，皦如其音，盖均有先王之遗烈。涉晋、魏而弊，至唐韩愈氏乃复起。唐之文，涉五季而弊，至修复起。阏百川之颓波，导之东注，斯文正传，追步前古，匹夫而为百世师，一言而为天下法，此两人足以当之。愈不极于用，修用矣而不极其至。然国朝文风，彬彬至今，修之功，学士大夫相与尸而祝之可也。”[④]又据元史臣记述：“国初，杨亿、刘筠犹袭唐人声律之体，柳开、穆修志欲变古而力弗

① 赵翼著，王树民校证：《廿二史札记校证》卷16《新书改编各传》。

② 沈括撰，胡静宜整理：《梦溪笔谈》卷14。

③ 王正德：《余师录》卷2，文渊阁《四库全书》本。

④ 欧阳修撰，李逸安点校：《欧阳修全集》附录卷二《四朝国史本传》。

逮。庐陵欧阳修出，以古文倡，临川王安石、眉山苏轼、南丰曾巩起而和之，宋文日趋于古矣。”[①]可见正是有欧阳修、王安石、苏轼和曾巩等人推波助澜，从而使得古文运动形成了轰轰烈烈的局面。

崇尚古文的欧阳修，在重修《新唐书》时，多将《旧唐书》中用骈体写成的诏诰章疏等，或删或改成了古文。对此，清人钱大昕指出：“有韵之赞全删，俪语之论都改。”[②]而时人吕南公则指出：“日者《唐书》遭会欧阳诸公，商略法度，其措置文采，遂与班、马争路，可见吾宋文学之盛，高映累古矣。”[③]同样，宋祁不喜骈体，而崇尚古文。据张淏言：“论者多咎《新唐书》不载诏令，殊不知前辈自有意见。宋景文公《摛粹》云：文有属对平侧用事者，供公家一时宣读施行，似快便，然不可施于史传。予修唐史，未尝得唐人一诏一令可载于传者，惟舍对偶之文，近高古者，乃可著于篇。大抵史近古，对偶非宜，今以对偶之文入史册，如以粉黛饰壮士、笙匏佐鼓鼙，非所施云。”[④]对于以上宋人认识以及做法，清人赵翼批评道：“夫一代自有一代文体，六朝以来，诏疏尚骈俪，皆载入纪传，本国史旧法，今以其骈体而尽删之，遂使有唐一代馆阁台省之文不见于世，究未免偏见也。”[⑤]但周必大则言：“景文之于《唐史》，删烦为简，变今以古，用功既至，尤宜不苟也。如《吴兢》一

① 《宋史》卷439《文苑传序》。

② 钱大昕著，杨勇军整理：《十驾斋养新录》卷13《史通》。

③ 吕南公：《灌园集》卷15《与饶元礼论史书》，文渊阁《四库全书》本。

④ 张淏撰，李国强整理：《云谷杂纪》卷2，《全宋笔记》第七编第一册，大象出版社，2016年。

⑤ 赵翼著，王树民校证：《廿二史札记校证》卷18《新书尽删骈体旧文》。

传，具稿不知其几。”[1]可见宋祁用古文改易《旧唐书》却得到了时人称赞。

四是北宋中期政风对人们的史学观念有较大影响。其中，庆历党争促使一些官僚士大夫不得不深思该问题。如史载：庆历四年四月，仁宗与执政论及朋党事，参知政事范仲淹对答道：“方以类聚，物以群分。自古以来，邪正在朝，未尝不各为一党，不可禁也，在圣鉴辨之耳。诚使君子相朋为善，其于国家何害？”[2]随后，欧阳修从理论高度对该问题做了阐述。他在《朋党论》中声称：“大凡君子与君子以同道为朋，小人与小人以同利为朋，此自然之理也。然臣谓小人无朋，惟君子则有之，其故何哉？小人所好者禄利也，所贪者财货也。当其同利之时，暂相党引以为朋者，伪也。及其见利而争先，或利尽而交疏，则反相贼害，虽其兄弟亲戚不能相保。故臣谓小人无朋，其暂为朋者，伪也。君子则不然，所守者道义，所行者忠信，所惜者名节。以之修身，则同道而相益；以之事国，则同心而共济，终始如一。此君子之朋也。”[3]这便是欧阳修独特的“君子”有党论。对该论在当时的影响，叶適指出：“欧阳氏《朋党论》，旧传谓其能极小人之情状，故奸邪忌恶尤深。苏氏为《续论》，欲翦戮元恶而抚用其余。”[4]可见该论在当时政治生活中曾引起了不小反响。

同时，受现实政治需要促使，正统论成为时代主题。如欧阳修

---

① 周必大：《文忠集》卷16《跋景文公唐史稿》。

② 司马光撰，邓广铭、张希清整理：《涑水记闻》卷10。

③ 欧阳修撰，李逸安点校：《欧阳修全集》卷17。

④ 叶適：《习学记言序目》卷50《皇朝文鉴四》。

特意撰有《正统论》。[1]随后，鉴于“欧阳修论魏、梁为正统”，章望之“以为非，著《明统》三篇”。[2]又如宋庠辑《纪年通谱》12卷，“区别正闰”。[3]凡此等等。

此外，基于重新树立伦理道德风气的现实之需，如《资治通鉴》于此时开始编修。该书纪事始于三家分晋，司马光首言“名分论”，他指出：“臣闻天子之职莫大于礼，礼莫大于分，分莫大于名。何谓礼？纪纲是也。何谓分？君、臣是也。何谓名？公、侯、卿、大夫是也。”这正是现实社会强调封建礼制的体现。

总而言之，受史风、学风、文风甚至政风等多重因素综合影响，北宋中期出现了宋代史学发展史上第一次显著变化，并且这种变化还对此后史学发展产生了一定影响。

## 三、史学发展的第二次显著变化

南宋建立之后，学术文化事业得到了迅速恢复与发展。对此，李埴在为蔡戡《定斋集》所作《序》中详细指出：“自建炎渡江，中兴立国，百度草创。然厥初收合一时之才，亦自足供一时之用。拨乱反正，运奇敌忾，固归于将相大臣。若其他列职士大夫，主谟议谏诤者有人，司典章讨论者有人，掌书命制诏者有人，理财赋出入者有人，皆克称其职。有益于国，有闻于后，是皆高宗神术，兴起作成，有以致然。……高宗能运作人之妙，享得士之宁，人才众

① 欧阳修撰，李逸安点校：《欧阳修全集》卷16。

② 《宋史》卷443《章望之传》。

③ 《宋史》卷284《宋庠传》。

多，公是别白，虽中厄于秦氏之斵丧，然脉理之流传，声气之陆续，终不可没。及孝宗嗣德龙飞，而群才奋扬，发于久抑之余，诜然角立杰出。孝宗培壅护持，日加月益，至于乾道、淳熙之际，则其成效大验，著于天下，光明硕大，有不可揜。当此之时，孝宗以神智英睿听览于上，群臣亦精白罄竭奉承于下，兵革不用，海内乂安，风俗纯茂，民物殷富。盖自渡江几六十年，至是为盛，可不谓懿哉！”可见经高宗朝尽力恢复，到孝宗当政之时，已呈现出国泰民安、人才兴盛之势。韩淲具体论述道：“乾道、淳熙以来，明经张栻、吕祖谦，直言胡铨、王龟龄，吏治王佐、方滋、张杓，典章洪迈、周必大，讨论李焘，文词赵彦端、毛幵，辩博陈亮、叶適，书法张孝祥、范成大，道学陆子静、朱熹。”[①]韩氏所言难免缺漏，但所举必是当时佼佼者。正是在当时学术文化与社会政治迅猛发展的大背景下，南宋前期便出现了宋代史学发展的第二次显著变化。

一是从史学自身发展变化来看，首先，随着南宋前期修史体制迅速恢复与完善，以及诸多史家著史热情普遍高涨，官私方编修本朝史著述大量涌现。如前所述，该时期既有官方对北宋后期史的系统编修与总结，又有私家对北宋史的倾力撰修与反思；既有官方对南宋中兴史的持续编修与整理，又有私家在南宋史撰修方面与官方的积极呼应与跟进。应该说，受北宋亡国现实强烈刺激，南宋前期是朝廷上下总结、反思北宋历史，尤其是北宋后期历史最为集中、史著成果极为显著的时期。它为人们认识北宋历史，尤其是北宋亡国史奠定了基调。同样，该时期是记录、撰述南宋前期史，尤其是高宗中兴史最为集中的时期。

---

① 韩淲撰，张剑光整理：《涧泉日记》卷中。

其次，史学创新成就突出，史学思想颇为丰富。受北宋亡国与南宋中兴等多重因素促使，重在记述、总结王朝兴衰的编年体受到时人推崇。其间，尤其是在《春秋》学与《资治通鉴》直接推动下，由袁枢在撰修《通鉴纪事本末》时所创立的纪事本末体，以及朱熹在主修《资治通鉴纲目》时所创立的纲目体，均产生于此时。这两种新体裁的出现，不仅打破了编年和纪传二体长期主行天下的传统修史格局，而且由于它们自身具有叙事简明、便于读者检阅等独特优势，所以依其撰史者日渐增多。此外，由朱熹编撰《伊洛渊源录》所派生的学案体，亦出现于此时，它带动了学术史著述的编述。

与此同时，该时期史学思想丰富而多元。除不少史家恪守以史为鉴传统观念外，如前所述，郑樵倡导“会通”思想，由此展现出他具有非同寻常的历史眼光。理学家朱熹以天理作为其历史哲学的核心，强调以理阐史，以史证理。胡安国、胡宏和胡寅“从历史认识、史书编纂和史学评论三个层次逐步将义理渗透于史学中”，从而形成了颇具自身特色的“义理史学”。[①]其他还有吕祖谦、叶適、陈傅良以及陈亮等，他们均有着独具特色的史学思想，因该方面研究成果颇丰，在此不再展开论述。

最后，立祠建堂等尚贤活动有力地推动了史学普及与发展。如前所述，朝廷上下通过立祠建堂等方式，较为广泛地尊崇敬仰前代先贤以及本朝贤达，尤其是理学先贤，它不仅对官僚士大夫们传承先贤学术、学习先贤品行有利，而且对广大民众了解他们的事迹、崇奉他们的品德有益。应该说，这种做法既直观有效，又能扩大历史教育的受众面，它成为不少理学家及其传人宣扬先贤事迹以及学

---

① 参见曹宇峰：《南宋义理史学研究》第二章末。

说的重要平台。

二是南宋前期学风对史学推动作用明显。一方面，南宋前期疑经思潮得以进一步兴盛，它对史学发展有所触动。对此，清四库馆臣在吴澄《书纂言》解题中指出："《古文尚书》自贞观敕作《正义》以后，终唐世无异说。宋吴棫作《书裨传》，始稍稍掊击，《朱子语录》亦疑其伪。"[①]这是宋人敢于打破此前官方定论，开始质疑《古文尚书》的情况。同样，对于有关《诗序》辨疑情况，朱熹言道："《诗序》实不足信。向见郑渔仲有《诗辨妄》，力诋《诗序》，其间言语太甚，以为皆是村野妄人所作。始亦疑之，后来子细看一两篇，因质之《史记》《国语》，然后知《诗序》之果不足信。"[②]王应麟进而指出："朱子《诗序辩说》，多取郑渔仲《诗辨妄》。"[③]可见朱熹经进一步辨析，终能承袭郑樵之说，对《诗序》持怀疑态度。不仅如此，南宋疑经还涉及《周易》《礼记》以及《孝经》等，突出的疑经者则有郑樵、朱熹、吴棫、吕祖谦、叶適以及王质等。[④]不难看出，其间还包括一些对史学有较深涉猎的知名学者。

又受疑经思潮以及现实政治环境等因素促使，讲求攘夷之义的《春秋》学大盛。其间，官方推崇的胡安国《春秋传》影响非凡。据陈振孙言：《春秋传》30卷，"绍兴中经筵所进也。事按《左氏》，义采《公》《穀》之精，大纲本《孟子》，而微旨多以程氏之说为

① 《四库提要》卷12。

② 黎靖德辑，郑明等校点：《朱子语类》卷80。

③ 王应麟撰，孙通海整理：《困学纪闻》卷3。

④ 具体可参看叶国良《宋人疑经改经考》第六章"结论"、杨新勋《宋代疑经研究》第三章《南宋疑经论述》，以及杨世文《走出汉学：宋代经典辨疑思潮研究》第六章第二节"经典辨疑思潮的深化"，等等。

证。近世学《春秋》者皆宗之。”[1]陈傅良更具体指出：“浙间人家，家有《春秋传》，而罕见公字画。……晚官湖湘间，每过士大夫家，辄见公遗帖，皆甚贵惜。然为《春秋》学者，顾少如浙间，何哉？因见向氏所藏帖，书以勉之。”[2]由此说明《春秋传》不仅有明显的学术传承，而且在不同区域产生了重要影响。不惟如此，此时改编《春秋》经传者亦不乏其人。如郑绩“采《左氏》为纪传”，撰有《春秋类纂》60卷。又如邓名世撰有《春秋四谱》6卷，“以经、传、《国语》参合援据，为《国谱》《年谱》《地谱》《人谱》。”再如徐得之撰有《左氏国纪》30卷，“析诸国之事，每国各系以年，疏其说于后。”[3]凡此等等。总之，由以上推崇以及改编《春秋》经传状况表明，它既是《春秋》学在此时得以发展的体现，又是疑经思潮影响史学的重要表现。

同样，疑经思潮促使一些时人能改变固有观念，不迷信，不盲从，对现实问题能作出切合实际需要的解释。突出者如南宋王朝偏安一隅，北宋正统之论已难以说明南宋问题，于是一些时人便有了新做法、新认识。如张栻编撰《经世纪年》，“直以先主上继献帝为汉，而附魏、吴于下。”[4]又如朱熹主编《资治通鉴纲目》时，王应麟指出：“三国鼎峙，司马公《通鉴》以魏为正统，本陈寿。朱子《纲目》以蜀汉为正统，本习凿齿。”[5]再如萧常撰《续后汉书》42

① 陈振孙著，徐小蛮、顾美华点校：《直斋书录解题》卷3。

② 陈傅良撰，周梦江点校：《陈傅良先生文集》卷41《跋胡文定公帖》。

③ 以上均见王应麟撰，武秀成、赵庶洋校证：《玉海艺文校证》卷6《春秋》。

④ 周必大：《文忠集》卷53《续后汉书序》。

⑤ 王应麟撰，孙通海整理：《困学纪闻》卷13《考史》。

卷，“起昭烈章武元年辛丑，尽少帝炎兴元年癸未，为四十二卷，吴、魏君臣并为载记，列于后。”它如李杞撰《改修三国志》67卷，“尊昭烈、后主为《汉纪》，魏、吴次之。”[①]凡此等等。以上诸人之所以未沿袭北宋有关正统问题的说法，而是力主正蜀之说，实质是立足于南宋王朝所处地位，为南宋政权合法性寻求理论依据。

另一方面，当时不少学术流派与史学关系非同一般。对于一些学派在当时的发展兴盛状况，楼钥言：“乾道、淳熙间，儒风日盛。晦庵朱公在闽，南轩张公在楚，而东莱吕公讲道婺女。是时以学问著述为人师表者相望，惟三先生天下共尊仰之。”[②]叶適亦指出：“初，朱元晦、吕伯恭以道学教闽、浙士；有陆子静后出，号称径要简捷，诸生或立语已感动悟入矣。以故越人为其学尤众。”[③]可见朱熹、张栻、吕祖谦和陆九渊等在南宋前期影响不凡。不仅如此，叶適还具体论述了程朱理学发展变化状况。他指出：“昔周、张、二程考古圣贤微义，达于人心，以求学术之要，世以其非笺传旧本，有信有不信。百年之间，更盛衰者再三焉。乾道五六年，始复大振。讲说者被闽、浙，蔽江、湖，士争出山谷，弃家巷，赁馆贷食，庶几闻之。”[④]可见到孝宗时，正是程朱理学得以重振复兴的重要时期。同样，对于永嘉学派发展变化之情，叶氏总结道：“昔周恭叔首闻

---

① 以上均见王应麟撰，武秀成、赵庶洋校证：《玉海艺文校证》卷13《杂史》。

② 楼钥：《攻媿集》卷55《东莱吕太史祠堂记》。

③ 叶適著，刘公纯、王孝鱼、李哲夫点校：《叶適集·水心文集》卷17《胡崇礼墓志铭》。

④ 叶適著，刘公纯、王孝鱼、李哲夫点校：《叶適集·水心文集》卷13《郭府君墓志铭》。

程、吕氏微言，始放新经，黜旧疏，挈其俦伦，退而自求，视千载之已绝，俨然如醉忽醒，梦方觉也。颇益衰歇，而郑景望出，明见天理，神畅气怡，笃信固守，言与行应，而后知今人之心可即于古人之心矣。故永嘉之学，必兢省以御物欲者，周作于前而郑承于后也。薛士隆愤发昭旷，独究体统，兴王远大之制，叔末寡陋之术，不随毁誉，必摭故实，如有用我，疗复之方安在！至陈君举尤号精密，民病某政，国厌某法，铢称镒数，各到根穴，而后知古人之治可措于今人之治矣。故永嘉之学，必弥纶以通世变者，薛经其始而陈纬其终也。四人，邦之哲民也，诸生得无景行哉！”[①]由此可知，周行己、郑伯熊、陈傅良和薛季宣四人有力地推动了该学派学术发展。

具体就其与史学关系而言，如陈傅良于“当是时，永嘉郑伯熊、薛季宣皆以学行闻，而伯熊于古人经制治法，讨论尤精，傅良皆师事之，而得季宣之学为多。及入太学，与广汉张栻、东莱吕祖谦友善。祖谦为言本朝文献相承条序，而主敬集义之功得于栻为多。自是四方受业者愈众”。可见陈氏能师从多位名师，并博取其学精华。同时，陈傅良为学，“自三代、秦、汉以下靡不研究，一事一物必稽于极而后已。而于太祖开创本原，尤为潜心。”[②]可见他为学离不开史学，尤其是注重对本朝历史的探究。同样，对于永康陈亮，叶適在《龙川集序》中论述道：“同甫文字行于世者，《酌古论》《陈子课稿》《上皇帝（三）［四］书》，最著者也。……同甫既修

① 叶適著，刘公纯、王孝鱼、李哲夫点校：《叶適集·水心文集》卷10《温州新修学记》。

② 以上均见《宋史》卷434《陈傅良传》。

皇帝王霸之学，上下二千余年，考其合散，发其秘藏，见圣贤之精微常流行于事物，儒者失其指，故不足以开物成务，其说皆今人所未讲，朱公元晦意有不与，而不能夺也。吕公伯恭退居金华，同甫间往视之，极谕至夜分，吕公叹曰：‘未可以世为不能用，虎帅以听，谁敢犯子！’同甫亦颇慰意焉。”[①]可见陈氏除世人熟知的史论外，他在探究皇帝王霸之学时，能借助史以明其义。因此，元人吴莱在《石陵先生倪氏杂著序》中总结道：“自东都文献之余，天下士大夫之学日趋于南。或推皇帝王霸之略，或谈道德性命之理，彬彬然一时人材学术之盛，不可胜纪。盖东莱吕公本其伊、洛义理之学，且精于史；永康陈公同父方与之上下颉颃，其议论而独贵于事功。”[②]该论重在表明吕祖谦与陈亮的治学特点。

又如理学家朱熹、张栻以及吕祖谦等，不仅有自己的学术专长，并且他们往往能重视史学，甚至利用史学，为本学术体系服务。对此，清四库馆臣在《十七史详节》解题中指出：“然南宋诸儒大抵研究性命而轻视史学，故朱子作《贡举私议》，欲分年试士，以《史记》、两《汉》为一科，《三国》《晋书》《南》《北史》为一科，《新唐书》《旧唐书》《五代史》为一科。盖虚谈无实之弊，朱子亦深虑之矣。祖谦虽亦从事于讲学，而淹通典籍，不肯借程子玩物丧志之说，以文饰空疏。故朱子称其史学分外子细。附存其目，俾儒者知前人读书，必贯彻首尾。即所删节之本，而用功之深至可以概见，则此二百七十三卷者，虽不能尽诸史之全，而足以为宋儒不废

① 叶適著，刘公纯、王孝鱼、李哲夫点校：《叶適集·水心文集》卷12。

② 倪朴：《倪石陵书》，文渊阁《四库全书》本。

史学之明证也。”[①]在此四库馆臣借论吕氏节抄之书，表明宋儒多能“不废史学”。同时，依据目录著录以及史籍现存状况，可知他们所撰重要史著如下：吕祖谦撰《大事记》27卷、《新唐书略》35卷、《历代制度详说》12卷以及《左氏博议》25卷等，朱熹撰《资治通鉴纲目》59卷和《八朝名臣言行录》24卷等，张栻撰《经世纪年》2卷、《通鉴论笃》3卷和《汉丞相诸葛武侯传》1卷，陈傅良撰《建隆编》1卷、《两汉博议》14卷以及《历代兵制》8卷等，叶適撰《名臣事纂》9卷和《唐史钞》10卷等，陈亮撰《三国纪年》1卷和《通鉴纲目》23卷等。[②]此外，陈乐素先生通过考察《宋史·艺文志》对于朱熹和吕祖谦著述著录状况，指出：“丰产作家朱熹：《宋志》著录，经部二十一种，史部八种，子部七种，集部八种，共四十四种。”又“丰产作家吕祖谦：《宋志》著录，经部十二种，史部五种，子部四种，集部八种，共二十九种”[③]。以上这些实例足以表明，当时许多学术流派主要人物并未轻视史学。

三是南宋前期政风对史学影响显著。南宋前期，宋、金和战始终是关系国家民族命运的大事，朝廷内外重点围绕该议题来商定“国事”。正是在这种政治氛围促使下，一些史家欲运用历史知识与历史经验，为解决现实问题提供借鉴方案，为此他们撰有有着明显启示作用的鉴戒类史著。如王逨“世家宛丘。生十有一岁，当建炎戊申，北兵破陈，为其所俘，转徙河朔者十年。戎马中，编简荡然，仅得《春秋左氏传》、班固《西汉书》，昼夜诵之，一字不遗。和议

① 《四库提要》卷65。

② 详参拙著：《南宋史学研究》附录《南宋主要治史者史著著录存佚目录》。

③ 陈乐素：《宋史艺文志考证》第三篇《宋史艺文志研究札记》。

成，间道归其父尚书公于浙东。父母兄弟相见已，即提书入太学，益从师友尽读诸子百家，日万余言，遂擢进士第。凡中原所亲历，平昔所讲画，敌已在其目中。又从知己视师荆襄，然后南北形胜，表里洞达，落笔辄数千言，举天下事如指诸掌”[1]。他专门“编集南北战争事实，为《南北龟鉴》”[2]。可见饱尝过战争苦难的王氏，不仅能亲身体察当时南北形势，而且还注重总结历史上的相关战事，为现实决策服务。又如赵善誉撰有《南北攻守类考》63卷，“以三国、六朝攻守之变，鉴古事以考今地，每事为之图。”[3]由此表明，赵氏以图示方式阐释三国六朝攻守形势，并有意标明今地，其现实鉴戒之意更为明晰。其他同类著述还有：李焘的《南北攻守录》30卷、[4]胡寅的《三国六朝攻守要论》10卷，以及王澥的《六朝进取事类》等。[5]再如张敦颐撰有《六朝事迹编类》2卷，清四库馆臣指出：“又《总叙门》内《六朝保守》一篇，历数自吴以来南朝不可北伐，北伐必败，即幸胜亦不能守。盖亦南渡之初，力主和议之说者。”[6]可见张氏借论史事，以表明自己对战守和问题的立场。同样，李焘撰有《六朝通鉴博议》10卷，四库馆臣指出：“此书详载三国六朝胜负攻守之迹，而系以论断。……此则得失兼陈，法戒具备，

---

① 周必大：《文忠集》卷52《王致君司业文集序》。

② 楼钥：《攻媿集》卷90《王逨行状》。

③ 陈振孙著，徐小蛮、顾美华点校：《直斋书录解题》卷8。

④ 王应麟：《玉海》卷16《地理》。

⑤ 王应麟：《玉海》卷25《地理》。

⑥ 《四库提要》卷70。

主于修人事以自强。”[①]此亦属以史论为政论，借评判史事以表达对南宋攻守问题的看法。

与此同时，面对南宋王朝偏安一隅、疆土面积急剧缩小的客观现实，朝廷极为看重地方社会的稳定与治理，提倡修志便是现实举措之一。其间，由地方官主持的地方志编修活动，不仅可以帮助他们熟知所辖地区的山川地貌、人口风俗以及古今历史，而且还能宣扬他们在该地的政绩。因此，就某种程度而言，修志活动已变成了一项行政职责，由此调动了不少地方官的积极性。也正因为如此，南宋前期，地方志编修成效明显。其中，现存该类著述就有《乾道临安志》15 卷、《淳熙三山志》42 卷、《嘉泰会稽志》20 卷、《嘉定镇江志》22 卷，以及《嘉定赤城志》40 卷等。这些著述为此后地方志编修、续修奠定了坚实基础。

总之，以上情况表明，一些史学活动并非仅属单纯的学术文化活动，而是渗透着编修者明显的政治理念与政治目的，它是当时政风直接影响下的产物。

总而言之，南宋前期正是当时史风、学风以及政风交融发展兴盛的时期，该时期史学与后期史学相比，因后者受到官方推崇的理学压制而发展相对迟缓，所以前期史学明显处于优势地位。这时许多具有不同学术文化背景的学者往往能投身于史学领域，他们或者积极宣扬、传布历史，或者有意编写史著，或者直接表达对历史问题的看法，由此使得该时期史学著述丰富，史学创新突出，史学思想多元，史学对社会影响力增强。加之印刷业与科举制等对史学传布助推明显，由此便催生了宋代史学发展的又一次显著变化，并且

① 《四库提要》卷 88。

这次变化对南宋后期以及元代史学均产生了显著影响。

综上所述，我们不难发现，史学发展若受到史学自身因素、学风、文风以及政风等多重有利因素影响，它的发展就会呈现出繁荣兴盛的一面。若仅受单个或者极少数因素影响，尤其是不利因素影响，史学发展必然呈缓慢之势。通观整个宋代史学发展变化状况，两次显著变化时期正是当时史风、学风、政风甚至文风交融发展兴盛时期，这时许多著名学者往往投入其中，甚至撰写史著，从而直接推动了史学的繁荣发展。

# 第二章　宋代史学的传布方式、传布者以及传布目的

随着教育文化事业迅速发展以及雕版印刷术普遍运用，宋代社会不同阶层的史学传布者以多样化方式有意识地传布史事等，以期达到各自所期盼的理想目的。

## 第一节　史学传布的基本方式

传布方式，即传布渠道。就宋代史学传布方式而言，主要包含书面传布、口语传布，以及遗迹等实物传布三种基本形式。其中，对于遗迹等实物传布，刻石与题壁属于该部分，而重要人物画像、历史题材类图画以及书帖拓本等则归属书面传布。在此需要说明的是，在实际传布过程中，一是传布方式会根据传布对象的不同而选用相应的传布内容。如除热点时事外，学术性强的史学著述主要在官僚士大夫间传布，普及性、常识性历史著述更多面向普通民众。二是传布有单向、多向以及互相传递等多种不同形式。如史事宣讲以及一些具有历史价值的时事性邸报发行等活动，往往体现出单向

扩散等特色。三是就传布范围而言，有的传布仅局限于特定区域或特殊人群，有的传布则波及面相当广泛。

## 一、书面传布

书面传布是指以文字为媒介并且主要在知识群体间进行的一种交流方式。在宋代，在新兴印刷业助推下，书面传布得以迅速发展。它不仅包括史著的编修、刊印、传抄、借阅和买卖，重要人物画像、历史题材类图画以及书帖拓本创作与传布，而且还包括日记、邸报等时事类文献撰写与传布。

### 1. 史著的编修、刊印、传抄、借阅和买卖

(1) 史著的编修。史著作为记录、传布史事的重要载体，具有保存时间长、可反复使用等重要特性，因此，它向来受到官私方极大重视。如参与过《新唐书》编修的范镇在《东斋记事自序》中就曾明确指出："予尝与修《唐史》，见唐之士人著书以述当时之事，后数百年有可考正者甚多，而近代以来盖希矣！"这说明范氏能比照唐人做法，已深刻认识到记录并传布史事的重要性与迫切性。不过，以上认识仅代表范氏个人看法，而通观宋代官私方史著编修状况，就不难发现：

一方面，宋代官私方积极编修大量史著，该做法无疑为这些史书的广泛传布奠定了坚实基础。对此，除前述宋代官方组织编修了极为系统的史书之外，宋代官僚士大夫著史热情同样相当高。其间，尤其是还涌现出了一些终身喜好著述者。如北宋建立之初，乐史

“笃学，好著书”[①]。陈乐素先生通过考察《宋史》对于乐氏著述载录状况，进而指出：“《宋史》列传中所载乐史事迹四百余字，其中列所著十九种，计九一三卷。与南宋洪迈所著1054卷（载《宋志》）相近。”[②]随后，随着崇文风气高涨，喜好著述者更是层出不穷。如刘恕“好著书，志欲笼络宇宙而无所遗”[③]。由此可知刘氏志向极为高远。又如宋敏求，据司马光言：“性嗜学，先正宣献公蓄书三万卷，次道自毁齿至于白首，从事其间，未尝一日舍置。故其见闻博洽，当时罕伦。又闲习国家故事，公私有疑，咸往质焉。又喜著书，如《唐书》《仁宗实录》《国史》《会要》《集注史记》之类，与众共之。或专修而未成者皆不计外，其手自纂述已成者，凡四百五十卷。盖昔人所著，未有若此其多也。”[④]可见司马光对宋敏求著述成就评价甚高。再如欧阳修和司马光等则无不如此。

到南宋初，如郑樵“好著书，不为文章，自负不下刘向、扬雄”[⑤]。由此表明郑氏在著书方面相当自信。又熊克“博闻强记，自少至老，著述外无他嗜”[⑥]。可见熊氏将著述视作终生唯一爱好。再如宋末王应麟，明人陈朝辅在《王深宁文集跋》中指出：“王厚斋先生博学鸿才，伟论卓识，见诸立朝居官疏议，彪炳史册。少从师授，得吕成公、真文忠之传。所著书凡六百八十九卷，古今撰述之

---

① 李焘：《长编》卷53真宗咸平五年十一月癸丑。

② 陈乐素：《宋史艺文志考证》第三篇《宋史艺文志研究札记》。

③ 司马光：《传家集》卷68《刘道原十国纪年序》。

④ 司马光：《传家集》卷68《河南志序》。

⑤ 《宋史》卷436《郑樵传》。

⑥ 《宋史》卷445《熊克传》。

盛，前无如葛稚川，其次即先生称极富矣。”[①]在此陈氏高度赞扬了王应麟的著述成就。此外，陈乐素先生在《宋史艺文志考证》中专列“丰产作家”一目，除指明北宋有乐史外，南宋则有朱熹、吕祖谦和洪迈。[②]

另一方面，宋代史家无论在记事内容繁简要求上，还是在史书编修体裁体例选择创新上，往往会考虑史书传布因素。其中最为突出的体现便是史书简明化和普及化。同时，还有史书传阅便捷化与广泛化。具体而言：

一是史家往往依据社会需求，有意识地撰修便于参阅流布的简明直观类史书。其中，因受到有效阅读时间与阅读深浅度、文化教育水平与学术追求等多重因素制约，不少阅读者更喜好参阅叙事简明类史著。而在该类史著中，既包含特意改编之作，又不乏新撰史著。

在改编加工已有史书方面，一则是考虑到读者参阅时间有限，一些史家对卷帙巨大的史书做了化繁为简式改编。如鉴于古代史书繁多而难以领略，司马光撰成《资治通鉴》294 卷，以方便世人参阅。但该书编成后，能够连贯通读至终篇者极少。史载司马光尝语人曰：“自吾为《资治通鉴》，人多欲求观读，未终一纸，已欠伸思睡。能阅之终篇者，惟王胜之耳！”[③]正缘于此，司马光又撰成《通鉴举要历》80 卷，陈振孙对此指出：“《通鉴》既成，尚患本书浩大难领略，而《目录》无首尾，晚著是书，以绝二累。”在该做法直接影响下，撰有巨著《续资治通鉴长编》（980 卷）的李焘，亦撰有

① 王应麟撰，张骁飞点校：《四明文献集》卷 5 末附，中华书局，2010 年。

② 陈乐素：《宋史艺文志考证》第三篇《宋史艺文志研究札记》。

③ 《宋史》卷 286《王益柔传》。

《举要》68卷。陈振孙评论道："大略皆温公旧规也。"[①]总之，以上二位作者将自己的史著化繁为简，不仅满足了读者多层次阅读需求，更对原书流传提供了多样化保证。

当然，对原著化繁为简者并非仅限于作者本人，如沈枢撰有《通鉴总类》20卷，清四库馆臣评论道："然《通鉴》浩博，猝难尽览。司马光尝言：'惟王胜之曾读一过，余人不能数卷，即已倦睡。'则采摭精华，区分事类，使考古者易于检寻。其书虽陋，亦不妨过而存之也。"[②]由此可知，四库馆臣虽不甚满意沈氏改编，但却承认其具有"易于检寻"的实用效果。又如陈傅良撰有《建隆编》（一名《开基事要》）1卷，陈振孙指出："盖《长编》太祖一朝节略也。"[③]即陈氏对《长编》太祖朝史事做了必要节略。凡此等等。

二则是一些史著卷帙虽不算太大，但宋人为使读者从多方面把握其内容，于是以新体例、新方式加以改编，并且收效显著。如王当字子思，眉州眉山人。"幼好学，不治章句，博览古今，所取惟王佐大略。……遂著《春秋列国名臣传》五十卷，人竞传之。"[④]可见王氏将《春秋》经传改编成传记体后，竟达到"人竞传之"的良好效果。又如徐得之编有《春秋左氏国纪》20卷，其"自周而下，各系以国，又因事而为之论断"[⑤]。陈傅良在该书《序》中指出："学者诚得《国纪》，伏而读之，因其类居而稽之经，某国事若干，

---

① 以上均见陈振孙撰，徐小蛮、顾美华点校：《直斋书录解题》卷4。

② 《四库提要》卷65。

③ 陈振孙撰，徐小蛮、顾美华点校：《直斋书录解题》卷4。

④ 王称：《东都事略》卷114《王当传》。

⑤ 赵希弁撰，孙猛校证：《郡斋读书志校证·读书附志》。

某事书，某事不书，较然明矣。”[①]可见以分国纪年的该书，比《左传》叙事更加明晰。再如翟汝文指出：“范晔《后汉书》，语近词冗，事多注见。其自叙云：‘笔势纵横，比方班氏，非但不愧。’今从陋乃尔，岂笔削未定，缘事被诛，遂传之耶？乃删取精要，总合传注，作《东汉通史》五十卷。”[②]可见由《后汉书》精加工成的《东汉通史》，更便于读者参阅。可惜至迟到宋末，据王应麟言：“其书未见。”[③]

三则是一些宋人在参阅喜爱的史著时，还撰有撮要、节要以及节抄类史著。虽说该类史著因取材方便而易于编撰，并且史料价值并不高，但它们在促进史学传布方面，其作用不可低估。突出者如江贽撰《少微通鉴节要》50卷。又据《中国古籍善本书目》卷6著录：今存有宋刻清补本《续资治通鉴长编撮要》108卷、题宋李焘撰的宋刻本《续资治通鉴节要》13卷，以及宋刻本《皇朝中兴系年要录节要》等等。

与此同时，宋代史家撰有不少简明类史著。如李埴撰《皇宋十朝纲要》25卷，该书主体部分以编年叙述太祖至高宗时期的史事，对阅读者贯通把握两宋十朝历史极为有益。又如蔡幼学撰《国朝编年政要》40卷。据赵希弁言：该书“自太祖建隆之元，迄于钦宗靖康之末，祖《春秋》之法，而参以司马公《举要历》、吕氏《大事记》之例，宰辅拜罢表诸年首”[④]。可见该书实属简明记述北宋九朝

① 陈傅良撰，周梦江点校：《陈傅良先生文集》卷40。

② 翟汝文：《忠惠集》附录《孙繁重刊翟氏公巽埋铭》，文渊阁《四库全书》本。

③ 王应麟撰，孙通海整理：《困学纪闻》卷13《考史》。

④ 赵希弁撰，孙猛校证：《郡斋读书志校证·读书附志》。

历史的编年史。再如王炎撰有《东都纪年》30卷，在该书《序》中，他详细言道："因念汉人荀悦、唐人柳芳、吴兢辈于当代正史外，皆别自著书，成一家言。……获与正史并传。炎今援是比，用国史《本纪》参校，为《纪年》一书。于三朝《本纪》，其辞颇有所损；于两朝、四朝《本纪》，其事或有所增。……丰约中度，炎固不能，而私有志焉。又随所纪附以《提要》，为三十卷。《提要》之目有二：曰注，则有所辨；曰证，则旁叙其事也。"①可见王氏在承袭前代简明类史著编修之风基础上，旨在撰成独具自身特色的本朝史。类似史著还有：吕祖谦撰《大事记》27卷、王益之撰《西汉年纪》30卷、龚颐正撰《续稽古录》1卷、晁公武撰《稽古后录》35卷，②以及李焘撰《思陵大事记》36卷和《阜陵大事记》2卷，③如此等等。

不仅如此，宋代是史书体裁体例不断创新与发展的时代，纪事本末体与纲目体的产生，不仅使得史书体裁更加多样化，而且这两类史书编修与流传日渐兴盛了起来。加之这两类史书具有叙事简明、便于检阅等突出优点，因此，它们本身就是史书编修走向简明化的产物。其中，对于派生出纪事本末体的《通鉴纪事本末》而言，明人杨士奇指出："此书宋袁枢机仲编。吾家文节公为之序，凡四十二卷，二百三十九事，皆关涉大端，始末毕具，观者便之。"④此处"观者便之"评语，恰能反映该书优点。又如章冲撰有《春秋左氏传事类始末》5卷。在该书《自序》中，他明确指出："古今人用力于

---

① 王炎：《双溪类稿》卷25。

② 《宋史》卷203《艺文志》。

③ 陈振孙撰，徐小蛮、顾美华点校：《直斋书录解题》卷4。

④ 杨士奇：《东里续集》卷17《通鉴纪事本末》。

是书（按指《左传》）亦云多矣，而为之事类者未之见也。冲因先生日阅以熟，乃得原始要终，捃摭推迁，各从其类。有当省文，颇多裁损；亦有裂句摘字、联累而成文者。二百四十二年之间，小大之事，靡不采取，约而不烦，一览尽见。”可见《左传》经章氏“为之事类”后，便收到“一览尽见”的良好效果。其他同类史著还有：杨仲良的《长编纪事本末》150卷、彭百川的《太平治迹统类》40卷和《中兴治迹统类》35卷、郭允蹈的《蜀鉴》10卷，等等。①

同样，对于派生出纲目体的《资治通鉴纲目》（59卷），因受到朝廷推崇以及时人喜爱，一些史家紧紧围绕该书或阐发其书法义例，或校勘说明版本间异同，仅据赵希弁《郡斋读书志附志》著录可知，如尹起莘撰有《资治通鉴纲目发明》，江珪和吕中撰有《资治通鉴纲目论断》，赵希弁撰有《资治通鉴纲目考异》，等等。同时，一些史家还撰成了纲目体本朝史。如陈均的《皇朝编年纲目备要》30卷和《中兴两朝编年纲目》18卷、佚名的《续编两朝纲目备要》16卷、高斯得的《高宗系年要录纲目》，以及郭叔谊的《续通鉴长编增添纲目》等等。总之，以上史书无不具有纲简目明、便于检索等显著优点，加之全书一般卷帙不大，因此，它们在社会上的影响非同一般。②

此外，值得注意的是，宋人还撰有不少便于直接观览的图录类史著。对于该类史著产生缘由，廖刚指出：“古今人常患史牒浩渺，详首罔末，举其中而遗其上下，弊精瘵形，白首铅椠之间。初若泳

① 参见拙文：《论纪事本末体在南宋的创立及运用》，见《中华文史论丛》第77辑。

② 参见拙文：《试论纲目体在南宋时的创立及运用》，载《史学史研究》，2010（4）。

诸溟海，四无涯涘，恍然莫知所从出。虽明珠大贝，异物深错，乌能尽攫而有？于是始为之图录，以提其大要者多矣。最先唐刘轲为《帝王照略》，爰自太古，讫于当世，比声成句，才盈千言，而兴亡世数，历历概见。国朝司马温公亦尝有献于神考皇帝，略虞、夏、商、周之史世俗所习知者，而断自战国，至周之显德，凡千三百六十有二年。小大之国，存亡兴替，悉系之年，号《历年图》。抑又稍著理乱之由，而更足为世鉴者也。”[①]由此可见，始于唐代刘珂并被司马光承袭的该类史著，叙事具有提纲挈领、直观简明等显著特色。正因为如此，此后仿效者不乏其人。

其中，对于司马光《历年图》，刘攽“易其名曰《帝统编年纪事珠玑》，第为十卷。以著论为一卷，总十一卷。首卷序三皇讫皇朝世次大略，《历年图》所无”[②]。可见经刘攽特意改进，该书书名更加直观鲜明，评论更为集中，卷首新增历代王朝“世次”，更有助于阅读者直接了解历代王朝更替概貌。此后，彭龟年撰有《镜古历年图》(或称《易览图》)，他是鉴于“《稽古录》不如《历年图》一览可尽见也”，于是“因其《图》，实以《稽古录》，又参古《资治通鉴》本书及《目录》《举要》，即康节先生《皇极经世书》、新安朱氏《通鉴纲目》、东莱吕氏（曰）《大事记》、眉山李氏《通鉴长编》，谱而图之”。以便使“数千年治乱如指诸掌矣”[③]。即该书是对《历年图》的改进之作。

又据廖刚在《古今通系图后序》中言：“顷年书肆所鬻有五：

① 廖刚：《高峯文集》卷11《古今通系图后序》，文渊阁《四库全书》本。

② 王应麟撰，武秀成、赵庶洋校证：《玉海艺文校证》卷22《图·治平历年图》。

③ 彭龟年：《止堂集》卷10《镜古历年图序》。

曰《运统纪》，曰《帝王绍运》，曰《列圣节要》，曰《古今易览》，皆为图焉。虽详略不同，经画小异，要有意于参备，不为苟作。建安邱与权出入经史，为闽闻人，出己意为《古今通系图》，莫知与四者之作孰先后。”可见以上五部史著被书肆所看重。其中，对于邱与权的《古今通系图》，廖氏鉴于其“刊之，未便于览”，于是“更图之为五轴朱画，以辨正统。一纵一横，曲折而下，离者卒合，断者复续，列之壁间，连连乎洞视古今，而无有滞碍者矣。复摭传说，稍广其载。国名主号，皆为诗以次之”。[①]即廖氏对该书内容做了新的编排与增补，以期达到更便于观览之目的。

与上述史著相类似，宋代史家直接承袭正史中相关表、志的做法，专门撰有以百官任免等为叙述主体的图录类史著。如司马光撰《百官公卿表》15 卷、陈绎撰《宰相拜罢录》和《枢府拜罢录》各 1 卷、谭世勣撰《本朝宰执表》8 卷、蔡幼学撰《续百官公卿表》20 卷和《续百官表质疑》10 卷、[②]范冲撰《宰辅拜罢录》24 卷、陈绎和李易撰《国朝相辅年表》1 卷和《续》1 卷、[③]李焘撰《历代宰相年表》34 卷、《天禧以来御史年表》和《天禧以来谏官年表》，[④]凡此等等。其间，以宰辅拜罢类史著为例，如王明清对于所撰《宰辅拜罢图》，他指出：“尝取司马文正公《百官公卿表》与夫陈龢叔及《绍兴拜罢录》，参考弼臣进退次第年月，列为四图表，置之坐隅，

---

① 廖刚：《高峰文集》卷 11。

② 《宋史》卷 203《艺文志》。

③ 陈振孙撰，徐小蛮、顾美华点校：《直斋书录解题》卷 6。

④ 马端临：《文献通考》卷 203《经籍考》。

以便观览，今镂板于闽、蜀、江、浙矣。”[①]可见该书传刊区域颇为广泛。又如徐自明撰有《宋宰辅编年录》20卷，记述太祖建隆元年至宁宗嘉定八年间宰执任免等状况。章铸在该书《序》中指出：“今观徐公《编年》，惟及宰辅，而百官不及，则于省览为尤便。”再如蔡幼学撰有《皇朝宰辅拜罢图》1卷，记事系“建隆元年至绍熙五年，宰执拜罢月日为图，年经而官纬之”[②]。总之，以上以朝廷官僚任免为叙述主体的简明政治史，正是时人颇为关注的政治话题，它们受到编撰者、刊刻者以及阅读者推崇便不足为奇。

总体而言，以上运用多种形式改编或者编撰成的简明直观类史著，不仅满足了不同层次读者多样化的阅读需求，而且与卷帙繁多的大型史著相比，该类史书刊刻、传抄与流布均较为便利，故受到刊传者和著述者偏爱。

二是为普及历史知识，一些史家编撰成了适应面颇广的易记便读类史书。该类史书作者能够紧紧抓住读者喜好“易以览诵”这一特点，在承袭前人做法基础上，多采用韵语或对偶形式编纂成了该类著述。其中，尤以蒙学类著作最为典型，此正如有人所言：“古人教童子，多用韵语，如今《蒙求》《千字文》《太公家教》《三字训》之类，欲其易记也。”[③]此外，还有一些用韵语编纂的史著，它们同样具有易记便读特点。

其中，宋代蒙学类史著编修与流传日渐兴盛，一则是与唐代李瀚《蒙求》的直接影响密不可分。对此，楼钥指出：“《蒙求》始于

① 王明清撰，燕永成整理：《挥麈前录》末《自跋》。

② 王应麟撰，武秀成、赵庶洋校证：《玉海艺文校证》卷22《图》。

③ 项安世：《项氏家说》卷7《用韵语》，文渊阁《四库全书》本。

李氏，后有作者终不及之。……亦有广编十七史，或专用小说及本朝故事、《左传》、《西汉》或道家之书，意亦勤矣，终不及李氏之盛行。”[①]可见李氏《蒙求》在宋代受欢迎程度远远超过了同类著述。正因为如此，除参阅诵习该书者之外，为其作注者有之。如徐子光撰有《补注蒙求》8卷。据陈振孙言：徐氏“句为之注。本句之外，兼及其人他事”[②]。即徐氏对《蒙求》做了注释以及增补史实等工作，由此增强了该书的参考价值。又接续撰修者有之。据楼钥言，陈氏《续蒙求》，“出入史传，援据精确，何止应童蒙之求耶？”[③]即该书足以供童蒙之外的读者参阅。又如叶才老撰《和李翰蒙求》3卷，[④]以及洪迈撰《次李翰蒙求》3卷。[⑤]总之，宋人注释、续补《蒙求》，不仅使得《蒙求》本身的参阅功能得到有效提升，而且扩大了《蒙求》及其衍生史著的社会影响。

二则是与前代相比，宋代蒙学类史著数量与种类增长迅速。据书目著录以及现今存留状况可知，宋代该类史著不下三十种。[⑥]其

---

① 楼钥：《攻媿集》卷76《跋郑德舆历代蒙求》。

② 陈振孙撰，徐小蛮、顾美华点校：《直斋书录解题》卷14。

③ 楼钥：《攻媿集》卷70《跋陈氏续蒙求》。

④ 《宋史》卷207《艺文志》。

⑤ 《宋史》卷202《艺文志》。

⑥ 具体可参阅徐梓《中华蒙学读物通论》第四章“宋元明清时期的蒙学读物”，中华书局，2014年；吴桂翎《宋代历史教育研究》第二章“宋代蒙学教育”，人民出版社，2016年，等。在此需说明的是，因该类史著亡佚严重，故诸家统计数字不完全一致。又笔者认为一些史著虽用蒙求体撰成，但未必属专供童蒙观览者，或者原本就不属于童蒙读物，如下文所述《唐史属辞》《通鉴韵语》以及《国史对韵》等，故本文单列论述。

间，从该类史著纪事断限看，通史与断代均有，而在断代史中，又前代史与本朝史并存。

在通史类蒙学著述中，如王令编有《十七史蒙求》16卷。据史献可在该书《序》中言："其间圣君、贤相、忠臣、义士、文人、武夫、孝子、烈妇功业事实以类纂集，……以资记诵、讨论。"可见该书注重选取不同类型历史人物及其典型事迹。仅如该书卷一始为："宋璟第一，李广无双。"在此编者以汉、唐将相并列编排并予以定性，为参阅者树立了学习敬仰的榜样。又该书偏重以十七史为取材对象，编排讲求上下两句成对，四言成句，记述内容较为广泛，是童蒙接受历史教育的重要参考书。又如黄继善撰有《史学提要》1卷，该书以四言韵语编贯诸史，上起上古，终于五代。对其编撰缘由，元人程文海指出："史之为书也，博而杂；其为学也，烦而易遗。出没浩瀚而不可执也，必设罗落以张之；混澒阖辟而不可穷也，必立检柙以制之。此《史学提要》所攸出，而始学者宜尽心焉。"[①]可见该书是为克服史学博杂烦芜之弊而撰的有为之作。再如对于郑德舆的《历代蒙求》，楼钥指出：该书"用李氏之体备述历代由伏羲以至大宋，事不求对，句以四言，童子易于诵习，千古大概，如指诸掌"[②]。即该书是专供童子了解古今历史概貌的启蒙读物。它如南宫靖一撰有《小学史断》2卷，纪事上起周平王，下迄五代。[③]该书是宣扬封建伦理道德、突出正统观念的论说类启蒙读物。其他同类

① 程文海：《雪楼集》卷23《黄成性史学提要赞并序》，文渊阁《四库全书》本。

② 楼钥：《攻媿集》卷76《跋郑德舆历代蒙求》。

③ 《四库提要》卷89。

史著还有：胡宏《叙古蒙求》1卷，[①]吕氏《叙古千文》1卷，[②]以及陈梦协《十七史蒙求》，[③]等等。

在断代类前代史蒙学著述中，有关先秦的主要有：杨彦龄的《左氏蒙求》2卷、李浃的《左氏广诲蒙》1卷、王邹彦的《春秋蒙求》5卷、[④]文济道的《左氏纲领》4卷、佚名的《左氏蒙求》3卷，[⑤]以及张洽的《左氏蒙求》，[⑥]等等。有关两汉的有：刘珏的《两汉蒙求》10卷、柳正夫的《西汉蒙求》1卷、佚名的《汉臣蒙求》20卷、[⑦]侯彦明的《西汉蒙求》、[⑧]佚名的《两汉蒙求》5卷，[⑨]以及程俱的《班左诲蒙》3卷，[⑩]等等。有关三国两晋南北朝的有：《三国蒙求》、[⑪]曹崇之的《东西晋蒙求》，[⑫]以及佚名的《南北史蒙求》10卷，[⑬]等等。以上大多取名“蒙求”的史著，虽亡佚严重，但它们当

① 赵希弁撰，孙猛校证：《郡斋读书志校证·读书附志》。

② 《宋史》卷202《艺文志》。

③ 王应麟撰，武秀成、赵庶洋校证：《玉海艺文校证》卷15《论史》。

④ 《宋史》卷202《艺文志》。

⑤ 晁公武著，孙猛校证：《郡斋读书志校证》卷14；王应麟撰，武秀成、赵庶洋校证：《玉海艺文校证》卷6《春秋》。

⑥ 《宋史》卷430《张洽传》。

⑦ 《宋史》卷207《艺文志》。

⑧ 张栻：《南轩集》卷34《西汉蒙求跋》。

⑨ 晁公武著，孙猛校证：《郡斋读书志校证》卷14。

⑩ 陈振孙撰，徐小蛮、顾美华点校：《直斋书录解题》卷14。

⑪ 尤袤：《遂初堂书目》。

⑫ 王庭珪：《卢溪文集》卷47《故校书郎曹公行状》，文渊阁《四库全书》本。

⑬ 晁公武著，孙猛校证：《郡斋读书志校证》卷14。

是受李瀚《蒙求》影响，并主供童蒙参阅的历史类启蒙读物。

有关本朝蒙学类史著主要有：范镇撰《本朝蒙求》2卷；[①]徐子复撰《圣宋蒙求》。对于徐氏之书，徐元杰指出："观其事类，则自建隆而熙宁。年而次之，类而偶之，联而韵之。章必两联，每联必备颠末。其为帙也凡六，盖祖宗全盛时事也。……我先朝之人物名氏，其所著之言行详略，各因其事，章分句列，而事亦载诸其下。……学者苟未暇读《长编》，能求此读之，犹愈于已，是岂可以《蒙求》为童习之书而忽之哉！"[②]可见该书偏重记述北宋前中期人物事迹，是有关宋代历史的启蒙读物。总之，以上例证虽然不多，但足以表明，宋人及时将本朝历史编撰成适合童蒙诵习的启蒙读物，这对童蒙较早熟悉本朝历史知识、养成时代意识极为有益。

又从蒙学类史著种类多样化看，宋人还编有一些专门性蒙学类史著。其中，属于专题类的有：如邵笥撰《孝弟蒙求》，"录古今孝弟事"。魏了翁指出："古之教者，居于家则事父兄，坐于塾则亲师友，会于序则读教法，饮于乡则序齿位。朝益暮习，日诱月化，无适而非事亲敬长之节，凡以申其义而降之德焉耳！……是书于始学尤为有益，非徒记诵之云。"[③]可见魏氏更推崇该书对童蒙的教化功用。又如徐伯益撰《训女蒙求》1卷，据四库馆臣记述：是书仿李瀚《蒙求》体，"类集妇女事迹，为四言韵语以括之"[④]。即该书属训

① 《宋史》卷207《艺文志》；陈振孙撰，徐小蛮、顾美华点校：《直斋书录解题》卷14。

② 徐元杰：《棋埜集》卷10《题圣宋蒙求后》，文渊阁《四库全书》本。

③ 魏了翁：《鹤山先生大全文集》卷54《邵万州孝弟蒙求序》。

④ 《四库提要》卷137。

导妇女的专书。再如胡谦撰《庐陵蒙求》，“特取一郡事”[①]。即该书属地方童蒙启蒙教材。他如赵彦绖撰《宗室蒙求》3卷，[②]等等。同样，属于释道类的有：如陈葆光撰《三洞群仙录》20卷，四库馆臣指出：“是书采摭古来仙人事实，集为四字俪语，而自注之。”[③]对于该书，孙觌称赞道：“如葆光者，博及群书，上自千载之前，远至六合之外。条分汇聚，配合奇偶，相比成文，自为一家。”[④]又如程说撰《释氏蒙求》5卷、释道诚撰《尼蒙求》1卷，[⑤]等等。以上取名“蒙求”的专门性史著，内容涉及孝悌、女训、宗室、地域以及僧道等，它们的出现不仅为童蒙提供了多样化观览读物，而且极大地丰富了童蒙类史著编撰类型。

与此同时，宋代还出现了一些虽采用韵语撰成，但从所记内容以及编修目的看，它们未必专供童蒙使用，甚至有的原本就是供官僚士大夫观览的史著。具体而言，一则是在改编专史方面，如程鹏撰有《唐史属辞》4卷，杨杰在该书《序》中指出：“嘉祐中，其书（指《新唐书》）新出，而天下之士传录诵读，惟恐其后。时无为程鹏彦升笃爱是书，乃采一代事迹，四言成文，两两相比，题曰《唐史属辞》，总成四卷。其于善恶邪正，虽皆因其传文，而于轻重谐偶若权衡然，可谓勤且至也，观者用力少而收功多。将求镂版，以广

① 曾丰：《缘督集》卷18《胡谦庐陵蒙求序》，文渊阁《四库全书》本。
② 陈振孙撰，徐小蛮、顾美华点校：《直斋书录解题》卷14。
③ 《四库提要》卷147。
④ 孙觌：《鸿庆居士集》卷32《跋陈道士群仙蒙求》。
⑤ 郑樵撰，王树民点校：《通志二十略·艺文略》第五。

其传。”[①]可见程氏将传录甚广的《新唐书》有关内容改编成了简明易览之作，以便读者传诵。又如黄日新撰有《通鉴韵语》9卷，据赵希弁记述：“大略如李瀚《蒙求》四言体，而列其事于左方。周平园、朱晦翁、洪容斋、谢艮斋、杨诚斋、楼攻愧诸老先生皆为之序。”[②]其中，杨万里在该书《跋》中指出：“迂叟《通鉴》之书大，万万言不啻也。黄君齐贤终一事为四言，举四言得一事。卷而怀之，《通鉴》在袖间；诵而记之，《通鉴》在舌端矣。此学者之利也。或曰：‘此书之不忘，《通鉴》可忘乎？’曰：‘不忘此书，然后可以语《通鉴》之不忘；不忘《通鉴》，然后可以语《通鉴》之忘，学者谨之。’”[③]可见该书在归聚史事、叙事语言以及引导读者等方面均显示出自身优势，故受到诸多名家推崇。再如戴迅撰有《晋史属辞》3卷，[④]“用《蒙求》体以类晋事”，[⑤]亦当属该类。

另一则是在归纳有关史事方面，如范镇撰有《国史对韵》12卷，[⑥]据吴仲庶言：“景仁悯诸后学虽涉书传，而问之今代典故，则懵然不知。乃自太祖开基，迄于仁宗朝，摭取事实可为规矩鉴戒者，用韵编次之。”[⑦]可见该书系用韵编次北宋前四朝史实典故，以

① 杨杰：《无为集》卷9，文渊阁《四库全书》本。

② 赵希弁撰，孙猛校证：《郡斋读书志校证·读书附志》。

③ 杨万里撰，辛更儒笺校：《杨万里集笺校》卷99。

④ 陈振孙撰，徐小蛮、顾美华点校：《直斋书录解题》卷14。

⑤ 马端临：《文献通考》卷228《经籍考》。

⑥ 按苏轼著、孔凡礼点校《苏轼文集》卷14《范景仁墓志铭》和韩维《南阳集》卷30《范公神道碑》作“《国朝韵对》3卷”。

⑦ 晁公武著，孙猛校证：《郡斋读书志校证》卷14。

备士人参考运用。又如钱讽撰有《史韵》49卷，“依《唐韵》分四声，而以十一史之句注于下。……郑侨、钱文子为之序。”[1]据陈振孙言：该书“附韵类事，颇便检阅。”[2]即该书亦属便于士人检阅史事的史著。再如俞观能撰有《孝悌类鉴》7卷，“取经史孝悌事，成四言韵语”。[3]该书以韵语归聚古今孝悌之事，其观览对象更为广泛。

总而言之，易记便读类史书基本属于用韵语、对偶形式归纳史事或者改编史书而成，它们不仅能使观览者达到“易晓难忘”的良好效果，而且也极大地满足了现实社会之需。其间，宋代蒙学类史著数量与种类迅猛增加，正是该类史书受到社会欢迎的显著例证。

三是随着刊印以及绘图作画技术日益发展，为满足一些特定读者需求，宋人不仅为一些史书补配了插图，而且还有意创制了图文并茂类史书。虽说该类史书因绘画制作技术要求高，数量与种类并不多，但因其具有图文并茂、形象生动等突出优点，故受到读者喜爱。吕祖谦结合《庆历观文鉴古图》对“图与书”的功用评述道：“臣闻图、书相为经纬，尚矣。经之以书，载前代成败之实，而读者兴焉。纬之以图，绘前代成败之形，而观者鉴焉。耳其言者，入乎耳而著乎心；目其绘者，入乎目而著乎心。惟图与书，所以开导人君之聪明，而交相养也。”[4]由此表明图文并茂类史书对读者具有多重启发开导之功。

---

① 赵希弁撰，孙猛校证：《郡斋读书志校证·读书附志》。

② 陈振孙撰，徐小蛮、顾美华点校：《直斋书录解题》卷14。

③ 晁公武著，孙猛校证：《郡斋读书志校证》卷14。

④ 吕祖谦：《东莱吕太史外集》卷4。

如《三朝训鉴图》（王明清记作“三朝宝训”）作为特制的图画书，不仅曾成为仁宗和哲宗等观史受教的必读教材，而且还流传宫外，颇受时人追捧。据王明清言：“仁宗即位方十岁，章献明肃太后临朝。章献素多智谋，分命儒臣冯章靖元、孙宣公奭、宋宣献绶等采摭历代君臣事迹，为《观文览古》一书；祖宗故事为《三朝宝训》十卷，每卷十事。又纂郊祀仪仗为《卤簿图》三十卷，诏翰林待诏高克明等绘画之，极为精妙，叙事于左，令傅姆辈日夕侍上展玩之，解释诱进，镂板于禁中。元丰末，哲宗以九岁登极，或有以其事启于宣仁圣烈皇后者，亦命取板摹印，仿此为帝学之权舆，分锡近臣及馆殿。时大父亦预其赐，明清家因有之。绍兴中，为秦伯阳所取。先人云。”[①]按王氏所言，由刘太后主导编绘的《三朝宝训》，两经御府刊印，并且哲宗时的印本还被赐给了朝廷近臣，从此由禁中流布到了社会。同时，据陈振孙在《三朝训鉴图》解题中言：“顷在莆田，有售此书者，亟求观之，则已为好事者所得，盖当时御府刻本也。卷为一册，凡十事，事为一图，饰以青赤。亟命工传录，凡字大小、行广狭、设色规模，一切从其旧，敛衽铺观，如生庆历、皇祐间，目睹圣作明述之盛也。按《馆阁书目》载此书云绘采皆阙，至《续书目》乃云得其全。未知果当时刻本乎，抑亦摹传也？”[②]由此可知，《三朝训鉴图》在南宋时广受鬻书者、藏书家以及参阅者青睐。其间，还曾出现“绘采皆阙”现象。

不过，对于王明清所言的《三朝宝训》与《三朝训鉴图》之间的关系，尤其是二者是否为同一书，马端临质疑道：“按《三朝宝

---

① 王明清撰，燕永成整理：《挥麈后录》卷1。

② 陈振孙撰，徐小蛮、顾美华点校：《直斋书录解题》卷5。

训》一书，《直斋书录解题》以为宰相王曾奏请编修，成于天圣十年，凡三十卷。《挥麈录》以为章献命儒臣所修，成于天圣初年，凡十卷。殊不相吻合。然《挥麈录》所言禁中刻本，且有绘图，则似即此《三朝训鉴图》十卷之书。然《直斋》以此书为庆历、皇祐时所修纂，则又与《挥麈录》所谓仁皇初年傅母辈侍上展玩之语，深不合矣！当俟考订精者质之。”[①]很显然，王明清所言的《三朝宝训》（10卷），绝非王曾奏修完成的《三朝宝训》（30卷）。又马端临怀疑该书就是《三朝训鉴图》，但对于编修时间一记载为刘太后时，另一记载为仁宗庆历、皇祐时则难以决断。情况的确如此，因为有关庆历、皇祐时成书的《三朝训鉴图》，时人亦多有记述。如王应麟所引《书目》载：“《三朝训鉴图》十卷，李淑撰，仁宗御制序。”[②]《宋史》卷203《艺文志》亦著录有李淑《三朝训鉴图》10卷。又对于该书中的绘图状况及其编撰宗旨，史载皇祐初元，仁宗诏命待诏高克明等图画三朝盛德之事，“人物才及寸余”，并且“宫殿、山川、銮舆、仪卫咸备焉”。[③]另据王应麟记述，“其图始于亲征下泽潞，平惟扬，终于真宗禁中观稼，飞山观炮，凡百条”[④]。再是该书多被时人所征引。如司马光《涑水记闻》卷1就指明征引有关太祖朝史事多条。又如江少虞《宋朝事实类苑》卷3《祖宗圣训》征引有两条真宗朝史事。再如《玉海》卷145《兵制·咸平东武村大阅》亦征引有一条真宗朝史事。凡此等等。可见由李淑撰成、宋仁

① 马端临：《文献通考》卷201《经籍考》。

② 王应麟撰，武秀成、赵庶洋校证：《玉海艺文校证》卷22《图》。

③ 郭若虚：《图画见闻志》卷6《训鉴图》，人民美术出版社，2003年。

④ 王应麟撰，武秀成、赵庶洋校证：《玉海艺文校证》卷22《图》。

宗作《序》的《三朝训鉴图》，是以北宋前三朝祖宗实事为叙说内容，以形象生动的图画来展示该内容的劝谏类图画书。

同样，对于王明清所言的另一部帝王必读教材《观文览古》，史载绍兴五年，高宗言："祖宗故事，朕尝省阅，然宫禁间事，亦有外朝所不知者。朕昨日见毛刚中所进《鉴古图》，乃仁宗皇帝即位之初，春秋尚幼，故采古人行事之迹，绘而成图，便于省阅，因以为鉴也。"[①]可知此处的《鉴古图》，当是指成书于刘太后当政时的《观文览古》。然而，据王应麟著录：庆历元年七月，仁宗出御制《观文鉴古图记》以示辅臣。原注："绘列百篇，合为十卷。"又"初，康定二年七月己卯，命图画前代帝王美恶之迹可为规戒者，号曰《观文鉴古图》。上自为记，凡十二卷。原注：'《艺文志》云十卷。'百二十事，每事帝自为一篇。始黄帝梦风后、力牧，终长孙皇后赏魏玄成谏。"[②]吕祖谦在《庆历〈观文鉴古图〉赞》中还对以图示史的此书盛赞道："合数十代之明君哲后，皆为今日之益友。合数十代之名卿硕辅，皆为今日之良臣。合数十代之侈观虐政，皆为今日之至戒。坐於室而见千古，所以成四十二年巍巍之治者，图抑有助焉!"[③]可见此处的《观文鉴古图》，是由宋仁宗主导编修而成。

随后到哲宗朝，范祖禹针对由仁宗主导完成的《三朝训鉴图》和《观文鉴古图》，他在元祐五年五月所上《迩英留对札子》中指出："臣窃以古之帝王常观图史以自戒。仁宗皇帝讲学之外，为图鉴古，不忘箴儆，以养圣心。又图写三朝事迹，欲子孙知祖宗之功

① 李心传撰，胡坤点校：《要录》卷86。

② 王应麟撰，武秀成、赵庶洋校证：《玉海艺文校证》卷22《图》。

③ 吕祖谦：《东莱吕太史外集》卷4。

烈，如目睹之。二图皆尝颁赐臣僚，禁中必有本。臣愿陛下以永日观书之暇，间览此图，可以见前代帝王美恶之迹，知祖宗创业之艰难。不唯有所戒劝，易于记省，亦好学不倦之一端也。”[①]在此范氏不仅向年少帝王指出二书的现实功用，而且表明它们具有“易于记省”等实用观览效果。

由此可见，虽然《三朝宝训》与《三朝训鉴图》之间关系难明，但姑且认为，无论是由刘太后主导编成的《三朝宝训》和《观文览古》，还是由仁宗主导修成的《三朝训鉴图》和《观文鉴古图》，均属人物造型极为精妙、叙说内容颇为丰富的劝谏类图画书。它们在当政者亲自主导下，由著名学者与画家集体创作，以图文并茂方式展现祖宗功业或前代君臣美恶之迹，以期达到启迪观览者之目的。不仅如此，它们还被颁赐给了当时朝廷一些重要辅臣及宗室，从而使得该类史书由朝廷传至社会，其流布面和受教面得到逐渐扩大。

与此同时，为增强读者对文本内容深入理解，宋人对原有配图的史书做了重绘、刊刻。如对于宋传本《山海经》，据《中兴（馆阁）书目》记载：“《山海经图》十卷，本梁张僧繇画。咸平二年，校理舒雅铨次馆阁图书，见僧繇旧踪尚有存者，重绘为十卷。”[②]即舒雅在前人基础上，重绘了《山海经图》。又史载：郭熙之子郭思，“崇、观中，应制画《山海经图》。”[③]可见到徽宗朝，朝廷命画家专门制作《山海经》插图。以上重绘本《山海经》的陆续推出，无疑提升了该书的观览效果。又如由建安余氏勤有堂刊印的《古列女

① 范祖禹：《范太史集》卷 19。

② 王应麟：《玉海》卷 15《地理》。

③ 夏文彦：《图绘宝鉴》卷 3，文渊阁《四库全书》本。

传》，原系汉刘向编，八卷，每传有图，题晋顾恺之画。[①]该书在版式设计上采用上图下文、以文释图方式，由此达到了图文并举的良好效果，并且流传至今。

综上所述，无论是官方特意制作的形象生动类图画书，还是由编刊者特意绘编的插图本史著，它们在吸引观览者阅读兴趣、加深对文本理解方面，均比同类史著更具优势。该类史著的产生与流传，既是宋代图画、刊刻技术得以快速发展的有力体现，也是宋代史著编撰形式多样化的突出展示。

（2）史著的刊印。一是书籍刊印普及化以及官方刊印史书得以逐步推行。对于宋时印本书籍所带来的巨大变化，元人吴澄指出："宋三百年间，锓板成市，板本布满乎天下，而中秘所储莫不家藏而人有。不惟是也，凡世所未尝有与所不必有，亦且日新月光。书弥多而弥易，学者生于今之时，何其幸也！无汉以前耳受之艰，无唐以前手抄之勤，读书者事半而功倍，宜矣。"[②]明人胡应麟更是指出："三代漆文竹简冗重艰难，不可名状。秦、汉以还浸知钞录，楮墨之功简约轻省，数倍前矣。然自汉至唐犹用卷轴，卷必重装，一纸表里，常兼数番，且每读一卷或每检一事，细阅展舒甚为烦数，收集整比弥费辛勤。至唐末、宋初，钞录一变而为印摹，卷轴一变而为书册，易成难毁，节费便藏，四善具焉。"[③]可见与前代相比，印本书籍优势明显。

---

① 于敏中等：《天禄琳琅书目》卷2，见《清人书目题跋丛刊》，中华书局，1995年。

② 吴澄：《吴文正集》卷34《赠鬻书人杨良甫序》，文渊阁《四库全书》本。

③ 胡应麟：《少室山房笔丛》卷4《经籍会通》四。

具体以宋代官方刊印史书状况而言，史载："议者以为前代经史皆以纸素传写，虽有舛误，然尚可参雠；至五代，官始用墨版摹《六经》，诚欲一其文字，使学者不惑；至太宗朝，又摹印司马迁、班固、范晔诸史，与《六经》皆传，于是世之写本悉不用。"[①]到大中祥符三年十一月，真宗告诉向敏中："今学者易得书籍。"向敏中答道："国初惟张昭家有三史。太祖克定四方，太宗崇尚儒学，继以陛下稽古好文，今三史、《三国志》、《晋书》皆镂板，士大夫不劳力而家有旧典，此实千龄之盛也。"[②]可见宋初多种正史得以刊传，士大夫得书更为便利了。此后，官私方刊、传正史日渐增多。

二是书坊刻印史书不断增多以及版权、传布意识日益增强。随着雕版印刷业逐步发展以及书籍作为商品所带来的利润诱惑，宋代书坊刻印、经营书籍之风日渐兴盛，甚至还出现了专门性的图书经营地。如史载："麻纱、崇化两坊产书，号为图书之府。"[③]又如周必大指出："千卷《长编》已刻闽，争传副墨价兼金。冠篇不得同迂叟，遗恨犹应记玉音。"[④]如此巨帙的史书得以刊印，说明书坊对该书价值极为看重。

同时，书坊主刊印书籍，极为看重所刊书的版权以及传布状况。如陆心源在《仪顾堂续跋》卷七宋椠《东都事略跋》中言道：《东都事略》"《目录》后有木记，云：'眉山程宅刊行，已申上司，不许覆板'。"这明显体现出刊刻者具有明确的版权保护意识。又如祝

① 程俱撰，黄宝华整理：《麟台故事》（辑本）卷2。

② 李焘：《长编》卷74。

③ 祝穆撰，施和金点校：《方舆胜览》卷11，中华书局，2003年。

④ 周必大：《文忠集》卷7《敷文阁学士李仁甫挽词十绝》。

穆的《方舆胜览》原本卷首有："两浙转运司《录白》：据祝太博宅幹人吴吉状，本宅见刊《方舆胜览》及《四六宝苑》《事文类聚》，凡数书，并系本宅贡士私自编辑，积岁辛勤，今来雕版，所费浩瀚。窃恐书市嗜利之徒辄将上件书板翻开，或改换名目，或以节略《舆地纪胜》等书为名，翻开搀夺，致本宅徒劳心力，枉费钱本，委实切害。照得雕书合经使台申明，乞行约束，庶绝翻版之患。乞给榜下衢、婺州雕书籍处张挂晓示，如有此色，容本宅陈告，乞追人毁板，断治施行。奉台判备榜，须至指挥。右今出榜衢、婺州雕书籍去处张挂晓示，各令知悉。如有似此之人，仰经所属陈告，追究毁板施行，故榜。"[①]此《录白》表明，祝氏恐"嗜利之徒"翻雕所编刊之书，故请官为给榜晓示，以便使得自身利益免受侵害。再如南宋龙山书堂刊印有补史类笔记《挥麈录》20卷，在其《挥麈录余话总目》末尾有："此书浙间所刊止《前录》四卷，学士大夫恨不得见全书，今得王知府宅真本全帙四录，条章无遗，诚冠世之异书也。敬三复校正锓木，以衍其传，览者幸鉴，龙山书堂谨咨。"该《跋》表明他们之所以刊刻《挥麈录》全本，就是为了广为传布。凡此等等。

三是以史籍刊刻流传方式而言，不少史书被不同机构或者刊刻家多次刊印甚至重印。如对于宋刊《史记》版本状况，尤袤在《遂初堂书目·正史类》中就著录有：川本《史记》和严州《史记》。今人张玉春先生研究认为："宋本《史记》是刻本《史记》之源，后世众本皆据之以出。"据他归纳可知：《史记》最早刻本是淳化本。此后有景德元年刻本、景祐二年刻本，以及嘉祐六年刻本。南宋时

① 杨守敬：《日本访书志》卷6《方舆胜览》，见祝穆撰，施和金点校：《方舆胜览》附录。

除覆刻北宋本外，有绍兴十年建安朱中奉本，此为私刻《史记》之首。此后还有绍兴年间淮南路转运司刻本以及孝宗时的建刊《集解》本。不过以上皆为《集解》单注本。南宋时，还产生了《集解》和《索隐》二家注合刻本与《集解》《索隐》和《正义》三家注合刻本。前者有乾道七年蔡梦弼刊本、淳熙三年张杅刊本和淳熙八年耿秉刊本，后者则有庆元二年黄善夫刊本。[①]由此可见，《史记》在宋代刊刻时呈现出官私并刻、正文本与注本组合日趋齐备等良好态势。同样，宋刊《汉书》和《后汉书》亦有多个版本，并且流传广泛。[②]

又如孙甫的《唐史论断》在南宋时已有多个刻本。据高宗绍兴二十七年张敦颐在该书末《题跋》中言："予家藏是本久矣。朅来掌教延平，会朝廷宽镂书之禁，应本朝名士文集有益于学者，皆许流传。乃出此书，与学录郑待聘参考旧史，重加审订，锓木于泮宫，以与学者共焉。"此即绍兴二十七年南剑州学宫张敦颐刻本。到理宗端平二年，黄准指出："准尝见此书于周南仲家，乃蜀本也，后遍求之而未得。至此，见友人刘和甫有此书，欲求得之，乃云：此书旧锓板于其家塾，因郁攸之变，不复存矣。慨叹久之。校正其本，锓板于东阳倅厅之双桧堂，以广其传。端平乙未，郡丞黄准命工锓板。"由此可见，该书此后还有蜀本、刘和甫家塾刻本和端平二年东阳倅庭黄准刻本等。

---

① 参见张玉春：《〈史记〉版本研究》引言、结语，商务印书馆，2001 年。

② 参见周晨：《宋刻〈汉书〉版本考》，载《襄樊学院学报》2002（1）；倪小勇：《〈汉书〉版本史考述》，载《西北大学学报》，2013（1）；马清源：《〈汉书〉版本再认识》，见《版本目录学研究》第 5 辑；许利平：《〈后汉书〉版本研究》，西北大学 2009 年硕士学位论文等。

再如《稽古录》不仅被不同地区刊刻，而且刻本间内容编排还存有差异。据陈振孙言：《稽古录》“始刻于越，其后再刻于潭。越本《历年图》诸论聚见第十六卷，盖因图之旧也；潭本诸论各系于国亡之时，故第十六卷惟存总论”[①]。

四是以史籍刊本形式与刻字大小而论，便于携带、利于传布者受到时人不同程度的欢迎。其中，因方便携带，巾箱本早就受到使用者喜爱。对此，戴埴指出：“今之刊印小册谓巾箱本，起于南齐衡阳王钧手写五经，置巾箱中。贺玠曰：‘家有坟素，何须蝇头细书？’答曰：‘检阅既易，且手写不忘。’诸王从而效之。古未有刊本，虽亲王亦手自抄录。今巾箱刊本无所不备。嘉定间，从学官杨璘之奏，禁毁小板。近又盛行。第挟书，非备巾箱之藏也。”[②]由此可见，兴起于南齐的巾箱本，因便于携带以及翻检，在当时就颇受欢迎。到南宋时，随着印刷业兴盛以及科举应试之需，巾箱本颇为流行，甚至还出现了朝廷屡禁不止的现象。不过，从其用途看，它并非完全是为“备巾箱之藏”，而是已被一些应举者作为科考作弊之用了。当然，在南宋通行的巾箱本中，自然包含有史籍。

除以上特指的巾箱本之外，其他便于收藏、参阅的小开本史籍也受到了时人重视。如高宗绍兴二十八年八月，尚书右仆射、提举实录院汤思退等上进《徽宗实录》150 卷。高宗御垂拱殿，进呈讫，奉安于天章阁。同时，史官又以小本进入禁中。[③]又如宁宗嘉泰二年

---

① 陈振孙撰，徐小蛮、顾美华点校：《直斋书录解题》卷 4。

② 戴埴撰，储玲玲整理：《鼠璞》之《巾箱本》，《全宋笔记》第八编第四册，大象出版社，2017 年。

③ 李心传撰，胡坤点校：《要录》卷 180。

十一月，秘书监曾唤等言："昨来进呈《圣安寿仁太上皇帝日历》，缘其间多有重复纷错，欲乞再行修润，进呈寿康宫。并宫中《日历》小本各一部，乞降下本所重别书写传进，仍乞以《光宗皇帝日历》为名。"朝廷从之。[①]以上两例表明，南宋皇宫对"小本"官修史籍颇为看重。

再是据藏书家著录可知，如《名公增修标注隋书详节》20卷，系"宋刊巾箱本"[②]。凡此等等。

与此同时，书籍刻印字体的大小，不仅与刻书成本等因素有关，更与读者是否便于观览相关联。因此，宋代刻书家极为看重刻本字体大小。早在北宋时，针对读者对书籍字体的实际要求，刊刻者及时调整刻字大小，以便满足购买者需求。如据吕陶《记闻》记述："嘉祐、治平间，鬻书者为监本，字大难售，巾箱又字小，有不便，遂别刻一本，不大不小，谓之《中书五经》，读者竞买。"[③]由此可知，北宋中期，国子监鉴于字大者"难售"，巾箱本字小而不便阅读，从而刻印了字体适中的《五经》，并且颇受读者欢迎。该例虽仅反映的是监本《五经》刻印字体与购买者喜好程度间的问题，其实对于刻本史籍等而言，字体适中的刻本同样会受到购买者喜爱。

不过，虽则大字本书籍往往因刊印成本高，出售较为困难，但对于喜好参阅大字者，尤其是因年龄因素导致视力下降的老年阅读

① 刘琳、刁忠民、舒大刚、尹波等校点：《宋会要辑稿·职官》一八之一〇七。

② 缪荃孙著，黄明、杨同甫标点：《艺风藏书记》卷4，上海古籍出版社，2007年。

③ 李焘：《长编》卷266神宗熙宁八年秋七月"以新修《经义》付杭州成都府路转运司镂板"条注文。

群体而言，大字本仍有一定市场。如孙觌在谈到他如何获得范祖禹《唐鉴》大字刻本时，就兴奋地指出：该书“三衢镂板，巨编大字，老眼豁然”，“谓故人张翚作州掾，遂驰书乞一本，得之”。[①]由此可见，孙氏尽力从刻书地获取了他所期待的大字本《唐鉴》。又如孝宗隆兴二年，王叔边在所刊《后汉书·目录》后的木记中表明：“本家今将前后《汉书》精加校正，并写作大字，锓板刊行，的无差错，收书英杰伏望炳察，钱塘王叔边谨咨。”书坊主王氏在此特意表明他所刊刻的两《汉书》具有字大、校精特色，以此吸引参阅者和购买者。再如理宗宝祐五年，赵与篙在《通鉴纪事本末序》中指出：“严陵旧本字小且讹，乃易为大书，精加雠校，以私钱重刻之。非特便老眼，训子弟，庶与四方朋友共之云。”这是赵氏鉴于严陵旧本“字小且讹”，从而改作大字并精加校刊，以便于老年群体等参阅的典型例证。该刻本现存《四部丛刊》中。凡此等等。

当然，与大字本书籍相对，受刻书成本以及收藏携带等因素影响，小字本书籍亦有一定市场。此如上述《通鉴纪事本末》严陵旧刻本以及巾箱本等等，在此不再赘述。

五是在增进史书参考利用价值方面，一些史著刊编者为迎合读者应试之需，于是在选刊的原著内，多增添“名人讲义”、图表或者注释等内容，以增强其参阅利用功能。如吕祖谦编有《十七史详节》273卷，四库馆臣指出：“此盖其读史时删节备检之本，而建阳书坊为刻而传之者。……前冠以《疆理》《世系》《纪年》之图。所录大抵随时节抄，不必尽出精要。”[②]可见原由名家吕祖谦节抄编成的

---

① 孙觌：《鸿庆居士集》卷32《读唐鉴》。

② 《四库提要》卷65。

该书，经书坊主再行加工编刊流传后，该书的社会影响力以及参考价值得到明显提升。又如书坊主蔡文子辑有《袁氏通鉴纪事本末撮要》8卷，藏书家瞿镛指出：蔡氏“即取袁氏标题，而略举其事之大要。每题下注明起某帝几年，尽某帝几年，末又注以上详见某帝纪。虽曰《撮要》，与袁书体例稍异，可各自单行也”[①]。此属蔡氏依社会之需，加工改进《通鉴纪事本末》的典型例证。再如《三国六朝五代纪年总辨》28卷，不著撰人。唯前有开禧丁卯吴奂然《序》，称“魏君仲举比求到永嘉朱先生《三国六朝五代纪年总辨》，循《通鉴》，按前史，而为之辨论，词语警拔”云云。按永嘉朱黼撰有《纪年统论》1卷和《纪年备遗》100卷。今此本三国始于汉昭烈帝章武元年，不列曹丕；五代始于唐天祐四年迄十九年，下接后唐同光元年，不列朱温，其例又复相合。四库馆臣指出：“考魏仲举乃建阳书贾，……盖以刊书射利者。又吴奂然《序》，首以用兵立言，中复有‘灵旗北指，诸君封侯之秋’语。盖开禧丁卯，正韩侂胄肇衅败盟之时。时方竞讲北征，故仲举于《纪年备遗》之中摘刊割据战伐之二十八卷，以备程试答策之用。观《序》末有‘上可发前人未尽之蕴，下可以为学者进取之阶’语，则书肆之曲投时局以求速售，其大旨了然著矣。卷端冠以三国、两晋、南北朝、五代世系与地理攻守之图。又《甲子纪元总要》一卷，于曹丕、朱温皆纪其年号，与本书乖剌。知亦仲举所加，非黼之旧也。”[②]此则是书贾魏仲举依据时局之需，对朱黼《纪年备遗》加工改编的突出例证。

---

① 瞿镛撰，瞿果行、瞿凤起标校：《铁琴铜剑楼藏书书目》卷9，上海古籍出版社，2000年。

② 《四库提要》卷89。

总而言之，在教育文化日益发展的现实背景下，宋代官私刊刻的史书极大地满足着社会诸多阶层的阅读需求。其间，尤其是刊刻者能够依据社会不同人群的阅读特点，对史书的内容构成、装帧形式乃至字体大小等做了有意编排、处理，这既是文化消费市场日益成熟化的表现，更是史书刊编形式多样化的体现。

（3）史著的传抄。除以上由专门机构或者私家刊印史著之外，一些时人往往勤于传抄史书，由此推动着史书的传布。其间，著名藏书家尤袤不仅乐于抄书，而且他对书籍功用有着极为深刻的认识。据杨万里记述：尤袤“于书靡不观，观书靡不记”，并且“每退，则闭户谢客，日计手抄若干古书”。当杨氏曾问其“闲居何为”时，尤袤言道：“吾所抄书，今若干卷。将汇而目之，饥读之以当肉，寒读之以当裘，孤寂而读之以当友朋，幽忧而读之以当金石琴瑟也。”[①]可见尤氏完全将书籍作为精神食粮来相待。其他宋人对书籍功用理解未必如尤袤般深刻，但他们往往出于各自喜好与现实需要，也时而传抄着不同种类的史著。如吕大防“既拜相，常分其俸之半以录书，故所藏甚富”[②]。又如康敦复，字德本，“事亲孝，为吏廉。种学绩文，孜孜不辍，见书必传，其家所藏，往往皆是手自抄者。近时服膺儒业，罕有其比焉。”[③]以上二例虽未明指吕大防和康敦复传录何类书籍，但从他们传录投入的力度和范围来看，史书应包含在内。再如据刘克庄言：杜颖一生“室无吹弹，囊无蓄积，惟酷嗜书，

① 杨万里撰，辛更儒笺校：《杨万里集笺校》卷78《益斋藏书目序》。

② 晁公武著，孙猛校证：《郡斋读书志校证》卷19“吕汲公文录”解题。

③ 朱弁撰，张剑光整理：《曲洧旧闻》卷7。

手钞《通鉴》，首末如一”[①]。此是杜氏一生喜好的具体写照。此类史例不少，余不一一。

在此值得关注的是，不少宋人注重抄录难见史籍。如据徐度言：“魏衍者，字昌世，亦彭城人。……政和间，先公守徐，招寘书馆，俾余兄弟从其学。时年五十余矣，见异书犹手自抄写，故其家虽贫，而藏书亦数千卷。”[②]可见魏氏虽则家境贫寒，但通过手抄丰富了自家书籍收藏。又如苏竦，字延仪，龙溪青焦人。“天资好学，闻人未见书，借阅或手抄不辍。于经、史、理学无不通。”[③]由此表明苏氏不仅喜好借抄书籍，而且以博学见长。又宋本朝国史禁止外传，但一些史官仍设法尽力传录。如刘仪凤，字韶美，普州人。“奉入，半以储书，凡万余卷，国史录无遗者。御史张之纲论仪凤录四库书本以传私室，遂斥归蜀。”[④]可见刘氏因犯禁录书，被朝廷贬斥归蜀。不过，对于他携书归蜀时的情景，陆游详细叙说道：“刘韶美在都下累年，不以家行，得俸专以传书。书必三本，虽数百卷为一部者亦然。出局则杜门校雠，不与客接。既归蜀，亦分作三船，以备失坏。已而行至秭归新滩，一舟为滩石所败，余二舟无它。遂以归普慈，筑阁贮之。”[⑤]在此刘氏所采用的一本三传书籍存录法，比通行的正、副本书籍存录法无疑更为有效、稳妥。不仅如此，一些士大夫也在尽力传录国史。如据刘克庄言：乡先生黄绩“尝借国史二百

① 刘克庄著，辛更儒校注：《刘克庄集笺校》卷150《杜郎中墓志铭》。

② 徐度撰，朱凯、姜汉椿整理：《却扫编》卷中。

③ 解缙等：《永乐大典》卷2404《苏字》，中华书局，1960年影印本。

④ 《宋史》卷389《刘仪凤传》。

⑤ 陆游撰，李昌宪整理：《老学庵笔记》卷2。

卷，九阅月手抄，读彻首尾，其专苦如此”[①]。

此外，一些国内已难见到的史籍，有时还会传录自境外。如邵博指出：“神宗恶《后汉书》范晔姓名，欲更修之。求《东观汉记》，久之不得，后高丽以其本付医官某人来上，神宗已厌代矣。至元祐年，高丽使人言状，访于书省，无知者。医官已死，于其家得之，藏于中秘。予尝写本于吕汲公家，亦弃之兵火中矣。又予官长安时，或云鄠杜民家有《江表传》《英雄志》，因为外台言之，亟委官以取，民惊惧，遽焚之。世今无此三书矣。”[②]对此，赵希弁感叹道：“信乎！高丽之多异书也。”[③]以上记载表明，《东观汉记》在国内虽已散佚，但高丽却有其传本。同样，高似孙的《史略》在国内无任何著录及收藏，而后至清末，由杨守敬自日本带回国内。[④]

总之，传抄作为书籍得以流传的一种主要方式，不少宋人仍在继承并发扬该传统，从而有力地促进了宋代史籍的广泛流布。

（4）史著的借阅。随着印刷业快速发展，官、私方藏书不断增多，宋代藏书规模呈不断扩大之势。不过，由于受到相关书籍收藏政策、购书经费、图书管理以及私家喜好等诸多因素影响，往往导致官、私方在藏书种类方面出现一些差异，而这些差异促使书籍以借阅等方式满足读者特定需求，书籍流通、传布日益增强了。

宋代官方会根据官府藏书残阙实际，不定时向私家借传相关书

---

① 刘克庄著，辛更儒校注：《刘克庄集笺校》卷163《黄德远墓志铭》。

② 邵博撰，夏广兴整理：《邵氏闻见后录》卷9，《全宋笔记》第四编第六册，大象出版社，2008年。

③ 赵希弁撰，孙猛校证：《郡斋读书志校证·读书附志》“列子”解题。

④ 杨守敬：《日本访书志》卷5，《续修四库全书》本。

籍。如北宋真宗至道元年六月，朝廷委派内品监秘阁三馆书籍裴愈使江南、两浙诸州寻访图书，并且规定："如愿进纳入官，优给价值；如不愿进纳者，就所在差能书吏借本抄写，即时给还。"[①]可见官方早就制定有切实可行的搜访图书举措，并且及时加以实施。又如徽宗大观四年五月，秘书监何志同言："庆历间，尝命儒臣集四库为籍，名之曰《崇文总目》，凡三万六百六十九卷。庆历距今未远也，按籍而求之，十才六七，号为全本者不过二万余卷。而脱简断编亡散阙逸之数浸多。谓宜及今有所搜采，视庆历旧录有未备者，颁其名数于天下，选文学博雅之士，求访《总目》之外别有异书，并借传写，或官给笔札即其家传之，就加校定，上之策府。"朝廷从之。[②]此是针对图书保管、流传时的缺失状况所采取的有效举措。再如南宋高宗绍兴十五年闰十一月，提举秘书省秦熺言秘府多阙书，朝廷下诏本省即诸路藏书之家借书录本，且访先贤墨迹。[③]由该诏令可知，南宋初年除借录私家藏书之外，还将"访先贤墨迹"纳入到搜访举措中，这表明官方颇为重视先贤文物。此外，为完善官府藏书，宋代官方还编修有阙书书目。如陈振孙就著录有《秘书省四库阙书目》1卷，他在该书解题中指出："亦绍兴改定。其阙者，注'阙'字于逐书之下。"[④]

对于以上朝廷传借书举措，往往会得到不少私家积极响应与支持。如早在宋初，据史载："京师藏书之家，惟故相王溥为多，官

① 程俱撰，黄宝华整理：《麟台故事》（辑本）卷1。

② 苗书梅等点校：《宋会要辑稿·崇儒》四。

③ 李心传撰，胡坤点校：《要录》卷154。

④ 陈振孙撰，徐小蛮、顾美华点校：《直斋书录解题》卷8。

尝借本传写。”[①]当时王氏“藏书至万卷”[②]。可见在宋初官方藏书有所不备之时，王溥藏书补缺作用明显。又如据杨杰言：“公（指沈立）事三朝，白首一节。生平乐经史，手不释卷。自奉甚约，其稍廪之余，皆供纸札之费，故藏书埒于内府。累降中旨，就其第传录，以补官书之阙。自元献晏公而下，卿士大夫有歌诗序记百余篇，以美其嘉尚。既退，归历阳，尝曰：‘吾起家寒素，仕宦至两省。藏书三万卷以遗子孙。’……所著《名山都水记》《茶法易览》《河防通议》《盐策总类》《贤牧传稽正辨讹》《香谱》《锦谱》洎文集共四百卷。”[③]可见沈氏不仅自身喜好藏书、著述，而且其藏书还不时弥补了官书之阙。

与官方传借私家图书相呼应，官藏部分图书也允许官僚士子借读。如北宋初，李度出使交州，他“每至州府，即借图经观其胜迹，皆形篇诗，以上所赐诗有‘奉使南游多好景’之句，遂题为《奉使南游集》，未成编而亡”[④]。可见李氏在南下出使途中，兼及借书、观景与赋诗。又如北宋刻大字本《资治通鉴》，卷中有静江路学系籍官书朱文长印。在第六卷前，有朱文木记云：“关借官书，常加爱护，亦士大夫百行之一也。仍令司书明白□［登］簿，一月一点，毋致久假，或损坏去失，依理追偿，收匿者闻公议罚。”[⑤]这是地方

① 江少虞：《宋朝事实类苑》卷 31《藏书之府》。

② 章定：《名贤氏族言行类稿》卷 24。

③ 杨杰：《无为集》卷 12《沈立神道碑》。

④ 《宋史》卷 440《李度传》。

⑤ 陆心源：《皕宋楼藏书志》卷 20，见《清人书目题跋丛刊》，中华书局，1990 年。

官学对借书者的约束举措。

与此同时，对于私家之间的借书状况，早在唐代，因书籍传刻有限，时人对图书极为珍惜，他们往往不愿轻易示人甚至借录。对此，周煇批评道："'借书一瓻，还书一瓻'，后讹为'痴'，殊失忠厚气象。书非天降地出，必因人得之，得而秘之，自示不广，人亦岂肯以未见者相假？唐杜暹家书，末自题云：'清俸买来手自校，子孙读之知圣道，鬻及借人为不孝。'鬻为不孝，可也；借为不孝，过矣。然煇手抄书，前后遗失亦多，未免往来于怀。"[①]周煇批评有一定道理，由此反映出唐人对自己所藏写本书的珍惜程度。不过到宋代，私家之间传借书之风较为盛行。如据朱弁记载：宋敏求"其家藏书皆校三五遍者。世之蓄书，以宋为善本。居春明坊，昭陵时士大夫喜读书者多居其侧，以便于借置故也。当时春明宅子比他处僦直常高一倍，陈叔易常为予言此事，叹曰：'此风岂可复见耶！'"[②]可见时人极为看重宋敏求所校之书。又如据王明清言："先祖早岁登科，游宦四方，留心典籍，经营收拾，所藏书逮数万卷，皆手自校雠，贮之于乡里，汝阴士大夫多从而借传。"[③]此是藏书嘉惠一方的突出例证。再如楼钥"时聚书东楼，逾万卷，皆手雠校，号善本。客有愿传录者，辄欣然启帙以授"[④]。此则是藏书者乐于借书给好学之士的具体体现。总之，以上诸例表明，一些喜好藏书者将其藏书亲自校雠，为借传者提供了更为可信的本子，故有效地推

---

① 周煇撰，刘永翔、许丹整理：《清波杂志》卷4。

② 朱弁撰，张剑光整理：《曲洧旧闻》卷4。

③ 王明清撰，燕永成整理：《挥麈后录》卷7。

④ 袁桷：《延祐四明志》卷5《人物考》中，见《宋元浙江方志集成》（第9册）。

动了传借书之风。

不过，在此需要说明的是，以上所述虽并未专指史著，但无论在官方还是私家藏书中，无疑包含着一定种类与数量的史著，官、私方或者私家间的借传书举动，亦包含着一部分史著借阅活动。

（5）史著的买卖。随着印刷业发展以及推动，书籍作为特殊商品能够满足社会多方面特定需要。因此，宋代官、私刻书机构或者个人均参与到了书籍交易之中。其中，国子监作为朝廷最重要的书籍出版机构，其下属书库官，“掌印经史群书，以备朝廷宣索赐予之用，及出鬻而收其直以上于官。”[①]由此可知，国子监主在刊印、出售经史等书籍。对于国子监售书价格与书籍流布间的相互制约关系，时人有清醒认识。如史载天禧元年九月，上封者言：“国子监所鬻书，其直甚轻，望令增定。”真宗言道：“此固非为利也，政欲文字流布耳。”不许。[②]可见为促使书籍更易于流通，朝廷此时对监本书并未增价。又如陈师道指出：“臣伏见国子监所卖书，向用越纸而价少，今用襄纸而价高。书莫不迫而价增于旧，甚非圣朝章明古训以教后学之意。臣愚欲乞计工纸之费以为之价，务广其传，不以末利，亦圣教之一助。”他又补充道：“臣惟诸州学所卖［买］监书系用官钱买充官物，价之高下何所损益；而外学常苦无钱而书价贵，以是在所不能具有国子之书，而学者闻见亦寡。今乞止计工纸，别为之价，所冀学者益广见闻，以称朝廷教养之意。”[③]在此陈氏奏请朝廷能降低监本书价格，以利于读者购买传阅。

---

① 《宋史》卷165《职官志》。

② 李焘：《长编》卷90。

③ 陈师道：《后山集》卷10《论国子卖书状》。

与此同时，不少士人出于自身参阅需要，往往积极购买国子监书籍。如据李心传言："今士大夫仕于朝者，率费纸墨钱千余缗，而得书于监云。"[①]此反映了南宋官僚士大夫购买监本书时的情况。又如据余靖记述：萧陟字希陞，"博通古今，好读书。其赴同安也，鬻囊装鞍马，得钱百千，尽以买国子监书，喜形于色曰：'吾无资产，以此遗子孙，乃家宝也。'常枕籍于其间，曰：'此生无成，当有施于后世。'"[②]再如沈偕"既而擢第，尽买国子监书以归"[③]。它如苏玭知泰州，"尽买国子监书，以惠诸生。"[④]以上诸人倾力购买监本书，足以表明他们极为看重监本书及其参阅价值。凡此等等。

与国子监刻书售书相呼应，一些地方刻书机构还时而售书。如象山县学刻林钺《汉隽》，孝宗淳熙十年，杨王休题又记云："象山县学《汉隽》，每部二册，见卖钱六百文足，印造用纸一百六十幅，碧纸二幅，赁板钱一百文足，工墨装背钱一百六十文足。"又云："善本锓木，储之县庠，且藉工墨盈余，为养士之助。"[⑤]可见象山县学之所以刻售《汉隽》，不只是为嘉惠学人，还将所得作为"养士之助"。

又随着宋代书籍刊印数量增多，私家收藏、买卖书籍则成了常见之事。如据张邦基言："藏书之富，如宋宣献、毕文简、王原叔、钱穆父、王仲至家及荆南田氏、历阳沈氏，各有书目。谯郡祁氏多书，号外府太清老氏之藏室，后皆散亡。田、沈二家，不肖子尽鬻

---

① 李心传撰，徐规点校：《建炎以来朝野杂记》甲集卷4《监本书籍》。

② 余靖：《武溪集》卷20《萧陟墓志铭》，文渊阁《四库全书》本。

③ 周密撰，俞钢、王燕华整理：《齐东野语》卷11《沈君与》。

④ 陆游：《陆游集·渭南文集》卷39《吏部郎中苏君墓志铭》。

⑤ 彭元瑞等：《天禄琳琅书目》后编卷4。

之。”[1]由此可见，宋代一些藏书家的藏书竟落得被“不肖子”全部出售的命运。又如史载：“越藏书有三家：曰左丞陆氏，尚书石氏，进士诸葛氏。……陆氏书特全于放翁家，尝宦两川，出峡不载一物，尽买蜀书以归，其编目日益巨。”[2]由此表明，出身于藏书世家的陆游，仍能充分利用任职两川之便，尽力购求蜀书以归。再如“朱遵度好读书，人号之为‘朱万卷’，目昂为‘小万卷’。……昂前后所得奉赐，以三之一购奇书，以讽诵为乐”[3]。由此可知，博学多识的朱遵度父子喜好读书、购书，甚至还偏好购奇书。

再是书坊售书日益兴盛。如对于南宋临安睦亲坊书肆及其主人陈起，据清末藏书家叶德辉言：“南宋临安业书者，以陈姓为最著。诸家藏书志、目、记、跋，载睦亲坊棚北大街陈解元或陈道人或陈宅书籍铺刊行印行者，以唐宋人诗文小集为最多。”[4]方回曾有《赠卖书陈秀才》诗曰：“四围皆古今，永日坐中心。门对官河水，簷依柳树阴。每留名士饮，屡索老夫吟。最感春烧尽，时容借检寻。”在该诗注中，他指出：“陈起，字宗之，睦亲坊卖书开肆。予丁未至行在所，至辛亥年，凡五年，犹识其人，且识其子。今近四十年，肆毁人亡，不可见矣。”[5]按：丁未系理宗淳祐七年，辛亥为淳祐十一年，此后“近四十年”，则南宋灭亡不久，这说明该书肆大致随宋王朝灭亡而肆毁人亡。不过，在书肆正常经营之时，时人多有赞叹。

---

① 张邦基撰，金圆整理：《墨庄漫录》卷 5。

② 施宿等：《嘉泰会稽志》卷 16《藏书》。

③ 《宋史》卷 439《朱昂传》。

④ 叶德辉：《书林清话》卷 2《南宋临安陈氏刻书之一》，中华书局，1957 年。

⑤ 方回：《瀛奎律髓》卷 42，文渊阁《四库全书》本。

如危稹在《赠书肆陈解元》中感叹道："兀坐书林自切磋，阅人应似阅书多。未知买得君书去，不负君书人几何？"[①]在此危氏不仅对书肆主人有评价，而且还颇为关注购书者的参阅状况。与此同时，据朱熹言："建阳版本书籍行四方者，无远不至。"[②]由此可见建阳刻本书在当时畅行天下。

此外，宋代还有一些较为著名的书籍交易地值得一提。据记载：汴京城内的相国寺最据冲会，每月朔望三八日即开，伎巧百工列肆，罔有不集，四方珍异之物，悉萃其间。因号相国寺为破赃所。[③]其间的书肆常年专营图书。如据朱弁言："黄鲁直于相国寺得宋子京《唐史》稿一册，归而熟观之，自是文章日进。此无他也，见其窜易句字与初造意不同，而识其用意所起故也。"[④]按朱氏所言，黄庭坚在相国寺所得的宋祁《唐史》稿，对其学业起到了明显的促进作用。又如据王明清记述："绍兴庚申，金虏以河南故地归我。诏以孟富文庾为东京留守，富文辟毕少董良史以自随。未几，虏败盟，少董身陷伪地者累年。尝于相国寺鬻故书处得《熙丰日历》残帙数叶，无复伦序。少董南归，出以相示，于是辑其可以传信者凡八条，今录于编。"[⑤]该条纪事说明相国寺在金时仍属书籍交易地，毕良史还

① 陈起：《江湖小集》卷 60《危稹巽斋小集》，文渊阁《四库全书》本。

② 朱熹著，刘永翔等校点：《晦庵先生朱文公文集》卷 78《建宁府建阳县学藏书记》。

③ 王得臣撰，黄纯艳整理：《麈史》卷下《谐谑》。

④ 朱弁撰，张剑光整理：《曲洧旧闻》卷 4。

⑤ 王明清撰，戴建国、赵龙整理：《玉照新志》卷 1，《全宋笔记》第六编第二册，大象出版社，2013 年。

在该地购得了难得的《熙丰日历》残帙。

总之，随着印刷业日渐发展，书籍刊印与买卖逐渐流行。与前代相比，宋代官僚士大夫获取史著的途径与方式更加多样化和便捷化，史书传布面变得更为广阔了。

**2. 重要人物画像、历史题材类图画、书帖及其拓本的创作与传布**

（1）重要人物画像。画像作为对历史人物风貌的形象化再现，往往给人以强烈的视觉冲击，具有直观展示人物形象的突出功效。又据郭若虚在《叙自古规鉴》中言："盖古人必以圣贤形像、往昔事实，含毫命素，制为图画者，要在指鉴贤愚，发明治乱。"[①]可见古圣贤形象还包含有史鉴功效。

其间，一是一些宋人有意收藏并传布前代帝王像。如据王钦臣在《唐三宗像》中记载："公（指王洙）言：舒城县民李氏者，唐宗室之裔，有一轴画，上画玄、肃、代三帝真。云其先别子所出也，其画亦当时之迹。每持以见县官，免科役。"[②]可见持有唐帝王像者还获得了"免科役"特权。一是一些宋代宫廷画师、内臣等常为帝后绘制御像。如史载："内臣杨日言，字询直，家世开封人。日言幼而有立，喜经史，尤得于《春秋》之学。……方仕宦未达，而神考识之，拔擢为左右之渐。于殿庐传写古昔君臣贤哲，绘像钦圣宪肃。及建中靖国，以钦慈皇太后写真，顾画史无有髣髴其仪容者。命日言追写，既落墨，左右环观，皆以手加额，继之以泣。叹其俨

---

① 郭若虚：《图画见闻志》卷1。

② 王钦臣撰，储玲玲整理：《王氏谈录》，《全宋笔记》第三编第三册，大象出版社，2008年。

然如生，其精绝有至于是者。”[①]可见杨日言不仅擅长传写古代君臣贤哲画像，而且还能追绘神宗陈皇后仪容，甚至达到了“俨然如生”的地步。

同时，对于展现古代名臣风貌的名画名作，宋人多留心收藏、传递。如沈括家不仅珍藏有文物价值极高的唐代名画，而且他还指出该画所具有的补史价值。他言道：“予家有阎博陵画唐秦府十八学士，各有真赞，亦唐人书，多与旧史不同。……盖《唐书》成于后人之手，所传容有讹谬，此乃当时所记也。”[②]又对于当时郡县误作的韩愈像，沈括辨析道：“世人画韩退之，小面而美髯，著纱帽，此乃江南韩熙载耳。尚有当时所画，题志甚明。熙载谥文靖，江南人谓之‘韩文公’，因此遂谬以为退之。退之肥而寡髯。元丰中，以退之从享文宣王庙，郡县所画皆是熙载，后世不复可辩，退之遂为熙载矣。”[③]在此沈氏从体貌特征方面表明韩愈与韩熙载有异。又如黄伯思在《跋桓宣武传后》中指出：“此顾恺之画温像，后人略其传，书于卷尾也。予既搨此画，未暇写此传，聊尔存于斯。”[④]可见黄氏注重传写桓温像。

此外，对于当代名臣画像，时人亦广为崇奉。如叶適在《司马温公祠堂记》中指出：“公自元祐以来，由京师达四方，家绘其像，

---

① 佚名撰，岳仁译注：《宣和画谱》卷 7，湖南美术出版社，1999 年。

② 沈括撰，胡静宜整理：《梦溪笔谈》卷 3。

③ 沈括撰，胡静宜整理：《梦溪笔谈》卷 4。

④ 黄伯思撰，陈金林整理：《东观余论》卷下，《全宋笔记》第三编第四册，大象出版社，2008 年。

饮食皆祝，非必师友士大夫能敬公而已。”[①]可见当时司马光极受时人推崇。凡此等等。

总之，人物画像因具有直观展现人物风貌的独特效果，故向来受到人们重视。尤其是它作为史学传布的重要方式之一，其作用与价值不容忽视。

（2）历史题材类图画。绘画不仅是一种创作的艺术，也是一种传布媒介。画家或直接创作历史题材类作品，以反映社会现实。或创作隐含政治因素类作品，通过欣赏者以题跋等形式揭示它的历史价值。该类作品的传承方式不仅包含作品本身被传递，还包括他人描摹后所形成的复本被传递。宋代画家或者绘画爱好者出于现实社会尤其是现实政治之需，创作了不少配合社会现实或者反映历史风貌的画作。其中，北宋真宗出于神道设教需要，东封西祀，屡降“天书”。面对这种政治气氛，史载：“大中祥符初，（夏侯）晟上《汉武封禅图》，缋金匮、玉匮、石磩、石距之状，咸有注释，上览而善之。”[②]可见夏侯氏以画作形式适时迎合了现实政治之需。

又对于北宋亡国和南宋中兴这类重大历史题材，南宋初期的画家们用手中画笔描绘出了反映历史或者烘托历史的重要画作。如李唐，河阳人。“乱离后至临安，年已八十。光尧极喜其山水。”[③]对于他的《伯夷叔齐采薇图》，元人宋杞在该画《题跋》中论述道：“且意在箴规，表夷、齐不臣于周者，为南渡降臣发也。”[④]可见李氏

① 叶適著，刘公纯、王孝鱼、李哲夫点校：《叶適集·水心文集》卷9。

② 《宋史》卷292《夏侯峤传》。

③ 邓椿：《画继》卷6，上海人民美术出版社，1963年。

④ 郁逢庆：《续书画题跋记》卷1，文渊阁《四库全书》本。

该画立意极为明确。他还作有《晋文公复国图》（一名《晋公子奔狄图》），周密指出："李唐画《晋文公复国图》，缺下卷。其上有思陵御题并三御玺。所作人物、树石绝类伯时，寻常以李唐为院画史忽之，乃知名下无虚士如此。"[①]该画立意更与高宗中兴密切相关。

又如李唐弟子萧照作《中兴瑞应图》，系"曹勋编宋高宗瑞应故事，凡十二段，各系以赞，萧照为之图"[②]。可见萧氏画作系配合高宗瑞应史事而作。其间，曹勋就编写瑞应故事之缘由，他在《圣瑞图赞序》中言道："臣又自燕山受徽宗帛书，诏陛下即大位，显仁密得符应，皆为瑞验。所以拥珍图，登大宝，居人上，无后艰者，以瑞应昭昭，可考而知。……今略辑瑞应凡十有二，谨稽首顿首，系之以赞，少伸臣子之忠诚。"其十二段故事含有诞育异常、勇敢出使、传承帝统以及中兴王室等。[③]此后，清人厉鹗在《萧照中兴瑞应图》诗中感叹道："赵家九叶承平业，乾坤初换红羊劫。銮舆哀痛尘再蒙，自此中原满兵甲。肃王已去康王留，神人助顺先磁州。即真当念衣中诏，避敌翻为海上游。艰难百战英雄死，小朝廷在临安矣。迎得慈宁阿母归，不负黄罗卜綦子。太平功就称翁翁，西湖歌舞骄春风。倦勤竟受天下养，《瑞应图》呈德寿宫。萧郎曾画延祥壁，六百年来抚真迹。中间李固渡头冰，彷佛扶持光武厄。臣勋书赞官职俱，《北狩见闻》非贡谀？何如元叟《浯溪颂》，漫比简子常

① 周密撰，黄宝华整理：《云烟过眼录》卷上《乔达之篑成号中山所藏》，《全宋笔记》第八编第一册，大象出版社，2017年。

② 《御制诗五集》卷23《题萧照瑞应图》，文渊阁《四库全书》本。

③ 曹勋：《松隐集》卷29，文渊阁《四库全书》本。

山符。”[①]该诗揭示了《瑞应图》创作的历史背景，以及高宗君臣如何重塑历史、神话历史的大致过程。此外，萧照还作有《光武渡河图》等。

再如对于《中兴四将图》，据明人张丑言：项又新收藏的《中兴四将小像》系刘松年所画，“首刘，次韩，次张，次岳，后有俞贞木《跋》记也。”[②]其中，明初人俞贞木在该画《跋》中论述道：“右宋《中兴四将》，世称张、韩、刘、岳，自王公大人下至牛童马走、妾妇、稗官之口，无不称道其武勇忠义。君子耻没世而无闻焉，宁不思景仰乎？”[③]可见中兴四将的社会影响力非同一般。随后，乾隆在《题刘松年中兴四将图》中言：“会稽栖后小康称，尝胆无心事中兴。万里长城谁自坏，一江天堑竟奚凭。操戈致恨同而异，折鼎终缘负且乘。千载雪溪传面貌，云台合并凛威稜。”[④]此诗则对南宋中兴大业的历史命运做了精彩点评。此外，刘松年还作有《成王问道图》《便桥会盟图》和《风雪运粮图》等等。

总之，由以上诸例不难看出，宋代历史题材类画作较为丰富，画家或者绘画爱好者的现实关照感颇为强烈，这些作品对人们认识相关历史提供了必要补充。

（3）历史题材类书帖及其拓本。书帖与绘画作品一样，不仅是一种艺术作品，也是一种传布媒介。书法家以及书法爱好者抄写或者自写反映历史事实的书法作品，其实就是在传布历史。其间，由

---

① 厉鹗：《樊榭山房续集》卷7，文渊阁《四库全书》本。

② 张丑：《真迹日录》卷1，文渊阁《四库全书》本。

③ 厉鹗：《南宋院画录》卷4《刘松年》，文渊阁《四库全书》本。

④ 《御制诗二集》卷48，文渊阁《四库全书》本。

著名书法家书写的反映历史事实及其深刻意蕴的书法作品，会在传布者中间形成更大反响。

其中，宋代许多帝王精通书法，加之他们身份与地位特殊，社会感召力和影响力巨大，故其书法作品往往传布广泛，甚至受到时人追捧。如史载：至道元年六月，太宗尝草书经史三十纸，召翰林侍读吕文仲一一读之，列秘阁官属名位，刻石模印，装饰百轴。于是付裴愈赍诣名山福地，道宫佛寺，各藏数本；或丘园养素好古博雅之士，为乡里所称者，亦赐之。[①]此为帝王有意传布其书法作品的具体写照。又如真宗天禧五年六月，国子监请以御制《至圣文宣王赞》及近臣所撰《十哲》《七十二贤赞》镂板，朝廷诏可。[②]再如高宗绍兴七年九月，枢密使秦桧言："乞以赐臣御书《羊祜列传》，付有司刊石，以墨本颁诸宰执、大将、侍从。"高宗谦逊再三，赵鼎等奏："陛下笔法精诣，实宜传之天下后世以幸学者。"高宗从之。[③]以上二例则是臣下请求刊布帝王作品的具体表现。如此等等。

同时，宋代书法家以及书法爱好者亦能不时传写具有历史价值的书法作品。如仁宗皇祐三年十一月，范仲淹用黄素小楷传写韩愈的《伯夷颂》。对此，元人黄溍在《跋范文正公书伯夷颂》中指出："范文正公为苏才翁书《伯夷颂》，……才翁善书，而深服公楷法之妙，求公写《乾》卦，而公以字数多，眼力不逮，故为写此《颂》。卷末第云：'书法亦要切磋，未是处无惜赐教而已。'后来一二大老

① 李焘：《长编》卷38。

② 李焘：《长编》卷97。

③ 苗书梅等点校：《宋会要辑稿·崇儒》六。

乃推广其说，谓公书此实为天下万世纲常计，至哉言乎！”[①]由此可知，范仲淹传写《伯夷颂》，其用意极为深远。又如对于唐《中兴颂》，欧阳修指出：“右《大唐中兴颂》，元结撰，颜真卿书。书字尤奇伟，而文辞古雅，世多模以黄绢，为图障。碑在永州，磨崖石而刻之，模打既多，石亦残缺。今世人所传字画完好者，多是传模补足，非其真者。此本得自故西京留台御史李建中家，盖四十年前崖石真本也，尤为难得尔。”[②]此例表明《大唐中兴颂》以多种方式被广泛传刻，甚至导致真本难得。

总之，无论是宋代帝王的历史题材类书法作品，还是书法家或者书法爱好者的书法作品，它们在传布历史、宣扬历史方面均具有不可忽略的现实功用。

**3. 日记、邸报等时事类文献撰写与传布**

随着宋代政治、文化生活日益丰富化与多样化，一些官僚士大夫平日颇为重视记日记。据陆游言：“苏子容闻人引故事，必就令检出处。司马温公闻新事，即录于册，且记所言之人。故当时谚曰：‘古事莫语子容，今事勿告君实。’”[③]可见作为史家的司马光等，对本朝时事极为关注，并且记录意识极强。正缘于此，司马光有《日记》《朔记》和《记闻》等多种记述本朝史事的日记作品。其间，尤其是若遇到重大政治与社会变革，不少官僚士大夫会及时加以记录。如面对北宋后期党争日益激烈，朝政变换不定，官员仕途常常

① 黄溍撰，王頲点校：《黄溍全集》上册，天津古籍出版社，2008 年。

② 欧阳修撰，李逸安点校：《欧阳修全集》卷 140《集古录跋尾》。

③ 周必大撰，李昌宪整理：《二老堂杂志》卷 4《记陆务观二说》，《全宋笔记》第五编第八册，大象出版社，2012 年。

难以把握的复杂时局，一些官员私自撰有朝政笔记，用以记录当时朝政现状以及自己的作为。此如王安石《日录》、刘挚《日记》和《行年记》、王岩叟《日录》和《系年录》，以及曾布《日录》和《手记》等等。[①]同样，对于靖康之难，王明清就明确指出："靖康之变，士大夫纪录，排日编缀者多矣！"[②]总之，以上由官僚士大夫所撰写的日记，往往因记事丰富甚至内容较为翔实而受到人们重视，它们对于人们了解当时史事原委甚至内情颇有帮助。

而与官僚士大夫私自撰写日记相对应，宋代官方极为重视"日历之所纪，邸报之所传"[③]。其中，邸报作为即时传布时事的重要载体，它虽非以专记史事为主，但在其所记内容中，就包含有诸如皇帝言行、臣僚升黜以及时局变动等诸多重要时事内容，它对于时人及时了解时事动态起到了不可忽视的作用。对此，史载有臣僚上奏："恭惟国朝置（建）［进］奏院于京都，而诸路州郡亦各有进奏吏，凡朝廷已行之命令，已定之差除，皆以达于四方，谓之邸报。"[④]又"进奏院报状，必载外郡谢上或监司到任表，与夫庆贺表章一篇"[⑤]。由此可知，宋代邸报的现实报道功用极强。

具体而言，一是在传递军情国事方面，如史载："侬智高寇岭南，诏奏邸毋得辄报。（吕）溱言：'一方有警，使诸道闻之，共

① 参见拙文：《北宋宰辅朝政笔记研究》，载《文献》，2001（3）。

② 王明清撰，燕永成整理：《挥麈后录》卷4。

③ 黄淮、杨士奇编：《历代名臣奏议》卷190慕容彦逢语，上海古籍出版社，1989年。

④ 刘琳、刁忠民、舒大刚、尹波等校点：《宋会要辑稿·刑法》二之一二五。

⑤ 洪迈：《容斋五笔》卷4《近世文物之殊》。

得为备。今欲人不知，此何意也?'"[①]可见侬智高寇岭南虽属军事机密，但吕溱认为有让诸道共闻以便备战的必要。又如刘弇在《代贺皇帝平鬼章表》中言："伏睹进奏院报状称，熙河经略司（元祐二年）八月十九日洮西安抚种谊等领兵禽获西蕃大首领鬼章，文武百僚拜表称贺者"云云。[②]可见报状在时人了解军情战况方面作用突出。再如南宋初年，湖南提刑辛次膺在宋金达成和好之时，上疏极陈金人之诈。对此，他指出："臣昨在谏列，尝数论金人变诈无常，愿陛下为宗社生灵深虑。近观邸报，枢密院编修官胡铨妄议和好，历诋大臣，除名远窜。已而得铨书稿，乃知朝廷遽欲屈己称藩，臣未知其可。"[③]可见对于当时坚决反对议和之士胡铨的遭遇，辛氏是通过记载胡铨被贬邸报而得知该事的。一是在报道官员仕宦经历乃至个人命运方面，如史载："张忠定公阅邸报，忽再言'可惜许'。门人李畋请问之，曰：'参政陈左丞恕无也。斯人难得，唯公唯正，为国家敛怨于身。斯人难得！'退为诗哭之。"[④]可见张咏由邸报得知陈恕去世消息后，则颇为惋惜。又如对于贾似道被贬一事，史载："首闻邸报，台谏交章声其奸谋，乞行远窜。迫于众怒，仅谪建宁。"[⑤]即对贾似道被贬经过，当时邸报有所记述。此外，正是因为

① 《宋史》卷320《吕溱传》。

② 刘弇：《龙云集》卷11，文渊阁《四库全书》本。

③ 《宋史》卷383《辛次膺传》。

④ 朱熹撰，李伟国校点：《五朝名臣言行录》卷三之二《参政陈晋公》引《乖崖语录》。

⑤ 刘一清撰，汤勤福整理：《钱塘遗事》卷7《贬贾似道》，《全宋笔记》第八编第六册，大象出版社，2017年。

邸报具有即时传递时事的现实功用，故当时有买卖朝报者。据史载：钦宗靖康二年二月十三日凌晨，有卖朝报者，并所在各有大榜揭于通衢，云金人许推择赵氏贤者。其实奸伪之徒假此以给百官，使毕集也。[①]在此“奸伪之徒”还利用朝报传布不实消息，欲以达到惑众目的。

除以上所述外，如前述官方编修的起居注与时政记，不仅使得时事得以及时记录与保存，而且它们的部分内容还被史官等直接传布于外，或者被时人加以引用而传布。不过，由于它们本身保密性强，时人所见毕竟有限，在此不再赘述。

## 二、口语传布

口语传布作为古代最常用、最直接的信息传布方式，它在史学传布方面因具有直接、形象等突出优点，故传布效果较为显著。它主要包含史事宣讲、吟咏诵读以及表演歌谣等基本方式。

### 1. 史事宣讲

（1）日常性私传：主要指事件亲历者、见证者或者传闻者往往以口耳相传方式，将事件经过或者结果直接传布给他人。该方式时效性或者时段性较强，在宋代表现得极为普遍。如有关南唐后主李煜性格的传言，史载：“先是，江南旧臣多言李煜暗懦，事多过实。真宗一日以问（潘）慎修，对曰：‘煜或懵理若此，何以享国十余年？’他日，对宰相语及之，且言慎修温雅不忘本，得臣子之操，深

① 汪藻著，王智勇笺注：《靖康要录笺注》卷15，四川大学出版社，2008年。

嘉奖之。当时士大夫与之游者，咸推其素尚。”[①]可见江南旧臣有关说法多不可信。又对于宋本朝时事、人物及其结局，时人的传言丰富了人们对相关人事的认识。如据叶梦得言：贺铸“喜剧谈，当世事可否，不略少假借。虽贵要权倾一时，小不中意，极口诋无遗辞，故人以为近侠”[②]。可见喜好直言当朝史事的贺氏，有着“近侠”之称。又如陆游指出：“临安父老言，苗、刘戕王渊在朝天门外，今都进奏院前。然日历及诸公记录皆不书，但云死于路衢而已。邵彪所录，谓死于第，尤非也。”[③]在此陆氏以“临安父老言”证明其他记述不确。再如薛季宣跟从伯父薛弼宦游，“及见渡江诸老，闻中兴经理大略。喜从老校、退卒语，得岳、韩诸将兵间事甚悉。”[④]此则是从当事人口中获知当时事。凡此等等。

（2）系统性宣讲：主要指有目的、有组织的宣讲，一般讲授对象比较固定，针对性强。在宋代主要包含经筵、学校以及私塾等。

一是经筵。作为有目的地传布经史知识、表达对古今问题认识的重要场所，经筵官在讲读经史时，往往详细解说，或者采取古今结合方式，以启发诱导听读帝王等。如哲宗元祐二年，苏轼复除侍读，“每进读至治乱盛衰、邪正得失之际，未尝不反复开导，觊上有所觉悟。”[⑤]此是苏氏在经筵开导幼君的具体表现。又如光宗执政

① 《宋史》卷296《潘慎修传》。

② 叶梦得：《建康集》卷8《贺铸传》，文渊阁《四库全书》本。

③ 陆游撰，李昌宪整理：《老学庵笔记》卷1。

④ 《宋史》卷434《薛季宣传》。

⑤ 苏辙著，陈宏天、高秀芳点校：《苏辙集·栾城后集》卷22《亡兄子瞻端明墓志铭》。

期间，“时李皇后浸预政，（倪）思进讲姜氏会齐侯于泺，因奏：‘人主治国必自齐家始，家之不能齐者，不能防其渐也。……汉之吕氏，唐之武、韦，几至乱亡，不但鲁庄公也。’上悚然。”[①]此系倪氏以史鉴方式表达对实现问题的看法。再如黄裳，“每劝讲，必援古证今，即事明理，凡可以开导王心者，无不言也。”[②]可见黄氏在开导帝王心智方面颇为尽心。它如崇政殿说书叶味道曾针对端平入洛之事，明确表达了自己的看法。史载：“三京用师，廷臣边阃交进机会之说。味道进议状，以为：‘开边浸阔，应援倍难，科配日繁，馈饷日迫，民一不堪命，庞勋、黄巢之祸立见，是先摇其本，无益于外也。’经筵奏事，无日不申言之，而洛师寻以败闻。于是人谓味道见微虑远。味道所奏陈，无一言不开导引翼，求切于君身；旁引折旋，推致于治道。”[③]如此等等。

与此同时，经筵作为宋代帝王增进学识、论道议政的重要平台，在文化教育以及治国理政方面发挥着不可忽视的作用。正因为如此，宋代帝王虽日理万机，但他们对经筵听读拥有极高的热情，他们无论在听讲时间还是在听讲书目的选择上均极为重视。如有臣僚指出：宁宗之前的宋代帝王，“皆二日一开经筵，率用双日，一读一讲，惟仁宗皇帝自乾兴后只日亦或讲说，而亦未以为常也。”而宁宗“自登宝位，双日、只日咸御经筵，两读两讲，《宝训》《通鉴》《诗》《书》《礼记》《春秋》《语》《孟》分日更进，率以为常。每当讲读，凝神审听。诸儒之说，间有理到词达，足以发明微旨、默契圣

---

① 《宋史》卷398《倪思传》。

② 《宋史》卷393《黄裳传》。

③ 《宋史》卷438《叶味道传》。

心者，必首肯意受，喜见天颜。……盖自昔帝王好学之诚笃不厌，未有如今日之盛者也”。具体如早在庆元元年十二月，朝廷就下诏：“自今已后，如遇开讲，只日早一讲，晚两讲一读，双日止晚讲，两读两讲。如将来遇垂拱殿坐，双、只日并晚讲，免早讲。不系开讲之时，除假故外，并特晚讲，依旧两读两讲。”[①]由此可见，宋代帝王在经筵听读时间上不仅日渐制度化，而且到南宋宁宗时，听读时间更为细密了。

又如对于宁宗自即位时起，到嘉定十一年系统听读完《资治通鉴》重要部分，徐应龙等言道：“仰惟皇帝陛下天资冲澹，惟性高明，日御讲筵，就学不倦。经籍奥义，以次咨访，罔有逸遗。……维庆元乙卯二月实始启帙，除东西魏、陈、隋及五季渎乱之事，有旨不读，自余纪载弗怠幡阅。逮嘉定戊寅季春，遂底终篇。陛下稽古之懋，典学之勤，可谓同符祖宗，有光帝王矣。昔唐开元中，日选耆儒侍读，以质史籍疑义。然而锐始怠终，徒文亡实，秉史笔者，犹且特书以为美谈。矧陛下历览前代兴亡理乱之故，尊所闻，行所知，首末惟一，顾可不登之汗简，以诏万世。欲望睿慈宣付史馆。”诏从之。[②]在此徐氏以唐宋帝王听读状况加以比较，突出宁宗好学不倦。

总之，经筵成为宋代帝王受教议政的常规性重要平台后，帝王们受到了系统化的经史教育，由此增进了学识，拓展了议政渠道。

二是学校。宋代教育发达，官、私性质的各类教育机构种类齐全，层次分明。仅以南宋都城临安而言，史载：“都城内外，自有文武两学，宗学、京学、县学之外，其余乡校、家塾、舍馆、书会，

① 以上均见苗书梅等点校：《宋会要辑稿·崇儒》七。

② 苗书梅等点校：《宋会要辑稿·崇儒》七。

每一里巷须一二所，弦诵之声，往往相闻。”①可见临安作为政治文化中心，多层次教育机构齐备，教学活动丰富有效。

又学校在实施统一性教学过程中，往往会根据教学安排，有组织地传授历史知识，宣扬历史观念。如真德秀在《劝学文》中明确指出：“自今以始，学校庠塾之士，宜先刻意于二先生（按指张栻、朱熹）之书，俟其浃洽贯通，然后博求周、程以来诸所论著，次第熟复，而温公之《通鉴》与文公之《纲目》，又当参考而并观焉。职教导者以时叩击，验其进否。”②此虽属理学家带有自身学术偏向的劝学要求，但内含对历史知识与观念的教育与传播。同时，当时诸多州县学注重增加教学参考用书，这些举措对于促进学员增进历史知识、传播历史文化无疑有极大帮助。如朱熹在《建宁府建阳县学藏书记》中记述道：“建阳版本书籍行四方者，无远不至，而学于县之学者，乃以无书可读为恨。今知县事会稽姚侯耆寅始斥掌事者之余金鬻书于市，上自《六经》，下及训传、史记、子集，凡若干卷，以充入之。”③可见作为以刻书著称的建阳，其县学仍需补充参考用书。

同样，书院也极为重视学员对历史文化知识的学习与传承。如理宗淳祐元年，建康建明道书院，所“立规程”中就有：“每旬山长入堂，会集职事、生员，授讲、签讲、覆讲如规。三八讲经，一六讲史，并书于讲簿。”以及“每月三课：上旬经疑，中旬史疑，下

① 耐得翁：《都城纪胜》之《三教外地》，中国商业出版社，1982年。

② 真德秀：《西山先生真文忠公文集》卷40。

③ 朱熹著，刘永翔等校点：《晦庵先生朱文公文集》卷78。

句举业”[①]。可见该书院颇为注重经史教育。又如徐元杰所记延平书院“日习例程”为：“一、早上文公《四书》，轮日自为常程。先《大学》，次《论语》，次《孟子》，次《中庸》。《六经》之书，除其所已读，取训释与经解参看。一、早饭后，编类文字，或聚会讲贯。一、午后，本经、论、策，轮日自为常程。一、晚读《通鉴纲目》，须每日为课程，记其所读起止。前书皆然。一、每月三课，上旬本经，中旬论，下旬策。课册待索上看，佳者供赏。一、学职与堂职升黜，必关守倅。”[②]由此可知，注重理学家教育理念的该课程，仍含有《资治通鉴纲目》等历史学识类科目。

此外，担负着启蒙教育的家塾，也成了家塾教师传布历史知识、学童接受历史教育的重要场所。如陈傅良言：“余记为儿时，从乡先生学。同学数十儿，儿各授程《易》、胡《春秋》、范《唐鉴》一本。是时三书所在未锓板，往往多手抄诵也。”[③]此是陈氏与同学接受乡先生教导的真实写照。又如刘宰在《颐堂集序》中言：“颐堂先生司谏汤公，故知枢密院事敏肃公之玄孙。少嗜书，家塾储书万卷，日涵泳其间。自《六经》、诸子史以及浮屠、老子之书，与凡星官、历史所载，无所不参综。”[④]此则是汤氏受益于家塾藏书之富的具体例证。

（3）家庭式传授：是指在家庭范围内，父母等训导子弟，使其接受传统文化教育。其中，对于宋代童蒙接受教育的具体状况，司

---

① 周应合：《景定建康志》卷29《儒学志》二。

② 徐元杰：《楳埜集》卷11《延平郡学及书院诸学榜》。

③ 陈傅良撰，周梦江点校：《陈傅良先生文集》卷41《跋胡文定公帖》。

④ 刘宰：《漫塘集》卷19。

马光在《书仪》中指出："（八岁）男子诵《尚书》，女子不出中门。九岁男子读《春秋》及诸史，始为之讲解，使晓义理。女子亦为之讲解《论语》《孝经》及《列女传》《女戒》之类，略晓大意。"[①]由此可见，当时男童在八九岁时已开始接受传统经史教育，女童则要学习《列女传》等。

具体而言，不少男性家长在家庭内积极传授经史知识。如据范纯仁记述，陈安仁"好读书，经史皆手自校雠，以诲其子弟，故门中多令器云"[②]。又如赵师龙，据楼钥言："笃于教子，虽吏道倥偬，公退必使之环侍，讲贯经史，商榷人物，或通夕不倦，故皆有场屋之效。"[③]以上史例说明陈、赵二氏不仅重视家教，而且其收效明显。类此者不少，余不一一。

同时，一些女性家长能够时时训导子女，使其适时接受传统文化知识以及历史观念。如史载："（宋绶）幼聪警，额有奇骨，为外祖杨徽之所器爱。徽之无子，家藏书悉与绶。绶母亦知书，每躬自训教，以故博通经史百家，文章为一时所尚。"[④]可见宋绶之所以学术成就突出，还与其母严格的家庭教育不无关系。又如苏辙记述其兄苏轼早年在家受学情景时，言道："公生十年，而先君宦学四方。太夫人亲授以书，闻古今成败，辄能语其要。太夫人尝读《东汉史》，至《范滂传》慨然太息。公侍侧曰：'轼若为滂，夫人亦许之否乎？'太夫人曰：'汝能为滂，吾顾不能为滂母耶？'公亦奋厉有

① 司马光：《书仪》卷4《居家杂仪》，文渊阁《四库全书》本。

② 范纯仁：《范忠宣集》卷14《朝请大夫陈公墓志铭》，文渊阁《四库全书》本。

③ 楼钥：《攻媿集》卷102《赵师龙墓志铭》。

④ 《宋史》卷291《宋绶传》。

当世志，太夫人喜曰：‘吾有子矣！’比冠，学通经史，属文日数千言。”[①]该记述形象生动地展现了苏轼母子二人相互激励的感人情景。再如“方（曾）德贤少之时，笃志问学，求师结友。夫人经纪家事，井井不紊。逮子之长，训诲尤力。好学之士愿与子游者，悉招延之，故其子学以成。每母子尊俎谈笑间，时以班姬《女诫》及古今《列女传》反覆评论，听者忘倦。乡里之为妇为女者，是则是式”[②]。可见时人已将曾氏夫人训诲子女做法作为仿效的典范。

（4）社会性传讲：在宋代民众会聚的公共场所，如勾栏、瓦舍、集市等，民间艺人表演一些体现历史题材的节目，其表演虽属娱乐性质，但具有普及历史知识、教化民众的作用。它实际上是为适应民众生活之需而产生的一种民间文艺形式，是民众关注历史、关心时事，史学走向民间的体现。其中，在表演方式上，除传统性说讲外，北宋一些民间艺人还特意制作影人，以影戏形式展现历史场景，由此增强了观众的现场视角感受。对此，史载：“宋朝仁宗时，市人有能谈三国事者，或采其说，加缘饰作影人，始为魏、吴、蜀三分战争之像。”[③]同时，从传布效果看，如陆游言：“斜阳古柳赵家庄，负鼓盲翁正作场。死后是非谁管得，满村听说蔡中郎。”[④]此虽描述的仅是负鼓盲翁在赵家庄讲说历史的生动场景，但通过这一小

① 苏辙著，陈宏天、高秀芳点校：《苏辙集·栾城后集》卷22《亡兄子瞻端明墓志铭》。

② 杨万里撰，辛更儒笺校：《杨万里集笺校》卷130《夫人邹氏墓志铭》。

③ 高承撰，金圆、许沛藻点校：《事物纪原》卷9《影戏》，中华书局，1989年。

④ 陆游撰，钱仲联校注：《剑南诗稿校注》卷33《小舟游近村舍舟步归》，上海古籍出版社，1985年。

小讲史片段，则生动形象地展现出了说史在宋代民间的受欢迎程度。又如据刘克庄描述："儿女相携看市优，纵谈楚汉割鸿沟。山河不暇为渠惜，听到虞姬直是愁。"[①]此又从观众的现场感受层面，形象展示了民间讲史的社会效果。此外，宋代还有专门从事民间讲史的艺人。如乔万卷、许贡士、张解元，等等。[②]

总而言之，由以上论述不难看出，宋代无论是上至宫廷还是下至民间，史事宣讲活动极为普遍，不同阶层的民众能够接受到所需历史知识与史学观念教育。应该说，宋代已形成了多层次的历史宣讲体系。

**2. 吟咏诵读**

宋人时常以诗传史、以诗言史，它既是对传统诗歌表达方式的有效继承，又是抒发个人感情、表达自身观点的主要渠道之一。朱熹就曾指出："古人瞽史诵诗之类，是规戒警诲之意，无时不然。"[③]

（1）咏史：指以诗歌形式追述咏叹前代历史，内容涉及历史人物、历史事件，以及没有特定对象的杂咏。对此，费衮在《诗人咏史》中言道："诗人咏史最难，须要在作史者不到处别生眼目，正如断案不为胥吏所欺，一两语中须能说出本情，使后人看之，便是一篇史赞，此非具眼者不能。自唐以来，本朝诗人最工为之，如张安道《题歌风台》，荆公咏《范增》《张良》《扬雄》，东坡《题醉眠亭》《雪溪乘兴》《四明狂客》《荆轲》等诗，皆其见处高远，

① 刘克庄著，辛更儒校注：《刘克庄集笺校》卷10《田舍即事》十首。

② 西湖老人：《繁胜录》，中国商业出版社，1982年。

③ 黎靖德辑，郑明等校点：《朱子语类》卷12。

以大议论发之于诗。”[①]费氏在此结合张方平、王安石和苏轼咏史实例，对咏史做了极为深刻的解读。

宋人咏史之作不少。如杨备，字修之，“庆历中，为尚书虞部员外郎、分司南京。上《轻车都尉往复道出江上赋》百篇，二韵命曰《金陵览古百题诗》，各注其事于题之下，与南唐朱存诗并传于时。”[②]又据龚明之言，杨备“居吴中既久，土风人物皆深详之”[③]。可见杨氏之所以有金陵怀古《百题诗》，与他极为熟知该地人文历史有关。又如赵与时言：“洪忠宣著《春秋记咏》三十卷，凡六百余篇。《石碏大义灭亲》曰：‘恶吁及厚笃忠纯，大义无私遂灭亲。后代奸邪残骨肉，屡援斯语陷良臣。’《郑人来渝平》曰：‘郑人来鲁请渝平，姑欲修和不结盟。使宛归祊平可验，二家何误作隳成。’”[④]据洪皓之子洪适所撰《先君述》：“先君天性强记，书无所不读，虽食不释卷。稗官、小说亦暗诵连数千言。宣、政间，《春秋》之学绝，先君独穷遗经，贯穿三传。在冷山，摘褒贬微旨，作诗千篇，北人抄传诵习，欲刻板于燕，先君弗之许。”[⑤]可见洪氏《春秋记咏》系在金时所作，并且其旨意深远，传播广泛。再如华镇字安仁，“好学博古，工于诗文，一时名人宗师多称道之。尝为《会稽览古诗》凡百余篇，山川人物上自虞夏，至于五季，爰暨国朝，苟可传者皆

① 费衮撰，金圆整理：《梁溪漫志》卷7。

② 周应合：《景定建康志》卷49《儒雅传》。

③ 龚明之撰，张剑光整理：《中吴纪闻》卷5《姑苏百题诗》。

④ 赵与时撰，姜汉椿整理：《宾退录》卷2。

⑤ 洪适：《盘洲文集》卷74。

序而咏歌之。”[①]可见华氏史咏范围极广。如此等等。

（2）诗史：主指以诗记录并反映现实历史问题。姚宽指出：“或谓诗史者，有年月、地里、本末之类，故名诗史。盖唐人尝目杜甫为诗史，本出孟棨《本事》，而《新书》亦云。”[②]又马永易表明：“唐杜子美为诗，善陈时事，律切精深，至千言不少衰，时号诗史。”[③]以上二人均以杜甫为例，表明诗史所指。

正是由于诗能陈述时事，诗能传布当代历史，因此，宋代不少士人创作了反映现实史事的诗作。如罗大经指出：“东坡文章，妙绝古今，而其病在于好讥刺。文与可戒以诗曰：‘北客若来休问事，西湖虽好莫吟诗。’盖深恐其贾祸也。乌台之勘，赤壁之贬，卒于不免。”[④]该处所提及的“乌台诗案”，正发生在熙丰变法时期。据神宗元丰二年七月御史舒亶上奏：“轼近上谢表，颇有讥切时事之言，流俗翕然争相传诵，志义之士无不愤惋。盖陛下发钱以本业贫民，则曰‘赢得儿童语音好，一年强半在城中’；陛下明法以课试群吏，则曰‘读书万卷不读律，致君尧、舜知无术’；陛下兴水利，则曰‘东海若知明主意，应教斥卤变桑田’；陛下谨盐禁，则曰‘岂是闻《韶》解忘味，尔来三月食无盐’。其他触物即事，应口所言，无一不以诋谤为主，小则镂板，大则刻石，传播中外，自以为能。”舒氏

---

① 张淏：《宝庆会稽续志》卷5《人物》，见《宋元方志丛刊》。

② 姚宽撰，汤勤福、宋斐飞整理：《西溪丛语》卷上，《全宋笔记》第四编第三册，大象出版社，2008年。

③ 马永易：《实宾录》卷5，文渊阁《四库全书》本。

④ 罗大经撰，王瑞来点校：《鹤林玉露》乙编卷4《诗祸》，中华书局，1983年。

并上苏轼印行诗三卷。[①]此正是苏轼以诗“讥切时事”的典型例证。又如对于靖康之难，刘克庄记述道：“宣、靖之祸，自灭辽取燕始。韩子苍《挽中山韩帅》云：‘金絜盟犹在，灰钉事已新。’语妙而意婉。上句指韩，下句指童、蔡，作诗法当如此。”[②]再如文天祥借集杜诗以明时事，他在《集杜诗自序》中指出：“昔人评杜诗为诗史，盖其以咏歌之辞，寓纪载之实，而抑扬褒贬之意灿然于其中，虽谓之史可也。予所集杜诗，自予颠沛以来，世变人事，概见于此矣，是非有意于为诗者也。后之良史，尚庶几有考焉。”[③]清四库馆臣对此评述道：“盖被执赴燕后，于狱中所作。……诗凡二百篇，皆五言二韵，专集杜句而成。每篇之首，悉有标目次第，而题下叙次时事，于国家沦丧之由，生平阅历之境，及忠臣义士之周旋患难者，一一详志其实，颠末粲然，不愧‘诗史’之目。”[④]凡此等等。

总之，由以上例证不难看出，不少宋人乐于或者善于以诗歌传布史事、表达观点。该方式因具有便于吟诵这一独特特点，所以在官僚士大夫群体中更便于传布。

**3. 表演、歌谣**

该方面主指以表演、传唱形式传布史事。其中，宋代杂剧形式多样，名号繁多，由此充分展现出其发展繁荣景象。对此，明人胡

① 李焘：《长编》卷299神宗元丰二年七月“御史中丞李定以及御史舒亶等言苏轼”纪事条。

② 刘克庄著，辛更儒校注：《刘克庄集笺校》卷174《诗话前集》。

③ 文天祥撰，熊飞、漆身起、黄顺强校点：《文天祥全集》卷16。

④ 《四库提要》卷164。

应麟表明："宋世杂剧名号，惟《武林旧事》足征。"[①]今翻检《武林旧事》卷四《乾淳教坊乐部》和卷十《官本杂剧段数》，的确能够表明杂剧在宋代的发展繁荣状况。

（1）表演。优伶杂剧作为宋代各个阶层喜爱的艺术表演形式，所演剧目并非完全局限于单纯的娱乐节目，而是常常涉及现实题材，甚至是朝廷正面临的重要难题。史载："凡有谏诤，或谏官陈事，上不从，则此辈妆做故事，隐其情而讽之，于上颜亦无怒也。"[②]可见当时优伶凭借其特殊身份，常能弥补台谏难以达到的史鉴功效。如史载："熙宁中，教坊杂剧，时判都水监侯叔献新卒。伶人为一道士，善出神；一僧，善入定。或语其神何所见，云近至大罗，见玉皇殿上有人披金紫，熟视之，乃韩侍中手捧一物，云献《国家金枝玉叶万年图》。僧曰：'近入定坐，至地狱，见阎罗殿侧有人衣绯鱼，乃判都水侯工部，手中亦擎一物，云为《奈何水浅图》，云欲别开河道尔。'时叔献兴水利，规帝故也。"[③]在此伶人专讽侯叔献兴修水利事。又如"袁彦纯尹京，专一留意酒政。煮酒卖尽，取常州宜兴县酒、衢州龙游县酒，在都下卖。御前杂剧，三个官人，一曰京尹，二曰常州太守，三曰衢州太守。三人争座位，常守让京尹曰：'岂宜在我二州之下。'衢守争曰：'京尹合在我二州之下。'常守问云：'如何有此说？'衢守云：'他是我两州拍户。'宁庙亦大笑。"此又是伶人专对当时酒务所编演的杂剧。再如据张端义言："史同叔为相日，府中开宴，用杂剧，人作一士人念诗曰：'满朝朱紫贵，尽

① 胡应麟：《少室山房笔丛》卷41《庄岳委谈》下。

② 吴自牧：《梦粱录》卷20《妓乐》。

③ 曾慥：《类说》卷16《倦游杂录》，文渊阁《四库全书》本。

是读书人。’旁一士人曰：‘非也。满朝朱紫贵，尽是四明人。’自后相府有宴，二十年不用杂剧。”[①]此则揭露了权臣史弥远用人偏爱本乡之弊。

（2）时事类歌谣。民间所流传的时事类歌谣，往往能适时反映朝政变化，体现民众好恶，是测量社会舆情的重要标尺。如史载：“天圣中，童谣云：‘曹门好，有好好。曹门高，有高高。’其后，今太皇太后为皇后，太皇太后姓曹氏。英宗皇帝即位，而高太后为皇后，高后，曹氏之所出。前史载谣言者，信哉不可忽也。”[②]该童谣表明时人对二后怀有崇高期望，并且记载者范镇还表明了他对前史所载谣言的态度。又如对于立朝有威、执法严厉的包拯，“立朝刚毅，贵戚宦官为之敛手，闻者皆惮之。人以包拯笑比黄河清，童稚妇女，亦知其名，呼曰‘包待制’。京师为之语曰：‘关节不到，有阎罗包老。’”[③]再如对于治迹突出的光化县令叶康直和谷城县令丰稷，“人歌之曰：‘叶光化，丰谷城，清如水，平如衡。’”[④]可知他们治政有方，并且叶氏终成知名循吏。如此等等。

而与以上史例形成鲜明对比的是，吴曾指出：“童贯自崇宁二年，始以入内内侍省东头供奉官，奉旨差往江南等路，计置景灵宫材料；续差往杭州，制造御前生活；又差委制造修盖集禧观斋殿、本命殿、火德真君观，缘此进用被宠。继西边用兵，又以功进。于是缙绅无耻者，皆出其门。而士论始沸腾矣，至以蔡京为比。当时

---

① 以上均见张端义撰，许沛藻、刘宇整理：《贵耳集》卷下。

② 范镇撰，汝沛、永成整理：《东斋记事》卷1。

③ 《宋史》卷316《包拯传》。

④ 《宋史》卷426《叶康直传》。

天下谚曰：‘打破筒，泼了菜，便是人间好世界。’而朝廷曾不悟也。二人卒乱天下。”[①]吴氏在此表明，朝廷因未能听信该谚语，从而造成严重后果。

总之，杂剧、歌谣作为民众乐于接受的方式，不时传布着时事、民情，甚至有时还发挥着较好的社会效果。

## 三、遗迹等实物传布

遗迹等实物传布在此主要指祠庙、塑像、碑刻、题壁以及陵墓、战地类历史遗址等实迹传布。由于实迹具有保存以及传布时间久远、直观性甚至形象性强等突出优势，因此，它在历史传承中不可或缺。不过，实物遗存或受限于保存地，或本身就属于特定的地方历史遗存，加之所反映的历史事实大多具有片段性，故其在传布历史事实时，又具有一定的特殊性或者地域性，需要与相关文献记载相互印证。

### 1. 祠庙、塑像以及壁上画像

（1）祠庙。祠堂、庙宇作为对历史人物尤其是圣贤、宗教领袖等悼念祭祀场所，历代朝廷极为重视修建、重建工作，广大信众颇为敬仰、崇奉所供圣贤、宗教领袖等。

宋代朝廷极为重视对孔庙、周公庙以及武成王庙等先师先圣庙的增修、重建。如宋初，朝廷不仅增修了国子监文宣王庙，而且命河南府建国子监文宣王庙。[②]到太祖建隆三年九月，则诏修武成王

① 吴曾：《能改斋漫录》卷12《打破筒泼了菜》。

② 《宋史》卷105《礼志》。

庙。[①]至大中祥符元年十一月，真宗幸曲阜县，谒文宣王庙。又追谥齐太公曰昭烈武成王，令青州立庙；周文公曰文宪王，曲阜县立庙。[②]再到大中祥符四年五月，诏州城置孔子庙。[③]此后，“依学立庙”的“庙学制”在地方得以普及化了。

同时，宋代朝廷积极重修先代帝王祠庙，重定配享功臣。对此，据王明清言：“太祖皇帝朝，尝诏重修先代帝王祠庙，每庙须及一百五十间以上，委逐州长吏躬亲点检，索图赴阙，遣使覆检。令太常礼院重定配享功臣，检讨仪相画样给付。女娲祠在晋州，书传无功臣可配。太昊以金提、勾芒配，祠在陈州。炎帝以祝融配，祠在衡州。黄帝以后土、风后、力牧配，祠在坊州。高阳以玄冥配，祠在澶州。高辛以稷配，祠在宋州。唐尧以司徒卨配，祠在郓州。虞舜以咎繇配，祠在道州。夏禹以伯益配，祠在越州。商帝成汤以伊尹配，祠在河中府。中宗太戊以伊陟、臣扈配，祠在大名府。高宗帝武丁以甘盘、傅说配，祠在陈州。周文王以师鬻熊配，武王以召公配，成王以周公旦、唐叔、虞叔配，康王以太公、毕公配，秦始皇帝以李斯、蒙恬、王翦配，汉高帝以萧何配，文帝以周勃、陈平、刘章、宋昌配，景帝以周亚夫、窦婴、申屠嘉、晁错配，武帝以公孙弘、卫青、霍去病、金日磾、霍光配，宣帝以丙吉、魏相、霍光、张安世配，以上十帝并祠在长安。后汉世祖以邓禹、吴汉、耿弇、贾复配，明帝以东平王苍、桓荣配，章帝以牟融、赵意、宋安配，以上三庙并在河南府。魏武帝以钟繇、荀攸、程昱配，庙在相州。

① 《宋史》卷 1《太祖纪》。

② 《宋史》卷 7《真宗纪》。

③ 《宋史》卷 8《真宗纪》。

文帝以贾诩、王朗、曹真、辛毗配，晋武帝以羊祜、张华、王濬、杜预配，二庙在河南府。后魏孝文帝以王祥、王肃、长孙晟配，后周文帝以宇文宪、苏绰、燕公于谨、卢辩配，二庙在耀州。隋高祖以牛弘、高颎、贺若弼配，庙在凤翔府。唐高祖以河间王孝恭、殷开山、刘政会、淮南王神通配，庙在耀州。太宗以长孙无忌、房玄龄、杜如晦、魏征、李靖配，庙在京兆府。明皇以张说、郭元振、王琚配，庙在河中府。肃宗以苗晋卿、裴冕配，庙在京兆府。宪宗以裴度、杜佑、李愬配，庙在同州。宣宗以夏侯孜、白敏中、马植配，庙在耀州。朱梁太祖以刘鄩、敬翔、葛从周、袁象先配，后唐庄宗以郭崇韬、李嗣昭、符存审配，明宗以霍彦威、安重进、任圜配，石晋高祖以桑维翰、赵莹配，以上并在河南府。皆著之仪制。是时吴、蜀未平，六朝帝庙阙而不载。”[①]由此可见，早在宋朝建国之初，太祖就下诏重修了上自女娲、下至石晋时的先代帝王祠庙，并重定了配享功臣。

此外，宋代朝廷对本朝功臣、名宦、忠烈以及乡贤则立庙建祠，并积极加以崇奉。如据史载：“若何承矩、李允则守雄州，曹玮帅秦州，李继和节度镇戎军，则以有功一方者也；韩琦在中山，范仲淹在庆州，孙冕在海州，则以政有威惠者也；王承伟筑祁州河堤，工部员外郎张夏筑钱塘江岸，则以为人除患者也；封州曹觐、德庆府赵师旦、邕州苏缄、恩州通判董元亨、指挥使马遂，则死于乱贼者也；若王韶于熙河，李宪于兰州，刘滬于水洛城，郭成于怀庆军，折御卿于岚州，作坊使王吉于麟州神堂砦，各以功业建庙。寇准死雷州，人怜其忠，而赵普祠中山、韩琦祠相州，则以乡里，皆载祀

① 王明清撰，燕永成整理：《挥麈前录》卷1。

典焉。”[①]可见对于有功一方、有名一地者，则往往被立庙建祠。

同样，在州县学、书院中，为祭祀先圣先贤以及本师和书院创始人，地方官或者教官往往建有诸贤祠、崇道祠等，其目的是以先圣先贤以及本师的道德品行来教育感化诸生。如据史载：“乾道末，晁强伯子健至毗陵，祠苏东坡于学宫。……祠宇成，中寘坡塑像，又遍求从壮至老，及自海外归仪刑，绘于两庑。”[②]此是时人崇奉苏轼的具体举措。又如南宋地方官对孔子弟子言偃不仅立祠纪念，而且还搜集整理了其言论。对此，史载：“言偃，吴人，相传所居在常熟县。庆元间，邑宰孙应时季和始为立祠，求朱晦翁为记。近新昌王爚伯晦复裒《论语》诸书所载问答为此书（指《言子》3卷）。邑中至今有言氏，亦买田教养之。”[③]朱熹在《平江府常熟县学吴公祠记》中称颂道：“矧今全吴通为畿辅，文物之盛，绝异曩时。孙君于此，又能举千载之阙遗，稽古崇德，以励其学者，则武城弦歌之意于是乎在，故熹喜闻其事而乐为之书。至于孔门设科之法，与公之言所谓本、所谓道，及其所以取人者，则愿诸生相与勉焉，以进其实。使此邑之人，百世之下，复有如公者出。”[④]此则是朱氏劝勉当地诸生能以言氏为榜样，做到真才实学，后继有人。此外，郑丞良先生依据现存宋元方志中的相关记载，专门制作有《现存宋元方志中的官学先贤祠》表，可参考。[⑤]

---

① 《宋史》卷105《礼志》。

② 周煇撰，刘永翔、许丹整理：《清波杂志》卷3。

③ 陈振孙撰，徐小蛮、顾美华点校：《直斋书录解题》卷9。

④ 朱熹著，刘永翔等校点：《晦庵先生朱文公文集》卷80。

⑤ 参见郑丞良：《南宋明州先贤祠研究》第一章：“事神与礼贤：宋代乡里先贤祭祀的发展与趋势”，上海古籍出版社，2013年。

（2）塑像及壁上画像。此处主要指供奉于祠庙等场所并专供人们祭祀崇奉的人物塑像及壁上画像，该类人物像具有直观、形象等观览效果。其中，一是在朝廷重修先圣塑像以及诸贤画像方面，如据史载，早在“宋初，增修先圣及亚圣、十哲塑像，七十二贤及先儒二十一人，皆画像于东西廊之板壁”[①]。到真宗至道三年七月，朝廷又下诏文宣王、十哲、七十二贤像咸加绘饰。仁宗明道元年八月，则诏国子监重修七十二贤堂，其左丘明而下二十一人并以本品衣冠图之。[②]可见北宋朝廷极为注重塑造圣贤像。到南宋孝宗乾道五年八月，则重饰宣圣十哲及两庑神像。又到次年正月，武成庙亦装绘。[③]后至淳熙四年二月，诏：“太学文宣王像，并从祀一十二位，令重行塑绘。”[④]同时，诏：“武学武成王神像并两廊从祀，令重行塑绘，其旧像权迁后殿西廊。”[⑤]此则反映出南宋朝廷对文武圣贤塑像以及画像重修工作相当重视。

与朝廷举措相呼应，不少地方官僚士大夫同样颇为崇奉先圣先师。如据范镇言：“成都府学有周公礼殿，及孔子像在其中。其上壁画三皇、五帝及三代以来君臣。”并且他还指出：“其屋制甚古，非近世所为者，相传以为秦、汉以来有也。”原注详明：“周公礼殿，乃古之学祀周公为先圣，孔子为先师。至唐明皇，始以孔子为

---

① 马端临：《文献通考》卷43《学校考》。

② 王应麟撰，武秀成、赵庶洋校证：《玉海艺文校证》卷23《图绘名臣》。

③ 王应麟：《玉海》卷113《学校·祥符封孔子弟子》。

④ 苗书梅等点校：《宋会要辑稿·崇儒》一。

⑤ 苗书梅等点校：《宋会要辑稿·崇儒》三。

先圣也。”[①]可见该府学礼殿保存甚久。那么它为何会保存得如此长久？李石指出：“内翰王素云：‘其屋制绝异今制，后之葺者惜其古，不敢改作。’”[②]同时，李石又指出：“嘉祐中，王素命摹写为七卷，总一百五十五人，为《成都礼殿圣贤图》。蜀守席益又尝摹其容貌名位可别识者一百六十八人于石经堂。”[③]这表明成都礼殿因修葺者“不敢改作”而得以保持古貌，又其中的圣贤像在宋代以图画形式得到传存。不仅如此，据楼钥言：“余近得临江《周公礼殿图》石刻，绍兴十七年向芗林刻于学宫。疑与先人所藏画本不侔。”[④]此又说明《周公礼殿图》以石刻形式在临江学宫得到传存。此外，对于周公礼殿、《图》的传承功用，楼钥在《送王粹中教授入蜀》诗中曾言道：“周公礼殿岿然在，画像盘古继宓牺。春秋奠谒用旧乐，想见节奏并威仪。谈经酌史各专门，学问可以相发挥。”[⑤]可见它在体现朝廷兴学崇圣方面发挥着重要作用。

二是宋代帝王极为重视尊奉自己的先祖，他们专以神御殿奉安先朝御容。如史载：“乾德六年，即都城之南，安陵之旧域，建奉先资福院，为庆基殿，以奉宣祖。艺祖则太平兴国之开先，太宗则启圣之永隆。至大中祥符中，建景灵宫天兴殿，以奉圣祖。其后真宗之奉真，仁宗之孝严，英宗之英德，皆在其侧也。又有慈孝之崇真，万寿之延圣，崇先之永崇，以奉真宗母后。章献明肃在崇真之

① 范镇撰，汝沛、永成整理：《东斋记事》卷4。
② 李石：《方舟集》卷2《周公礼殿》，文渊阁《四库全书》本。
③ 李石：《方舟集》卷2《礼殿圣贤图》。
④ 楼钥：《攻媿集》卷72《跋周公礼殿图》。
⑤ 楼钥：《攻媿集》卷3。

旁，曰章德。章懿在奉先之后，曰广孝。章惠在延圣之后，曰广爱。”[①]由该记载可知，北宋帝王先祖以及英宗之前的帝后均有神御殿。对于其中的孝严殿，史载：“治平甲辰岁，于景灵宫建孝严殿，奉安仁宗神御。乃鸠集画手，画诸屏扆、墙壁。”[②]此则反映了孝严殿的内部装饰状况。又据邵伯温记载：“元丰中，神宗仿汉原庙之制，增筑景灵宫。先于寺观迎诸帝后御容奉安禁中。涓日以次备法驾，羽卫前导赴宫，观者夹路，鼓吹振作。教坊使丁仙现舞，望仁宗御像，引袖障面若挥泪者，都人父老皆泣下。呜呼，帝之德泽，在人深矣!”[③]此又展现了迎奉仁宗御容的感人场景。再是据李心传记述：“渡江后，自圣祖已下神御皆寓温州天庆宫，以祠部郎官兼知州，若官使相则兼景灵宫使，典奉神御。……绍兴十三年二月，始迁于临安，然但通为三殿，以奉圣容，无复东都之制矣。”[④]此则反映着南宋时祖宗神御迁转经过。

同时，宋代地方亦建有神御殿。对此，李心传指出：“郡国庙，国朝惟祖宗所尝幸则有之。”[⑤]如滁州端命殿，因“太祖擒皇甫晖于滁州，受命之端也”[⑥]。又如并州崇圣寺统平殿供奉太宗御容，以“太宗取刘继元于并州，是太平之统也”。再如澶州开福院信武殿供

① 王明清撰，燕永成整理：《挥麈前录》卷1。

② 郭若虚：《图画见闻志》卷6。

③ 邵伯温撰，查清华、潘超群整理：《闻见录》卷2。

④ 李心传撰，徐规点校：《建炎以来朝野杂记》甲集卷2《景灵东西宫》。

⑤ 李心传撰，徐规点校：《建炎以来朝野杂记》甲集卷2《郡国祖宗神御》。

⑥ 刘琳、刁忠民、舒大刚、尹波等校点：《宋会要辑稿·礼》一三之二。

奉真宗御容，以“真宗归契丹于澶州，是偃武之信也”[①]。可见以上地方神御殿的创建，皆在直观展示宋初三位帝王重大功德。

此外，朝廷极为看重帝后图像绘制与塑造，甚至还要制成金像。对此，李攸指出：“玉清昭应宫范金以肖祖宗像，余多塑像。”[②]具体如“天圣中，为玉皇像，用金三千两。至和初，为真宗像，用金五千两。时又欲为温成像，台谏上言，乃止”[③]。可见当时帝王像造价的确挺高。又据朱熹言：“汪端明说朝廷塑一显仁皇后御容，三年不成，却是一行人要希逐日食钱，所费不赀。端明为礼部尚书，奏过太上，得旨催促，又却十日便了，朝廷事多如此。”[④]此则透漏出显仁皇后塑像制作所经历的曲折过程。

还需说明的是，除法定祭拜日外，宋代帝王还不时会召集臣僚朝拜先帝御容。如天禧二年四月四日，真宗召近臣及馆阁、三司、京府、谏官、御史诣宜圣殿，朝拜太宗圣容。又如皇祐元年二月十七日，仁宗召辅臣、两制、学士、待制、馆阁官、宗室刺史已上，崇政殿朝拜三圣御容。[⑤]凡此等等。

三是宋代朝廷往往命绘功臣像以示褒崇。王应麟指出：“自古皇王褒崇勋德，既勒名于钟鼎，又图形于丹青。”[⑥]可见以绘像方式褒崇勋德由来已久。早在北宋时，高赋曾“乞于禁中建阁，绘功臣

---

① 《宋史》卷109《礼志》。

② 李攸：《宋朝事实》卷6。

③ 吴曾：《能改斋漫录》卷13《金像》。

④ 黎靖德辑，郑明等校点：《朱子语类》卷138。

⑤ 苗书梅等点校：《宋会要辑稿·崇儒》七。

⑥ 王应麟撰，武秀成、赵庶洋校证：《玉海艺文校证》卷23《图绘名臣》。

像，如汉云台、唐凌烟之制”[①]。此属宋人欲继承传统做法，为功臣绘像。又据朱弁言：“唐质肃公在谏垣日，仁宗密令图其像，置温成阁中，御题曰‘右正言唐介’。时犹衣绿，外庭不知。逮质肃薨于位，裕陵浇奠，索画影看曰：‘此不见后生日精神。’乃以此画像赐其家，人始知之。乃叹仁宗之用意，深不可及也。”[②]此系仁宗颇为看重唐介台谏作为，故密令图其像。再是到神宗元丰七年九月，户部尚书王存言：“准诏具析安守忠预绘像因依，勘会所采臣僚勋绩，并于《国史》《实录》考求事迹。据本传所载，赠太尉安守忠有战功政迹，当预绘像。其捧日左厢都指挥使、钦州团练使安守忠，史册无载，即无豫绘像人数。”诏景灵宫改绘赠太尉安守忠像。[③]此则表明朝廷对待功臣绘像极为慎重。

到南宋高宗绍兴十八年五月，朝廷命有司绘配飨功臣像于景灵宫廷之壁。具体为：“皇武殿：韩忠献王赵普、周武惠王曹彬。大定殿：司空同平章事谥文惠薛居正、枢密使谥元懿石熙载、郑武惠王潘美。熙文殿：右仆射平章事谥文靖李沆、魏文正公王旦、山南东道节度使同平章事谥忠武李继隆。美成殿：沂文正公王曾、许文靖公吕夷简、签书枢密院谥武穆曹玮。治隆殿：魏忠献王韩琦、鲁宣靖公曾公亮。大明殿：韩文忠公富弼。重光殿：温文正公司马光。承元殿：魏文定公韩忠彦。凡十有六人。”[④]以上功臣绘像已涉及除钦宗朝之外的其他北宋诸朝。再如到理宗宝庆二年三月，又诏太常

① 《宋史》卷426《高赋传》。

② 朱弁撰，张剑光整理：《曲洧旧闻》卷1。

③ 李焘：《长编》卷348。

④ 王应麟撰，武秀成、赵庶洋校证：《玉海艺文校证》卷23《图绘名臣》。

寺建功臣阁，绘赵韩王普而下二十有三人，以“昭勋崇德”为名。[①] 如此等等。

四是宋代地方为昔日有名郡守绘像成风。对此，周煇指出：“近世州郡，类以名贤昔尝临莅，绘像以章遗爱。数十百年后，何缘得其容貌之真，但画衣冠，题爵位、姓名耳。”[②]按周氏所论，地方名贤绘像会随着时间推移而难以存真。不过，对于当地民众当初表达的尊崇之意还是应该肯定。具体如赵磻老在《包孝肃奏议集原跋》中指出：“绍兴间，胡帅治庐，以公本庐人，丘墓祠堂在焉，命置板郡学。艰难悉为煨烬，独岁时蒸尝之奉得不废祀典。淳熙元年春，郡既肇新学宫，别作公像，迎致于东序。”这是南宋治庐后继者别塑包拯像加以崇祀的具体例证。

五是不少民众积极崇奉敬仰者。如徐天麟敬仰东汉逸民严光，“既谢官，作亭萧滩之上，画严子陵像而事之。”[③]此是徐氏钟情于先贤的具体表现。又如边将种世衡去世后，“青涧及环人图其像而祀之。”[④]此后，沈括指出：“康定之后，世衡数出奇计，予在边，得于边人甚详。为新其庙像，录其事于篇。”[⑤]可见无论是当地民众还是边地统帅，均对种氏怀有极深的敬仰之情。

总而言之，祠庙、塑像以及壁上画像往往以直观、立体方式展示民众所敬仰的对象，它能给予敬仰者或者参观者以直接视觉冲击，

① 佚名撰，李之亮点校：《宋史全文》卷31。

② 周煇撰，刘永翔、许丹整理：《清波杂志》卷8。

③ 《宋史》卷438《徐天麟传》。

④ 王称：《东都事略》卷61《种世衡传》。

⑤ 沈括撰，胡静宜整理：《补笔谈》卷2《权智》。

观览效果快速、及时，是史学传布方式中较为独特的形式。

**2. 碑刻、题壁**

（1）碑刻。碑刻作为历史文献的重要载体之一，它既具有长久保存文献资料、补正它史阙漏功能，又可起到向参阅者传布史实之功效。

其间，就碑志而言，宋代社会流行树碑藏志、碑志双行做法。司马光指出："今世之人，既使人为铭，纳诸圹中，又使他人为铭，植之隧外。圹中者谓之志，隧外者谓之碑。其志盖以为陵谷有变，而祖考之名犹庶几其不泯也。"[①]该做法表明，孝子贤孙们企图使得祖先盛名甚至美德显绩能久远存留。其中，尤为值得一提的是，宋代帝王御制碑以及赐墓碑额，不仅表明帝王对墓主生前功绩肯定与褒崇，而且大大提升了墓主的政治地位和社会影响力。如《韩忠献公神道碑》，神宗御制，其中云："公奉诏立皇子为皇太子，被顾命立英宗为皇帝，立朕以承祖宗之序，可谓定策元勋之臣。"故冠其额为："两朝顾命定策元勋之碑。"对此，文莹赞叹道："大哉！天子之文章也，广大明白，日星之照江海，不过此辞也。"[②]可见该御制碑充分展示着韩琦的定策之功。又如绍兴二十五年十一月，高宗赐御书秦桧神道碑额曰"决策元功精忠全德之碑"[③]。其因是："以熺言'臣父际遇圣主，获依末光，眷礼始终，旷古未有，今合立神道碑，望特赐御题八字'故也。"[④]对此，宋末元初人汪梦斗赋诗感叹

① 司马光：《传家集》卷61《答孙长官察书》。

② 释文莹撰，郑世刚整理：《续湘山野录》。

③ 苗书梅等点校：《宋会要辑稿·崇儒》六。

④ 李心传撰，胡坤点校：《要录》卷170。

道："力成和议得休兵，痛骂犹烦诸老生。拘执行人招覆灭，幸逃诛死罚殊轻。"①汪氏以此表明他对秦桧议和不满之情。

与此同时，宋代刻石类作品题材广泛，内容丰富，有的流传还极为久远。其中，宋代一些帝王将御书经史刻石后颁之学校，影响广泛。如史载："思陵以万几之暇，御书《六经》《论语》《史记·列传》刊石，立于太学。"②这是高宗御书经史并立石太学，用以激励学子的具体举动。

又对于摩崖石刻，如唐代元结撰的《中兴颂》被后人刻于浯溪摩崖上，在宋时反响巨大。对此，周煇指出："浯溪《中兴颂碑》，自唐至今，题咏实繁。零陵近虽刊行，止会粹已入石者，曾未暇广搜而博访也。"③正因为浯溪汇聚有不少具有文献价值的摩崖石刻，由此带动热心者不断结集刻石内容并编成相关著述。据赵希弁言：《浯溪集》前、后、续、别4集，"自元结《中兴颂》之后，凡刻之浯水之崖者，皆在焉。"④又据有关史籍著录，李仁刚有《浯溪古今石刻集录》1卷、侍其光祖有《浯溪石刻后集再集》1卷，以及廖敏得有《浯溪石刻续集》1卷。⑤同时，受元结《中兴颂》直接影响，宋代出现了一些同类作品，并且被刊石流传。如史载："又有马应

---

① 汪梦斗：《北游集》卷上《过江陵镇登秦申王坟读决策元功精忠粹德碑文有感近事而赋》，文渊阁《四库全书》本。

② 百岁老人袁褧撰，俞钢、王彩燕整理：《枫窗小牍》卷下，《全宋笔记》第四编第五册，大象出版社，2008年。

③ 周煇撰，刘永翔、许丹整理：《清波杂志》卷8。

④ 赵希弁撰，孙猛校证：《郡斋读书志校证·读书附志》。

⑤ 《宋史》卷209《艺文志》。

者，薄有文艺，多服道士衣，自称'先生'。开宝初，效元结《中兴颂》作《勃兴颂》，以述太祖下荆、湖之功，欲刊石于永州结《颂》之侧，县令恶其夸诞，不以闻。"[①]可见早在宋初，就有称颂太祖征讨之功的作品，并且还欲以刻石流传。又如周紫芝撰有《大宋中兴颂并序》1篇。[②]此当系称颂高宗中兴之作。再如据陆游言："乾道末，夔路有部使者作《中兴颂》，刻之瞿唐峡峭壁上。"[③]它如赵不息在"永州时，为《宋中兴圣德颂》，刻诸崖石，楚、蜀间传之"[④]。总之，以上仿作注重颂扬本朝帝王功业。

再是宋代党争激烈，徽宗时的崇宁党人碑甚至以刻石形式流传至今。对此，史载：崇宁元年九月，朝廷"籍元祐及元符末宰相文彦博等、侍从苏轼等、余官秦观等、内臣张士良等、武臣王献可等凡百有二十人，御书刻石端礼门"[⑤]。这是由朝廷确定的首个党人碑。到次年九月，经臣僚奏请，于是各地监司、长吏厅便竖起了党人碑。[⑥]又到三年六月，朝廷下诏"重定元祐、元符党人及上书邪等者合为一籍，通三百九人，刻石朝堂"[⑦]。据蔡京所奏，对于这次所定党人，"皇帝书而刊之石，置于文德殿门之东壁，永为万世子孙之戒。又诏

---

① 《宋史》卷439《马应传》。

② 见周紫芝：《太仓稊米集》卷43，文渊阁《四库全书》本。

③ 陆游撰，李昌宪整理：《老学庵笔记》卷2。

④ 叶適著，刘公纯、王孝鱼、李哲夫点校：《叶適集·水心文集》卷26《赵公行状》。

⑤ 《宋史》卷19《徽宗纪》。

⑥ 参见杨仲良撰，李之亮点校：《皇宋通鉴长编纪事本末》卷121。

⑦ 《宋史》卷19《徽宗纪》。

臣京书之，将以颁之天下。”[①]由此可见，京城则并立有两个党人碑，各地监司、长吏厅也立有党人碑，并且此后由蔡京所书的党人碑更是在各地广泛竖立。不过，朝廷此种做法却激发了民众的强烈不满。到五年正月，朝廷不得不下诏指出：“朝堂石刻，已令除毁。如外处有奸党石刻，亦令除毁。”[②]

但是到南宋时，随着朝廷主依党人碑褒赠追复党人官职以及推恩其子孙举措不断开展，使得一些党人之后又以重刻党人碑的方式，追崇祖宗，再现历史。如仍存留至今的桂林龙隐岩摩崖石刻《元祐党籍》，就曾刊刻于宁宗庆元四年，时人饶祖尧在该碑《跋》中指出：“庆元戊午，备末掾桂林，始获识左丞梁公之曾孙府钤辖律。爱其有前辈风度，相与光暱；暇日从容及籍中名氏，因谓欲刻诸石，使垂传。夫前此一时之屈，而后此万世之伸，其所得孰多?”据此可知，该碑系梁焘曾孙梁律旨在刻石表彰元祐党人。此外，广西融水的《元祐党籍碑》，虽在“文革”时被毁，但拓本幸存。该碑重刻于嘉定四年，主导者沈暐在碑末识语中明确指出：“公道愈明，节义凛凛，所谓诎于一时而信于万世矣。……暐幸讬名节后，敬以家藏碑本镵诸玉融之真仙岩，以为臣子之劝云。”可见梁、沈二人立碑目的相同。[③]

(2) 题壁。题壁作为一种固定、便捷的信息传布方式，一般是指题壁者将所传信息书于驿壁、馆壁、寺壁以及桥梁等建筑物壁上，供行人观览、传抄。它具有题壁者可随时发布信息的便捷性，所选

① 杨仲良撰，李之亮点校：《皇宋通鉴长编纪事本末》卷122。

② 杨仲良撰，李之亮点校：《皇宋通鉴长编纪事本末》卷124。

③ 参见陈乐素：《桂林石刻〈元祐党籍〉》，载《学术研究》，1983 (6)。

内容的随意性，以及任何受众均可观览的便利性等优点。因此，宋人极为重视该形式。如陈师道指出："朱阑行遍花间路，看尽当年题壁处。"[1]陆游亦言："道左忽逢曾宿驿，壁间闲看旧留题。"[2]周煇更是指出："邮亭客舍，当午炊暮宿，弛担小留次，观壁间题字，或得亲旧姓字，写途路艰辛之状，篇什有可采者。"[3]

在题壁所涉及的广泛内容中，不时会出现有关时政类诗作。如据王辟之言："景祐中，范文正公知开封府，忠亮谠直，言无回避，左右不便，因言公'离间大臣，自结朋党'，仍落天章阁待制，黜知饶州。余靖安道上疏论救，以朋党坐贬。尹洙师鲁言：'靖与仲淹交浅，臣与仲淹义兼师友，当从坐。'贬监郢州税。欧阳永叔贻书责司谏高若讷不能辩其非辜，若讷大怒，缴其书，降授夷陵县令。……时蔡君谟为《四贤一不肖诗》，布在都下，人争传写，鬻书者市之，颇获厚利。虏使至，密市以还。张中庸奉使过幽州，馆中有书君谟诗在壁上。"[4]可见蔡襄《四贤一不肖诗》已被题写在北方驿馆中，此足以表明其传布之广。

又如有人记载："荆公柄国时，有人题相国寺壁云：'终岁荒芜湖浦焦，贫女戴笠落柘条。阿侬去家京洛遥，惊心寇盗来攻剽。'人皆以为夫出妇忧，荒乱也。及荆公罢相，子瞻召还，诸公饮苏寺中，以此诗问之，苏曰：'于贫女句，可以得其人矣。终岁，十二月也，十二月为青字。荒芜，田有草也，草田为苗字。湖浦焦，水

---

① 陈师道：《后山集》卷3《登凤皇山怀子瞻》。

② 陆游撰，钱仲联校注：《剑南诗稿校注》卷60《客怀》。

③ 周煇撰，刘永翔、许丹整理：《清波杂志》卷10。

④ 王辟之撰，金圆整理：《渑水燕谈录》卷2。

去也，水旁去为法字。女戴笠，为安字。柘落木条剩石字。阿侬是吴言，合吴言为误字。去家京洛为国，寇盗为贼民。盖言青苗法，安石误国贼民也。'"[①]可见主在抨击王安石变法的该题壁诗，其寓意颇为深刻。

再如据叶绍翁言："庆元初，韩侂胄既逐赵忠定，太学诸生敖陶孙赋诗于三元楼，云：左手旋乾右转坤，如何群小恣流言。原注：又曰'群邪相煽动谣言'。狼胡无地居姬旦，鱼腹终天吊屈原。一死固知公所欠，孤忠幸有史长存。九原若遇韩忠献，休说如今有末孙。原注：又曰'休说渠家末世孙'。陶孙方书于楼之木壁，酒一再行，壁已不复存。陶孙知诗必已为韩所廉，则捕者必至，急更行酒者衣，持煖酒具下。捕者与交臂，问以'敖上舍在否'？敖对以'若问太学秀才耶？饮方酣'。陶孙即亡命归走闽。捕者入闽，逮之入都。至都，以书祈哀于韩，谓诗非己作，韩笑而命有司复其贯。陶孙旋中乙丑第，由此得诗名，《江湖集》中诗最多。"[②]由上可知，太学生敖陶孙以题壁诗讥讽韩侂胄，并被追捕，可见题壁诗在传布时事方面具有极大威力。

**3. 陵墓、战地类历史遗址**

该类遗迹作为重要历史遗存，往往成为古代历史的重要证明物，它能唤起人们对某些历史场景的记忆。

（1）宋代朝廷极为重视对历代帝王陵墓以及大臣墓冢的维护与重修。如据王明清言："祖宗朝重先代陵寝，每下诏申樵采之禁，

---

① 百岁老人袁褧撰，俞钢、王彩燕整理：《枫窗小牍》卷上。

② 叶绍翁撰，张剑光、周绍华整理：《四朝闻见录》丙集《悼赵忠定诗》，《全宋笔记》第六编第九册，大象出版社，2013 年。

至于再三。置守冢户，委逐处长吏及本县令佐常切检校，罢任具有无废阙，书于历子。……其后又诏：曾经开发者，重制礼衣常服棺椁，重葬焉。”[①]可见宋代朝廷采取专门举措以保护历代帝王陵寝。又到南宋时，鉴于祖宗陵寝沦落北方异境，朝廷还利用难得时机，派专人前往先祖陵地祭拜洒扫。如绍兴九年正月，高宗谓辅臣："祖宗陵寝，久沦异域，今金国既割还故地，便当遣宗室使相与臣僚前去修奉洒扫。”寻命同判大宗正事赵士㒟、兵部侍郎张焘前去河南府祇谒修奉。随后，赵士㒟和张焘回言："诸陵下石涧水，自兵兴以来，涸竭几十五年。二使到日，水即大至，父老惊叹，以为中兴之祥。”又如绍兴三十二年六月，朝廷下诏："祖宗陵寝，令本处招讨使同本处官吏躬亲朝谒，如法修奉，务在严洁，以称孝思之意。”此则是孝宗继位后诏命臣僚朝谒祖宗陵寝的具体举措。再如端平元年正月，京西、湖北安抚制置使史嵩之露布以灭金闻。同年二月，理宗御笔指出："国家南渡以后，八陵迥隔，常切痛心。今京湖帅臣以图来上，恭览再三，悲喜交集，凡在臣子，谅同此情。可令卿、监、郎官以上，诣尚书省恭视集议。”遂遣太常寺主簿朱扬祖、阁门祗候林拓朝谒八陵。[②]此又是宋朝廷利用有利时机朝谒祖宗陵寝的具体表现。

同时，对于分布于各地的重要大臣墓冢，宋人及时加以维护、记录。如在周应合所撰《景定建康志》卷43《风土志》中，就专立有“古陵”“诸墓”和“义冢”三个子目。其中，在“诸墓”所列宋本朝26位人物中，如载有："杨忠介墓，在上元县钟山乡。”该

① 王明清撰，燕永成整理：《挥麈前录》卷2。

② 以上均见《宋史》卷123《礼志》。

书作者具体“考证”指出：“杨宗闵，字景齐，代州崞县人。太傅、和义郡王存中之父也，屡立战功。建炎元年十二月，金人犯永兴，众以永兴无备，劝宗闵去，宗闵曰：‘吾结发从戎，蒙国厚恩，行年六十有七，唯有死耳，他非所知。’明年正月，城陷，血战而死。赠太师、魏国公，谥忠介。其子存中招魂葬于钟山，敷文阁待制刘一正为之铭。”可见杨忠介墓是杨存中为其战死疆场的父亲特意修建的。又如待制张孝祥墓，“在上元县清果寺侧。”据该书作者“考证”指出：“张孝祥，字安国，举进士第一，官至显谟阁学士，本历阳人。未第时，多留建康。隆兴中，尝为留守，后葬于此。”由此说明，张孝祥葬地实属其曾生活仕宦之地。如此等等。

（2）宋人对于一些重要战争发生地极为重视。据王应麟记述：孝宗乾道二年八月，为褒扬此前抗金名将及其事迹，朝廷遂确定了十三处战功显著地，即：张俊明州城下、韩世忠大仪镇、吴玠杀金平与和尚原、刘锜顺昌府、李宝密州胶西唐岛、刘锜扬州皂角林、王琪和张振等建康采石渡、邵宏渊真州胥浦桥、李道等光化军茨湖、张子盖解围海州、赵撙蔡州，以及王宣等确山。[①]此后，李心传又在《建炎以来朝野杂记》甲集卷 19 专列“十三处战功”纪事条叙述该事，并且评论道：“自金虏入中原，将帅皆望风奔溃，未尝有敢抗之者。……此皆渡江以来中国之胜捷之可称者也。”李璧则专门撰有《中兴十三处战功录》1 卷。陈振孙指出：“中兴以来，御寇立功惟此十三处，编为一书，所谓司勋藏其贰者也。开禧乙丑，北事将作，其书成。”[②]可见该书还有现实激劝之意。

① 王应麟：《玉海》卷 135《官制》。

② 陈振孙撰，徐小蛮、顾美华点校：《直斋书录解题》卷 5。

综上所述，在宋人所常用的书面传布、口语传布以及遗迹等实物传布中，前两种形式成为最基本的传布方式，后一种则属必要的补充形式。正是在以上三种传布形式共同作用下，宋代史家间的互动交流以及广大民众的参与热情才得以活跃起来，并且它们使得民众的历史知识得到增进，历史观念逐步形成并有所发展。

## 第二节　史学传布者

传布者是指传布行为的引发者。它既可以是个人，也可以是群体，甚至还包括官私机构。

### 一、传布者的主要构成及其传布状况

史学传布者作为传布史事的主体，他们的基本构成以及传布范围的广泛程度，还有他们自身对史学传布的认知水平与传布时的活跃程度，往往决定着史学传布的广度与深度。具体就宋代而言，传布者既包含普通个体，甚至是专业人士或者专门人士，又含有由史官、史家等构成的学术性群体，还包括史馆、国子监等权威性官方机构、各层次的教育部门，以及旨在营利的书坊等。其中，除著史者兼具创作和传布双重身份之外，下面主要以史事讲说者和史著史事刊传者为例，对传布者的基本情况加以重点论述。

## （一）史事讲说者

### 1. 经筵官

对于经筵官以及经筵讲读的重要性，光宗绍熙三年八月，彭龟年在《乞复祖宗旧制重经筵亲儒士置夜直之员疏》中明确指出："臣闻讲读之官，责任最重，故程颐谓'天下重任，惟宰相与经筵。'……臣观祖宗精择经筵，不限资任，或以布衣而就职，或解政柄而复为。盖以劝讲之臣，当用明经之士。经须素业，人各有长。……臣观祖宗引对臣寮，莫如经筵亲密。在太祖朝，非时召王昭素讲说经书。在太宗朝，命吕文仲为侍读，多以日晚召见。及真宗嗣位，首置侍读、侍讲学士，命邢昺、杨徽之、夏侯峤为之，常令昺宿秘阁，访问或至中夕，自此遂为故事。夜直率置常员，不特与之究义理之微，亦欲藉之杜逸豫之隙，盖闻古今之治乱则警惧易动，闻闾阎之艰苦则忧念自生。退即宴闲，必无过失，圣谟深远，人未易知。……臣愚欲望陛下拣拔名儒，寘之讲席，但问经学之深浅，不校官资之崇卑。官大则加之学士之名，官小则任以说书之职，日与之讲论义理，夜与之商略古今。自此圣性日益高明，圣德日益光大。既有义理之可乐，自然物欲之难移。保国宁家，莫先于是。"疏后附记：光宗阅览奏疏后，谕旨言："祖宗最是于经筵留意。"[①]在此彭氏以北宋前期帝王重视经筵的优良传统为例，劝勉光宗承继传统，重视经筵讲学，以成就为君之德。

正因为如此，宋代在讲筵所等机构之下，先后设有翰林侍读学士、翰林侍讲学士、侍读、侍讲、天章阁侍讲、崇政殿说书以及迩

---

① 彭龟年：《止堂集》卷2。

英阁说书等经筵官职。元丰改制后，则有侍读、侍讲和崇政殿说书。其中，侍读、侍讲任职条件是两制以上，[①]崇政殿说书则要升朝官以上。规定虽则如此，但在实际选任时，仍有依据实际才能等而破格委任者。对此，王应麟在总结本朝选任经筵官状况时指出："皇祐贾昌朝、淳熙史浩以旧弼而诏读，昌朝、吕公著以台丞而劝讲，吕希哲、司马康、杨时自小官而训书，范祖禹、司马康、张栻、朱熹由庶僚而侍讲，程颐、尹焞以布衣而特［命］。"[②]可见宋代经筵官选任的确不拘一格。

经筵官对于经筵讲读，往往做了充分准备。如李廌对于范祖禹讲前准备以及如何讲述等情况，有着极为形象生动的描述。他言道："太史公诘朝当讲，即前一夕，正衣冠，俨然如在上前，命子弟侍坐，先案讲其说。先生平时，温温其语，若不出诸口。及当讲，开列古义，仍参之时事，及近代本朝典故，以为戒劝，其音琅琅然，闻者兴起。原注：李廌《师友谈记》。"因此，苏轼评价道："范淳夫讲说，为今经筵讲官第一。言简而当，无一冗字，无一长语，义理明白，而成文粲然。乃得讲师三昧也。"[③]可见经过事前认真演练的范氏，经筵讲读已相当熟练，并且发挥自如。同样，吕公著"于讲说尤精，语约而理尽"。司马光高度评价道："每闻晦叔讲，便觉已语为烦。"[④]可见吕氏讲说亦以言简意赅为主。

---

① 刘挚撰，裴汝诚、陈晓平点校：《忠肃集》卷3《奏议·乞慎择讲读官奏》，中华书局，2002年。

② 王应麟：《玉海》卷26《帝学》。

③ 朱熹撰，李伟国校点：《三朝名臣言行录》卷十三之一《内翰范公》。

④ 《宋史》卷336《吕公著传》。

其间，尤其对于年少帝王以及新即位者，经筵官更能用心加以辅助诱导。如在辅佐年幼的哲宗时，吕公著等经筵官可谓殚精竭虑。对此，吕氏门人记述道：“哲宗即位，公（指吕公著）为迩英侍读。始至，上言曰：‘人君即位之始，当正始以正天下，修德以安百姓。修德之要，莫先于学。学有缉熙于光明，日新又新，以至于大治者，学之力也。臣待罪讲读，谨条上十议，以裨聪明。一曰畏天，二曰爱民，三曰修身，四曰讲学，五曰任贤，六曰纳谏，七曰薄敛，八曰省刑，九曰去奢，十曰无逸。’原注：《神道碑》。”[①]在此吕氏强调为学重要性的目的，就是要专心培养劝导年幼的哲宗。同样，范祖禹指出：“陛下今日之学与不学，系他日治乱。如好学，则天下君子欣慕，愿立于朝，以直道事陛下，辅佐德业，而致太平；不学，则小人皆动其心，务为邪谄，以窃富贵。且凡人之进学，莫不于少时，今圣质日长，数年之后，恐不得如今日之专，窃为陛下惜也。”[②]在此范氏更是从为学与政权稳固与否，以及学习的有效性方面，积极劝勉哲宗。

同时，如据朱弁记述：“熙宁元年冬，介甫初侍经筵，未尝讲说。上欲令介甫讲《礼记》，至曾子易箦事，介甫于仓卒间进说曰：‘圣人以义制礼，其详至于床第之际。君子以仁循理，其勤见于将死之际。’上称善。安石遂言：‘《礼记》多驳杂，不如讲《尚书》。帝王之制，人主所宜急闻也。’于是罢《礼记》。”[③]在此王安石给新即位的神宗推举了他认为更合适的经筵教材。又如朱熹在任侍讲时，

---

① 朱熹撰，李伟国校点：《三朝名臣言行录》卷八之一《丞相申国吕正献公》。

② 《宋史》卷337《范祖禹传》。

③ 朱弁撰，张剑光整理：《曲洧旧闻》卷9。

奏勉新即位的宁宗进德。他对此言道："愿陛下日用之间，以求放心为之本，而于玩经观史，亲近儒学，益用力焉。"[①]总之，因新即位者理政为学均预示着政风与学风的大致走向，故经筵官极为注重他们在其中所起的作用。

此外，多数经筵官还编写有"讲义"，并且该讲义还需要录奏朝廷。据王应麟记述："古之讲经者，执卷而口说，未尝有讲义也。元丰间，陆农师在经筵，始进讲义。自时厥后，上而经筵，下而学校，皆为支离曼衍之词。说者徒以资口耳，听者不复相问难，道愈散而习愈薄矣。"[②]又据史载：陆佃在任崇政殿说书时，进讲《周官》，神宗称善，始命先一夕进稿。[③]可见经筵官撰写讲义并上奏朝廷，实始于神宗朝。此后便有经筵官主动录进讲义者。如哲宗元祐五年二月，"讲《无逸》终篇，侍讲司马康、吴安诗、范祖禹等录进《讲义》一卷。"[④]到南宋时，朝廷重申了经筵官录进讲义制度，并且对录进时间时有调整。如高宗绍兴二年十一月，"诏自今住讲日，令经筵官轮进《春秋口义》一篇，至开讲日如旧。"[⑤]此则是要求住讲日需进讲义。又据程大昌言："今讲日讲官，以所撰讲义进讲，即讲筵，内侍收掌。绍兴十三年正月，王普奏其父在建炎元年为讲官，讲'孝弟，仁之本'。合上意，退批'早来讲义，即今进

① 《宋史》卷429《朱熹传》。

② 王应麟撰，孙通海整理：《困学纪闻》卷8。

③ 《宋史》卷343《陆佃传》。

④ 王应麟撰，武秀成、赵庶洋校证：《玉海艺文校证》卷3《书》。

⑤ 李心传撰，胡坤点校：《要录》卷60。

入。’普仍言：‘故事，次日方进。今此即日促进，非常仪也。’”[①]此系要求即时进讲义。总之，经筵讲义编写与录进，既是宋代经筵制度完善化、制度化的体现，更是经筵讲读规范化的具体表现，它使得经筵官更需要精心钻研专业知识，系统传授所讲内容。

总之，宋代经筵官作为专门向帝王读经讲史的师臣，他们不仅能针对帝王年龄、喜好等采取灵活多样的讲授举措，而且不少人还编有讲义，以便使得听讲者获取系统完备的经史知识。应该说，经筵官在向帝王传布经史知识、宣扬传统文化观念方面起到了相当重要的作用。

**2. 各级教育机构的教官**

宋代学校类型众多，教育发达。其中，在学校设置方面，中央官学就包含国子学、太学、武学以及宗学等，地方州县学则在庆历、熙宁和崇宁三次兴学运动推动下，也得到了迅速发展。对此，章如愚指出：“太祖皇帝当干戈甫定，首幸国子监。天圣中，王沂公守青州，请为州立学。仁宗时，从其请，而郡学之建自此始。景祐藩镇立学而骎骎益盛。庆历三年，不独藩镇，而州、府、军、监皆立学矣。”[②]如此等等。

同时，书院作为讲学育才机构，在当时也得到了极大发展。吕祖谦指出：“国初，斯民新脱五季锋镝之阨，学者尚寡。海内向平，文风日起。儒先往往依山林、即闲旷以讲授，大率多至数十百人。嵩阳、岳麓、睢阳及是洞（指白鹿洞）为尤著，天下所谓四书院者

---

① 程大昌撰，许沛藻、刘宇整理：《演繁露续集》卷2《当讲官口义》，《全宋笔记》第四编第九册，大象出版社，2008年。

② 章如愚：《群书考索》后集卷34《士门·学校》。

也。”[①]马端临亦评论说：“乡党之学，贤士大夫留意斯文者所建也，故前规后随，皆务兴起。后来所至，书院尤多，而其田土之锡，教养之规，往往过于州县学。”[②]可见书院增长迅猛，甚至在学田和学规等方面还优于州县学。

此外，私授、家传式的私塾、义学和精舍，以及季节性的冬学等，也不断涌现。如在南宋都城临安，有人指出：“都城内外，自有文武两学，宗学、京学、县学之外，其余乡校、家塾、舍馆、书会，每一里巷须一二所。”[③]同时，陆游指出：“农家十月乃遣子入学，谓之冬学。”[④]

具体就各类学校教官的教学传授情况而言，一是在中央官学体系中，如对于国子监学官，据李廌所记，胡瑗“初为直讲，有旨专掌一学之政。文学、行义，一代高之，既专学政，遂推诚教育多士，……故好尚经术者，好谈兵战者，好文艺者，好尚节义者，皆使之以类群居，相与讲习。胡亦时召之，使论其所学，为定其理，或自出一义，使人人以对，为可否之。当时政事，俾之折衷。故人皆乐从而有成。今朝廷名臣，往往胡之徒也”[⑤]。由此反映出胡氏能因材施教，培养出了不少实用之才。又石介“入为国子监直讲，学者从之

---

① 吕祖谦：《东莱吕太史文集》卷6《白鹿洞书院记》。

② 马端临：《文献通考》卷46《学校考》。

③ 耐得翁：《都城纪胜》之《三教外地》。

④ 陆游撰，钱仲联校注：《剑南诗稿校注》卷25《秋日郊居》。详参苗春德主编：《宋代教育》“第三、学校编”，河南大学出版社，1999年。

⑤ 朱熹撰，李伟国校点：《五朝名臣言行录》卷十之二《安定胡先生》。

甚众，太学由此益盛”[①]。此又体现出石氏教学具有强大吸引力。

同样，宋代帝王极为重视皇子教育，他们对学官选任极其严格。如当有人向太宗言及“储贰”事时，太宗告诉近臣：“盖诸子冲幼，未有成人之性，所命僚属，悉择良善之士，至于台隶辈，朕亦自拣选，不令奸险巧佞在其左右。读书听书，咸有课程，待其长成，自有裁制。何言事者未谅此心耶？”[②]此是太宗对包括学官在内的东宫官选任的要求。同时，东宫学官亦能采取合适的方法，精心辅导教育皇子。如史载：“郭仲仪贽，真宗在藩，为皇子侍读。太宗幸东宫，御制《戒子篇》，命贽注解，且令委曲讲论。真宗每以纯厚长者遇之，在储宫作诗赠之，略曰：‘该明圣典通今古，发启冲年晓典常。’”[③]又如孙锡，至“(天圣)三年，乃用举者以集庆军节度掌书记充国子监直讲，预校《史记》、前后《汉书》《南》《北史》，修《集韵》。选苏王宫伴读，教导有法，宗室召燕饮，未尝往。居顷之，改著作佐郎，当罢矣，又留为国子监丞讲读”[④]。可见孙氏从教经历较为丰富。

在辅导传授内容的选择上，东宫学官们重点编选、施用有助于皇子成才的教材。如戴溪“久于宫僚，以微婉受知春宫”。他在担任太子詹事时，景献太子命他“类《易》《诗》《书》《春秋》《论

---

① 《宋史》卷432《石介传》。

② 李焘：《长编》卷32。

③ 释文莹撰，郑世刚整理：《玉壶清话》卷5，《全宋笔记》第一编第六册，大象出版社，2003年。

④ 王安石：《王文公文集》卷94《宋尚书司封郎中孙公墓志铭》。

语》《孟子》《资治通鉴》，各为说以进”。[①]今存《春秋讲义》四卷，应是戴氏当时所进教材。又如陈模撰有《东宫备览》六卷，今存。在《进东宫备览序》中，陈氏对全书内容构成及其排序做了具体阐述。即全书共分二十条：始生、入学、立教、师傅、讲读、宫僚、择术、广诲、谨习、主器、正本、问安、友悌、戒逸、崇俭、辨分、正家、规谏、几谏和监国。在《序》末，他言道：“伏惟陛下听政之余，赐以乙览，宣示储闱，以见微臣区区之诚，庶几为学日益，厥德日新，以副君父教育之意，以贻宗祏绵延之休。”他又在《进备览后上宰相札子》中指出：“今又于二十条之中，取其最切于今日者有三，敢申言之：一曰择妃嫔，二曰简宫僚，三曰谨游习。”由此可见，陈模之所以精心编撰该书，是迫切期望它能被用于教育皇子的实践当中。因此，四库馆臣推断说：“盖当时甚重其书也。”[②]再如宁宗嘉定元年八月，史载：“观文殿学士（赵）彦逾乞令东宫讲读官以古今历代帝王治乱事迹编成一书，分十门曰：‘畏天、爱民、法祖宗、圣孝、用贤能、远小人、勤俭、听言、明赏罚、谨边防。’每事释其下，以《东宫规鉴》为名。”朝廷从之。此后据《(中兴馆阁）续书目》记述：该书“二十卷，诏宫僚曾唤等九人采摭经传格言、帝王懿范，厘为十门，随事解释”[③]。可见《东宫规鉴》应是教育辅导皇子的重要参考教材。

二是在各类地方学校系统中，如关于州县学官设置，史载仁宗庆历四年三月，“(朝廷）遂诏天下皆立学，置学官之员，然后海隅

---

① 《宋史》卷 434《戴溪传》。

② 《四库提要》卷 92。

③ 王应麟：《玉海》卷 129《官制·嘉定东宫规鉴》。

徼塞四方万里之外，莫不皆有学。呜呼，盛矣！……宋兴，盖八十有四年，而天下之学始克大立。”[①]到神宗熙宁四年二月，朝廷置京畿等五路学，并且京东西、河东北、陕西，寻以陆佃等为诸州学官，州给田十顷为学粮，仍置小学教授。[②]到元丰元年，诏诸路州府学官共五十三员。马端临评论道：“是时大兴学校，而天下之有教授者只五十三员，盖重师儒之官，不肯轻授滥设故也。观其所用者，既是有出身人，然又必试中而后授，则与入馆阁翰苑者同科，其遴选至矣。”[③]可见当时朝廷选任学官极为严格谨慎。到徽宗崇宁元年，宰相蔡京建议：“天下皆置学，郡小或应举人少，即合二三州共置一学。学悉置教授二员。县亦置学，州、县皆置小学。推三舍法徧行天下。”对于此时教官设置，马端临指出：“三舍法行而员额愈多，至大观时，吉州、建州皆以养士数多，置教授三员。宣和时罢州县学三舍法，始令诸州教授若系未行三舍已前置者依旧，余并减罢。”[④]由此可见，在北宋三次兴学运动直接推动下，州县学官设置至北宋末达到极盛。同时，对于南宋时的情况，叶適指出：“今州县有学，宫室廪饩，无所不备，置官立师，其过于汉、唐甚远。”[⑤]由此说明南宋朝廷依然重视州县学官设置。

对于州县学官传道授业情况，如宋初胡瑗颇为典型，马端临对此指出：“安定先生胡瑗，自庆历中教学于苏、湖间二十余年，束

① 欧阳修撰，李逸安点校：《欧阳修全集》卷39《吉州学记》。

② 陈均撰，许沛藻等点校：《皇朝编年纲目备要》卷19。

③ 马端临：《文献通考》卷46《学校考》。

④ 马端临：《文献通考》卷46《学校考》。

⑤ 叶適著，刘公纯、王孝鱼、李哲夫点校：《叶適集·水心别集》卷13《学校》。

修弟子前后以数千计。是时方尚辞赋，独湖学以经义及时务。学中故有经义斋、治事斋。经义斋者，择疏通有器局者居之；治事斋者，人各治一事，又兼一事，如边防、水利之类。故天下谓湖学多秀彦，其出而筮仕往往取高第，及为政，多适于世用，若老于吏事者，由讲习有素也。欧阳公诗曰：'吴兴先生富道德，诜诜子弟皆贤才。'王荆公诗曰：'先收先生作梁柱，以次收拾桷与榱。'庆历四年，诏州县皆立学，于是建太学于京师，而有司请下湖州，取先生之法以为太学，至今著为令。"[①]可见胡氏在湖州创立的独特教学之法不仅灵活实用，而且还对太学教育产生了直接影响。又如汤于"及为校官，日与诸生讲论道义，晨入直舍，至昼漏尽乃归。间造诸斋，从容启叩，勉以进业。虽吏胥市人子有可教者，亦收寘黉舍中，为亲授经史，其所成就居多"。他尝撰有《泮宫讲义》2卷、《史汉杂考》2卷等。[②]由此可知，汤氏教授学生真正做到了尽职尽责，有教无类。此类史例不少，余不一一。

在所用参考教材方面，州县学官有将原经筵用书刊印后，用于郡校参考的。如对于戴溪的《春秋讲义》（4卷），牛大年在宝庆二年所撰该书《序》中指出："'《春秋》三传束高阁，独抱遗经究终始。'然圣意宏深，经法微隐，是岂余蕴之所易究哉！岷隐先生以儒宗为一世所尊，颛席谈经，发明大旨，凡经之所不书、说之所未及者，莫不昭然而义见。虽然，是书盖期于启沃君听，天下学士不可得而闻也。今提举寺丞建台于此，一日出家藏以惠多士。仆亦以摄承郡事，遂得拜手与观。盖其发先圣之精微，正后学之讹谬，其功

① 马端临：《文献通考》卷46《学校考》。

② 真德秀：《西山先生真文忠公文集》卷42《汤武康墓志铭》。

用岂小补之哉！于是命工锓木，置之郡校，以广其传。”可见该书经牛氏等刊刻后，成为郡校参考用书了。

与此同时，书院教员亦极为重视讲学授业活动。如黄榦对其师朱熹的授业情景就有着具体生动的描述。他言道：“从游之士迭诵所习，以质其疑，意有未谕，则委曲告之而未尝倦；问有未切，则反覆戒之而未尝隐。务学笃则喜见于言，进道难则忧形于色。讲论经典，商略古今，率至夜半。虽疾病支离，至诸生问辨，则脱然沉痾之去体。一日不讲学，则惕然常以为忧。”[①]黄氏在此生动形象地勾画出了朱熹终生乐于讲学传道的感人精神。

又如吕祖谦不仅极为重视传道授业，并且编有多部讲授教材。孝宗乾道四年，他改知吉州。冬，授业曹家巷，始有《规约》及《左氏博议》。[②]据其《左氏博议序》言：“《左氏博议》者，为诸生课试之作也。”对于该书，金人王若虚指出：“吕东莱自谓《左氏博议》乃少年场屋所作，浅狭偏暗，皆不中理，力戒后学诵习。……以予观之，《博议》虽多浮辞，而其所发明往往出人意表，实有补于世教。”[③]可见《左氏博议》虽有自身不足，但仍有补于世教。同样，如《新唐书略》凡35卷。据陈振孙言：“吕祖谦授徒，患《新史》难阅，摘要抹出，而门人钞之。盖节本之有伦理者也。”[④]此则是吕氏为方便教授门生所编撰的简明化教材。

再如对于陆九渊弟子袁燮的传道授业情况，其子袁甫在绍定四

---

① 黄榦：《勉斋集》卷36《朱熹行状》，文渊阁《四库全书》本。

② 吕祖谦：《东莱吕太史文集》附录卷一《年谱》。

③ 王若虚：《滹南集》卷31，文渊阁《四库全书》本。

④ 陈振孙撰，徐小蛮、顾美华点校：《直斋书录解题》卷4。

年《絜斋家塾书钞序》中明确指出："甫自幼洎长，侍先君子侧，平旦集诸生及诸子，危坐说书，夜再讲，率至二鼓无倦容。谓学问大旨，在明本心。……先君子之学，源自象山，明白光粹，无一瑕疵，可谓不失本心矣。是编也，伯兄手钞，虽非全书，然发挥本心，大旨具在。……遂刻是编，名曰《絜斋家塾书钞》，而纳诸象山书院，以与世世学者共之。"[①]按《絜斋家塾书钞》12卷，清四库馆臣评价道："燮之学出陆九渊。是编大旨在于发明本心，反复引伸，颇能畅其师说，而于帝王治迹尤参酌古今，一一标举其要领。"[②]可见颇能宣扬"师说"的该书，不仅使得当时袁燮门生与其子受益，而且它已永久作为象山书院必备参考书了。

三是在民间教学中，宋人极为看重生童的启蒙教育。其中，家塾和书会成了生童们接受教育的基本场所。如王之道在《劝学文》中指出："古有家塾、党庠，以待父兄之教，近世书会似之。"[③]又史载福建路南剑州呈现出"五步一塾，十步一庠，朝诵暮弦，洋洋盈耳"[④]。可见该地教育颇有生气。

对于家塾教师职业道德以及选聘状况，周煇记述道："典家塾最难其人，严则利于子弟而不能久，狎则利于己而负其父兄之托。……张无垢子韶云：'某见人家子弟醇谨及俊敏者，爱之不啻如常人之爱宝，唯恐其埋没及伤损之，必欲使之在尊贵之所。故教人家子弟，不敢萌一点欺心，其鄙下刻薄，亦为劝戒太息而感诱之。

① 袁甫：《蒙斋集》卷11，文渊阁《四库全书》本。

② 《四库提要》卷11。

③ 王之道：《相山集》卷28，文渊阁《四库全书》本。

④ 王象之：《舆地纪胜》卷133《南剑州·风俗形胜》，文选楼影宋钞本。

此平生所乐为者。今教子弟，乃以主人厚薄为隆杀，亦可笑矣！’浑然忠厚之气，可敬而仰之。”由此可见，当时虽有如张子韶等爱才敬业者，但也存在一些家塾教师缺乏良好职业道德的问题。正因为如此，不少时人极为看重家塾教师的选聘。又据周煇言：“或谓童稚发蒙之师，不必妙选。然先入者为之主，亦岂宜阔略。世谓《初学记》为‘终身记’，盖亦此意。”[①]在此周氏不赞同“不必妙选”童蒙之师说法，而是认为应当慎选。再据晁说之记载：“王荆公教元泽求门宾，须博学善士。或谓发蒙，恐不必然。公曰：‘先入者为之主。’予由是悟未尝讲学改易者，幼年先入者也。”[②]可见王安石亦颇为看重童蒙之师选聘。

其间，始终敬业的家塾教师不在少数。如王葆，字彦光，擢宣和甲辰（六年）第。“彦光居乡，教诱后进，终日论文不倦，其所成就甚众。……彦光鉴裁甚精，李乐庵为布衣时，流落兵火之余，一见以为佳士，妻以女弟。今参政周公初第时，爱其博洽，即纳之为壻。二公寻即荣遇，而又学术气节耸动当世人，于是服其知人。至于从其学者，亦能第其甲科之先后，无不一如所期。至今言其事者，莫不称叹，以为不可及。”[③]可见王氏在育人识才方面均表现突出。又如刘颜因坐事被免官，“遂居乡里，以著书自适。从学者常数十百人，名闻东州。”[④]此属教授一方、名闻当地的突出事例。再

① 以上均见周煇撰，刘永翔、许丹整理：《清波杂志》卷5。

② 晁说之撰，黄纯艳整理：《晁氏客语》，《全宋笔记》第一编第十册，大象出版社，2003年。

③ 龚明之撰，张剑光整理：《中吴纪闻》卷6《王彦光》。

④ 曾巩撰，王瑞来校证：《隆平集校证》卷15《刘颜传》。

如胡铨，“丁父忧，从乡先生萧楚学《春秋》。”①当他以《春秋》登甲科，归拜于萧楚床下时，萧楚言：“学者非但格［拾］一第止耳，身可杀，学不可辱，毋祸吾《春秋》乃佳。”②此则是萧氏能劝勉中举弟子继承发扬传统道德品质的典型事例。凡此等等。

此外，对于季节性冬学的教书者，陆游描述道：“儿童冬学闹比邻，据案愚儒却自珍。授罢村书闭门睡，终年不著面看人。”③此是对乡村教书者生活常态的典型写照。

总之，由以上论述不难看出，在宋代各级教育机构中，教员们向各自群体学员传授着包括史学在内的传统文化知识，为社会培育着各类不同层次的人才，他们是名副其实的学识拥有者和播撒者。

**3. 伶人以及特定范围讲史者**

（1）宋代杂剧表演者。在宋代，凡属于官方机构教坊乐部、教乐所或钧容直之人，被称为杂剧色；对于来自民间勾栏者，则被称为露台弟子。在他们之中，不乏表现突出者。其中，对于教坊等官方机构的优伶而言，据朱彧言：“伶人丁先现者，在教坊数十年，每对御作俳，颇议正时事。尝在朝门与士大夫语曰：‘先现衰老，无补朝廷也。’闻者哂之。”④可见丁先现虽身为伶人，社会地位低微，但他常能凭借自身职业优势，评议时政。不过，以上朱彧所言的“丁先现”，吴自牧《梦粱录》卷 20《妓乐》载为：“丁仙现捷才

---

① 《宋史》卷 374《胡铨传》。

② 胡铨：《澹庵文集》卷 5《清节萧先生墓志铭》，文渊阁《四库全书》本。

③ 陆游撰，钱仲联校注：《剑南诗稿校注》卷 25《秋日郊居》。

④ 朱彧撰，李伟国整理：《萍洲可谈》卷 3，《全宋笔记》第二编第六册，大象出版社，2006 年。

知音。南渡以后，教坊有丁汉弼、杨国祥等。”《都城纪胜》之《瓦舍众伎》与此同。疑此处丁仙现即丁先现。

有关丁仙现的事迹，时人不乏记载。据叶梦得言：“崇宁初，大乐阙徵调，有献议请补者，并以命教坊燕乐同为之。大使丁仙现云：‘音已久亡，非乐工所能为，不可以意妄增，徒为后人笑。’蔡鲁公亦不喜。蹇授之尝语余，云见元长屡使度曲，皆辞不能，遂使以次乐工为之。踰旬，献数曲，即今《黄河清》之类，而声终不谐，末音寄杀他调。鲁公本不通声律，但果于必为，大喜，亟召众工按试尚书省庭，使仙现在旁听之。乐阕，有得色，问仙现：‘何如?’仙现徐前，环顾坐中，曰：‘曲甚好，只是落韵。’坐客不觉失笑。”[①]可见丁氏确系“捷才知音”。叶梦得又言：“丁仙现自言及见前朝老乐工，间有优诨及人所不敢言者，不徒为谐谑，往往因以达下情。故仙现亦时时效之，非为优戏，则容貌俨然如士大夫。绍圣初，修天津桥，以右司员外郎贾种民董役。种民时以朝服坐道旁，持挝亲指麾役工，见者多非笑。一日，桥成，尚未通行。仙现适至，素识种民，即诃止之，曰：‘吾桥成，未有敢过者，能打一善诨，当使先众人。’仙现应声云：‘好桥，好桥。’即上马急趋过。种民以为非诨，使人亟追之，已不及。久，方悟其讥己也。”[②]此又展现出丁氏机智逗趣的一面。

另据蔡絛言：“熙宁初，王丞相介甫既当轴处中，而神庙方赫然。一切委听，号令骤出，但于人情适有所离合。于是故臣名士，往往力陈其不可，且多被黜降，后来者乃寖结其舌矣。当是时，以

① 叶梦得撰，徐时仪整理：《避暑录话》卷上。

② 叶梦得撰，徐时仪整理：《避暑录话》卷下。

君相之威权而不能有所帖服者，独一教坊使丁仙现尔。丁仙现，时俗但呼之曰‘丁使’。丁使遇介甫法制适一行，必因燕设，于戏场中乃便作为嘲诨，肆其诮难，辄有为人笑传。介甫不堪，然无如之何也，因遂发怒，必欲斩之。神庙乃密诏二王，取丁仙现匿诸王邸。二王者，神庙之两爱弟也。故一时谚语有‘台官不如伶官’。”[①]可见丁仙现还有着极为强烈的传布、评议时政意识。

与丁仙现同为优伶的其他不知名者，时常亦扮演着同样的角色。如史载：“本朝景德三年，张景以交通曹人赵谏，斥为房州参军。景为《屋壁记》曰：‘近到州，知参军无员数，无职守，悉以旷官败事违戾改教者为之，凡朔望飨宴，使预焉。人一见必指曰参军也。倡优为戏，亦假为之，以资玩戏。’”[②]由此可知参军地位极其低微。不仅如此，伶人有时还需仿效外国人举止。如“宋徽宗见爨国人来朝，衣装鞋履巾裹，傅粉墨，举动如此，使优人效之以为戏”[③]。又有时为配合战时需要，伶人还需排演一些有利于抗战宣传的剧目。如据张知甫言：“金人自侵中国，惟以敲棒击人脑而毙。绍兴间有伶人作杂戏，云：‘若要胜其金人，须是我中国一件件相敌乃可。且如金国有粘罕，我国有韩少保；金国有柳叶枪，我国有凤凰弓；金国有凿子箭，我国有锁子甲；金国有敲棒，我国有天灵盖。’人皆笑之。”[④]在此伶人对宋金双方战将与武器加以比较，以表明与金抗

① 蔡絛撰，李国强整理：《铁围山丛谈》卷3。

② 赵彦卫撰，朱旭强整理：《云麓漫抄》卷5。

③ 陶宗仪撰，王雪玲校点：《南村辍耕录》卷25《院本名目》，辽宁教育出版社，1998年。

④ 张知甫撰，孔凡礼整理：《可书》，《全宋笔记》第四编第三册，大象出版社，2008年。

衡的决心与信心。

同样，对于活跃在都市、乡村的民间说史艺人，他们通常采取通俗易懂的口语化方式，使得历史通俗化、趣味化，甚至娱乐化。他们不仅使得讲评历史不再是少数帝王和史官儒士们的专利，而且他们变成了推动民间史学普及化的实践者。如据史载：“崇、观以来，在京瓦肆伎艺。……讲史：李慥、杨中立、张十一、徐明、赵世亨、贾九。……霍四究，说《三分》。尹常卖，《五代史》。”[①]可见当时不仅讲史有专人，而且有的还有专攻。又据《梦粱录》卷20记载：“讲史书者，谓讲说《通鉴》、汉、唐历代书史文传，兴废争战之事，有戴书生、周进士、张小娘子、宋小娘子、丘机山、徐宣教。又有王六大夫，元系御前供话，为幕士请给讲，诸史俱通。于咸淳年间，敷演《复华篇》及《中兴名将传》，听者纷纷，盖讲得字真不俗，记问渊源甚广耳。”[②]再是在《武林旧事》卷6《演史》标目下，记有“乔万卷”等共23人。其中，戴书生、张小娘子、宋小娘子、丘机山和徐宣教亦见于上引《梦粱录》。对于以上著述所载讲史人，张政烺先生推断说：“讲史以记问渊源甚广、讲得字真不俗为胜，自以读书人为宜，故有戴书生、周进士等称。”他又指出：“宣教、郎中皆官名，疑其人原系御前供话之幕士，与王六大夫相同。”对于以上推断，他还解释道：“盖书生之本业为训蒙，而御前供话则渊源于进讲也。”[③]该说有一定道理。

---

① 孟元老：《东京梦华录》卷5《京瓦伎艺》，中国商业出版社，1982年。

② 吴自牧：《梦粱录》卷20《小说讲经史》。

③ 参见张政烺：《讲史与咏史诗》，《张政烺文集·文史丛考》，中华书局，2012年。

对于民间讲史人的表现，如方万里在《挽委顺子王防御诗》中称颂道："温饱逍遥八十余，稗官元自汉虞初。世间怪事皆能说，天下鸿传有弗如。耸动九重三寸舌，贯穿千古五车书。哀江南赋笺成传，从此韦编锁蠹鱼。"[①]该评价颇能反映一名出色讲史者的才能与作用。

（2）特定范围的讲史者。一是在官僚士大夫中，就有不少擅长讲论史事者。早在北宋时，如韩溥系唐代宰相韩休之后，"多知唐朝氏族，与人谈亹亹然可听，号为'近世肉谱'，缙绅颇推重之。"[②]此系因出身特殊，故擅长谈论先朝氏族之事。又如孙甫"博学强记，最熟《唐书》，准荀悦撰《唐记》三十篇，众咨其该要。范仲淹荐甫可任馆殿，遂为校理。……甫为人清率，平居对客纵论，忘景晷之迁。屡掀幞头搔其痒，发松然被面，不加修正也"[③]。在此吕南公生动刻画出了史家孙甫对客论说时的特殊举止。再如苏颂，据邹浩言："每公卿会集，有僻书疑事，必以问公，公随为言之，常倾一坐。诸公好事者时时造前，听语经史微旨，前代典故，至近世名臣阀阅，无不厌服。公亦喜为讲道，或终日清谈，亹亹忘倦，客有退而记录其言至盈编帙者。"[④]邹氏在此揭示出博学多识的苏颂喜好讲说答疑的情景。

除此之外，有人还专门为将士讲说经史。如何涉，字济川，南充人。"父祖皆业农。涉始读书，昼夜刻苦，泛览博古。上自《六

① 陆友仁：《研北杂志》卷下。

② 《宋史》卷440《韩溥传》。

③ 吕南公：《灌园集》卷16《孙甫传》。

④ 邹浩：《道乡集》卷39《苏颂行状》，文渊阁《四库全书》本。

经》、诸子百家，旁及山经、地志、医卜之术，无所不学，一过目不复再读，而终身不忘。人问书传中事，必指卷第册叶所在，验之果然。……所至多建学馆，劝诲诸生，从之游者甚众。虽在军中，亦尝为诸将讲《左氏春秋》，狄青之徒皆横经以听。有《治道中术》《春秋本旨》。”[①]可见广涉博览的何氏，他的讲说对象颇为广泛。

南宋时，如孙椿年“间游四方，从老师宿儒受学，尤好《左氏春秋》、班氏《汉书》、司马氏《通鉴》。平居至忘寝食，遇其得意，时时著说，以发明三家奥指，多世儒所不及。又从长老及有识者，讲国家兵兴以来，理乱得失之故，某事可法，某事可戒。至于淮江以北，极于司、并、幽、蓟，山川险要，及前代用师馈粮道路所出，言之莫不详尽，听者忘倦”[②]。可见刻苦为学的孙氏，还偏爱讲说军事战备内容。又如王大临，字舜辅，“年十六七，始奋于学，日诵数千言。自经史外，《虞初》小说、道家、释氏之书，无不贯穿沉浸，尤熟于《左氏传》与三国、七朝史，口讲指画，若身履然。”[③]由此可知，王氏更擅长讲说衰败分裂时期的历史。再如叶適在谈到他与宋绶后裔宋绍恭交往时，指出：“公之来永嘉，不以余贱陋，损邑大夫重，坐语常移日。意所纵夺，微辞抑扬，余默受教。论承平至渡江公卿行事本末，其人贤不肖，无一差忒，为之悚听跃立，激慕摧省多矣。……公既中原故家，见闻所趋，与南士异。”[④]由此

① 《宋史》卷432《何涉传》。

② 陆游：《陆游集·渭南文集》卷39《孙君墓表》。

③ 杨万里撰，辛更儒笺校：《杨万里集笺校》卷129《王舜辅墓志铭》。

④ 叶適著，刘公纯、王孝鱼、李哲夫点校：《叶適集·水心文集》卷22《故朝奉大夫知峡州宋公墓志铭》。

表明，叶氏对中原故家后裔所论极为叹赏。

二是在家庭范围内，一些家庭成员喜好讲授史事。如叶梦得以研究《尚书》和《春秋》著名，史载他“每夜必延诸子女儿妇列坐，说《春秋》，听者不悦翁，曰：‘翁又请说《春秋》邪？’”[①]可见叶梦得如此执迷于讲说《春秋》，以至于家人有些难以承受了。又据苏象先言：“祖父每燕居，皆令子弟侍膳。每膳毕，尝戒饬子弟，或讲议古今，亹亹不倦。”[②]这则是苏颂喜好在家庭内讲论历史的真实写照。不仅男性家长如此，一些知书达理的女性亦喜好讲说史事。如临海王氏系朝奉郎、知池州赵善临之妻，据叶適言：她“每记宣、政宴安，靖康祸乱，时时为子妇道说”[③]。即王氏喜好讲说北宋末期历史。凡此等等。

三是一些僧人等亦能讲说史事。如据梅尧臣在《吕缙叔云永嘉僧希用隐居能谈史汉书讲说邀余寄之》诗中言道：“奈苑谈经者，兰台著作称，吾儒不兼习，尔学若多能。每爱前峰好，闲穿弊屐登，定将修史笔，添传入《高僧》。”[④]可见梅氏对僧人希用熟知《史记》和《汉书》评价颇高。

总之，通过以上对于伶人以及特定范围讲史者讲说情况的归纳阐述，不难看出，无论是官僚士大夫，还是伶人、女性，甚至僧人

---

① 王楙撰，郑明、王义耀校点：《野客丛书》附录《野老纪闻》。

② 苏象先撰，储玲玲整理：《丞相魏公谭训》卷4。

③ 叶適著，刘公纯、王孝鱼、李哲夫点校：《叶適集·水心文集》卷24《夫人王氏墓志铭》。

④ 梅尧臣著，朱东润编年校注：《梅尧臣集编年校注》卷27，上海古籍出版社，1980年。

等，他们无不以多样化方式向民众传布历史知识，宣扬史学观念。他们与以群体性传布见长的学校教官等相比，因个人喜好以及知识储备等各异，故所传布的历史知识往往有偏重。不过，分散传布的他们，其受众面则较为广泛。

### （二）史著史事刊传者

#### 1. 官私刻书者

宋代刻书事业发达，官方从中央到地方，私家无论个人还是坊肆，以及寺观、祠堂，有许多机构或专人负责刻印书籍。其中，官刻方面，国子监、崇文院和编敕所等中央机构，地方路州县以及各教育机构，大多用公费刻书。同时，书坊、书肆专门从事刻书事业，私宅、家塾根据特定需要刊印相关书籍，从而形成私刻书。此外，寺院、道观、祠堂通过集资等方式也刊印书籍，因此便有民间刻书。对于宋代刻书机构构成状况，李致忠先生按照资金来源与经营性质，认为形成了官刻、私刻和民间刻书三大系统，可备参考，具体如下表（表 2-1）所示。

（1）官方刻书机构以及刻书主持者。从史籍记载与现存状况可知，宋代国子监刻书不少。其中，对于北宋朝廷先后校定刊印十七史的情况，据史载："国初承唐旧，以《史记》、两《汉书》为三史，列于科举，而患传写多误。雍熙中，始诏三馆校定摹印。自是刊改非一，然犹未精。咸平中，校《三国志》《晋》《唐书》，后又校《隋书》《南》《北史》。独《唐书》以讹略不用，改修，十七年乃成。又以宋、齐、梁、陈、后魏、北齐、周七史各有正书，或残缺，令天下悉上异本，崇文院校定，与《唐书》镂板颁之。唯《五

**表 2-1　宋代刻书机构一览表**

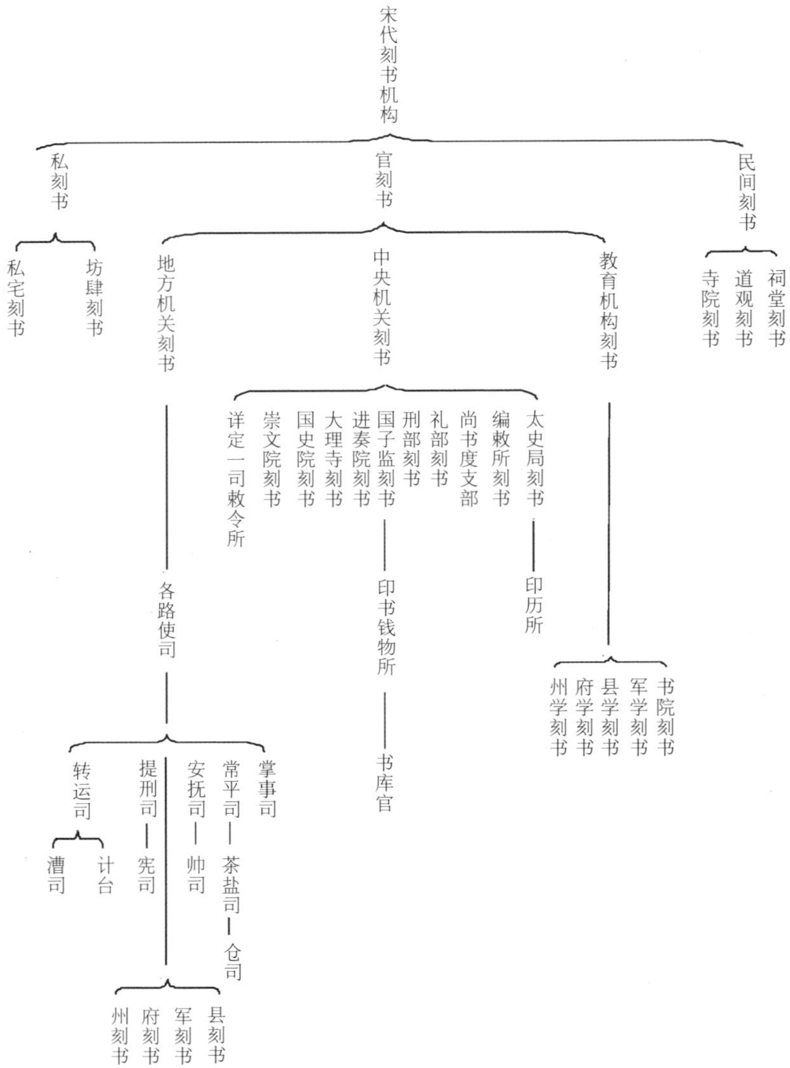


注：该图出自李致忠《宋代的刻书机构》，见《北京出版史志》第 11 辑，北京出版社，1998 年。

代史》未得立。”[①]由此可知，宋初校定刊印前三史实出于科举之需，此后其他正史纷纷得以刊行面世。又据王国维先生考证：“国子监刊书，若《七经正义》，若《史》《汉》三史，若南、北朝七史，若《唐书》，若《资治通鉴》，若诸医书，皆下杭州镂板。北宋监本刊于杭者殆居泰半。”[②]可见监本书已有了相对固定的刻书地。此外，如宋庠《国语补音》3卷，“治平元年上之，二月二十五日，令国子监镂板。”[③]由此表明，北宋中期朝廷刊刻史书范围已逐步扩大。

到南宋初，朝廷仍极为重视国子监刻书。据李心传言：“监本书籍者，绍兴末年所刊也。国家艰难以来，固未暇及。九年九月，张彦实待制为尚书郎，始请下诸道州学，取旧监本书籍，镂板颁行。从之。然所取诸书多残阙，故胄监刊《六经》无《礼记》，正史无《汉》《唐》。二十一年五月，辅臣复以为言，上谓秦益公曰：‘监中其他阙书，亦令次第镂板，虽重有所费，盖不惜也。’由是经籍复全。”[④]可见到高宗末年，监本书籍又得以“复全”。叶德辉对此赞叹道：“盖宋自淳化以后，历朝皆刻书，版存国子监。绍兴南渡，军事倥偬，而高宗乃殷殷垂意于此，宜乎南宋文学之盛，不减于元祐也。”[⑤]叶氏在此表明，南宋文学之盛并非偶然。

与中央积极刻书相呼应，尤其到南宋时，地方守臣、学官主持刻书者不少。如绍兴十四年，四川转运使井度主持刊刻《宋书》等

---

① 王应麟撰，武秀成、赵庶洋校证：《玉海艺文校证》卷15《论史》。

② 王国维：《两浙古刊本考序》，见《王国维遗书》第12册。

③ 王应麟撰，武秀成、赵庶洋校证：《玉海艺文校证》卷6《春秋》。

④ 李心传撰，徐规点校：《建炎以来朝野杂记》甲集卷4《监本书籍》。

⑤ 叶德辉：《书林清话》卷6《南宋补修监本书》。

七史，史称“眉山七史”。对此，晁公武指出：“嘉祐中，以《宋》《齐》《梁》《陈》《魏》《北齐》《周书》舛缪亡阙，始命馆职雠校。曾巩等以秘阁所藏多误，不足凭以是正，请诏天下藏书之家悉上异本，久之，始集。治平中，巩校定《南齐》《梁》《陈》三书上之，刘恕等上《后魏书》，王安国上《周书》。政和中，始皆毕，颁之学官，民间传者尚少。未几，遭靖康丙午之乱，中原沦陷，此书（指《宋书》）几亡。绍兴十四年，井宪孟为四川漕，始檄诸州学官，求当日所颁本。时四川五十余州皆不被兵，书颇有在者，然往往亡阙不全，收合补缀，独少《后魏书》十许卷，最后得宇文季蒙家本，偶有所少者，于是七史遂全，因命眉山刊行。”[①]可见井氏能充分利用四川未经兵火而书籍多存的有利条件，完成了七史刊刻，该刊本对时人参阅相关正史无疑提供了诸多便利。

又如早在绍兴八年，湖州州学教授吴元美在《新唐书纠谬》卷20末《跋》中指出：“今直宝文阁宇文公时中自蜀来守吴兴，以郡庠有《新唐书》《五代史》版本，而吴君此书不可不附见也，遂令并刻之，且俾元美序。其后元美曰：‘唐人称杜征南、颜秘书为左丘明、班孟坚忠臣，今观其推广发明，二子信有功矣。至班、左语意乖戾处，往往曲为说以附会之，安在其为忠也？今吴君于欧、宋大手笔，乃能纠谬、纂误，力裨前阙，殆晏子所谓‘献可替否、和而不同’者，此其忠何如哉？然则唐人之论忠也陋矣！惜乎君之志徒见于其书也。’”由此可知，吴兴官员在刊刻《新唐书》和《新五代史》时，还决定将《新唐书纠谬》一并刊刻，以供购阅者参考。

再如龚颐正撰有《续稽古录》1卷，“袁说友刊于成都，赵彦励

① 晁公武著，孙猛校证：《郡斋读书志校证》卷5“宋书”解题。

复刊于长沙。”可见该书已在不同地区得以刊传。不过，不久朝廷“有毁板之旨”[①]。这是受朝政变动影响，使得该书刊本难以存留。

其间，如何解决刻书费用，时常成为地方官员遭遇到的财政难题。不过，他们往往能多方筹措经费，甚至有人用自己的俸禄作为出版费用。如吴燧在任福州州学教授时，“储学廪之赢，葺庙学，刊《通鉴纲目》。”[②]此系吴氏运用官方收入盈余以刻书。又如常棠在《海盐澉水志》末《跋》中言：“绍定三年，镇尹罗仪甫属余撰《澉水志》，虽一时编集大略，而仪甫满去，竟弗暇间。逾七八政，粤岁既久，订正尤详。因□边孙君来此，听讼优长，遇事练熟，虽镇场废坏，非畴曩比，然能公谨廉敏，明烛隐幽，才干有余，趁办自足。爰割已俸，售募镌行。水军袁统制闻而喟然曰：‘是书不刊于镇税全盛之前，乃刊于镇税凋弊之后，甚可嘉已！’锐捐梓料，肃赞其成。”可见该志最终能够得以刊刻，实系当地热心官员合力促成。再如徐自明所撰《宋宰辅编年录》20卷，系理宗宝祐四年永福县学刻本。对此，陈昉在该书《序》中指出：“其录宰辅也，昉时年十八九，执册应对其间，粗审颠末。后三十余岁，欲板于三山郡斋而未果。会公之子居谊来宰永福。政成，能以俸金刻之县学，为一代之盛典，可敬也。”可见该书系用作者之子俸金最终刊刻面世。

（2）书坊以及书坊主。对于宋代书坊、书肆发展状况，据叶德辉探究，认为书肆起源颇早，“至宋则建阳、麻沙之书林、书堂，南宋临安之书棚、书铺，风行一时。”[③]正因为书坊经营书籍在宋代

① 赵希弁撰，孙猛校证：《郡斋读书志校证·读书附志》。

② 刘克庄著，辛更儒校注：《刘克庄集笺校》卷147《警斋吴侍郎神道碑》。

③ 叶德辉：《书林清话》卷2《书肆之缘起》。

尤其是南宋已呈现出欣欣向荣景象，由此便产生了在当时较为有名的书坊及其书坊主。

其中，南宋书肆，以都城临安最盛。如张官人诸史子文籍铺、太庙前尹家文字铺等，均较为突出。[①]著名书坊主如陈思，系临安书贾。他所著《书苑菁华》，“专取汉魏以来论书之语集成一编”。又著有《书小史》10卷，“以历代书家小传纂次成帙”。[②]他还辑有《宝刻丛编》20卷，汇聚古碑刻印流传。对此，藏书家陈振孙在理宗绍定四年为该书所作《序》中指出：“都人陈思侯书于都市，士之好古博雅，搜遗猎忘以足其所藏，与夫故家之沦坠不振，出其所藏以求售者，往往交于其肆。且售且侯，久而所阅滋多，望之辄能别其真赝。一旦尽取诸家所录，辑为一编。……思，市人也，其为是编，志于侯而已矣，而于斯文有补焉。视他书坊所刻，或芜秽不切，徒费板墨、靡棕楮者，可同日语哉！诚以是获厚利，亦善于择术矣。余故乐为书之。”[③]清人王士祯亦感叹道：“思，贾人，嗜古如是，又能荟萃成书，亦一异人。”[④]可见对于兼具编著与刊售之长的陈思，时人及后人评价颇高。

同样，福建建阳、麻沙的书林、书堂也风行一时。著名书坊主如余仁仲，建安人，刻书成就突出。叶德辉称赞道：“夫宋刻书之盛，首推闽中，而闽中尤以建安为最，建安尤以余氏为最。”[⑤]清四

---

① 吴自牧：《梦粱录》卷13《铺席》。

② 《四库提要》卷112。

③ 见倪涛：《六艺之一录》卷126，文渊阁《四库全书》本。

④ 王士祯：《居易录》卷15，文渊阁《四库全书》本。

⑤ 叶德辉：《书林清话》卷2《宋建安余氏刻书》。

库馆臣在黄伦《尚书精义》解题中指出："其刊书之余氏，亦不知何时人。案岳珂《九经三传沿革例》称，世所传《九经》本，以兴国于氏及建安余仁仲本为最善。又林之奇《尚书全解》亦惟建安余氏刊本独得其真，见之奇孙畊所作《跋》语中。此篇所称余氏，当即其人，是在宋时坊刻中犹为善本也。"[①]可见余氏所刊多部经书为时人以及后世所称道。又如《周礼》，汉郑康成注、唐陆德明《音义》，凡十二卷。据清人言："此书每卷后或载余仁仲比校，或余氏刊于万卷堂，或余仁仲刊于家塾，所谓建余氏也。句读处亦与所言相合。又卷末各详记经注、《音义》字数，点画完好，纸色极佳。"[②]此又属颇具特色的余氏刊本。再如《古列女传》，汉刘向编，凡八卷，每传有图，晋顾恺之画。该书《目录》后刊建安余氏印，书中或称静庵余氏模刻，或称余氏勤有堂刊。[③]此则是余氏刊刻附含插图类书籍的例证。凡此等等，均表明余氏刻书极为细致讲究。

又如魏仲举，据四库馆臣言："建安人，庆元中书贾也。尝刊《韩集五百家注》，辑吕大防、程俱、洪兴祖三家所撰《谱记》，编为此书（指《韩文类谱》），冠于集首。"[④]可见魏氏兼具编、刊才能。朱彝尊在《跋五百家昌黎集注》中论述道："宋人辑书往往以摭采之富夸人，若蔡梦弼《杜诗注》，号为千家；成申之《尚书集解》，号四百家；亡名子《播芳文粹》，号五百家是也。《昌黎集训注》四十卷，《外集》十卷，《别集》一卷，附《论语笔解》十卷，庆元

① 《四库提要》卷11。

② 于敏中等：《天禄琳琅书目》卷1。

③ 于敏中等：《天禄琳琅书目》卷2。

④ 《四库提要》卷59"韩柳年谱"解题。

六年春，建安魏仲举刻于家塾，亦称五百家。按其实，则列名者一百四十八家而已，其余所云《新添集注》五十家，《补注》五十家，《广注》五十家，《释事》二十家，《补音》二十家，《协音》十家，《正误》二十家，《考异》十家，殆亦无稽之言尔。然当时刊书者知以博学详说为要务，今则守一家之说，以为兔园册，其智出麻沙里刊书者之下矣。”①由此可知，受时风影响，魏氏编刊极为看重详注本。

总之，宋代书坊主在南宋时极为活跃，他们刊、编、传书籍热情高涨，尤其是由他们刊编的简明、实用类史籍，极大地满足了广大士人等社会民众需求。应该说，他们与官方刊刻者形成了主导宋代刻书业的基本力量。

(3) 民间刻书者。在此主要指祠堂、寺院以及道观等刻书。如宁宗嘉定八年，楼昉在《童蒙训跋》中指出：“客授金华，太守丘公先生语次及之，且曰：‘昔先公每以训子侄。某初在傅，日诵习焉。将求善本，刻之学宫或太史祠中，使流布于世。’昉因从臾成之，曰：‘书出于吕氏，刻于祠堂宜也。’会公有民曹之命，乃出钱五万，以从初约。”可见该书系祠堂刻书，等等。

此外，南宋时，一些史家的门生子弟甚至崇奉者亦主导刊书。如陈傅良撰有《开基事要》（一作《建隆编》）10卷，后由弟子“曹叔远序而刻之”。又如蔡幼学撰有《国朝编年政要》40卷，据赵希弁言，由“其子朝请大夫、直秘阁、提举福建路常平义仓茶事篇叙而刻之”。再如朱熹门人李方子编有《朱文公年谱》3卷，此后朱子崇奉

① 朱彝尊：《曝书亭集》卷52。

者“卢壮父刻之于瑞阳者为三册，倪灼刻于康庐者为一册”[①]。以上例证无不表明，史家的门生子弟甚至崇奉者在史籍刊传中扮演着不可忽视的角色。

**2. 刻石及碑石传写者、书画家以及题壁者**

（1）刻石及碑石传写者。因刻石具有存留时间较长等优点，所以宋人较为重视石刻作品。其间，对于一些具有重要史料价值的文献，他们或刻石，或立石，或传写，以便于在社会上广为传布。其中，刻石者既包含专门从事镌刻的石工，也涉及负责刻石者。如宋徽宗时，“（蔡）京撰《奸党碑》，令郡国皆刻石。长安石工安民当镌字，辞曰：‘民愚人，固不知立碑之意。但如司马相公者，海内称其正直，今谓之奸邪，民不忍刻也。’府官怒，欲加罪，泣曰：‘被役不敢辞，乞免镌安民二字于石末，恐得罪于后世。’闻者愧之。”[②]此系石工因对镌刻内容有自己看法，故表达了免刻自己姓名于石末的请求。同样，据王明清言：“九江有碑工李仲宁，刻字甚工，黄太史题其居，曰‘琢玉坊’。崇宁初，诏郡国刊元祐党籍姓名，太守呼仲宁使劖之。仲宁曰：‘小人家旧贫窭，止因开苏内翰、黄学士词翰，遂至饱暖。今日以奸人为名，诚不忍下手。’守义之曰：‘贤哉！士大夫之所不及也。’馈以酒而从其请。”[③]可见石工李氏对镌刻元祐党人碑并不认可。正因为以上二人敢于在党禁严酷时期表达己见，对此时人评论道：“彼二人者乃能如此，诚不易得。

① 以上均见赵希弁撰，孙猛校证：《郡斋读书志校证·读书附志》。

② 《宋史》卷336《司马光传》。

③ 王明清撰，燕永成整理：《挥麈第三录》卷2。

较当时希旨进言以觊宠荣者，讵止穹壤、冠屦之间哉！”[①]

同时，有时出于治政等特定之需，朝廷会安排专门负责立石者。如高宗绍兴二年六月，朝廷“颁黄庭坚所书太宗《御制戒石铭》于郡县，命长吏刻之庭石，置之座右，以为晨夕之戒”[②]。因此，《景定严州续志》卷4《碑碣》篇就记载有：“《御制戒石铭》，守臣颜为立石。”对于该做法，袁文评价道：“今州县《戒石铭》云：‘尔俸尔禄，民膏民脂。下民易虐，上天难欺。’此太宗取孟昶戒百官文切于事情者，使刊之州县庭下，庶守令朝夕常在目前，而不忘戒惧耳。亦可见爱民之切也。或者于每一句下各添一句，云：‘尔俸尔禄，只是不足；民膏民脂，转吃转肥。下民易虐，来的便著；上天难欺，他又怎知？’其无状有如此者。”[③]可见自宋初始朝廷就要求州县官遵守的《戒石铭》，已由各地长吏刊立于官衙庭堂了。

此外，一些宋人传写着具有历史文献价值的碑石。除嗜好金石碑刻的欧阳修、赵明诚等之外，如据史载：“蒋宣卿待制燦，绍兴中以善书著名，因救解岳侯，遂忤秦相，讽言者论罢，闲废十年。一日，忽报有中使至其家，时秦尚当国，老幼惊惶，虑有不测。蒋神色不变，徐而言曰：‘主上圣明，吾无大过咎。且既从罢免，纵有后命，不过符下州郡处分耳，亦何至遣中使？此必美意。不然，亦当任之。’既而中使纳谒，且传上旨，赐以香茶、汤药、宫罗之属，又颁下翰苑所撰宪圣慈烈皇后之弟吴八郡王盖神道碑，命蒋书

① 张淏撰，李国强整理：《云谷杂纪》卷3。

② 李心传撰，胡坤点校：《要录》卷55。

③ 袁文撰，李伟国整理：《瓮牖闲评》卷8，《全宋笔记》第四编第七册，大象出版社，2008年。

之。蒋即奉敕书，以授中使而归。”[①]可见以善书著称的蒋氏，还被朝廷命令其撰写有关碑志文。凡此等等。

总之，由以上例证可知，宋代石工以及碑石传写者有时扮演了传布历史文献的角色。

（2）书画家。宋代书画得到长足发展，并涌现出一批著名书画家。他们所创作的一些写实性书画作品，较真实地反映了历史人物形象以及历史风貌等，因此，他们无疑是历史风貌等的传写者。

一方面，在再现历史人物风貌方面，擅长描绘传写帝王御容的画家不在少数。如据郭若虚记述：王霭，京师人。“工画佛道人物，长于写貌。……今定力院太祖御容、梁祖真像，皆霭笔也。”可见王氏曾描绘有太祖御容等。又如牟谷，不知何许人。“工相术，善传写。太宗朝为图画院祗候，端拱初，诏令随使者往交趾写安南王黎桓及诸陪臣真像，留止数年。既还，属宫车晏驾，未蒙恩旨，闲居阊阖门外。久之，真宗幸建隆观，谷乃以所写太宗正面御容张于户内，上见之，敕中使收赴行在，诘其所由，谷具以实对，上命释之。时太宗御容已令元霭写毕，乃更令谷写正面御容。寻授翰林待诏。能写正面，惟谷一人而已。”[②]由此可知，牟氏更擅长描写人物正面容貌。再如王端，字子正，王瓘之子。“工画山水，……尝写真庙御容称旨，授三班奉职。”[③]可见王氏因描写御容称旨而获职。它如朱渐，京师人。“宣和间，写六殿御容。俗云：未满三十岁，不可

① 陈櫄撰，李伟国整理：《负暄野录》卷上《蒋宣卿书》，《全宋笔记》第七编第五册，大象出版社，2016年。

② 以上均见郭若虚：《图画见闻志》卷3。

③ 郭若虚：《图画见闻志》卷4。

令朱待诏写真。恐其夺尽精神也。”[①]总之，以上均属传写宋代帝王御容颇为突出的画家。

在描写帝王御容的画家中，不乏僧人身影。如开封启圣禅院永隆殿，朝廷派出“内侍杨继密董役，翰林内供奉官僧元蔼摹写”太宗御容。[②]又如“成都府新繁县御容殿者，始在崇光寺药师院。雍熙间，僧道辉画太祖皇帝御容于佛屋之后壁。”[③]再如“妙善师长写貌，尝写御容。坡赠诗云：‘天容玉色谁敢画，老师古寺昼闭房。梦中神授心有得，觉来信手笔已忘。幅巾常服俨不动，孤臣入门涕自滂。元老侑坐鬓眉古，虎臣侍立冠剑长。’”[④]以上均属描写御容出色的画家。

对于一些画家所写御容，有的竟达到了十分逼真的地步。如武宗元，字总之，河南白波人。“尝于西京上清宫画《三十六天帝》。其间赤明和阳天帝，潜写太宗御容，以宋火得王，故以赤明配焉。真宗祀汾阴还，道由洛阳，幸上清宫，忽见御容，惊曰：‘此真先帝也！’遽命焚香再拜，叹其精妙，伫立久之。”[⑤]可见武氏描绘的太宗御容竟使真宗叹赏不已。

与宋代帝王时常命令画家传写御容相类似，不少官僚士大夫亦热衷于延请画家传写自身容貌。如欧阳爨，京师人。“工传写，宗侯贵戚多所延请，其艺与僧维真相抗，余无出其右者。”又僧维真，

① 邓椿：《画继》卷6。

② 刘琳、刁忠民、舒大刚、尹波等校点：《宋会要辑稿·礼》一三之二。

③ 李心传撰，徐规点校：《建炎以来朝野杂记》甲集卷2《郡国祖宗神御》。

④ 邓椿：《画继》卷5。

⑤ 佚名撰，岳仁译注：《宣和画谱》卷4。

嘉禾人。“工传写，尝被旨写仁宗、英宗御容，赏赉殊厚。元霭之继矣。名公贵人多召致传写，尤以善写贵人得名。”[①]可见欧阳氏和僧维氏为许多达官贵人传写过画像。

此外，一些著名人物受到时人崇奉，于是有画家专门描绘其像以满足社会需求。如史载：司马光既没，“而京师民画其像，刻印鬻之，家置一本，饮食必祝焉。四方皆遣人求之京师，时画工有致富者。”[②]可见司马光画像在当时还畅销一时。

另一方面，宋代一些画家注重创作反映历史题材的绘画作品。如靳东发，字茂远。“其高祖太尉，即射挞览者，官止叙倅。其性多能，尤工画艺，人目之为靳百会。近世画手，少作故事人物，颇失古人规鉴之意；茂远独集古今谏诤百事以为图，号《百谏图》，诚可尚者。”[③]可见画家靳氏不受时潮影响，创作了具有传统鉴戒意义的历史画作。又如李公麟作有《君臣故实》八则。元人虞集评论道：“右李伯时所画前代故实，毫发纤备，真若想见古人风度，意节高远，岂徒世玩哉！识者当珍袭之。”俞焯在该画题跋中亦指出：“此画或以气节，或以任达，或以智略，或以情致，各极其妙，然兴亡之迹默存于中，观者以意论之，毋徒以画品优劣也。”[④]可见李氏此作立意高远，确非一般画品。此外，他还创作有《慈孝故实图》和《便桥受降图》等历史题材类画作。再如夏珪作有《长江万里图》，明人陆完感叹道：“云山苍苍江漠漠，绍兴年间夏珪作。珍重须知

① 以上均见郭若虚：《图画见闻志》卷3。
② 王称：《东都事略》卷87下《司马光传》。
③ 邓椿：《画继》卷4。
④ 以上均见张丑：《清河书画舫》卷8上，文渊阁《四库全书》本。

应制难，卷尾书臣敬堪度。却忆当时和议成，偏安即视如升平。惟闻缉熙较画史，两河沦弃无人争。斯图似写南朝土，还有楼台在烟雨。钓叟棋翁不可呼，渔舟野店谁能数。……画终思效一得愚，更把飞鸿添在图。愿君且向飞鸿问，五国城头有信无。”[①]陆氏在此揭示了该图所含的真实意境，可见该画属作者有为而作。凡此等等。

总之，以上例证表明，无论是人物画像还是历史题材类画作，均属宋代画家们精心绘制并欲以保存、传布的作品，它们在展现历史人物等风貌方面具有重要价值。

与此同时，宋代书法家的作品常常受到时人追捧。而在这些作品中，就包含有历史题材类论作。如在黄庭坚的书法创作中，就有体现他心境和苦难历程的作品。史载他被贬宜州，尝大书《后汉书·范滂传》，“字径数寸，笔势飘动，超出翰墨径庭，意盖以悼党锢之为汉祸也。后百年，真迹逸人间，赵忠定得之，宝寘巾箧，搢绅题跋，如牛腰焉。既乃躬蹈其祸，可谓奇谶。嘉定壬申，忠定之子崇宪守九江，刻石郡治四说堂。”[②]由此可知，该史传作品曾被赵汝愚父子传刊。对于黄庭坚书《后汉书·范滂传》经过，岳珂则追述道：“赵履常崇宪所刊四说堂山谷《范滂传》，余前记之矣。后见跋卷，乃太府丞余伯山禹绩之六世祖若著倅宜州日，因山谷谪居是邦，慨然为之经理舍馆，遂遣二子滋、浒从之游。时党禁甚严，士大夫例削札扫迹，惟若著敬遇不怠，率以夜遣二子奉几杖，执诸生礼。一日携纸求书，山谷问以所欲，拱而对曰：‘先生今日举动，无愧东

① 汪砢玉：《珊瑚网》卷30《名画题跋》六，文渊阁《四库全书》本。

② 岳珂撰，许沛藻、姚铭整理：《桯史》卷10《山谷范滂传》，《全宋笔记》第七编第四册，大象出版社，2016年。

都党锢诸贤，愿写范孟博一传。’许之，遂默诵大书尽卷，仅有二三字疑误。二子相顾愕服，山谷顾曰：‘《汉书》固非能尽记也，如此等传，岂可不熟。’闻者敬叹。若著满秩，持归上饶家居，宝藏之。再世散逸，归东武周氏，又归忠定家。”[①]可见黄氏该作品是应追随者之请而作的。刘克庄对黄氏书写《后汉书·范滂传》做法评价道：“豫章公远窜不悔，因宜州谯楼上，犹书此传，无愧于孟博矣！”[②]由此表明黄氏传写《后汉书·范滂传》的真正目的，是真实表露自己的心声。

又如米芾，字元章，善书画。时人言：“方芾书时，其寸纸数字，人争售之，以为珍玩。至于请求碑榜，而户外之屦常满。家藏古帖由晋已来者甚富，乃名其所藏为‘宝晋斋’。好事簪缨之流，出其所有奇字，以求跋语，增重其书。而芾或喜之，即为作古纸临仿，便与真者无辨。”[③]可见米氏书法作品极受时人追捧。不仅普通人如此，宋高宗亦喜好其书法。史载：“上好米芾书，尝裒其遗墨，刻石藏之禁中。”[④]又据周必大言：“芾尝奉诏书志铭（按指宗室崇国公世恬志铭）。真迹进御。”[⑤]此后，元人黄溍在《跋崇国公墓志铭》中感叹道：“宋宗室崇国公墓志铭，翰林学士郑居中撰，知淮阳军米芾书。今题曰元章，真迹者也，世知宝爱其书而已。夫以公胄系之贵，爵秩之尊，子孙又众多，且光显若是，而今无称焉。独赖此

---

① 岳珂撰，许沛藻、姚铭整理：《桯史》卷13《范碑诗跋》。

② 刘克庄著，辛更儒校注：《刘克庄集笺校》卷101《山谷书范滂传》。

③ 佚名撰，顾逸点校：《宣和书谱》卷12，上海书画出版社，1984年。

④ 李心传撰，胡坤点校：《要录》卷154高宗绍兴十五年闰十一月癸未。

⑤ 周必大：《文忠集》卷70《赵伯骕神道碑》。

书为好事者所存，传而不废，故其官阀、世序犹可考见。呜呼！士君子所恃以不朽者，书云乎哉？”[①]可见宗室赵世恬墓志之所以流存，其官阀、世序能为后世考见，主要得益于它出自书法名家之手。

再如史载：“（张）孝祥俊逸，文章过人，尤工翰墨，尝亲书奏札，高宗见之，曰：‘必将名世。’”[②]韩淲亦指出：“乾道、淳熙以来，……书法张孝祥、范成大。”[③]可见张氏以“书法”著称当世。具体如周必大在《书龚夬传后》中指出：“《徽宗实录》进于绍兴末，重修成书在淳熙之四年。龚公一传，微有增损，要是后录为详，如论郝随、邓洵武，前皆略之。比岁所进《四朝国史》，列传盖取诸此。初，乾道中，公曾孙颐正尝请中书舍人张君孝祥书旧传刻之石。”[④]在此龚颐正特请张孝祥书写其曾祖《徽宗实录·龚夬传》，目的在于借名家之笔，欲使祖先史事能永久传世。

总之，宋代书法家创作、传写了不少具有历史文献价值的作品，并且一些仍存留于世。其中，有些作品还兼具文献与艺术双重价值。

（3）题壁者。一些宋人常常利用题壁以表达对时事等看法。如据龚鼎臣记述：张舜民为高遵裕幕客，元丰四年，随高氏至灵州，回题诗于石峡，言：“青冈峡里韦州路，十去从军九不回。白骨似沙沙似雪，将军休上望乡台。”又言：“灵州城外千株柳，总被官军斫作薪。他日玉关归去路，将何攀折赠行人。”正因为他的题诗表露

---

① 黄溍撰，王颋点校：《黄溍全集》上册。

② 《宋史》卷389《张孝祥传》。

③ 韩淲撰，张剑光整理：《涧泉日记》卷中。

④ 周必大：《文忠集》卷18。

出对朝廷征西夏不满，故被李察弹劾，降为承务郎、郴州监酒。[①]又如“(刘)锜在扬州，命尽焚城外居屋，用石灰尽白城壁，书曰：‘完颜亮死于此。’金主多忌，见而恶之，遂居龟山，人众不可容，以致是变云。”[②]这是刘锜利用题壁打击敌人并取得成效的突出例证。再如据赵与时记述：“绍兴癸丑，岳武穆提兵平虔、吉群盗，道出新淦，题诗青泥市萧寺壁间云：‘雄气堂堂贯斗牛，誓将直节报君雠。斩除顽恶还车驾，不问登坛万户侯。’淳熙间，林令梓欲摹刻于石，会罢去，不果。今寺废壁亡矣。其孙类家集，惜未有告之者。”[③]可见能反映岳飞当时平盗志向的该诗，被其孙漏收而致憾。因此，该诗具有补史作用。凡此等等。

总之，一些题壁者利用粉壁这一公众平台，表达看法，抒发心情，其传布面较为广泛，甚至有时还会收到较为理想的社会功效。

**3. 赐书、赠书、藏书、鬻书及抄传者**

(1) 官方赐书者。一是北宋官方往往将新刊印的史籍赐予辅臣以及参校官等。如真宗咸平元年七月，朝廷赐诸王、辅臣新印三史各一本。到五年四月，直秘阁黄夷简等上新印《三国志》，朝廷以其书分赐亲王、辅臣。又如仁宗嘉祐五年六月，诏镂《新唐书》，赐二府下逮修书官。英宗治平三年五月，诏以七史赐二府下逮编校官。[④]再如哲宗元祐七年，刻《资治通鉴》版，书成，又诏书赐刘恕家，

① 龚鼎臣：《东原录》，文渊阁《四库全书》本。

② 《宋史》卷366《刘锜传》。

③ 赵与时撰，姜汉椿整理：《宾退录》卷1。

④ 王应麟撰，武秀成、赵庶洋校证：《玉海艺文校证》卷21《赐书》。

“诸儒以为宠”。[①]同时，朝廷还下诏诸路安抚钤辖司并西京、南京各赐《资治通鉴》一部。[②]凡此等等。以上诸例说明，朝廷将新刊史籍作为厚重礼物常常赐给辅臣以及参校官等，从而使得他们成了官僚士大夫中的幸运者。

二是朝廷会根据需要，将经史著述赐予所需机构或个人。如真宗咸平四年二月，李允则奏称：“岳麓山书院修广舍宇，生徒六十余人，请下国子监赐诸经释文义疏、《史记》、《玉篇》、《唐韵》。”朝廷从之。[③]又如大中祥符二年三月，朝廷遣使赐太宗御书及《九经》书疏、《三史》藏于（孔）庙，令本州选儒生讲说。[④]以上均属朝廷积极支持学校教育的具体举措。同时，朝廷或者帝王会将史著赐予特殊人物。如杨亿在《代驸马王都尉乞书史状》中指出：“臣伏见国子学印本九经书并《释文》《史记》、前、后《汉书》《三国志》等，盖圣人之垂教，或良史之立言，咸经校雠，早备刊刻。臣面墙有素，阅市无闻，徒坚学古之心，欲望赐书之宠。上件书等，伏乞圣慈各赐一本，所冀韦编屡绝，获探典籍之言；木铎载扬，无辱文明之化。”[⑤]杨氏在此表达了驸马王都尉期望得到国子监新刊经史著述的愿望。又如史载：“（张）耆为人重密，有智数，真宗在东宫，尝命授以《论语》《左氏春秋》，后又赐《宸戒》二十条及《圣

① 黄庭坚撰，刘琳、李勇先、王蓉贵校点：《黄庭坚全集·正集》卷31《刘道原墓志铭》。

② 李焘：《长编》卷475。

③ 王应麟：《玉海》卷167《宫室·岳麓书院》。

④ 《宋史》卷431《孔宜传》。

⑤ 杨亿：《武夷新集》卷17，文渊阁《四库全书》本。

政记》《册府元龟》，故颇知传记及术数之学。”[①]可见张耆因获得特殊教育以及赐书优待，故学有所长。再如司马光主持编修《资治通鉴》时，神宗赐以颍邸旧书二千四百卷。[②]此对《资治通鉴》编纂起到了助益作用。

（2）赠书者。宋代不少私家不仅乐于收藏书籍，而且有人还无私赠书给他人。如据吕本中言：“王直方立之，京师人。自少游前辈诸公间，诸公皆称之。崇宁间病废。予初未识也，立之尽以平生书籍、图画，散之故人、朋友，予亦得数种。讬杨符信祖附来寄予书，书不成字矣。书中但言：‘刘玄德生儿不象贤。’又云：‘自想蔡邕身已老，更将书籍付何人？’盖叹其子不能继绍也。”[③]可见王氏因其子难以继承其志业，故将平生所藏书籍、图画悉数赠给了友朋。对于王氏赠书之举，袁文称赞道：“王老志将死，有衣六七袭，悉封还素所遗之者。王直方病革，凡所蓄书画，悉分与平日相知。二公可谓达矣！”[④]又如据晁公武在《郡斋读书志序》中言：四川转运使井度“宿与公武厚。一日，贻书曰：‘某老且死，有平生所藏书，甚秘惜之。顾子孙稚弱，不自树立。若其心爱名，则为贵者所夺；若其心好利，则为富者所售；恐不能保也。今举以付子，他日其间有好学者，归焉。不然，则子自取之。’公武惕然从其命。书凡五十箧”。晁氏正是利用井度赠书以及自家藏书，编修成了现存目录书

---

① 《宋史》卷290《张耆传》。

② 《宋史》卷336《司马光传》。

③ 吕本中撰，查清华、胡俭整理：《师友杂志》，《全宋笔记》第三编第六册，大象出版社，2008年。

④ 袁文撰，李伟国整理：《瓮牖闲评》卷8。

《郡斋读书志》。再如“（朱）熹既为刘子和作传，其子仁季致书，以其先人所藏《汉书》四十四通为谢。时白鹿洞书院新成，因送使藏之，以备学者看读。”[①]这是朱氏为书院学子赢得的珍贵礼物。凡此等等。

（3）藏书者。宋代藏书家不仅喜好收藏种类繁多的书籍，有些人还乐意出借藏书。如在宋初，“时京师藏书之家，惟故相王溥家为多，每借取传写，既毕，即遣中使送还。”[②]这是私家将藏书借给官方的典型例证。又据陆游言：“嘉兴人闻人茂德名滋，老儒也。……又多蓄书，喜借人。自言作门客牙，充书籍行，开豆腐羹店。予少时与之同在敕局为删定官，谈经义衮衮不倦，发明极多，尤邃于小学云。”[③]此是有关藏书家闻人滋乐于借书的真实记述。再如藏书家郑樵曾“游名山大川，搜奇访古，遇藏书家，必借留读尽乃去”。[④]此则属嗜好阅读的藏书家主动借阅图书的真实写照。如此等等。总之，喜好收藏的藏书家出借图书，使得图书得以流通，图书价值得到了真正体现。

（4）鬻书者。宋代鬻书者不仅包含国子监等官方机构以及书坊、市肆、藏书家，而且还有不少士人投身其中。如据时人记述：“张文潜尝言，近时印书盛行，而鬻书者往往皆士人，躬自负担。”[⑤]可

① 朱熹著，刘永翔等校点：《晦庵先生朱文公文集》卷81《跋白鹿洞所藏汉书》。

② 程俱撰，黄宝华整理：《麟台故事》（残本）卷2中。

③ 陆游撰，李昌宪整理：《老学庵笔记》卷1。

④ 《宋史》卷436《郑樵传》。

⑤ 佚名撰，赵维国整理：《道山清话》，《全宋笔记》第二编第一册，大象出版社，2006年。

见一些士人的确变成了鬻书者。又如在高宗绍兴二年二月，朝廷诏令平江府守臣市贺铸家所鬻书，以实三馆。[①]据叶梦得言：贺铸“家藏书万余卷，手自校雠，无一字脱误。以是杜门，将遂老。”[②]由此可知，贺氏藏书校雠颇精，后被朝廷购得。再如胡三省在《通鉴释文辩误序》中指出：“《通鉴释文》行于世，有史炤本，有公休本。……又有成都府广都县费氏进修堂板行《通鉴》，于正文下附注，多本之史炤，间以己意附见，世人以其有注，遂谓之善本。……费氏，蜀中鬻书之家，固宜用炤释刊行。”可见成都府广都县费氏作为鬻书家，曾出售带有附注的《资治通鉴》，该书还被时人以“善本”相视。

（5）抄传者。宋代雕版印刷业虽则得到快速发展，但缘于官方需求、个人喜好以及经济状况等因素，官、私方传抄书籍仍较为流行。具体而言，一是朝廷极为重视书籍抄传工作，甚至会成立专门机构，委派专人传写。如神宗熙宁七年，朝廷置补写所，抄写求访到的书籍。书写讫，送三馆、秘阁。这是朝廷及时搜集、补充官方藏书的必要举措。又到高宗绍兴十四年五月，诏秘书省复置补写所，书写、校勘黄本书籍。[③]由此表明，补写所实为宋代抄传书籍的专门机构。

二是出于补足完善自家藏书之需，一些藏书家相互传抄对方藏书。此外，不少藏书家还不时允许他人抄传其藏书。如据徐度言：“予所见藏书之富者，莫如南都王仲至侍郎家。其目至四万三千卷，

---

① 李心传撰，胡坤点校：《要录》卷51。

② 叶梦得：《建康集》卷8《贺铸传》。

③ 以上均见陈骙撰，张富祥点校：《南宋馆阁录》卷3《储藏》。

而类书之卷帙浩博，如《太平广记》之类，皆不在其间。虽秘府之盛，无以踰之。闻之其子彦朝云，其先人每得一书，必以废纸草传之，又求别本参较，至无差误，乃缮写之。必以鄂州蒲圻县纸为册，以其紧慢厚薄得中也。每册不过三四十页，恐其厚而易坏也。此本专以借人及子弟观之。又别写一本，尤精好，以绢素背之，号‘镇库书’，非己不得见也。镇库书不能尽有，才五千余卷。盖尝与宋次道相约传书，互置目录一本，遇所阙，则写寄，故能致多如此。”[①]可见王氏在传抄、收藏书籍方面，有着极为丰富可行的实践经验。又如彭乘“聚书万余卷，皆手自刊校，蜀中所传书，多出于乘”[②]。即彭氏藏书使得蜀中不少士人受益。如此等等。

总之，以上赐书、赠书、藏书、鬻书以及抄传书者的举动，无疑加快了书籍在社会间的流动，并且使得图书的参考利用价值得以充分体现。其间，尤其是北宋前期官方将新印正史赐给宰辅、编修者等，以及一些藏书家乐于出借图书，这些均是宋代书籍流通史中特别突出的现象，值得重点关注。

## 二、影响史学传布的特殊角色及其作用

在史学传布过程中，帝王与其他主政者、知名人士以及知情人士往往凭借巨大感召力、强烈吸引力或者特殊身份与地位，诱导或带动广大民众密切关注甚至积极参与到各类史学活动中。因此，他们的独特作用不容忽视。

---

① 徐度撰，朱凯、姜汉椿整理：《却扫编》卷下。

② 《宋史》卷298《彭乘传》。

### 1. 主政者

（1）帝王。我国古代帝王拥有至高无上的权威，他们往往一言九鼎。因此，在史学传布活动中，他们时常通过相关制度、个人指令或者自身喜好等，直接决定一些重要史事发布、官方史书编修，甚至是当时史风形成，可见他们是官方史学活动的主导者。具体而言：

宋代帝王能充分发挥自身感召力，积极引导官僚士大夫读书明史。如淳化三年，秘书监李至进新校御书，太宗告诉李至："人之嗜好，不可不戒。不必远取前古，秖如近世符彦卿，累任节镇，以射猎驰逐为乐，于是近习窥测其意，争献鹰犬为献，彦卿悦而假借之，其下因恣横侵扰。故知人君当澹然无欲，勿使嗜好形见于外，则奸佞无自入焉。朕年长，他无所爱，但喜读书，多见古今成败，善者从之，不善者改之，斯已矣。"李至拜舞称贺。[①]对此，周必大称赞道："今符彦卿一藩镇耳，以射猎为乐，初非过举，而其弊遂至扰民，为人上者果可不审所尚哉！历观前代创业垂统之君，继体承祧之主，当天下平定，往往嗜欲纷起，不溺声色则殖货利，不事盘游则躭逸乐。于是谗谄面谀之人窥其私而逢其恶，使既安之业复危，已治之功复替，此古今之通患也。惟我太宗则不然，手平僭伪，身致太平，功成矣，德盛矣，方且淡然无欲，惟读书以鉴成败。……诚可为万世法矣！"[②]在此太宗以喜好射猎的开国重臣符彦卿与喜爱读书的自己为例，说明其对政风、学风产生了不同影响，并且太宗说法还受到了时人称道。

---

① 李焘：《长编》卷 32。

② 周必大：《文忠集》卷 158《东宫故事二》。

又如真宗对于早年东宫臣僚杨崇勋言："闻若嗜学，吾授若书。"杨氏自是稍通兵法以及前代兴废之事。[①]同时，真宗应高琼请求，于景德二年六月赐其九经书疏和诸史各一部。因此有人评论道："真宗尚儒术，故勋臣宿将亦化焉。"[②]不仅如此，真宗尝告知辅臣王旦等："经史之文，有国家之龟鉴，保邦治民之要，尽在是矣。然三代之后，典章文物，制度声名，参古今而适时用，莫若《史》《汉》，学者不可不尽心焉。"[③]在此真宗还揭示了经史之书尤其是《史记》和《汉书》的资治功用。

再如建炎四年八月，韩世忠迁检校少师。高宗告谕大臣："世忠不亲文墨，朕方手写《郭子仪传》，欲付卿等，呼诸将读示之。"[④]可见高宗以赐御写史传方式激励武将读史明理。又到绍兴五年四月，高宗亲书《无逸》篇，为图设于讲殿之壁。[⑤]此种以壁画方式展示所读内容，与传统纸质文本相比，更便于观览记诵。再是对于南宋初年高宗亲政时的政治导向，胡寅总结道："今皇帝勇智中兴，灼知祸败之衅，本由王氏，以其所学，迷误天下，变乱宪章，得罪宗庙。于是诏三省政事，并遵至和、嘉祐。发自圣性，笃好孔子所作。安石所废之《春秋》又于讲筵进读，神祖所序司马光所纂之《通鉴》，下杨时家取《三经义辩》，寘之馆阁。选从程氏学士大夫渐次登用。甄叙元祐故家子孙之有闻者，仍追复其父祖爵秩。将以刬削蛊蠹，

---

① 《宋史》卷290《杨崇勋传》。

② 王应麟撰，武秀成、赵庶洋校证：《玉海艺文校证》卷21《赐书》。

③ 李攸：《宋朝事实》卷3。

④ 李心传撰，胡坤点校：《要录》卷36。

⑤ 苗书梅等点校：《宋会要辑稿·崇儒》六。

作成人物，朝冀贤才之赖，国培安固之基。此绍兴五六年间，大哉王言，一哉王心，凡百臣子，所宜和衷将顺，不忍违矣！”[①]高宗执政时的这些政治导向，直接决定着朝廷的政治决策，也影响着官僚士大夫对政治与历史问题的判断。

当然，积极引导官僚士大夫读书明史者并非仅有以上三位帝王。其实自宋太祖开始，在崇文国策指导下，朝廷上下就已形成了良好的读书明史风气。同时，如前所述，宋代修史体制的建立与发展，更与宋代帝王主导作用密切相关，在此不再赘述。

（2）其他主政者。在宋代，上至垂帘听政的皇太后以及朝廷重臣，下至地方长官，他们在人们对史著的选用上也不时会起到重要的推介作用。如天圣四年闰五月，刘太后令宋绶等选择前代文字可资孝养、补政治者以备年幼的仁宗观览，于是宋绶等录进唐太宗所撰《帝范》2卷、玄宗朝臣僚所献《圣典》3卷以及《君臣政理论》3卷等上之。[②]

又如真宗时，朝廷下诏选官校勘《三国志》《晋书》和《旧唐书》。当时有人认为两晋事多鄙恶，不可流行。真宗告知宰相，毕士安答道：“恶以戒世，善以劝后。善恶之事，《春秋》备载。”真宗然之，遂命刊刻。[③]可见毕士安的倾向性意见使得《晋书》得以及时刊刻流布。

再如倪朴撰有《舆地会元志》40卷，他在《上太守郑敷文书》中指出：“然今学者大抵急于利禄而专务于时文，故不识者不肯

① 胡寅撰，容肇祖点校：《斐然集》卷19《鲁语详说序》。

② 李焘：《长编》卷104。

③ 《宋史》卷281《毕士安传》。

目，而识者未暇观也。未遇知己，是故书成而不克显。……朴于斯文，积力十余年而文始就，虽未敢以望古人，而其用心亦勤矣。其文多，无资不能录。去年冬，曾携其稿见上舍陈亮同父。朴与同父皆荆溪门下生也，将价之以见阁下与正字吕公。近闻其到城，曾袖之以见阁下矣。苟有可取，则固望阁下主张之；其有疏缪而未全也，望阁下指教之。务欲成就之而后已，无使其沦没而无传也。"[①]对于倪氏花费十余年撰就的该著，何以会"不克显"呢？明人陆深进而揭示道："宋浦江倪朴文卿尝作《地舆会元志》四十卷，惜当时以布衣著书，力不能传。其《自叙》有曰：'今学者大抵急于利禄而专务于时文，故不识者不肯目，而识者未暇观也。'其言亦可悲矣！"[②]由此可见，倪朴因属"布衣著书"，故期盼得到郑太守等推介，以便使其著在"专务时文"的士大夫间传布。该类史例颇多，余不一一。

### 2. 知名人士

在传布者队伍中，知名人士往往凭借其在民众中所拥有的超高知名度，在传布活动期间，他们往往具有超强的号召力和联动效应。他们的威信越高，信服者就越多，传布效果就越突出。在宋代，诸如欧阳修、苏轼以及朱熹等知名人士，均对史事乃至史书传布起到了巨大推动作用。

其中，欧阳修因名重一时，所以时人颇为看重其所撰史著。如据邵伯温言："今欧阳公《五代史》颁之学官，盛行于世。"[③]由此

---

① 倪朴：《倪石陵书》。

② 陆深：《俨山外集》卷30。

③ 邵伯温撰，查清华、潘超群整理：《闻见录》卷15。

可见《新五代史》在当时受欢迎程度。又据晁公武言："至其作《唐书》《五代史》，不愧班固、刘向也。"[①]此则是表明二书的学术地位非同一般。再是据时人言，年轻学者吴缜因怨恨欧阳修未荐举自己，特意著成《新唐书纠缪》和《五代史纂误》，这恰能说明欧阳修在当时所处地位非同常人。对于此事，史载："嘉祐中，诏宋景文、欧阳文忠诸公重修《唐书》。时有蜀人吴缜者，初登第，因范景仁而请于文忠，愿预官属之末。上书文忠，言甚恳切，文忠以其年少轻佻，拒之。缜怏怏而去。逮夫《新书》之成，乃从其间指摘瑕疵，为《纠缪》一书。至元祐中，缜游宦蹉跎，老为郡守，与《五代史纂误》俱刊行之。"[②]此是吴氏撰史缘由的通行说法。

此后，苏轼亦名重一时。据朱弁言："东坡诗文，落笔辄为人所传诵。每一篇到，欧阳公为终日喜，前辈类如此。一日，与棐论文及坡公，叹曰：'汝记吾言，三十年后，世上人更不道著我也。'崇宁、大观间，海外诗盛行，后生不复有言欧公者。"[③]朱氏此说足以反映苏轼诗文在当时的流行程度。其间，苏轼所撰写的具有历史文献性质的制词、碑志等亦影响深远。如对于他拟定的吕惠卿谪词及其社会反响一事，朱弁记述道："吕惠卿之谪也，词头始下，刘贡父当草制，东坡呼曰：'贡父平生作刽子，今日才斩人也。'贡父急引疾而出，东坡一挥而就，不日传都下，纸为之贵。"[④]由此可见

① 晁公武著，孙猛校证：《郡斋读书志校证》卷19"欧阳文忠公集"解题。

② 张元幹：《芦川归来集》卷9《吴缜著唐书纠谬五代史纂误之因》，文渊阁《四库全书》本。

③ 朱弁撰，张剑光整理：《曲洧旧闻》卷8。

④ 朱弁撰，张剑光整理：《曲洧旧闻》卷7。

名人作品传播威力巨大。又如苏轼一生所写碑志仅数篇，但传布之快，甚至出乎他本人预料。对此，他言道："某近绝不作诗，盖有以，非面莫究。顷作神道碑、墓志数篇。碑盖被旨作，而志文以景仁丈世契不得辞。欲写呈，又未有暇，闻都下已开板，想即见之也。"[①]由此足以表明他的不少作品受到时人追捧。

再是理学家朱熹喜好讲学著述，当时就拥有不少追随者和敬仰者。对此，刘宰在《送黄竹涧序》中就明确指出："乾道、淳熙间，东莱先生在婺，晦庵先生在建，从之游者常数百人。其学成行修者，多去而为名卿才大夫，下亦不失于乡党自好之士。其后杨慈湖在四明，叶水心在永嘉，户外之屦常满。盖其师友相从，尽有乐地。"[②]同时，由朱熹推举称道的著述，往往受到读者欢迎。如在理宗嘉熙元年，江镕在《通鉴节要序》中指出："少微先生江氏家塾有《通鉴节要》，详略适宜。于两汉、隋、唐则精华毕备，于六朝、五代则首末俱存，点抹以举其纲，标题以撮其要，识者宝之。其后建宁公默游晦庵先生门，尝以此书质之，先生深加赏叹。自是士友争相传录，益增重焉。"可知该普及性史书经朱氏褒扬后，便受到士友争相传录，其名人的社会效应可见一斑。

### 3. 知情人士

在传布者中，一些亲身经历过某事或者对于某事有较深了解之人，他们提供的史实往往因可信度较高，从而成为较受信赖的知情者。

（1）史事亲历者。由于这些人往往能披露为常人所不知的事件

---

① 苏轼著，孔凡礼点校：《苏轼文集》卷53《答陈传道五首》。

② 刘宰：《漫塘集》卷19。

细节，因此，他们的言论及其著述常被人们所看重。如王延德，开封东明人。他深得宋太宗“倚信”，并且“好撰集近事”。朝廷在下诏编修太祖和太宗朝《实录》时，“多以国初事访延德”。他又进献《太宗南宫事迹》3卷。[①]又如据胡宿言：“仁宗在东宫，起居语默，文懿公（指张士逊）必疏记之，秘世未有知者。及薨，公（指士逊之子友直）类以成篇，目之曰《资善录》。出南阳日，从容面献之。上甚悦，诏藏诸太史氏。”[②]这是张士逊勤记仁宗早年言行而后受到认可的良好举动。再如钦宗靖康元年二月初十日，金人退师，太上皇徽宗自镇江府回銮，次南都，徘徊不进，欲诣亳州上清宫烧香及取便道如西都，钦宗为此担忧，于是委派李纲前去奉迎。事后有人怀疑徽宗欲复辟，导致二帝关系不睦。对此，李纲在《进奉迎录札子》中指出：“臣靖康初任知枢密院事，被渊圣皇帝命迎奉道君太上皇帝于南京，蒙道君赐对，听纳其说，罢幸亳社、西洛，旋归京师，二圣重欢。……而靖康之末，臣既去位，群枉当国，与臣为仇，颠倒是非，变乱白黑。孙觌因召试中书舍人，作戒励诏，显诋臣为指天画地，睥睨两宫。唐恪因令榜于朝堂，士大夫信以为然，罕有知其实者。衔冤抱愤，顺受黯暗，不能自明。”于是他特意撰成《奉迎录》。[③]此则属事件亲历者李纲旨在揭示、辨明二帝关系内幕的具体表现。

（2）关系密切者。指史事提供者与当事人关系非同一般，由他们所提供的相关史料较为可靠，故常受到人们重视。如“（范）镇平

---

① 《宋史》卷309《王延德传》。

② 胡宿：《文恭集》卷38《张友直墓志铭》。

③ 李纲撰，王瑞明点校：《李纲全集》卷83，岳麓书社，2004年。

生与司马光相得甚欢，议论如出一口，且约生则互为传，死则作铭。光生为《镇传》，服其勇决；镇复铭光墓云：‘熙宁奸朋淫纵，险诐憸猾，赖神宗洞察于中。’其辞哨峻”[①]。可见在对王安石变法的态度上，二人的确高度一致，并且相互表露心声。又如司马光对参编《资治通鉴》的刘恕颇为熟知。因此，他在特意所撰《十国纪年序》中指出：“(刘恕) 气垂尽，乃口授其子羲仲为书，属光使撰埋铭及《十国纪年序》，且曰：‘始欲诸国各作《百官》及《藩镇表》，未能就，幸于序中言之。’光不为人撰铭文已累年，所拒且数十家，非不知道原讬我之厚，而不获承命，悲愧尤深。故序平生所知道原之美，附于其书，以传来世。”[②]可见司马光虽未按刘恕遗愿为其撰写埋铭，但他在《十国纪年序》中表述了刘氏品行、才能以及学术贡献。元祐五年，张舜民在《书秘丞墓碣后》中感叹道：“元丰初年，司马温公一日谓余曰：‘子识刘恕乎？’舜民对曰：‘未也。’公曰：‘当今史学，无能出其右者。’不久，道原告卒，竟不获一见之。予思之，司马公自言四十以后，不为人撰论遗事，亲友之属，一以谢之。独为吕献可撰埋铭，及《十国纪年序》，历陈刘道原事迹，二人而已。今其子羲仲，不鄙俾予书墓碣。援笔之间，不胜叹息！”[③]由此表明，司马光对刘恕的史学才能赞赏有加。此后，据黄庭坚言：“以故司马文正温公《十国纪年序》为铭，纳诸圹中。”[④]可见司马光

---

① 《宋史》卷 337《范镇传》。

② 司马光：《传家集》卷 68。

③ 刘元高编：《三刘家集》，文渊阁《四库全书》本。

④ 黄庭坚撰，刘琳、李勇先、王蓉贵校点：《黄庭坚全集·正集》卷 31《刘道原墓志铭》。

所作的刘氏书序，被时人视作铭文纳诸圹中，该破例之举充分反映了二人非凡情谊以及时人的体察之意。凡此等等。

(3) 博学多闻者。是指因对历史史实、典制掌故甚为熟知，从而使人敬佩可信者。如赵安仁“尤练典故，近世衣冠人物制度，悉能记之”。史载：“景德初，为翰林学士。从幸澶渊，契丹请和，命学士各进报书，真宗独用安仁所撰，亦以其能备记太祖朝书问规式，因获与闻通好之议。敌使至，首命安仁接伴，其辞见仪制皆所裁定。”[①]可见赵氏确实熟知礼制典章，并且在朝廷对辽交往中得到充分展现。又如宋咸撰有《朝制要览》50卷，陈振孙指出：“其书作于嘉祐中，皆国初故实，观之使人有感焉。”[②]陆游言道：“先君会稽公晚岁喜观此书，间为子弟讲论因革，率至夜分。”[③]即陆宰以此为教材，为其子弟宣讲本朝制度沿革。再如“尤延之袤自号锡山，胸中甚富本朝典故，讨论尤博。凡朝廷议论，多所裁定。其与人谈，贯穿今古，每一事引证数十，悉存根据。年月姓名，一字不差。士大夫目之曰‘尤书橱’，言其该洽也。”[④]可见尤氏以博学多才著称当时。如此等等。

总而言之，在宋代史学传布活动中，以上所言的特殊角色因在民众中拥有非凡感召力和吸引力，他们的言行举止直接影响着史学传布的范围、内容以及传布效果等，故值得特别关注。

---

① 以上均见王称：《东都事略》卷44《赵安仁传》。

② 陈振孙撰，徐小蛮、顾美华点校：《直斋书录解题》卷5。

③ 陆游：《陆游集·渭南文集》卷27《跋朝制要览》。

④ 叶寘：《坦斋笔衡》，见陶宗仪等编：涵芬楼本《说郛》卷18，上海古籍出版社，1988年。

# 第三节　史学传布的目的

人类的传布活动往往具有目的性。传布不仅是个人、群体、组织和国家实现自定目标所不可缺少的手段，而且在确保人类文化历史传承、实现社会各阶层协调与沟通、维护社会进步和发展等方面均发挥着极为重要的作用。

宋人无论是传布史事，编修、刊刻或者传抄史学著述，还是崇奉历史遗址等，其传布目的均较为明确。其间，民众或是为获取历史知识，或是为了解历史真相，甚至是为促进史学自身发展等，均能促使他们积极投身于史学传布活动中。不过，值得注意的是，有着明确传布目的，并且能大力推动史学发展的往往是帝王以及官僚士大夫阶层，基层民众虽偶尔在史学传布活动中也展现出较明确的传布目的，但他们的行为以及目的往往是阶段性、临时性的。正因为如此，在此以帝王以及官僚士大夫的史学传布目的为主体，兼顾基层民众，由此对宋人史学传布目的问题加以较系统探究。

## 一、有意识地记史、补史与传史

### 1. 有意识地记史

宋代不少官僚士大夫出于自身兴趣爱好或者现实之需，能够即时记录史事。具体而言：一是一些史家平时就喜好记录史事。除前述司马光“闻新事即录于册”[①]外，又据王铚言：“刘原父好杂记事，或古或今，动成卷轴。予尝见其一卷内逐段事。一云：萧固为广西转运使，时侬智高未反，但诱聚亡命，阴为窥边计。边吏皆不悟，固遣人诱说，且奏朝廷乞与智高一官，善抚之，因令间交趾。奏下枢密院，难问再三。固又言：‘请择将吏，缮兵械，修城郭。’至六七，皆不报。固既召归，智高果反，破城杀吏，大困一方，所至骚然。至遣大臣，仅免败亡，则枢密院乃归责于固，以知吉州，所谓‘曲突徙薪无恩泽，焦头烂额为上客’也。又一云：进士滕甫最能为省题诗。皇祐元年，狄青成功于广西，时甫廷试《西旅来王诗》云‘葱岭占佳气，毡裘拜未央’，最为佳句。此皆原父亲札尔。”[②]可见刘敞的确喜好记录史事，反映历史以及社会实情，并且达到了“动成卷轴”的地步。以上所言司马光和刘敞喜好记录史事的行为，充分表明一些史家能够积极关注现实，自觉记录时事详情。

二是不少官僚士大夫有意记录自身所经历的重要史事，并且有目的地使其存留于世。如游师雄撰有《元祐分疆录》3 卷。陈振孙指出：“元祐初，议弃西边四寨，执政召师雄问之，对曰：‘先帝弃之可也，主上弃之则不可。且示弱夷狄，反益边患。’争之甚力，不听，卒弃之。……此书前三卷记当时论辨本末。”[③]可见游氏进言虽未被当政者采纳，但他却及时记录了当时的论辩过程。又如《中兴遗史》60 卷，赵甡之撰，宁宗庆元中上进朝廷。据陈振孙言：“其书大抵记军中事为详，而朝政则甚略，意必当时游士往来边陲、出

① 周必大撰，李昌宪整理：《二老堂杂志》卷 4《记陆务观二说》。

② 王铚撰，汤勤福、白雪松整理：《默记》。

③ 陈振孙撰，徐小蛮、顾美华点校：《直斋书录解题》卷 7。

入幕府者之所为。”[1]即该书出自熟知边事的赵甡之之手。

再如对于吴曦之乱，据李心传记述：时人记录者有新旧《安西楼记》，安观文自撰；《靖蜀编》，宣抚司准备差遣胡西仲编；《耆定录》，长沙板行，不得姓名；《海滨渔父记闻》，沔州板行；《杨巨源自叙书》，上刘阁学者；《杨巨源事迹》，益昌士人撰；《杨巨源传》，武臣李珙撰；《李好义诛曦本末》，李好古自记；《复四州本末》，李好古自记；《实入伪官人数》，李好古自记；《李好义行状》，白子申撰；《平蜀实录》，杨君玉撰；《新沔见闻录》，不得姓字；《切齿录》，士人任光旦编；《固陵录》，李直院季允编；《毛氏寓录》，茶马司幹办公事毛方平撰；《公议榜》，成都府学士人撰；《佚罚录》，朝奉郎赵公宅撰。而士大夫之在新沔者，又或有《日录》《辨污》等书。[2]可见当时有关吴曦之乱的记载颇多。其中，周南在《题四川耆定录》中指出：“衢州士人毛方平仕于蜀，遭吴曦乱后毁印纸。久之，叙雪得伸，过吴见访，出此相惠。此编于蜀乱最详，其所著从乱逆党、蜀师怯懦，与事变初闻，庙堂无策，恐不为不当。其痛杨巨源之死由彭辂，皆别录所不能及。方平颇负气云。”[3]即《四川耆定录》的确披露出了诸多蜀乱细节。不仅如此，此后李心传对以上诸家记载“乃尽采而辑之，取舍是非，一从公论”，并由此编成《西陲泰定录》一书。[4]

---

① 陈振孙撰，徐小蛮、顾美华点校：《直斋书录解题》卷4。

② 李心传撰，徐规点校：《建炎以来朝野杂记》乙集卷9《董镇言杨侍郎未肯通情》。

③ 周南：《山房集》卷5。

④ 李心传撰，徐规点校：《建炎以来朝野杂记》乙集卷9《董镇言杨侍郎未肯通情》。

与以上注重记述军事内容相类似，一些官员热衷于记录自身朝政经历。如赵鼎撰有《建炎笔录》《丙辰笔录》《丁巳笔录》和《使指笔录》等。[①]周必大撰有《思陵录》和《淳熙玉堂杂记》等。[②]

总之，宋代一些官僚士大夫将自身经历加以有意记述，它无疑为后人深入了解其人其事提供了第一手史料。

三是门生子弟记录名家言行遗事者不少。对此，清人赵翼指出："历朝以来，《宋史》最繁。且正史外，又有稗乘杂说，层见叠出。盖其时士大夫多尚名誉，每一巨公，其子弟及门下士必记其行事，私相撰述。如《王文正公遗事》《丁晋公谈录》《杨文公谈录》《韩忠献遗事》及《君臣相遇传》《钱氏私志》，李忠定《靖康传信录》《建炎进退志》《时政记》之类，刊刻流布，而又有如朱子《名臣言行录》之类，扬光助澜，是以宋世士大夫事迹传世者甚多，亦一朝风尚使然也。"[③]在此赵氏将该类私著兴盛之因归结为宋世士大夫好名风尚所致，虽未必完全准确，但我们却不难看出，大多出自名人子弟及门生之手的这些私著，往往同官方记载存在纪事差异，而这种差异恰能使我们从多角度考察其人其事，也可以使我们从尚存的该类私著中读到多样化的宋代士人风采。

最后，在理学家倡导撰写的日记中，也涵盖有时事内容。如黄榦倡导记"日记"，对此他指出："'日知其所亡，月无忘其所能。'此录之所以作也。自旦至暮，自少至老，置之坐右，书以识之，文行相须，新故相寻，德进业广矣。"在此他阐明了撰写日记的益处。

---

① 见赵鼎：《忠正德文集》卷7至卷9。

② 见周必大：《文忠集》卷172至卷176等。

③ 赵翼撰，栾保群、吕宗力校点：《陔余丛考》卷18《宋人好名誉》。

不仅如此，他还专门设计有“日记式”，即：“一记年月日：岁次，一行；一记气节寒暑雨旸之变：天运，一行；一记所寓之地：所寓，一行；一记所习经子史集四书，多少随力所及：读书起止，四行；一记所出入及所为大事：出入动作，三行；一记所闻善言、所见善行：善言善行，三行；一记所见宾友：宾友，三行。”[①]又如王介“尝作《日录》，《自序》曰：日录者，检身之法也。其不可书者，即不可行之事。言皆可行，行皆可书，不至握笔龃龉不下，则不为小人之归矣”。[②]由此可知，以上二人虽着重按理学家行事思路设计所记内容，但从中仍可看出，他们偏重自身作为以及见闻等，此对存录以及传布该类人群言行举止、了解当时时事仍具有重要参考价值。

**2. 有目的地补史**

在古代，因时势巨变等导致官私记载存在缺漏或者差异，往往使得读者以及研究者感到惋惜、遗憾。早在宋初，有关唐末五代甚至宋代初建时的史事，官私记载多有缺漏以及差异。鉴于此，一些时人尽力探访记述，以弥补其不足。如阎自若的《唐末泛闻录》，“记五代及诸僭伪事。其《序》自言乾德中，得于先人及舅氏闻见，且曰：‘传者难验，见者易凭，考之史策，不若询之耆旧也。’”[③]可见该书更看重时人见闻。其间，阎氏对陈桥兵变有如下记述：“太祖仕周，受命北伐，以杜太后而下寄于封禅寺。抵陈桥，推戴。韩通闻乱，亟走寺中访寻，欲加害焉。主僧守能者以身蔽之，遂免。太祖德之，即位后，极眷宠之。年八十余，临终，语其弟子曰：

---

① 黄榦：《勉斋集》卷34。

② 吴师道：《敬乡录》卷13。

③ 陈振孙撰，徐小蛮、顾美华点校：《直斋书录解题》卷7。

‘吾即泽州明马儿也。’”[①]此说虽与官方记载差异极大，但不妨可备一说。

随着宋代官方记史、修史体制基本完备，官僚士大夫记录时事的意识也日渐高涨。但在两宋之交，经受北宋亡国之难，官方修史体制遭到严重破坏，大量史料被毁。不过，受使命感与正义感促使，使得宋代一些时人自觉记录时事，以尽力弥补官私方史籍残缺所带来的缺憾。如对于两宋之交史事，有着亲身经历的李纲在《靖康传信录序》中具体阐明了他之所以撰写该书的缘由。他指出：“靖康改元，金人犯阙，实中国之大变，典籍所载，未之有也。朝廷应变设施大略，众人所共知者，往往私窃书之。至于庙堂之上，帷幄之中，议论取舍，事情物态，为宗社安危、生民利害之所系者，众人所不得而知，书之或失其实，此《传信录》所为作也。”也就是说，李纲利用他身处宰执的便利条件，为我们存留了一份当时庙堂之上他所经历的难得史料。又如徐梦莘小时遭受靖康之难，该灾难促使他积极搜集整理该段历史。史载他“恬于荣进，每念生于靖康之乱，四岁而江西阻讧，母襁负亡去，得免。思究见颠末，乃网罗旧闻，会粹同异，为《三朝北盟会编》二百五十卷，……凡曰敕、曰制、诰、诏、国书、书疏、奏议、记序、碑志，登载靡遗”[②]。可见该书有意存录原始文献。再如周南在《书坞丛录跋》中指出：“乙丑岁，余忧居，读靖康以来杂记，得数百事，间有太史氏之所不录者，抄置楮中，不复诠次，题为《书坞丛录》。余老矣，东观、兰台，梦想

① 王明清撰，燕永成整理：《挥麈后录》卷5。

② 《宋史》卷438《徐梦莘传》。

才命所不易到，姑识遗忘而已。”[①]即周氏在晚年有意存录了官方多未载录的史事。

同样，南宋亡国的残酷现实也激发着仁人志士及时搜集并着力补录该段史事。如黄震作为宋末史官，不仅撰有《戊辰史稿》1卷，而且他“在史馆时，以乡先生杨文元公、张文靖公、右军统制吴从龙死事，乞立传”[②]。可见他极为注重对南宋末年史事的存录。凡此等等。

总之，由以上所述不难看出，宋人偏重补足危难时刻的史事。不过，对于发生于其他时期的史事，他们同样会尽力弥补，在此不再赘述。

**3. 有目标地传史**

宋人除积极促进一般史书广泛传布外，他们还致力于整合完整传本，推动流传稀少的传本。具体而论：一是在整合、传布前代史著方面，如据清四库馆臣言，《后汉书》“今本八志，凡三十卷，别题梁剡令刘昭注。据陈振孙《书录解题》，乃宋乾兴初，判国子监孙奭建议校勘，以昭所注司马彪《续汉书志》与范书合为一编”[③]。按以上说法，《后汉书》内增补进司马彪《续汉书志》，则始自孙奭建议。又据史载：仁宗乾兴元年十一月，朝廷命国子监直讲马龟符等为校勘，孙奭和冯元为详校。至天圣二年，送本监镂板。[④]可见至仁宗时，《后汉书》整合本得以由国子监刊刻行世。

---

① 周南：《山房集》卷5。

② 袁桷：《延祐四明志》卷5《人物考》中《黄震》。

③ 《四库提要》卷45。

④ 苗书梅等点校：《宋会要辑稿·崇儒》四。

又如对于《东观汉记》流传刊刻状况，清四库馆臣指出："北宋时尚有残本四十三卷。赵希弁《读书附志》、邵博《闻见后录》并称其书乃高丽所献，盖已罕得。南宋《中兴书目》则止存《邓禹》《吴汉》《贾复》《耿弇》《寇恂》《冯异》《祭遵》《景丹》《盖延》九传，共八卷。有蜀中刊本流传，而错误不可读。上蔡任涝始以秘阁本雠校，罗愿为序行之，刻板于江夏。又陈振孙《书录解题》称其所见本，卷第凡十二，而阙第七、第八二卷。卷数虽似稍多，而核其列传之数，亦止九篇。则固无异于《书目》所载也。"[①]由此可见，北宋时《东观汉记》尚存43卷，且有可能系高丽所献本。对此，时人庞元英亦言："熙宁中，王徽病，诏医官马世长往治之。归，得《东观汉记》七册。彼亦自无完本。"[②]而到南宋时，《中兴馆阁书目》和《直斋书录解题》分别著录为八卷和十卷，虽卷数有异，但内容均"止九篇"。此后罗愿将雠校后的蜀刻本刻于江夏郡。

再如对于《两汉纪》，据高宗绍兴十二年六月王铚在《重刻两汉纪后序》中言："右荀悦《前汉纪》三十卷，袁宏《后汉纪》三十卷，祥符中刊版于钱塘，版废几百年，今始合二书，用诸家博本，校其异同，拨其讹误，稍条然可读，遂再刻之。……编修王公敦阅古训，博极群书。其出使浙东也，既刻刘氏《外纪》以足《资治通鉴》，又重刻《旧唐书》，至刻此《两汉纪》，其艰其勤，尤为尽力。……因论公覃思，此二《纪》谓与《汉书》不同，使并传于后，未易以

① 《四库提要》卷50。

② 庞元英撰，金圆整理：《文昌杂录》卷6，《全宋笔记》第二编第四册，大象出版社，2006年。

彼废此。”[1]由此可知，早在北宋真宗时，荀悦《汉纪》和袁宏《后汉纪》虽各自有刊本行世，但流传非久。至南宋初，二书经校勘并合刊行世，此无疑极大地方便了参阅者。

二是对于本朝史著，尤其是世间流布不广的史著，时人积极推动其传布。如对于真宗御撰的《正说》，欧阳守道指出：“真宗皇帝御制《正说》五十篇，分为十卷。咸淳二年秋八月，忠训郎臣颜锭以刊本示臣，臣再拜受之，作而曰：‘此非民间所共见也，敢问何从得之?’臣锭对曰：‘去年进士试礼部，有得之以归者。盖闽、婺书肆刊本。然字小易漫，窃惧非所以尊严我皇祖之大训，辄缮写作大字刊之，一字以上皆用原所得本参校无遗误，板藏私家，并闽、婺原本宝藏之，谨所传也。’臣又问曰：‘……我皇祖之大训，布之民间，刊本四出，可乎?’臣锭对曰：‘亦反复思之矣，书肆固先刊而此因之也。’……帝尤留意艺文，肆笔成书，皆可为万世法。盖前后圣制凡七百二十二卷，宰臣常请雕版摹印，颁赐馆阁矣，而《正说》之赐，实在天禧元年之九月，则此书流传，必自当时受赐诸臣之家以出。”[2]可见当朝帝王御撰之书自受赐之家传出后，私家以及书肆积极刊刻。

又如对于孙甫《唐史论断》流传命运，清人朱彝尊指出：“庐陵欧阳氏、涑水司马氏、眉山苏氏、南丰曾氏交叹美之。绍兴中，曾镂板南剑州。端平间，复镌于东阳郡。今则流传寡矣。”[3]可见该

---

① 参见袁宏撰，张烈点校：《两汉纪》下册《后汉纪》末，中华书局，2005年。

② 欧阳守道：《巽斋文集》卷18《恭跋真宗皇帝御制正说》，文渊阁《四库全书》本。

③ 朱彝尊：《曝书亭集》卷45《书孙氏唐史论断后》。

书在北宋时，就经由司马光等名家盛赞，南宋时才被地方刊刻印行。对于南宋初的刊刻状况，张敦颐在该书末《题跋》中论述道："其《史记》（指《唐史记》）全书，自公殁取留禁中，世所可得而见者，《论断》而已。予家藏是本久矣。竭来掌教延平，会朝廷宽镂书之禁，应本朝名士文集有益于学者，皆许流传。乃出此书，与学录郑待聘参考旧史，重加审订，锓木于泮宫，以与学者共焉。……是书成于嘉祐之初，迄今百有余岁而后显，岂其传若有所待耶！"可见该书之所以到南宋初被地方刊刻，还与朝廷放宽镂书禁令密切相关。

再如对于宋敏求的《河南志》，司马光在该书《序》中论述道："次道既没，太尉潞公留守西京，其子庆曾等奉《河南志》以请于公，曰：'先人昔尝佐此府，叙其事尤详，惜其传于世者甚鲜，愿因公刻印以广之。岂徒先人蒙不朽之赐于泉壤，抑亦使四方之人未尝至洛者，得之如游处已熟；后世闻今日洛都之盛者，得之如身逢目睹也。幸公留意。'公从之，且命光为之序。光于次道，友人也，乌敢以固陋而辞？"[①]可见该书经由文彦博和司马光推举帮助，才得以在社会上广为传布。

总而言之，不少宋人积极记史、补史以及传史，从而使得相关史事或者史书得以完整甚至存流，这不仅有利于人们较全面地了解有关史事，而且极大地推动了宋代史学的繁荣与发展。

## 二、资政鉴戒目的

宋代帝王以及官僚士大夫在从事史学活动时，往往怀有强烈的

① 司马光：《传家集》卷68。

资政鉴戒目的，并且这种目的体现在史学活动的诸多方面。

1. 宋代帝王在观史、听史甚至编史时，取鉴资治目的极强。他们不仅要以史为鉴，以史为治，而且还要有意引导、教育民众，以便顺利实施相关政策与举措，达到理想的治政效果。

一是宋代许多帝王能够自觉问学求鉴。早在北宋初期，宋太宗尝告诉侍臣："朕欲以皇王之道御图，愧无稽古深学，旧有《御览》，但记分门事类，繁碎难检。令谏臣以治乱兴亡急要写置一屏，欲常在目。"[①]这是太宗欲以直观易览方式取鉴的典型写照。又太宗尝对户部使李惟清言："朕读《汉书·贾谊传》，夜分不倦。谊当汉文时，天下治平，指论时事，尤为激切，至云长太息、堪恸哭者，盖欲感动人主，不避触鳞，真忠臣明国体者也。今廷臣有似此人者否？"李惟清答道："陛下登位以来，亲选贡士，所谓俊彦盈庭者矣。若言事中理，少赐奖擢，苟不知忌讳，亦望含容，即贾谊之流复出。"[②]可见太宗期盼朝中能够涌现出如贾谊般的忠臣。对此，南宋方大琮评论道："读前史而感慨，呼臣下而叮咛，叹其无此人，其愧耻之者深矣；责其无所谏，其激发之者至矣。故端拱、咸平间，田锡之辈出。"[③]按方氏所论，太宗期待终于有了良好结果。

同样，在南宋初建时，高宗亦能积极向学求鉴。如建炎二年夏四月，高宗告谕大臣："故事，端午罢讲筵，至中秋开。朕以寡昧，遇兹艰难，知学先王之道为有益，方孜孜讲求，若经筵暂辍，则有

① 释文莹撰，郑世刚整理：《玉壶清话》卷 4。

② 李焘：《长编》卷 29。

③ 方大琮：《铁庵集》卷 4。

疑无质，徒费日力。朕欲勿罢，可乎？”大臣皆称善，乃诏勿罢。[①]到建炎四年八月，又“诏经筵日，令侍从官一员，具前代及本朝故事关涉治体者一两事进入”[②]。这是高宗对经筵制度以及相关规定的有意变通。又如绍兴九年二月，史馆进祖宗实录。高宗言道：“朕欲见景德讲和后故事。”[③]这是高宗欲知祖宗朝史事的具体反映。再如对于理宗崇尚理学，并下诏经筵进讲《资治通鉴纲目》一事，明人何乔新在《诏经筵进讲朱熹通鉴纲目》中评论道：“理宗诏经筵进讲《通鉴纲目》，亦可谓知帝王为学之要矣。使凡为君者，广厦之下，细旃之上，日取朱子《通鉴纲目》而阅之，览古昔兴衰之迹，推国家败乱之由，吾知其愓然若履危亡之境，不遑暇食矣，岂直明师在前、劝诵在后之益哉？”[④]在此何氏对理宗朝经筵进讲《资治通鉴纲目》之举给予了极高评价。

二是宋代许多帝王通过赐史传等方式激励规劝臣僚。其间，尤其是在大臣担负重要使命之时，帝王会有针对性地适时赐传，以激励肩负使命之人。如神宗熙宁初，西夏入寇，朝廷任命李师中知秦州，并且“诏以《班超传》赐之，而公亦雅慕李牧、马援为将，故持重总大体”[⑤]。又如北宋末年，朝廷委任李纲救援太原，钦宗手书《裴度传》以赐。李纲上奏指出：“吴元济以区区环蔡之地抗唐室，与金人强弱固不相侔，而臣曾不足以望裴度万分之一。然寇攘外患

---

① 李心传撰，胡坤点校：《要录》卷15。

② 苗书梅等点校：《宋会要辑稿·崇儒》七。

③ 王应麟撰，武秀成、赵庶洋校证：《玉海艺文校证》卷14《实录》。

④ 何乔新：《椒邱文集》卷7《史论》，文渊阁《四库全书》本。

⑤ 刘挚撰，裴汝诚、陈晓平点校：《忠肃集》卷12《李师中墓志铭》。

可以扫除，小人在朝，蠹害难去。使朝廷既正，君子道长，则所以扞御外患者，有不难也。”因书裴度论元稹、魏洪简章疏要语以进，钦宗优诏答之。[①]同样，绍兴六年，都督张浚至江上，分命诸将韩世忠、刘光世、杨沂中和岳飞进屯，旨在以窥中原，于是高宗御书《裴度传》赐张浚，加以激励。[②]

不仅如此，在平日以此种方式劝勉臣僚的帝王中，宋高宗则颇为突出。如绍兴五年九月，高宗赐赵鼎御书《尚书》一部。翌日，赵鼎称谢，高宗言：“《尚书》所载君臣相戒敕之言。所以赐卿，乃欲共由此道以成治功。”到同年十月，高宗书《车功诗》赐宰臣赵鼎等。翌日，宣谕道：“朕观《鸿雁》《车攻》，乃宣王中兴之诗，当与卿等夙夜勉励，修政事、攘夷狄。”赵鼎答道：“陛下游戏翰墨之间，亦不忘恢复，臣等敢不自勉。”[③]这是高宗欲与身边辅臣共同完成中兴大业所采取的特殊激劝举措。又到绍兴十三年春正月，淮西宣抚使张俊入见。高宗问曾读《郭子仪传》否？张俊对以未晓。高宗论道：“子仪方时多虞，虽总重兵处外，而心尊朝廷。或有诏至，即日就道，无纤介顾望。故身享厚福，子孙庆流无穷。今卿所营兵，乃朝廷兵也，若知尊朝廷如子仪，则非特身飨福，子孙昌盛亦如之。若恃兵权之重而轻视朝廷，有命不即禀，非特子孙不飨福，身亦有不测之祸，卿宜戒之。”[④]这是高宗以郭子仪事训导将帅张俊，使其遵从自己旨意的典型例证。

① 《宋史》卷358《李纲传》上。

② 熊克著，顾吉辰、郭群一点校：《中兴小纪》卷20。

③ 苗书梅等点校：《宋会要辑稿·崇儒》六。

④ 李心传撰，胡坤点校：《要录》卷139。

对于以上帝王的良苦用心，宁宗庆元二年九月，已被任命为四川安抚制置使兼知成都府的袁说友在《跋御赐书汉文翁龚遂故事》中揭示道：在其即将赴任之际，“有旨赐臣御书《汉臣故事》二，……窃惟在昔守帅必有教化，有政事，故能导上德意，惠安民人。文翁治蜀，首以教化美人心；龚遂治渤海，一以政事靖时变。迹异功齐，后世嘉仰。今臣愚不学，既不能希文翁之化，而甚亡具，又不能望龚遂之政，奎文颒贲，大惧亡以称塞。仰惟神宗皇帝命李师中守秦州，赐御书《班超传》于道中；高宗皇帝御书《赵充国传》，宰臣乞赐诸州守臣。载在青史，为万世盛事。臣猥琐龌龊，乃得尽护西蜀，是不特一郡国之寄。而陛下翰墨辉煌，风雷鼓舞，所以昭示臣子者，实上契祖宗垂谟显训之意。以今视古，臣抑有光焉。继自今犬马服劳，思效寸尺，牧民驭众而各安无事，茧丝保障而知所决择，于以仰宽西顾之忧，此臣之愿也。”[①]由此可见，受赐臣僚往往能深刻体会到帝王的良苦用心，并表明自己将尽职尽责，不辜负帝王期望。

三是宋代帝王通过崇祠圣贤功臣激励臣僚。早在宋建国之初，据王称言：“太祖皇帝受天眷命而帝天下，大业初基，日不暇给。即位之始，首幸国学，谒款先圣，加饰祠宇，亲制文赞，尊师重道，如恐弗及。儒学复振，实自此始。”[②]同时，朝廷议定武成王庙配享七十二贤，梁周翰对此言道：“况伏陛下方厉军威，将遏乱略，讲求兵法，缔构武祠，盖所以劝激戎臣，资假阴助。”[③]那么由太祖发起的崇文尚武风气，在此后时有体现。如孟珙因御边功绩卓著，荆襄民众

① 袁说友：《东塘集》卷 19。

② 王称：《东都事略》卷 113《儒学传序》。

③ 《宋史》卷 439《梁周翰传》。

请求为其建庙立碑，刘克庄在奉敕撰其神道碑时，言道：“己酉(即淳祐九年)，荆襄流寓父老请建庙、议谥立碑。诏下其事太常，定庙额曰威爱，博士翁甫、考功郎官陈坚请谥曰忠襄。惟宰上之碑，学士院久未克为。公二子请不已，天子命词臣克庄曰：‘汝为之。’乃按公《年谱》，参以耳目闻见，著其大者于碑，盖尝反复公平生而有感焉。嗟夫，元颜氏之衰久矣，其失燕而徙汴也，议者尚欲存之以捍鞑。及其尽失中原而栖于区区之蔡也，其势与力不足以捍鞑明矣，而前谕犹未改。至公，始明其为国雠，提偏师，覆巢穴，夷种类，俘宝玉，献于庙社，岂不足以雪粘、斡乱华之耻，慰祖宗在天之灵哉？”[①]可见朝廷上下之所以肯定、褒崇孟珙战功，主要在于孟氏完成了为国雪耻愿望，他的行为还可以激励更多有志之士。

四是宋代一些帝王不仅亲自编写鉴戒类史著，而且还鼓励臣僚撰写同类史著。如史载：“真宗尝览前代经史，摭其可以为后世法者，著《正说》五十篇。帝于经筵命侍臣日读一篇，及侍读丁度等讲《春秋》、读《正说》终篇，帝谓曰：‘《春秋》所述皆前世治乱，敢不鉴戒！《正说》先帝训言，敢不遵奉！’”[②]由此表明真宗极为看重取鉴前代，也极为重视遵奉先祖遗训。又如天禧三年，真宗以《青宫纪要》事有未备，乃博采群书，广为《承华要略》20卷。其记事“始主器谨习，终师古有常”。对于编修该书的目的，真宗在该书《序》中言：“皇太子爰自龆年，即彰敏悟。既亲外傅，弥显英聪。每视膳之有余，则披文而忘倦。朕喜其好学，念及贻谋。昨者偶以

① 刘克庄著，辛更儒校注：《刘克庄集笺校》卷143《孟少保神道碑》。

② 罗从彦撰，黄宝华整理：《遵尧录》卷4，《全宋笔记》第二编第九册，大象出版社，2006年。

清闲，偏观册府，因得《青宫要记》，颇合素心。洎夫详阅其中，亦多未备，于是精求雅诰，更广异闻，颇历岁时，渐成编轴。”可见为教育皇太子，真宗特意编撰了该书。周必大对此评述道：“《承华要略》皆述事于前，立论于中，为赞于后。凡《六经》之文，历代之史，百家之说，撮其枢要，无所不备。虽圣谟渊懿，未易窥测，至于先后之序可得而言，盖储贰正天下之本。”由此表明，该书述论结合，取材广泛，编撰目的明确。正因为如此，随后被真宗赐予皇太子及辅臣。[①]再如高宗建炎二年正月，朝廷下诏后族不任侍从，著为令甲。到绍兴十六年八月，御史王镃上《戚里元龟》3 卷。按：王镃初为皇后宅教授，高宗命其采历代戚里故事可为法则监戒者，论次成帙，至是上之。[②]可见该书是专门配合朝政需要而编撰的。

总而言之，宋代不少帝王不仅能自觉问学求鉴，而且还通过赐史传、褒崇功臣以及编撰鉴戒类史著等方式激劝臣僚，由此表明他们具有极为明确的取鉴意识，其最终目的旨在维护与巩固自身统治。

2. 宋代官僚士大夫在为学辅政方面，往往能从特定政治目的与儒家伦理道德观念出发，读史、听史、观史、传史、讲史甚至编史，其主要目的在为现实政治服务。

首先，宋代不少官僚士大夫治学时，注重贯通古今，古为今用。突出者如谭知古“刻意古学，尤熟于《易》，至历代史无不该贯。凡兴亡治乱必深考其致，又博知本朝故实。为文词，专宗《西汉书》”[③]。又如“(黄) 度志在经世，而以学为本。作《诗》《书》《周礼说》。

① 王应麟：《玉海》卷 28《圣文》。

② 王应麟：《玉海》卷 130《官制·绍兴戚里元龟》。

③ 胡寅撰，容肇祖点校：《斐然集》卷 26《谭知古墓志铭》。

著《史通》，抑僭窃，存大分，别为编年，不用前史法。至于天文、地理、井田、兵法，即近验远，可以据依，无迂陋牵合之病。又有《艺祖宪监》《仁皇从谏录》《屯田便宜》《历代边防》行于世”[①]。正因为如此，有人对于一些学者仅注重科举时文而不穷究经史做法提出了尖锐批评。据元人俞琰记载：“张子韶云：学者专意时文，不知研穷经史，则举业之外，叩之空空如也，亦可耻也。前辈久不以古今灌溉胸中，试引镜自照面目，必可憎，对人言语无味。谓此也。”[②]

同时，一些时人对史书的劝戒功用有着极为明确的认识。如孙甫在《唐史论断序》中指出：“古之史，《尚书》《春秋》是也，二经体不同而意同。……然《尚书》记治世之事，使圣贤之所为，传之不朽，为君者、为臣者见为善之效，安得不说而行之？此劝之之道也。其间因见恶事致败乱之端，此又所以为戒也。《春秋》记乱世之事，以褒贬代王者之赏罚，时之为恶者众，率辩其心迹而贬之，使恶名不朽，为君者、为臣者见为恶之效，安得不惧而防之？此戒之之道也。其间有善事焉，明其心迹而褒之，使光辉于世，此又所以为劝也。是《尚书》《春秋》记治乱虽异，其于劝戒，则大意同也。后之为史者，欲明治乱之本，谨戒劝之道，不师《尚书》《春秋》之意，何以为法？”在此孙氏表明《尚书》和《春秋》具有鲜明的劝戒功用，是后世史家遵守学习的典范。又如韩淲指出：“古人之史，非是备遗忘要务多以美观也。因今劝后，因后明前，经

---

① 《宋史》卷393《黄度传》。

② 俞琰：《书斋夜话》卷4，文渊阁《四库全书》本。

制述作，二者是大，他琐琐皆不足记也。”[①]按韩氏所言，古人之史的主要功用在于劝戒与传承。

正因为有以上认识，一些时人对某些史书选材纪事提出了自己的看法。如王观国质疑道：“《唐书·马周传》曰：‘（周）舍新丰逆旅，主人不之顾。周命酒一斗八升，悠然独酌’。又《杜甫传》曰：甫‘尝从李白、高适过汴州酒楼，酣登吹台，慷慨怀古’。观国窃谓逆旅独酌，登高怀古，乃人之常情，若因可书之事而附见于史可也。今此二《传》不因可书之事而特书此者，所未喻也。马周穷未遇时，逆旅独酌，不知何人记此一事。设当时有见周独酌而记之者，又何足记也？杜甫与李白、高适登吹台怀古，宜有吟咏，而《集》所不载。盖两《传》所书，皆不足书也。或谓自迁、固而下，作史者稍仿《春秋》，以一字示褒贬，有志乎惩恶而劝善，其然乎？其不然乎？”[②]在此王氏不仅指明《新唐书》中有关马周“逆旅独酌”与杜甫“登高怀古”之事不足书，而且由此对类似之史纪事是否体现“惩恶劝善”功用表示怀疑。又如沈作喆指出：“史氏书事之法，为其事关大体则书之，至于宰相谟明弼谐，尤当记其大者远者。若马周冬冬鼓，特一村县尉之职尔，何足书？”[③]在此沈氏对史书记载马周“冬冬鼓”之事并不认同。再如王钦臣指出：“韩谦父闻台官吴中复等疏陈相执中所为及家私事，凡九条，谦父乃曰：‘此言必书之史，传施后世，而不善之名安可掩哉？士君子岂得不修慎哉。’”[④]

---

① 韩淲撰，张剑光整理：《涧泉日记》卷下。

② 王观国撰，徐时仪、郑晓霞整理：《学林》卷 7《马周杜甫传》。

③ 沈作喆撰，俞钢、萧光伟整理：《寓简》卷 3。

④ 王钦臣撰，储玲玲整理：《王氏谈录》。

此记表明，陈执中所为不善之事足以成为士君子“修慎”鉴戒。他如韩淲表明：“史法须是识治体，不可只以成败是非得失立论。盖上下千百载，见得古人底里明白，然后可载后世所不可不载之事。泛然欲备，则不胜其史矣。”[①]韩氏之言正代表着诸多士大夫对史书选材纪事的认识。

其次，宋代许多官僚士大夫在朝辅政时，则善于劝谏。其间，颇为突出的是经筵官们利用经筵进读之机，及时劝谏。应该说，经筵讲读制度使得经筵官往往能借助经筵平台，将自己的政治理念寄托在对历史问题的诠释之中，并由此启迪君王，达到以史议政的政治目的。程颐甚至指出：“天下重任，唯宰相与经筵：天下治乱系宰相，君德成就责经筵。”[②]具体而言：

一是对于宋代经筵讲读议政活动，叶梦得指出：“宋宣献、夏文庄为侍读学士，始请日读《唐书》一传，仍参释义理。后遂为定制。”[③]此后经筵官们注重讲述前代治乱之事。如王举正“在经筵二年，每进读及前代治乱之际，必再三熟复，以尽讽谕。”[④]又如孙抃“每侍迩英阁进读群书，至前代君臣乱亡祸败之际，昔所讳避不讲者，未尝不反覆开陈，欲人主洞见本末。曰：‘书传所以记此者，正使后世以为戒，故不敢略也’”[⑤]。再如“公（指吕公著）既侍经

① 韩淲撰，张剑光整理：《涧泉日记》卷下。

② 程颢、程颐撰，王孝鱼点校：《二程集·河南程氏文集》卷6《论经筵第三札子》。

③ 叶梦得撰，徐时仪整理：《石林燕语》卷2。

④ 李焘：《长编》卷190仁宗嘉祐四年十二月己卯。

⑤ 苏颂撰，王同策、管成学、颜中其等点校：《苏魏公文集》卷55《孙抃墓志铭》。

筵，时仁宗春秋高，公于经传同异、训诂得失皆粗陈其略。至于治乱安危之要，闻之足以戒者，乃为上反复深陈之”[①]。可见以上诸人均能以古事反复开导当朝帝王，其讲读目的颇为明确。

同时，经筵官在讲读时注重古今结合，参议时政。据晁公武言：“先是，大臣稽古不过秦、汉，引经义议政，盖自（贾）昌朝始。”[②]可见自贾昌朝始，引经议政之风逐步形成。如苏颂“每进可为规戒、有补时事者，必述己意，反复言之。……每进读至弭兵息民，必援引古今，以动人主之意”[③]。可见苏氏进读时偏重阐明涉及现实问题之事。又如据谢采伯言：“张子韶在经筵，太上语以‘朕用人尽付之公道’，子韶奏云：‘陛下付之公道，只得古人一半。’太上问其故，曰：‘孟子曰：左右皆曰贤，未可也；诸大夫皆曰贤，未可也；国人皆曰贤，然后察之，见贤焉然后用之，必须又断之，斯可也。’太上又云：‘台谏不可承宰相风旨。’子韶奏云：‘以臣观之，非特不可承宰相风旨，亦不可承人主风旨。’”[④]不仅如此，又据林之奇言：“张侍郎子韶有《资治通鉴》，拈提其大意，言古之为治者难，今之为治者易。如殷鉴不远，在夏后之世，只是得殷为鉴；周监于二代，只是得二代为鉴。若是居今之世，前世之鉴诚悉备。如要知女后、外戚，便有许多以女后、外戚败者为戒；要知宦官，便有许多以宦官败者；要知大臣擅权，便有许多以大臣擅权败者。人主但

① 朱熹撰，李伟国校点：《三朝名臣言行录》卷八之一《丞相申国吕正献公》引《家传》。

② 晁公武著，孙猛校证：《郡斋读书志校证》卷4“群经音辨”解题。

③ 《宋史》卷340《苏颂传》。

④ 谢采伯撰，李伟国整理：《密斋笔记》卷1。

熟读《通鉴》一书，则历代安危治乱昭然在目。如权宠专擅之际，不必攻击其人，但使人主熟读《通鉴》，既晓知其利害，自然权纲正。”[①]由此可知，张九成不但能就用人问题向高宗提出大胆看法，而且还极力表明人主熟读《资治通鉴》对于治政的益处。

二是有的经筵官不仅善于结合历史以及时政加以劝讲，而且还有意求“进故事”。此正如邓小南教授所言：“‘进故事’，在宋代成为臣僚进言、君主纳言的重要途径，不仅进读《宝训》之际是奏进祖宗故事的正式机会，而且有些时候臣僚会被要求、被鼓励经常性地奏进前代与本朝的故事。”[②]据苏象先言：“祖父（指苏颂）为吏部尚书，因转对建言：‘国朝典章，大抵沿袭唐旧。史官所记善恶咸备。乞诏迩英臣僚采录新、旧《唐书》中臣主所行，日进数事，以辅圣学。’”于是朝廷下诏：经筵官遇非讲读日，进汉、唐故事二条。[③]到南宋时，朝廷仍沿袭此前做法。如高宗建炎四年八月，参知政事谢克家请日轮从官一员，以前代及本朝之关治体者具两事进入，庶裨圣学。朝廷从之。“命侍臣进故事，自此始。”[④]可见“进故事”已成为宋代经筵进读制度中的重要组成部分。

其间，对于“进故事”的现实政治功用，宋代官僚士大夫有着清晰认识。如宁宗庆元元年四月，权工部侍郎兼知临安府钱象祖言：“窃谓所进故事，皆摘取切近时务，足以观省者，以为规益。……欲

---

① 林之奇：《拙斋文集》卷1《记闻》上。

② 见邓小南：《祖宗之法：北宋前期政治述略》第五章之“二、故事、《宝训》与《圣政》”，生活·读书·新知三联书店，2006年。

③ 苏象先撰，储玲玲整理：《丞相魏公谭训》卷1。

④ 熊克著，顾吉辰、郭群一点校：《中兴小纪》卷9。

望圣慈特降睿旨，自今虽非住讲日分，亦令侍从官从旧制轮进，庶几古先之成绩、列圣之良规，时得以彻闻聪听。不惟有以副陛下博询广问孜孜不倦之意，而且俾侍从之臣咸得输忠效美，以罄爱君忧国万一之诚。实非虚文，不为小补。”朝廷从之。[①]在此钱氏请求朝廷改变仅住讲日轮进故事，以增强君主取谏成效，该奏得到朝廷准许。又如吴泳指出：“懿我国朝，以百代为元龟，以烈祖为宝鉴。前朝事近于治道者，诏儒臣日进五条，庆历故事也；本朝事关治体者，轮侍从日进一两事，建炎故事也。王弗进楚令尹定国是之议，洪适进仁宗朝久任监司之说，乾道间故事也。家法之美，方策具在，群工之奏，开卷了然。……君之阅故事也，不苟知也，必期于允蹈。……更化以来，臣所进故事几二十余篇，皆本朝故实，而不杂以他事，大抵欲陛下法祖敬宗，而以世为天下之法。若夫迪上以非先王之典，则非臣之所以事陛下也。”[②]可见吴氏以此前“进故事”之制以及所行之美为立论基础，期求当朝君主能遵从祖宗做法，参阅所进本朝故实。

此外，宋代臣僚还时而请求以祖宗故事直接指导朝廷大政。如宁宗庆元五年冬十月，陈自强上《紧要政目》三十事，即人才、财用、军旅、风俗、蓄积、学校、爵禄、教化、命令、赏罚、法禁、谏诤、荐举、科举、礼制、祭祀、铨选、狱讼、税赋、农田、边备、奉天、奉祖宗、任相、任将、任官、监司守令、驭夷狄、荒政和马政，并且他“请令侍从、两省讲读官进故事，日于前项政事条目内选择一事为题，先叙前代帝王施行得失，而证以祖宗故事，然后

① 苗书梅等点校：《宋会要辑稿·崇儒》七。

② 吴泳：《鹤林集》卷15《进御故实·孝宗施行王弗等所进故事》。

论今日事体所宜，断以己意，俟其进入，编为一书。如一旬而讲一事，则一岁之间便有三四十事，不过二年，朝廷之大政讲究毕矣”。疏奏，朝廷从之。此后，翰林学士高文虎又以二十事上之如前，请稽古、勤政、威断、卹刑、惠民、久任、考课、选吏、救弊、宗庙、宗室、兵制、文章、历法、钱币、漕运、奉亲、茶盐、常平和义仓。[①]这是朝廷采取古今结合、叙论一体方式用以指导现实政治的典型例证。

正是出于现实政治之需，宋人所编“进故事”不少。仅在现存宋人文集中，如张纲《华阳集》卷20至卷23、廖刚《高峰文集》卷6以及楼钥《攻媿集》卷50等，均有专篇“《进故事》”。以上所存文献对于我们深入了解“进故事”具体内容颇有帮助。此外，见于著录者如詹仪之有《淳熙经筵日进故事》和《淳熙东宫日纳故事》各1卷，[②]凡此等等。

三是一些经筵官和东宫学官还编修了讲读参阅专书。如丁度“喜论事，在经筵岁久，帝每以学士呼之而不名”。他著有《迩英圣览》10卷和《龟鉴精义》3卷等。[③]又如范祖禹编有《帝学》10卷，晁公武指出：该书系“自古贤君迨于祖宗务学事迹为一篇，以劝讲”[④]。按今存本作8卷，清四库馆臣评述道：“（该书）每条后间附论断。自上古至汉、唐二卷，自宋太祖至神宗六卷。于宋诸帝叙述独详，盖亦本法祖之意，以为启迪也。祖禹初侍哲宗经幄，因夏

① 以上均见佚名编，汝企和点校：《续编两朝纲目备要》卷5。

② 《宋史》卷203《艺文志》。

③ 《宋史》卷292《丁度传》。

④ 晁公武著，孙猛校证：《郡斋读书志校证》卷10。

暑罢讲，即上书论今日之学与不学，系他日治乱，而力陈宜以进学为急。又历举人主正心修身之要，言甚切至。史称其在迩英时，守经据正，献纳尤多。又称其长于劝讲，平生论谏数十万言。其开陈治道，区别邪正，辨释事宜，平易明白，洞见底蕴，虽贾谊、陆贽不是过。”[①]可见该书是范氏精心编撰的帝王教科书。此外，他还著有《仁宗训典》6卷等。

与此同时，东宫学官亦极为重视皇室宗子教育。如徽宗政和五年，葛胜仲兼右谕德，“采春秋、战国以来历代太子善恶成败之迹，日进数事。既久，遂成一书，号《承华诏懺》。”[②]可见该书系由葛氏进讲内容汇聚而成。又如娄机专门著有《历代帝王总要》一书，楼钥在该书《序》中指出：“凡君道之污隆，治效之优劣，既书其大略，以至离合割据，余分闰位，五德之相生，世系之联属，靡不提纲撮要。又择前贤立论精确者，各系世次之末。开卷粲然，如指诸掌。……皇太子讲诵之余，垂意阅习，不待偏考史牒，古今历历在目矣。”[③]可见由娄机精心设计编排的这部帝王辅读教材，对于帝位继承者熟知古今帝王以及王朝兴亡史颇为有益。再如刘光祖“除正字兼吴益王府教授，迁校书郎。面对，取太祖、太宗治要汇为十节，名曰《两朝圣范》，上之”[④]。可见刘氏注重汇聚本朝创业之君治政之要，并欲将其作为当政者参阅素材。

最后，伴随着官僚士大夫辅政意识不断提高，他们中的一些人

---

① 《四库提要》卷91。

② 王应麟：《玉海》卷129《官制·嘉定东宫规鉴》。

③ 楼钥：《攻媿集》卷53。

④ 真德秀：《西山先生真文忠公文集》卷43《刘阁学墓志铭》。

有目的地纂修资治类史著。

一方面，出于以史为鉴目的，他们纂修有一般性鉴戒类史著。如“(司马)光常患历代史繁，人主不能遍览，遂为《通志》八卷以献。英宗悦之，命置局秘阁，续其书。至是，神宗名之曰《资治通鉴》，自制《序》授之，俾日进读”[①]。司马光在编修该书时，“专取关国家盛衰，系生民休戚，善可为法，恶可为戒者，以为是书。”正因为如此，胡三省在《新注资治通鉴序》中指出：“为人君而不知《通鉴》，则欲治而不知自治之源，恶乱而不知防乱之术。为人臣而不知《通鉴》，则上无以事君，下无以治民。为人子而不知《通鉴》，则谋身必至于辱先，作事不足以垂后。”在此胡氏将《资治通鉴》功用提升到了关乎治政和社会伦理的新高度。此后，围绕《资治通鉴》阐发史鉴宗旨的著述层出不穷。如王应麟在《通鉴地理通释自序》中明确指出：“余闲居观《通鉴》，将笺释其地名，举纲提要，首以州域，次以都邑，推表山川，参以乐毅、王朴之崇论竑议，稽《左氏》《国语》《史记》《战国策》《通典》所叙历代形势，以为兴替成败之鉴。”对此，清四库馆臣称赞道：“是书以《通鉴》所载地名异同沿革最为纠纷，而险要阨塞所在，其措置得失亦足为有国者成败之鉴。……其中征引浩博，考核明确，而叙列朝分据战攻，尤一一得其要领，于史学最为有功。”[②]可见该书注重阐明历代军事地理，其鉴戒目标更为明确。

同时，受宋代多数帝王喜好纳谏促使，一些官僚士大夫还编写有专题性谏诤类史著。如真宗大中祥符二年十月，石待问集历朝谏

① 《宋史》卷336《司马光传》。

② 《四库提要》卷47。

疏，撰成《谏史》100卷以进，“上嘉其勤”。[①]又如赵概尝集古今谏争事，上进《谏林》120卷，神宗诏答道：“士大夫得谢而去者，率以声问不至朝廷为高，朕忽得所奏书，因知有志爱君之士，虽退休山林，未尝一日忘也。其置诸坐隅，闲用究观，盖有取焉。”[②]在此神宗对致仕官员赵概仍情系朝廷、撰史规谏大加褒扬。再如高宗“方乡规谏”，王居正“次前世听纳事为《集谏》十五卷，以开广上意”。[③]它如黄度进《仁皇从谏录》，且言：“仁宗以朝政付中书，而公论在台谏，故大臣不敢行其私，而政事罔或不理。陛下温恭宽厚，兼覆天下，有仁宗之仁。事无巨细，责成二府，而台谏切直之言，靡不嘉纳。仁宗致治之要，亦既得之矣。然直虽不拒，而忠亦未能尽从，朝纲寖弛，主势遂孤，宜防其渐。伏惟鉴观此录，体之于身，其如仁宗者益勉之，不如者务去之。参之于事，合于庆历、嘉祐者增益之，不合者亟更之，则圣德日新，庶政日美矣。”[④]此更是黄氏以仁宗从谏之事规谏光宗。总之，以上注重汇聚历代或者本朝谏诤史事的史著，对促使当政者积极纳谏不无益处。

另一方面，一些时人紧密切合现实之需，编写有针对性极强的鉴戒类史著。如哲宗元祐七年，朝廷议纳后六礼。先是，王岩叟向宣仁高太后进言：“内助则赖贤后，正家须在皇帝。圣人言正家而天下定，当谨之于始。”到该年四月，王岩叟取历代皇后事迹可以为

① 王应麟撰，武秀成、赵庶洋校证：《玉海艺文校证》卷27《奏疏策》。

② 王珪：《华阳集》卷60《赵概墓志铭》，文渊阁《四库全书》本。

③ 吕祖谦：《东莱吕太史文集》卷9《王居正行状》。

④ 袁燮：《絜斋集》卷13《黄公行状》。

法者，编成《中宫懿范》上之。[1]可见王氏面对哲宗选聘皇后之事，及时编就并上进了针对性极强的史著。同样，到南宋高宗绍兴十三年闰四月，蔡直方则撰有《椒房通览》2册。[2]

又如面对高宗中兴时的艰辛局面，绍兴八年五月，衢州布衣柴宗愈进献《中兴圣统》，大略谓夏少康和汉光武可为标准，周宣王、汉宣帝、晋元帝、唐玄宗和宪宗可为鉴戒。后省奏其言“有补”。[3]到绍兴十三年五月，何俌又献《中兴龟鉴》10卷。[4]再是李纲撰有《汉唐三帝纪要录》，他在该书《序》中表明：“窃叹绝德清光，非臣下所能跂及。然而绍膺大统，适当国步艰难、夷狄强盛之日，百度未举，四方未宁。谓宜深考汉之高祖、光武，唐之太宗所以创业中兴者，神明自当，圣心循焉，以驭驾群材，制胜克敌，拨乱世而反之正，则我宋中兴之功不难也。”[5]可见该书有意选取汉、唐创业中兴之君事迹作为劝鉴内容，以激励高宗。

再如针对徽宗和钦宗二帝北狩之事，史载俞观能字大任，“绍兴初，应诏诣阙上书，特授德安府录参。登十二年进士第。时二圣尚狩沙漠，九重旰食，观能裒古今君臣孝弟数十事，曰《孝弟类鉴》，上之。”[6]可见此书意在劝谏高宗能不忘二帝北狩之事，尽力行孝悌之能。

---

① 王应麟：《玉海》卷130《官制》。

② 王应麟：《玉海》卷130《官制·元祐中宫懿范》。

③ 李心传撰，胡坤点校：《要录》卷119。

④ 李心传撰，胡坤点校：《要录》卷149。

⑤ 李纲撰，王瑞明点校：《李纲全集》卷137。

⑥ 罗濬等：《宝庆四明志》卷8，见《宋元浙江方志集成》（第7册）。

总而言之，以上诸种情况表明，不少宋代官僚士大夫在治学和进谏方面，史鉴意识和辅政意识均极为强烈。

3. 其他特殊人士在讲论史事时也具有极强目的性。典型者如优伶凭借特殊的职业身份，在表演杂剧其间不时能够彰显鉴戒之义。对此，洪迈明确指出："俳优侏儒，固伎之最下且贱者，然亦能因戏语而箴讽时政，有合于古矇诵工谏之义，世目为杂剧者是已。"[①] 可见即便是社会地位低下，但优伶仍能利用职业之便，以欲达到"箴讽时政"目的。

仅如针对北宋后期变法活动，伶优不时以特定表演内容直指变法举措，期望达到鉴戒目的。据朱彧记载："熙宁间，王介甫行新法，欲用人材，或以选人为监司。赵济、刘谊皆雄州防御推官，提举常平等事，荐所部官改官，而举将自未改官。盖用才不限资格，又不欲便授品秩，且惜名器也。其时多引人上殿，伶人对上作俳，跨驴直登轩陛，左右止之，其人曰：'将谓有脚者尽上得。'荐者少沮。"此例针对王安石变法时，不拘资格选用人才之事。朱彧又记述道："崇宁铸九鼎，帝鼐居中，八鼎各镇一隅。是时行当十钱，苏州无赖子弟冒法盗铸。会浙中大水，伶人对御作俳：'今岁东南大水，乞遣彤鼎往镇苏州。'或作鼎神附奏云：'不愿前去，恐一例铸作当十钱。'朝廷因治章綖之狱。"[②]此例则针对徽宗时行当十钱等事而言。总之，以上两例说明，伶优的主观意图还收到一定成效。

总体而论，以上虽仅以优伶为例，但其他特殊人士讲论史事的目的同样如此，在此不再赘述。

---

① 洪迈撰，何卓点校：《夷坚支乙》卷第4《优伶箴戏》。

② 朱彧撰，李伟国整理：《萍洲可谈》卷3。

## 三、教化易俗目的

1. 在社会教化方面，宋代朝廷上下不仅对一些史籍的经世功用有着深刻认识，而且在多层次教育实践活动中，通过一定的历史知识与伦理道德教育，旨在宣扬古今治乱兴衰之理，树立良好的思想道德规范以及是非评判观念等。

（1）宋代帝王以及诸多士人对读书致用有明确认识。其中，对于古代典籍所蕴含的经世治道之理，宋代帝王有着清醒认识。如史载："淳化三年九月，（太宗）幸新秘阁。帝登阁，观群书齐整，喜形于色，谓侍臣曰：'丧乱以来，经籍散失，周孔之教将坠于地。朕即位之后，多方收拾，抄写购募，今方及数万卷，千古治乱之道并在其中矣。'"[①]在此宋太宗道出了他之所以广搜经籍的原委。同时，就具体史著中的治道功用而言，如淳熙三年十二月，孝宗以袁枢所编《通鉴纪事本末》赐东宫，令与陆贽《奏议》熟读，并且言："治道尽于此矣。"[②]

不仅帝王如此，宋代不少士人倡导读书应探求其中的古今兴亡之理，寻求治国理政之道。如据沈作喆记述："王庠应制举时，问读书之法于眉山。眉山以书答云：'……但卑意欲少年为学者，每一书皆作数次读之。书之富如入海，百货皆有，人之精力不能尽取，但得其所求者尔。故愿学者每次作一意求之，如欲求古今兴亡治乱

---

① 程俱撰，黄宝华整理：《麟台故事》（辑本）卷1《储藏》。

② 刘时举撰，王瑞来点校：《续宋中兴编年资治通鉴》卷9，中华书局，2014年。

圣贤作用，且只以此意求之，勿生余念。又别作一次，求事迹、故实、典章、文物之类，亦如之。他皆仿此。……’前辈教人读书如此，此岂肤浅求速成、苟简无根柢者所能哉？此书今集中不载，学者当书绅，故表而出之。”[①]此例所揭示的苏轼教人读书法，其蕴含的读书目的极为明确。又如据吕本中言：“范元实崇宁中过符离，别后寄予书云：‘……然吾辈今日事业，直须多读书，考古人成败，作文章以法前人，又不可自屈沉也。万事不废，随事观理，他日自须脱然度越诸子。近见先生讥人博学，而学者废书不观，反为害事。’”[②]在此吕氏阐明了范温与他等读书作文的具体做法与目的。再如史载：“家大夫尝谓，曾子固《南齐书序》，是一部十七史序，不可不熟看。其要处云：‘所谓良史者，其明必足以周万事之理，道必足以适天下之用，智必足以通难知之意，文必足以发难显之情，然后其任可得而称也。’”[③]可见曾巩对“良史”有着极为深刻的认识。

与此相对，对于当时专注于科举和圣贤之言而不观他书现象，有人批评道：“大抵富贵之家教子弟读书，固欲其取科第，及深究圣贤言行之精微。然命有穷达，性有昏明，不可责其必到，尤不可因其不到而使之废学。盖子弟知书，自有所谓无用之用者存焉。史传载故事，文集妙词章，与夫阴阳、卜筮、方技、小说，亦有可喜之谈，篇卷浩博，非岁月可竟。子弟朝夕于其间，自有资益。”[④]可

① 沈作喆撰，俞钢、萧光伟整理：《寓简》卷8。

② 吕本中撰，查清华、胡俭整理：《师友杂志》。

③ 百岁老人袁褧撰，俞钢、王彩燕整理：《枫窗小牍》卷上。

④ 袁采：《袁氏世范》卷上，文渊阁《四库全书》本。

见该作者并不赞成紧跟社会流行之风，而是更为看重他书的“无用之用”。又如据吕本中言：“诚伯叔父明之，亦老儒也。然专读经书，不读子、史，以为非圣人之言，不足治也。诚伯以为不然，曰：‘博学而详说之，将以反说约也。如不遍览，非博学详说之谓。’”①此是时人针对他人读书有偏颇之弊而提出的不同看法。

（2）针对社会不同群体，宋人有着多层次多样化的教化举措。

首先，童蒙作为特定人群，时人针对他们喜好直观、乐于记诵、可塑性强等特点，采取了相应的教养举措。

一是形象生动的儿童画无疑对童蒙具有极强吸引力和巨大感染力。对于司马光幼时击瓮救同伴的感人故事，被当时画家以直观形象的图画形式生动再现了出来。对此，时人记述道：“司马温公童稚时，与群儿戏于庭，庭有大瓮，一儿登之，偶堕瓮水中，群儿皆弃去，公则以石击瓮，水因穴而迸，儿得不死。盖其活人手段已见于龆龀中。至今京洛间多为《小儿击瓮图》。”②可见该故事在当时京洛地区广为传布，说明其社会影响力非同一般。甚至直到今日，该故事仍被人们广泛称颂。

二是针对童蒙擅长记诵等优势，时人传递、编写或者增补着适合他们的便读易诵类教材，并且在这类教材中，均不同程度地包含有历史知识、历史典故甚至立身成才等内容。其中对于唐人李瀚所撰《蒙求》，宋人虽对该书编修义例以及取材时有批评，但并未影响该书在社会上的流传状况。如陈振孙在该书解题中论说道：该书

① 吕本中：《童蒙训》卷上，文渊阁《四库全书》本。

② 释惠洪撰，黄宝华整理：《冷斋夜话》卷3，《全宋笔记》第二编第九册，大象出版社，2006年。

“本无义例，信手肆意杂袭成章，取其韵语易于训诵而已。遂至举世诵之，以为小学发蒙之首，事有甚不可晓者。余家诸子在襁，未尝令诵此也”[①]。即陈氏对《蒙求》评价并不高，甚至还不让自家孩子诵读。但据他所言，该书却“举世诵之”，使得他“甚不可晓”。又如王观国举例指出：“唐李瀚撰《蒙求》五百九十八句，每句著一人，每人著一事，非博学不能为此。然其疵在于一人而分作二句或三句，既曰‘孔明卧龙’，又曰‘葛亮顾庐’，又曰‘亮遗巾帼’。……夫诸史中所载人姓名事迹多矣，每用一人为一句，不难也，何至乃重复用之哉？又其所著不皆出于经史，而间取小说杂书，……盖小说杂书多妄诞不可取信，而瀚取此与经史同列，非训蒙之所先也。”[②]这是王氏对该书内容重复与取材不纯问题所作的批评。正因为该书仍存有一些不足，因此，徐子光在撰写《补注蒙求》时，就征引《左传》《史记》《汉书》《三国志》以及《晋书》等诸多史籍，从而使得该书内容更加详备易懂。

此后，受李瀚《蒙求》直接影响而撰成的同类著述，虽不及《蒙求》盛行，但其纂修目的无不是为满足现实需求。对此，如楼钥在《跋郑德舆历代蒙求》中指出：“《蒙求》始于李氏，后有作者终不及之。……同年郑君德舆老不废书，用李氏之体，备述历代由伏羲以至大宋，事不求对，句以四言，童子易于诵习，千古大概如指诸掌。……其子洽、濙锓板以传，为书其后，且将使诸孙诵之。”[③]即郑德舆特意为童蒙撰有《历代蒙求》。又如前所述，该类著作还有

① 陈振孙撰，徐小蛮、顾美华点校：《直斋书录解题》卷14。

② 王观国撰，徐时仪、郑晓霞整理：《学林》卷7《李瀚蒙求》。

③ 楼钥：《攻媿集》卷76。

王令的《十七史蒙求》1卷，[①]等等。由此可见，《蒙求》虽存在自身不足，但宋代跟风者不少，并且他们的编修目的极为明确、具体。

又理学家不仅有着自身对童蒙的教育理念，而且他们中的一些人也投身到了童蒙教材编撰中。据刘清之记载："(家颐) 教子语：人生至乐，无如读书，至要无如教子。……富者之教子，须是重道；贫者之教子，须是守节。"[②]朱熹指出："修身大法，《小学》备矣。"[③]他又言："后生初学，且看《小学》之书，那是做人底样子。"[④]以上所记，均直观表明了理学家的启蒙教育观。

在编撰童蒙教材方面，如胡宏撰有《叙古蒙求》1卷，该书纪事"自羲、农至于五代周，凡三十一章"。[⑤]不过，对于这部带有浓厚理学色彩的童蒙著述，朱熹直言："《叙古蒙求》亦太多，兼奥涩难读，恐非启蒙之具。"[⑥]即该书存在叙事"太多"、语言"奥涩"难读等明显缺陷。又如胡寅编有《叙古千文》1卷，朱熹评论道："其叙事立言，昭示法戒，实有《春秋》经世之志。至于发明大统，开示正途，则又于卒章深致意焉。新学小童，朝夕讽之而问其义，亦足以养正于蒙矣。"[⑦]该书虽被朱氏赞赏有加，但它同样存在文句古奥难懂缺陷。再如吕本中撰有《童蒙训》3卷，系家塾训课之本。宁宗

---

① 陈振孙著，徐小蛮、顾美华点校：《直斋书录解题》卷14。

② 刘清之：《戒子通录》卷6，文渊阁《四库全书》本。

③ 黎靖德辑，郑明等校点：《朱子语类》卷105。

④ 黎靖德辑，郑明等校点：《朱子语类》卷7。

⑤ 赵希弁撰，孙猛校证：《郡斋读书志校证·读书附志》。

⑥ 朱熹著，刘永翔等校点：《晦庵先生朱文公文集》卷35《答刘子澄》。

⑦ 朱熹著，刘永翔等校点：《晦庵先生朱文公文集》卷81《跋叙古千文》。

嘉定八年，楼昉在该书《跋》中指出：“书之所载，自立身行己，读书取友，抚世酬物，仕州县，立朝廷，纲条本末，皆有稽据。”即该书所记内容丰富，叙述详明。它如《小学书》4卷，陈振孙指出：“朱熹所集古圣格言，至论以教学者，皆成童幼志进学之序也。内篇曰《立教》《明伦》《敬身》《稽古》，外篇曰《嘉言》《善行》。”[①]可见该书同样内容明晰，编修目的明确。

此外，针对女童教育，理学家也有自身想法。据罗大经言：“朱文公尝病《女戒》鄙浅，欲别集古语成一书。立篇目曰《正静》、曰《卑弱》、曰《孝爱》、曰《和睦》、曰《俭质》、曰《宽惠》、曰《讲学》。且言如杜诗云：‘嗟汝未嫁女，秉心郁忡忡。防身动如律，竭力机杼中。’凡此等句，便可入《正静》，他皆仿此。尝以书属静春先生刘子澄纂辑，迄不能成。公盖欲以配小学书也。”[②]可见朱熹的想法终未能实现。不过，如前所述，徐伯益撰有《训女蒙求》1卷，[③]等等。

再是随着印刷业快速发展，书坊主也加入到传布学术文化队伍中。不过，他们以追求利润为目的，刊印带有浓厚功利目的和极强道德说教色彩的书籍，而这些书籍未必有利于童蒙。如刘克庄在《题永嘉黄仲炎文卷》中就激烈批评道：“书坊黄册诱儿童，朝取封侯夕拜公。”[④]该论表明书坊此类书籍具有极为浓厚的政治功利性。

总而言之，由以上论述可知，宋代不少士人积极投身到了童蒙

---

① 陈振孙著，徐小蛮、顾美华点校：《直斋书录解题》卷9。

② 罗大经撰，王瑞来点校：《鹤林玉露》乙编卷5《女戒》。

③ 《四库提要》卷137。

④ 刘克庄著，辛更儒校注：《刘克庄集笺校》卷13。

教育之中，并且他们有着各自的教育理念以及教化措施，这对童蒙成长成才不无益处。

其次，官僚作为为政主体，他们的政治作为直接影响着整个国家机构运转和社会风气转化。因此，宋代统治者特别重视官僚的行政作为和道德品德。除朝廷考课时所规定的“四善二十七最”之外，官僚士大夫撰写的有关旨在阐明为政之要以及具有劝戒目的的论著并不少。

一是宋人编有不少为政类史籍。如阎一德撰有《古今政事录》21卷，据楼钥介绍：阎一德“出自世家，屡更繁剧。纂辑经史，著《古今政事录》以为规警”[①]。又如据吕本中言：“前辈尝有编类国朝以来名臣行状、墓志，取其行事之善者，别录出之，以自警戒。亦乐取诸人以为善之义也。”[②]即有人旨在从原始史料中选录名臣善行。再如欧阳邦基撰有《劝戒别录》3卷，周必大在该书《跋》中指出：“凡经史百家所记与夫近世士大夫善言善行，皆聚而笔之，析为三卷，总十五门。”[③]总之，以上史家的作为表明，时人极为看重历代名臣嘉言善行。

同时，宋代一些士人及时收集、总结官僚们的为官经验以及名臣仕宦行迹，编修成具有常规指导与劝戒目的的官箴书。如《作邑自箴》《州县提纲》《昼帘绪论》《仕学规范》《自警编》《官箴》以及《百官箴》等。其中，如李元弼《作邑自箴》系北宋时期实务性官箴书，主要记述为政之要以及由此衍生的规矩和劝戒，它是县

① 楼钥：《攻媿集》卷31《举阎一德綦奎赵积谦充边郡状》。

② 吕本中：《童蒙训》卷下。

③ 周必大：《文忠集》卷19。

政业务类指导书。佐竹靖彦先生研究认为："地方官把它作为自己仕途的注意事项和心理准备的指南。"[①]又如《州县提纲》4卷，不著撰人。清四库馆臣指出："其书论州县莅民之方极为详备，虽古今事势未必尽同，然于防奸厘弊之道，抉摘最明，而首卷推本、正己、省身，凡数十事，尤为知要，亦可为司牧之指南。"可见该书实用性极强。再如许月卿撰有《百官箴》6卷，"仿扬雄《官箴》，分曹列职，各申规戒。"[②]许氏在该书卷三《史臣箴》中，就指明"毋用匪人，以轻厥职"等，可见该书对诸司任职者多有规戒。

与以上偏重为官实务类著述稍异的是，以名宦为官处事为记述重点的著述亦有一些。如张镃撰有《仕学规范》40卷，全书分为学、行纪、涖官、阴德、作文和作诗六类，"统载宋名臣事状，并征引原文，各著出典。"[③]张氏在该书《序》中明确指出："仰惟熙朝累圣缵承，一以姬、孔道学造天下士，名公硕儒闻风作兴，步武相属。其大者功烈在天，铭立鼎彝，诚未易窥测。至如问学之闳深，操行之端方，政事之精醇，与夫阴功隐德、奇辞奥论流播简册者，皆足以擅称一时，诒宪百世。镃天资庸朴，粗知读书，日思放涤膏粱之习，以从贤士大夫后。是以寤寐前哲，采摭旧闻，凡言动举措粹然中道，可按为法程者，悉派分鳞次，萃为巨编，以便省阅。"可见张氏旨在编选宋代名臣事状，以便作为宦学典范。因此，在该书前列《编书目》中，他特意指明参据了北宋九朝《名臣传》、朱熹《皇朝

① 佐竹靖彦：《〈作邑自箴〉研究——对该书基础结构的再思考》，参见《佐竹靖彦史学论集》，中华书局，2006年。

② 以上均见《四库提要》卷79。

③ 《四库提要》卷123。

名臣言行录》以及有关王旦、胡瑗和范纯仁的《言行录》《名贤遗范录》等等。明人杨士奇指出：该书“有益学者，士大夫家不可阙”[①]。又如赵善璙撰有《自警编》9卷，清四库馆臣指出：该书“乃编次宋代名臣大儒嘉言懿行之可为法则者”[②]。元人熊禾在张光祖《言行龟鉴序》中曾指出：“（自己）得赵善璙《自警编》，观其言皆切近而易知，而其事又明白深至，而易以动悟，知其有补于世教也。”从以上论述不难看出，该类著述便于官僚士大夫翻检、参用。

二是宋代涌现出不少著名官宦，他们的动人事迹不仅在社会中广为传播，而且还被一些士人有意选编成了《名臣传》和《名臣言行录》等。其中，以名臣传记类史著而言，如张唐英撰《本朝名臣传》5卷，纂录“天圣至嘉祐名臣世家谱牒，次第撰为五十列传”。又《两朝名臣传》30卷，不知作者，系“真宗、仁宗《实录》中后妃、诸臣等列传”。《咸平诸臣传》1卷，不知作者，“起雷有终，迄路振，凡三十九人。”《熙宁诸臣传》4卷，“起胡宿，终陆诜。”[③]可见时人颇为热衷于名臣传编撰。此外，该类史书还不时被时人所征用。除朱熹《八朝名臣言行录》和张镃《仕学规范》多有引用外，如曾慥《类说》卷2所引《名臣传》，其间涉及真宗和仁宗时名臣如王旦、王曾、寇准、范仲淹和狄青等共十六人。凡此等等。

同时，宋人在汇聚、编集名臣言行事迹时，有些以某个名人为主编就。如王曾之弟王皞著有《王文正公言行录》3卷，记录王曾

---

① 杨士奇：《东里续集》卷18《仕学规范》。

② 《四库提要》卷123。

③ 王应麟撰，武秀成、赵庶洋校证：《玉海艺文校证》卷24《传》。

“平生言行，凡六十七事”[①]。又如《范忠宣言行录》20卷，据陈振孙言：“不著姓名，其家所录也。”[②]不过，据《范正平传》所附《范正思传》记述，该书实系范纯仁之子范正思所编。[③]再如《安定先生言行录》2卷，据陈振孙言：“杂录胡瑗翼之事及告祠、志、表、祭文等。”[④]汪藻在该书《序》中指出：“然子东（关注字）所以求先生之书者，岂徒为循诵习传而已哉？将以美风俗、新人材，于是乎在，可谓知先生所以望后世之意者矣。”[⑤]由此可见，以上著述多由家人等撰成，目的旨在记录褒扬祖先功德，激励后世。

有些则以多朝诸多名臣为主成书。如朱熹编有《八朝名臣言行录》24卷，据朱氏在该书《序》中言：“予读近代文集及记事之书，观其所载国朝名臣言行之迹，多有补于世教者。然以其散出而无统也，既莫究其始终表里之全，而又汩于虚浮怪诞之说，予常病之。于是掇取其要，聚为此录，以便记览。”由此可知，该书以“有补世教”作为编修宗旨。时人韩淲评价道：“晦翁初年编类文字，如《语》《孟集注》《五朝》《三朝言行录》，皆可传。”[⑥]可见韩氏颇为看好该书的社会影响力。受其直接影响，李幼武编有《名臣言行录续集》8卷、《别集》26卷和《外集》17卷。钟尧俞编有《宋名臣言行类编举要前集》和《后集》共16卷，据钟氏《自序》：“《前

---

① 晁公武著，孙猛校证：《郡斋读书志校证》卷9。

② 陈振孙著，徐小蛮、顾美华点校：《直斋书录解题》卷7。

③ 范纯仁：《范忠宣集补编》，文渊阁《四库全书》本。

④ 陈振孙著，徐小蛮、顾美华点校：《直斋书录解题》卷7。

⑤ 汪藻：《浮溪集》卷17《胡先生言行录序》。

⑥ 韩淲撰，张剑光整理：《涧泉日记》卷下。

集》举言行之体，《后集》发言行之用，始终皆有微意。”明人杨士奇进而指出：“盖取朱子所编及《会要》《长编》诸书所纪有益于世教者而类编之，以为此书有足观者。”①可见该书编排讲求体、用结合，编撰目的较为明确，编选内容颇为集中，实为“有足观者”。此外，吴宏编有《典刑录》12卷，据陈振孙言：“大略于《言行录》中钞出。”②总之，以上诸书与某人《言行录》相比，取材和论述范围更广，其“有补世教”功用更为鲜明突出。

总体而论，以上这些史著的编修目的不仅在于宣扬名臣典型事迹，更在于感召以及教化时人。

最后，针对社会民众的伦理道德教化，不少官僚士大夫家族、宗族制定有家训，并且由此带动了家训、世范类著述编撰。突出者如袁采撰《袁氏世范》3卷，刘镇在该书《序》中指出：“一日，（袁采）出所为书三卷示镇曰：‘是可以厚人伦而美习俗，吾将版行于兹邑，子其为我是正而为之序。’镇熟读详味者数月，一曰睦亲，二曰处己，三曰治家，皆数十条目。其言则精确而详尽，其意则敦厚而委曲，习而行之，诚可以为孝悌，为忠恕，为善良，而有士君子之行矣。”可见该书编撰、刊刻目的极为鲜明。袁采还在该书《后序》中着重表明：“近世老师宿儒多以其言集为《语录》，传示学者，盖欲以所自得者与天下共之也。然皆议论精微，学者所造未至，虽勤诵深思，犹不开悟，况中人以下乎！至于小说、诗话之流，特贤于己，非有裨于名教。亦有作为《家训》，戒示子孙，或不该详，传焉未广。采朴鄙，好论世俗事，而性多忘，人有能诵其前言，而

① 杨士奇：《东里续集》卷18。

② 陈振孙撰，徐小蛮、顾美华点校：《直斋书录解题》卷7。

已或不记忆，续以所言私笔之。久而成编，假而录之者颇多，不能偏应，乃锓木以传。”由此可见，正是鉴于《语录》《家训》以及小说、诗话等在宣扬伦理道德等教化方面有诸多局限，所以他才撰写了该书。

具体就该书内容而言，如在其卷上《睦亲》篇中，作者认为：“置义庄以济贫族，族久必众，不惟所得渐微，不肖子弟得之不以济饥寒。……不若以其田置义学，能为儒者择师训之，既为之食，且有以周其困乏，亦不至生事扰人，紊烦官司也。”在此作者表明义学比义庄更利于救济。在卷中《处己》篇中，当论及“民顽”事时，作者能根据时事加以辩证论析。在卷下《治家》篇中，作者指出当时的社会经济特色是“贫富无定势，田宅无定主”。如此等等。对于该书价值，清四库馆臣赞扬道：“其书于立身处世之道，反复详尽，所以砥砺末俗者，极为笃挚。虽《家塾》《训蒙》之书，意求通俗，词句不免于鄙浅，然大要明白切要，使览者易知易从，固不失为《颜氏家训》之亚也。”[①]另据姚勉言：兴国军教授程澥之妻谭氏，“能琴棋，尤喜阅书史，诵《袁氏世范》甚习。善相夫，乐教子，吾族之贤妇人也。”[②]可见该书在当时民间确有一定影响。

总之，家训、世范类著述对于规范民众日常行为，促进伦理道德教化，甚至是维护基层社会秩序，其作用不可忽视。

2. 在移风易俗方面，敬仰先贤、倡导忠孝廉洁始终是中华民族的传统美德。宋代自建国时起，朝廷就极为重视改变社会不良习气，引导民众树立良好的社会风尚。

---

① 《四库提要》卷92。

② 姚勉：《雪坡集》卷50《谭氏孺人墓志铭》。

（1）尚贤。自仁宗时起，崇尚功德、敬仰先贤之风日益兴盛。该风气虽则有的出自朝廷，有的属地方官员所为，但其目的均在于表彰功勋贤达之士，树立良好政风。

一方面，在宋代帝王褒崇大臣的诸多方式中，御赐大臣碑额作为一种独特的盖棺定论方式，往往彰显着逝者生前的功勋德义，它对人们认识这些大臣的仕宦经历及其是非功过具有重要参考价值。据史载："皇祐中，王子融自河中府还，以唐明皇所题裴耀卿碑额上进，仁宗遂赐其兄曾碑曰旌贤。自后勋戚之家多赐之。"[①]可见两宋御赐神道碑额约始于仁宗皇祐年间。据现今研究者统计，此后计有 11 位皇帝参与御赐碑额，文献所见宋代御赐碑额数量亦有 60 余人。[②]

具体而言，见于史料记载的重要赐额有："仁宗：旌贤，故相王曾；旌忠，故相莱国公寇准；旧学，故相晏殊；旌功，故枢密使曹利用；怀忠，故相吕夷简；旌忠勋德，故枢密使张耆；显功，赠太师、尚书令兼中书令李继隆；纯孝，观文殿学士张观；褒贤，赠礼部尚书范仲淹；褒亲，献穆大长公主；儒贤，观文殿学士高若讷；崇儒，观文殿学士丁度；清忠，故枢密使王德用；思贤，故相刘沆；旌忠元勋，故枢密使狄青；褒忠，故相陈执中；全德元老，故相王旦；亲贤，陇西郡王李用和；教忠积庆，宰相文彦博父洎；显功，鲁国忠武公李继隆；遗直，故相李迪；旌劳，故相程琳。英宗：大

① 苗书梅等点校：《宋会要辑稿·崇儒》六。

② 参见肖红兵：《宋代御赐神道碑额考述——以文献所见六十余人碑额为中心》，载《中原文化研究》，2013（5）和《御赐碑额所见北宋中后期的君臣关系》，载《历史教学问题》，2013（6）。

儒元老，故相贾昌朝；忠规德范，故相宋庠。神宗：两朝顾命定策元勋，赠尚书令韩琦；忠勤懿戚，赠侍中向经；决策定难显忠基庆，卫王高琼；克难敏功钟庆，康王高继勋；两朝顾命定策亚勋，赠太师中书令曾公亮，初赐两朝顾命赞策勋德，复诏改之。”又“哲宗：显忠尚德，赠太师富弼；忠清粹德，赠太师温国公司马光。徽宗：旌忠，赠镇潼军节度使赵隆；元丰受遗定策殊勋宰臣，赠太师，《徽宗实录》止云赐碑额曰‘元丰受遗定策宰臣蔡确之墓’。确本传所载，又有‘殊勋’二字，乃其子渭请御书，因而赐之。钦宗：张商英。靖康元年九月，工部员外郎李士观乞诏词臣撰商英神道碑，诏：‘依奏，碑额朕当亲书。’”[①]南宋时，据李心传记载：“渡江后，大臣未有赐墓碑额者。绍兴初，上始书韩文定神道曰‘世济盛德之碑’。其后得此赐者亦不多。秦丞相父‘清德启庆’，秦丞相‘决策元功精忠全德’，陈文恭‘精忠显德’，杨和王‘安民定功佐运兴德’，刘忠显‘旌忠褒节’，吴信王‘安民保蜀定功同德’，韩蕲王‘中兴佐命定国元勋’，史太师‘纯诚厚德元老’，周益公‘忠文耆德’。”[②]由上可知，始于仁宗时的御赐碑额举动，直接延续到了南宋时期。

对于以上赐额的政治社会意义，如神宗熙宁十年冬十月，张昇卒于许州。至哲宗时，“特题其碑之颜曰‘清忠旧德之碑’。”对此，范纯仁称赞道：“然后公之大节，于是乎称矣；国家崇德报功之道，于是乎备矣；天下修己为善之人，于是乎劝矣。一举而三善从之，可不谓之美欤？在昔人臣立大节、成大功，为天下士民之所称爱者，

---

① 苗书梅等点校：《宋会要辑稿·崇儒》六。

② 李心传撰，徐规点校：《建炎以来朝野杂记》甲集卷9《渡江后赐墓碑额》。

未必见知于时君；居高位、席盛宠，蒙遇于时君者，未必见称于士大夫；善其初者，未必能保其终；盛其名者，未必能安其身。如公者兼得而并有之，可不谓之完欤？”[①]范氏在此所揭示的三善，即“立大节、成大功和为士民所称爱”，正是赐额臣僚家族和朝廷所期待达到的政治目的以及社会效应。

又在宋代皇位传承过程中，往往会发生激烈复杂的政治斗争，如何认定参与其事的宰辅作为，常常显得莫衷一是，但经皇帝赐碑额，定基调，从而使其政治地位与历史功绩得到了官方确认。如神宗所篆韩琦“两朝顾命定策元勋之碑”和曾公亮“两朝顾命定策亚勋之碑”，以及徽宗御书蔡确“元丰受遗定策殊勋宰臣蔡确之墓”等，均体现着明显的政治指向。

另一方面，一些地方官僚以建堂绘像、立祠建庙等方式祭奠敬仰先贤，用以唤起人们的历史记忆。如史载：“庆历八年夏五月，天子以河朔地大兵雄，而节制不专，诏魏、瀛、镇、定四路悉用儒帅兼安抚使，而以韩琦帅定州。郡圃有亭，琦广之为堂。既成，乃摭前代良守将之事可载诸图而为法者凡六十条，绘于堂之左右壁，名为阅古堂。”[②]对此，范仲淹在《阅古堂诗》中赞叹道：“中山天下重，韩公兹镇临。堂上缋昔贤，阅古以儆今。牧师六十人，冠剑竦若林。既瞻古人像，必求古人心。彼或所存远，我将所得深。仁与智可尚，忠与义可钦。吾爱古贤守，馨德神祇歆。典法曾弗泥，劝沮良自斟。”[③]此后，韩琦回应道：“阅古堂成在北边，希文诗笔

① 范纯仁：《范忠宣集》卷10《完美集序》。

② 王应麟：《玉海》卷161《宫室·庆历定州阅古堂》。

③ 范仲淹撰，李勇先、王蓉贵点校：《范仲淹全集·范文正公文集》卷3，四川大学出版社，2002年。

美前贤。高吟尚纪终军策，小字如观乐毅篇。欲起贵名增世慕，更刊余礼广人传。其他事业知难泯，尽入《仁宗实录》编。”[1]对于范仲淹作《阅古堂诗》的缘由，史载：“公（指韩琦）与范公同召拜枢密副使，公自请捍边，至五表，不听。既至，又与范公伸前议，同决策上前，期以兵覆元昊。会夏国送款，公谋不果用，范公每恨龃龉功不就，故作《阅古堂诗》叙其事，传于世。”[2]由此可见，围绕阅古堂，时人不只是为了敬仰古贤守，其间更蕴含着浓厚的现实情怀。

又如据吴曾言：“礼部侍郎蒋堂希鲁，宜兴人。仁宗时，以枢密直学士知成都。尝召高才硕生，会试府中。亲较才等，劝成学者。于府学之侧别建西学，以广诸生斋室。迄成，而公移蒲中。其后转运使毁之，以增廨舍。既而常山宋公尚书至府，闻其事，叹惜久之。且欲成公意，乃即其旧址建文翁祠。祠之内，图严君平、郑子真、司马相如、杨子云蜀土先贤九人，及公之像而十。常山公为之赞，至公，略云：‘蒋侯挺挺，天与严方。健而文明，不迎不将。’”[3]可见成都文翁祠经由蒋堂和宋祁才得以最终建成，祠堂内还设有十贤士像，并且宋祁作有图像赞。

再如蒋之奇知广州时，“取前世牧守有清节者吴隐之、宋璟、卢奂、李勉等，绘其象，建十贤堂以祀，冀变其习。”[4]此后到南宋周自强任职该州时，据韩元吉记载：“州治有十贤堂，祀晋至唐牧

---

① 韩琦：《安阳集》卷10《次韵和崔公孺国博模刻文正范公阅古堂诗》。

② 朱熹撰，李伟国校点：《三朝名臣言行录》卷一之一《丞相魏国韩忠献王》。

③ 吴曾：《能改斋漫录》卷12《蒋希鲁建西学宋宏肖其像于文翁祠》。

④ 《宋史》卷343《蒋之奇传》。

守之有名者。公又集本朝潘武惠、向文简公而下八人继之。”[①]可见继任者在敬仰前代先贤基础上，特意增加了本朝贤宦，其目的均在于“冀变其习”。

到南宋时，地方敬仰先贤之风更盛。如据董嗣杲言，临安府的先贤祠在苏公堤南山第一桥下，“宝庆二年，郡守袁韶奏请仿绍兴府鸿禧观规模，买地建祠。取钱唐自古名人，从许由至张九成及节妇五，共三十九人，摘传立石，祠后建旌德观，奉祠事。”[②]可见该祠供奉先贤众多。现今还存留有袁韶所撰《钱塘先贤传赞》1卷。又如据周应合言：建康府“祀先贤”之地有“祠堂四所，在府学，与祀者二十六人”。此外有“先贤堂一所，在府学之东，明道书院之西，青溪之上。马公光祖建立。自周汉而下，与祀者四十一人，各有赞”[③]。由此可知，该府崇奉的先贤亦达几十位之多。再如真德秀曾“历一节四麾，治以教化为先，辟贡闱，增学畬，江东祠范忠宣公，长沙新贾傅庙，晋谯王祠，温陵祠朱文公及林公攒、苏公缄于学，而绌其不当祠者”[④]。可见真氏极为看重地方人文教化。

此外，将先贤事迹编撰成书者，除上述袁韶《钱塘先贤传赞》外，如仁宗庆历初，王玉纂有《文武贤臣治蜀编年志》1卷，“始唐武德戊寅，逮庆历壬午，凡四百二十五年治蜀贤臣，以年编次。”[⑤]可见他对唐宋时期治蜀贤臣事迹作了系统梳理。

---

① 韩元吉：《南涧甲乙稿》卷22《周自强墓志铭》。

② 董嗣杲：《西湖百咏》卷下《先贤祠》，文渊阁《四库全书》本。

③ 周应合：《景定建康志》卷31《儒学志》。

④ 刘克庄著，辛更儒校注：《刘克庄集笺校》卷168《西山真文忠公行状》。

⑤ 王应麟撰，武秀成、赵庶洋校证：《玉海艺文校证》卷23《记志》。

总而言之，宋代朝廷上下均兴起褒崇功臣贤达之风，其目的在于认定功臣业绩，树立为宦典范，养成良好政风。

（2）倡导忠孝廉洁。讲求忠孝，注重廉洁，是宋代社会极为看重的风尚教化内容。具体而言：

一是在教育引导方面，除宋代君臣日常性传写、宣讲《孝经》外，朝廷特别重视对幼君和储君进行孝行教育。如史载：早在仁宗皇祐四年十二月，知制诰王洙和蔡襄上所书《无逸》《孝经图》。到哲宗元祐二年十月，范祖禹乞于迩英阁复张挂王、蔡二氏所书二图。朝廷从之。[①]该举措表明，为教育年幼的哲宗皇帝，朝廷于讲读之所专门张挂著名书法家蔡襄所书《孝经图》，其目的正如文彦博所言："又阁之南壁张《孝经图》，出入观览，有以见陛下祖述尧、舜，宪章文、武，以至德要道，孝治天下。"[②]又如到南宋初，时为建国公的孝宗尝得李公麟所画《孝经图》，翊善范冲书其后，以资劝勉。据洪迈言："李公麟作《孝经图》，绘王者朝事母后。"[③]可见由著名画家所作的该《图》，注重展示君王孝敬母后之事。与此同时，宋代各级教育机构亦相当重视对学员的孝道教育。除《孝经》被作为科举考试科目之外，在书院教育中，如吕祖谦在《乾道四年九月规约》中表明："凡预此集者，以孝弟、忠信为本。其不顺于父母，不友于兄弟，不睦于宗族，不诚于朋友，言行相反，文过遂非者，不在此位。"[④]即该《规约》极为重视学员的道德品行。凡此等等。

---

① 王应麟撰，武秀成、赵庶洋校证：《玉海艺文校证》卷22《图》。

② 文彦博：《潞公文集》卷31《进尚书孝经解》，文渊阁《四库全书》本。

③ 王应麟撰，武秀成、赵庶洋校证：《玉海艺文校证》卷22《图》。

④ 吕祖谦：《东莱吕太史别集》卷5《学规》。

二是当时著名官宦有意参与孝行活动，积极推崇节孝之士，此举对整个社会风气转变不无益处。如李廌“家素贫，三世未葬，一夕，抚枕流涕曰：‘吾忠孝焉是学，而亲未葬，何以学为！’且而别（苏）轼，将客游四方，以葳其事。轼解衣为助，又作诗以劝风义者。于是不数年，尽致累世之丧三十余柩，归窆华山下，范镇为表墓以美之”[①]。可见经苏轼资助与倡议，李廌葬亲之难不仅得以解决，而且还对社会风尚起到引导作用。又如罗愿特意撰有《宋詹孝子惠明传》，记述高宗绍兴年间，詹惠明之父直“坐斗杀邻人妻阿姚，惠明乞以身代父死”事。其后朝廷下诏减其父死而释惠明，并且“县改所居嘉福里为孝悌里，板书其事，揭之门。后四年，父母相继卒。既葬，乃委妻子出游，更名惠明，以修治桥梁道路为事。至今犹存”[②]。可见詹惠明行孝之事影响颇为深远，在此罗氏以专传叙述该事。再如据谢采伯言：“本朝吕与叔志一妇人墓云：‘每遇功缌之戚，辄茹素一月。’皆可以风厉薄俗。”[③]此又是名宦通过墓志形式，倡导社会讲求忠孝的具体体现。

三是时人有意编选有关古今孝道类著述，以便教育感化民众。见于记载者有：北宋时，如和㠓补注其父和凝所撰《古今孝悌集成》10卷，进献朝廷。[④]又如乐史撰《广孝新书》50卷、《唐孝悌录》15卷和《孝悌录》20卷等。[⑤]再如《孝行录》3卷，据陈振孙言：系

---

① 《宋史》卷444《李廌传》。

② 罗愿：《罗鄂州小集》卷6，文渊阁《四库全书》本。

③ 谢采伯撰，李伟国整理：《密斋笔记》卷4。

④ 《宋史》卷439《和㠓传》。

⑤ 郑樵撰，王树民点校：《通志二十略·艺文略》第三。

胡瑗之父胡讷撰，“所记多国初人”[①]。今存《黄氏日抄》卷 45 录有其佚文共十条，其中首条言道：“余为旅人者三十年，闻孝子之事必录之。盖仿欧阳詹《南阳孝子传》之类也，上助史官采摭，下劝远近风俗。”可见该书撰修目的极为明确。此外，胡讷还撰有《贤惠录》3 卷，“录国朝贤惠之女，后一卷，（胡）瑗嗣成之。”[②]今存《黄氏日抄》卷 45 录有其佚文共八条，其中首条言道：“羁游四方，录妇人女子，贤取其介洁，惠取其聪敏。”在此胡氏表明了《贤惠录》的选人标准。如此等等。

到南宋时，如曾恬撰有《孝类书》2 卷、[③]曾伯智撰有《孝行类要》、[④]王绍珪撰有《古今孝悌录》24 卷，[⑤]以及项文卿撰有《孝行录》等等。其中，杜范在项氏书《跋》中言：“凡古人孝悌言行搜辑无遗。……使家有是书，熟玩而深体之，则消暴慢之气，长顺睦之风，人伦其有不厚、教化其有不美耶？”[⑥]杜氏该《跋》准确地反映了孝行类著述的现实功用。又谢谔撰有《孝史》50 卷，影响颇大。据陈振孙言：该书包含“君纪五，后德一，宗表五，臣传三十五，文类二，夷附一”[⑦]。可见该书分类颇具自身特点。时人杨万里曾参阅过该书，他言道：“余即取谢公所述《孝史》，与客阅之。刲股之

---

① 陈振孙著，徐小蛮、顾美华点校：《直斋书录解题》卷 7。

② 晁公武著，孙猛校证：《郡斋读书志校证》卷 9。

③ 《宋史》卷 207《艺文志》。

④ 杨时：《龟山集》卷 26《跋曾伯智孝行类要》。

⑤ 陈振孙著，徐小蛮、顾美华点校：《直斋书录解题》卷 7。

⑥ 杜范：《清献集》卷 17。

⑦ 陈振孙撰，徐小蛮、顾美华点校：《直斋书录解题》卷 7。

事，由隋而上，未之前闻也。惟唐有三人焉，曰王友正，曰何澄粹，曰李兴。”[①]在此杨氏专对“刲股之事”做了说明。此后，林同撰有《孝诗》1卷，“皆摭古今孝事，每一事为五言绝句一首，亦间有两事合咏一首者。……然大旨主于敦饬人伦，感发天性。”[②]刘克庄在该书《序》中言：“顷艮斋谢公尝汇《孝史》五十卷上之阜陵，同此诗他日必与谢公之史并行。”可见谢、林二氏之书深得时人推崇。再是专门针对现实，时人撰有讲求孝道类著述。如绍兴三十二年，孝宗即位，冬十月，朝廷下诏：“邓伦进《宁亲宝鉴》用意可嘉，有补孝治，迁一秩。”[③]此正是针对高宗与孝宗关系及时编就、进谏的著述。又如据周必大言：张钢“尝编类《皇朝列圣孝治》，自帝后逮臣民，傍及藩侯蛮夷，总一百卷，表上之”[④]。此书更是以本朝孝治为本，并且涉及人群广泛。

四是朝廷内外均倡导廉洁奉公。宋代朝廷对官员实施考课时，就有奉职清廉的职业要求。其间，朝廷时常下诏要求地方重臣荐举廉吏。如徐梦莘之弟徐得之，“淳熙十年举进士。部使者以廉吏荐，以通直郎致仕。安贫乐分，不贪不躁。”[⑤]又如宝庆元年，理宗问真德秀曾见有何廉吏，德秀以袁守赵筵夫对。御笔：擢筵夫直秘阁，与监司差遣。[⑥]此后，真氏又在《谢奖廉吏奏札》中言道：“若崔与

① 杨万里撰，辛更儒笺校：《杨万里集笺校》卷132《夫人刘氏墓铭》。

② 《四库提要》卷164。

③ 王应麟撰，武秀成、赵庶洋校证：《玉海艺文校证》卷21《著书别集》。

④ 周必大：《文忠集》卷74《张钢墓志铭》。

⑤ 《宋史》卷438《徐得之传》。

⑥ 佚名撰，王瑞来笺证：《宋季三朝政要笺证》卷1，中华书局，2010年。

之帅成都，但载归艎之图籍；杨长孺守长乐，罔侵公帑之圭铢，皆最为当世所推。”[①]可见推崇廉吏是宋代君臣的共同意愿。

又一些官员能自觉仰慕前代廉吏，或者以廉吏标准严格要求自己。如张田“作钦贤堂，绘古昔清刺史像，日夕师拜之。苏轼尝读其书，以侔古廉吏”[②]。可见张氏以实际行动敬仰先贤。又如丁可久字嘉会，“其莅官严，而于民常求以宽之。其临财廉，死之日，家无所留遗。汤邦彦表其墓，曰有宋廉吏云。”[③]此则是以现实举动履行着为官清廉准则。与此同时，有人还适时推出了供官员参阅的有关史著。如北宋末年人费枢撰《廉吏传》10 卷，记述春秋至唐时廉吏凡 114 人。[④]今传本作上、下二卷。清四库馆臣认为：该书“大旨以风厉廉隅为主，故但能谨饬簠簋，即略其他事，节录一长，每传各系以论断。……综核大致，其议论去取，犹可谓不谀不隐者矣”[⑤]。可见该书编修主旨极为明确。正因为如此，该书在南宋被刊刻传布。对此，孝宗隆兴元年，林之奇在《书廉吏传》中指出：“盖吏治以能廉为本，廉立而众美从之，有不期然者。一不足于廉，虽有他美，莫赎已，此《廉吏传》之所由作也。同安宰王君濙欲世之为吏者家藏此书，人挟此术，乃寘板本于其邑，以广其传。是则王君之慕廉吏既为可嘉，而同安之得廉吏亦为可贺也。”[⑥]由此可知，当时地方

① 真德秀：《西山先生真文忠公文集》卷 5。
② 《宋史》卷 333《张田传》。
③ 佚名：《京口耆旧传》卷 6。
④ 陈振孙著，徐小蛮、顾美华点校：《直斋书录解题》卷 7。
⑤ 《四库提要》卷 57。
⑥ 林之奇：《拙斋文集》卷 20。

刊刻者更欲使为吏者“家藏此书、人挟此术”，其刊传目的颇为明确。

五是褒扬忠义。一方面，宋人对前代忠臣极为敬仰。如高宗绍兴元年，汪藻知湖州，以颜真卿尽忠唐室，尝守是邦，乞表章之。朝廷下诏赐庙忠烈。[①]又如陈亮曾作《忠臣传》，清人王士祯评论道：“陈同甫作《忠臣传》，以武庚为忠臣孝子之首。孙可之作《西斋录》，发凡起例，大义凛然。惜其书不传于后世，是古今一大缺陷事。”[②]不过，陈氏《忠臣传序》今存于《龙川集》卷13中。

另一方面，对于本朝忠义之士，宋人多详述并宣扬其事。如对于以忠谏而死的陈东等，史载：早在徽宗宣和七年十二月，太学生陈东等上书，数蔡京、童贯、王黼、梁师成、李彦和朱勔之罪，谓之六贼，请诛之。又到钦宗靖康元年二月，太学诸生陈东等会同都城市民数万人伏阙上书，请复用李纲及种师道。[③]可见太学生陈东等参政议政热情高涨。但到高宗建炎元年八月，朝廷“用黄潜善议，杀上书太学生陈东、崇仁布衣欧阳澈”[④]。此后至绍兴四年冬十月，在对陈东和欧阳澈赠官赐田时，中书舍人王居正草制言：“呜呼！古之人愿为良臣，不愿为忠臣。以谓良臣身荷美名，君都显号；忠臣已婴祸诛，君陷昏恶。呜呼！惟尔东尔澈，其始将有意于忠臣乎?”[⑤]在此王氏对良臣和忠臣做了有意区分，并表明忠臣难做。王

---

① 《宋史》卷445《汪藻传》。

② 王士祯撰，靳斯仁点校：《池北偶谈》卷15《史笔》，中华书局，1982年。

③ 《宋史》卷23《钦宗纪》。

④ 《宋史》卷24《高宗纪》。

⑤ 李心传撰，胡坤点校：《要录》卷81。

应麟继而指出："李猷护陈东之丧，黄子游赗欧阳彻之葬，皆义烈士也。"[①]可见一些时人以具体行动哀悼烈士。又如宁宗开禧元年，武学生华岳上书，上谏朝廷不宜用兵，恐启边衅，以忤韩侂胄，送建宁府编管。[②]此后，华岳又因"谋去丞相史弥远，事觉，下临安狱。狱具，坐议大臣当死。宁宗知岳名，欲生之，弥远曰：'是欲杀臣者。'竟杖死东市"[③]。对此，叶绍翁评论道："岳倜傥似陈亮，惜乎不善用也。"[④]在此叶氏对朝廷不能善用华岳深表惋惜！

总而言之，宋代朝廷内外积极倡导忠孝廉洁，其目的旨在树立良好的政风与民风。

## 四、现实实用目的

现实是历史的延续，历史是现实的镜子。正因为如此，宋代朝廷内外极为重视运用或者编修具有直接实用价值的史籍。在此仅以典制史、方志以及御边著述为例，以便加以说明。

1. 典制类史著作为官员施政时的重要参考，始终受到官僚士大夫重视。其间，一是对于杜佑《通典》的实用价值，一些宋人有极为清晰的认识。如据吕本中记述："颜［顾］子敦内翰，治平、熙宁间，尝言欲与程正叔诸人同为山居，专治《通典》一二年，如此则学问应变，无不浃洽矣。此语固未知伊川，然其学亦实有

① 王应麟撰，孙通海整理：《困学纪闻》卷20《杂识》。

② 《宋史》卷38《宁宗纪》。

③ 《宋史》卷455《华岳传》。

④ 叶绍翁撰，张剑光、周绍华整理：《四朝闻见录》甲集《华子西》。

用也。”[①]对此，朱熹在《三先生论事录序》中评论道：“昔顾子敦尝为人言：‘欲就山间与程正叔读《通典》十年。’世之以是病先生之学者，盖不独今日也。夫法度不正则人极不立，人极不立则仁义礼乐无所措，仁义礼乐无所措则圣人之用息矣。先生之学，固非求子敦之知者，而为先生之徒者，吾惧子敦之言遂得行乎其间；因取先生兄弟与横渠相与讲明法度者录之篇首，而集其平居议论附之，目曰《三先生论事录》。”[②]又如朱熹认为：“《通典》，好一般书。向来朝廷理会制度，某道却是一件事，后来只恁休了。”又言：“《通典》亦自好设一科。”[③]可见宋代一些理学家颇为推崇《通典》，甚至认为朝廷应“好设一科”。再如龚鼎臣指出：“唐刘秩述《政典》三十五卷，杜佑增之二百卷，号《通典》。《通典》所载，自书契以还，迄唐德宗贞元元年，上下数千年。咸平中，宋白等为《续通典》二百卷，载二百年，其卷帙亦如之，与晋张辅论迁、固书一也。然秩书太略，白书太烦，不烦不略，最为适中者，佑书也，故最行于世。是知天下巨细事，惟适中可以久而不废，岂特书抄哉！”[④]由此表明，龚氏认为《通典》之所以在宋时颇为流行，还与它纪事“最为适中”有关。

宋人在传阅、征用《通典》的同时，一些人还对《通典》作了必要加工。如据宋末方回言：“杜佑《通典》有马政一条，大抵皆

① 吕本中撰，查清华、胡俭整理：《师友杂志》。

② 按：《序》原本见朱熹著，刘永翔等校点：《晦庵先生朱文公文集》卷76，今则见陈亮撰，邓广铭点校：《陈亮集》（增订本）卷23。

③ 黎靖德辑，郑明等校点：《朱子语类》卷84。

④ 龚鼎臣：《东原录》。

《周官》之文。隋、唐马政不必书，隋炀帝非无马而亡，唐明皇非无马而乱。今《通典》有节本，附李清臣文一篇，有海上与女真买马、契丹置戎阻之之事；有元昊以谷量马之事。谷量牛、马，匈奴旧俗也。清臣号李淇水，迂斋文选稍取之，马政文多不书。”[①]由此说明宋人在通行的《通典》节本中，还附录有本朝人物言论，用以增强该书的现实参考价值。又如《杜氏通典详节》42卷，今存。清四库馆臣指出：“不知何人所编。验其版式，犹宋时麻沙刻本。所列引用诸儒姓氏，止于吕祖谦、陈傅良、叶適三人，皆注有‘文集见行’字，则南宋人所为也。”[②]可见增附有宋人言论的宋刻《通典》节抄本，疑属南宋人所为。它如高斯得曾撰《增损刊正杜佑通典》。[③]凡此等等，均说明《通典》在宋代流传时，经宋人不同程度地加工改造，用以满足宋人现实需求。

二是就《唐六典》的实用价值而言，高宗绍兴四年，詹棫在该书《跋》中指出：“《唐六典》载古者制度，备因革，成一王书，可为后世标准。比缘兵火，所在阙文。棫承乏永嘉，得本于州学教授张公，同以白诸太守徽学新安程公，一见肃然曰：‘周公之典，所谓设官分职，以为民极，盖具体矣。其阶品有制，其尊卑有序，其名官有义，公等能广其传，则朝廷于焉若稽，缙绅于焉矩仪，士子于焉讲究，一举三得，不其伟欤！’因命张公校其讹阙，而棫募工锓板，几年有成，乃丐藏诸学，以传久远，资其直以养士类云。”可见该书在南宋初经永嘉州郡校正、刊刻，得以流传并发挥其“养士”

① 魏了翁撰，元方回续：《古今考》卷31《通典马政》。
② 《四库提要》卷83。
③ 《宋史》卷409《高斯得传》。

功效。

三是如前所述，宋代官方编修有多部《会要》。对于该类史籍的实用价值，程俱明确指出："朝廷每有讨论，不下国史院而常下会要所者，盖以事各类从，每一事则自建隆元年以来至当时因革利害，源流皆在，不如国史之散漫简约、难见首尾也。"[①]即与国史相比，该类史籍具有检阅便利等明显优势，故颇为实用。

除以上所述重要史籍之外，如毕仲衍受诏撰《中书备对》30卷（一作10卷），对其编修目的，李夔指出："先帝常命官修《中书备对录》，以知官吏流品、户口钱谷之数，以知礼法文为、军兵名额之数，以知刑罚赦宥、工事夫役之数。盖体《周官》岁终受会之意，而所以周知天下之务也。"[②]正因为如此，该书上奏后，毕仲游指出："先帝叹息称善。而今士大夫家争相传录，以为不可无之书也。"[③]由此说明，该书现实实用价值极高。类此者不少，余不一一。

2. 方志作为地方官员为官时了解当地历史沿革、山川地貌以及政风民俗等必备史料，其实用价值不容忽视。如《永宁编》15卷，陈谦撰。据赵希弁记述：该书"《叙州》《叙县》《叙山》《叙水》《叙赋》《叙役》《叙兵》《叙人》《叙产》《叙祠》《叙遗》，凡十一类"[④]。留元刚在该书《序》中指出："是编非取夫搜摭新故，夸诩形胜而已。事变之会，风俗之趋，盖将有考焉。观《叙州》，自晋以来，守凡几人，孰贤孰否；观《叙人》，自国初以来，作者几

---

① 程俱撰，黄宝华整理：《麟台故事》（辑本）卷2。

② 杨时：《龟山集》卷32《李夔墓志铭》。

③ 毕仲游：《西台集》卷16《毕仲衍行状》。

④ 赵希弁撰，孙猛校证：《郡斋读书志校证·读书附志》。

人，孰先孰后；熙宁而后，所易兵制，善于古否；建炎而后，所增税赋，安于民否；水利何为而便，役法何为而病。是非得失之迹，废兴沿革之由，安危理乱，于是乎在。一言去取，万世取信。”①可见该书分类细密，叙事详明，对参阅者深入了解该地政风民俗颇为便利。

又如吴子良在《赤城续志序》中言：“使读《赤城志》者，诠评流品而思励其行，紬咀篇什而思畅其才，睹是非而开漫滮，念得失而重沿革，悟劝戒而审趋舍，讵小补哉！”同样，王象祖在《赤城三志序》中指出：“《赤城志》作于太史陈公耆卿，凡例严辨，去取精确，诸小序凛凛乎马、班书志之遗笔，莫可尚矣。其友林君表民与修焉，而林君又为《续志》。绍定己丑，郡陷于水，仓使宝谟仙游叶公再造有邦，复俾为《三志》，博雅考订，有源有委，非斯人不可也。……林君又立灾异、纪功二门，有得于《春秋》之遗意，皆郡国图牒所无者。继或有因，必自《赤城三志》始矣。”②可见赤城方志前后凡三修，至后还增创了灾异和纪功二门，从而使其参据实用价值更为突出鲜明。

再如郑兴裔在《合肥志序》中指出：“余承乏守郡，郡之中所为，山川之广袤，守得而考之；户口之登耗，守得而询之；田畴之芜治，守得而省之；财赋之赢缩，守得而核之；吏治之臧否，守得而察之；风气之贞淫，守得而辨之。守之奉命而来此也，所以上报天子，下顺民情者，綦重矣。夫事不师古，宜今而欲有为，譬之闭

---

① 王象之：《舆地纪胜补缺》卷1《温州·碑记》。

② 以上均见林表民编：《赤城集》卷18。

门造车，未见其合，《志》曷可废乎？”[1]应该说，该《序》较为全面地揭示了宋代方志的实用价值。

3. 宋代官僚士大夫常常出于现实之需，有目的地编修上奏有助于朝廷备边御外的论著。其中，北宋时，对于如何经营西部，朝廷内外提出不少策略。如据僧人文莹记载：“郑工部文宝为陕运时，贼迁欲侵灵武，朝廷患之，诏郑便宜经度西事。郑前后自环庆亲部刍粟，越瀚海七百里，入灵武者十二次，诸羌之语皆通晓。郑必知灵武不可守，故参校史传作《河西陇右图》进呈，极言乞弃灵武。朝廷方遣大将王超援之，又力谏太宗太平之时慎无开边，疲弊生姓。太宗阅奏极怒，摭以他事，坐擅议盐禁及违营田、以积石废垒筑为清远军三过，贬郴州蓝山令。王超援兵方至环州，灵武果没，遂班师。”[2]此是郑文宝在历经实地考察之后，以制图上奏等方式提出建议，可惜未被朝廷采用。同样，史载：盛度字公量，余杭人。端拱初，登进士第。“数上疏论边事，奉使陕西，参质汉、唐故地，绘为《西域图》以献。……初，度因奏事便殿，真宗问其所上《西域图》，内出缯，命工别绘。度因言：‘前已图汉所置酒泉、张掖、武威、敦煌、金城五郡，比复究寻，五郡之东南，自秦筑长城，西起临洮，东至辽碣，延袤万里。有郡有军有守，襟带相属，烽火相望，其形势御备亦至矣。唐始置节度使，后又以宰相兼领。用非其人，有河山之险而不能固，有甲兵之利而不能御，岂不惜哉！今复绘其山川道路、区聚壁垒，为《河西陇右图》，愿备圣览。’上称其博。”[3]可

---

① 郑兴裔：《郑忠肃奏议遗集》卷下。

② 释文莹撰，郑世刚整理：《续湘山野录》。

③ 曾巩撰，王瑞来校证：《隆平集校证》卷7《盛度传》。

见盛度为太宗和真宗均提供过具有军事备边意义的西部区域图，以备圣览。

南宋时，为抵御外患，筑城防守成为有效方式之一，于是该类著述对郡守尤有实用参考价值。如据叶適言："刘教授《永嘉守御录》，钱君德载刻于州学。往岁王师北伐，德载与刘平国援此谂其守，谋增陴浚隍，豫储拟以待非常。既虏复请和，事亦已，然君之志不可诬也。今遂刊布其书，甚善。不惟郡人当安不忘危，且使无寓人，修墙屋，犹知任拒守之责，而况于保障扞御之臣乎！"[①]可见即便是在无战事之时，时人认为《永嘉守御录》仍有刊布参阅价值。同样，黄榦在《书陈密学守城录》中指出："密学陈公之守城，殆天下才，非可学而能也。然得其书熟玩焉，触类而通之，亦岂不可学哉？顾尝以为守城者，郡守僚属之责也。今之仕者，二三年辄一易，偶当暇闲，于是书固不屑读，仓卒扰攘，则亦不暇读矣。若使邦人皆取是书而读之，父子兄弟、庠序里闾，平居暇日相与讲说，则凡在城之内者无非可与守城之人也。况又切于其身之利害，则考之必精，思之必审，其为郡守僚属之助多矣。……凡为郡而欲得是书以遗其邦人者，又将以广其传焉，则凡有城者皆可守，尚何外侮之足患哉！"[②]可见经黄氏揭示，《守城录》的现实实用价值更为明晰易见。

此外，对于域外邻国有关史事，一些官僚士大夫则依据现实之需加以编修。先是，神宗"以契丹通好百年，典章案牍往往散逸"，

---

① 叶適著，刘公纯、王孝鱼、李哲夫点校：《叶適集·水心文集》卷29《守御录》。

② 黄榦：《勉斋集》卷22。

于是命苏颂撰成《华戎鲁卫信录》250卷，以供朝廷参阅。[①]随后，据程大昌在《北边备对序》中言："淳熙二年，臣大昌备数讲官，因讲《禹贡》，寿皇问曰：'卿言中国山川悉矣，北虏地里亦能详知否？'大昌对曰：'虏无文史，间有可传者，多弗详实。臣安敢强以不知为知也？'后暨绍熙，大昌乃得奉祠，家居无为，常愧前此浅学，无以酬塞顾问，追采古来中华、北狄枢纽相关者，条列而推言之，则虏事虽不尽知，而亦云可涉猎矣。"可见程氏之所以撰修《北边备对》，则出于朝廷需要得知金国史事的缘由。

总之，以上虽仅以典制史、方志以及御边著述为例说明三类史籍运用与编修目的，但它足以表明，宋人极为重视实用类史籍编修与运用。

综上所述，宋代史学传布无论是针对朝政活动，还是面对社会风习，以官僚士大夫为主体的传布者均怀有极强的传布目的。正是在如此明确的传布目的指引下，宋代史学才得以迅速发展并日渐繁荣。

---

① 曾肇：《曲阜集》卷3《苏颂墓志铭》。

# 第三章　宋代史学的传布内容、受众以及传布效果

随着宋代史学传布内容广泛化和题材多样化，宋代各个阶层的广大受众往往依据自身条件以及兴趣爱好等，以灵活多样的方式接受着历史知识与史学观念等教育，并且他们还能获得较为理想的效果。

## 第一节　史学传布的内容

宋代史学传布的内容既包含即时性历史事件尤其是政治事件，一般性历史知识，也包括具有完整性、系统性的历史著述，以及具有历史纪念意义的遗址等。不同受众往往会根据自身兴趣爱好以及现实需求等而选取特定的史学内容。同时，受社会巨变、国家政策调整以及史学风气转变等诸多因素影响，不同时段会出现诸多社会热点问题或者政治敏感问题。而以上这些问题往往因涉及面广，影响力大，民众关注度甚至参与程度高，由此所带来的传布效果极为明显，它们对当时甚至后世均能产生深远影响。有鉴于此，该部分

特意选取变革时期的社会流言、皇位传承中的政治传闻，以及民族危亡与战事威胁时的社会传言作为论述分析对象，以便对该问题加以较深入论述。

## 一、变革时期的社会流言

北宋神宗熙宁年间，王安石主导的变法活动因涉及面广，触及社会多个阶层的利益，在招致大量社会舆论的同时，也引发了不少社会流言[①]。这些流言因多与反变法言论交织混杂在一起，其传播又极为迅速广泛，从而给王安石及其变法活动带来了极大危害及深远影响。具体而言，王安石变法时期的突出流言主要有：

① 目前国内外对流言定义仍不统一。如法国学者卡普费雷认为：流言“是在社会中产生并流传的未经官方公开证实或者已经被官方辟谣的信息”。（卡普费雷著，郑若翰、边芹译，郑永慧校：《谣言》，上海人民出版社，1991 年。）又如郭庆光先生认为：“流言有自然发生的，也有人为制造的，但大多与一定的事实背景相联系；而谣言则是凭空捏造的消息或信息。”（见其著《传播学教程》，中国人民大学出版社，1999 年。）本文所言流言，则基本采用以上二人说法。同时，目前研究王安石变法时期流言的主要成果有：邓广铭先生在《北宋政治改革家王安石》一书中，对“三不足”“以与为取”以及“发其私书”问题做了专门探讨，人民出版社，1997 年；李之勤先生在《熙宁年间宋辽河东地界交涉研究：王安石弃地数百里说质疑》（载《山西大学学报》，1980 年第 1 期）和《最早诬蔑王安石弃地的不是邵伯温而是苏辙》（载《西北大学学报》，1980 年第 3 期）中，专对“王安石弃地数百里说”做了辨析。不过，以上成果仍属对王安石变法时期流言问题的个案分析。

一是发生了“沈惟恭”案。在有志于变法图强的宋神宗大力支持下，熙宁二年二月，王安石任参知政事，由此拉开了由他主导的变法活动。不过，朝廷内外一些重臣极力反对较先实施的青苗等法，他们的言论引发了广泛的反变法舆论。[①]在这些社会舆论迅速扩散过程中，还不时夹杂着针对变法主导者以及变法活动的种种社会流言，其中颇具影响力的当属涉及变法重要人物以及事件的“沈惟恭”案。

熙宁三年夏四月，神宗对司马光言：“有诈为谤书，动摇军众，且曰‘天不祐陛下，致圣嗣不育。’或云卿所上书。”对此，司马光答道：“臣所上书，陛下皆见之，且臣未尝以奏草示人也。”神宗言道：“卿所言，外人无知者；台谏所言，朕未知，外人已遍知矣。”[②]这说明司马光以及台谏所议已广泛外传，从而在社会上引发了内含“动摇军众”尤其是诋毁神宗“圣嗣不育”的流言，并且该事件使得神宗震怒，甚至直接指责有人认为是司马光所为。

随后，官方调查表明：皇城使沈惟恭“以干请恩泽不得志觖望”，尝为门下客孙棐言：“皇子生，必不久”，语涉咒诅。同时，沈惟恭又假借他人指斥乘舆之言以告知孙棐，孙棐领会其意，二人每次相见辄诋时事，亦尝指斥乘舆。此后孙棐又诈为司马光陈五事章疏以示惟恭，并且“词极不逊”。惟恭转以示人，四方馆归司官张泽得之，以示阁门使李评，李评上奏，故败。[③]

---

① 参见漆侠：《王安石变法》（增订本）第四章“变法过程中的斗争”，河北人民出版社，2001 年；孟天运：《王安石改革与社会舆论》，载《史学集刊》1988（3）。

② 李焘：《长编》卷 210。

③ 李焘：《长编》卷 211。

与以上官方所得事实稍异的是，时人林希记述道："初，司马光贻书王安石，阙下争传之。安石患之，凡传其书者，往往阴中以祸。民间又伪为光一书，诋安石尤甚，而其辞鄙俚。上闻之，谓左右曰：'此决非光所为。'安石盛怒曰：'此由光好传私书以买名，故致流俗亦效之，使新法沮格，异论纷然，皆光倡之。'即付狱穷治其所从得者，乃皇城使沈惟恭客孙杞所为。惟恭居常告杞以时事，又语尝涉乘舆，戏令杞为此书，以资笑谑。"按：以上林希所记，内容偏重司马光与王安石之间的斗争，并且表明沈惟恭与孙杞常议时事的目的，仅是"以资笑谑"而已。此外，林希所言的沈氏门客孙杞，史家李焘断言就是"孙棐"。[①]

比较以上两种传本可知，官方传本偏重记述诽谤神宗的内容，林希传本则偏重记载司马光诋毁王安石的内容。

此外，与以上说法相异的是，时人魏泰记载："熙宁初，朝廷初置条例司，诸路各置提举常平司，及俵常平钱，收二分之息。时韩魏公镇北都，上章论其事，乞罢诸路提举官，常平法依旧，不收二分之息。魏公精于章表，其说从容详悉，无所伤忤。有皇城使沈惟恭者，辄令其门客孙棐诈作魏公之表云：'欲兴晋阳之甲，以除君侧之恶。'表成，惟恭以示阁门使李评，评夺其稿以闻。"[②]在该传本中，流言内容则注重记述孙棐诈作韩琦奏表。对此，史家李焘沿用司马光看法，认为有关孙棐诈作韩琦奏表一事，"恐泰妄也"。[③]

---

① 李焘：《长编》卷211神宗熙宁三年五月"沈惟恭除名"条注文引《林希野史》。

② 魏泰著，燕永成整理：《东轩笔录》卷6。

③ 李焘：《长编》卷210神宗熙宁三年夏四月戊辰"吕公著知颍州"条注文。

对于此事，司马光一方面载录有所闻于赵抃之言："上谕执政，以吕公著自贡院出，上殿言，朝廷推沮韩琦太甚，将兴晋阳之甲以除君侧之恶。王安石怨公著叛己，因此用为公著罪。……上既从安石所改，且曰：'不尔，则青苗细事岂足以逐中丞。'"另一方面，司马光又认为："公著素谨，初无此对，或谓孙觉尝为上言：'今藩镇大臣如此论列而遭挫辱，若唐末、五代之际，必有兴晋阳之师以除君侧之恶者矣。'上误记以为公著也。"此处有关有人认为是孙觉说法而被神宗误记，则与《吕公著家传》记载相一致。[①]由上可知，有关"兴晋阳之甲以除君侧之恶"流言，曾有多种不同说法。正因为如此，李焘在编修《长编》卷 210 该事时，正文部分采取了"仍存元祐旧本，并附司马光所记"，注文则附录有《吕公著家传》和魏泰《东轩笔录》等。他之所以如此处理，是"不敢用《家传》证国史也"。

由此可见，以上有关"沈惟恭"案多种传本的出现，足以表明该案所涉及的流言并非仅限于官方一种说法，并且从其各自所记内容偏重来看，这些流言均是以变法主导者以及当时反响颇大的重大事件作为讯源得以形成并扩散传播，它们均以沮格变法为真实目的。

二是出现"三不足"之说。随着熙宁变法活动逐步展开，王安石从事变法活动的精神支柱日益明朗。到熙宁三年，社会上便出现了所谓的"三不足"流言。对此，史载神宗告谕王安石："闻有'三不足'之说否？"王安石答道："不闻。"神宗言："陈荐言外人云：'今朝廷谓天变不足惧，人言不足恤，祖宗之法不足守。'昨学

① 李焘：《长编》卷 210 正、注文。

士院进试馆职策，专指此三事，此是何理？朝廷亦何尝有此？已别作策问矣。”[①]由此可知，神宗和王安石此前并未听说过“三不足”说法，并且神宗对该说法颇为反感。不过，此处论及的学士院策问，乃司马光所作，其原文中有：“今之论者或曰：‘天地与人，了不相关，薄食、震摇，皆有常数，不足畏忌。祖宗之法，未必尽善，可革则革，不足循守。庸人之情，喜因循而惮改为，可与乐成，难与虑始。纷纭之议，不足听采。’”最后望对策之人辨之。[②]由此不难看出，“三不足”之说当系民间归纳司马光策问之语而成。

那么该说最终是如何与王安石联系在一起的呢？哲宗元祐八年十一月，范祖禹于崇政殿进呈《论邪正札子》中言：“臣伏见熙宁之初，王安石、吕惠卿等造立新法，先言天不足畏，众不足从，祖宗不足法，使朝廷不惧灾异，不恤众言，悉变更祖宗旧政，多引小人，以误先帝，勋旧之臣屏弃不用，忠正之士相继引去。又启导先帝用兵开边，结怨外域。至熙宁七、八年间，天下愁苦，百姓流离。幸赖先帝圣明觉悟，再罢安石，两逐惠卿，终元丰之世，不复召用。”[③]范祖禹此札明确指明，“三不足”之说系王安石、吕惠卿等变法派所倡导，并且它对熙宁后期国内外局势发展变化造成了不良影响。

同样，司马光的得意门生刘安世问其门人马永卿：“金陵有‘三不足’之说，闻之乎？”马永卿答道：“未闻。”刘安世言：“金

---

① 杨仲良著，李之亮校点：《皇宋通鉴长编纪事本末》卷59《王安石事迹上》。

② 司马光：《传家集》卷75《学士院试李清臣等策问一首》。

③ 范祖禹：《范太史集》卷26。

陵用事，同朝起而攻之，金陵辟众论，进言于上曰：‘天变不足惧，祖宗不足法，人言不足恤。’此三句非独为赵氏祸，乃为万世祸也。”接着他从危害“人主之势”角度，对马永卿言道：“老先生尝云：‘人主之势，天下无能敌者，或有过举，人臣欲回之，必思有大于此者，巴揽庶几可回也。’天子者，天之子也，今天变乃天怒也，必有灾祸，或可回也。今乃教人主使不畏天变，不法祖宗，不恤人言，则何等事不可为也。”马永卿答道：“此言为万世祸，或有术以禁绝其说，使不传于后世乎?”刘安世言：“安可绝也？此言一出，天下莫不闻之，不若著论明辨之，曰此乃祸天下后世之言，虽闻之，必不从也。”[①]在此刘安世不仅特意表明“三不足”之说就是王安石一人所为，而且还重点强调了该说的社会危害。[②]

最后，到理宗淳祐元年春正月，王安石因“三不足”之说，“为万世罪人”，朝廷黜其从祀孔子庙庭。[③]可见至此时，南宋官方已完全认定该说系王安石所言，并且危害巨大。

由此可见，反变法人物范祖禹和刘安世不仅使得“三不足”之说逐渐被定型化，而且他们还有意宣扬甚至夸大其社会危害，其核心目的就是要从根本上动摇变法活动的精神支柱，将变法派塑造成无所畏惧的反面典型。

---

① 马永卿编、明王崇庆解：《元城语录解》卷上。

② 对于该说法，邓广铭先生认为：“尽管王安石从来不曾向宋神宗提出过这样的‘三不足’语句，但这三句话之为王安石亲口所说，却是决无可疑的。他自己倘若不曾说过，司马光是撰造不出如此富有开创和革新意义的话语的。”见其著《北宋政治改革家王安石》。

③ 《宋史》卷 42《理宗纪》。

三是出现“将欲取之，必固与之”流言。对于涉及熙宁七年宋、辽代北地界交涉事件的该流言，据成书于高宗绍兴二年的《邵氏闻见录》卷四记载：“熙宁七年春，契丹遣泛使萧禧来，言代北对境有侵地，请遣使分画，神宗许之。……文潞公、曾鲁公疏，皆主不与之论，皆乞选将帅、利兵甲以待敌。时王荆公再入相，曰：‘将欲取之，必姑与之也。’以笔画其地图，命天章阁待制韩公缜奉使，举与之。盖东西弃地五百余里云。”邓广铭先生据此认定“将欲取之，必固与之”说法，系“邵伯温所编造”。[①]此后，李之勤先生则依据成书于元符二年的《龙川略志》卷四记述：“予从张安道判南都，问契丹遣泛使求河东界上地，宰相王安石谓咫尺地不足惜，朝廷方置河北诸将，后取之不难。”由此他认为最早提出该说者为苏辙。[②]其实，早在苏辙和邵伯温之前，社会上就有有关该事的流言。如富弼在熙宁九年六月左右奏疏中指出：“臣又窃闻代北之地，北人妄有争占，意在先发，殊无义理。朝廷以其倔强难制，遂欲尽与。此说传播甚盛，然终未知的实，万一是的，则闻者莫不忧骇。”[③]应该说，此间朝廷重臣富弼所言的“遂欲尽与”，其实就是该流言的真实源头，不过此时传闻还未指明该说系王安石所为。而苏辙和邵伯温二人所记，则表明了该流言演化过程，尤其是邵伯温所记的王安石“将欲取之，必固与之”之语，便成了此后该流言传播时的一种

---

① 邓广铭：《北宋政治改革家王安石》。

② 参见李之勤：《最早诬蔑王安石弃地的不是邵伯温而是苏辙》，载《西北大学学报》，1980（3）。

③ 李焘：《长编》卷276。

固定说法。该流言之所以能形成固定说法，则明显与苏辙和邵伯温欲将王安石塑造成弃地投降者形象的真实目的有关。

四是出现“勿使齐年知”“勿使上知”流言。[①]对于涉及变法派内部王安石与吕惠卿交恶的该流言，原出自御史苏辙之口，他于哲宗元祐元年五月十九日有奏《乞诛窜吕惠卿状》，该奏状载有：“惠卿与安石相与为奸，发其私书，其一曰：‘无使齐年知。’齐年者，冯京也，京、安石皆生于辛酉，故谓之齐年。先帝犹薄其罪，惠卿复发。其一曰：‘无使上知。’安石由是得罪。”[②]

该流言经苏辙揭示之后，苏轼又在《吕惠卿责授建宁军节度副使本州安置不得签书公事》中指出：王安石与吕惠卿，“始与知己，共为欺君。喜则摩足以相欢，怒则反目以相噬。”他接着言道：“（惠卿）连起大狱，发其私书。党与交攻，几半天下。”[③]苏轼该制词一出，据朱弁言：“不日传都下，纸为之贵。”朱弁又言：“暨绍圣初，牵复知江宁府，惠卿所作到任谢表，句句论辨，惟至‘发其私书’，则云：‘自省于己，莫知其端。’当时读者无不失笑。又自叙云：‘顾惟妄论，何裨当日之朝廷；徒使烦言，有黩在天之君父。’或曰：‘观此一联，其用心悭险如此，使其得志，必杀二苏无疑矣。’盖当时台谏论列，多子由章疏，而谪辞东坡当笔故也。”[④]

---

① 按：该流言存在多种表述，“勿令齐年知”“勿令上知”；“毋使齐年知”“毋使上知”，以及“无使齐年知”“无使上知”等等。

② 苏辙著，陈宏天、高秀芳点校：《苏辙集·栾城集》卷 38。

③ 苏轼著，孔凡礼点校：《苏轼文集》卷 39。

④ 朱弁著，张剑光整理：《曲洧旧闻》卷 7。

对于苏辙和苏轼所言，范祖禹在元祐四年八月《论枢密院阙官札子》中指出："及王安石与吕惠卿为仇敌，惠卿缴进安石私书，其一纸云：'勿令齐年知。'京与安石同岁，故安石谓之齐年，先帝因此知京不欺，故安石再罢相之日，即召京于成都府，知枢密院。原注：京与王安石、吕惠卿论议不合，多书于《时政记》。今修入《神宗实录》，可以考验。"[①]在此编修过元祐本《神宗实录》的范祖禹仅谈到"勿令齐年知"，并强调已修入了《神宗实录》，但却未涉及"勿令上知"。同时，对于"勿令上知"说法，时人程颐有自己的理解。史载有人问："荆公'勿使上知'之语，信乎？"程颐言："须看他当时因甚事说此话。且如作此事当如何，更须详审，未要令上知之。又如说一事，未甚切当，更须如何商量体察，今且勿令上知。若此类，不成是欺君也？凡事未见始末，更切子细，反复推究方可。"[②]在此程颐从说话语境以及处理时事的具体现实状况考虑，认为需谨慎辩证地看待该说法，从而极其巧妙地回答了该问题。

此外，南宋朱熹对此事亦颇为关心。他曾问黄庭坚后人黄畬："有山谷《陈留对问》否？"黄畬答道："无之。"朱熹言："闻当时秦少游最争得峻，惜乎亦不见之。陆农师却有当来对问，其间云：尝与山谷争入王介甫'无使上知'之语。"[③]他又言："且如'勿令上知'之语，世所共传，终以手笔不存，故使陆佃得为隐讳，虽以元祐众贤之力、争辩之苦而不能有以正也。原注：此见陆佃《供答

① 范祖禹：《范太史集》卷16。

② 程颢、程颐著：《二程遗书》卷18。

③ 黎靖德编，郑明等校点：《朱子语类》卷128。

史院取问状》。"[①]由此可见，苏辙所言的"勿使齐年知""勿使上知"之说，尤其是"勿使上知"传言，终因证据不足，时人有疑义，在当时便引起了极大争议，从而在宋时就成了颇受关注的疑案。邓广铭先生对此认为：该流言属于"事出有因，查无实据"[②]。那么纵观该流言，其实质就是要突显王安石旨在有意欺瞒皇帝及辅臣。

通观以上这些流言的具体表现，可以归纳出以下一些突出特点：

一是这些流言均是由王安石变法所引发的社会现象。其中，既有涉及变法主导者、变法派与反变法派，以及变法派内部矛盾与斗争的，甚至还有涉及变法精神支柱等问题的，可见其涉及面颇广。

二是有的流言出现于王安石亲自主持变法之时，有的则形成并广泛流布于王安石主导变法之后。如"勿使齐年知""勿使上知"流言，就产生于对变法进行彻底清算的元祐更化时期。这说明伴随着变法活动逐步实施甚至变化，以及北宋后期党派斗争急剧转换，流言的产生与流传也呈现出时段性特点。

三是这些流言大多属于有意识传播，它们指向明确，迷惑性强，破坏力大，尤其是有些流言还有意假借名人言论，或由名人发起甚至推波助澜，往往诱导了社会舆论走向。如"三不足"之说，就与反变法派重要人物司马光以及范祖禹、刘安世等有关；"勿使齐年知""勿使上知"流言，更是与反变法派人物苏轼兄弟直接关联；"将欲取之，必固与之"流言，则与富弼、苏辙和邵伯温等反变法派人物有关。如此明确针对变法活动或变法派人物的社会流言，其传

---

① 朱熹著，刘永翔等校点：《晦庵先生朱文公文集》卷70《读两陈谏议遗墨》。

② 参见邓广铭：《北宋政治改革家王安石》。

播效果可想而知。

四是就流言表现方式而言，除时人见闻这一常见方式外，有的流言以大臣奏疏形式出现，如苏辙的《乞诛窜吕惠卿状》；有的源自于朝廷“策问”，如熙宁三年司马光的学士院策问。同时，诸如“三不足”之说，“勿使齐年知”“勿使上知”，以及“将欲取之，必固与之”等流言，主题用语极为醒目鲜明，甚至含有定性结论，往往会形成传播速度快、社会反响大的共鸣效应。

五是就流言在朝廷内外的主要传播路径而言，一类是朝廷近臣及台谏议论流播到社会，引发社会流言，而后传至朝廷上层，如“沈惟恭”案；一类是一些流言先是在士大夫间传播，再传至朝廷上层，如“三不足”之说；一类是一些流言通过民间传出，并得以传至朝廷，如“将欲取之，必固与之”流言，等等。

六是就流言传播渠道而论，除时人主要以口耳相传方式之外，还有一些敏感人士有意将其载录入自己的文献著述，甚至编修进官修史籍，从而扩大了传播范围以及影响力。如《林希野史》《龙川略志》《东轩笔录》《邵氏闻见录》《东都事略》乃至《宋史》等均载录有宋人流言。

七是从流言本身形成演化看，一则是一些流言原本传说不一，所涉及的事件性质以及结果又难以定论，从而导致其在传播扩散时危害极大。如“沈惟恭”案，在现存多种传本中，内容偏重明显有异，其间甚至出现对宋神宗和王安石人身攻击的内容，这无疑使得统治阶层矛盾与斗争得以扩大化、社会化。它已不仅仅是政治事件，而且演变成了社会事件。另一则是一些流言并非从一开始就形成了固定说法，而是在流播过程中，其说法不断发生演化，最后才逐步形成了固有说法。如“三不足”之说和“将欲取之，必固与之”流言等等。

最后需说明的是，一些影响巨大且证据模糊不清的社会流言，不仅被诸多私家相互转录，而且此后还被元祐史官有意编修进了官修史书，影响深远。

如受“兴甲以除君侧之恶”说法影响，吕公著于熙宁三年夏四月被贬知颍州。[①]此后，与该事件有关联的韩琦乞请至徐州养疾。神宗言：“琦必缘吕公著事也。”曾公亮答道：“琦当乞相州，今乃乞徐州，意或在此。”神宗言：“何故？”曾公亮答道：“相州实屯重兵处。”王安石答道：“琦意未必然。”神宗言：“须开谕令无自疑。”王安石答道：“彼初无此意，何用开谕，但如常批答可也。候琦以人言为辞，开谕未晚。”神宗从之。不过，随后神宗还是派遣内侍李舜举前去开谕。[②]到熙宁五年八月，王安石还指出：“公著既诬韩琦欲举晋阳之甲，乃自讳匿云未尝言。”[③]那么官方史籍究竟是如何记述该事的呢？对此，王安石在所修《时政记》中明确记载吕公著曾言：“朝廷申明常平法意，失天下心。若韩琦因人心如赵鞅举甲，以除君侧恶人，不知陛下何以待之？”此后，经王安石和神宗坚持，朝廷在贬黜吕公著制书中注明了该罪状。不过，对于王安石所记，吕公著在元祐二年提举编修《神宗实录》时，上奏“辩诬”称：“是时王安石方欲主行新法，怒议论不同，遂取舍人已撰词头，辄改修，添入数句，诬臣曾因对论及韩琦以言事不用，将有除君侧小人

① 李焘：《长编》卷210。

② 李焘：《长编》卷210。

③ 李焘：《长编》卷237。

之谋。缘臣累次奏对，不曾语及韩琦一字。”并且他要求将所奏付实录院，得到朝廷准许。因此，元祐本《神宗实录》便同时载有“王安石《时政记》及吕公著奏”[①]。即就是说，吕公著事后的“辩诬”内容已被编修进了官修《实录》。

又如对于“将欲取之，必固与之”流言，则直接与邵伯温所言的“王安石弃地五百余里”说法相关联。对此，据李焘在《长编》卷260熙宁八年二月壬申正文中记载：同商量河东地界吕大忠又言：“北人窥伺边疆，为日已久，始则圣佛谷，次则冷泉村，以致牧羊峰、瓦窑坞，共侵筑二十九铺。今所求地，又西起雪山，东接双泉，尽缾形、梅回两寨，缭绕五百余里。蔚、应、朔三州侵地，已经理辨，更无可疑，惟瓦窑坞见与北界商量。”该记事条注文为：“朱史签贴云：‘吕大忠所言，《时政记》等处皆不见，只是刘忱供到，难凭虚实，又事理无可取，删去。’今依新本复存之。”对于以上《长编》正文所载“今所求地”“缭绕五百余里”之言，李之勤先生推断：有可能是邵伯温编造王安石弃地五百里说的资料根据。该推断不误。同时，由《长编》注文可知，“朱史”（即绍圣本《神宗实录》）表明“吕大忠所言”为《时政记》等官方原始资料所不载，而元祐史官仅凭“刘忱供到”之语便编修进了元祐本《神宗实录》，明显存在证据不足且难以服人之处。正因为如此，李之勤先生认为：“所谓王安石在熙宁年间宋辽河东地界交涉中力主弃地说是守旧派为攻击王安石而凭空捏造；所谓北宋失地数百里说，也是守旧派为了

① 李焘：《长编》卷210正、注文。

同一目的而故意夸大其词。”[①]

不过，此后相信以及传播该流言者在宋时就不乏其人，如王称、李焘、洪迈、李心传以及吕中等等。其中，如史家李焘就断定：“盖（王）安石实主割地之议者。”[②]又如史家洪迈批评指出：“王安石当国，言曰：‘将欲取之，必固与之。’于是诏不论有无照验，擗拨与之。往时界于黄嵬山麓，我可以下瞰其应、朔、武三州，既以岭与之，虏遂反瞰忻、代，凡东西失地七百里。案：……熙宁之兵力胜于曩时，而用萧禧坚坐都亭之故，轻弃疆场设险要害之处。安石果于大言，其实无词以却之也。”[③]凡此等等。

再如对于“勿使齐年知”“勿使上知”流言，李焘在《长编》卷278熙宁九年冬十月“冯京知枢密院事”条注文中指出：“朱史签贴云：‘缴书事，已奉朝旨下逐官取会，并无照据，删去。’今本《实录》仍复存之。《陆佃集》有实录院乞降出吕惠卿元缴进王安石私书札子云：‘臣等勘会昨来御史弹奏吕惠卿章疏内称，惠卿缴奏故相王安石私书，有毋使上知、毋使齐年知之语。……且称安石由是罢政。大臣出处之由，史当具载，欲乞圣慈特赐指挥，降出惠卿元缴安石之书，付实录院照用，所贵笔削详实。’贴黄：‘台谏自来许风闻言事，所以未敢便行依据。’《佃集》又自注札子下云：黄庭

---

① 参见李之勤：《熙宁年间宋辽河东地界交涉研究：王安石弃地数百里说质疑》，载《山西大学学报》，1980（1）。

② 李焘：《长编》卷266神宗熙宁八年秋七月丙子“韩缜等图上河东缘边分画利害”条注文。

③ 洪迈：《容斋五笔》卷1《王安石弃地》。

坚欲以御史所言入史，佃固论其不可，庭坚恚曰：‘如侍郎言，是佞史也。’佃答曰：‘如鲁直意，即是谤书。’连数日，议不决，遂上此奏。后降出安石书，果无此语，止是属惠卿言练亨甫可用，故惠卿奏之，庭坚乃止。”由以上记载可知，“勿令齐年知”“勿令上知”流言已被元祐史官编修进了元祐本《神宗实录》。此后，绍圣史官在更修《神宗实录》时，因其“无照据”，删去。但是，南宋绍兴本《神宗实录》仍依元祐本予以复存。

同时，据上可知，在绍圣史祸案中，参与元祐本《神宗实录》编修的陆佃与黄庭坚就该流言展开了激烈争辩，甚至有“佞史”与“谤书”之争。对于该争辩，李焘评论说：“《佃集》为安石辨如此，盖佃尝从安石学故也。佃称庭坚乃止，然《元祐实录》虽不于安石罢相时载缴书事，仍于冯京参政（记）［时］载之。佃称庭坚乃止，诚耄昏矣。”[①]并且他还推断：吕惠卿出“无使上知”书，当是吕氏出知陈州后。[②]同样，朱熹指出：“绍圣史祸，诸公置对之辞，今皆不见于文集，独尝于苏魏公家得陆左丞画一，数条皆诋元祐语也。其间记黄太史欲书王荆公‘勿令上知’之帖，而己力沮止之。黄公争辨甚苦，至曰：‘审如公意，则此为佞史矣。’是时陆为官长，以是其事竟不得书，而黄公犹不免于后咎。然而后此又数十年，乃复赖彼之言，而事之本末因得尽传于世，是亦有天意矣。惜乎秉史笔者不能表而出之，以信来世，而顾独称其词笔以为盛美。”[③]他甚至认为：“介甫初与吕吉甫好时，常简帖往来。其一云：‘勿令上

① 李焘：《长编》卷278神宗熙宁九年冬十月“冯京知枢密院事”条注文。

② 李焘：《长编》卷260熙宁八年二月癸酉“王安石依前官平章事”条注文。

③ 朱熹著，刘永翔等校点：《晦庵先生朱文公文集》卷84《跋山谷草书千文》。

知。’后来不足，吕遂缴奏之，神宗亦胡乱藏掉了。”[①]由此可见，虽然该流言始终真伪难辨，但李焘和朱熹等人却相信其说，甚至还做出了自己的分析。

归结而言，王安石变法时期的社会流言始终伴随着变法活动的发展演变过程。它们既有涉及变法斗争的，也有围绕具体事件的，它们均是由变法活动所引发的社会现象。其间，尤其值得注意的是，一部分涉及重大事件的流言，基本都与反变法派有关，甚至出自反变法派之口。反变法派利用民众怨言、时势转变等有利时机，有意制造事缘，编造、传播以及利用流言，扰乱变法正常秩序，削弱变法派力量，损坏变法派声誉。因此可以说，一些流言的产生与传播，无疑是变法斗争在朝廷内外的具体体现，其危害及影响不容忽视。

## 二、皇位传承中的政治传闻

宋代皇位确立与传承作为重大且敏感的政治事件，不仅斗争极为激烈，而且因其本身具有极强的神秘性，故在社会上时而还出现了或真或假甚至真伪难辨的诸多传闻。[②]该类传闻自开国皇帝赵匡胤发动“陈桥兵变”时起就有，此后的继位者在皇权交接时也多有传

---

① 黎靖德辑，郑明等校点：《朱子语类》卷130。

② 对于宋代皇位传承的基本状况，可参考张邦炜《宋代皇亲与政治》（四川人民出版社，1993年）第一章“宋代宗亲与政治”有关部分。同时，对于多种有关的政治传闻，学界亦多有涉及，甚至对于一种传闻会有多种不同的研究结论。

闻在社会上散布。除真实明显的皇位争夺事件之外，在此有必要对宋代皇位争夺中颇为突出的政治传闻及其影响加以论述。

**1. 太祖登基前后的政治传闻**

欲从后周孤儿寡母手中夺取皇位的赵匡胤，在发动陈桥兵变前后，到底有哪些值得关注的传闻？对此，我们不妨结合“点检作天子”传闻加以考究。[①]

据史书记载：后周显德六年，“世宗北征，（太祖）为水陆都部署。及莫州，先至瓦桥关，降其守将姚内斌，战却数千骑，关南平。世宗在道，阅四方文书，得韦囊，中有木三尺余，题云‘点检作天子’，异之。时张永德为点检，世宗不豫，还京师，拜太祖检校太傅、殿前都点检，以代永德。”[②]该条传闻表明，早在周世宗在世时，已经有帝位更替传闻，并且世宗本人还亲眼见到了相关文书。不过，该条传闻是否属赵匡胤有意为之，现今学者的看法存在较大分歧。[③]不过，它足以说明，当时的帝位之争已完全表面化了。

此后，周世宗过世，由年幼的周恭帝继承皇位。不过不久，便发生了著名的陈桥兵变事件。对此，司马光记述道：“周恭帝幼冲，军政多决于韩通，通愚愎，太祖英武有度量，多智略，屡立战功，由是将士皆爱服归心焉。及将北征，京师间喧言：‘出军之日，当立点检为天子。’富室或挈家逃匿于外州，独宫中不之知。太祖闻之

① 可参考顾吉辰：《论后周末年的一起政治谣言：兼论赵匡胤上台》，载《学术月刊》，1994（4），等。

② 《宋史》卷1《太祖纪》。

③ 参见邓广铭：《陈桥兵变黄袍加身故事考释》，见《邓广铭治史丛稿》，北京大学出版社，2010年，等。

惧，密以告家人曰：‘外间汹汹若此，将若之何？’太祖姊面如铁色，方在厨，引面杖逐太祖击之，曰：‘大丈夫临大事，可否当自决胸怀，乃来家间恐怖妇女何为邪！’太祖默然而出。”[①]由此表明，在太祖出征前夕，已有“立点检为天子”传闻。此后，南宋史家彭百川亦有类似记述，只是司马光指出传闻导致“富室或携家逃匿于外州”，而彭氏表明“万民恐怖，争为逃匿之计”。[②]也就是说，他们程度不同地强调了该传闻对京师民众的震憾力。同时，史家王称亦记载道：“（显德）七年春正月辛丑朔，镇、定驰驿上言：‘太原刘承钧结契丹入寇。’乃命太祖统大军北伐。癸卯，出师，遣宣徽使昝居润饯于郊。时京师多飞语，云：‘策点检为天子。’次陈桥驿，军中共议推戴。”[③]

以上由不同史家记述的“点检为天子”传闻表明，该传闻不仅恰巧发生在赵匡胤发动陈桥兵变之时，而且传闻的主角赵匡胤最终使传闻变成了现实。由此看来，以该传闻为舆论渲染的兵变篡位事件，无疑是一次经过精心谋划的政治阴谋。在此不妨以邵伯温的记述加以补充说明，邵氏言道：“上初自陈桥即帝位，进兵入城，人先报曰：‘点检已作天子归矣。’时后寝未兴，闻报，安卧不答，晋王辈皆惊跃奔走出迎。斯须有上亲信人至，入白后，后乃徐徐而起，曰：‘吾儿素有大志，果有今日矣。’”[④]其间，面对如此重大新闻，杜太后竟显得极为镇静，可见她对其子赵匡胤的政治野心早已有所

---

① 司马光撰，邓广铭、张希清整理：《涑水记闻》卷 1。

② 彭百川：《太平治迹统类》卷 1《太祖受禅》。

③ 王称：《东都事略》卷 1《太祖纪》。

④ 邵伯温撰，查清华、潘超群整理：《闻见录》卷 7。

了解。

此外，苏辙记述道："周显德中，以太祖在殿前点检，功业日隆，而谦下愈甚，老将大校多归心者，虽宰相王溥亦阴效诚款。"[1]这更表明赵匡胤已建立起相当雄厚的政治基础，他夺取帝位只是时间问题。

更为有趣的是，历史往往有惊人相似的一幕。就在太祖征讨李筠之时，社会上同样出现了"点检作天子"传闻。对此，时人记载："太祖征李筠，以太宗为大内都点检，汴民惊曰：'点检作天子矣，更为一天子地邪！'此又人口木简也。"[2]由此看来，都城民众对该传闻所包含的政治内涵极度敏感，虽则它的真实性尚难认定，但它却为太宗此后继位打下了伏笔。

**2. 有关太宗继位传闻**

一是"斧声烛影"[3]：对于开宝九年冬十月导致太祖离奇死亡并由其弟赵光义继位的"斧声烛影"事件，李焘在《长编》卷 17 该年"太祖夜召晋王属以后事"纪事条下注文中言："顾命，大事也，而

---

① 苏辙撰，孔凡礼整理：《龙川别志》卷上，《全宋笔记》第一编第九册，大象出版社，2003 年。

② 百岁老人袁褧撰，俞钢、王彩燕整理：《枫窗小牍》卷上。

③ 参见邓广铭：《试破宋太宗即位大赦诏书之谜》，见《邓广铭治史丛稿》，北京大学出版社，2010 年；李裕民：《揭开烛影斧声之谜》，载《山西大学学报》，1988（3）；顾吉辰：《"烛影斧声"辨析》，载《黄淮学刊》，1989（1）；王瑞来：《"烛影斧声"事件新解》，载《中国史研究》，1991(2)，以及王育济：《宋太祖传位遗诏的发现及其意义》，载《文史哲》，1994（2），等。

《实录》《正史》皆不能记，可不惜哉。”[①]由此而言，现今我们所能见到的有关该事的记载均出自私家，而他们的史料来源更多为私相传布的传闻。如蔡惇《直笔》记载道：“太祖召陈抟入朝，宣问寿数，对以丙子岁十月二十日夜或见雪，当办行计，若晴霁须展一纪。至期前夕，上不寝。初，夜遣宫人出视，回奏星象明灿。交更，再令出视，乃奏天阴，继言雪下，遂出禁钥，遣中使召太宗入对，命置酒，付宸翰属以继位，夜分乃退。上就寝，侍寝者闻鼻息声异，急视之，已崩。太宗于是入继。”李焘对该事辨析道：“按惇所载，与文莹略同，但即以道士者为陈抟耳。抟本传及《谈苑》并称抟终太祖朝未尝入见，恐惇亦误矣，当是张守真也。”[②]这仅是对召见者之误做了辨证。凡此等等。

二是有关太祖太宗帝位传授的所谓“金匮之盟”事件，[③]李焘依“《正史》及《新录》”，记述杜太后向太祖言：“汝与光义皆我所生，汝后当传位汝弟。四海至广，能立长君，社稷之福也。”太祖顿首泣答说：“敢不如太后教。”但是“《旧录》盖无是事”[④]。以上情况表明，太祖兄弟间的帝位传承之说系后修成的国史说法，初始修成的国史并无该说法。

---

① 李焘：《长编》卷 17 太祖开宝九年冬十月壬子。

② 李焘：《长编》卷 17。

③ 对于该问题的研究成果极多，看法也存在巨大差异。可参考张荫麟：《宋太宗继统考实》，载《文史杂志》，1941 年第 1 卷第 8 期；邓广铭：《宋太祖太宗皇位授受问题辨析》，见《邓广铭治史丛稿》，北京大学出版社，2010 年，以及王育济：《金匮之盟真伪考》，载《山东大学学报》，1993（1），等。

④ 李焘：《长编》卷 2 太祖建隆二年六月甲午纪事。

而与官方相对，在私家记述中还出现不同说法并存现象。如据李焘所见，“世所传《建隆遗事》十三章”中，第十一章记太祖崩前言“传位晋王”，而第七章记杜太后欲令太祖传太宗传廷美再传德昭，李焘对此只能“两存其说”。[①]其他说法还有：蔡惇《夔州直笔》云：“太祖以晋王尹京，对罢，宣谕曰：‘久不见汝所乘何马，牵来一观。’遂传呼至殿陛下御马台，敕令晋王对御上马。太宗惶惧辞逊，乃密谕曰：‘他日汝自合常在此上下马，何辞焉？’太宗骇汗趋出。命近侍挽留，送上马。遂再拜，乘马驰走，回旋于殿庭而出。太祖示继及之意也。”李焘按：“太祖继及之意，盖先定于昭宪榻前矣，今不取。”[②]与此类似的时人说法为：“开宝中，御廐新调御马成进，太祖御宣政殿亲阅。时太宗尹天府，亟召之。既至，俾自殿陛乘之。太宗固辞，以人臣之礼不可。上勉之，不从其恳。已而目送之，且语左右曰：‘令公真他日太平天子也。’”[③]

总之，以上情况表明：宋初帝位传授本身说法多异，让人莫衷一是，而且对此官私记载差异极大，由此造成多种社会传闻流布。

三是“龙行虎步”必为“太平天子”说。对此，史家李焘记载道：“王（指晋王匡义）性仁孝，上雅钟爱，尹京十五年，庶务修举，上数幸其府，恩礼甚厚。……又尝宴宫中，王醉，不能乘马，上起送至殿阶，亲掖之。王帐下士蒙城高琼左手执镫以出，上顾见，

① 李焘：《长编》卷 17 太祖开宝九年冬十月壬子以及同书卷 22 太宗太平兴国六年九月辛亥“赵普为司徒”条注文。

② 李焘：《长编》卷 17 太祖开宝九年六月。

③ 夷门君玉撰，赵维国整理：《国老谈苑》卷 1，《全宋笔记》第二编第一册，大象出版社，2006 年。

因赐琼等控鹤官衣带及器帛，勉令尽心。间谓近臣曰：‘晋王龙行虎步，且生时有异，必为太平天子，福德非吾所及也。’”[①]对此，真德秀在《得圣语申后省状》中论述说：“进前展读《宝训·睦亲门》，某奏：太祖之友爱太宗，前古所未有。其言‘晋王龙行虎步，生时有异，必为太平天子。’则异时传授大位之意已见于此。……太祖非无子也，燕、秦二王非不可以托宗庙也，乃不私其子而以与其弟，盖知太宗神武英特，天命所属，必能身致太平故也。……其后太宗果能混一区宇，济世治平，太祖可谓能为天下得人，太宗可谓不负所托。上首肯之。”[②]由此表明，该说早已存在于官修史籍中，并且真德秀相信该说并加以宣扬。

**3.“太祖之后当再有天下”传闻**

对于该说法的起因，王明清记述道：“永昌陵卜吉，命司天监苗昌裔往相地西洛。既覆土，昌裔引董役内侍王继恩登山巅，周览形势，谓继恩云：‘太祖之后当再有天下。’继恩默识之。太宗大渐，继恩乃与参知政事李昌龄、枢密赵镕、知制诰胡旦、布衣潘阆谋立太祖之孙惟吉。适泄其机，吕正惠时为上宰，锁继恩而迎真宗于南衙，即帝位。继恩等寻悉诛窜。前人已尝记之。”[③]如果该说法果真出自此次皇位斗争的话，那么此后苗昌裔的这种说法作为政治传闻又在起作用了。

一是在神宗时，据司马光记述：“李士宁者，蓬州人，自言学道，多诡数，善为巧发奇中。目不识书，而能口占作诗，颇有才思，

---

① 李焘：《长编》卷 17 太祖开宝九年六月；《宋史》卷 3《太祖纪》。

② 真德秀：《西山先生真文忠公文集》卷 5。

③ 王明清撰，燕永成整理：《挥麈录余话》卷 1。

而词理迂诞，有类谶语，专以妖妄惑人。周游四方及京师，公卿贵人多重之。……宗室世居者，太祖之孙，颇好文学，结交士大夫，有名称，士宁先亦私入睦亲宅，与之游。士宁以为太祖肇造，宗室子孙当享其祚，会仁宗有赐英宗母仙游县君挽歌，微有传后之意，士宁窃其中间四句，易其首尾四句，密言世居当受天命以赠之。世居喜，赂遗甚厚。原注：袁默云。"[①]从该条纪事原注可知，司马光是依据时人所言而记载该事的。又此后兴起的世居狱，正是神宗利用传闻借以打击政敌。

一是在北宋灭亡前后，据史载："初，昌陵复土，司天监苗昌裔谓人曰：'太祖后当再有天下。'（赵）子崧习闻其说，靖康末起兵，檄文颇涉不逊。子崧与御营统制辛道宗有隙，道宗求得其文，上之。诏御史往案其狱，情得，帝震怒，不欲暴其罪，坐以前擅弃城，降单州团练副使，谪居南雄州。绍兴二年赦，复集英殿修撰，而子崧已卒于贬所。"[②]这是官方记载的宗室赵子崧利用"太祖后当再有天下"传闻起兵而被高宗贬斥之事。

总之，对于以上三事，王明清在《挥麈录余话》卷 1 以及李心传在《建炎以来系年要录》卷 4 建炎元年夏四月条亦有记述。不过，李心传指出："按：赵子崧移檄事，它书不见，独王明清《挥麈录余话》有之。其略云：'艺祖造邦，千龄而符景运；皇天祐宋，六叶而生眇躬。'果如所言，则子崧真乱臣贼子矣！恐未必尔。……胡寅《封事》：'黄潜善、郑瑴小人，本无远见。自南都以至维扬，诛窜之刑，疑忌之意，相寻继见。'足明当时皆有是说，今且云'传檄

① 司马光撰，邓广铭、张希清整理：《涑水记闻》卷 16。

② 《宋史》卷 247《赵子崧传》。

不逊’，更俟考详。”在此李氏对“传檄不逊”事的可信性持谨慎态度。此后，俞德邻在详叙以上三事，并指出高宗选用太祖系后裔作为皇位继承者时，论道：“于是阜陵实在选中，自后光、宁、理、度皆太祖之后，昌裔之说始验。然一语不谨，既误继恩，又误昌龄辈，又误其孙逢，又误子崧诸人，贻祸百五十余年。虽轻浅之徒妄生侥幸，亦皆昌裔之罪也。是故青乌之术，圣贤不道焉！”[①]可见俞氏以后来所发生的历史事实对该传闻做了评判。清人顾炎武亦在历数赵子崧等事后，评论道：“是数子者之占，不可谓不验，而适以自祸其身，是故占事知来之术，惟正人可以学。”[②]

**4. 光宗末年宁宗继位前后传闻**

光宗绍熙五年六月，寿皇病死。宰执留正、赵汝愚率百官请求光宗主持寿皇丧礼，被光宗所拒。他们又提议立嘉王为太子，又被光宗所拒。此时临安城内有关政局不稳而引发的传闻四起。对此，史载：“绍熙五年六月丁酉夜，寿皇崩于重华宫。上犹未能出，嘉王数入禁中泣请，未遂，中外讹言靡所不至。”[③]其间，不仅许多朝臣面对该政治危机有所担心恐惧，而且在社会上确已引起诸多不利于朝廷的反应。如史载：“孝宗病革，（曾三聘）复上疏言：‘道路流言，汹汹日甚，臣恐不幸而有狂夫奸人，讬忠愤以行诈，假曲直以动众，至此而后悔之，则恐无及矣。’帝意为动。”[④]可见曾氏劝

---

① 俞德邻：《佩韦斋集》卷19。

② 顾炎武著，黄汝成集释，栾保群、吕宗力校点：《日知录集释》卷30《星事多凶》，上海古籍出版社，2014年。

③ 佚名编，汝企和点校：《续编两朝纲目备要》卷3。

④ 《宋史》卷422《曾三聘传》。

谏有一定功效。又如据叶適记述：“既而孝宗大渐，上成服宫中，中外讹言益甚。或言‘某将辄奔赴’，或传‘某军私聚哭’，大抵皆反矣。朝士潜遁者前后数人，私窃以家去者甚众，近幸富民，竞匿重器村舍中，都人朝夕不自聊。或又责宰相：‘上虽疾而不临丧，无以辞于天下。今嘉王长，若豫建参决，则疑谤释矣。’”[①]再如史载：“先是，京口诸军讹言汹汹，襄阳归正人陈应祥亦谋为变，举事前一日，登极赦书至，遂败。是晚，沈有开、彭龟年乞奏事，上惨然久之，曰：‘前日闻大臣有建储之议，此亦可以息浮言、安人心。今忽遽乃尔，早泣告慈福。不允，至今悸动。’”[②]由此可见，该政治传闻的社会冲击力不小，甚至引发了谋变。

对于此事，真德秀于宁宗嘉定二年奏疏中指出：“自昔著闻，甲寅之秋，肇履大位，盖出于光皇付托之诚、宪圣拥佑之力，而大臣实奉行之。授受之间，粲然明白，秉史笔者固宜铺张其实，以诏万世。而臣伏观《玉牒》《会要》所书，大抵承迎侂胄之意而夸大其功，欺天罔人，莫此为甚。……臣侧闻嘉定元年二月，议臣有请命史官取绍熙五年以后至开禧三年以前史院文字并日历、时政记，凡涉诬罔，悉行改正。陛下既俞之矣，历时寖久，必已成书。臣愿特降睿旨，命国史实录院具所修事节上之朝廷，看详允当，即颁下玉牒、会要所参照，重行修纂，上以光圣朝揖逊之美，下以杜奸党窥觎之渐，天下幸甚！”[③]可见在化解此次皇位传承危机时，因涉及

① 叶適著，刘公纯、王孝鱼、李哲夫点校：《叶適集·水心文集》卷17《蔡知阁墓志铭》。

② 佚名编，汝企和点校：《续编两朝纲目备要》卷3。

③ 真德秀：《西山先生真文忠公文集》卷2《己巳四月上殿奏札二》。

到权臣韩侂胄，故真氏请求重修当时的有关史籍。

**5. 济王被废死事件所引发的传闻**

该传闻是针对史弥远矫诏立理宗以及济王死事不明之事的。史载：“嘉定十四年，帝以国嗣未定，养宗室子贵和，立为皇子，赐名竑。弥远为丞相，……十七年闰八月丁酉，帝大渐。……弥远等召昀入，后拊其背曰：‘汝今为吾子矣。’遂矫诏废竑为济王，立昀为皇子，即帝位。”[①]这是史弥远伙同杨皇后矫诏立理宗的大致过程。到宝庆元年春正月，湖州太学生潘壬、潘丙谋立济王。此后史弥远派人逼济王就死，济王遂缢于州治。[②]

对于济王被废死之事，理宗时，知泸州魏了翁上疏指出：“使陛下所以孜孜爱兄之初心，亦未能尽白于天下，遂使讹言胥动，并为一谈。且济王之卒，凡有耳目，谁不睹闻？而小民无知，妄相腾播，莫肯奠居。近在畿甸间，犹不能家至户晓，远而荆、襄、川、广，袭讹承舛，抑又可知。”[③]可见该传闻传播范围极为广泛。元人陈栎甚至批评道：“按宋一代家法最正，诸后最贤，传授最明。至宁宗之末，杨后、弥远之恶，济邸之冤死，理宗之矫立，而后所谓家法之正、后德之贤、传授之明遂扫地矣！”[④]

**6. 有关其他皇位传承的传闻**

一是在仁宗当政时期，先是刘太后崩，仁宗亲政时，“有飞语传荆王元俨为天下兵马都元帅者，捕得系狱，连逮甚众。帝怒，使

① 《宋史》卷 243《杨皇后传》。

② 参见佚名撰，王瑞来笺证：《宋季三朝政要笺证》卷 1。

③ 魏了翁：《鹤山先生大全文集》卷 17《直前奏六未喻及邪正二论》。

④ 陈栎：《历代通略》卷 4，文渊阁《四库全书》本。

(蔡) 齐按问之。齐曰:‘此小人无知,不足治,且无以安荆王。’帝悟,遽释之。”[1]这是有关太宗之子荆王元俨对皇位形成威胁的政治传闻。

再是到仁宗末年,皇位继承人迟迟未定,由此引起诸多传闻。如吕诲上奏指出:“近者宗室之中,讹言事露,流传四方,人心骇惑,窥觎之志,可不防其渐哉!愿为社稷宗庙计,审择亲贤,稽合天意,宸谋已定,当使天下共知。万一有奸臣附会其间,阳为忠实,以缓上心,此为患最大,不可不察也。”仁宗以吕诲章疏后付中书韩琦。[2]

其间,甚至还出现了对武将狄青的猜忌。史载:“狄青为枢密使,奋自军伍,多战功,军中服其威名。仁宗不豫,诸军讹言藉藉,(欧阳) 修言:‘武臣掌机密而得军情,不惟于国不便,鲜不为身害,请出之外藩,以保其终始。’遂罢青知陈州。”[3]有此看法者不只是欧阳修,还有刘敞等。甚至史书还记载:“京师大水,彗星见,青出判陈州。青去之夕而彗没。”[4]这是将天变与狄青是否存留京师联系在一起。

二是在神宗当政时,就有其弟岐王颢对皇位形成威胁的传闻。如据朱弁记述:“岐王始封昌王,时飞语云‘昌’字两日并出也。裕陵惑之,以问大臣,大臣无能对者。吕申公知开封府,因上殿奏事罢,上从容曰:‘卿闻昌王之说乎?’申公曰:‘不知陛下有何所

① 《宋史》卷 286《蔡齐传》。

② 《宋史》卷 321《吕诲传》。

③ 王称:《东都事略》卷 72《欧阳修传》。

④ 王称:《东都事略》卷 76《刘敞传》。

疑？若圣意不能释然，以臣所见，改封大国，则妄议息矣。’裕陵意遂解。”[①]这是有关吕公著化解该次政治危机的记载。

到哲宗即位时，有关徐王颢的传闻又起。史载：“《(哲宗) 旧录》云：当神宗疾，徐王颢有觊幸意，每侍疾，数褰幕直入，頵屡挽止之。遇蔡确，数以言促确曰：‘延安郡王，太子也，不立何待?’确犹豫未决。頵曰：‘晚则他人是有。’神宗疾甚，颢欲留宿禁中，頵奏得弗宿。太子立，頵内助居多。……《新录》辨曰：‘此正蔡确等傅会一时之说，谤诬宣仁圣德者。’”[②]对于该事，真德秀曾言道：“昔绍圣中，奸臣用事，被宣仁以夺嫡之谤，加蔡确以定策之名，颠倒是非，终危宗社。”[③]即这次政治传闻与宣仁、蔡确在皇位传承中的是非功过密切相连。

三是有关钦宗继位前后的传闻。先是郓王楷作为徽宗第三子，史载：“政和八年，廷策进士，唱名第一。母王妃方有宠，遂超拜太傅，改王郓，仍提举皇城司。出入禁省，不复限朝暮，于外第作飞桥复道以通往来。”[④]其间，史又载：“时郓王楷有宠，或妄传有废立之意。(王) 黼知中外嫉己，不自安，欲以是为奇货。东宫长子谌已除节度使，封国公，黼言于上，以为皇孙始封，但当为观察使，令宫臣耿南仲至□第，令代东宫奏辞谌官，竟夺节度使，而童贯亦阴附之，谋摇东宫矣。”[⑤]随后陈东在上钦宗奏疏中指出：“陛

① 朱弁撰，张剑光整理：《曲洧旧闻》卷2。

② 李焘：《长编》卷412哲宗元祐三年秋七月戊申“皇叔荆王頵卒”条。

③ 真德秀：《西山先生真文忠公文集》卷2《己巳四月上殿奏札二》。

④ 《宋史》卷246《郓王楷传》。

⑤ 陈均撰，许沛藻等点校：《皇朝编年纲目备要》卷29。

下谦逊之际，闻数贼密请郓王皆来至殿上，而师成实为谋始。比至事定，自知失计，乃争言曰：‘太上之志，我实成之。’……又见比年都城妇女首饰、衣服之上，多以韵字为饰，甚至男女衣着、币帛，往往织成此字，皆是师成倡为谶语，以撼国本，群贼和之，更相夸尚，以动天下之心。”[①]甚至朱熹亦认为：“蔡京奏其家生芝，上携郓王等幸其第，赐宴，云：‘朕三父子劝卿一杯酒。’是时太子却不在，盖已有废立之意矣。”[②]以上便是有关权臣或者徽宗图谋废立的政治传闻。

再是在钦宗当政时，又有徽宗谋复辟之说。史载：“会金破濬州，徽宗南幸，（蔡）攸假徽宗旨，请（蔡）翛守镇江，改资政殿大学士。或谓翛前计已乖，宜勿行。翛幸得去，不复辟。流言至京师，谓将复辟于镇江。帝趣迎上皇还，而责翛昭信军节度副使。”[③]可见该次传闻与蔡翛有关。凡此等等。

纵观以上政治传闻，不难发现：一是这些传闻大多出现在皇位大变动时期。对于如此敏感的政治事件，社会上一般会有各式各样的说法，从而引发广泛的社会舆论，甚至出现流言或者谣言。

二是随着宋代教育文化事业蓬勃发展，使得广大民众关心时事的觉悟普遍得到提高。而对于皇位传承这类重大事件，他们往往极为关心，甚至对诸如宁宗即位前后的政治危机深表焦虑。此外，一些敏感文人还会有意识地搜集、记录并且传播。因此，该类传闻时

① 陈东：《少阳集》卷1《登闻检院三上钦宗皇帝书》，文渊阁《四库全书》本。

② 黎靖德辑，郑明等校点：《朱子语类》卷130。

③ 《宋史》卷472《蔡翛传》。

常会见于时人笔记等私家著述，如司马光《涑水记闻》、蔡惇《直笔》、邵伯温《邵氏闻见录》以及王明清《挥麈录》等。

三是因皇位传承具有极强的私密性，从而导致传闻在社会上流传时往往真伪难辨，所以当有的传闻出自方伎、道人或者释氏之口时，更增强了它的神秘性。

四是有的士大夫还会借皇位传承传闻表达自己的看法。如针对北宋亡国之君钦宗，袁文记述道："余自幼闻钦宗乃喆和尚后身，独未知何所据耳。近观《国史后补》，见惠恭王皇后初怀娠，梦宣德正门大启，有两红旗，各书一吉字以入，是生钦宗。两吉字乃喆字也，则知钦宗乃喆和尚后身无疑。……是时（梁）师成欲改立郓王，固有为而然。然钦宗在位止一年，遂有北狩之事，术者之言亦信矣夫。"①这是袁氏对钦宗继位问题的独自认识。类似者还有南宋时人对济王之事的认识，在此不再赘述。

五是宋代皇位传承时往往伴随着明争暗斗式的激烈权力斗争，并且还不时夹杂着真伪难辨的政治传闻，甚至有些成了疑案。因此，对于诸如金匮之盟、"斧声烛影"等事件，后世一直处于争辩难断之中。甚至到明代，程敏政撰有《宋纪受终考》3卷，专门为宋太宗是否篡位杀兄辩解。

## 三、民族危亡与战事威胁时的社会传言

每当某个王朝处在危亡时刻时，一些异常或者怪异行为往往会被时人附着以特定含义，或被按特定含义加以解读，并且它们在民

① 袁文撰，李伟国整理：《瓮牖闲评》卷8。

众中迅速扩散，形成真假难辨的社会传言。其间，由于人们对战局发展演变难以准确预测、判断，那么这些传言到底是其中一方有意释放而形成的宣传策略，还是处在战争中的人们私自根据战争双方力量等所做的一种主观判断，有时的确难以区分清楚，但这些传言的影响力相当大，它们有时能迅速改变人们的主观判断，甚至影响到民心向背。况且在这些传言中，不乏有事后增附的史例，其目的是用以体现征服者的特定意图。具体而言：

一是在后蜀、南唐等归宋前后，社会上出现了不少有利于宋方的异常行为以及传言。其中，对于后蜀而言，如史载："建隆初，蜀孟昶末年，妇女竞治发为高髻，号'朝天髻'。未几，昶入朝京师。"[①]这是出自官修史书对后蜀妇女发型寓意的记述。与此类似，有人记述道："蜀之末年，百官竞执长鞭，自马至地。妇人竞戴高冠子，皆谓之朝天。又制新曲，名之曰《万里朝天》，意谓万里皆朝于己。及归降之后，崎岖川陆，至于京师，乃万里朝天之验矣。"[②]这是私家对后蜀亡国前多种异常行为及其传言所做的解读。此外，据曾巩记载："蜀自孟昶袭位，民家质物者，必书门曰：'召主收赎。'"[③]这又是以内含特定寓意文字的形式，表达并传递着后蜀亡国前民众的内心想法。

又对于南唐而言，如史载："又（李）煜宫中盛雨水染浅碧为衣，号'天水碧'。未几，为王师所克，士女至京师犹有服之者。天

---

① 《宋史》卷65《五行志》。

② 佚名撰，张剑光、孙励整理：《五国故事》卷上，《全宋笔记》第一编第三册，大象出版社，2003年。

③ 曾巩撰，王瑞来校证：《隆平集校证》卷1《符应》。

水，国之姓望也。”[①]可见在源于官史的记载中，南唐末的染衣行为原出自李煜宫中。与此相似，蔡絛记述道：“昔江南李重光染帛多为天水碧。天水，国姓也。当是时，艺祖方受命，言天水碧者，世谓逼迫之兆。未几，王师果下建邺。及政和之末，复为天水碧，时争袭慕江南风流，然吾心独甚恶之。未几，金人寒盟，岂亦逼迫之兆乎？”[②]蔡氏在此不仅表明了染衣行为及其寓意，而且还对北宋末同类行为做了自我解读。又如据曾巩记述：“江南自晋汉以来，民间服玩侈丽者，或问之，必曰：‘此物属赵宝子。’”[③]这又是以民众的具体行为说明其特定寓意。再如史载：“及宋师至，诸军多败衄，(皇甫) 继勋欲 (李) 煜之速降，每众中流言，颇道国中蹙弱。……会有风雹，继勋又密陈灭亡之兆。……一日，煜躬自巡城，见宋师列栅城外，旌旗遍野，始惊惧，知为左右所蔽。及巡城还，继勋从至宫，煜乃责其流言惑众及不用命之状，收付大理。始出，军士悉集，脔割其肉，顷刻都尽。”[④]可见皇甫继勋在南唐亡国之时，以流言等方式宣扬亡国论，终至被杀。

再对于南汉而言，史载：“又 (刘) 鋹末年，童谣曰：‘羊头二四，白天雨至。’后王师以辛未年二月四日擒鋹。”[⑤]这是借儿童之口，用以表明南汉将亡以及被事后验证之例。

它如对于吴越，史载：“晋天福中，两浙民间，语必以‘赵’

---

① 《宋史》卷 65《五行志》。

② 蔡絛撰，李国强整理：《铁围山丛谈》卷 3。

③ 曾巩撰，王瑞来校证：《隆平集校证》卷 1《符应》。

④ 《宋史》卷 478《南唐李氏世家》。

⑤ 《宋史》卷 66《五行志》。

字为助。如饮曰‘赵饮’，食曰‘赵食’之类。宋兴，钱俶独先恭顺，盖悟此也。”[①]此又是将民间传言与吴越主动归顺相联结，用以表明吴越君主选择归属的合理性。

最后，据史载：“建隆中，京师士庶及乐工、少年竞唱歌曰《五来子》。自建隆、开宝，凡平荆、湖、川、广、江南，五国皆来朝。”[②]此间所记传言出自征服者一方，明显有战时宣传以及给予对方舆论压力的意味。

总之，从以上诸例可以看出，在后蜀、南唐等归宋之前，许多国家出现了预示亡国征兆的异常行为以及传言，它表明在被征服者那里，由于军事实力等处于劣势地位，这就为这些异常行为以及传言的出现与广泛传布提供了温床，从而使得它们发挥着难以预测的社会威力。

二是在北宋亡国前后，同样出现了预示北宋将亡的传言。如有人记述：“道君皇帝改元宣和，人或离合其字曰：‘一旦宋亡。’此与萧岿离合后周宣政为‘宇文亡日’同。”[③]这是以拆字明义方式，表明徽宗改元宣和已蕴含亡国之意。又如据陆游言：“政和、宣和间，妖言至多，织文及缬帛有‘遍地桃’，冠有‘并桃’，香有‘佩香’，曲有‘赛儿’，而道流为公卿受箓。议者谓，桃者，逃也。佩香者，背乡也。赛者，塞也。箓者，戮也。蔡京书神霄玉清万寿宫及玉皇殿之类，玉字旁一点，笔势险急，有道士观之曰：‘此点乃金笔，而锋铓侵王，岂吾教之福哉。’侍晨李德柔胜之亲闻其言，尝

① 曾巩撰，王瑞来校证：《隆平集校证》卷1《符应》。

② 《宋史》卷66《五行志》。

③ 百岁老人袁褧撰，俞钢、王彩燕整理：《枫窗小牍》卷上。

以语先君。又林灵素诋释教谓之金狄乱华。当时‘金狄’之语，虽诏令及士大夫章奏、碑版亦多用之。或以为灵素前知金贼之祸，故欲废释氏以压之，其实亦妖言耳。”[①]可见至徽宗统治末期，当时民众的诸多行为已被赋予特定含义而形成“妖言”，甚至一些道士的言行又为这些“妖言”增添了足够的分量。

此后，对于“遍地桃”“并桃”和“佩香”传言，赵令畤则解释说：“至金贼犯阙，无贵贱皆逃避，多为北贼虏去，亦此谶也。”[②]再如史载：“宣和初，收复燕山以归朝，金民来居京师。其俗有臻蓬蓬歌，每扣鼓，和臻蓬蓬之音为节，而舞人无不喜闻其声而效之者。其歌曰：‘臻蓬蓬外头，花花里头空。但看明年正二月，满城不见主人翁。’本［北］谶，故京师不禁。然次年正月，徽宗南幸。次年二圣北狩。又有伎者以数丈长竿系椅于杪，伎者坐椅上，少顷，下投于小棘坑中，无偏颇之失。未投时，念诗曰：‘百尺竿头望九州，前人田土后人收。后人收得休欢喜，更有收人在后头。’此亦北谶而兆祸，可怪！”[③]以上史例则是通过北谶来反映宋亡命运。

三是在南宋亡国前后，亦出现了预示南宋灭亡的传言。如史载：“咸淳五年，都人以碾玉为首饰。有诗云：‘京师禁珠翠，天下尽琉璃。’”[④]可见在南宋末年，社会上已流传着隐含宋亡之诗。又如据元人王恽记载：“宋未下时，江南谣云：‘江南若破，百雁来过。’当

---

① 陆游撰，李昌宪整理：《老学庵笔记》卷9。

② 赵令畤撰，孔凡礼整理：《侯鲭录》卷6，《全宋笔记》第二编第六册，大象出版社，2006年。

③ 江万里：《宣政杂录》，见陶宗仪等编：宛委山堂本《说郛》弓47。

④ 《宋史》卷65《五行志》。

时莫喻其意。及宋亡，盖知指丞相巴延也。夫荧惑之精，下散而为童谣，不尔何先事如此。”[①]此是以童谣形式，显示宋难逃被征服命运。

与此同时，平昔若面临战争威胁或者传言有战事举动时，民众中往往会出现相关传言，对此朝廷有时需采取针对性平息举措。

北宋时，宋、辽间因时有战事发生，故而会引发有关战事传言。如史载：“雍熙中，京师人破竹为细缕，以五色纸为胡蝶，缀其杪，两两相对，手捻之，递相飞触，谓之斗胡蝶。其后河朔频岁用兵。”[②]这是以游戏形式，寓意并显示宋、辽间必会有战事。又如到仁宗时，史载：“初，塞下讹言契丹将绝盟，故遣（李）维往使。契丹主素服其名，馆劳加礼，使即席赋《两朝悠久诗》，下笔立成，契丹主大喜。”[③]这是宋朝廷听闻绝盟传言而做出的积极反应。同样，对于交趾将入寇传言，史载：“熙宁初，广人讹言交趾且至，老幼入保。事闻，中外以为忧。神宗曰：‘王靖在彼，可无念。’即拜太常少卿、直昭文馆、知广州。居二年，入为度支副使。”[④]由此可知，因神宗处置得当，该传言得以稳妥平息。

至南宋初，宗泽曾上奏指出：“昔楚人城郢，史氏鄙之。今闻有旨于仪真教习水战，是规规为偏霸之谋，非可鄙之甚者乎？传闻四方，必谓中原不守，遂为江宁控扼之计耳。”[⑤]这是宗泽听闻朝廷

---

① 王恽：《玉堂嘉话》卷 4，文渊阁《四库全书》本。

② 马端临：《文献通考》卷 310《物异考·讹言》。

③ 李焘：《长编》卷 104 仁宗天圣四年三月戊寅朔。

④ 《宋史》卷 320《王靖传》。

⑤ 《宋史》卷 360《宗泽传》。

欲为偏安江南计而做出的急切反应。又如孝宗时，史载：“时传闻金欲败盟，召（郑）兴裔为贺生辰副使以觇之。使还，言无他，卒如所料。”①此是当时朝廷听闻金人欲“败盟”传言，由此所采取的应对措施。再如宁宗时，史载：“韩侂胄当国，华岳上书曰：‘旬月以来，都城士民彷徨四顾，若将丧其室家；诸军妻子隐哭含悲，若将驱之水火。阛阓籍籍，欲语复噤，骇于传闻，莫晓所谓。臣徐考之，则侍卫之兵日月潜发，枢机之递星火交驰，戎作之役倍于平时，邮传之程兼于畴昔，乃知陛下将有事于北征也。’”②此属华岳面对朝廷欲北伐传闻，及时向朝廷提交的求证奏疏。凡此等等。

总之，由于宋代与强邻辽、金、西夏以及（蒙古）元等时常有战事发生，有关该类史事传言在民众中流传就在所难免。当然，这些传言中不乏真实可信之事。

纵观以上所述，一是无论是在亡国前夕，还是处于战争威胁或者有战事之举时期，特殊的国家处境往往成了异常行为以及传言产生并扩散的理想温床。因此，以上行为以及传言的出现，是特定历史环境下的必然产物。

二是以上行为以及传言指向明确，寓意较为鲜明，它或者反映着当事国以及民族的前景命运，或者体现着处在危难以及惊恐中的民众心声，它无疑是当时社会民众现实生活处境的真实反映。

三是宋代官私方均对以上异常行为以及传言有程度不同的记述。尤其是它们往往出现在正史“五行志”或者相关人物列传中，这无疑扩大了该类纪事的传布范围。同时，一些史家有意将其归属于

---

① 《宋史》卷465《郑兴裔传》。

② 《宋史》卷455《华岳传》。

“符应”或者“物异”类，由此表明他们极为重视该类纪事。如马端临就明确指出：“按：《讹言》惟《唐史·志》置之《诗妖》之后，诸史皆无之，惟错见于《言不从》及《人痾》条下，今撮取其语言之妖异，类世俗所谓语谶者，立《讹言》一门云。”[①]可见马氏对“讹言”专立门目，由此弥补了此前归属不明的缺陷，这也为人们集中审视该类纪事提供了便利。

总体而言，以上三种政治性、社会性的史学传布内容虽具有较强特殊性，但通过它们不难发现，宋代史学传布内容涉及面广，题材丰富，广大民众的关注度甚至参与度较高，其社会影响力较为深远。

## 第二节　史学传布的受众

受众是指传布者的作用对象。它既可以是个人，也可以是群体或者组织，并且涉及面极为广泛，人物构成也颇为复杂。同时，传布者无论是以口语直接传布信息，还是以著述或者遗址等作为载体传布信息，最终都需要得到受众认可与接受。只有当他们接受之后，才能达到传布的特定目的，收到预期传布效果。此外，具有不同接受能力的受众，其阅读兴趣、选取标准以及接受方式均会存在明显差异。在此仅以史学传布而言，凡是接受史学传布的人们，均可被视为史学传布的受众。

① 马端临：《文献通考》卷310《物异考》。

## 一、受众的基本构成

随着宋代教育文化事业繁荣发展以及印刷技术不断进步，加之两宋长期所处的特殊社会环境，从而促使时人关注现实、追述历史的热情普遍得到提高，受众构成的社会面极其广泛。若以受众身份层次而论，其构成大致如下：

### 1. 特殊受众

帝王作为我国古代特殊的个体，他们在特定的受教环境或者活动场所便成了特殊受众。具体而言，一是在宋代经筵得以制度化之后，作为特殊听众的帝王们便极为看重经筵听读。如范镇对宋仁宗听读场所和受教时间有具体记述，他指出："崇政殿之西有延羲阁南向，迎阳门之北有迩英阁东向，皆讲读之所也。仁宗皇帝即位，多御延羲。……其后，不复御延羲，专御迩英。凡春以二月中至端午罢，秋以八月中至冬至罢。"①可见仁宗每年有两时段专门听读。又如淳熙七年五月，孝宗言："进读《三朝宝训》几时终篇。祖宗谟训，日尽一卷，亦未为多。虽双日及休假，亦当特坐。"史浩答道："臣等敢不奉诏。"自是每讲读，率漏下十刻。②这说明宋孝宗极为重视对祖宗谟训听读。如此等等。

二是在与大臣们论事或者参与一些政事活动时，宋代帝王往往会成为听众或者观众。如宋太祖询问王昭素治世养身之术，昭素答

---

① 范镇撰，汝沛、永成整理：《东斋记事》卷1。

② 苗书梅等点校：《宋会要辑稿·崇儒》七。

道："治世莫若爱民，养身莫若寡欲。"太祖重其言，书于屏风。[①]可见作为听众的太祖，极为重视王昭素之说。又如景德元年十二月，真宗在亲征辽时，作《北征回銮诗》，言："锐旅怀忠节，群胡窜北荒。坚冰销巨浪，轻吹集佳祥。继好安边境，和同乐小康。"到庆历八年三月，仁宗至龙图、天章阁观览真宗幸澶州诗碑文。随后于至和二年三月，下诏澶渊将真宗《回銮诗》存于州廨，并且令刻石藏之。[②]这是仁宗作为观众观览过其父诗碑后，要求澶州地方政府采取的保护举措。

三是帝王作为读者，常常读书观史。如据吴处厚记载："真宗听政之暇，唯务观书，每观毕一书，即有篇咏，使近臣赓和，故有御制《看尚书诗》三章、《看春秋》三章、《看周礼》三章、《看毛诗》三章、《看礼记》三章、《看孝经》三章。复有御制《读史记》三章、《读前汉书》三首、《读后汉书》三首、《读三国志》三首、《读晋书》三首、《读宋书》二首、《读陈书》二首、《读魏书》三首、《读北齐书》二首、《读后周书》三首、《读隋书》三首、《读唐书》三首、《读五代梁史》三首、《读五代后唐史》三首、《读五代晋史》二首、《读五代汉史》二首、《读五代周史》二首。可谓近代好文之主也。"[③]真宗如此，其他宋代帝王莫不如此，在此不再赘述。

**2. 一般受众**

（1）官僚士大夫。他们凭借自身知识水平以及参政议政等权利，不仅在现实政治活动中处于主导地位，而且在读史、观史、听史以

---

① 王称：《东都事略》卷113《王昭素传》。

② 王应麟：《玉海》卷30《圣文·景德北征回銮诗》。

③ 吴处厚撰，夏广兴整理：《青箱杂记》卷3。

及传史等史学传承活动中始终是受众群体中的主体。

一是对于文臣官僚群体，他们在社会政治生活中常常属于受众角色。如据文莹记载："兴国中，太宗建秘阁，选三馆书以寘焉，命参政李至专掌。一日，李昉、宋琪、徐铉三学士叩新阁求书以观，至性畏慎，拒曰：'扃钥诚某所掌，签函巾幕严秘难启，奈诸君非所职，窃窥不便。'三人者笑谓至曰：'请无虑，主上文明，吾辈苟以观书得罪，不犹愈他咎乎？'因强拉秘钥启窥。至密遣阁吏闻奏。上知之，亟走就阁赐饮，仍令尽出图籍古画，赐昉等纵观。"[①]这是李昉等三人以读者身份集体观览官藏图书的突出事例。又如据王钦臣记载："叔彝云：富公才业贤望如此，然其心好学，喜为文章，又乐与人论议经旨及古今兴亡治乱。虽逐日亦各有工课，夜坐一书室中，或至二三更方归寝。此盖往年曾倅郓州佐王曾相，而曾乃如此所为，富公亦常服其勉励耳。此实士君子规矩其身，而不敢自懈。《易》曰：'君子以自强不息'，此之谓也。"由此可见，诸如富弼和王曾等官僚平日间读书论学极其勤勉。此外，王洙抄录有《编录观览书目》，其间有"写《三朝宝录》。寻诸司事例文字，抄记本朝名臣所施为事节。寻求河北河东、陕西东西、川广古今战斗行师方略。编录河北至广南六处极边山川地图"等详细记录，因此，他在该《书目》末感叹道："究观此篇，必嘉祐已前巨公所为。其志亦可知也。"[②]该《书目》作为一份详备的观览编录史籍书目单，的确较真实地反映了北宋中期一些官僚有志于天下的志向和抱负。此类事例

① 释文莹撰，郑世刚整理：《玉壶清话》卷1。

② 以上均见王钦臣撰，储玲玲整理：《王氏谈录》。

颇多，余不一一。

二是武将们也不时以受众身份出现。如冯湛，字莹中，秦州成纪人。“自《吴越春秋》及他书传，多所涉猎。材气磊落，不从荫补，期于自奋。舅刘公锡、锜兄弟皆中兴名将，深奇爱之，教以兵机将略。敏悟英发，益自负，有扫清关洛之志。”[①]可见冯氏聪明勤奋，志向非凡。武将类此者不少。

三是各类学校学员构成了庞大的受众群体。宋代“广开来学之路”，如朝廷规定：“凡学皆隶国子监。国子生，以京朝七品以上子孙为之，初无定员，后以二百人为额。太学生，以八品以下子弟若庶人之俊异者为之。及三舍法行，则太学始定置外舍生二千人，内舍生三百人，上舍生百人。”[②]这是中央官学对在校人数的时段性规定。同时，对于州县学而言，朝廷曾规定：“凡隐匿丧服，或尝犯刑，或亏孝弟有状，或两犯法经赎，或为乡里害，或假户籍，或父祖犯十恶，或工商杂类，或尝为僧及道士，皆不得与士齿。”[③]那么除此之外的适龄人，一般均有资格入学。据葛胜仲言：大观三年，“总天下二十四路教养大小学生，以人计之，凡一十六万七千六百二十二。”[④]可见徽宗时期在学人数相当可观。此外，宋代书院讲学风气甚浓，学员众多。如陆心渊在孝宗淳熙年间于象山讲学，“居山

---

① 袁燮：《絜斋集》卷15《冯湛行状》。

② 《宋史》卷157《选举志》。

③ 施宿等：《嘉泰会稽志》卷1《学》。

④ 葛胜仲：《丹阳集》卷1《乞以学书上御府并藏辟雍札子》，文渊阁《四库全书》本。

五年，阅其簿，来见者踰数千人。”[1]其他如受教于朱熹、吕祖谦等学员人数亦不在少数。

以上各类学校学员在校期间，集体听讲、读书以及论学，这是他们接受教育的主要方式。对于他们辛勤读书治学的情景，时人偶有记述。如据吕本中言：“荥阳公入大学时，二十一岁矣。胡先生实主学，与黄右丞安中履、邢尚书和叔恕同斋舍，时安中二十六岁，为斋长；和叔十九岁。安中方精专读书，早晨经书，每授五百遍；饭后史书，可诵者百遍；夜读子书，每授三百遍。每读书，危坐不动，句句分明。和叔时虽少，当世时务无不通晓，当世人材无不徧知。”[2]此间虽突出记述了黄履在太学刻苦读书的情景，其实此属当时学子们的普遍现象。

（2）普通民众。除帝王和官僚士大夫外，社会上的普通民众包括广大妇女儿童以及隐士、僧道等，他们也是受众群体中不可忽视的力量。一般而言，大多数普通民众接受着大众化、娱乐化的历史普及知识教育。不过，一些受教条件优越的家庭和个人则属例外。

在广大妇女儿童中，自后妃、公主到官僚士大夫家庭，均涌现出不少喜好读书的受众。如仁宗妃俞氏，“尝请国子监书籍，特蒙给送，以资翻阅。玩味图史，摛辞掞丽，时献歌颂，雅承赏激。云章宸制，辄赐属和，授毫赓进，不移晷漏。”[3]可见俞氏嗜好读书为文，并且才能突出。又如史载：“易安居士李氏，赵丞相挺之子讳

① 陆九渊撰，钟哲点校：《陆九渊集》卷36《年谱》，中华书局，1980年。

② 吕本中：《童蒙训》卷上。

③ 张方平撰，郑涵点校：《张方平集》卷38《赠贤妃俞氏墓志铭并序》。

明诚字德夫之内子也，才高学博，近代鲜伦，其诗词行于世甚多。尝见其为乃夫作《金石录后序》，使人叹息。”[①]这是时人对“才高学博”的李清照的极高评价。再如据刘克庄言：乡先生黄绩之妻宋德麟，“通《九经》及《前汉书》，工楷法。”[②]由此说明宋氏学有专长。凡此等等。

在隐居者群体中，喜好读书治学者为数不少。如刘克庄在记述陈龟朋之事时，言道：“君稍厌科举，经自注疏，至诸儒疑难问答。史自“左”“马”“班”“范”至涑水《治鉴》、蜀李《长编》，皆手校口诵，傍注群疑，已见不足，则书纸背，谨楷如一。率鸡鸣起，丙夜始就枕。虽病，犹以某册某卷脱误某字未涂改为恨。”[③]在此刘氏为我们记录了陈氏刻苦治学的真实情景。类似陈氏者还有许多，不再赘述。

在僧道群体中，亦不时涌现出喜好文史之学者。如昆山慧聚寺僧良玉，字蕴之，“僧行甚高，旁通文史之学，又善书，工琴棋。因游京师，梅圣俞见而喜之，以姓名闻于朝，赐以紫衣。”[④]此属才华多样的僧人受到官僚推举之例证。又如道士陈景元，字太虚，师号真靖，自称碧虚子，建昌南城县人。“师高邮道士韩知止，已而别其师游天台山，遇鸿濛先生张无梦，授秘术。自幼喜读书，至老不倦，凡道书皆亲手自校写，积日穷年，为之痀偻。每著书，十袭

① 佚名：《瑞桂堂暇录》，见陶宗仪等编：涵芬楼本《说郛》卷46。

② 刘克庄著，辛更儒校注：《刘克庄集笺校》卷163《黄德远墓志铭》。

③ 刘克庄著，辛更儒校注：《刘克庄集笺校》卷164《陈处士黄夫人墓志铭》。

④ 龚明之撰，张剑光整理：《中吴纪闻》卷1《梅圣俞与僧良玉诗》。

藏之，有佳客至，必发函具铅椠出客前，以求点定，其乐善不已复如此。然不泛交，未尝与俗子将迎。……凡手自校《正书》有五千卷，注《道经》二卷，《老氏藏室纂微》二卷，《解庄子》十卷，编《高士传》百卷，所著文集二十卷。以至作《大洞经音义》，集注《灵宝度人经》，凡有益于学者，莫不致力焉。”[①]叶梦得亦指出：“元丰间，道士陈景元博识多闻，藏书数万卷，士大夫乐从之游。”[②]此则属“博识多闻”的陈道士刻苦治学以及士大夫乐与之游的突出例证。

总之，以上从身份层次构成来划分受众，仅是了解宋代受众的一种形式。其实随着宋代民众受教育程度不断提高，受众构成还可以按年龄层次划分。如此等等，在此不再展开论述。

## 二、受众接受史学的基本方式

受众选择何种方式接受史学，往往取决于他们的年龄层次、受教育程度、兴趣爱好以及自身社会处境等。其中，对于普通民众，他们往往通过观和听而获得基本的历史知识与历史观念。而对于帝王以及广大官僚士大夫而言，他们需要通过听、观、读、写，甚至评、校等多样化方式，更多地增进自身历史学识与史学素养。其间，有些人在接受相关历史知识与史学理论的同时，还以模仿、续编等方式完成了新史著编撰。

（一）直接接受。是指受众通过听、读、观、记诵以及传写等方

① 佚名撰，顾逸点校：《宣和书谱》卷6。

② 叶梦得撰，徐时仪整理：《避暑录话》卷下。

式，直接接受有关历史知识。

**1. 听讲和听读**

(1) 听讲。在宋代经筵与各类学校中，受众均是通过听讲来接受历史知识教育。如仁宗在听讲之时，他还于“每初讲读或讲读终篇，则宣两府大臣同听，赐御书或遂赐宴”[①]。又如嘉祐八年五月，神宗始听讲于东宫。他天资好学，寻绎访问，至日昃，内侍言恐饥当食，神宗言：“听读方乐，岂觉饥耶？”[②]可见神宗该次听讲已达到痴迷程度。再如蔡元定受庆元党禁牵连而被贬，“至春陵，远近来学者日众，州士子莫不趋席下以听讲说。”[③]由此说明蔡氏虽遭受贬黜，但仰慕其学识的士子不在少数。它如据楼钥言：赵师龙“幼颖悟，嶷如成人。七岁听讲《春秋》，能解其义”[④]。由此展现出赵氏年少时就聪明过人。如此等等。

其间，一些听讲者还专门将教员授课内容以及师生间的问答讨论之语整理成了“语录”。如黄榦在《书晦庵先生语录》中指出：“晦庵朱先生所与门人问答，门人退而私窃记之。先生殁，其书始出。记录之语未必尽得其本旨，而更相传写，又多失其本真，甚或辄自删改，杂乱讹舛，几不可读。李君道传贯之自蜀来仕于朝，博求先生之遗书，与之游者亦乐为之搜访，多得记录者之初本。其后出守仪真，持庾节于池阳，又与叶贺孙、潘时举诸尝从游于先生之

---

① 范镇撰，汝沛、永成整理：《东斋记事》卷1。

② 江少虞：《宋朝事实类苑》卷5。

③ 《宋史》卷434《蔡元定传》。

④ 楼钥：《攻媿集》卷102《知婺州赵公墓志铭》。

门者互相雠校，重复者削之，讹缪者正之，有别录者，有不必录者，随其所得，为卷帙次第，凡几家。继此有得者，又将以附于后，特以备散失，广其传耳。……后之学者诚能齐心而玩之，历千载而如会一堂，合众闻而悉归一己，是书之传，岂小补哉！”[①]黄氏在此不仅阐明了朱子《语录》的编辑过程，而且指出它所蕴含的价值所在。此外，二程、陆九渊等理学家亦有《语录》传世。

与此同时，宋代民间讲史风气浓厚，说书人常能以精彩讲说吸引广大听众。不过，其间也有对其讲说内容不以为然者。如据黄庭坚记载：“党（彦进）在许昌，有说话客请见，问说何事，曰说韩信，即杖之。左右问故，党曰：‘对我说韩信，对韩信亦说我矣。’即公不闻，洗耳而已。”[②]可见党氏对说书人所要讲说的内容并不认可。又如据陆游言：“俗说唐、五代间事，每及功臣，多云‘赐无畏’，其言甚鄙浅。予儿时闻之，每以为笑。及观韩偓《金銮密记》云：‘面处分，自此赐无畏，兼赐金三十两。’又云：‘已曾赐无畏，卿宜凡事皆尽言。’直是鄙俚之言亦无畏。以此观之，无畏者，许之无所畏惮也。然君臣之间乃许之无所畏惮，是何义理？必起于唐末耳。”[③]在此陆氏对始于唐末的鄙俚之言并不认同。

此外，有时一些听众则从听讲者变成了传布者。如“（司马）光生七岁，凛然如成人，闻讲《左氏春秋》，爱之，退为家人讲，即了

① 黄榦：《勉斋集》卷22。

② 黄庭坚撰，刘琳、李勇先、王蓉贵校点：《黄庭坚全集·正集》卷19《与俞洪范帖》。

③ 陆游撰，李昌宪整理：《老学庵笔记》卷6。

其大指。自是手不释书，至不知饥渴寒暑”[1]。可见自幼聪明好学的司马光，在听讲之余，还能为家人讲说相关内容。又如黄伯思每听其祖父黄履讲解经史，“退与他儿言，无遗误者。”[2]凡此等等，表明受众身份有时会发生转化。

（2）听读。在宋代，一些阅读爱好者虽因视力近视或失明等因素而无法正常阅览，但他们却能尽力借助听读，以达到读书治学目的。如胡旦“喜读书，既丧明，犹令人诵经史，隐几听之不少辍”[3]。又如据苏辙言：“欧阳文忠公读书，五行俱下，吾尝见之。但近觑耳，若远视，何可当。”[4]再如据叶梦得言：“孙龙图莘老喜读书，晚年病目，乃择卒伍中识字稍解事者二人，使其子端取《西汉》《左氏》等数书，授以句读。每瞑目危坐室中，命二人更读于旁。终一策则易一人，饮之酒一杯，使退，卒亦自喜不为难。”[5]可见胡氏、欧阳氏和孙氏之所以能取得较为显著的学术成就，则与他们能积极克服自身阅读困难密切相关。它如杨希闵字无间，“生而失明，令诸弟读经史，一历耳辄不能忘。”[6]在此杨氏更是终生在克服阅读困难，其治学精神值得称道。

总之，无论是听讲还是听读，均属受众积极接受历史教育与历史观念的一种主要方式，尤其是就听读而言，更能反映出一些受众

---

① 《宋史》卷 336《司马光传》。

② 《宋史》卷 443《黄伯思传》。

③ 《宋史》卷 432《胡旦传》。

④ 苏籀撰，张剑光、李相正整理：《栾城先生遗言》，《全宋笔记》第三编第七册，大象出版社，2008 年。

⑤ 叶梦得撰，徐时仪整理：《避暑录话》卷上。

⑥ 《宋史》卷 270《杨克让传》。

为达到读书治学目的所做出的艰辛努力。

**2. 阅读**

一是宋代不少喜好读书者涉猎广泛，并且能融会贯通。如掌禹锡“读书无所择，经史之外，至于五行、星历、占筮、地理、百家之说，世有传者，无不钻凿推求，略习皆通。藏书万余卷，犹患不足，月购岁阅，志不少怠。尝谓翻讨书传最为乐事”[①]。可见喜好广泛的掌氏已将阅读视为快乐之事了。又如吴思“性嗜学，自《六经》、百氏、古今传记，盖无所不读，下逮山经地志、阴阳卜筮、星历之书，浮屠、道家之说，亦无所不究。旁穿曲贯，各得其宗”。他还撰有《契丹西夏录》10卷。[②]此又是喜好阅读钻研者的典型写照。再如张淏在《云谷杂纪》卷末言：“予自幼无他好，独嗜书之癖根著胶固，与日加益。每获一异书，则津津喜见眉宇，意世间所谓乐事，无以易此。虽阴阳方伎、种植医卜之法，輶轩稗官、黄老浮图之书，可以娱闲暇而资见闻者，悉读而不厌。至其抵牾讹谬处，辄随所见为辩正之。”此更是以搜书、读书作为嗜好的典范。宋代类似者还有不少，余不一一。

二是在参阅具体史书时，读史者往往会有感而发。如曾巩在《读五代史》中指出：“唐衰非一日，远自开元中。尚传十四帝，始告历数穷。由来根本强，暴戾岂易攻？嗟哉梁周间，卒莫相始终。兴无累世德，灭若烛向风。当时积薪上，曾宁废歌钟。”[③]可见该诗

① 苏颂撰，王同策、管成学、颜中其等点校：《苏魏公文集》卷57《掌禹锡墓志铭》。

② 杨时：《龟山集》卷30《吴子正墓志铭》。

③ 曾巩撰，陈杏珍、晁继周点校：《曾巩集》卷3。

重在揭示中唐至五代间的历史演变轨迹及其成因。又如刘克庄在《读崇宁后长编》中言道："自入崇宁政已荒，由来治忽系毫芒。初为御笔行中旨，渐取兵权付左珰。玉带解来攽贵幸，珠袍脱下赐降羌。诸公日侍钧天燕，不道流人死瘴乡。"[①]刘氏此诗旨在深入揭露徽宗时期的朝政腐败状况。再如乐雷发在《读系年录绍兴八年以后事》中言道："娄敬金缯满去辀，便看雷雨润遐陬。诸贤自抗排云议，宰相方深偃月谋。湘国乍闻悲鹏鸟，秣陵还听唱符鸠。九原晏老今知否，搔首青编恨未休。"[②]乐氏此诗旨在揭示高宗绍兴八年后的时局变化。

三是对于如何读史，不少时人有着自身心得体会。如有人以司马光所言立论，对人们读书难以终篇之弊总结道："温公为张文潜言：'学者读书，少能自第一卷读至卷末，往往或从中，或从末，随意读起，又多不能终篇。光性最专，犹常患如此。从来惟见何涉学士案上惟置一书读之，自首至尾，正错校字，以至读终，未终卷誓不他读，此学者所难也。'张芸叟《答孙子发书》论《资治通鉴》，其略云：'温公尝曰：吾作此书，惟王胜之曾阅之终篇，自余君子求乞欲观，读未终，已欠伸思睡矣。'温公所言学者之通患，盍以何学士、王胜之之事为读书法。"[③]可见读书终篇之难已成学者通病。

同样，南宋理学家亦极为看重如何读史。对于史事难记之事，朱熹与弟子有过讨论。据史载："杨志之患读史无记性，须三五遍

---

① 刘克庄著，辛更儒校注：《刘克庄集笺校》卷4。

② 乐雷发：《雪矶丛稿》卷3，文渊阁《四库全书》本。

③ 叶寘撰，汤勤福整理：《爱日斋丛抄》卷2，《全宋笔记》第八编第五册，大象出版社，2017年。

方记得，而后又忘了。（朱熹）曰：‘只是一遍读时，须用功，作相别计，止此更不再读，便记得。’”[①]该例说明了朱氏记史之法。对于贯通读史的好处，吕祖谦明确指出：“史当自《左氏》至《五代史》，依次读，则上下首尾洞然明白。至于观其他书，亦须自首至尾，无失其序为善。若杂然并列于前，今日读某书，明日读某传，习其前而忘其后，举其中而遗其上下，未见其有成也。”[②]此则反映了吕氏对贯通读史的深刻认识。又王楙专记有陈长方的独特读史方法，他言道：“凡读史，每看一传，先定此人是何色目人，或道义，或才德；大节无亏，人品既定，然后看一传文字如何；全篇文体既已了，然后采摘人事可为何用、奇词妙语可以佐笔端者记之，如此读史，庶不空遮眼也。若于此数者之中只作一事功夫，恐未为尽善耳。此唯室看史法。”[③]应该说，该读史法对如何阅读史传不无裨益。再是慕容彦逢对读书时体味到古人深意做了形象描述。他言道：“某幼好读书，及长益勤，不愧躐等。缅想古人之所闻而欲尽得之，乃究观经史、诸子百家之言，虽贪多务得，不间精粗，而性质颛蒙，过目辄忘，独于古人议论施设之际，与夫成败兴衰之由，有激于心，不能自已。或沉吟深思，或研味余意，或跃然自喜，或惘然自失，或可嗟可怨、可为太息，或可恶可怒、可为填膺，意不自已则发于声，声之不足则纪之以文。故自丱角以来，家无兼日之储而不知以为贫，穷居閭阎而不知以为贱。开卷有得，足以自适。”[④]可见他真

① 黎靖德辑，郑明等校点：《朱子语类》卷11。

② 吕祖谦：《东莱吕太史外集》卷5《杂说》。

③ 王楙撰，郑明、王义耀校点：《野客丛书》附录。

④ 慕容彦逢：《摛文堂集》卷13《投献书》。

正达到了读书为乐的自适境地。

四是一些史家之所以史学成就突出，与他们能有机会读到官方藏书有着密切关系。如黄伯思任秘书郎时，“纵观册府藏书，至忘寝食，自《六经》及历代史书、诸子百家、天官地理、律历卜筮之说无不精诣。凡诏讲明前世典章文物、集古器考定真赝，以素学与闻，议论发明居多，馆阁诸公自以为不及也。”[①]由此可知，黄氏才能还适时得到运用。又如郑樵曾“求入秘书省翻阅书籍”[②]。不过，据陆游言：“予绍兴庚辰、辛巳间，在朝路识郑渔仲，好古博识，诚佳士也，然朝论多排诋之。时许至三馆借书，故馆中尤不乐云。”[③]可见对于来自民间的郑樵，朝廷虽获准他至三馆借阅读书，但还是被一些官僚另眼相待。再如王应麟登第后，言道：“今之事举子业者，沽名誉，得则一切委弃，制度典故漫不省，非国家所望于通儒。”于是他闭门发愤，誓以博学宏辞科自见，假馆阁书读之。[④]此是王氏鉴于士子读书极为讲求功利之弊，于是借馆阁之藏发奋读书的典型写照。

同样，一些时人通过借阅他人史籍，不仅增长了学识，也为取得显著学术成就奠定了坚实基础。如刘恕“笃好史学，自太史公所记，下至周显德末，纪传之外至私记杂说，无所不览，上下数千载间，巨微之事，如指诸掌”。又史载他“年十三欲应制科，从人假《汉》《唐书》，阅月皆归之”。又“求书不远数百里，身就之读且

① 《宋史》卷443《黄伯思传》。

② 《宋史》卷436《郑樵传》。

③ 陆游：《陆游集·渭南文集》卷31《跋石鼓文辨》。

④ 《宋史》卷438《王应麟传》。

抄，殆忘寝食。……宋次道知亳州，家多书，恕枉道借览。次道日具馔为主人礼，恕曰：‘此非吾所为来也，殊废吾事。’悉去之。独闭阁，昼夜口诵手抄，留旬日，尽其书而去，目为之翳。”[①]此是刘氏专事借阅观览而无他求的生动写照。又如张方平“少颖悟绝伦，家贫无书，从人假三史，旬日即归之，曰：‘吾已得其详矣。’凡书皆一阅不再读，宋绶、蔡齐以为天下奇才”[②]。再如周孚“七岁通《春秋左氏传》。既长，喜读书，过目辄成诵。时有邓氏张书肆，孚日往游焉，因得尽阅天下书。其友陈珙为孚集序，谓其博闻强记，尤邃于《楚骚》、迁《史》、唐韩、杜氏之诗文，而博以本朝诸公名世之作”[③]。可见借阅观览他人之书的张氏和周氏，有着超强记忆力。

五是一些史学成就突出的学人，还不时撰有读书记或者列有读书计划。如吕祖谦撰有《吕氏读书记》7卷。据陈振孙言：“乾道癸巳、淳熙乙未家居日阅之书，随意手笔，或数字，或全篇。盖偶有所感发，或以备遗忘者。”[④]可见该书系吕氏家居时做的读书札记。又如黄震撰有《黄氏日抄》94卷。清四库馆臣指出：“是编以所读诸书随笔札记，而断以己意。有仅摘切要数语者，有不摘一语而但存标目者，并有不存标目而采录一两字者。”[⑤]其中内含有《读史者》五卷，以及《读杂史者》四卷。再如马廷鸾在《书课历序后》中指出：“右先卫公馆北庄许氏时，课学者之遗训也。可以课人，独不

---

① 以上均见《宋史》卷444《刘恕传》。

② 《宋史》卷318《张方平传》。

③ 佚名：《京口耆旧传》卷3《周孚传》。

④ 陈振孙著，徐小蛮、顾美华点校：《直斋书录解题》卷9。

⑤ 《四库提要》卷92。

可以课其子孙乎？余家九男子，皆先公孙也。余欲以先训课之，当自余自课始。……余之自课，欲取《六经》从头䌷绎，编纂一番，自义疏以及诸家之说。今读《易》始尽六十四卦。自《书》以往，皆当次第读之。尝取温公《通鉴》、张氏《指掌》，编纂《读史讨》，以至前朝，未成书，将嗣抄之。读诸家文集，纂其英华，为《秘密藏》。凡经史百氏，嘉言善行，有会于余心者，拟小东莱公《读书记》，为《会心自览》。凡诸史已点校者，欲再读；凡诗章自陶、杜而下，以尽本朝诸名人之作，皆欲细读，以助晚年吟咏。倘天假之年，其所读当不止此。今条其目于此编，岁计而月校之。九子者，人付一编。”[①]此属马氏读书传承计划，目的旨在使其家族形成良好的读书传统。凡此等等。

总之，阅读作为宋代知识群体接受历史知识与史学观念的最基本方式，它在史学传承过程中发挥着极为重要的作用。

### 3. 参观

对于历史遗存类祠庙、墓碑以及画像等，宋人不时参祭观览，由此受到感染，得到教化。如欧阳修在《新五代史》卷32为全节之士王彦章、裴约和刘仁赡立有《死节传》，以表彰五代乱世时的忠臣义士。此后，陆游之祖陆宰曾有意参谒其像，还为刘仁赡建庙。对此，陆游记述道：“先君（指陆宰）又言，初在寿春，建刘仁赡庙。后饷军河东，尝谒王彦章画像于滑州铁枪寺。至潞州，又谒裴约庙。会乡人修庙，来求扁榜。五代所谓全节三人者，相去数千里，而皆尝谒其像，一为筑庙乞额，两为书榜，似非偶然云。”[②]由此可见陆

① 马廷鸾：《碧梧玩芳集》卷15。

② 陆游撰，李昌宪整理：《家世旧闻》下。

氏对三位忠节之士深怀敬仰之情。又如岳飞因抗金含冤而死，时人参谒祭拜其墓或者遗像并吟颂者为数不少。以陈起在《江湖小集》中所收诗作为例，就有叶绍翁《题鄂王墓》，其言道："万古知心只老天，英雄堪恨复堪怜。如公更缓须臾死，此局宁输八十年。漠漠凝尘空偃月，堂堂遗像在凌烟。早知埋骨西湖路，学取鸱夷理钓船。"[①]又有陈允平《鄂王墓》，其言为："鄂王墓在栖霞岭，一片忠魂万古存。镜里赤心悬日月，剑边英气塞乾坤。苍苔雨暗龙蛇壁，老树烟凝虎豹旛。独倚东风挥客泪，不堪回首望中原。"[②]如此等等。以上诗作均抒发着诗人对岳飞忠义事迹以及时局变化的深切感怀之情。再如刘仙伦"亦以诗名"[③]，他在参谒李觏祠堂时，有感而发，其《李泰伯祠堂》诗言："城西泰伯旧祠堂，碧藓斓斑草树香。曩昔功名云样薄，后来文字日争光。苍髯冉冉犹含怒，辩口瘖瘖尚带霜。若使先生居战国，不知何道处齐梁。"[④]此是刘氏对李觏生平际遇的真切感怀。

与参谒祠庙和陵墓稍有不同的是，瞻仰观览逝者画像则有着更为直观的视觉冲击效果，观者的情感感受也更为深刻。如晁说之在《东坡先生画赞》中言道："幼而见公浙江兮，知其议论不容于国中也。壮而见公中都兮，知其虽合而必不久容也。及其南迁泣别隋岸兮，惜乎不克保厥躬也。今公遗像忽相逢兮，喜公不死亦复如梦

① 陈起：《江湖小集》卷10《叶绍翁靖逸小集》。

② 陈起：《江湖小集》卷17《陈允平西麓诗稿》。

③ 张端义著，许沛藻、刘宇整理：《贵耳集》卷上。

④ 陈起：《江湖小集》卷49《招山小集》。

也。”[①]此赞不仅记述了二人间的交际以及逝者的不幸遭遇，而且表达了晁氏见像思人的内心感受。又如李纲在《富郑公画像赞并序》中感叹道：“予尝读公《谏垣集》《奉使录》，慨然想见其风采。及来沙阳，见公绘像于罗畴老家，命工传写，且为之赞，庶几日瞻仪型，以慰仰慕之心焉。”[②]可见李纲早就对富弼极为仰慕。再如周紫芝在《司马温公画像赞》中，以自身观感论述道：“瘠然其似枯，何先生之癯，而四海之腴也。愀然其似愁，何先生之忧，而四海之休也。至于疾恶如雠，恶佞似贼，则其风凛然，盖古之遗直也。”[③]在此周氏对司马光画像以及其性格特点作了直观描述。

总之，参观作为宋代广大民众接受历史知识普及化教育的主要方式之一，它具有直观性强、民众参与面广等独特优势，故对其在史学传承中的作用不容忽视。

**4. 记诵**

因受到教育与科举促使，宋代记诵人才层出不穷。对于记、诵，宋代有人举例说明：“孙倅云：‘人有记性，有诵性，曾见张子韶说其门人有姓姚者，性颇纯，每日读百十字至数百遍，终念不得。一日，子韶令门人共记《通鉴》，其人颇以为病。既一二十日后，因门人共讲论《通鉴》中事，此士人记忆甚多，问头知尾，门人无出其右者。此人盖有记性、无诵性者也。’郑参议因云：‘人有三记：有目记，耳记，心记。’”[④]依以上所述，说明记、诵有别。

---

① 晁说之：《景迂生集》卷18。

② 李纲撰，王瑞明点校：《李纲全集》卷140。

③ 周紫芝：《太仓稊米集》卷43。

④ 林之奇：《拙斋文集》卷2《记闻》下。

其间，宋代擅长记忆的官僚士大夫为数不少，并且一些人还凭借超强记忆力专门记书。如据朱弁言：“刘道原日记万言，终身不忘。壮舆亦能记五六千字，壮舆之子所记才三千字。晁以道戏壮舆曰：‘更两世，当与我相似。’”[①]可见刘恕一家三代记忆力呈现出衰退趋势。又据朱氏言：“赵元考彦若，周翰之子也。无书不记，世谓‘著脚书楼’。”[②]由此表明赵氏喜好记书，并且所记广泛。再如苏象先记述其祖父苏颂事时，指出：“祖父在馆阁九年，家贫俸薄，不暇募佣书传写秘阁书籍。每日记二千言，归即书于方册。家中藏书数万卷，秘阁所传者居多。”[③]可见苏颂凭借良好的记忆力得以传写秘阁之书。它如苏籀记其祖父苏辙事时，言道：“元祐间，公及苏子容、刘贡父同在省中，二人各云：‘某辈少年所读书，老而遗忘。’公亦云然。贡父云：‘观君为文，强记甚敏。’公辞焉。二人皆曰：‘某等自少记忆书籍，不免抄节，而后稍不忘。观君家昆仲未尝抄节，而下笔引据精切，乃真记得者也。’”[④]由此可见，苏辙记忆力超越常人。

同样，宋代一些官僚士大夫常因诵书无误而受到时人仰慕。如据苏象先记述：“祖父常云：‘刘贡父强记。在开封同学，方幼，众令诵《霍光传》诸臣奏事，不遗一名。’蒋颖叔父为江宁簿，祖父为宰，蒋方幼，侍其父来，亦能强记。其父每呼令诵书史，不差一字。”[⑤]又

① 朱弁撰，张剑光整理：《曲洧旧闻》卷5。

② 朱弁撰，张剑光整理：《曲洧旧闻》卷2。

③ 苏象先撰，储玲玲整理：《丞相魏公谭训》卷3。

④ 苏籀撰，张剑光、李相正整理：《栾城先生遗言》。

⑤ 苏象先撰，储玲玲整理：《丞相魏公谭训》卷4。

如据陆游言：尹穑“强记，日能诵麻沙版本书厚一寸。尝于吕居仁舍人坐上记历日，酒一行，记两月，不差一字”[①]。再如丁南一“幼机警，诵《前汉书》日万字”[②]。从以上史例不难看出，一些宋人年少时常以《汉书》等历史名著作为诵记对象，并且表现出超强的诵书能力。而与此相对，一些时人对于后辈因懒散而诵读有限深表叹惜。如陆游就指出：“文章要法，在得古作者之意。意既深远，非用力精到，则不能造也。前辈于《左氏传》《太史公书》、韩文、杜诗，皆熟读暗诵，虽支枕据鞍间，与对卷无异。久之，乃能超然自得。今后生用力有限，掩卷而起，已十亡三四，而望有得于古人，亦难矣。”[③]可见与前辈相比，南宋时一些后生学养造诣明显欠缺。

不仅如此，宋代一些博闻强记者还能以所学解答他人疑难，或者讲说给他人。如杜镐“博闻强记，凡所检阅，必戒书吏云：‘某事，某书在某卷、几行。’覆之，一无差误。每得异书，多召问之，镐必手疏本末以闻，顾遇甚厚。士大夫有所著撰，多访以古事，虽晚辈、卑品请益，应答无倦。年踰五十，犹日治经史数十卷，或寓直馆中，四鼓则起诵《春秋》”[④]。可见杜氏之所以博闻多识，应答自如，还与他勤奋刻苦密不可分。又如据陆游言：“王性之记问该洽，尤长于国朝故事，莫不能记。对客指画诵说，动数百千言，退而质之，无一语缪。予自少至老，惟见一人。”[⑤]此属陆氏亲眼所见

① 陆游撰，李昌宪整理：《老学庵笔记》卷5。

② 刘克庄著，辛更儒校注：《刘克庄集笺校》卷164《丁宋杰墓志铭》。

③ 陆游：《陆游集·渭南文集》卷15《杨梦锡集句杜诗序》。

④ 《宋史》卷296《杜镐传》。

⑤ 陆游撰，李昌宪整理：《老学庵笔记》卷6。

的“记问该洽”之人。再如谢良佐“记问该赡，对人称引前史，至不差一字”[①]。可见理学家谢氏以博学强记见长。

此外，对于如何记史，宋代一些记问博洽之士就自己的心得做了总结。如俞德邻指出：“王禹玉、元厚之尝问苏子容曰：‘公记问之博，以至国朝典故，本末无遗，日月不差，用何术也？’子容曰：‘某每以一岁中大事为纲，而究当年之事，则不忘矣。如某年改元，其年有某事；某年上即位，其年有某事；某年立后、立太子，其年有某事；某年命相，其年有某事。亦记事之一法也。’”[②]可见苏颂采用主抓每年大事为纲法以熟知史事。尤为奇异的是，有人还承袭诵读治疾法，并取得了显著疗效。如据谢采伯言：“了翁弱冠，苦羸疾。因过汴河上，遇道人云：‘他日声名满天下。’又谓公曰：‘曾读《左氏》否？《左氏》诸大战，反复熟读，有快意处，便是得药。’公如其言诵之，旬日间，气体顿壮。读檄愈头风，诵诗已疟疾，亦自古有之。”[③]可见熟读“快意”文字，有时的确有助于医疾健体。

总之，记诵作为宋代受众接受历史知识与观念的独特方式，它与受众本身才能、兴趣爱好以及刻苦勤奋程度等因素密切相关，它主要体现的是个人在史学传承中的作用。

**5. 传写**

传写在此主要指阅读者传录有关史著等活动。宋代在雕版印刷业尚未普及发展的时段，士大夫传写书籍现象相当普遍。如据彭龟年记述：“本朝盛时，学于太学者至手抄《公》《穀》《后汉书》

① 《宋史》卷 428《谢良佐传》。

② 俞德邻：《佩韦斋辑闻》卷 3。

③ 谢采伯撰，李伟国整理：《密斋笔记》卷 3。

以读。未几，书尽椠刻，往往易得。”[①]可见在书籍刊刻尚未普遍之时，即便是太学生，亦需抄写经史著述以读。又如苏辙记述其伯父苏涣，“少颖悟，职方君自总以家事，使公得笃志于学，其勤至手书司马氏《史记》、班氏《汉书》。”[②]凡此等等。总之，以上言及的前三史卷帙均在一百卷左右，无论是太学诸生还是苏涣个人，其勤苦为学情景可见一斑。

同时，对于喜好藏书、读书者而言，即便是印刷业已得到快速发展，但他们仍尽力传写不同种类的书籍。如李清照在《金石录后序》中指出：“丞相居政府，亲旧或在馆阁，多有亡诗、逸史、鲁壁、汲冢所未见之书，遂力传写，浸觉有味，不能自已。”此是李氏对她与赵明诚尽力传写难见史籍的形象记述。又如陈振孙在王刚中《续成都古今集记》解题中指出：“实绍兴三十年，余尝手写《洛阳名园记》而题其后曰：‘……余近得此记，手写一通，与《东京记》《长安》《河南志》《梦华录》诸书并藏，而时自览焉。’”[③]此是藏书家陈振孙尽力传写史籍以便观览的真实写照。再如据叶適言：周鼎臣字镇伯，“勤志广学。大书丛卷多数百者，亲手传写，记忆略遍。”[④]此又是宋人辛勤传书的突出典范。

总之，由上不难看出，虽然受到雕版印刷业发展等因素影响，但宋人传写史籍热情依然不减。与刻本书籍相比，传写史籍更为经

① 彭龟年：《止堂集》卷9《策问十道》。

② 苏辙著，陈宏天、高秀芳点校：《苏辙集·栾城集》卷25《伯父墓表》。

③ 陈振孙著，徐小蛮、顾美华点校：《直斋书录解题》卷8。

④ 叶適著，刘公纯、王孝鱼、李哲夫点校：《叶適集·水心文集》卷24《周镇伯墓志铭》。

济实惠，况且它还有助于熟知史籍内容。因此，传写仍是宋代知识群体获取史籍以及接受历史知识与观念的基本方式之一。

（二）深层次接受。是指受众通过摘抄、校注以及评析等方式接受所得知识。由于该方式渗透着受众对文本的深入理解，甚至还体现着受众的主观认识与判断，所以与直接接受有着层次上的差别。

**1. 摘抄**

摘抄在此是指阅读者对史籍相关内容有意节选、摘录。对于摘抄，宋人有着自己的认识和具体做法。如高似孙指出："凡言抄者，皆撷其英，猎其奇也，可为观书之法。"[①]此处所言"撷英猎奇"，正是摘抄者选取史料的重心所在。又如司马光手抄诸子书，撰成《徽言》3卷。他在该书末言："余此书类举人所钞书，然举人所抄猎其辞，余所抄核其意。举人志科名，余志道德。"[②]清四库馆臣亦指出："光手抄诸子史集精语，置诸座右以自警。"[③]可见司马光抄书志趣与一般举子有明显不同。再如在节抄史书方面，陆游具体指出："节史书先立定意欲何为，乃可去取。如欲知治乱，则取诸君臣贤否、刑政升降之间；如欲知制度，则取诸典章文物、因革损益之事；如欲知文法，则取言辞摹写、融液删润之处。大抵一史须三数次节也。"[④]在此陆氏指明了具体节史做法。它如陈长方就节抄《资治通鉴》谈了他的做法，他言道："余家世业儒，贫不能致此书，念之久矣。方将缩衣节食以求之，不幸乱离，官本存否莫能知也。因假

① 高似孙撰，周天游校笺：《史略校笺》卷4。

② 陈振孙著，徐小蛮、顾美华点校：《直斋书录解题》卷10。

③ 《四库提要》卷131。

④ 曾三异：《因话录》，见陶宗仪等编：涵芬楼本《说郛》卷19。

于交游，手自抄录。凡事之系兴衰，干教化，大得大失，皆不敢遗；其间资闻见、助谈柄者，或不能尽录。非敢有所铨择也，直以笔力不逮尔。”[①]可见陈氏偏重节录《资治通鉴》中有关兴衰与教化内容。

正因为宋人对史抄极为看重，因此，宋代史抄类著述有了明显发展。对此，清四库馆臣指出：宋之前，有“专抄一史者”和“合抄众史者”。沿及宋代，“又增四例。《通鉴总类》之类，则离析而编纂之。《十七史详节》之类，则简汰而刊削之。《史汉精语》之类，则采摭文句而存之。《两汉博闻》之类，则割裂词藻而次之。……博取约存，亦资循览。若倪思《班马异同》，惟品文字；娄机《班马字类》，惟明音训。”[②]可见宋代抄史者在内容选取或者史事编排方面有了新的发展与突破。

对于宋代重要史抄类著述，陈振孙在《经子法语》等解题中评论道：“自《博闻》《海蒙》《汉隽》《摘奇》《提要》及此《法语》诸书，皆所以备遗忘。而洪氏多取句法，《汉隽》类例有伦，余皆随笔信意钞录者也。”[③]这是陈氏对不同史抄类著述所作的点评。同样，清四库馆臣在《南朝史精语》解题中指出：“盖南宋最重词科，士大夫多节录古书，以备遣用。”[④]在此四库馆臣揭示了南宋史抄类著述得以兴盛的原因。其间，在陈振孙所言及的该类史书中，《两汉博闻》20卷，杨侃撰；《班左诲蒙》3卷，程俱撰；《汉隽》

① 陈长方：《唯室集》卷2《节通鉴序》。

② 《四库提要》卷65。

③ 陈振孙著，徐小蛮、顾美华点校：《直斋书录解题》卷14。

④ 《四库提要》卷65。

10卷，林钺撰；《左氏摘奇》13卷，胡元质撰；《诸史提要》15卷，钱端礼撰；《经子法语》24卷、《左传法语》6卷、《史记法语》18卷、《西汉法语》20卷、《后汉精语》16卷、《三国精语》6卷、《晋书精语》5卷和《南史精语》10卷，皆系洪迈撰。[①]具体如对于钱端礼及其《诸史提要》，楼钥指出：钱氏“耽玩经史，未尝一日去手。少时尝手节十七史甚备，晚又著《史提要》，行于世。尤通于《左氏》、《西汉》，率多成诵”。[②]可见钱氏一生喜好节抄史书。

尤其到南宋末，编刊节钞书籍之风较为流行。如周密在《贾廖刊书》中指出：“又自选十三朝《国史》《会要》。诸杂说之会者，如曾慥《类说》例，为百卷，名《悦生堂随抄》。板成未及印，其书遂不传。其所援引，多奇书。……又有《三礼节》《左传节》《诸史要略》及建宁所开《文选》诸书，其后又欲开手节《十三经注疏》，姚氏注《战国策》、注《坡》诗，皆未及入梓，而国事异矣。”[③]可见在贾似道专权时期，如上所言，编抄书籍规模与范围不小。对此，叶德辉评价道：“窃谓吾人读书，正苦浩博，钩玄提要，如魏氏（了翁）之节抄《五经正义》，亦未始不可为课程。若删节《三礼》《左传》并及其他古书，此三家村学究之所为，而不谓南宋末已有此陋习。”[④]可见叶氏对南宋末年节抄之风颇有微词。不过，该类书籍史料价值虽然不高，但它们却利于普及。

① 陈振孙著，徐小蛮、顾美华点校：《直斋书录解题》卷14。

② 楼钥：《攻媿集》卷92《钱端礼行状》。

③ 周密撰，吴企明点校：《癸辛杂识》后集。

④ 叶德辉：《书林清话》卷2《书节钞本之始》。

总之，摘抄作为宋代知识阶层深层次接受历史知识与观念的重要方式，它不仅有利于摘抄者提升自身学养，而且有时还能体现出其摘选水平。

**2. 校注**

（1）校勘。宋代朝廷极为重视书籍校勘整理工作，并且校勘是馆阁任职者的一项重要职责。如太宗淳化五年七月，朝廷下诏选官分校《史记》以及《汉书》《后汉书》。其中，杜镐、舒雅、吴淑和潘慎修校《史记》，朱昂再校。陈充、阮思道、尹少连、赵况、赵安仁和孙何校《汉书》《后汉书》。到真宗咸平中，以校勘未精，又命陈尧佐等覆校《史记》。又至景德元年正月，命刁衎、晁迥和丁逊覆校《汉书》《后汉书》。凡此等等。[①]可见仅前三史，朝廷就诏令馆职人员多次校勘，以便能有精校本传世。其他重要史籍亦无不如此。

同样，宋代许多士大夫不仅乐于藏书，而且勤于校正所藏。北宋时，如藏书家宋敏求，“退朝则与子侄翻酬订正，故其收藏最号精密。平生无他嗜好，惟沈酣简牍以为娱乐，虽甚寒暑，未尝释卷。”[②]陆游亦指出：“本朝藏书之家，独称李邯郸公、宋常山公，所蓄皆不减三万卷。而宋书校雠尤为精详。”[③]可见因精于校雠，宋敏求颇受时人推崇。又如王钦臣，字仲至，“平生为文至多，所交尽名士，性嗜古，藏书数万卷，手自雠正，世称善本。”[④]可见王氏

---

① 王应麟撰，武秀成、赵庶洋校证：《玉海艺文校证》卷9《雠正五经》。

② 苏颂撰，王同策、管成学、颜中其等点校：《苏魏公文集》卷51《宋敏求神道碑》。

③ 陆游：《陆游集·渭南文集》卷28《跋京本家语》。

④ 《宋史》卷294《王钦臣传》。

藏书因经过他本人亲自校正，故有“善本”之称。再如据苏象先言：神宗问祖父苏颂：“卿家必有异书，何故父子皆以博学知名?”祖父对答说：“臣家传朴学，惟知记诵而已。”神宗言：“此尤难也。”祖父答道：“吾收书数万卷，自小官时得之甚艰，又皆亲校手题。使门阅不坠，则此文当益广，不然，耗散可待，可不戒哉?”①可见苏颂父子之所以博学多识，与他们多藏书、勤校正不无关系。

到南宋时，官私书籍时而受战乱等影响，但士大夫喜好校书的传统仍在延续。据张邦基言：“京都盛时，贵人及贤宗室往往聚书，至多者万卷。兵火之后，焚毁迨尽，间有一二留落人间，亦书史一时之厄也。吴中曾旼彦和、贺铸方回二家书，其子献之朝廷，各命以官。皆经彦和、方回手自雠校，非如田、沈家贪多务得，舛谬讹错也。”②可见时人更看重经过校雠的书籍。又如李光之子李孟传，字文授，“性嗜书，至老不厌，藏书万卷，悉置左右，翻阅紬绎，周而复始。每得异书，手自校勘，竟其编乃止。”③再如据崔敦礼言：钱俣“平生无他嗜好，于世事虽服食亦不问，自旦至暮，悉沉冥于文史。藏书数千卷，朱墨精谨，皆手自校，夜漏尽三十刻犹青灯荧然，闻诵书声”④。以上李、钱二氏自校藏书的行为，无不是当时不少士大夫的真实写照。

此外，对于校书的必要性和复杂性，一些宋人不仅认识深刻，

① 苏象先撰，储玲玲整理：《丞相魏公谭训》卷3。

② 张邦基撰，金圆整理：《墨庄漫录》卷5。

③ 张淏：《宝庆会稽续志》卷5《人物》。

④ 崔敦礼：《宫教集》卷12《福建提举钱公俣墓志》，文渊阁《四库全书》本。

而且勤于实践。如据朱弁言："宋次道龙图云：'校书如扫尘，随扫随有。'其家藏书皆校三五遍者。世之蓄书，以宋为善本。"[①]可见宋敏求对校书复杂性有着极为精到的认识。又如杨景略"尤喜读书，平居佔毕之外，无它玩好。常以雠校得失为乐事，所藏书万余卷，犹缮写不辍。又集周、秦以来金石刻文，至七千卷，用以考验前史疏捂与夫放佚之事，其辨博通洽抑有资焉者"[②]。此例说明乐于校书的杨氏，还专注于金石考史等。再如《元和姓纂》10卷，唐朝史家林宝撰。陈振孙指出："此书绝无善本，顷在莆田以数本参校，仅得七八，后又得蜀本校之，互有得失，然粗完整矣。"[③]可见经陈氏用众本参校，使其形成了较为完整的传本。它如王钦臣记其父王洙言："校书之例，它本有语异而意通者，不取可惜，盖不可决，谓非昔人之意，俱当存之，如注为一云、一作。原注：一字已上谓之一云，一字谓之一作。"[④]由此可见，一些宋人还归纳出了校书之例，以备校勘所用。

总之，校勘属提升文本准确、可信性工作，它不仅使得校勘者能熟知所校文本，而且所校本能嘉惠学人，故宋代不少士大夫喜好校书。

（2）注释。是指对原书加以必要的校正注释，以帮助使用者准确深入地理解文本。如宋庠，字公序，"善正讹谬，尝校定《国

① 朱弁撰，张剑光整理：《曲洧旧闻》卷4。

② 苏颂撰，王同策、管成学、颜中其等点校：《苏魏公文集》卷56《杨景略墓志铭》。

③ 陈振孙著，徐小蛮、顾美华点校：《直斋书录解题》卷8。

④ 王钦臣撰，储玲玲整理：《王氏谈录》。

语》，撰《补音》三卷。”[①]对其撰修缘由及其做法，陈振孙指出：“以先儒未有为《国语》音者，近世传旧《音》一卷，不著撰人名氏，盖唐人也。简陋不足名书，因而广之。悉以陆德明《释文》为主，陆所不载，则附益之。”[②]可见宋氏在前人注释基础上，对《国语》做了更为全面深入的校补注释工作。又如高文虎撰有《史记注》130卷，其子高似孙《叙》言：“先公太史推本经传，旁罗百氏，错综群言，凡五百万言，为《太史公书注》。……先公太史深悯夫自刘向、扬雄，仅称迁有太史才。班固之论，昧乎求备，是岂知太史公万分一者。又悼夫司马贞、张守节之传此书者，往往背本而从末，疏古而略今，亦未足以表章太史公之志。极意覃思，尽力此书，积功二十年，史注始成，足以答太史公之所望。”[③]由该《叙》可知，高氏花费二十年精力注释《史记》，不仅欲使其注释更为完备，而且旨在表彰司马迁之志。再如对于《新唐书》，徽宗宣和中，进士李绘以“《旧书》参《新书》”而为之注。又早在崇宁五年，董衡撰有《释音》25卷。[④]此外，虞允文“尝注《唐书》《五代史》”[⑤]。以上均属时人积极注释《新唐书》的基本情况。

总之，注释主在阐明解释原文本词语之意，其间体现着注释者对于文本的理解程度，它无疑是作为受众的注释者深度接受史籍的重要方式。

---

① 《宋史》卷284《宋庠传》。

② 陈振孙著，徐小蛮、顾美华点校：《直斋书录解题》卷3。

③ 高似孙撰，周天游校笺：《史略校笺》卷1。

④ 王应麟撰，武秀成、赵庶洋校证：《玉海艺文校证》卷12《正史》。

⑤ 杨万里撰，辛更儒笺校：《杨万里集笺校》卷120《虞公神道碑》。

### 3. 评析

评析是人们表达对有关人物、事件以及社会现象等问题看法的重要形式。宋人评析史事的范围非常广泛，包括历史人物、重要事件、重要史家及其著述，甚至历史遗迹等。在此仅以时人对有关史著以及史事的评论加以举例说明。

一是在评析史书叙事用语和编修体例方面，如对于欧阳修在《新五代史》和《集古录》中以“违命侯”称呼南唐后主，袁文批评道：“太祖取南唐，年余始得之，怒其不归朝，及来降，则命为违命侯，盖恶号也。后二年，方改封为陇西郡公。及殁，乃赠太师，谥吴王。夫欧阳公，吉州人，政属南唐，其祖父皆南唐之臣，则后主其故主也。欧阳公作《五代史》及《集古录》，至说后主处，每指为违命侯，宁忍称其恶号乎！”[①]在此袁氏从欧阳修家世所属视角，对其称呼南唐后主为违命侯的做法给予了尖锐批评。

又如对于《新五代史》立传，欧阳修未给杨凝式设传，袁文批评道：“唐之亡也，杨涉为押国玺使，其子凝式时见直史馆，谓涉曰：‘大人为唐宰相，而国家至此，不可谓之无罪。况手持天子玺绶与人，虽保富贵，奈千载何！盍辞之！’涉大骇，云：‘汝灭吾族！’神色为之不宁者数日。夫凝式出此言，亦可谓贤矣，不得谓唐季之无人也。为史者自当表而出之，使其忠诚少见于后世，而欧阳公作《五代史》，略不为一言，何哉?”[②]陈长方亦指出：“《五代史》于杨凝式不立传，载其历梁、唐、晋、汉、周，以疾致仕。又不明其本心。凝式谏父涉言：‘大人为唐宰相，而以传国玺与人。’则其

① 袁文撰，李伟国整理：《瓮牖闲评》卷8。

② 袁文撰，李伟国整理：《瓮牖闲评》卷2。

心可见。又不仕五代，而托心疾，其人贤，其节高，可知矣。余尝谓自晦与草木共尽者，五代不为无人，史不得其自者，固可叹。若凝式本末昭晰，史复不书，执笔者何其与善之狭也。”[①]在此袁、陈二氏均认为欧阳修当于《新五代史》中为杨凝式立传，以赞扬其在唐末五代时的忠义行为。同样，对于《新五代史》不为韩通立传，“刘原父讥之曰：‘如此，是第二等文字。’”[②]此则是刘敞认为应表扬后周忠臣韩通。

再如对于《新唐书》的语言表述，刘安世批评道：“《新唐书》叙事好简略，其辞［简］，故其事多鬱而不明，此作史之弊也。且文章岂有繁简也，意必欲多则冗长而不足读，必欲简则僻涩令人不喜读。假令《新唐书》载卓文君事，不过止曰：‘少尝窃卓氏以逃’，如此而已。……《唐书》进表云：‘其事则增于前，其文则省于旧。’且《新唐书》所以不及两汉文章者，其病正在此两句也，又反以为工，何哉？”[③]在此刘氏对《新唐书》所称的“事增文省”特色给予了不同以往的评论。

由上可知，即便如《新唐书》和《新五代史》，时人也会对其叙事用语和编修体例等问题加以深入评论，并且这些评论揭示了所评史书的“不足”，无不体现着评论者的主观认识。

二是在对有关史书价值以及史事的认识上，如有关苏辙和苏轼研治《春秋》之事，苏籀记述道：“公（指苏辙）曰：‘吾为《春秋

---

① 陈长方撰，许沛藻整理：《步里客谈》卷下，《全宋笔记》第四编第四册，大象出版社，2008年。

② 王应麟撰，孙通海整理：《困学纪闻》卷14《考史》。

③ 马永卿编，明王崇庆解：《元城语录解》卷下。

集传》，乃平生事业。'”他又指出：“公少年与坡公治《春秋》，公尝作论，明圣人喜怒好恶，讥《公》《穀》以日月土地为训，其说固自得之。元祐间，后进如张大亨嘉父亦攻此学。大亨以问坡，坡答书云：‘《春秋》，儒者本务，然此书有妙用，学者罕能领会，多求之绳约中，乃近法家者流，苛细缴绕，竟亦何用。惟丘明识其用，终不肯尽谈，微见端兆，欲使学者自求之。故仆以为难，未敢轻论也。'”[①]以上所述反映了苏轼兄弟对《春秋》一书的认识与研究状况。又如黄庭坚在《与王立之》书中评论道：“刘勰《文心雕龙》、刘子玄《史通》，此两书曾读否？所论虽未极高，然讥弹古人，大中文病，不可不知也。”[②]在此黄氏特意向王立之推举《文心雕龙》和《史通》，其见识非同一般。再如当谈及唐太宗对西晋历史的评价及其自身作为，王观国评论道：“圣贤言行，要当顾践，毋使自相矛盾。唐太宗修《晋书》，自制《晋武帝论》，谓惠帝可废，终使倾覆洪基，然太宗不自知高宗之不君，其倾覆尤甚于惠帝也。太宗谓刘元海当除而不除，卒令扰乱区夏，然太宗不能除女武之祸，其扰乱尤甚于元海也。……援周公杀管、蔡之例，而唐太宗因以杀建成、元吉，终久不能全父子、兄弟之讥。凡此皆悖道而逆施者也，可不慎哉！”[③]在此王氏对唐太宗喜好抨击前人而不反思自身相似行为深表惋惜！

三是对于一些史书成书过程，宋人亦不乏评论。如张舜民以司马迁编撰《史记》的艰辛过程为例，从而对居室著述者批评道：

---

① 苏籀撰，张剑光、李相正整理：《栾城先生遗言》。

② 黄庭坚撰，刘琳、李勇先、王蓉贵校点：《黄庭坚全集·外集》卷21。

③ 王观国撰，徐时仪、郑晓霞整理：《学林》卷7《言行》。

“司马迁年二十，南游江淮，上会稽，探禹穴，窥九疑，浮沅、湘，北涉汶、泗，讲业齐鲁之郊，过梁楚，西使巴蜀，天下靡所不至。晚年方敢论次前世之事，著书成文，地理、古今治忽无所不总。故学者居一室之内，守简策，胶旧闻，任独见，以决天下事，鲜有不谬者。”[①]依其所见，司马迁在积累了丰富的社会阅历与历史素材之后，才得以完成《史记》。

总之，通过以上宋人对重要史著以及史事的评析可以看出，他们无论是在评论对象以及品评视角的选取上，还是在对史书或者史事内容以及价值等深度分析上，均体现着评析者独特的认识，并且这些认识反映着他们对相关历史的接受程度。

## 三、受众领袖以及受众对崇拜对象的仰慕与推崇

### 1. 受众领袖

受众在听讲或者参阅相关史著时，他们的接受行为有时会受到群体内受众领袖的影响。受众领袖作为受众群体的引领者，他们凭借在受众中的巨大影响力和感召力，往往能通过有目的的言论或者有意识的行动等，直接影响所属群体的兴趣选择。同时，受众领袖构成颇为复杂，因为在每一个领域或者每件事情发展的不同阶段，都会存在受众领袖。在此仅以所属领域而言，大致可分为政界领袖和学界领袖等。不过，该分类并非绝对，而是相对的，他们之间的人物构成有时会交叉重复。

（1）政界领袖。在广大官僚群体中，受众领袖会不时涌现。其

① 王正德：《余师录》卷2。

中，当帝王作为受众时，他们凭借自身无比崇高的政治地位以及巨大的社会影响力，直接吸引甚至带动他人做出判断或者选择。如据刘安世言："太祖极好读书，每夜于寝殿中看历代史，或至夜分，但人不知、口不言耳。"①可见太祖本人喜好读书。不仅如此，他还时时激励并引导臣下读书。据文莹记载："太祖尝谓赵普曰：'卿苦不读书，今学臣角立，隽轨高驾，卿得无愧乎？'普由是手不释卷，然太祖亦因是广阅经史。"②由此可知，在太祖激劝下，赵普亦养成了喜爱读书的习惯。又如宋代许多帝王极为看重《资治通鉴》的资政功效，他们在自身积极听读、参阅的同时，还以赐书等方式，引导广大官僚研读。对此，据林之奇记载，陈瓘与邹浩书云："如稽古之事，载于《六经》；《六经》之后，千余年之事，散于诸史。《资治通鉴》集其散而撮其要尔，此英祖、神考之所以赐后学也。"③同样，《唐鉴》作为鉴戒类史书，亦被宋代帝王所看重。据张端义记载："德寿与讲官言：'读《资治通鉴》，知司马光有宰相度量。读《唐鉴》，知范祖禹有台谏手段。'虽学士大夫，未尝说到这里。"④正因为帝王如此看重，《唐鉴》在宋代名重一时，官僚士大夫纷纷参阅此书。再如高宗雅好《左氏春秋》，命（范）冲与朱震专讲。"冲敷衍经旨，因以规讽，上未尝不称善。"⑤到绍兴十三年二月，高

① 马永卿编，明王崇庆解：《元城语录解》卷上。

② 释文莹撰，郑世刚整理：《玉壶清话》卷2。

③ 林之奇：《拙斋文集》卷2《记闻》下。

④ 张端义著，许沛藻、刘宇整理：《贵耳集》卷上。

⑤ 《宋史》卷435《范冲传》。

宗内出御书《左氏春秋》及《史记》列传，于秘书省宣示馆职。观阅毕，少监秦熺以下皆作诗以进。[①]此是高宗向群臣展示所好史著的具体例证。

以上仅是以帝王作为受众领袖而言。其实在宋代官僚群体中，始终活跃着不少受他人敬仰的受众领袖。如据史载："初，张咏在成都，闻（寇）准入相，谓其僚属曰：'寇公奇材，惜学术不足尔。'及准出陕，咏适自成都罢还，准严供帐，大为具待。咏将去，准送之郊，问曰：'何以教准？'咏徐曰：'《霍光传》不可不读也。'准莫谕其意，归取其传读之，至'不学无术'，笑曰：'此张公谓我矣。'"[②]此属张咏有意规劝寇准"为学"的突出例证。又如真宗时，贾昌朝除国子监说书，"孙奭判监，独称昌朝讲说有师法。他日书《路随》《韦处厚传》示昌朝曰：'君当以经术进，如二公。'"[③]此是孙奭对贾昌朝的激励举措。凡此等等。

（2）学界领袖。在宋代士大夫群体中，常会涌现出以学识见长的学界精英或者称之为知识精英，他们往往用自己丰富的治学经验以及感受来教育甚至引导他人，由此扮演着引导者的角色。

在引导他人读史方面，除学校教官之外，一些著名的学界领袖作用非凡。如据王正德言："陈后山初携文卷见南丰先生，先生览之，问曰：'曾读《史记》否？'后山对曰：'自幼年即读之矣。'南丰曰：'不然，要当且置它书，熟读《史记》三两年尔。'后山如

---

① 苗书梅等点校：《宋会要辑稿·崇儒》六。

② 《宋史》卷281《寇准传》。

③ 《宋史》卷285《贾昌朝传》。

南丰之言读之，后再以文卷见南丰，南丰曰：‘如是足也。’”[1]此为曾巩引导陈师道熟读《史记》的具体范例。又如苏轼在《与侄孙元老四首》书中指出：“侄孙近来为学何如？想不免趋时。然亦须多读史，务令文字华实相副，期于适用，乃佳，勿令得一第后，所学便为弃物也。……侄孙宜熟看前、后汉史及韩、柳文。”[2]此系苏轼对侄孙读书为学的殷切期望。再如黄庭坚指出：“治经欲钩其深，观史欲会其事，二者皆须精熟。涉猎而已，无此功也。”[3]此则为黄氏研治经史的经验之谈。

在此期间，一些学界领袖还会针对时弊，指导学者应如何看待某些史著或者读书为学之事。如徐积指出：“为文必学《春秋》，然后言语有法。近世学者多以《春秋》为深隐不可学，盖不知者也。且圣人之言，曷尝务奇险，求后世之不晓？赵啖曰：‘《春秋》明白如日月，简易如天地。’此最为至论。”[4]可见徐氏颇为推重《春秋》在作文方面的示范功效。又如魏了翁在《书泸士周挺读历代书》中感叹道：“古之学者习乎礼乐射御书数，内以养德性之知，外以固筋骸之束，进乎大学，则格物致知，以往皆为己之事也。是皆失其传，惟有挟册读书以求之前言往行，而读之者亦罕，读之而有得焉又罕有也。周文叔挺乃能取历代帝王以来之书，穷搜力索，广记详说。呜呼！其用力亦劳矣。”[5]在此魏氏以周挺力学广记为例，说明

---

① 王正德：《余师录》卷1《曾子固》。

② 苏轼著，孔凡礼点校：《苏轼文集》卷60。

③ 王正德：《余师录》卷2。

④ 江端礼：《节孝语录》。

⑤ 魏了翁：《鹤山先生大全文集》卷64。

读书为学的重要性。

综上所述，受众领袖在引导广大受众读史为学方面，处处体现着他们的影响力和感召力。他们的作用不仅体现在受众中，有时还会对整个史风形成与发展产生重要影响。

**2. 受众对崇拜对象的仰慕与推崇**

宋代士大夫在参阅相关史籍时，一则会对史书所记历史人物甚至本朝人物产生无比仰慕之情。二则是他们对一些史书颇为喜好。具体而言：

一是在仰慕前代著名历史人物方面，突出者像北宋三刘（指刘敞、刘攽和刘奉世）、二苏始终对汉代名士极为崇慕。如刘敞在《西汉三名儒赞有序》中指出："余读《西汉书》，爱董仲舒、刘向、扬雄之为人，慕之。然仲舒好言灾异，几陷大刑；向铸伪黄金，亦减死论；雄仕王莽，作《剧秦美新》，复投阁求死。皆背于圣人之道，惑于性命之理者也。以彼三子，犹未能尽善，才难，不其然欤？然其善可师，其过可警也。为三赞以自览焉。"[①]可见刘氏虽敬仰西汉三贤，但对他们的所作所为有着极为清醒的认识。又如据苏象先记述："东坡常称东汉多名节之士，所以能扶危持颠者几百年。虽曹孟德之奸雄，亦畏名节，故终躬不敢取汉。一日与大人语及，大人云：'近见新贵人为人作志文，颇讥东汉之士专为诡行盗名，其风不可长。'东坡大骇，固问谁作？不得已言之。东坡云：'可作数字骂此小子。'大人不应，乃曰：'只教折了胡孙三十年草料。'"[②]此例形象生动地展现出苏轼对东汉名节之士的崇尚爱慕之情。再如苏

① 刘敞：《公是集》卷49，文渊阁《四库全书》本。

② 苏象先撰，储玲玲整理：《丞相魏公谭训》卷10。

籀记述其祖父苏辙事迹时，谈道："公言：'秦火后，汉叔孙通、贾谊、董仲舒诸人，以诗、书、礼、乐弥缝其阙。西汉之文，后世莫能髣髴。今朝廷求魁伟之才，黜谬妄之学，可以追两汉之余，渐复三代之故。'后学当体此说。"[①]此则反映出苏辙对西汉历史人物及其作为有深刻认识。

其他与三刘、二苏有共同喜好者不乏其人。如王之道曾言："愚尝读《西汉书》至《曹参传》，未尝不反复玩味，而想见其人，恨不获同时，虽为之执鞭而无悔焉！"[②]又如曹勋在《跋陆贾图》中指出："仆幼读《西汉》，便喜陆贾之为人，其行己之长虑，事君之大节，为人之成谋，善后之智策，每三复而叹仰之。虽东汉士夫以风节相尚，其行义立志，比西汉终不能自全，是知其况每下矣。"[③]以上二例无不形象生动地表明一些宋人有着自己崇敬的对象。

二是受众对本朝名士欧阳修、司马光、苏轼以及曾巩等颇为推崇。如据罗大经记述："杨东山尝谓余曰：'文章各有体，欧阳公所以为一代文章冠冕者，固以其温纯雅正，蔼然为仁人之言，粹然为治世之音，然亦以其事事合体故也。如作诗，便几及李、杜。作碑铭记序，便不减韩退之。作《五代史记》，便与司马子长并驾。作四六，便一洗《昆》体，圆活有理致。作《诗本义》，便能发明毛、郑之所未到。作奏议，便庶几陆宣公。虽游戏作小词，亦无愧唐人《花间集》。盖得文章之全者也。其次莫如东坡，然其诗如武库矛戟，已不无利钝。且未尝作史，藉令作史，其渊然之光，苍然之色，亦

---

① 苏籀撰，张剑光、李相正整理：《栾城先生遗言》。

② 王之道：《相山集》卷24《论增税利害代许敦诗上无为守赵若虚书》。

③ 曹勋：《松隐集》卷33。

未必能及欧公也。曾子固之古雅，苏老泉之雄健，固亦文章之杰，然皆不能作诗。山谷诗骚妙天下，而散文颇觉琐碎局促。”[①]在此杨氏对欧阳修等人的学术成就做了具体点评，其间尤其盛赞欧氏为学特色。又如程棨言：“余尝谓近世巨公：欧文忠似韩退之，司马文正似蘧伯玉，荆公似王夷甫，苏东坡似司马迁。文忠似退之，夫人能言之，然其所以似之者，人或不能知之也。”[②]程氏以类比方式，对欧阳修等人进行了品评。

三是受众偏爱一些著名史著。据刘恕在《资治通鉴外纪序》中言：“本朝去古益远，书益烦杂，学者牵于属文，专尚《西汉书》，博览者乃及《史记》、《东汉书》。而近代士颇知《唐书》，自三国至隋，下逮五代，懵然莫识。”而与此相对，据曾巩在《陈书目录序》中言：“然及其（指《陈书》）既成，与宋、魏、齐、梁等书，世亦传之者少，故学者于其行事之迹，亦罕得而详也。而其书亦以罕传，则自秘府所藏，往往脱误，嘉祐六年八月始诏校雠，使可镂版，行之天下。”[③]由此可知，北宋时，则已经形成学者偏爱《汉书》和《新唐书》风气，博览者才会顾及《史记》和《后汉书》，至于《宋书》《南齐书》《梁书》《陈书》以及《魏书》等，官方开始致力于搜集校刊流布，更遑论学者们偏爱了。其中，如据朱弁言：“晁之道名咏之，黄鲁直字之叔予。资敏强记，览《汉书》五行俱下。对黄卷答客，笑语终日，若不经意。及掩卷论古人行事本末始终，

① 罗大经撰，王瑞来点校：《鹤林玉露》丙编卷2《文章有体》。
② 程棨：《三柳轩杂识》，见陶宗仪等编：宛委山堂本《说郛》弓24《论人品》。
③ 曾巩撰，陈杏珍、晁继周点校：《曾巩集》卷11。

如与之同时者。”[①]可见晁氏对《汉书》极熟。南宋史家洪迈甚至言道：“班固著《汉书》，制作之工，如《英》《茎》《咸》《韶》，音节超诣，后之为史者，莫能及其髣髴，可谓尽善矣。”[②]洪氏在此给予《汉书》极高评价。同样，如赵允宁，字德之，宗室元份长子，“嗜学，尤喜读唐史，通知近朝典故，工虞世南楷法，真宗赐诗激赏之。”[③]又如王希逸，字仲庄，“好学，尤熟唐史，聚书万余卷。”[④]以上二人则对唐史颇为熟悉。凡此等等。

总之，以上论述表明，不少宋人在参阅相关史籍基础上，有了自己所敬仰之人或者所喜好之书，由此反映着他们的认识与体悟。

## 四、受众的主观能动性

受众在接受传布内容时，往往会受到所处环境地位、文化教育程度以及个人兴趣偏好等因素制约，并且他们一般处于被动接受状态，但他们并非始终处于该状态，而是有时会与传布者进行互动，甚至还能发挥自身主观能动性与创造力。

### 1. 受众与传布者之间的互动

在史事传布过程中，传布者与受众之间往往会就传布内容、方式、目的以及效果等展开互动交流，并且这种交流有时是双向的，有时是多向的，甚至还会呈现为动态交流。

---

① 朱弁著，张剑光整理：《曲洧旧闻》卷3。

② 洪迈：《容斋三笔》卷2《后汉书载班固文》。

③ 《宋史》卷245《商王元份传》。

④ 《宋史》卷268《王显传》。

一方面，在宋代各类教学活动中，始终存在受众与传布者之间的互动问题。其中，对于经筵讲读时帝王能否与讲读官积极互动交流之事，卫泾在《论圣学札子》中论道："迩者侧闻玉音宣谕，今后晚讲各须讲解义理，引古证今，庶不为文具。若只读过，恐无益于事。大哉王言！臣有以见陛下识度高远，精进不已，知求多闻之有益于圣德也。臣诚不佞，抑闻之先哲，学则必问，问然后为学。……臣伏愿陛下讲学之际更留圣心，咨询考问，以尽臣下之情，反复研究，以求理道之要。"[①]可见在作为听众的帝王对经筵官讲授内容有所要求的情况下，卫泾请求当朝帝王多能与经筵官互动交流。其实，宋代帝王与经筵官、辅臣互动交流的例子不在少数。如早在庆历四年三月，仁宗御迩英阁，出御书十三轴，凡三十五事。史载："上顾学士丁度等曰：'朕观书之暇，取臣僚上言及进对事目可施于政治者，书以分赐卿等。'度暨天章阁侍讲曾公亮、杨安国、王洙等既拜赐，请释其义，许之。既而度等上《答迩英圣问》一卷。上览之终篇，指其中大者六事，付中书、枢密院行之。《答圣问》者，即所释三十五事也。"[②]这是仁宗与辅臣间积极互动交流并收到明显效果的典型例证。凡此等等。

同样，在各类官私学校中，也需要师生间积极互动。如当叶適论及高松事时，言道："故例，博士撰解训一二通，据案抗声读，诸生俯首听，谓之讲书。君曰：'是何所明耶？'令更进迭问，疑难交发，满意而退。士人喜，来学日众。"[③]可见随着教学方法改变，

---

① 卫泾：《后乐集》卷11，文渊阁《四库全书》本。

② 陈均撰，许沛藻等点校：《皇朝编年纲目备要》卷12。

③ 叶適著，刘公纯、王孝鱼、李哲夫点校：《叶適集·水心文集》卷17《台州教授高君墓志铭》。

其教学效果与社会效应得以突显。

另一方面，在官僚士大夫平时讨论、传布史事过程中，也会形成传布者与受众之间的互动交流。如据叶適记述："龙窟陈同甫言：'吾常与陈君举极论，往往击杯案，声撼林木，行之（蔡幼学字）在旁，邈若无闻，吾颇讷之。众亦云素无短长于间也。一日，客尽散，忽语吾：道一尔，奚皇帝王霸之云！吾方辨数，而行之横启纵阖，援今证古，厘为十百，聚为一二，抵夜接日，若悬江河，吾谢不能乃已。'"[①]此例表明受众蔡幼学并非一直处于被动听闻状态，他还会由被动转为主动，以阐发自己对所论之事的见解。

又如吴泳在《答唐生书》中指出："且辱垂示所著《史论》五首，网罗旧闻，笔力亹亹不倦，未易得也。但首篇谓蜀汉之不能成功者三，似若以成败利钝言孔明者。孔明以区区三分天下之一而经纬十分之九，使其不死，擒操馘懿必矣。看孔明须是看他与昭烈朝夕以兴复汉室为己任，一片忠诚，对越天地，即是夏少康以一旅祀夏配天之本心。魏人尝谓其主将畏蜀如虎敌，岂可谓无隙之可窥耶？向来乡里南轩先生专为武侯作一传，已发先贤未发之秘，想足下未见本否？姑答来教，余容面见倾倒。"[②]这是吴泳就唐生《史论》观点所作的往来答复。宋代士大夫间此类往复商讨书信相当多，它颇能反映传布者与受众之间的互动交流事宜。

再如祝穆在《方舆胜览自序》中指出："始，予游诸公间，强予以四六之作，不过依陶公样，初不能工也。其后稍识户牖，则酷

① 叶適著，刘公纯、王孝鱼、李哲夫点校：《叶適集·水心文集》卷23《兵部尚书蔡公墓志铭》。

② 吴泳：《鹤林集》卷32。

好编辑郡志，如耆昌歜。予亦自莫晓其癖，所至辄借图经。积十余年，方舆风物收拾略尽。出以谂予友，乃见讥曰：‘还如食小鱼，所得不偿劳。’予怳然自失，益搜猎古今记序诗文，与夫稗官小说之类，摘其要语，以附入之。予友又啃曰：‘天吴与彩凤，颠倒在短褐。’予复愧其破碎断续，而首末之不贯也。又益取夫巨篇短章所不可阙者，悉载全文，大书以提其纲，附注以详其目，至三易稿，而体统粗备，予友亦印可焉。予犹未敢以为然也，既又携以谒今御史吕公竹坡先生，幸不斥以狂僭，辱为之序，走不足以当也。”该例表明，祝穆与师友名贤多次互动交流，最终使其成果得以被认可。宋代类似事例不少，余不一一。

总之，由上可知，无论是教学还是商讨、传布史事，宋代各阶层民众间的互动交流颇为频繁，并且不时还会收到良好效果。

**2. 受众对传布对象的选择性接受**

在史事传布过程中，受众会根据自身对传布内容的兴趣、判断与个人偏好等，会有选择性地予以接受，这是受众主动性的有力体现。

一是受众对史书所记内容并非一味被动接受，而是根据自己的学识与文献记载等，做出自己的判断，甚至这种判断还会影响到接受他意见之人。如林之奇指出：“《五代史》记事，记简而包括甚广。如《安重诲传》，数句是一个议论。又载李克用临终以三矢授庄宗，才数语尔，包尽多少事。如此等叙事，东坡以下未必能之。”①此是林氏对《新五代史》突出列传叙事的评论。又如朱胜非撰有《渡江遭变录》1卷，记述“苗、刘作难至复辟事”。②到孝宗隆兴二

① 林之奇：《拙斋文集》卷1《记闻》上。

② 陈振孙著，徐小蛮、顾美华点校：《直斋书录解题》卷5。

年十月，经朱胜非之子朱夏卿奏请，朝廷诏令其家缮写投进该书。[①]不过，汪应辰在《书朱丞相渡江遭变录》中指出："今观朱丞相《渡江遭变录》，其秘谋奇计固多世人所不知者，然其间大节目往往不见。原注：如苗傅及其属差除，二十四日诏令及临平战之类。……窃谓遭变反正，事之细微曲折固不一，然其本末大概则有不可揜者。是以摭其事实备论之，庶几是非有考焉！"[②]由此可见，汪氏对朱胜非所记有着自己的认识与判断。

二是受众因史书体裁体例各异，或者史书内容繁简有别等，从而对其表现出不同的阅读喜好。就传统编年与纪传体史书而言，因编排形式与所记内容存在差异，从而使得读者在选择时便有明显区别。对此，章如愚总结道："后世观者多嗜纪传而厌读编年。编年之书，自《春秋》及《左氏》《通鉴》之外，如荀悦《汉纪》之类，至有耳不闻、目不睹者，何也？意者纪传之体，随其人之终始，事之纲目，即于一纪一传见之，故观者易知也。编年之法，具一代之本末，而其人之始终、事之表里，则间见杂出于其间，故观者难于遽见。又纪传多载奇怪不经之语，而编年则不可以泛纪也。爱奇厌常，舍难就易，文人才子之习云耳。必有史才者，欲知去取予夺之大法，则编年之书目熟而心究之矣。"[③]章氏在此对编年与纪传何以会使读者有不同选择做了深刻而准确的揭示。又如经过李延寿"删烦补阙"等，编成记述南、北朝历史的《南史》和《北史》。因二书叙事简洁，到宋代时，据晁公武言，使得"至今学者止观其书，沈

① 苗书梅等点校：《宋会要辑稿·崇儒》五。

② 汪应辰：《文定集》卷11。

③ 章如愚：《群书考索》续集卷16《诸史门·诸史》。

约、魏收等所撰皆不行”[1]。此又是因为内容繁简不同而使得学者有明显偏爱。

三是因个人喜好不同，从而在选择史书时有自己的偏爱。如司马光对李延寿的《南史》和《北史》就颇为推崇，他在《贻刘道原》书中指出：“光少时，惟得《高氏小史》读之，自宋讫隋正史并《南》《北史》，或未尝得见，或读之不熟。今因修南北朝《通鉴》，方得细观。乃知李延寿之书，亦近世之佳史也。虽于禨祥谈嘲小事无所不载，然叙事简径，比于南北正史，无烦冗芜秽之辞。窃谓陈寿之后，唯延寿可以亚之也。”[2]可见以“叙事简径”见长的李氏二史，被司马光推举到与《三国志》相媲美的高度。又如郑樵极为推崇《史记》而不喜好《汉书》，他甚至认为：“使百代而下，史官不能易其法，学者不能舍其书，《六经》之后，惟有此作。”[3]此又是偏爱《史记》的郑氏对《史记》地位的极高评价。同样，吕祖谦极为推崇《史记》。据朱熹言：“伯恭、子约宗太史公之学，以为非汉儒所及。某尝痛与之辨。子由《古史》言马迁‘浅陋而不学，疏略而轻信。’此二句最中马迁之失，伯恭极恶之。”又有弟子问朱熹：“东莱《大事记》有续《春秋》之意，中间多主《史记》。”朱熹言：“公乡里主张《史记》甚盛，其间有不可说处，都与他出脱得好。如《货殖传》，便说他有讽谏意之类，不知何苦要如此？”[4]可见在朱熹眼中，吕祖谦对《史记》偏爱有加。再是藏书家陈振孙也对《史记》

① 晁公武著，孙猛校证：《郡斋读书志校证》卷6。

② 司马光：《传家集》卷63。

③ 郑樵撰，王树民点校：《通志二十略·通志总序》。

④ 黎靖德辑，郑明等校点：《朱子语类》卷122。

及其作者等推崇备至。他指出："窃尝谓著书立言，述旧易，作古难。六艺之后，有四人焉：摭实而有文采者，左氏也；凭虚而有理致者，庄子也；屈原变《国风》《雅》《颂》而为《离骚》；及子长易编年而为纪传，皆前未有其比，后可以为法，非豪杰特起之士，其孰能之？"①在此陈氏从史书体裁创新角度，给予了司马迁极高评价。

总之，以上情况足以表明，宋人在参阅、选择史书及其纪事时，并非全盘被动接受，而是有所选择，由此体现出其主观能动性。

**3. 受众创造力的良好发挥**

受众在接受史事时，有时会在传布者示范下，或者在自己主观能动性促使下，往往能够很好地发挥自身创造力。

（1）模仿。即仿照它书编修体例而完成史著。如据周密言："《唐余录》者，直集贤院王皞子融所撰，宝元二年上之。时惟有薛居正《五代史》，欧阳书未出也。此书有纪、志、传，又博采诸家之说，效裴松之《三国志》注，附见下方。表韩通于《忠义传》，且冠之以国初褒赠之典，新、旧《史》皆所不及焉。"②此是王皞仿效裴氏注史之法，最终完成了颇具自身纪事特色的《唐余录》。又如明代郑瑗指出："宋马令采江南李氏遗事，作《南唐书》，颇摹仿欧阳《五代史》，然所载多诗话小说谐谑之辞，殊乏史家笔削谨严意思，其类例亦多乖舛。"③可见马令虽模仿了《新五代史》编修体例，但因取材与类例仍有缺陷，从而受到后人批评。再如宁宗庆元三年，周必大在《彭孝子千里墓表》中指出："昔公尝自云：'喜传人事，

① 陈振孙著，徐小蛮、顾美华点校：《直斋书录解题》卷4"史记"解题。

② 周密撰，俞钢、王燕华整理：《齐东野语》卷13《韩通立传》。

③ 郑瑗：《井观琐言》卷3，文渊阁《四库全书》本。

尤爱司马迁善传奇伟，使人喜读，欲学其作。’厥后著《五代史》，辞气遂与迁相上下。若予者爱公之文，犹公爱迁书也。”[①]在此周氏对彭千里模仿之作给予了极高评价。凡此等等。

（2）续编。是指史家以原史为基础，续增史实或者续编成新的著述。如司马光撰成《百官公卿表》后，李焘撰有《续皇朝百官公卿表》112 卷，“内九十卷系私自编纂”。此后，蔡幼学亦撰有《续公卿百官表》。[②]又如司马光撰成《稽古录》后，晁公武撰有《稽古后录》35 卷。[③]龚颐正又撰有《续稽古录》1 卷，据赵希弁言：该书系“续司马文正《稽古录》之书也。文正止于治平，颐正起于熙宁而迄于宁宗之初”[④]。再如范祖禹撰有《帝学》8 卷。此后，李皇“纪五宗之懿，续祖禹之书”，为《续帝学》10 卷。[⑤]凡此等等。以上史例足以说明，原史对续编者起到了良好的连带效应，并且此种做法在宋代极为常见，余不一一。

（3）改编。受众在参阅相关史著时，在对其内容有新的认识的基础上，还对其进行了不同形式的改进。如据翟汝文言：“范晔《后汉书》语近词冗，事多注见。其自叙云：‘笔势纵横，比方班氏，非但不愧。’今从陋乃尔，岂笔削未定，缘事被诛，遂传之耶？”于是他删取精要，总合传注，作《东汉通史》50 卷。[⑥]由此可见，

① 周必大：《文忠集》卷 75。

② 以上均见王应麟撰，武秀成、赵庶洋校证：《玉海艺文校证》卷 13《编年》。

③ 《宋史》卷 203《艺文志》。

④ 赵希弁撰，孙猛校证：《郡斋读书志校证·读书附志》。

⑤ 王应麟：《玉海》卷 26《帝学》。

⑥ 翟汝文：《忠惠集》附录《孙繁重刊翟氏公巽埋铭》。

正是因为《后汉书》存在“语近词冗”之弊，翟氏便对其删取精要，并且撰成了新的著述。又如楼钥在《通鉴总类序》中指出：“《资治通鉴》，不刊之书也。司马公自言精力尽于此书，而士大夫鲜有能徧读者。始则以科举而求简便，世所传节本，自谓得此足矣。……故詹事光禄沈宪敏公，少而嗜学，晚益不倦。……既挂衣冠，向来功名政事付之昨梦，而笔力劲敏，不减少年书生。取司马公所著，各以事类编之，为二百七十一门，首曰治世、曰知人，终曰辩士、曰烈妇。而后自战国以迄五代一千三百余年之事，汇聚胪分，粲然易见。繁词细故，悉删去之。古所谓耄期称道不倦者，见公之谓乎！”可见沈枢对《资治通鉴》做了更加简明化改编。如此等等。

总之，模仿、续编和改编是后来者学习、传承前辈学者撰史传统的主要方式之一，是他们发挥自身能动性和创造力的重要体现。

综上所述，宋代史学传布时的受众涉及社会各个阶层，并且在受众群体中，时常活跃着受众领袖的身影。同时，受众接受史学的方式极为多样，并且他们在接受历史事实以及史学观念时，并非始终处于被动地位，而是能发挥主观能动性。也正是缘于受众能够积极参与到多种史学活动中，从而使得宋代史学的繁荣与发展有了坚实基础和基本保障。

## 第三节　史学传布效果

效果是指人的行为产生的有效结果。传布效果是传布者发出的信息通过一定方式传递给受众后，对受众所产生的思想和行为的影响。史学传布活动成功与否，往往取决于传布效果。而传布效果是否理想，既与不同传布方式和传布内容密切相关，也受到受众对史学的接受程度、传布者的社会地位、史学风气甚至国家相关政策等多方面因素影响。在此结合宋代史学发展与传布实际状况，主要从治政辅政效果、教化易俗效果、传史著史效果以及传布效果的复杂性四个方面，以便具体论述宋代史学的传布效果。

## 一、治政辅政效果

陈乐素先生对《宋史·艺文志》著录宋代史书状况加以考察后，指出："《宋志》反映史学盛，这是弱国鉴兴亡的结果。"[①]该结论不无道理。宋人不时要面对严重的御外压力与复杂多变的朝政斗争，因此，无论是最高统治者还是官僚士大夫，甚至是下层普通民众，他们中不少人具有极强的历史意识，而这种意识又不时体现在治政辅政效果上。

### 1. 帝王

作为宋王朝最高统治者，每位帝王的治国才能及其施政效果直接与本王朝的长治久安密切相关。因此，宋代帝王在治理国家时，不仅要依据现有社会政治条件，而且还需依赖历史经验，才能达到良好的治政效果。如前所述，宋代帝王往往依据经筵平台，较为系统地接受儒家经典以及重要历史知识的学习，之后他们便将其灵活运用于平时的治政实践中。

---

① 陈乐素：《宋史艺文志考证》第三篇《宋史艺文志研究札记》。

(1) 以史为鉴。宋代帝王通过对历史知识的系统学习，以及社会经验的日渐积累，使得他们认识历史、反思历史以及总结历史的水平明显有所提高。其中，在认识重要历史人物方面，如北宋帝王对五代之君有着极为深刻的认识，而这种认识往往是他们经过深入反思历史、总结历史而形成的。史载开宝七年闰十月，监修国史薛居正等上奏新修《五代史》150卷。随后，太祖告知宰相："昨观新史，见梁太祖暴乱丑秽之迹，乃至如此，宜其旋被贼虐也。"[①]这是宋太祖对梁太祖执政行为及其后果所做的评判。又到雍熙元年夏五月，太宗幸城南，并告知近臣："朕观五代以来帝王，其始莫不勤俭，终则忘其艰难，恣于逸乐，不恤士众，自生猜贰，覆亡之祸皆自贻也。在人上者岂得不以为戒！"[②]这又是太宗对五代帝王及其王朝"覆亡之祸"产生缘由所做的深刻总结。再如仁宗读《五代史》，至"周高祖幸南庄，临水亭，见双凫戏于池，出没可爱，帝引弓射之，一发叠贯，从臣称贺"。仁宗掩卷，告诉左右："逞艺伤生，非朕所喜也。"[③]可见仁宗对周高祖伤生行为并不认同。

同样，如南宋孝宗亦善于认识历史、总结历史。据蔡幼学记述："孝宗方锐志治功，慨然慕唐太宗之为人，于是临轩以太宗事策新进士。"[④]又据周必大记述：淳熙十五年冬，谢谔兼侍讲，奏言："帝王之学，稽古为先。《六经》皆古也，而《书》为先，可证后世得失。"孝宗言："人君不知学则自怠。如唐太宗功非不高，恨不知

① 李焘：《长编》卷15。

② 罗从彦撰，黄宝华整理：《遵尧录》卷2。

③ 释文莹撰，郑世刚整理：《玉壶清话》卷5。

④ 陈傅良撰，周梦江点校：《陈傅良先生文集》附录蔡幼学《陈傅良行状》。

学，使能以《书》证得失，岂复用兵高丽乎？”[①]由此可知，宋孝宗从早年仰慕唐太宗到晚年指明其缺失，此正是他不断反思历史、总结历史的结果。又史载孝宗时，经筵官获准进读《陆贽奏议》，孝宗曾言道：“朕每见陆贽论德宗事，未尝不寒心，正恐未免有德宗之失，卿等可各条具阙失来上。”[②]此是孝宗以陆贽论德宗之事为鉴，积极鼓励臣僚直言政事阙失。

不仅如此，在为政态度上，宋初帝王能以前代帝王作为鉴戒，以勤政善听姿态为后继者树立表率。如宋太宗一日幸禁林，对朱昂言：“汉宣帝最好勤政，尚五日一视朝，万务宁无壅积耶？朕则不敢辄怠也。”[③]在此太宗以“最好勤政”的汉宣帝作为参照，表明自身治政不怠。又如太宗尝对赵普言：“朕每读书，见古帝王多自尊大，深拱凝严，谁敢犯颜言事？若不降情接纳，乃是自蔽聪明。或喜赏怒刑，岂能归天下之心哉。”赵普答道：“帝王若赏罚无私，内外无间，上求其理，下竭其诚，驯至太平，不为难事。”[④]在此太宗通过总结历史，表明为政态度以及为政是否公允的重要性。同样，南宋帝王亦能常常规范以及检点自身言行举止。如史载：“（孝宗）再召见（程叔达），论敬天、爱民、有志事功三事。其论敬天曰：‘臣承乏词宗，纂修《玉牒》，因得仰窥陛下盛德。如读《尚书》而作《敬天图》。臣愿陛下鉴《图》而法文王不已之心，勿谓丰穰而怠忧勤，勿谓平泰而忘儆惧。’上曰：‘朕自为此《图》，颇觉有益。

---

① 周必大：《文忠集》卷68《谢谔神道碑》。

② 苗书梅等点校：《宋会要辑稿·崇儒》七。

③ 释文莹撰，郑世刚整理：《玉壶清话》卷6。

④ 李焘：《长编》卷23。

每遇水旱，则必披《图》修省，常获感格。’后再召见，上顾左右取《图》示公曰：‘人君享国久长，皆由严恭寅畏，尤当以为法。’”[①]可见孝宗具有较强的为政自省能力。

（2）以史求治。宋代帝王除常以《宝训》和《圣政》作为遵从祖宗之法、发扬先祖盛德的主要途径之外，他们在处理现实社会政治问题时，常能以历史的眼光看待和分析问题，并且这些作为有时还影响深远。如雍熙二年二月，太宗告诉宰相说：“朕览史书，见晋高祖求援于契丹，遂行父事之礼，仍割地以奉之，使数百万黎庶陷于契丹。冯道、赵莹位居宰辅，皆遣令持礼，屈辱之甚也。敌人贪婪，啖之以利可耳，割地甚非良策。朕每思之，不觉叹惋。”[②]该例表明，鉴于前有晋高祖向契丹割地称臣的屈辱史，宋太宗极不赞成割地。又如太宗曾告诉侍臣：“朕读《唐书》，见唐人以公主和番，屈辱之甚，未尝不伤感。今士卒精强，固无此事，但选择得人，委以边任，不令生事，务在息民，训卒练兵，观衅而动，可以无患。”[③]由此可见，早在宋太宗时，鉴于唐代和亲所遭受的屈辱，使得太宗对和亲之事颇为伤感，他极为强调应强兵固疆。总之，宋代在对外关系上，不和亲，甚至不轻易割地，可见自宋初太宗时亦如此。

同时，宋代帝王不仅时常反思前代利弊兴衰，而且还能对本朝历史时时加以反思总结。如仁宗“尝观国史，见章圣东封西祀，及

① 杨万里撰，辛更儒笺校：《杨万里集笺校》卷125《程叔达墓志铭》。

② 李焘：《长编》卷26。

③ 罗从彦撰，黄宝华整理：《遵尧录》卷2。

修玉清昭应、景灵，土木之役，极天下之巧，过为奢侈”。于是告知辅臣：“此虽为太平盛事，然亦过度。当时执政大臣及修造者不得不任其责。”宰相吕夷简答道：“府库一空，至今不充实者，职此之由。”仁宗言：“如此之事，朕当戒之。”[①]又如史载：“高宗语东宫：‘须是读书，便知古今治乱，便不受人瞒。朕初即位，群臣多劝法仁宗。仁宗固是仁厚，末年纪纲几乎不振，所幸得韩琦，遂无事。本朝自有太祖，何故不取以为法？”[②]由此可见，无论是仁宗对其父东封西祀作为的反思，还是高宗对仁宗朝政较深刻的认识，均表明他们已形成了自觉的历史总结意识。

在处理现实问题时，宋代帝王还不时会比照祖宗时的良好做法，以体现政策的合理性。如绍兴二十六年闰十月，朝廷下诏廉州罢岁贡珠。对此，高宗告知宰执：“朕尝读《太祖实录》，见刘鋹进珠子马鞍，太祖知鋹所采珠子甚多，日役蜑丁数千人，死者不少。朕以谓珠子非急用之物，既是难得，且伤人命，故特令罢贡，以为一方无穷之利。”[③]在此高宗沿袭太祖做法，使得一方之民获得实利。

此外，能够容谏、纳谏并付诸实施，也是帝王治政理政的重要途径。如朱熹指出：“张子韶人物甚伟，高庙时除讲筵，尝有所奏陈，上云：‘朕只是一个至诚。’张奏云：‘陛下对群臣时如此，退居禁中时不知如何？’云：‘亦只是个诚。’又问：‘对宫嫔时如何？’上方经营答语间，张便奏云：‘只此便是不诚。’”对此，他论

① 罗从彦撰，黄宝华整理：《遵尧录》卷4。

② 谢采伯撰，李伟国整理：《密斋笔记》卷1。

③ 李心传撰，胡坤点校：《要录》卷175。

道："高宗容谏，故臣下得以尽言。"[①]可见张子韶以不断追问方式，促使高宗对属下均应至诚。又如据王明清言：徐瑀尝出示高宗所赐其父徐俯御书《光武纪》，《纪》后有高宗亲批云："卿近进言，使朕熟看《世祖纪》，以益中兴之治。因思读之十过，未若书一编之为愈也。先以一卷赐卿。虽字札恶甚，无足观者，但欲知朕不废卿言耳。"[②]这是高宗对臣僚奏请的积极回应。再如淳熙元年九月，新知随州蔡戡奏论唐太宗《贞观谏录》，孝宗言："从谏正是太宗所长。此书置之座右，可为规鉴。"[③]随后，蔡氏又在《缴进贞观谏录札子》中言："淳熙改元，臣蒙恩假守汉东，陛辞之日，恭进《贞观谏录》二卷，面奉至尊寿皇圣帝玉音，谓当置之座隅，永为规鉴，臣不胜荣惧。臣屏居田里，因取此书，深惟其义，辄以管见臆说附于每事之后，事以类从，义以概举，合六十篇。……谨用缮写进呈，伏望圣慈置诸左右，朝夕省览，庶几少助圣学之万一。"[④]可见蔡氏在获知孝宗欲将《贞观谏录》"置之座隅、永为规鉴"后，又对《贞观谏录》做了分类、解说，并进呈孝宗，以备其朝夕观览。

总之，宋代帝王通过总结历史、反思历史，以及遵从祖宗之法等方式，不仅提高了自身的认识水平，而且提升了分析与解决现实问题的能力。

**2. 官僚士大夫**

宋代许多官僚士大夫在自身史学素养和认识水平得以提高的同

① 黎靖德编，郑明等校点：《朱子语类》卷127。

② 王明清撰，燕永成整理：《挥麈后录》卷8。

③ 佚名撰，李之亮点校：《宋史全文》卷26上。

④ 蔡戡：《定斋集》卷5，文渊阁《四库全书》本。

时，他们能积极参政议政，甚至还收到了不错的效果。

（1）不少官僚士大夫形成了自觉阅读、评论、感悟、总结以及引用历史的良好习惯。其间，一是不少士人喜好读史和评史。如王济，字巨川，“颇涉经史，好读《左氏春秋》。”[①]又如赵宋皇族赵令教，“美风仪，洞晓音律。好读晋史，慕嵇叔夜、阮嗣宗之为人。”[②]再如萧汝为“读书取大体，不谫谫窘章句，喜读《西汉书》，会得意，卷弥日不去手”[③]。可见以上喜好读史者均有自己偏爱的史著。同样，在评史方面，如陈造在《阅史六首》中评论道：“百战淮西仅奏功，澶渊欲战已平戎。三纾相绂犹公道，长为莱公羡晋公。”[④]在此陈氏将裴度与寇准战时遭遇加以相较，用以说明寇准的历史命运。又如胡仲参在《读岳鄂王行实》中感叹道：“飞鹄来何意，英雄此日生。山河张胆气，宇宙载风声。一片堂中纸，千年身后名。至今坟上木，犹作不平鸣。”[⑤]胡氏在此对岳飞被冤死命运鸣不平。类此史例不少，不再赘述。

二是许多士人善于认识历史、感悟历史。其中，在对具体人物、史事的认识上，如王禹偁极为仰慕近代名贤。对此，他在《怀贤诗并序》中指出：“仆直东观时，阅《五代史》，见近朝名贤立功立事

① 《宋史》卷304《王济传》。

② 范祖禹：《范太史集》卷50《右金吾大将军潍州刺史充本州防御使赠安化军节度观察留后追封高密郡公墓志铭》。

③ 刘弇：《龙云集》卷31《萧孝廉墓表》，文渊阁《四库全书》本。

④ 陈造：《江湖长翁集》卷18。

⑤ 陈起：《江湖小集》卷14《竹庄小稿》。

者耸慕不已，思欲形于歌咏而未遑。今待罪上雒，不与郡政，专以吟讽为事业。因赋《怀贤诗》三首，仍以官氏列于篇首云。”他所咏三贤是桑维翰、李涛和王朴。[①]又如苏辙对本朝人物多加赞美。据苏籀记载，苏辙常云：“在朝所见，朝廷遗老数人而已，如欧阳公永叔、张公安道，皆一世伟人；苏子容、刘贡父，博学强识，亦可以名世。予幸获与之周旋，听其诵说放失旧闻，多得其详实，其于天下事、古今得失，折衷典据甚多。”[②]这是苏氏对他所生活时代名家的深入认识。

同样，宋人通过阅览有关史著，往往感悟到了其中所蕴含的深意。如陈瓘自言：“因读《通鉴》，然后知司马文正公之相业也。”[③]可见陈氏认为由《资治通鉴》便可察知司马光具有宰辅辅政才能。又如据林之奇记述：“毕仲游尝有书与郓相，请为文简公墓碑，有云：‘文人之文如绘形，史家之文如绘神。绘形甚易，而绘神甚难。某尝读班孟坚所作《赵充国传》，如与充国语。及观公所为《李天章传》，便若与天章对语。’”[④]由此可知，毕仲游认为《赵充国传》和《李天章传》在叙述人物方面已达到相当传神的程度。再如据黄文雷言：“往年因读《岳王传》，尝为之赋。今过东林，睹其遗像，感而申颂之。”其中一首为：“欲坏长城岂自由，江人重唱白符鸠。熏天富贵还须尽，从古忠良类若雠。狱吏但能书牍背，相公终欲割鸿沟。

① 王禹偁：《小畜集》卷4。
② 苏籀撰，张剑光、李相正整理：《栾城先生遗言》。
③ 章如愚：《群书考索》卷16《正史门·通鉴类》。
④ 林之奇：《拙斋文集》卷1《记闻》上。

书生志念闲无用，长想朱云地下游。”[①]可见黄氏在感叹岳飞不幸命运的同时，也表达了自身的书生之志。

三是宋人不时审视并总结历史。他们中既有对整个历史发展变化加以反思总结的，也有对不同历史发展时段、不同朝代甚至不同人物与史事进行归纳总结的。此类事例甚多，在此仅举几例。如针对一些王朝王位传承变化状况，孔平仲总结道：“大禹之后，二世已失邦矣。原注：启，太康。周公之后，五世已弑君矣。原注：伯禽、孝公、炀公、幽公，弟溃杀幽公自立。成汤既没，则有太甲。周家四世昭王，五世穆王。汉高祖一传而有吕后，唐太宗一传而有则天。自古未有如本朝七圣相承，而天下太平，国家无事也。”[②]由此可见，孔氏以夏、商、周、汉、唐王位传承与宋代加以简单对比，表明宋代帝位传承相对较为平稳。

又如对于徽宗和钦宗作为，朱熹明确指出：“今看著徽宗朝事，更无一著下得是。古之大国之君犹有一二著下得是，而大势不可支吾。那时更无一小著下得是，使无虏人之猖獗，亦不能安。以当时之势，不知有伊、吕之才能转得否？恐也不可转。尝试思之，无著可下手。”他又言及钦宗，论道：“钦宗勤俭慈仁，出于天资。当时亲出诏答，所论事理皆是。但于臣下贤否邪正辨别不分明，又无刚健勇决之操，才说著用兵便恐惧，遂致播迁之祸，言之使人痛心。”[③]可见

① 陈起：《江湖小集》卷 50《黄文雷看云小集》。

② 孔平仲撰，池洁整理：《珩璜新论》卷 1，《全宋笔记》第二编第五册，大象出版社，2006 年。

③ 黎靖德辑，郑明等校点：《朱子语类》卷 127。

朱氏对徽宗和钦宗当政时的作为进行了深刻反思，其结论较为中肯可信。同样，针对徽宗朝朝政变化，周南在《题徽宗实录》中论述道："徽宗皇帝初政，天下耸然保太平矣。始召范忠宣，欲以为相，陈瓘、龚夬、丰稷、邹志完在台谏。忠宣以瞽不至，薨。乃以承旨召蔡元长。既至，曾子宣亟出之。帅太原数日，蔡挟二向、王都知、刘友端专以继志述事开陈。曾、韩二相罢，蔡为右丞，月余入相。陈、邹辈立遂皆置岭外，天下事自此坏，以至外国相侵，竟无虚日，而其祸靡所底止矣。"[①]可见周氏认为蔡京当政成了徽宗朝政局变化的转折点。

再如对于南宋议和之事，魏了翁在《跋辛简穆公与秦桧争和议奏稿》中指出："和戎之说未有不怠我而长寇者，耿、秦诸公以来，率袭是误而不为修攘之虑，始于患失，终以乱邦，予因愤此久矣。"[②]这是魏氏痛恨绍兴和议的具体体现。又王应麟指出："张子韶《书说》于《君牙》《冏命》《文侯之命》，其言峻厉激发，读之使人愤慨，其有感于靖康之变乎？胡文定《春秋传》于夫椒之事，亦致意焉。朱子《诗传》，其说《王风·扬之水》亦然。"[③]此属以上诸位理学家借论著以阐发政见的体现。

总之，以上总结虽仅属宋人自身看法，涉及论题多属某个方面，但它却体现出这些官僚士大夫敢于面对现实，既能总结史事发展变化的优点，也能指出其不足，其论题无不具有一定深度或者广度。

---

① 周南：《山房集》卷5。

② 魏了翁：《鹤山先生大全文集》卷63。

③ 王应麟撰，孙通海整理：《困学纪闻》卷2《书》。

四是许多官僚士大夫能自觉征引重要史例，并将其用作解决现实问题的依据，时而还收到了不错的效果。如仁宗康定初，宋与西夏发生三川口之战，结果宋军大败，主将石元孙被俘。后双方讲和，石元孙被放归。当时谏官、御史上奏指出："元孙军败不死，辱国，请斩塞下。"贾昌朝独自进言："在春秋时，晋获楚将縠臣，楚获晋将知罃，亦还其国不诛。"并且他借奏对之机，从袖中取出《魏志·于禁传》，奏言："前代将臣败覆而还，多不加罪。"于是仁宗乃减免石元孙之罪，安置全州。[①]又如针对仁宗嘉祐末选立皇位继承人之事，史载："一日，（韩）琦取《汉书·孔光传》怀之以进，曰：'汉成帝即位二十五年无嗣，立弟之子定陶王为太子。成帝中才之主，犹能之，以陛下之圣，何难哉！……'于是因（司马）光等言，卒成上初意。"[②]可见在促使仁宗选立皇位传承者问题上，韩琦适时采取了征引史例说明法。再如张揆，字贯之，史载："一日，进读汉《马后传》，至服大练、抑止外家，因言：'今妃族太盛，不可不裁损，使保其家。'帝嘉纳之。"[③]此是仁宗接受张氏裁损妃族建议的具体例证。凡此等等。

（2）不少官僚士大夫参政议政意识得到明显提高。一是无论是经筵进读还是针对帝王平日阅览，不少士人积极向帝王推举有益治道类史著。如据楼钥言："上（指孝宗）尝言《唐鉴》一书兴衰治乱之理甚明，公（指周必大）奏：'祖禹著书，皆可备乙夜之览，

① 《宋史》卷250《石元孙传》。

② 李焘：《长编》卷195仁宗嘉祐六年冬十月壬辰。

③ 《宋史》卷294《张揆传》。

篇篇即是谏疏。’”[①]在此周必大旨在扩大孝宗观览范围，从而表明范祖禹著述均具有鲜明的鉴戒功用，适合“乙夜之览”。又如南宋初，张愨拜尚书左丞，乞开讲筵以辅圣德。而石介所著《唐鉴》，其要谓“奸臣不可使专政，女后不可使预事，宦官不可使用权”。张愨得其印本缴进之。[②]再如对于专供经筵进读的《帝学》，宁宗嘉定十二年五月，徐应龙等指出：“今观三圣学问之精微，诸儒讲说之本末，是书所载，炳如日星。臣等进读之次，陛下穆垂天听，莫不心领意会，抑亦尊所闻而行所知矣，岂但虚文而已哉。……陛下学于古训矣，而复以五宗之家学为法，是则监于成宪之谓也。”[③]由此可见，经筵进读的《帝学》，具有良好的垂范效果。

不仅如此，一些士人还有意纂修并进奏鉴戒类史著。如刘颜撰有《辅弼名对》40卷，据该书《序》言：“自西汉迄于周，凡十九代君臣问答，皆朝廷至务，社稷令猷。凡四十门，并《目录》共四十一卷。亦有位非公卿者，兼录之。且吴兢撰《贞观政要》，止述太宗；赵莹著《君臣正论》，惟载唐室。多采章疏，不纯取问答，故自历朝，专采名对。”仁宗对辅臣言道：“颜书可采，其录本备览观。”[④]可见刘氏鉴于吴兢之书断限有限，赵莹之书取材不广，故撰该书，以备帝王观览。又如皇祐五年六月，赵宗谔上《治原》15卷。仁宗告诉辅臣：其“采实祖宗事为书，意在规谏”[⑤]。再如罗从彦撰有

① 楼钥：《攻媿集》卷94《周必大神道碑》。
② 佚名：《京口耆旧传》卷6《张愨传》。
③ 苗书梅等点校：《宋会要辑稿·崇儒》七。
④ 王应麟撰，武秀成、赵庶洋校证：《玉海艺文校证》卷27《奏疏策》。
⑤ 王应麟：《玉海》卷130《官制》。

《圣宋遵尧录》8卷，在该书《序》中，他指出："尧、舜、三代之君不作也久矣！自获麟以来，讫五代，千五百余年，惟汉、唐颇有足称道。汉大纲正，唐万目举，然皆杂以霸道而已。有宋龙兴，一祖开基，三宗绍述，其精神之运、心术之动见于纪纲法度者，沛乎大醇，皆足以追配前王之盛，故其规模亦无所愧焉。……因采祖宗故事，四圣所行，可以楷今传后者，以事相比类纂录之，历三季而书成。"到宁宗嘉定七年，南剑守臣刘允济上之。[①]可见罗氏撰述该书的目的，旨在使宋代帝位继承者以祖宗所行为楷模，并继承、发扬之。

二是广大官僚士大夫具有强烈的参政议政意识以及爱国情怀，尤其是愈到国家、民族处于危难之时，这种意识体现得愈为明显。具体而言：首先，他们极为关心时事。如文同在《贺斩侬智高表》中称颂道："伏睹进奏院报状，已斩侬智高讫。荡除妖氛，天地以肃；翦扑凶丑，寰瀛甚安。凡在听闻，孰不欢快？"[②]此是朝廷平息侬智高之乱后，官僚士大夫文同的兴奋反应。又如据王辟之记载："直史馆孙公冕文学、政事有闻于时，而赋性刚明，以别白贤不肖为事。……每得邸吏报状，则纳怀中不复省事。或诘其意，曰：'某人贤而反沈下位，某人不才而骤居显官，见之令人不快尔。'"[③]此则反映出孙冕对朝廷用人极为关注。再如哲宗元祐元年春二月，朝廷任命司马光为左仆射。此时"王安石已病，其弟安礼以邸吏状示安

① 王应麟撰，武秀成、赵庶洋校证：《玉海艺文校证》卷24《录》。

② 文同：《丹渊集》卷27，文渊阁《四库全书》本。

③ 王辟之撰，金圆整理：《渑水燕谈录》卷9。

石，安石曰：‘司马十二作相矣。’怅然久之”[①]。此则表明王安石对司马光当政极为敏感。总之，官僚士大夫通过快速传递政务信息的报状及时了解时事，表达自身看法，这本身就说明他们颇为关心现实。

其次，宋人喜好议论时政，以至于欧阳修声称：“开口揽时事，论议争煌煌。”[②]其间，诸如台谏、宰执等朝廷内外官员喜好议论时事者不在少数。如对于范镇和范祖禹敢于直谏论政的做法，王称赞扬道：“夫学以古今成败为议论，仕以正君惠利及人为忠贤，顾义自重，不求苟合，遇事辄发，不为利夺，此则范氏之家法也哉！”[③]在此王氏已称其为“范氏家法”。元史官对范祖禹评论道：“祖禹长于劝讲，平生论谏，不啻数十万言。其开陈治道，区别邪正，辨释事宜，平易明白，洞见底蕴，虽贾谊、陆贽不是过云。”[④]可见元史官已将范祖禹提升到与贾谊和陆贽一比高低的地步。

与此同时，太学生等也日渐变成了喜评人物、好论时政的重要群体。如据吕容义记载：“世称太学聚天下士，既知道理，又无持禄固宠之累，故其品藻人物，皆合公议。于是以太学为无官御史台。神宗谓舒亶曰：‘颇闻太学生好雌黄人物，虽执政官亦畏其口，何也？’然则无官御史台之号，恐自此始。”[⑤]这说明太学生评人议事之

---

① 陈均撰，许沛藻等点校：《皇朝编年纲目备要》卷22。

② 欧阳修撰，李逸安点校：《欧阳修全集》卷2《镇阳读书》。

③ 王称：《东都事略》卷77末。

④ 《宋史》卷337《范祖禹传》。

⑤ 胡仔纂集，廖德明校点：《苕溪渔隐丛话》后集卷35引《上庠录》，人民文学出版社，1962年。

风已引起了最高统治者关注。又如钦宗靖康年间，主战的李纲被罢免，太学生伏阙上书，乞留李纲与种师道，军民集会者数十万，朝廷欲防禁之。吴敏乞用杨时以靖太学，杨时得以召对，言道：“诸生伏阙纷纷，忠于朝廷，非有他意，但择老成有行谊者为之长贰，则将自定。”钦宗言：“无逾于卿。”朝廷于是任命杨时兼国子祭酒。[①]再如据吴泳言：“有宋六君子曰周公端朝子静，真天下士也。当庆元初，韩侂胄盗权，右正言李沐朋奸诬宗相汝愚，罢政事。于是侍臣（章）颖以显谏黜，祭酒臣（李）祥、博士臣（杨）简以危言去，太府丞臣（吕）祖俭以上封事激烈贬。公曰：‘六馆士不言，孰当言者?’遂与杨宏中等诣阙上书，辨宰臣之忠勤，指谏官之邪佞，乞窜李沐以谢天下，乞还祥、简以收士心。卓乎韪哉！……我国家涵养士气，自宣、靖迄于庆元，不知阍几扣，书几上也。公虽坐言斥，而英风义烈盖与日月争明矣。”[②]此便是著名的“庆元六君子”伏阙上书事件。

再次，宋代许多官僚士大夫能够针对现实政治中的不足甚至弊端，以多种方式向朝廷反映，不时会收到理想效果。如据沈括记载：“旧制：三班奉职月俸钱七百，驿券肉半斤。祥符中，有人为诗题所在驿舍间，曰：‘三班奉职实堪悲，卑贱孤寒即可知。七百料钱何日富，半斤羊肉几时肥。’朝廷闻之，曰：‘如此何以责廉隅?’遂增今俸。”[③]此系北宋中期朝廷因题壁而增俸之事。又如史载：“淳

① 《宋史》卷428《杨时传》。

② 吴泳：《鹤林集》卷34《周侍郎墓志铭》。

③ 沈括撰，胡静宜整理：《梦溪笔谈》卷23《讥谑》。

祐间，行括田法，令百姓履亩自实，无名子作诗云：‘弃淮弃蜀弃荆襄，却把江南寸寸量。量得亩田多一尺，尺头能有几多长。’时宰闻之，亟寝其事焉。”[1]此则是以诗讽形式促使朝廷改变政策。总之，官僚士大夫通过以上这种独特方式反映现实政治问题，不仅在他们中间会引起较大反响，而且还收到了一些良好效果。此外，时人以奏疏等方式反映时事者更多，在此不再赘述。

最后，宋代一些士人往往能及时记录自己所经历的重要事件。如有关靖康之难，太学生丁特起撰有《孤臣泣血录》3卷和《拾遗》1卷，朱邦基撰有《靖康录》1卷，沈良撰有《靖康遗录》1卷等。[2]又如《顺昌录》1卷，晁公武指出：“绍兴十年，刘锜破女真于顺昌城下，其徒纪其功云。”[3]今存李幼武《宋名臣言行录别集》下卷10《刘锜》条就征引了该书，其中载有：“(刘) 锜方被围时，遣价求援于朝。得报，已差行营左护军统制王德躬率前军来援。十二日，金军既退之后，德方移文来问贼势动息”云云。由此可窥知该书叙事概况。如此等等，均表明一些士人具有自觉的记事、存史意识。

总之，以上情况表明，宋代官僚士大夫无论是治史还是辅政，均表现出极高的热情，并且常常还会收到良好的效果。

### 3. 其他社会阶层人士

除上述帝王以及官僚士大夫之外，其他社会人士往往利用一些特殊身份与有利条件，由此达到了议政目的。其间，较为突出者如优伶，虽然其社会地位低微，但他们利用自身特殊身份，在表演杂

① 俞德邻：《佩韦斋集》卷19《辑闻》。

② 陈振孙著，徐小蛮、顾美华点校：《直斋书录解题》卷5。

③ 晁公武著，孙猛校证：《郡斋读书志校证》卷6。

剧时，以现实社会政治难题为题材，以艺议政，不时会收到良好的辅政效果。如据曾敏行记载：“崇宁二年，铸大钱，蔡元长建议俾为折十，民间不便之。优人因内宴，为卖浆者，或投一大钱饮一杯，而索偿其余，卖浆者对以‘方出市，未有钱，可更饮浆’，乃连饮至于五六。其人鼓腹曰：‘使相公改作折百钱，奈何?’上为之动，法由是改。”[①]这是优人以自身力量对当时钱法变革的有效劝阻。又如据洪迈记载：“崇宁初，斥远元祐忠贤，禁锢学术，凡偶涉其时所为所行，无论大小，一切不得志。伶者对御为戏，推一参军作宰相据坐，宣扬朝政之美。一僧乞给公凭游方，视其戒牒，则元祐三年者，立涂毁之，而加以冠巾。一道士失亡度牒，问其披戴时，亦元祐也，剥其羽衣，使为民。一士人以元祐五年获荐，当免举，礼部不为引用，来自言，即押送所属屏斥，已而主管宅库者附耳语曰：‘今日于左藏库请得相公料钱一千贯，尽是元祐钱，合取钧旨。’其人俯首久之，曰：‘从后门搬入去。’副者举所持挺扶其背曰：‘你做到宰相，元来也只好钱。’是时至尊亦解颜。”[②]这又是优伶对徽宗时禁锢元祐学术等行为的有益提示。

同样，南宋时，如据张端义记载：“寿皇赐宰执宴，御前杂剧妆秀才三人，首问曰：‘第一秀才，仙乡何处?’曰：‘上党人。’次问：‘第二秀才，仙乡何处?’曰：‘泽州人。’又问：‘第三秀才，仙乡何处?’曰：‘湖州人。’又问上党秀才：‘汝乡出甚生药?’‘某乡出人参。’次问泽州秀才：‘汝乡出甚生药?’‘某乡出

① 曾敏行撰，朱杰人整理：《独醒杂志》卷9。

② 洪迈撰，何卓点校：《夷坚支乙》卷第4《优伶箴戏》。

甘草。'次问湖州：'出甚生药?''出黄蘗。''如何湖州出黄蘗?''最是黄蘗苦人。'当时皇伯秀王在湖州，故有此语。寿皇即日召入，赐第、奉朝请。"[①]该事例表明，伶人在南宋时仍不时发挥着以艺议政的独特作用。

总之，以上虽仅以优伶为例，说明其利用特殊身份所达到的辅政效果，其实其他社会阶层人士亦会利用有利时机议政辅政，在此不再赘述。

## 二、教化易俗效果

宋代系统完备的教学体系与民间讲史活动，使得社会各阶层人士受到程度不同的历史知识教育和伦理道德熏陶。同时，各阶层人士通过祭奠先贤、宣扬功德以及忠孝观念等，使得整个社会移风易俗效果较为明显。

**1. 教化**

(1) 教学感化效果。宋代完备的教育体系使得包括帝王在内的广大民众获得了历史知识与伦理道德教育，虽则相关成效难以完全估量，但仅以史籍记载而论，仍可看出其成效。

首先，以宋代帝王接受历史教育的成效而言，宁宗嘉泰元年十一月，费士寅等人在奏疏中称颂道："臣等恭惟皇朝家法，以亲近儒臣、讲论经义、商较古今为求治之本。列圣相承，所守一道，典学之勤，盖汉、唐贤君所莫能及。"[②]该评价虽不无夸大成分，但宋

① 张端义撰，许沛藻、刘宇整理：《贵耳集》卷下。

② 苗书梅等点校：《宋会要辑稿·崇儒》七。

代经筵制度实施顺利，君臣间常常讲经论道，读史议政，故与汉、唐相比，的确有较明显优势。在此值得一提的是，宋代始终重视对年幼君主的教育。尤其是在教育方式上，一些学官能严格要求，灵活施教，并且收到了一定成效。如据孔平仲言："孙奭尚书侍读仁宗前，上或左右瞻视，或足敲踏床，则拱立不读。以此奭每读书，则上体貌益庄。"[①]又如对于幼君哲宗，史载："(程）颐每以师道自居，其侍讲，色甚庄，言多讽谏。颐闻帝宫中盥而避蚁，因讲毕，请曰：'有是乎?'帝曰：'然，诚恐伤之耳。'颐曰：'推此心以及四海，帝王之要道也。'帝称善。"[②]可见孙、程二人即便是在帝王面前，依然能坚持师道尊严，严格施教。

其次，在蒙学教育方面，唐代李瀚的《蒙求》成为不少童蒙接受历史教育的必读教材。如刘清之"四五岁，读李瀚《蒙求》，至龚遂劝农、文翁兴学，诵不绝口。父母因语之曰：'此二君子教人读书、耕田也，人亦不过耕与学耳。'公闻之欣然，自是读书勤甚"[③]。可见《蒙求》中的史事对刘氏读书成才颇有助益。又如赵汝鐩据所见吟咏道："群儿窗下读，《千字文》《蒙求》。余因拊其背，劝汝早休休。"[④]由此展现出一幅群儿用功读书的感人画面。同时，宋人所撰童蒙类著述在社会上得以流传，并发挥着教化功用。如据李昴英在《书胡致堂叙古千文后》中言："(胡寅）叙古字凡千不重，虽

① 孔平仲撰，池洁整理：《谈苑》卷2，《全宋笔记》第二编第五册，大象出版社，2006年。

② 李焘：《长编》卷373哲宗元祐元年三月辛巳。

③ 李幼武：《宋名臣言行录》外集卷14，文渊阁《四库全书》本。

④ 赵汝鐩：《野谷诗稿》卷3《憩农家》，文渊阁《四库全书》本。

饮席间谈笑成之，而上下数千载，关系大处包撮略尽。兴君昏主之理乱，哲佐悖臣之功罪，吾道异端之正偏，一字森严，百世确论，不但可以习童稚而已。……其书一经朱文公表揭，遂传广帅宋公慈里两翁之里学；两翁之学既梓之衡阳，又梓之广之泮宫，自此流布天下，人人得讽咏，有功于人心多矣。"[1]可见经理学家朱熹宣扬之后，注重伦理说教的《叙古千文》得以在社会上流传，并且起着社会教化功效。又如吕本中撰有《童蒙训》3卷，据清四库馆臣所言，该书"所记多正论格言，大抵皆根本经训，务切实用，于立身从政之道深有所裨。中间如申颜、李潜、田腴、张琪、侯无可诸人，其事迹史多失传，赖此犹可以考见大略，固不仅为幼学启迪之资矣"。又"其书初刊于长沙，又刊于龙溪，讹舛颇甚。嘉定乙亥，婺州守邱寿隽重校刊之，有楼昉所为跋。后绍定己丑，眉山李埴守郡，得本于提刑吕祖烈，复锓木于玉山堂"[2]。由此可知，该书在多地被刊刻传布，它无疑对当地童蒙教育极有帮助。凡此等等。

又对于州县学的教学成效，虽因时因地因人而异，但仍不时会涌现出极其突出者。如欧阳修在谈到胡瑗教学成就时，指出："自明道、景祐以来，学者有师惟先生暨泰山孙明复、石守道三人，而先生之徒最盛，其在湖州之学，弟子去来常数百人，各以其经转相传授。其教学之法最备，行之数年，东南之士莫不以仁义礼乐为学。庆历四年，天子开天章阁，与大臣讲天下事，始慨然诏州县皆立学。于是建太学于京师，而有司请下湖州，取先生之法以为太学法，至今为著令。后十余年，先生始来居太学，学者自远而至，太学不能

① 李昴英：《文溪集》卷4，文渊阁《四库全书》本。

② 《四库提要》卷92。

容，取旁官署以为学舍。礼部贡举，岁所得士，先生弟子十常居四五。其高第者知名当时，或取甲科，居显仕，其余散在四方，随其人贤愚，皆循循雅饬，其言谈举止，遇之不问可知为先生弟子。”①可见胡氏教学不仅在湖州取得巨大成效，而且还影响到太学。

与此同时，自宋初开始，立庙兴学之风始终得到良好传承。据马端临言：“古者入学则释奠于先圣、先师，明圣贤当祠之于学也。自唐以来，州县莫不有学，则凡学莫不有先圣之庙矣。”②又据龚明之记载：“唐制，郡邑皆得置夫子庙。自黄巢之乱，存者无几。昆山之庙，更五代五六十年不建。自本朝太平兴国三年，钱氏纳土请吏，朝廷始除守以治之。至雍熙初，征事郎边仿首为昆山宰，因其遗址重立。夫子庙门阙甚丽，状十哲像于其旁，王元之为作记。景祐初，范文正请立郡庠，于是县亦有学矣。”③再是在太宗时，田锡知睦州，“睦州人旧阻礼教，锡建孔子庙，表请以经籍给诸生，诏赐《九经》，自是人知向学。”④由此可见，宋承唐制，使得立庙兴学在不少地方得以延续。

此外，到南宋后期，随着理学地位不断抬升，理学家及其推崇者创建书院、立圣贤祠、读名家书之风颇浓。如朱熹门人黄榦在汉阳，“即郡治后凤栖山为屋，馆四方士，立周、程、游、朱四先生祠。”⑤此是理学家黄氏在为政一方时的文教举措。又对于当时理学家及其

---

① 欧阳修撰，李逸安点校：《欧阳修全集》卷 25《胡先生墓表》。

② 马端临：《文献通考》卷 43《学校考》。

③ 龚明之撰，张剑光整理：《中吴纪闻》卷 3《昆山夫子庙》。

④ 《宋史》卷 293《田锡传》。

⑤ 《宋史》卷 430《黄榦传》。

推崇者的以上作为，有人尖锐批评道："其所读者，止《四书》《近思录》《通书》《太极图》《东》《西铭》、语录之类，自诡其学为'正心、修身、齐家、治国、平天下'，故为之说曰'为生民立极，为天地立心，为万世开太平，为前圣继绝学'。其为太守，为监司，必须建立书院，立诸贤之祠，或刊注《四书》，衍辑语录，然后号为贤者，则可以钓声名，致膴仕。而士子场屋之文，必须引用以为文，则可以擢巍科，为名士。否则，立身如温国，文章气节如坡仙，亦非本色也。于是天下竞趋之，稍有议及，其党必挤之为小人，虽时君亦不得而辨之矣，其气焰可畏如此。"①以上批评恰能说明理学及其教育功效的社会影响。

再是就历史教育个别化指导而言，一些士人在良师益友点拨下，终成良才。如据林之奇记载："奇父孙先生善诱迪学者。尝有一士人来投所业求教，孙置诸案上不视，徐曰：'公每日读甚书?'其人罔然莫知所对。既又再三问之，其人漫应曰：'某近喜读《新唐书》。'又问曰：'唐三百年，最爱何人?'其人又不能对，逡巡而退。明日复来，致谢，言某汩没于科举，实未知所以学者，不知读书当如何。孙谆谆诲之，且曰：'读《帝纪》而不知一代之兴衰治乱，读《列传》而不知其人之贤否邪正，又奚以读史为?'此士人受教，卒为善士。"②可见经孙奇父（名伟）细心诱导，该士人懂得了读史之法，并且终有所获。又如据朱熹言："熹先君子太史公尉政和时，以公事行乡落间，闻田舍中有诵书声属耳，颇异。亟下车，

① 周密撰，吴企明点校：《癸辛杂识》续集下《道学》。

② 林之奇：《拙斋文集》卷1《记闻》上。

入其舍，则一少年书生方对案危坐，吟讽自若。先君子前揖问读何书，生起，对曰：‘《仪礼》也。’是时士方专治王氏学，非《三经》《字说》《日录》《老》《庄》之书不读，而生之业乃如此，先君子固已奇之。引坐与语，酬应敏给，使出其文，词气亦不凡近。问其姓名，则曰谢姓，誉名，绰中字也。先君子大喜，即与俱归，日授以经史百家之言，而勉其业之所未至。未几，记诵益广，文字益工，先君子益叹重之。遂中绍兴二年进士第，调主邵武之泰宁簿。归领祠官，年四十六以卒。先君子盖深惜之。”[①]此属一旦发现良才并加以培养而取得成功的范例。类似者不少，不再赘述。

最后，民间讲史活动使得原本主要针对帝王以及官僚士大夫阶层的专门化史学，以一种民众易于接受的口语化、形象化方式普及到了民间，由此扩大了史学的影响范围。同时，因民间讲史讲求故事性、趣味性与艺术性相结合，在擅长讲说的民间艺人着力渲染下，不仅使得听众和观众掌握了相关历史知识，而且还重塑着他们的历史观念。如据苏轼记述：“王彭尝云：‘涂巷中小儿薄劣，其家所厌苦，辄与钱，令聚坐听说古话。至说三国事，闻刘玄德败，颦蹙有出涕者；闻曹操败，即喜唱快。以是知君子小人之泽，百世不斩。”[②]周必大对此评论道：“兹岂人力强致也？”[③]可见典型的历史故事对顽劣小儿是非观养成不无促动。又如据张耒言：“京师有富

---

① 朱熹著，刘永翔等校点：《晦庵先生朱文公文集》卷76《谢监庙文集序》。

② 苏轼撰，孔凡礼整理：《东坡志林》卷1《怀古》，《全宋笔记》第一编第九册，大象出版社，2003年。

③ 周必大：《文忠集》卷53《续后汉书序》。

家子，少孤，专财，群无赖百方诱导之。而此子甚好看弄影戏，每弄至斩关羽，辄为之泣下，嘱弄者且缓之。一日，弄者曰：‘云长古猛将，今斩之，其鬼或能祟。请既斩而祭之。’此子闻甚喜。弄者乃求酒肉之费，此子出银器数十。至日斩罢，大陈饮食如祭者，群无赖聚享之，乃白此子：‘请遂散此器。’此子不敢逆，于是共分焉。旧闻此事不信，近见事有类是事，聊记之，以发异日之笑。”[①]此例又表明，民间影戏的感染力不容忽视。再如据张仲文记述：“绍兴间，行都有三市井人好谈今古，谓戚彦、樊屠、尹昌也。戚彦乃皇城司快行，樊屠乃市肉，尹昌乃佣书。有无名人赋诗曰：‘戚快樊屠尹彦时，三人共坐说兵机。欲问此书出何典，昔时曾看王与之。’”原注：“与之乃说书史人。”[②]可见在说书史人感染下，都城一些不同身份的市民喜好谈古论今了。

总之，无论是在经筵、学校，还是在都市、乡间，宋代历史知识教育与伦理道德教化均能顺利进行，甚至一些还取得了较理想效果。

（2）士风变化。除以上所言教化外，在现实社会中，士风不仅对民风有巨大影响，而且还会影响到学风和政风。在宋代，不同阶段的士风往往表现各异。

早在宋初，敢言直谏之士多以前朝名贤为楷模。如田锡“慕魏征、李绛之为人，以尽规献替为己任。尝曰：‘吾立朝以来，章疏

---

① 张耒撰，查清华、潘超群整理：《明道杂志》，《全宋笔记》第二编第七册，大象出版社，2006年。

② 张仲文撰，胡绍文整理：《白獭髓》，《全宋笔记》第八编第三册，大象出版社，2017年。

五十有二，皆谏臣任职之常言。苟获从，幸也，岂可藏副示后，谤时卖直邪？'悉命焚之"[①]。又如王禹偁"词学敏赡，遇事敢言，喜臧否人物，以直躬行道为己任。尝云：'吾若生元和时，从事于李绛、崔群间，斯无愧矣。'其为文著书，多涉规讽，以是颇为流俗所不容，故屡见摈斥"[②]。可见以唐代忠直之士为楷模的田、王二人，在本朝的确能敢言直谏，尽规献替。

到北宋中期，直言敢谏的范仲淹为本朝士人树立了良好典范。如林之奇记述道："仁庙初，慷慨论事、不屈之意出于范文正公一人。文正公以一人做成本朝一代风俗之刚正如许，是甚力量。徐究云。"[③]黄庭坚亦言道："范文正公在当时诸公间第一品人，故余每于人家见尺牍寸纸，未尝不爱赏弥日，想见其人。所谓'先天下之忧而忧，后天下之乐而乐'，此文正公饮食起居之间先行之，而后载于言者也。"[④]朱熹更是指出："祖宗以来，名相如李文靖、王文正诸公，只恁地善，亦不得。至范文正时，便大厉名节，振作士气，故振作士大夫之功为多。"[⑤]正因为如此，有人评论道："每感激论天下事，奋不顾身，一时士大夫矫厉尚风节，自仲淹倡之。"[⑥]可见范仲淹在励名节、鼓士气方面功劳卓著。

---

① 《宋史》卷293《田锡传》。

② 《宋史》卷293《王禹偁传》。

③ 林之奇：《拙斋文集》卷2《记闻》下。

④ 黄庭坚撰，刘琳、李勇先、王蓉贵校点：《黄庭坚全集·正集》卷26《跋范文正公诗》。

⑤ 黎靖德辑，郑明等校点：《朱子语类》卷129。

⑥ 《宋史》卷314《范仲淹传》。

不仅如此，时人对与范仲淹同时代的诸贤均有称颂。如据王应麟记述："止斋谓：本朝名节自范文正公，议论文章自欧阳子，道学自周子。三君子皆萃于东南，殆有天意。"[①]此从名节、文章和道学三方面揭示了北宋三贤的历史功绩。又如韩淲指出："富文忠奏议札子，范忠宣弹事国论，范醇甫讲筵文字，学士大夫所当熟读而模范之。其它不讦则弱，未易言也。"[②]此又是对当时诸贤在国事作为方面的肯定。再如据史载："苏轼自为童子时，士有传石介《庆历圣德诗》至蜀中者，轼历举诗中所言韩、富、杜、范诸贤以问其师。师怪而语之，则曰：'正欲识是诸人耳。'盖已有颉颃当世贤哲之意。"[③]可见苏轼自小就有仰慕本朝诸贤之志。

不过，到北宋后期，激烈的党争使得士风发生了巨大转变。周端臣在《读党籍碑》中感叹道："党籍碑成国步屯，忠臣埋没瘴乡尘。兴衰未必皆关数，治乱由来实在人。雷昔震陵天已怒，石今漫灭世尤珍。九原难叫诸贤起，一掬伤心泪染巾。"[④]可见崇宁党祸影响深远。郑刚中在《代序忠厚录》中亦指出："近世士大夫气习浮薄，群居谈说，多蠹败名教、暧昧轻诞之语。若曰某人附谁得某官，某人因官成某事，或计廪稍之厚薄，或较资格之久近，甚者以滑稽供人之笑，萋斐媒人之短。关首一言，抵掌相和，可发羞叹！宣和壬寅，余窃禄豫章，悼伤此弊，思有以革之。议窃于幕中奉公之余，日书一则，凡传籍所载，耳目所际，可以信神明而雅风俗者，皆以

① 王应麟撰，孙通海整理：《困学纪闻》卷15《考史》。

② 韩淲撰，张剑光整理：《涧泉日记》卷下。

③ 《宋史》卷338《苏轼传》论。

④ 陈起：《江湖后集》卷3，文渊阁《四库全书》本。

次书之，庶几合高义而洗其习。属同僚好古庄士也，咸曰：‘唯。请先序之。’作《忠厚录》。”[①]这是他鉴于北宋末士风浮薄，由此撰修《忠厚录》的真情表露。

对于南宋时的士风，清四库馆臣在论及赵善璙《自警编》叙事仅止北宋时，评说道：“宋时士大夫风俗淳厚，惟汴都为极盛。南渡而还，门户立而党局生，议论繁而实用减，非复先民笃厚之风，故独胪陈旧德，以示断限欤。”[②]此论笼统称颂北宋士风，未涉及北宋后期状况，故有不准确之处。而对于南宋士风的看法，因有庆元党禁等对士风产生巨大影响的事件，故大体趋势不错，但也有不全面之处，因为南宋仍不乏刚直敢为、特立独行之士。如据叶適言：王十朋“素负大节，慕袁安、杨震为人也。时北方余学未衰，耆老先生尚多有，既闻公风声，服其行事，莫敢雁行者，故绍兴末、乾道初，士类常推公第一”[③]。又如据魏了翁言：倪思“尝语诸子：‘吾生平素慕乐天。’盖乐天直道屡黜，而于牛、李之党终无所附”[④]。以上二人所为虽仅属个案，但类似崇尚气节者还有不少，余不一一。而与崇尚气节者形成鲜明对照的是，仍有一些不顾廉耻之徒。如周南特意撰写《康伯可传》，以揭露、谴责秦桧当政时的告密者。他言道：康与之字伯可，“至于中伤善类，兴苏玭之狱，卒为名论所废。”随后他评论说：“自太史公传佞幸，后世因之，盖嫉夫盗言之

---

① 郑刚中：《北山集》卷5。

② 《四库提要》卷123。

③ 叶適著，刘公纯、王孝鱼、李哲夫点校：《叶適集·水心文集》卷16《提刑检详王公墓志铭》。

④ 魏了翁：《鹤山先生大全文集》卷85《倪思墓志铭》。

孔甘而至于乱国也。而谗诬为尤甚，迹其中伤污蔑如蝮蝎然，至使忠善受诬，君子无措足之所，而史氏不表出之。何哉？予录汪召锡、陆升之、莫汲、姚晌诸尝告密者为《谗夫传》，以著小人咀毒起秽之因，以补史氏之阙遗焉。呜呼！当秦氏之末年，道路以目相视，而杯酒失意者，辄肆其忿恨，以起大狱。原其端，则自康伯可肇之也。呜呼！若伯可者，又可胜诛哉！”[①]可见周氏正是出于激愤之情，于是撰写了《谗夫传》等。

总之，宋代士风虽因政局演变而出现阶段性变化，但无论在何时，均有崇尚正直的气节之士涌现，并且有些还影响着整个士风。

**2. 易俗**

为创建与维护良好的社会风尚，宋代统治阶层积极引导广大民众崇尚圣贤，并时常宣扬忠孝、功德观念，该做法还能收到较理想的社会效果。

（1）敬仰圣贤。南宋遗民熊禾指出：“尊道有祠，为道统设也。”[②]此处的“祠”指孔庙，祭祀孔子，即是为了尊崇道统。[③]正因为如此，围绕孔庙及其配享、从祀者的祭祀崇奉活动，已成了宋代帝王以及官僚士大夫的一种自觉行为。如史载：“至圣文宣王，唐开元末升为中祠，设从祀，礼令摄三公行事。……周显德二年，别营国子监，置学舍。宋因增修之，塑先圣、亚圣、十哲像，画七十二贤及先儒二十一人像于东西庑之木壁，太祖亲撰《先圣》《亚圣

---

① 周南：《山房集》卷 4。

② 熊禾：《勿轩集》卷 2《三山郡泮五贤祠记》。

③ 对于孔庙及其从祀者祭祀崇奉问题，黄进兴先生的《权力与信仰：孔庙祭祀制度的形成》和《学术与信仰：论孔庙从祀制与儒家道统意识》有系统详细论述，见其著《优入圣域：权力、信仰与正当性》（修订版），中华书局，2010 年。

赞》，十哲以下命文臣分赞之。建隆中，凡三幸国子监，谒文宣王庙。太宗亦三谒庙。”[①]又到大中祥符元年十一月，真宗幸曲阜县，谒文宣王庙。遂幸孔林，加谥孔子曰玄圣文宣王。[②]至五年十二月，又改谥曰至圣文宣王。[③]再是到徽宗崇宁时，又诏辟雍文宣王殿以“大成”为名。[④]它如到高宗绍兴十年秋七月，朝廷还“以释奠文宣王为大祀”[⑤]。凡此等等，均说明作为国家政教举措的重要组成部分，孔庙祭祀和孔子加谥活动，充分体现出宋代帝王对先圣和“道统”的尊崇程度。

同时，对于宋时孔庙配享以及从祀制的重大变动状况，史载：“郓有孟子庙，（曾）孝宽请于朝，得封邹国公，配享孔子。”[⑥]李心传对此评论道：“自唐以来，学校以周公为先圣，孔子为先师，后以孔子为先圣，颜子为先师。至元丰间，乃封孟子为邹国公，与颜子并配，而荀、扬、韩子列于从祀，足以补前世之未及矣。”[⑦]由此可见，至宋神宗时，孟子取得了配享地位。之所以如此，朱熹评论道：“孟子陪享，乃荆公请之。”[⑧]到徽宗政和三年，朝廷下诏封王

---

① 《宋史》卷105《礼志》。

② 《宋史》卷7《真宗纪》。

③ 《宋史》卷8《真宗纪》。

④ 《宋史》卷105《礼志》。

⑤ 《宋史》卷29《高宗纪》。

⑥ 《宋史》卷312《曾孝宽传》。

⑦ 李心传撰，徐规点校：《建炎以来朝野杂记》乙集卷4《元丰至嘉定宣圣配飨议》。

⑧ 黎靖德编，郑明等校点：《朱子语类》卷90。

安石舒王，配享；安石子雱临川伯，从祀。[1]对此，据黄震记载："熙、丰《新经》盛行，以王安石为圣人，没而跻之配享，位颜子下，故左则颜子及安石，右则孟子。"[2]可见因时局变动和新学地位得以抬升，王安石由此获得了配享地位。

而到南宋淳祐元年春正月，理宗下诏指出："朕惟孔子之道，自孟轲后不得其传，至我朝周惇颐、张载、程颢、程颐，真见实践，深探圣域，千载绝学，始有指归。中兴以来，又得朱熹精思明辨，表里浑融，使《大学》《论》《孟》《中庸》之书，本末洞彻，孔子之道，益以大明于世。朕每观五臣论著，启沃良多，今视学有日，其令学官列诸从祀，以示崇奖之意。"不久，罢黜王安石从祀孔子庙庭。[3]这又是因时局变动与理学替代新学地位而导致的孔庙从祀制变化。再到度宗咸淳三年春正月，朝廷又以颜渊、曾参、孔伋和孟轲配享，颛孙师升十哲，邵雍、司马光升列从祀。[4]总之，对于南宋时孔庙配享以及从祀制变动状况，顾炎武评论道："周、程、张、朱五子之从祀，定于理宗淳祐元年；颜、曾、思、孟四子之配享，定于度宗咸淳三年。自此之后，国无异论，士无异习。历元至明，先王之统亡而先王之道存，理宗之功大矣。"[5]可见该制影响深远。

其间，由宋代帝王主导，孔庙祭祀制度化、政治化的同时，一

---

① 《宋史》卷 105《礼志》。

② 黄震：《黄氏日抄》卷 32。

③ 《宋史》卷 42《理宗纪》。

④ 《宋史》卷 46《度宗纪》。

⑤ 顾炎武著，黄汝成集释，栾保群、吕宗力校点：《日知录集释》卷 14《从祀》。

些士人也在积极推动尊孔风气的形成。如韩丕，字太简，“太平兴国三年举进士，声名籍甚，公卿多荐之者。尝著《孟母碑》《返鲁颂》，人多讽诵之。”[①]可见韩氏对传布孔孟史事有所助益。又如仁宗时，山东颜太初“刺讥士大夫都贵位、享厚禄，而不知尊孔子”[②]。具体而论，史载：颜太初字醇之，“颜子四十七世孙。少博学，有隽才，慷慨好义。喜为诗，多讥切时事。……文宣公孔圣祐卒，无子，除袭封且十年。……太初作《许希诗》，指圣祐事以讽在位，又致书参知政事蔡齐，齐为言于上，遂以圣祐弟袭封。”[③]到宝元二年，司马光在《颜太初杂文序》中指出：“观其《后车》诗，则不忘鉴戒矣；观其《逸党》诗，则礼义不坏矣；观其《哭友人》诗，则酷吏愧心矣；观其《同州题名记》，则守长知弊政矣；观其《望仙驿记》，则守长不事厨传矣。由是言之，为益岂不厚哉！”[④]此后，吕祖谦编《宋文鉴》，“唯载《逸党》《许希》二诗。”[⑤]由此表明，颜氏对尊孔风气的形成起到了推波助澜作用。再如哲宗元祐时，孔宗翰乞尊奉孔子祠，颜太初之子颜复因上五议：一曰专其祠飨，二曰优其田禄，三曰复其庙幹，四曰司其法则，五曰训其子孙。朝廷多从之。[⑥]可见孔、颜二人更加稳固了尊孔基础。

与尊孔祭孔相类似，宋代朝廷积极修建武成王庙，完善配享以

---

① 《宋史》卷 296《韩丕传》。

② 范镇撰，汝沛、永成整理：《东斋记事》卷 1。

③ 《宋史》卷 442《颜太初传》。

④ 司马光：《传家集》卷 69。

⑤ 王应麟撰，孙通海整理：《困学纪闻》卷 17《评文》。

⑥ 王称：《东都事略》卷 114《颜复传》。

及从祀制，用以彰显崇武风气。[①]据史载：早在唐玄宗开元十九年四月，两京及天下诸州各置太公庙一所，以张良配享。[②]至肃宗“上元初，封为武成王，始置亚圣、十哲等，后又加七十二弟子”。此是唐代崇奉武成王的基本情况。到宋太祖建隆三年，朝廷诏修武成王庙，与国学相对。[③]此后，太祖临幸武成王庙，观所画名将，指白起曰：“起杀已降，不武之甚。”乃诏张昭等取历代谋臣、名将功业始终无暇者配享。[④]随后张昭等奏：“新入历代功臣二十三人，如［汉］灌婴、耿纯、王霸、祭遵、班超，西晋王浑，东晋周访，宋沈庆之，后魏李崇、傅永，北齐段韶，后周李弼，唐秦叔宝、张公谨、唐休璟、浑瑊、裴度、李光颜、李愬、郑畋，梁葛从周，后唐周德威、符存审。旧配享功臣退二十二人，魏吴起，齐孙膑，赵廉颇，汉韩［信］、彭［越］、周亚夫、段纪明，魏邓艾，蜀关羽、张飞，晋杜元凯、陶侃，北齐慕容绍宗，梁王僧辩，陈吴明彻，隋杨素、贺若弼、史万岁，唐李光弼、王孝杰、张齐丘、郭元振。”于是朝廷下诏：“其武成王庙从祀神象，齐相管仲宜塑像升于堂，魏（河西）［西河］太守吴起宜画像降于庑。余依昭等议外，并从旧制。”[⑤]又到真宗大中祥符元年十一月，追谥齐太公曰昭烈武成王。[⑥]到徽宗宣和五

---

① 参考陈锋、胡文宁：《宋代武成王庙与朝政关系初探》，载《中国史研究》2012（2），等。

② 王溥：《唐会要》卷23《武成王庙》。

③ 以上均见《宋史》卷105《礼志》。

④ 刘琳、刁忠民、舒大刚、尹波等校点：《宋会要辑稿·礼》一六之五。

⑤ 刘琳、刁忠民、舒大刚、尹波等校点：《宋会要辑稿·礼》一六之五至六。

⑥ 李焘：《长编》卷70。

年正月，则封管仲至周瑜为侯伯。[①]以上是北宋时期武庙配享以及从祀者的基本情况。

再是到南宋高宗绍兴十六年，仍诏临安府修建武学，创武成王殿，祀太公曰昭烈武成王，以留侯张良配，诸名将从祀。[②]到二十九年夏四月，又诏以唐西平王李晟配食武成王，降李勣于堂下。[③]至孝宗淳熙四年秋七月，则升李晟于堂上，降李勣于李晟位次，仍以曹彬从祀。[④]可见到南宋时，武庙配享以及从祀者会随时局变动而变化，其间尤其值得注意的是，从祀者中已增进了宋本朝名将。

对于褒扬崇尚其他先贤举动，王栐主要就北宋情况总结道："皇朝追褒先贤，皆有所因。仁宗景祐元年九月，诏封扁鹊为神应侯，以上疾愈，医者许希有请也。徽宗崇宁元年二月，封孔鲤泗水侯、孔伋沂水侯，崇先圣之嗣也。六月，封伯夷为清惠侯、叔齐为仁惠侯，重节义之风也。宣和元年五月甲申，封列御寇冲虚观妙真君、庄周微妙玄通真君，尚虚无之教也。"[⑤]可见仁宗和徽宗时，受时人奏请或时局促使，尚贤范围得以拓展。其中，上述许希请求为扁鹊封侯筑庙之事在当时影响极大。对此史载：许希，开封人。"以医为业，补翰林医学。景祐元年，仁宗不豫，侍医数进药，不效，人心忧恐。冀国大长公主荐希。……遂以针进，而帝疾愈。命

---

① 王应麟：《玉海》卷113《学校·建隆武成王庙》。

② 潜说友：《咸淳临安志》卷11《学校》。

③ 李心传撰，胡坤点校：《要录》卷181。

④ 佚名撰，李之亮点校：《宋史全文》卷26上。

⑤ 王栐撰，钟翀整理：《燕翼诒谋录》卷4。

为翰林医官，赐绯衣、银鱼及器币。希拜谢已，又西向拜，帝问其故，对曰：‘扁鹊，臣师也。今者非臣之功，殆臣师之赐，安敢忘师乎？’乃请以所得金兴扁鹊庙。帝为筑庙于城西隅，封灵应侯。其后庙益完，学医者归趋之，因立太医局于其旁。”[1]这是官方封赠医药贤者，从而影响社会风俗的典型例证。不仅如此，在尊崇算学和天文先师先贤方面，史载徽宗大观三年三月，诏算学文宣王庙从祀合封爵之人，自风后以下封公侯伯子，凡七十人。到该年十一月，太常寺议天文、算学，合以黄帝为先师，风后、力牧等八人为配享；又以后世精于术数者自巫咸、箕子至后周王朴等七十人为从祀。[2]在治狱方面，据袁文言：“今州县皆立皋陶庙，以时祀之。盖皋陶，理官也，州县狱所当祀者。”[3]凡此等等，足以表明宋人崇尚先贤举动涉及诸多行业、领域。

又值得关注的是，在历史名人遗址所在地，宋人敬仰崇奉热情极高。如据刘克庄言：理宗时，陈韡任湖南安抚大使兼知潭州，“湖湘之俗，信巫尚鬼，如庆历之黄捉鬼，南渡之钟相，皆始于造妖惑众，遂严为禁防。毁郡县淫祠，修崇南岳祠、炎帝陵庙、屈大夫贾太傅祠，由是楚俗一变。”[4]可见任职潭州的陈氏能毁淫祠，修正祠，使得该地风俗得到转变。又如据朱熹记载：“陆务观说：汉中

① 《宋史》卷462《许希传》。

② 李𡌴撰，燕永成校正：《皇宋十朝纲要校正》卷17；又见苗书梅等点校：《宋会要辑稿·崇儒》三；洪迈：《容斋三笔》卷13《大观算学》。

③ 袁文撰，李伟国整理：《瓮牖闲评》卷2。

④ 刘克庄著，辛更儒校注：《刘克庄集笺校》卷146《忠肃陈观文神道碑》。

之民当春月，男女行哭，首戴白楮弊，上诸葛公墓，其哭皆甚哀云。原注：先生亲笔于南轩所撰《武侯传》后。”[①]可见汉中民众对诸葛亮怀有极深的敬仰之情。再如徐元杰在《谒颜鲁公祠文》中指出：“呜呼！百世鲁公，严霜烈日。彼何人斯，鬼面蓝色。公之所至，人怀其德。清风凛然，尚余铁画。某昔守番阳，今来雪川，皆公旧治，有像貌存。视事之初，敢不躬谒？岂无他祠，敬慕名节。”[②]可见徐氏对前任先贤颜真卿始终怀有敬慕之情。

此外，对于当代贤达，时人更是以多种方式表达追慕敬仰之意。如张季樗知光州，“光有司马公祠，薙草为庭除，岁时率官属拜其下。”[③]可见任职光州的张氏坚持定时祭拜先贤。又如据元人陆友仁言：“和靖尹先生去经筵，寓虎丘之西庵，牓曰‘三畏斋’。嘉定初，丁焴晦父通守吴郡，乃建祠堂于其后。”[④]此是地方官为本朝先贤建祠崇奉的突出例证。再如许翰记述孙宗鉴事迹时言道：“平生常自言：‘三朝德业，吾尊韩忠献；四海文章，慕苏东坡。’皆画其像，事之私室。”[⑤]此则是孙氏个人以画像方式崇奉敬仰对象的典型例证。它如孙觌指出：王刚中“志大论高，尚名节，生平慕范忠宣为人；疏财好义，解衣推食，振人之急，无秋毫计惜；买田千亩为

① 黎靖德编，郑明等校点：《朱子语类》卷138。

② 徐元杰：《楳埜集》卷11。

③ 叶適著，刘公纯、王孝鱼、李哲夫点校：《叶適集·水心文集》卷26《张季樗行状》。

④ 陆友仁：《吴中旧事》。

⑤ 许翰撰，刘云军点校：《许翰集·襄陵文集》卷11《孙宗鉴墓志铭》，河北大学出版社，2014年。

义庄，三族之无归者咸语公，请以范公约束著为令，俾子孙世守之，如口分、世业之法”[①]。此属以实际行动追慕先贤。凡此等等。

总之，由上不难看出，宋代朝廷内外以多种方式敬仰圣贤，由此促动着宋代社会风气的巨大转变。

（2）弘扬忠孝观念。在宋代，经过朝廷上下有意引导和积极宣传，忠孝观念逐步深入民心，并在社会上得以发扬光大。一是无论对于为国献身的忠烈之士，还是在朝任职时的正直官员，朝廷内外为之建祠立庙，封赠祭奠，民众则时而传颂其事迹。如欧阳修在《杨琪墓志铭》中指出：“君之伯祖继业，太宗时为云州观察使，与契丹战殁，赠太师、中书令。继业有子延昭，真宗时为莫州防御使。父子皆为名将，其智勇号称无敌，至今天下之士至于里儿野竖，皆能道之。”[②]由此可见，杨继业父子的英雄事迹在民间广为传布。又如建炎二年五月，张慤卒。次年三月，高宗亲书祭文，遣使祭其墓，谓：“慤谋画尽忠，遇事敢谏，亮直之节，朝野所称。朕适此南巡，行经墓所，叹音徽之如在，顾宿草之已蕃。昔唐太宗征辽东而恤魏郑公之家，明皇幸剑南而祭张九龄之墓，朕之此意，不愧前人！”[③]这是高宗依前代先例，祭奠已故正直之士的示范之举。再如在宋末襄阳突围战中，先是张顺为之献身，诸军“结冢敛葬，立庙祀之”。此后张贵亦战死，襄帅吕文焕以张贵祔葬张顺冢，立双庙祀之。[④]此属对阵亡之士及时悼念。

---

① 孙觌：《鸿庆居士集》卷38《王刚中墓志铭》。

② 欧阳修撰，李逸安点校：《欧阳修全集》卷29《供备库副使杨君墓志铭》。

③ 佚名：《京口耆旧传》卷6《张慤传》。

④ 《宋史》卷450《张顺传》《张贵传》。

二是对于节孝之士，时人积极称颂赞扬，甚至有的还成了众人学习的典范。如史载："（周）渭妻莫荃，贤妇人也。渭北走时，不暇与荃诀，二子孩幼，荃尚少，父母欲嫁之。荃泣誓曰：'渭非久困者，今违难远适，必能自奋。'于是亲蚕绩碓舂，以给朝夕，二子皆毕婚娶。凡二十六年，复见渭，时人异之。朱昂著《莫节妇传》纪其事。"[①]这是时人对莫妇坚持守节行为的褒扬。又如徐积素以"养亲以孝著，居乡以廉称"[②]。对此，叶梦得声称："元丰间，淮、浙士人以疾不仕，因以行义闻乡里者二人，楚州徐积仲车、苏州朱长文伯原。"[③]邵博亦指出："楚州徐积有孝行，东坡诸公特敬礼之。"[④]甚至于蒋之奇"且孜孜以人物为己任，在闽荐处士陈烈，在淮南荐孝子徐积，每行部至，必造之"[⑤]。可见徐积孝行广受时人关注、敬仰。再如史载："（赵）抃庐母墓三年，县榜其里曰'孝弟'。处士孙侔为作《孝子传》。及屼执父丧，而甘露降墓木。屼卒，子云又以毁死，人称其世孝。"[⑥]此乃世代讲求孝道的典范。

不过，值得注意的是，除以上广为人知的孝行事例外，一些节孝之士的事迹仅传于所在区域，知晓者有限；一些虽曾流传较广，但随着时间推移而日渐无闻了。因此，一些有识之士以传记或直接

① 《宋史》卷 304《周渭传》。

② 《宋史》卷 459《徐积传》。

③ 叶梦得撰，徐时仪整理：《避暑录话》卷下。

④ 邵博撰，夏广兴整理：《邵氏闻见后录》卷 4。

⑤ 《宋史》卷 343《蒋之奇传》。

⑥ 《宋史》卷 316《赵屼传》。

记事等方式，及时记录、宣扬其节孝之事。如苏舜钦在《杜谊孝子传》中指出："越俗浮薄，节行不坚，务以华靡相驰逐。谊生于今世，而且又在越，非至性安能趋就此行，故非教之习之之至者矣，非牵于世尚以酤荣利者矣。使闻而慕效笃于亲亲者，教自谊始。余得实于台人，故为作传以俟史氏之求。"[①]此后，陈襄在《与永城杜谊殿丞书》中指出："某庆历中还闽，阅书于友人季甫家，得《黄岩杜孝子传》者，乃君子也。其时尝以其事与罗源冯孝子事相参较，然而冯氏子无传，苏子美所传亦不甚详。明年官仙居，与黄岩为邻，始得询杜孝子事迹详密，自是思欲一见，无能得也。"[②]可见苏、陈二氏均能有意搜集、记述杜谊孝行，甚至陈氏还欲面见之，他们的举动均是为颂扬杜孝子的突出事迹。

又如陈亮撰有《二列女传》，专门记述死于方腊之乱中的"永康大姓女杜氏"和"富民陈氏长女"。对于其事来源，他指出："余世家永康，去杜氏不十里许。余虽不及目其事，大父母屡为余言如此。虽古之列女，何以进焉！余既传其事，以示余友应仲实。仲实因为余言：'宣和辛丑，官军分捕贼，所过乘势抄掠。道永康，将之缙云。及境，富民陈氏二女并为执，植其刃于旁曰：从我，我妇之；否者死。长女不为动，掠发伸颈请受刃，官军斫之。'……仲实得之胡先生经仲。二君，谨言君子也。余是以志之。"[③]由此可见，时人颇为看重二烈女事迹。

① 苏舜钦撰，沈文倬点校：《苏舜钦集》卷13，中华书局，1961年。

② 陈襄：《古灵集》卷15，文渊阁《四库全书》本。

③ 陈亮撰，邓广铭点校：《陈亮集》（增订本）卷22。

再如周必大在《彭孝子千里墓表》中指出："予闻仁宗朝，太常博士周君居父丧，倚庐三年，不饮酒，不食肉，言必戚，哭必哀。丧母癯然，盖久而后复。当是时，欧阳文忠公为作墓表，极论古今丧礼之废，推为笃行君子。惜乎岁久，石本莫传，而京、浙、闽、蜀所刻公集暨书曰某州县人，三代讳某，此犹可也，并其人亦曰名某字某，如此则其子孙切切显亲之志荒矣，亦岂公表于金石、垂劝来世之意耶？予每叹息于斯文，乃考之文，知其为天圣二年进士。然是岁周姓登科者不一，莫知孰是。又考其宦游多历湖广，而墓在道州之永明，窃意为道之贤者也。亟求春陵郡志视之，本郡果有周尧卿，字子俞，行义与公所书合。于是刻之定本，使其名字昭昭于无穷，予心庶几焉。"[①]这是周必大为详明、传刊周尧卿孝行事迹所做的艰苦努力。

此外，时人也在不断推进着忠孝观念在社会上的传布。如据苏颂言：任拱之"好学，通书史，善笔札。尝采前世忠臣孝女事之尤著者，书于屏障以为家戒，故诸子辈承事惟谨，语家法者多之"[②]。可见将前代忠孝之事作为家戒的任氏，终于养成了良好的家风。又如魏了翁在《书刘仲坎习之孝义传后》中指出："《诗》曰：'既明且哲，以保其身。'若习之之身首异处，不保身乎？然则此义不明，人于毫发利害趋之避之惟恐后，则世之包羞含垢辱，全躯保妻子，皆保身也。刘起居作《孝义传》，谓习之兄弟至死不相舍，孝也；骂贼而死，义也。此岂不善保身者哉？后六年，史臣魏了翁与其兄厚

---

① 周必大：《文忠集》卷 75。

② 苏颂撰，王同策、管成学、颜中其等点校：《苏魏公文集》卷 58《任拱之墓志铭》。

之从游，获观刘起居所识，因附姓名其末。”[1]这是史臣魏了翁在获观记述刘习之兄弟事迹的《孝义传》后，对舍身取义之举的感慨。

总之，以上情况表明，无论是宋代朝廷还是官僚士大夫，均在尽力推崇和宣扬忠孝观念。与此相应，该观念不仅日渐深入人心，而且忠义、节孝之士以实际行动不断践行着该观念。

（3）褒扬功德臣僚。一些宋代官员在为政一方时，能积极为当地民众谋福利，于是地方民众以多种方式传播、纪念其人其事。具体而言：一是当地民众树碑、刻石纪念建立功德者。如刘滬筑水洛城，对经营边地和保护蕃族有功。他卒后，“弟渊将以其柩东归，居人遮道号泣请留，葬水洛，立祠城隅，岁时祀之。”又“城中有碑记滬事”[2]。可见当地民众世代感念着刘滬的功绩。又如蔡襄知泉州时，“为政精明”，“公既去，闽人相率诣州，请为公立德政碑，吏以法不许谢，即退而以公善政私刻于石，曰：‘俾我民不忘公之德。’”[3]此则是当地民众以刻石方式纪念有功之人。再如俞伟，字仲宽，“元祐初，为南剑州之顺昌令，邑民生子多不举，伟乃集耆老，谕之以理，且申约束曰：‘孕者登籍。’邑人悔悟，率以伟字名之。部使者状其绩以闻，朝廷嘉之，诏奖谕，进秩再任，且许出粟以赈其蓐卧而贫者。伟益恳恻宣谕朝廷好生之意，数年间，赖以活者万余人。邑士廖峣为立德政碑，而郡人黄裳作邑中步云阁，亦纪其政绩，以循吏许之。”[4]可见俞伟在鼓励生育和救助贫民方面实有功于

① 魏了翁：《鹤山先生大全文集》卷65。

② 《宋史》卷324《刘滬传》。

③ 欧阳修撰，李逸安点校：《欧阳修全集》卷35《端明殿学士蔡公墓志铭》。

④ 罗濬等：《宝庆四明志》卷8《叙人》上。

该地。

二是一些政绩极为突出的地方官员，经朝廷考课评选，成为官方认定的循吏，并将他们的事迹广为传布。如对于循吏张纶，范镇曾评价道：“国朝言水利者，惟乾州刺史张纶为有绩效之最。”[①]具体而言，史载：“泰州有捍海堰，延袤百五十里，久废不治，岁患海涛冒民田。纶方议修复，论者难之，以为涛患息而畜潦之患兴矣。纶曰：‘涛之患十九，而潦之患十一，获多而亡少，岂不可邪?’表三请，愿身自临役。命兼权知泰州，卒成堰，复逋户二千六百，州民利之，为立生祠。”[②]可见张纶不畏艰难，修成捍海堰，造福一方。又如赵尚宽知唐州时，勤于农政，治有异等之效。仁宗下诏褒奖，“民画像祠之”，王安石作《新田诗》、苏轼作《新渠诗》加以赞美。[③]再如程师孟“足之所及，功利蔚起”[④]。此是程氏一生为民的生动写照。不仅如此，当时还出现了专记循吏事迹的专书。如胡（纳）[讷]撰有《民表录》3卷，“录国朝循吏善政，李淑以为虽浅俗，亦可备广记云。”[⑤]

三是一些宋人以贤达救济之功为素材，及时编辑有相应著述。如董煟撰有《救荒活民书》3卷，在该书《序》中，他表明：“幼尝窃慕先朝富弼活河朔饥民五十余万，私心以为贤于中书二十四考远矣。……于是编次历代荒政，厘为三卷。上卷考古以证今，中卷条

① 范镇撰，汝沛、永成整理：《东斋记事》卷3。

② 《宋史》卷426《张纶传》。

③ 王称：《东都事略》卷112《赵尚宽传》。

④ 范成大撰，陈振岳校点：《吴郡志》卷25《人物》。

⑤ 晁公武著，孙猛校证：《郡斋读书志校证》卷9。

陈今日救荒之策，下卷则备述本朝名臣贤士之所议论施行，可鉴可戒、可为矜式者，以备缓急观览。”对此，明人李贤在《读活民书》中评论道：“予观董氏所集《救荒活民书》，其用心仁矣哉！凡为君为臣者，不可无此书；而为守为令者，舍是无所用其心矣。”[①]可见该书现实借鉴功用极强。又如诸葛兴编有《先贤施仁济世录》1卷，“皆本朝诸贤事实也。”[②]如此等等。

总之，宋代对于为政有功的臣僚，不仅地方民众赞赏有加，而且朝廷积极推崇褒扬，甚至不少功德臣僚的突出事迹得以被编刊流传。

综上所述，宋人讲求遵奉封建伦理道德，弘扬忠孝观念，崇奉与倡导向典范人物学习，从而使得社会习俗得到阶段性、区域性改进。

## 三、传史著史效果

在促进史书流传、刊刻方面，一些宋人不仅乐于助推历代名著，而且还能极力推动一些普通史著刊刻、流传。与此同时，宋代史家不仅撰有颇受时人推崇的前代史，而且还撰有主旨极为明确的本朝史。

1. 对于流传已久的历代名著如《史记》《汉书》等，一些宋人不仅将其视作治史经典，而且还作为个人修身的精神法宝。其中，在喜好历代名著方面，如钱若水“有清识，风流儒雅，好学，善谈

① 李贤：《古穰集》卷9，文渊阁《四库全书》本。

② 陈振孙著，徐小蛮、顾美华点校：《直斋书录解题》卷7。

论，尤爱《西汉书》，常日读一卷”[①]。可见钱氏已将阅读《汉书》视作每日必修科目。又如张方平“读史但观《太史公记》、班固《汉书》，以为犹足以传信也”[②]。此则说明张氏独偏爱二史。再如黄庭坚声称：“每相聚，辄读数页《前汉书》，甚佳。人胸中久不用古今浇灌之，则俗尘生其间，照镜则觉面目可憎，对人亦语言无味也。”[③]由此可知，黄氏已将《汉书》视作净化心灵的神丹妙药了。它如汪藻“博极群书，老不释卷，尤喜读《春秋左氏传》及《西汉书》”[④]。可见喜好读书的汪氏亦有自己偏爱的史著。

不仅如此，一些宋人还乐意向他人推荐以上名著。如苏轼在《与侄孙元老四首》书中指出：“侄孙宜熟看前、后《汉史》及韩、柳文。”[⑤]又如黄庭坚在《与朱圣弼书》中言道：“公从事于仕，上下之交，皆得其欢心。又勤于公家，可以无憾，惟少读书耳。能逐日辍一两时读《汉书》一卷，积一岁之力，所得多矣。遇事繁暂阙，明日辄续，则意味自相接。空时亦不须贪多，要有伦序耳。”[⑥]这是黄氏针对朱圣弼阅读困境而提出的合理化建议。再如朱熹弟子饶宰问看《资治通鉴》，如何？朱熹言：“《通鉴》难看，不如看《史记》《汉书》。《史记》《汉书》事多贯穿，纪里也有，传里也有，表里

---

① 张镃：《仕学规范》卷4《行己》，文渊阁《四库全书》本。

② 张方平撰，郑涵点校：《张方平集》附录王巩《张方平行状》。

③ 黄庭坚撰，刘琳、李勇先、王蓉贵校点：《黄庭坚全集·外集》卷21《与宋子茂》。

④ 《宋史》卷445《汪藻传》。

⑤ 苏轼著，孔凡礼点校：《苏轼文集》卷60。

⑥ 黄庭坚撰，刘琳、李勇先、王蓉贵校点：《黄庭坚全集·别集》卷18。

也有，志里也有。《通鉴》是逐年事，逐年过了，更无讨头处。”[①]这是朱氏从阅读不同体裁史书的难易程度考虑，给予弟子的答复。

与此同时，在推动普通史著流传、刊刻方面，一些宋人经过不懈努力，时而还能取得较为满意的结果。如吕夏卿撰有《兵志》3卷，据晁公武记述：“公武得之于宇文时中。季蒙题其后云：‘夏卿修《唐史》，别著《兵志》三卷，自秘之，戒其子弟勿妄传。鲍钦上吏部好藏书，苦求得之。其子无为太守恭孙偶言及，因恳借抄录于吴兴之山斋。’”[②]这是著史者自秘其书，不愿妄传，而由他人恳求借抄并得以传世的典型例证。又如《吴郡志》50卷，范成大撰。据陈振孙言：“书始成未行，而石湖没。有求附见某事而弗得者，哗曰此非石湖笔也。太守不能决，藏其书学官。然周益公为范墓碑，述所著书目有焉。及绍定初，桐川李寿朋侍老为守，始取而刻之。而书止于绍熙，其后事实俾寮属用褚少孙《史记》例补成之。赵南塘履常作序，订其为石湖书不疑。”[③]此是原书刊刻受到人为干扰，后在知情者与推崇者不断努力下得以传布的例证。凡此等等。

2. 宋代一些史家所撰的前代史受到了时人推崇。其中，对于《新唐书》和《新五代史》，不仅官方积极推行，而且时人十分喜爱。如杨杰在《唐史属辞序》中指出：“嘉祐中，其书（指《新唐书》）新出，而天下之士传录诵读，惟恐其后。”[④]可见《新唐书》自问世

---

① 黎靖德编，郑明等校点：《朱子语类》卷11《读书法》下。

② 晁公武著，孙猛校证：《郡斋读书志校证》卷6。

③ 陈振孙撰，徐小蛮、顾美华点校：《直斋书录解题》卷8。

④ 杨杰：《无为集》卷9。

时起，已受到士人追捧。又如据邵伯温言：欧阳修《新五代史》“颁之学官，盛行于世”[①]。此则是由官方推动，使得《新五代史》盛行于世。另据吴垧记载：“王介甫意轻《五代史》。一日，因平甫案间有之，遂问曰：‘此书何如?’平甫曰：‘以明白易晓之言，叙扰攘难尽之事，未易议也。’始诚其言，以为切当。”[②]在此王安国准确揭示了《新五代史》的叙事特点，这也是该书得以盛行的重要原因。此外，据胡寅言：王震，字东卿，“幼而慧，不嬉游。年七岁，得欧阳公《五代史》，一读辄成诵。”[③]从王震“一读成诵”亦可证明《新五代史》叙事特点极为鲜明。

又对于司马光主编的《资治通鉴》，不少官僚士大夫颇为喜爱。如徐朗“性嗜学，隆冬沍寒，焚膏申旦，尤邃于经，熟于《左氏春秋》《西汉书》，酷好《资治通鉴》。所居不庇风雨，日哦其间，人不见其喜愠”[④]。又如陈谦“幼专苦迅捷，初得《通鉴》录本，坐败敖昼夜读，数日略已尽，又论著其要，众咸骇异”[⑤]。以上二例虽仅展现了一些士人喜好《资治通鉴》的感人场景，但从这些场景中，让我们感知到了该书对当时读者的巨大吸引力。同样，对于范祖禹的《唐鉴》，如据朱熹记载：“元祐中，客有见伊川先生者，几案无它书，唯印行《唐鉴》一部。先生谓客曰：‘近方见此书，自三代

① 邵伯温撰，查清华、潘超群整理：《闻见录》卷15。

② 吴垧：《五总志》，文渊阁《四库全书》本。

③ 胡寅撰，容肇祖点校：《斐然集》卷26《王震墓志铭》。

④ 杨万里撰，辛更儒笺校：《杨万里集笺校》卷125《徐公墓志铭》。

⑤ 叶適著，刘公纯、王孝鱼、李哲夫点校：《叶適集·水心文集》卷25《陈谦墓志铭》。

以后，无此议论。’崇宁中，（范）冲见栾城先生于颍昌，先生曰：‘老来不欲泛观书，近日且且看《唐鉴》。’”[①]此是与范祖禹同时代的名家看重该书的明证。又吕祖谦要求学者：“所当朝夕从事者：程氏《易传》、范氏《唐鉴》与夫谢氏《论语》、胡氏《春秋》之类。”[②]此又是此后名家推崇《唐鉴》的具体表现。

3. 在整理、编撰本朝史事方面，宋代史家具有极为明确的著史意识。如李焘即时汇聚官私史料，撰成记述北宋九朝史事的《续资治通鉴长编》980卷。叶適在《巽岩集序》中高度评价道：“自史法坏，谱牒绝，百家异传，与《诗》《书》《春秋》并行。而汉至五季，事多在记，后史官常狼狈收拾，仅能成篇，呜呼！其何以信天下也！《通鉴》虽幸复古，然由千有余岁之后追战国、秦、汉之前则远矣，疑词误说流于人心久矣，方将钩索质验，贯殊析同，力诚劳而势难一矣。及公据变复之会，乘岁月之存，断自本朝，凡实录、正史、官文书，无不是正，就一律也；而又家录、野记，旁互参审，毫发不使遁逸，邪正心迹，随卷较然。夫孔子所以正时月日必取于《春秋》者，近而其书具也，今惟《续通鉴》为然尔。故余谓‘《春秋》之后，财有此书’，信之所聚也。”[③]可见叶氏从乘时著史角度出发，已将李焘著述抬高到与《春秋》相提并论的高度。

又如陈亮有感于两宋之交龙可和赵九龄事迹失传，“自是始欲纂集异闻，为《中兴遗传》。然犹恨闻见单寡，欲从先生故老详求其

① 朱熹撰，李伟国校点：《三朝名臣言行录》卷十三之一《内翰范公》引《遗事》。

② 吕祖谦：《东莱吕太史别集》卷10《答聂与言》。

③ 叶適著，刘公纯、王孝鱼、李哲夫点校：《叶適集·水心文集》卷12。

事。故先为之纂例，而以渐足之。其一曰大臣，若李纲、宗泽、吕颐浩、赵鼎。其二曰大将，若种师道、岳飞、韩世忠、吴玠。其三曰死节，若李若水、刘韐、孙傅。其四曰死事，若种师中、王禀、徐徽言。其五曰能臣，若陈则、程昌禹、郑刚中。其六曰能将，若曲端、姚端、王胜、刘锐。其七曰直士，若陈东、欧阳澈、吴若。其八曰侠士，若王友、张所、刘位。其九曰辩士，若邵公序、祝子权、汪若海。其十曰义勇，若孙韩、葛进、石竧。其十一曰群盗，若李胜、杨进、丁进。其十二曰贼臣，若徐秉哲、王时雍、范琼。合十二门而分传之，总目曰《中兴遗传》。聊以发其行事，而致吾之意。……以备史氏之阙遗云耳。"[①]该书最终是否成书仍难以决断，但陈亮对两宋之交人物做了分类定性，由此体现出他对该段历史人物的总体认识。此后，元人陆友仁指出："陈同父叙《中兴遗传》，所载龙伯康、赵次张事甚伟。今备录之以广异闻。"[②]可见《中兴遗传》的部分内容受到后人关注。

再如题名沧洲樵叟所撰《庆元党禁》凡1卷，作者在该书《序》中指出："庆元大臣得君之初，收召群贤，一新庶政，方将措天下于太平之盛。而宫府之间，近习窃柄，一罅弗窒，万事瓦裂，国家几于危坏而不可救。是则立纪纲，严界限，防微杜渐，在君相可一日不加之意哉！余于庆元党禁而有感焉，因记其首末。"由此表明该书系作者有感而作。

它如周南在《戊午议和录跋》中指出："右绍兴八年戊午议和。自赵忠定罢相，曾、胡二公谠言得罪，至次年己未下诏晓告四方。

---

① 陈亮撰，邓广铭点校：《陈亮集》（增订本）卷22《中兴遗传序》。

② 陆友仁：《研北杂志》卷下。

和议初成，本末岁月未甚远，日月先后鲜有能知者。暇日搜讨旧闻，录诸楮中，姑备遗忘，题为《戊午议和录》。”[①]这是周氏及时汇聚整理重要时事的有为之作。

总而言之，受印刷业、文化教育、时局变幻以及史学自身发展等诸多因素促使，宋人无论在传史还是著史方面均表现出极高积极性，由此使得宋代史书成书数量增长迅速，史书在社会间流传、刊刻日渐广泛，广大民众读史、听史热情得以不断提高，史学服务民众的社会化功效得到较好实现。

## 四、传布效果的复杂性

如上所述，宋代史学传布效果突出体现在治政辅政效果、教化易俗效果以及传史著史效果三方面。其实，在现实社会中，史书、史事等传布并非一帆风顺，它们能否得以顺利编撰、流布，是检验宋代史学传布效果的重要因素。在此结合史书自身因素、社会政治环境、读者喜好程度以及史事刊布条件等，对史学传布效果所表现出的复杂性加以重点论述。

首先，对于历代史书在宋代的流传变动状况，因受到史书自身因素等影响，它们在社会上的受欢迎程度明显有别。如对于《史记》和《汉书》何以会长久流传于世，章如愚总结道：“迁、固之书后世不能易，自迁、固而下，历代之史何作者纷纷不一也？盖西都之治，迁、固得之见知闻知者为甚详，其与后世之史臆测于数百年之

① 周南：《山房集》卷5。

下者不同也；西都之文大略近古，故迁、固之史事实文核，其与后世雕饰骈俪文工而实不至者又不同也；迁、固父子家学相传，用法专一，发凡起例，动有法度，其与后世之史出于众口而笔于众手者又不同也。有是三不同，迁、固之书安得不永传不朽，而后世人之史安得不屡更而无定耶？”[①]可见与后世之史相比，《史记》和《汉书》因具有史源详、史事真以及体例一致等优点，故能永久流传。又如《汉纪》虽比《史记》和《汉书》叙事简明，但却流传不广。对此，郑樵指出：“(《汉纪》）辞约而事详，本末先后，不失条理，当世伟之。学者循习班、马之日久，故此书不行，自唐以前犹不能忘焉，今或几乎泯矣。”[②]按郑氏说法，《汉纪》虽因“辞约事详”而受到当时人尊重，但终因学者“循习班、马日久”，故使得《汉纪》日渐泯灭了，此可备一说。再如据苏籀言：“公（指苏辙）云：‘《晋史》，唐贤房、杜辈所作，议论可据。’籀思之本朝《新唐书》，欧、宋诸公一代贤杰所作，以文字浩博，人不能该览，惜哉！必有笃于此学者！”[③]由此可见，《新唐书》虽受到时人喜爱，但因其“文字浩博”，从而导致时人往往多难以“该览”，这无疑影响着该书的传布效果。

其次，对于本朝史事以及史书流传，因受到现实政治等多重因素制约，传布效果显得复杂多样。具体而言：一方面，官方时段性地禁止谈论时事，由此严重制约着史事在社会间的流布。如据魏了

① 章如愚：《群书考索》续集卷16《诸史门·诸史》。

② 郑樵撰，王树民点校：《通志二十略·艺文略》第三。

③ 苏籀撰，张剑光、李相正整理：《栾城先生遗言》。

翁言："鹤山因读《泸州学记》，说学规，以谤讪朝政为第一件，此规自蔡京创为之，专以禁太学诸公议政，此规当毁。后检法册，乃大观颁行条令，因以《宰相拜罢年表》对之，正是京罢在京充太一宫使、次年宰相时事。"[①]可见在蔡京专权之时，就专门颁布了禁止太学诸公议政的学规，其禁言效果不言而喻。又如据岳珂记载："秦桧以绍兴十五年四月丙子朔，赐第望仙桥。丁丑，赐银绢万匹两，钱千万，彩千缣。有诏就第赐燕，假以教坊优伶，宰执咸与。中席，优长诵致语，退，有参军者前，褒桧功德。一伶以荷叶交倚从之，诙语杂至，宾欢既洽，参军方拱揖谢，将就倚，忽坠其幞头，乃总发为髻，如行伍之巾，后有大巾镮，为双叠胜。伶指而问曰：'此何镮？'曰：'二胜镮。'遽以朴击其首曰：'尔但坐太师交倚，请取银绢例物，此镮掉脑后可也。'一坐失色。桧怒，明日下伶于狱，有死者。于是语禁始益繁。"[②]此处"二胜镮"，暗指徽、钦二帝。此又是权臣实施"语禁"的突出表现。再如张自明在《北硐集序》中指出："庆元初，予始入太学，于时伪学之禁严，台官胡纮、司业高文虎表里为爪牙，搏噬无虚日。学校诸生语言小异，辄坐伪罪，不以听。"这是庆元党禁时期限制太学诸生言论的表现。总之，以上禁令虽则仅出现在权臣专权时期，但其社会危害以及影响不小。

另一方面，宋代官私方在修史、治史、传史以及刊史方面受时段性朝政斗争影响明显。其中，在官方修史方面，党争与权臣擅权对其造成了严重影响。如在哲宗绍圣年间，针对元祐本《神宗实录》纪事问题，章惇和蔡卞等"论《实录》多诬，俾前史官分居畿邑以

---

① 魏了翁：《鹤山先生大全文集》卷109《师友雅言》。

② 岳珂撰，许沛藻、姚铭整理：《桯史》卷7《优伶诙语》。

待问。摘千余条示之，谓为无验证。”既而院吏考阅，悉有据依，所余才三十二事。[1]可见激烈的党争直接牵动着史书所记内容。同时，对于元祐本《神宗实录》流传情况，据陆游言：“元祐、绍圣皆尝修《神宗实录》，绍圣所修既成，焚元祐旧本，有敢私藏者，皆立重法。久之，内侍梁师成家乃有朱墨本，以墨书元祐所修，朱书绍圣所修，稍稍传于士大夫家。绍兴初，赵相鼎提举再撰，又或以雌黄书之，目为黄本，然世罕传。”[2]可见受朝政变换影响，元祐旧本《实录》在徽宗时难逃被焚命运，而所传者仅有朱墨本。此后，朝廷修史仍不时受朝政斗争影响，导致国史重修时有发生，有所谓“国史凡几修，是非凡几易”现象。[3]

在治史方面，如徽宗时，受崇宁党禁和朝廷崇尚新学影响，史学发展受到严重干扰。据吴曾记述：“先是，崇宁以来，专意王氏之学，士非《三经》《字说》不用。至政和之初，公议不以为是。蔡嶷为翰林学士，慕容彦逢为吏部侍郎，宇文粹中为给事中，张琮为起居舍人，列奏：‘欲望今后时务策，并随事参以汉、唐历代事实为问。’奉御笔：‘经以载道，史以纪事。本末该贯，乃称通儒。可依所奏，今后时务策问，并参以历代事实。庶得博习之士，不负宾兴之选。’未几，监察御史兼权殿中侍御史李彦章言：‘夫《诗》《书》《周礼》，三代之故，而史载秦、汉、隋、唐之事。学乎《诗》《书》《礼》者，先王之学也；习秦、汉、隋、唐之史者，流俗之学也。今近臣进思之论，不陈尧、舜之道，而建汉、唐之陋；不使士

---

① 《宋史》卷444《黄庭坚传》。

② 陆游撰，李昌宪整理：《老学庵笔记》卷10。

③ 周密撰，俞钢、王燕华整理：《齐东野语自序》。

专经，而使习流俗之学，可乎？伏望罢前日之诏，使士一意于先王之学，而不流于世俗之习，天下幸甚。’奉御笔：‘……可依前奏。前降指挥更不施行。’时政和元年三月戊戌也。”[①]可见在能否习史争论中，李彦章竟视史学为流俗之学，严重贬低了史学在当时学术与社会中的地位。对于禁止治史所造成的社会危害，据朱熹记述："是时既禁史学，更无人敢读史。时奉使叔祖教授乡里，只就《蒙求》逐事开说本末，时人已相尊敬，谓能通古今。"[②]王应麟亦感慨道："自荆舒之学行，为之徒者，请禁读史书。其后经筵不读《国风》，而《汤誓》《泰誓》亦不进讲。人君不知危亡之事，其效可睹矣。"[③]清人钱大昕更是感叹道："蔡京禁人读史，以《通鉴》为元祐学术，宣和所以速祸也。"[④]可见王、钱二氏甚至认为北宋亡国与禁史有关。

在传写官修史书方面，朝廷严密的国史收藏管理制度使得国史流传范围受到严格限制。其间，仍有史官不时请求朝廷严格执行该制度。如南宋初，周麟之在《论禁传写先朝实录》中指出："臣伏见《国朝会要》，嘉祐四年，史馆修撰欧阳修言：‘史之为书，以纪朝廷政事得失及臣下善恶功过，宜藏之有司。往时史官书成进入，则焚其稿。又诏龙图阁别写一本，下编修院，以备讨阅。’从之。然则史事在祖宗朝其严如此，岂容轻示人也？今者《徽宗皇帝实录》成书，奏篇疏上，储于内阁，中外士大夫欣闻盛事，咸思以先睹为

① 吴曾：《能改斋漫录》卷12《罢史学》。

② 黎靖德编，郑明等校点：《朱子语类》卷10《读书法》上。

③ 王应麟撰，孙通海整理：《困学纪闻》卷15《考史》。

④ 钱大昕著，杨勇军整理：《十驾斋养新录》卷18《士大夫不说学》。

快。臣窃惟先帝之盛德休烈、良法美意，布在方册，固当广其传，以昭示天下后世。然其间所载多涉国体，与今日致论有相关者。臣愚望圣慈申严旧制，令副本之在有司者必谨其藏，仍不许诸官司关借誊写，及臣僚之家私自传诵，庶可以严宗庙，尊朝廷，遵祖宗之成宪。取进止。”①周氏该建议的确对强化史书管理制度、保护朝廷机密有利，但从传布角度看，该举措无疑对官修史书传布形成严重制约。不过，即便有如此严格的国史传录禁令，但一些士人仍利用自身特殊的职业身份，私自秘密传录官方史籍，客观上起到了促进官修史籍传布的作用。如据朱熹言：“邓名世，临川人。学甚博，赵丞相以白衣起为著作郎，与先吏部同局，吏部甚敬畏之。……邓著作后为秦桧以传出秘书文字罪之，褫官勒停。”②可见对邓名世违犯禁令而私传官方秘书文字行为，朝廷处罚极其严厉。如此等等。

在史书刊刻方面，南宋时，随着书坊刻书迅猛发展，朝廷对此强化了监管举措。如高宗绍兴十五年十二月，太学正孙仲鳌上殿奏对，言道：“陛下崇雅黜浮，大明正论，而民间书坊收拾诡僻之说，不经裁定，辄自刊行，汩荡正真，所当深虑，乞行禁止。”朝廷从之。③又到绍兴二十九年闰六月，史载：“诏州县书坊，非经国子监看详文字，毋得擅行刊印。”④又如到孝宗淳熙七年五月，朝廷再次“申饬书坊擅刻书籍之禁”。⑤可见南宋前期，朝廷多次强化对书坊书

---

① 周麟之：《海陵集》卷3。

② 黎靖德辑，郑明等校点：《朱子语类》卷132。

③ 李心传撰，胡坤点校：《要录》卷154。

④ 李心传撰，胡坤点校：《要录》卷182。

⑤ 《宋史》卷35《孝宗纪》。

籍刊刻管理，这明显制约着书坊刻本的刊刻与流传。

同时，史籍传刻不精或被有意篡改伪造，也会带来不良的传布效果。如据陆游言："近世士大夫所至，喜刻书版，而略不校雠，错本书散满天下，更误学者，不如不刻之愈也。可以一叹。"[①]可见"尚刊不校"之风对购买者和阅读者有较大危害。又如据张淏言："近时闽中书肆刊书，往往擅加改易，其类甚多，不能悉纪，今姑取一二言之。睦州，宣和中始改为严州，今所刊《元丰九域志》，乃径易睦州为严州。又《广韵》桐字下注云：桐庐县在严州，然易去旧字，殊失本书之旨。将来谬乱书传，疑误后学，皆由此也。"[②]此例表明，当时闽中书坊刊本存在"擅加改易"之弊，此对传阅者危害不小。再如据朱熹言："温公无自节《通鉴》，今所有者乃伪本，序亦伪作。"[③]胡三省亦在《通鉴释文辩误序》中指出：为传家学，司马光后裔"凡言书出于司马公者，必锓梓而行之，而不审其为时人傅会也"。可见或为借重名人，或为传承家学，从而出现编刊者作伪或者刊传者轻信现象。它如冯正符撰有《得法忘例论》30卷，据晁公武言："熙宁八年，何郯取其书奏之，而久之不报，意者王安石不喜《春秋》故也。其书例最详，悉务通经旨，不事浮辞。"[④]又据李焘言："其书则为鬻书者擅易其姓名，属诸李陶。陶字唐夫，尝学于温公，号通经。……而《得法志例》则实非唐夫所论也，不知

① 陆游：《陆游集·渭南文集》卷26《跋历代陵名》。

② 张淏撰，李国强整理：《云谷杂记》卷4。

③ 黎靖德辑，郑明等校点：《朱子语类》卷134。

④ 晁公武著，孙猛校证：《郡斋读书志校证》卷3。

者妄托之。”[①]此属该书传布时遭受挫折，而后竟被鬻书者擅易妄托。凡此等等。

最后，私家自身偏好对史著的传布效果有不小影响。如据袁文记述：“欧阳文忠公不喜《中说》，以为无所取，而司马温公酷爱之。杨文公不喜杜子美诗，而黄太史眷眷未尝辄去手。又苏东坡喜《汉书》而独不喜《史记》。夫《中说》、杜诗、《汉书》、《史记》，人人皆知其美，而诸公所见不同如此，岂亦性情之癖耶！”[②]在此袁氏将私家对论著的偏好归结为性情有异所致。又如刘克庄批评说：“盖前贤作《三经义》者，或不喜言《春秋》；为程氏学者，或未观《通典》；著《潜书》者，或不能通秘阁之《六论》；吟唐风者，或不能道《原夫》之一联。”[③]可见依刘氏所言，一些前贤的确有偏爱或不足。凡此等等。

综上所论，史书、史事在宋代传布是否顺畅，往往受到诸多因素制约或者影响，其社会传布效果也因此而变得较难确认。因此，在认识和分析史学传布效果时，就需结合多方面因素加以评判。

---

① 马端临：《文献通考》卷183《经籍考》。

② 袁文撰，李伟国整理：《瓮牖闲评》卷5。

③ 刘克庄著，辛更儒校注：《刘克庄集笺校》卷162《方秘书蒙仲墓志铭》。

# 第四章　宋代史学繁荣与传布的地位和影响

在中国古代史学发展史中，宋代史学无疑处于承上启下的重要阶段。其间，尤其是自唐代设馆修史格局建立之后，官方修史始终处于主导地位。那么到宋代，修史体制更为完备，修史程序极其严密，这些均为元、明、清时期所不及。同时，在浓厚的私家著史风气推动下，史书体裁创新与发展，史学领域日益拓展，以及史学思想丰富多彩等，均影响到此后各代。此外，宋代历史遗存不时被后人有意保护或承袭，从而使得有关宋代的历史图谱更为直观多样化了。

## 第一节　宋代史学自身发展所取得的地位及影响

### 一、宋代修史制度与史书体裁创新的地位及影响

1. 在修史制度方面，如前所述，宋代虽对唐、五代修史体制有所承袭，但宋代修史机构更为完备，修史程序极为严密。其中，在官方修史方面，宋代建立了更为完备的史料搜访制度。它包括移牒

朝廷上下的史料取索制度、诸司供检制度以及诸司供报制度。在修史机构设立上，就曾设置有史馆、编修院、起居院、时政记房、日历所、实录院、国史院以及会要所等，并且依据各修史机构所修史籍性质，还建立了严密的史课制度、进草制度、奖赐制度，乃至焚草以及保密等制度。同时，在修史过程中，作为监修的宰执均有过局制度。[①]由此可见，宋代修史制度颇为严密，它无疑为官方修史提供了必要保障，也为私家著史的史源问题提供了有力支持。此后元、明、清各朝虽各根据自身特点和修史需要，设置有符合本朝修史实际的修史机构，并展开了较为有效的修史活动。但从总体状况看，在主体修史机构设置、官修基本史籍种类，以及修史程序的严密程度等方面，均未超越宋代。

其中，对于元代修史制度，明初徐一夔在谈及日历重要性与元代官方修史状况时，指出："近世论史者，莫过于日历，日历者，史之根柢也。自唐长寿中，史官姚璹奏请撰时政记，元和中，韦执谊又奏撰日历。日历以事系日，以日系月，以月系时，以时系年，犹有《春秋》遗意。至于起居注之说，亦专以甲子起例，盖纪事之法无踰此也。往宋极重史事，日历之修，诸司必关白。如诏诰则三省必书，兵机边务则枢司必报，百官之进退，刑赏之予夺，台谏之论列，给舍之缴驳，经筵之论答，臣僚之转对，侍从之直前启事，中外之囊封匦奏，下至钱谷、甲兵、狱讼、造作，凡有关政体者，无不随日以录。犹患其出于吏牍，或有讹失。故欧阳修奏请宰相监修者，于岁终检点修撰官日所录事，有失职者罚之。如此，则日历

① 参见宋立民：《宋代史官制度研究》第十二章第一节"宋代史官制度的特征"。

不至讹失，他时会要之修取于此，实录之修取于此，百年之后纪、志、列传取于此，此宋氏之史所以为精确也。元朝则不然，不置日历，不置起居注，独中书置时政科，遣一文学掾掌之，以事付史馆。及一帝崩，则国史院据所付修实录而已。其于史事，固甚疏略。”[①]在此徐氏将宋、元修史状况比较后认为，元代不如宋代。该说法虽有一定道理，但不完全准确。其实，元朝设有起居注。如早在元世祖至元五年冬十月，中书省臣言：“前代朝廷必有起居注，故善政嘉谟不致遗失。”朝廷即以和礼霍孙、独胡刺充翰林待制兼起居注。[②]又史载：“至元六年，始置起居注、左右补阙，掌随朝省、台、院、诸司凡奏闻之事，悉纪录之，如古左右史。十五年，改升给事中兼修起居注，左右补阙改为左右侍仪奉御兼修起居注。”[③]又元代的确设有时政记科，属中书省左司所掌。[④]再是对于翰林国史院设置，史载：世祖中统二年秋七月，初立翰林国史院。[⑤]不过，“以王鹗为翰林学士［承旨］，未立官署。”至元元年始置。[⑥]其职责主要是“纂修国史、典制诰、备顾问”等。[⑦]由此可见，元代在修史机构设置方面，与宋代相比，的确较为简单。

明代修史完全被纳入了翰林院。对此，杨士奇在《恭题国史院编修官廖赐所受敕命后》中指出：“国初循元之旧，翰林有国史院，

---

① 张廷玉等：《明史》卷285《徐一夔传》，中华书局，1974年。

② 宋濂等：《元史》卷6《世祖纪》，中华书局，1976年。

③ 《元史》卷88《百官志》。

④ 《元史》卷85《百官志》。

⑤ 《元史》卷4《世祖纪》。

⑥ 《元史》卷87《百官志》。

⑦ 《元史》卷8《世祖纪》。

院有编修官，阶九品而无定员，多或至五六十人。若翰林学士、待制等官兼史事，则带兼修国史衔。其后更定官制，罢国史院，不复设编修官，而以修撰、编修、检讨专为史官，隶翰林。翰林自侍读、侍讲以下为属官，官名虽异，然实不分职。史官皆预讲读，讲读官亦预史事。所兼预职事，不以书衔。近年官翰林者多循国初之制，书兼修国史，甚者编修已升为七品正员，而仍书国史院编修官，亦有书经筵检讨官者，盖仍袭旧制故也。”①作为翰林院内史官，其职责大多是编修实录、宝训等。

又起居注废置不常，日历仅于明初修纂过。对此，黄佐、廖道南指出：“圣祖初建国，爰重史事，设起居注。甲辰年十月，以宋濂、魏观为之，日侍左右记言动。及正位后，刘季道由明经任，郭传由翰林应奉任，范常由直学士任，蒋学、阎钝、蒋子杰由举人任，熊鼎由考功博士任，陈敬由编修任。未几，革之。洪武十四年九月己丑，诏复置起居注，秩从七品，以儒士单仲祐任焉。二十四年，詹同犹为起居注。其后竟废，令本院史官兼之。每朝，则立班记事，入馆则载笔以从，书动以为日历，书言以为宝训。永乐中，王直在翰林，犹从事于记注。宣德后，寖以废矣。今史馆凡十所，在东阁之右，中藏列圣《实录》、古今书史。每被命修书，则本院官日聚集焉。成化、弘治中，臣僚累建言欲复起居注之旧，或欲即命史官记时政于其中，如宋朝政房之制，皆未举行。……在洪武时，日历、宝训常勤删述，其旧迹犹有可寻者，祖宗旧制所当复也。”②

再是对于国史编修，明神宗万历二十二年三月，下诏编修国史。

① 杨士奇著，刘伯涵、朱海点校：《东里文集》卷9，中华书局，1998年。

② 廖道南：《殿阁词林记》卷11《史馆》，文渊阁《四库全书》本。

但到二十五年六月，则罢修国史。[①]该次编修为明代仅有的一次，并且半途而废。

总之，明初修史制度较为完备，曾诏修起居注、日历以及宝训等。但此后起居注废置不常，日历不再修纂，国史仅修过一次，朝廷只依例编修实录、宝训，兼及玉牒、会典等。

清代修史机构有起居注馆、实录馆、国史馆、圣训馆、玉牒馆以及会典馆等。其中，康熙九年，初置起居注馆于太和门西庑。至五十六年停，雍正元年复设。[②]又实录馆始设于顺治六年，以大学士范文程等为总裁官，于该年正月初八日开馆，编修《太宗文皇帝实录》。[③]此后实录馆多次开馆。再是国史馆设立于康熙二十九年，史载于该年三月，山东道御史徐树谷上疏请修太祖、太宗和世祖“三朝国史”，经礼部等议准，康熙批示“依议即行编纂”。[④]到本年四月，设立国史馆，命官予以编纂。[⑤]据王记录先生研究可知，顺康时期是清代史馆格局形成时期，雍乾时期是史馆制度完善时期。其间，起居注馆和国史馆为持续开设的“常开”修史机构，对清代修史影响很大。实录馆、圣训馆和玉牒馆为定期开设的“例开”史馆，会典馆等属根据具体情况以“阅时而开”的史馆，《明史》馆等属为编纂某书而专开的“特开”史馆，由此便形成了清代史馆的基本格局。[⑥]

① 《明史》卷20和卷21《神宗纪》。

② 《大清会典则例》卷3《吏部》，文渊阁《四库全书》本。

③ 《清世祖实录》卷62顺治九年正月辛丑，中华书局，1986年。

④ 《清圣祖实录》卷145康熙二十九年三月乙未。

⑤ 《清圣祖实录》卷145康熙二十九年三月乙丑。

⑥ 参见王记录：《清代史馆制度的演变及其阶段性发展的特点》，载《史学史研究》，2008（2）。

综上所述，从元、明、清三朝主体修史机构设置状况看，它们并未超出宋代规模。在修史程序上，亦未完全仿效宋代。其间，作为偏重记述君臣政务活动的时政记，原本对于了解朝政动态以及朝政内幕颇有帮助，宋后诸朝或虽有名而无实，或并未设立，此无疑对官方修史会造成一定缺憾。同样，在宋代修史体制中，日历上则联结起居注和时政记，下则直接关联着实录、国史以及会要等史籍编修，处于关键性的枢纽地位。但在宋后诸朝官修体系中，它遭遇到与时政记同样的命运。同时，完备的修史制度往往是官方取得良好修史成效的保证，从元、明、清诸朝修史状况看，实录编修较为系统、完备，起居注在大多数时期亦能较顺利编修，而在其他官修史籍方面，清代明显较优于元、明二代，但从整个修史系统性和完备性来看，宋代无疑仍处于更为突出的地位。

2. 在史书体裁创新方面，除纪传和编年两大传统体裁外，后世所常用的纪事本末体和纲目体创立于宋代，并且它们对此后史书编修均产生了不小影响。

其中，就纪事本末体而言，对于南宋袁枢的创立之功，清人谷应泰在《明史纪事本末序》中指出："《通鉴纪事本末》者，创自建安袁枢，而北海冯琦继之。其法以事类相比附，使读者审理乱之大趋，迹政治之得失，首尾毕具，分部就班，较之盲左之编年，则包举而该浃；比之班、马之传志，则简练而檃括，盖史外之别例，而温公之素臣也。"在此谷氏通过与编年和纪传比较，明确以"史外之别例"看待该体裁。四库馆臣在《四库全书总目提要》之"纪事本末类"《序》中亦指出："古之史策，编年而已，周以前无异轨也。司马迁作《史记》，遂有纪传一体，唐以前亦无异轨也。至宋袁枢，以《通鉴》旧文，每事为篇，各排比其次第，而详叙其始终，命曰

《纪事本末》，史遂又有此一体。”[①]可见四库馆臣对袁枢史书体裁创新之功给予了充分肯定。

同样，对于章冲的《春秋左氏传事类始末》，谢谔在该书《序》中言道：“谔幼年于诸书爱《左氏》之序事，因一事必穷其本末，或翻一二叶，或数叶，或展一二卷，或数卷，惟求指南于张本。至其甚详则张本所不能尽，往往一事或连日累旬不得要领。况掣肘于他书他事，则力有不专。……近收天台使君章冲茂深书，且以《左氏事类本末》为寄，于是恍然见所未见。盖《春秋》之法，年为主而事系之；使君之法，事为主而年系之。以事系年而事为之碎，以年系事而事为之全，二者不可一废。纪年也，故以事系而年全；纪事也，故以年系而事全。事系年而年全者，史法也；年系事而事全者，考史法也，乃相为表里欤？”[②]在此谢氏阐明了他对编年与纪事本末间关系的认识，并以此说明纪事本末的地位与价值。又清四库馆臣在《春秋左氏传事类始末》一书《目录》后指出：“至宋孝宗时，袁枢创纪事本末，使一事自具首尾，循览易明，遂于二体之外，别为门径。《左传》随经隶事，体本编年，又加以先经、后经、错经诸例，端绪弥为纷繁，读者猝难融贯。冲作是书，一如袁枢《通鉴纪事本末》之体，联贯排比，使一事自为起讫，虽无关经义，而颇便检寻。自冲以后，编录左氏书者，或以国分，或以人分，或以事分，凡数十家而未已，虽体例小殊，其源皆自冲发也。”四库馆臣在表明该书具有“颇便检寻”优点的同时，指出了它对后世以纪事本末体改编《左传》所起的巨大带动作用。诚如其言，如清人高士

① 《四库提要》卷49。

② 朱彝尊：《经义考》卷188引。

奇撰有《左传纪事本末》53卷，四库馆臣指出：“此书因章冲《左传事类始末》而广之。以列国事迹，分门件系。……目各如其卷之数，大致亦与冲书相类。然冲书以十二公为记，此则以国为纪，义例略殊。又冲书门目太伤繁碎，且于左氏原文颇多裁损，至有裂句摘字，联合而成者。士奇则大事必书，而略于其细。部居州次，端绪可寻。与冲书相较，虽谓之后来居上可也。”[①]即高氏书在编修体例和内容取舍等方面，均体现出“后来居上”之优势。

不只如此，自纪事本末体诞生之后，经南宋史家广泛运用，以及不断发展与完善，使得该体裁受到了明、清两代史家广泛青睐。明人傅逊在《春秋左传属事自序》中对袁枢之书称颂道：“自司马子长变古法，以为纪、传、世家等言，而后之作史者卒不能易名。编年者虽自荀悦以后，无虑四十家，而书不多存，事无通会。至宋司马文正始粹一千三百六十二年之事以为《通鉴》，而赵兴智灭，实以上接《左氏》襄子惎智伯事。建安袁氏复因之，以纂《纪事本末》，使每事成败始终之迹，一览而得，读史者咸便而葆之。”在此傅氏肯定了袁书的史学价值。不过，他又言：“然袁氏书为世所好，而事多遗脱，稍有错误，若得为之补其遗，正其误，而更益之以宋与元，使数千百年成败兴衰之故，皆得并论而详列之，岂非生平之一快也哉，而未敢必其能与否也！”可见傅氏曾有补正、续编《通鉴纪事本末》的良好意愿，可惜他本人未能实现该意愿。而在他之后，则涌现出诸多纪事本末体史著。如明人陈邦瞻撰有《宋史纪事本末》28卷和《元史纪事本末》6卷。对于前者，清四库馆臣指出：“袁

① 《四库提要》卷49。

枢义例最为赅博，其镕铸贯串亦极精密。邦瞻能墨守不变，故铨叙颇有条理。……读《通鉴》者不可无袁枢之书，读《宋史》者亦不可无此一编也。”[①]由此表明，该书对助读《宋史》颇为有益。其他还有：清人张鉴撰《西夏纪事本末》36卷、李有棠撰《辽史纪事本末》40卷和《金史纪事本末》52卷、谷应泰撰《明史纪事本末》80卷，以及李铭汉撰《续资治通鉴纪事本末》110卷，等等。不过，虽则后继者不少，但梁启超明确指出：“枢书出后，明、清两代踵作颇多，然谨严精粹，亦未有能及枢者。”[②]可见袁枢之书价值和地位非同一般。

此外，需要说明的是，以上所论，主要针对清四库馆臣在《四库全书总目提要·纪事本末类总序》中所言的“一书备诸事之本末”类史书。对于“一书具一事之本末”类史书，因其地位与影响不如前者突出，在此从略。

纲目体自朱熹创立之后，到南宋后期，随着理学地位抬升和官方对《资治通鉴纲目》推崇，以及一些史家与书籍传刊者广泛喜爱，纲目体史书编修日渐兴盛。如元初人王义山在《代徐司户上参政蔡（九）［久］轩献通鉴纲目考异书》中指出：“近世尝有著《纲目发明》者，魏文靖为之序，金陵帅上其书且官之，以为儒生光宠。亦有以吉本、泉本校其去取之不同，为《纲目考异》。淳祐丙午，有旨行下，写而藏之祕书。则凡有功于《纲目》者，皆不为无遇。”[③]其

① 《四库提要》卷49。

② 梁启超：《中国历史研究法》第二章《过去之中国史学界》，见《梁启超史学论著四种》。

③ 王义山：《稼村类稿》卷12。

中，上文所言《纲目发明》和《纲目考异》分别系尹起莘和赵希弁所撰，二人因其著述无不受到朝廷礼遇，甚至名家推崇。

到元代时，受南宋后期崇尚《资治通鉴纲目》之风直接影响，一些史家继续围绕《资治通鉴纲目》本身进行义例阐释考辨等。此间，刘友益撰有《通鉴纲目书法》59卷、何中撰有《通鉴纲目测海》3卷、徐昭文撰有《资治通鉴纲目考证》59卷，以及王幼学撰有《资治通鉴纲目集览》59卷，等等。其中，揭傒斯对《通鉴纲目书法》评论道："世之言《纲目》亦无虑数十家，既有《春秋》为之义例，又有诸史可以究其始末，且去朱子之世为未远，而又有亲及其门者。然言愈烦而义愈密。非深得朱子之意如朱子之知《春秋》者，不能言也，能言未有若庐陵刘氏《纲目书法》者。……其为此书几三十年，寸寸而较，铢铢而积，微词隐义，高见特识，既足以启发千载而中有无穷之忧。"[①]可见在众多"言《纲目》"者中，刘友益为揭示、阐释《资治通鉴纲目》书法义例，曾投入了巨大精力。不过，对于注重《资治通鉴纲目》义例阐释考辨类史著，以考据见长的钱大昕却批评道："宋季元明儒家好读《纲目》，如尹起莘、刘友益、王幼学、徐昭文辈，皆浅陋迂腐，虽附《纲目》以传，转为本书之累。"[②]可见钱氏极不看好该类史著。

与此同时，一些史家则完全承袭朱熹《资治通鉴纲目》义例，撰成了旨在专门阐发义理的纲目体史书。如陈桱撰有《通鉴续编》

---

① 揭傒斯：《文安集》卷8《通鉴纲目书法序》，文渊阁《四库全书》本。

② 钱大昕撰，吕友仁点校：《潜研堂集》卷38《严先生衍传》，上海古籍出版社，1989年。

24 卷，以《资治通鉴》和《资治通鉴纲目》皆终于五代，而周威烈王以上，金履祥的《通鉴前编》仅断自陶唐，他遂以盘古至高辛氏为第 1 卷，补金书所未备；契丹事在唐及五代者为第 2 卷，其余 22 卷则为两宋之事。对于该书编修体例，清四库馆臣指出："然大书分注，全仿《纲目》之例，当名之曰《续纲目》。仍袭《通鉴》之名，非其实也。"他们又认为："然自《通鉴纲目》以后，继而作者，实始于桱。"[①]由此可知，四库馆臣虽表明该书书名不够准确，但他们对该书最先承袭《资治通鉴纲目》体例之功则给予肯定。

到明、清时期，对《资治通鉴纲目》进行义例阐释考辨者仍不在少数。如明人陈济撰《资治通鉴纲目集览正误》59 卷、张自勋撰《纲目续麟》20 卷、清人陈景云撰《纲目订误》4 卷，等等。其中，陈景云在《纲目订误序》中略言："朱子《通鉴纲目》，属门人天台赵几道成之。朱子病其中多疏漏，有意更定，竟未及为。元汪克宽有《纲目考异》，徐昭文有《考证》，凡纲之疏漏，一据提要以正之，至分注之误，则在所略。景云搜览分注，意所未安，辄为订正，其纲中之可疑者，间附焉。"[②]陈氏在指出《资治通鉴纲目》纪事致误缘由的同时，表明在前人订误基础上，己书系续补之作。四库馆臣对该书评价道："初，尹起莘作《通鉴纲目发明》，凡有疑义，率委曲以通其说。至周密作《癸辛杂识》，始辨其中宗、武后并书年号一条。然其说不甚确。后作《齐东野语》，又辨纲中北齐高纬杀其从官六十人一条，……则颇中其失。后明末张自勋、国朝芮长恤亦递有订正。景云是书，又捃摭诸家所未及，悉引据前史原文，互相考证。

① 《四库提要》卷 47。

② 《清朝文献通考》卷 219《经籍考》，商务印书馆，1936 年。

其中毛举细故，虽未免稍涉吹求，然如汉萧望之误书‘下狱’，……刘友益《书法》误论削高侃名诸条，亦皆允当。其于摭实之学，亦可云愈推愈密矣。”[①]四库馆臣在概略梳理考辨《资治通鉴纲目》类论著时，对陈氏著述给予了肯定。

尤其是在康熙四十六年，朝廷编定成《御批资治通鉴纲目》59卷，四库馆臣在该书解题中指出：“朱子因司马光《资治通鉴》以作《纲目》，惟《凡例》一卷出于手定，其纲皆门人依《凡例》而修，其目则全以付赵师渊。后疏通其义旨者，有遂昌尹起莘之《发明》，永新刘友益之《书法》；笺释其名物者，有望江王幼学之《集览》，上虞徐昭文之《考证》，武进陈济之《集览正误》，建安冯智舒之《质实》；辨正其传写差互者，有祁门汪克宽之《考异》。明弘治中，莆田黄仲昭取诸家之书，散入各条之下，是为今本，皆尊崇朱子者也。故大抵循文敷衍，莫敢异同。明末张自勋作《纲目续麟》，始以《春秋》旧法纠义例之讹。芮长恤作《纲目拾遗》，以《通鉴》原文辨删节之失。各执所见，屹立相争。我圣祖仁皇帝睿鉴高深，独契尼山笔削之旨，因陈仁锡刊本，亲加评定，权衡至当，衮钺斯昭。乃厘正群言，折衷归一。”由四库馆臣所论可知，早先出于“尊崇朱子”之故，学者偏重阐释《资治通鉴纲目》义例，清理刊印传布时的失误。到明末清代，学者开始对《资治通鉴纲目》本身义例和内容之失加以辩证。这种变化也引起了官方反应，即康熙以“御批”形式，主导编成《御批资治通鉴纲目》，以“为读史之指南矣”。[②]

与此同时，该时期官私方仍有因袭朱熹《资治通鉴纲目》义例，

---

① 《四库提要》卷47。

② 以上均见《四库提要》卷88。

编成旨在专门阐发义理的纲目体史书。如明人胡粹中撰《元史续编》16卷，商辂等撰《续资治通鉴纲目》27卷，以及南轩撰《资治通鉴纲目前编》25卷，等等。其中，明宪宗成化十二年，商辂等进《续资治通鉴纲目》27卷。宪宗在为该书所制《序》中指出："凡诛乱讨逆，内夏外夷，扶天理而遏人欲，正名分以植纲常，亦庶几得朱子之意，而可以羽翼乎圣经。仍命梓行，嘉惠天下。于戏！人不考古无以证今，观是编者，足以鉴前代之是非，知后来之得失，而因以劝于为善，惩于为恶，正道由是而明，风俗以之而厚，所谓以人文化成天下者，有不在兹乎？"[①]可见明代官方极为看重该书的现实劝鉴功用。

清代时，除前述《御批资治通鉴纲目》外，官方还撰有《资治通鉴纲目前编》1卷、《资治通鉴外纪》1卷、《资治通鉴举要》3卷、《资治通鉴纲目续编》27卷、《御批通鉴辑览》120卷，以及《御定通鉴纲目三编》40卷等。其中，乾隆在《御定通鉴纲目三编序》中指出："编年之书，奚啻数十百家，而必以朱子《通鉴纲目》为准。《通鉴纲目》盖祖述《春秋》之义，虽取裁于司马氏之书，而明天统、正人心、昭监戒、著几微，得《春秋》大居正之意，虽司马氏有不能窥其藩篱者，其他盖不必指数矣。……自《纲目》成而义指正大，条理精密，后儒有所依据。踵而续之，由宋迄元，厘然方策。至明代君臣事迹，编辑之难，更倍于诸书。盖《明史》已成于百年之后，而世变风漓，记载失实，若复迟待，将何以继续编而示来许？爰亟命儒臣法朱子《通鉴纲目》义例，增损编摩，大书以提要，分注以备言。每一卷成，呈览，朕于几暇亦时御丹铅，为

① 《御批历代通鉴辑览》卷106，文渊阁《四库全书》本。

之参定。虽于天人一贯之精微未之能尽，而惟是谨严之义，守而弗失。简正之旨，志而必勉。”该《序》表明，清廷虽已有纪传体《明史》，但仍需一部能彰显《春秋》大义的纲目体明代史。总之，对于康、乾时官方所编修的该类史书，谢宝成先生批评指出：“‘康乾盛世’的此类改编，完全沦为伦理说教的御用工具。修史思想伦理化达到登峰造极的地步，预示着伦理化史学即将走到尽头。在中国史学进程中，没有哪一种体裁的史书编纂受到过如此重视，然而时过境迁之后，此类史书却最无史学价值，这就是纲目体史书为什么最不受后来的史家欢迎的内在原因。”①

此外，还有为数不多的史家则继承南宋陈均纲目体编修体例，编成了注重事实而又相对客观的纲目体史书，如《明鉴纲目》8 卷和《清鉴》16 卷等。

## 二、宋代史学领域拓展与史学风气变化所带来的影响

1. 在史学领域拓展方面，宋代史学成就较多。

一是宋代在补史、考史以及评史方面均对后世产生了不小影响。

补史方面，受南宋熊方《补后汉书年表》以及钱文子《补汉兵志》等直接影响，清人钱大昭撰有《后汉书补表》8 卷。在该书《自序》中，钱氏明确指出：“范氏本无年表，《东观记》、谢承、华峤诸书今并不得见。至宋熊方始作补表，以弥蔚宗之阙。其时古籍散佚尚少，乃所据者只《后汉书》《三国志》二书，取材既隘，体例

---

① 参见谢宝成主编：《中国史学史》第十一编第三章“三大系列史书的续修与改编”，商务印书馆，2006 年。

亦疏，因别撰斯编。”钱氏虽鉴于熊书在取材和体例上均存在缺陷而撰成新著，但熊书对他的直接影响则甚为明显。又万斯同撰有《历代史表》53卷，清四库馆臣指出：“考自宋以前，唯《后汉书》有熊方所补《年表》。他如郑樵《通志》，《年谱》仅记一朝大事及正闰始末，其于诸王将相公卿大臣兴废拜罢之由，率略而不书。近人作《十六国年表》，亦多舛漏。其网罗繁富，类聚区分，均不及斯同此书之赅备。”[①]可见熊书对万氏所著亦有助益。

同样，南宋徐天麟利用会要体补撰成《西汉会要》70卷和《东汉会要》40卷。在其直接带动下，如清人孙楷著有《秦会要》26卷、杨晨著有《三国会要》22卷、龙文彬著有《明会要》80卷，以及姚彦渠著有《春秋三传会要》4卷，等等。

考史方面，北宋吴缜撰有《新唐书纠谬》和《五代史记纂误》。受前者影响，汪辉祖撰有《元史本证》50卷。对此，钱大昕在该书《序》中指出：“本证之名昉于陈季立《诗古音》，然吴廷珍《新唐书纠缪》已开其例矣。欧、宋负一代盛名，自谓事增文简，既精且博。廷珍特取《纪》《志》《表》《传》之文彼此互勘，而罅漏已不能掩。若明初史臣，既无欧、宋之才，而迫于时日，潦草塞责；兼以国语翻译，尤非南士所解。或一人而分两传，或两人而合一篇，前后倒置，黑白混淆，谬妄相沿，更仆难数。……廷珍求入史局弗得，年少负气，有意吹求，其所指摘往往不中要害。龙庄则平心静气，无适无莫，所立《证误》《证遗》《证名》三类，皆自摅新得，实事求是，不欲驰骋笔墨，蹈前人轻薄褊嗥之弊。此所以有大醇而无小疵也。”钱氏所言汪、吴二书质量优劣虽难以定断，但在分类方

① 《四库提要》卷50。

面，汪氏所分三类比吴氏二十门显得更为集中。又清人吴兰庭特意撰《五代史记纂误补》4 卷。他在该书《序》中言道："有宋朝请大夫吾家廷珍氏缜所作《五代史记纂误》。其书久佚，今武英殿聚珍版所采集者，以晁氏《读书志》核之，约存原书之十五六，则其亡失者为可惜也。今年秋，校武英殿本《五代史》，点定之余，不无管见，辄录而次之。盖以昔贤绪论并近时人订正所及，因名之为《五代史记纂误补》。"可见他对《五代史记纂误》所存辑本做了必要的校补工作。

同时，钱大昭撰有《两汉书辨疑》42 卷，王鸣盛在该书《序》中指出："《两汉书刊误》，刘原父与其弟贡父、其子仲冯同撰。今已不传，惟载于前明监版中。……然《宋史·艺文志》称刘氏书凡四卷，赵希弁《读书附志》云'东、西《汉》各一卷'，则其书大约无多，监本所采之遗亦无几矣。外有吴斗南《补遗》，秀水朱氏称其博洽。以予考之，亦醇疵互见，援引多而裁断少。又以诸经解说，纠缠于史学，未免失之支离耳。钱君可庐出示所撰《两汉书辨疑》四十二卷，卷帙之富，已十倍于刘氏，五倍于吴氏。而校讹补阙，精深确当，披郤导窾，阐幽决滞，……视刘氏、吴氏，不可同年而语矣。"可见后出的钱书更为完备，但它毕竟是在宋人成果基础上完成的。钱大昭还撰有《三国志辨疑》3 卷。此外，梁玉绳撰有《史记志疑》36 卷、梁章钜撰有《三国志旁证》30 卷，等等。

又王应麟鉴于《汉书·艺文志》班固自注不甚详明，颜师古注内附论不太赅备，于是捃拾旧文，为之补注辨析，由此撰有《汉书艺文志考证》10 卷。受该做法直接影响，清人章宗源撰有《隋书艺文志考证》13 卷、姚振宗撰有《汉书艺文志条理》8 卷和《汉书艺文志拾补》6 卷，等等。

再是倪思撰有《班马异同》35卷，考《史记》与《汉书》字句异同，以明其得失。受其直接影响，明人许相卿因倪思原本，稍为厘订，撰有《史汉方驾》35卷。此外，李清撰有《南北史合注》191卷、《南唐书合订》25卷，清人沈炳震撰有《新旧唐书合钞》260卷，以及彭元瑞、刘凤诰合撰《五代史记补注》74卷，等等。

总之，以上情况足以表明，宋人对有关正史的考辨成果以及做法，均对明、清两代史家产生了重要影响。

评史方面，宋代始开评论《史记》之风气。[①]早在北宋时，欧阳修、曾巩以及三苏等诸多名家均对《史记》有所品评。如苏洵认为《史记》记事特点为："其一曰隐而章，其二曰直而宽，其三曰简而明，其四曰微而切。"其中在分析"隐而章"时，他认为司马迁采取了"本传晦之而他传发之"的叙事手法，[②]这是首次发觉司马迁写人叙事时运用了"互见法"。南宋时，品评《史记》者则有郑樵、洪迈、吕祖谦、叶適、黄震和王应麟等诸多名家。如郑樵认为：《史记》可谓是"《六经》之后，惟有此作"[③]。又如吕祖谦首次对《史记》十表的意义做了总结，他指出："《史记》十表，意义弘深，始学者多不能达。今附见于此：《三代世表》，以世系为主，所以观百世之本支也。《十二诸侯年表》以下，以地为主，故年经而国纬，所以观天下之大势也。《高祖功臣侯年表》以下，以时为主，故国

① 该部分可详参张新科、俞樟华等著：《史记研究史及史记研究家》上编第四章有关内容，见张大可、安平秋、俞樟华主编：《史记研究集成》第十三卷，华文出版社，2005年。

② 苏洵撰，曾枣庄、金成礼笺注：《嘉祐集笺注》卷9《史论》中，上海古籍出版社，1993年。

③ 郑樵撰，王树民点校：《通志二十略·通志总序》。

经而年纬，所以观一时之得失也。《汉兴以来将相名臣年表》，以大事为主，所以观君臣之职分也。”[①]他的分析比郑樵所言“《史记》一书，功在十表”[②]，显得更为具体详明。受郑樵和吕祖谦对《史记》十表研究影响，如清人汪越和徐克范撰有《读史记十表》10卷、潘永季撰有《读史记札记》，等等。

又胡寅撰有《读史管见》30卷，系以义理论史、以史论为政论的重要史著，它对此后理学盛行时代的史论有一定影响。如明人刘善撰有《纲鉴附评》2卷，所论自夏帝启迄晋代为上卷，自南北朝迄明太祖即位为下卷。据清四库馆臣言：“所评多剿袭旧文，大抵不出胡寅、尹起莘之说。”而到清代，随着批判宋、明理学之风的盛行，《读史管见》便成为被批驳对象。如朱直撰《史论初集》，专“为驳正胡寅《读史管见》而作”。又如周池撰《唐鉴偶评》4卷，据四库馆臣记述：“是书因读《通鉴纲目》而评其得失，多驳正《发明》《书法》及胡寅《读史管见》之说。”[③]可见在明、清两代，随着学风转变，胡寅《读史管见》遭遇到完全不同的命运。

总之，宋代在评史等方面对后世影响还有不少，在此不再赘述。

二是在金石学发展方面，宋代对后世产生了较大影响。其间，对于宋代重要金石学著述的价值，清四库馆臣往往给予极高评价。如在洪适《隶释》解题中，四库馆臣高度评价道：“自有碑刻以来，推是书为最精博。”他们又在叶封《嵩阳石刻集》解题中指出：“古

---

① 吕祖谦：《大事记解题》卷10，见黄灵庚、吴战垒主编：《吕祖谦全集》（第八册）。

② 郑樵撰，王树民点校：《通志二十略·通志总序》。

③ 以上均见《四库提要》卷90。

今金石之书，其备载全文者，在宋惟洪适之《隶释》《隶续》。在明惟陶宗仪之《古刻丛钞》，朱珪之《名迹录》，都穆之《金薤琳琅》。在国朝惟顾炎武之《求古录》，陈奕禧之《金石遗文录》，叶万之《续金石录》，其余不过题跋而已。”可见无论对于撰修质量还是所记内容，清人对洪适著述均有极高评价。又如在《宝刻类编》解题中，四库馆臣评论道：“然金石目录自欧阳修、赵明诚、洪适三家以外，惟陈思《宝刻丛编》颇为该洽，而又多残佚不完。独此书搜采赡博，叙述详明，视郑樵《金石略》、王象之《舆地碑目》增广殆至数倍。前代金石著录之富未有过于此者，深足为考据审定之资，固嗜古者之所取证也。”这又是清人对《宝刻类编》内容的至高评论。再如四库馆臣在李光映《观妙斋金石文考略》解题中论说道：“自昔著录金石之家，皆自据见闻为之评说，惟宋陈思《宝刻丛编》则杂取《金石录》、《复斋碑录》诸书，荟萃为之。”他们又言：“金石著录之富，无过欧阳、赵、洪三家。”[①]此仍是清人对宋代重要金石著述所记内容的充分肯定。

同时，后世仿照宋代金石著述编修体例或者参取其史料者不在少数。如明人都穆撰有《金薤琳琅》20卷，清四库馆臣指出：“是书仿《隶释》之例，取金石文字，搜辑编次，各为辨证。……其剥落不完者，则取洪适《隶释》补之，不尽据石本也。”可见该书实属参补洪适《隶释》编撰而成。又如赵均撰有《金石林时地考》2卷，据四库馆臣言：该书“仿陈思《宝刻丛编》之例，编次郡省，分别时代，以便访求。……较陈思所记，固多可依据也”[②]。可知此书成

① 以上均见《四库提要》卷86。

② 以上均见《四库提要》卷86。

书则直接受到陈思《宝刻丛编》影响。再如叶万撰有《续金石录》，四库馆臣指出："其书著录金石，用洪适《隶释》例，多载全文，并著其阙字之数、行列之式，欲以续赵明诚之书。"[①]凡此等等。由此表明，后世一些金石学家在参用宋人金石著述编修体例以及记述内容等基础上，完成了自己的金石著述。

总之，具有开拓之功的宋代金石学，不仅在中国古代金石学发展史上地位突出，而且对后世金石著述编修以及金石学发展产生了多方面影响。

三是宋代在方志编修方面影响深远。大体而言，唐以前地志之书虽然不少，但内容基本局限于地理书范围之内。到宋代，在类目设置与内容编排方面，伴随着人物及艺文的增加，方志体例得以完备。对此，清四库馆臣在《四库全书总目提要》"地理类"《总序》中明确指出："古之地志载方域、山川、风俗、物产而已，其书今不可见。然《禹贡》《周礼·职方氏》，其大较矣。《元和郡县志》颇涉古迹，盖用《山海经》例；《太平寰宇记》增以人物，又偶及艺文，于是为州县志书之滥觞。元、明以后，体例相沿。"由此可见，乐史的《太平寰宇记》在体例设置方面具有明显的创新之功。

到南宋时，我国方志纂修体例基本得以定型。据今人研究指出：王象之的《舆地纪胜》一书，基本突破了以前地理总志以郡县为纲的编纂体例，确立起了全新的以州县沿革、风俗形胜、景物、古迹、官吏、人物、仙释等为主体的地理总志的编纂体例和主体结构，并且它初步确立了宋代以后历史地理总志的编纂体例。[②]此后元、明、

① 《四库提要》卷87。

② 参见李勇先：《〈舆地纪胜〉研究》，巴蜀书社，1998年。

清《一统志》均沿袭了该书所创体例。同时，南宋不少方志在体例上有所创新。如高似孙首创方志纪体。具体在《剡录》卷1《县纪年》部分，高氏按年代顺序简要记述嵊县历史上的大事，开后世方志编修大事记之端绪。又如周应合在《景定建康志》中，录、图、表、志、传并用，实开方志兼用诸体之先河。此后，明人史朝富、陈良珍撰有《隆庆永州府志》17卷，该书体例为："凡《图经》一、《纪》一、《表》三、《志》七、《传》五。"又陆君弼撰有《万历江都县志》8卷，其体例为："曰《纪》，曰《表》，曰《志》，曰《传》。"[①]它们无疑受到《景定建康志》编修体例影响。凡此等等。

2. 在史学风气变化方面，宋代史学普及化之风影响深远。

(1) 通史类著述编修及其影响。对于通史类著述发展变化状况，王树民先生指出："唐以前，断代史为主流，唐以后，通史开始受到重视，在宋代，郑樵从理论上提出史学贵通之义，到清代，则成为人们实践的主要活动了。"[②]具体而言，在诸多通史类著述编修中，自南宋始形成的《通鉴》学，以及由"三通"（指《通典》、《通志》和《文献通考》）带来的巨大影响等，均体现着通史编修风气的盛行状况。

《通鉴》学：胡三省在《通鉴释文辨误序》中曾言道："盖温公之薨，公休以毁卒，《通鉴》之学，其家几于无传矣。"在此胡氏虽以"《通鉴》之学"说明《资治通鉴》在司马光家族内的传承状况，但该概括表明，《通鉴》学已被人们所认识。尤其是在南宋时期，

---

① 以上均见《四库提要》卷74。

② 王树民：《中国史学史纲要》"八之（二）编年、纪事、会要与通俗性的史书"，中华书局，1997年。

伴随着“是元祐、非熙丰”的政治舆论导向，以及《资治通鉴》本身所具有的鉴戒功用，使得朝廷上下形成了研读《资治通鉴》的热潮。对此，据今人研究统计，南宋专门研究《资治通鉴》本身及其衍生出的相关著述不下40余部，它们含有对《资治通鉴》改、节、释、注、补、考、评和续等诸多类型，可见其著述种类颇为多样丰富。[①]

与南宋相比，《资治通鉴》在金代官僚士大夫间的流传虽较为有限，但据元好问在《陆氏通鉴详节序》中言：“中州文明百年，有经学，有《史》《汉》之学、《通典》之学，而《通鉴》则不能如江左之盛。唯蔡内翰伯正甫珪、萧户部真卿贡、宗室密国公子瑜璹之等十数公号称专门而已。近岁，此学颇行。河朔武臣宿将讲说记诵，有为日课者，故时人稍稍效之。”由此表明，到金代后期，《资治通鉴》已由专门之学而变成流行之学了。不仅如此，鉴于《资治通鉴》“卷帙既多，艰于传写”，于是张晋亨“取陆氏《详节》，且以《外记》及诸儒精义附益之”。这部经张晋亨增益、元好问推举的《陆状元资治通鉴详节》，就是为满足当时社会讲说研读需要而编就的。此外，弋唐佐撰有《集诸家通鉴节要》120卷，元好问亦为之作序推举。[②]由此可见，由时人撰成的《资治通鉴》节简本更能满足社会需求。

到元代，朝廷时常译介、讲读《资治通鉴》和《通鉴节要》。如元世祖至元十九年夏四月，朝廷刊行蒙古畏吾儿字所书《资治通

① 详参拙著：《南宋史学研究》第六章“南宋史学的独特地位及深远影响”。

② 以上均见姚奠中主编：《元好问全集》卷36，山西人民出版社，1990年。

鉴》。[①]又如延祐元年夏四月，元仁宗以《资治通鉴》载前代兴亡治乱，命集贤学士忽都鲁都儿迷失和李孟择其切要者译写以进。[②]再如泰定四年六月，翰林侍讲学士阿鲁威、直学士燕赤等进讲，朝廷仍命译《资治通鉴》以进。[③]同时，史载元世祖至元八年春正月，朝廷始下诏立京师蒙古国子学。以《通鉴节要》用蒙古语言译写教之，俟生员习学成效，出题试问，观其所对精通者，量授官职。此后，以译写《通鉴节要》颁行各路，俾肄习之。[④]可见《通鉴节要》在官方教育以及选任官僚等方面发挥着重要功用。

同时，一些官僚士大夫除喜好阅读《资治通鉴》外，还撰有评论、订误《资治通鉴》类著述。如周焱撰有《通鉴论断》，该书纪事"起周威烈王，止宋穆陵"。王义山认为它"了《通鉴》未了也。使晦翁及见，必以全书予之矣"[⑤]。可见该书纪事断限不仅已延伸至宋理宗时，而且其褒贬惩劝之义极为突出。又如潘荣撰有《通鉴总论》1卷，其大要以为："治天下有道，亲贤远奸，明而已矣；治天下有法，信赏必罚，断而已矣；治天下有本，礼义教化，顺而已矣。明则君子进而小人退，断则有功劝而有罪惩，顺则万事理、人心悦而天下和，三者之要在身，身端心诚，不令而行矣。"[⑥]可见此书注重阐发治国理政之理。再如王熙撰有《通鉴寤辩》，其做法为："事求

① 《元史》卷12《世祖纪》。

② 《元史》卷25《仁宗纪》。

③ 《元史》卷30《泰定帝纪》。

④ 《元史》卷81《选举志》。

⑤ 王义山：《稼村类稿》卷4《周衡斋通鉴论断序》。

⑥ 程敏政撰，何庆善、于石点校：《新安文献志》卷95下《潘节斋荣传》。

当，不求遂；语求尽，不求巧。时引周、汉以下千余年陈迹，裁之于王道。”[①]由此可知，该书则偏重以理断史。等等。

明代时，受崇尚程朱理学以及史书自身因素等影响，研读《资治通鉴》者往往比阅读《资治通鉴纲目》者少。对此，何乔新在《书资治通鉴后》中感叹道：“今《纲目》盛行于世，而此书（指《资治通鉴》）几乎废矣。加以卷帙重大，人不易致，非好古博雅之士，鲜克留心。”[②]正因为如此，全面考补《资治通鉴》的成果也不多，较有影响者如严衍撰有《资治通鉴补》270卷，[③]等等。

不过，随着科举之需以及印刷业推动，各种《资治通鉴》节要本则日渐增多并广为流行。仅据多种目录书记载，明人编撰的该类史著就有：《通鉴节要续编》30卷、徐说《续通鉴要言》20卷、王逢《通鉴释义》、诸燮《通鉴集要》38卷、[④]《分类通鉴》4卷、[⑤]宗臣和孙继皋《通鉴要删》6卷、苏文韩《新镌通鉴节要》10卷、钟惺《通鉴纂》20卷以及舒弘谔《通鉴纪略》10卷等。[⑥]余不一一。

清代在此前《通鉴》学发展基础上，官私方围绕《资治通鉴》及其注释，撰有一些考辨以及评论类著述。[⑦]其中，颇能反映清人治

---

① 戴表元：《剡源文集》卷7《通鉴痡辩序》，文渊阁《四库全书》本。

② 何乔新：《椒邱文集》卷18。

③ 《明史》卷97《艺文志》。

④ 黄虞稷：《千顷堂书目》卷4，见《原国立北平图书馆甲库善本丛书》，国家图书馆出版社，2013年。

⑤ 《四库提要》卷65。

⑥ 《中国古籍善本书目》卷6《史部·编年类》，上海古籍出版社，1993年。

⑦ 参见王彦霞：《清代通鉴学的学术成就及其时代特征》，见《历史文献研究》，2012年第31辑。

学特色的是，在崇尚考据学风下，一些官僚士大夫撰成了相关考辨类著述。如陈景云撰《通鉴胡注举正》1卷，其“皆参订胡三省《资治通鉴音注》之误，凡六十三条。而所正地理居多，颇为精核”[①]。又如钱大昕撰《通鉴注辨正》2卷，再如赵绍祖撰《通鉴注商》18卷。此外，史评方面，如王夫之撰《读通鉴论》30卷，等等。

总而言之，金、元、明、清时期的《通鉴》学，不仅是南宋《通鉴》学的延续与深化，更是通史之风得以持续传承的体现。

“三通”及其巨大影响：唐代杜佑撰成《通典》200卷，由此奠定了典制体史书撰修的基础。到南宋郑樵撰成《通志》，倡导“会通之义”，进一步继承与发扬了“通史家风”。对此，章学诚在《文史通义·释通》篇中指出：“总古今之学术，而纪传一规乎史迁，郑樵《通志》作焉；统前史之书志，而撰述取法乎官礼，杜佑《通典》作焉。”他又在《文史通义·申郑》篇中赞扬道：“郑樵生千载而后，慨然有见于古人著述之源，而知作者之旨，不徒以词采为文，考据为学也。……而独取三千年来遗文故册，运以别识心裁，盖承通史家风，而自为经纬，成一家言者也。”[②]这是他对郑氏之学的高度肯定。随后马端临“效《通典》之成规”，补《通典》之所无，撰成《文献通考》一书。至此便形成了后世所称的“三通”。

此后，“三通”的带动效应极为突出。如明代王圻撰成《续文献通考》254卷。又如清乾隆十二年，朝廷敕撰《续文献通考》（252卷）和《清朝文献通考》（266卷）。到乾隆三十二年，又敕撰《续通典》（144卷）、《清朝通典》（100卷）、《续通志》（527

① 《四库提要》卷47。

② 章学诚著，仓修良编注：《文史通义新编新注》内篇四。

卷）和《清朝通志》（200卷）。[①]从断限来看，以上史著均非通史类著述，但它们无不是受“三通”通史编修风气影响下的产物。

此外，受《通志》编修体例影响，明人邓元锡撰有《函史》上编81卷和下编21卷。许孚远指出：该书“依洪荒而来，迄于胜国。考观天人贞一之统，察古今离合之变，王路隆污、道术善败之故，为上编，有表、有纪、有谟、有训、有述、有传、有志，体裁各异。……下编总三才之撰，观会通之极，由上古迄当代，各纪一事，本末终始”[②]。不过，清四库馆臣则批评道：“是编盖仿郑樵《通志》而作，上编即其纪传，下编即其《二十略》也。然樵之纪传病于因，故体例各随旧史，不能画一。其《二十略》病于创，故多夸大不根之论。元锡是编则又纪传病于太创，诸志病于太因。”[③]可见该书编修体例虽则继承与创新并重，但仍存在不合理之处。

同样，受《文献通考》编修体例影响，如清人应抝谦撰有《教养全书》41卷，四库馆臣指出：“是书分选举、学校、治官、田赋、水利、国计、漕运、治河、师役、盐法十考。节引史文，而取前人评论各参其下。体例略仿《文献通考》，于明代事实所载尤详。”可见仿照《文献通考》编修体例撰成的该书，偏重记述明代史事。又如周宗濂撰有《文献通考节贯》10卷，四库馆臣言道：“是书取马端临《文献通考》、王圻《续通考》首尾编次，仍如二十四门之旧。惟帝系、象纬、物异、四裔、节义、方外六门，以难于节录置之。……盖

① 以上参见《四库提要》卷138、卷81和卷50。

② 黄宗羲编：《明文海》卷445《翰林院待诏邓汝极先生墓志铭》，文渊阁《四库全书》本。

③ 《四库提要》卷50。

意主便于记诵，为场屋对策之用。”[①]即此书是供科举考试参用的简明典制史。

总之，由上不难看出，以上两类通史类著述对后世同类史著编修产生了不小影响。除此之外，宋代其他通史类著述对后世也有一定影响，在此不再赘述。

(2) 史书简明化和普及化风气的持续传承。在史书简明化方面，纲目体史书因具有“叙事简明、便于检索”等自身优点，故在社会上颇为流行。如前所述，元、明、清时期，既有围绕《资治通鉴纲目》本身进行义例阐释考辨类史著，又有依照《资治通鉴纲目》义例编修成的纲目体史著，这些数量不少的史著均属简明化史书。

此外，值得关注的是，为适应现实社会多样化需求，纲目体史书在流传时还被改编成了更便于士人参阅的简明编年史。如在南宋、元时期，南宋陈均在继承发展朱熹纲目体体例基础上，撰成记述北宋九朝历史的《皇朝编年纲目备要》30卷和记述南宋高宗和孝宗朝历史的《中兴两朝编年纲目》18卷，随后佚名氏又承续《中兴两朝编年纲目》，撰成记述光宗和宁宗朝历史的《续编两朝纲目备要》16卷，由此便构成了贯通宋十三朝历史的纲目体本朝史系列。此后，刘时举依据《中兴两朝编年纲目》和《续编两朝纲目备要》，撰成简明编年体的《续宋中兴编年资治通鉴》15卷。元人假托南宋史家李焘名义，并基本仿照刘时举在《续宋中兴编年资治通鉴》中的做法，对《皇朝编年纲目备要》做了必要加工改编，并取名《续宋编年资治通鉴》(18卷)，由此便形成了由纲目体本朝史系列改编成的简明编年史系列。两大系列无疑均是宋元时期史书简明化与史学普及化

① 以上均参见《四库提要》卷139。

风气的产物。[①]又在元时，陈氏余庆堂将《续宋中兴编年资治通鉴》、《续宋编年资治通鉴》与主记理宗、度宗和瀛国公朝史事的《宋季三朝政要》（6卷）三书同刊，由此便组成了宋一代简明化全史。[②]

又如在明、清时期，还出现了将《资治通鉴》和《资治通鉴纲目》合抄改编的“纲鉴”类史书。对此，清四库馆臣在《纲鉴正史约》解题中批评道：“至‘纲鉴’之名，于《纲目》《通鉴》各摘一字称之，又颠倒二书之世次，尤沿坊刻陋习也。”他们甚至认为：“《纲鉴正史约》之类，坊刻陋本，不足以言史矣。”[③]可见四库馆臣不大看重该类坊刻改编之书。同时，许多目录书也很少著录该类史著。对于该类史著问世时间，据《袁先生合编大方资治纲鉴补凡例》记述：“《纲》《鉴》二书古未有合编者，合之自荆川唐老师始。”[④]此处“唐老师”指唐顺之。又据《中国古籍善本书目》卷6著录：唐顺之撰有《新刊古本大字合并纲鉴大成》16卷。按以上说法以及实例，该类史著的产生当与唐顺之有关。该《书目》所著录的明代其他人所撰者还有：王世贞的《纲鉴大全》39卷、郭子章的《纲鉴要选》10卷、汤宾尹的《纲鉴标题一览》、陈臣忠的《纲鉴要编》24卷和顾锡畴的《纲鉴正史约》36卷，等等。对于该类史著在明代发

---

① 详参拙文：《南宋纲目体本朝史的编修及其流变》，载《文史哲》，2014（6）。

② 陆心源：《仪顾堂题跋》卷3《跋钞本续宋中兴通鉴》，见《宋元明清书目题跋丛刊》，中华书局，2006年。

③ 《四库提要》卷48及卷末案语。

④ 袁黄：《袁先生合编大方资治纲鉴补》，见《四库禁毁书丛刊》，北京出版社，1997年。

展变化状况，王重民先生在《纲鉴统一》解题中指出："按此类《纲鉴》之纂修、评注方面，在嘉靖、万历期间，由简而繁，万历末年达于顶点。天启、崇祯又由繁趋简。"[①]可见在明代不同时段，该类史书呈现出繁简不一的发展转化态势。

到清代，"纲鉴"类史著仍有一定发展。如潘永圜撰有《续书堂纲鉴定本》64卷、朱璘撰有《历朝纲鉴辑略》、陈志襄撰有《纲鉴会通明纪会通》15卷、蒋先庚撰有《龙门纲鉴》20卷、叶沄撰有《纲鉴会编》98卷，以及吴乘权撰有《纲鉴易知录》107卷，等等。[②]其中，《纲鉴易知录》在社会上流行颇广，影响极大。

总之，以上主因科举需要而产生的"纲鉴"类史著，由于具有简明易读等优势，故在社会上盛行一时。

当然，史书简明化并非仅仅体现在以上方面，他如摘抄、改编甚至有意编纂的简明化史书仍有不少，在此不再赘述。

在史书普及化方面，我国古代史家为普及历史知识，增进人们对历史的兴趣，撰就了不少通俗易懂类史书。其间，尤以蒙学类史书最为突出。如前所述，宋人曾撰有多种该类史著，并且它们对后世有较大影响。如金人元好问在《十七史蒙求序》中言："安平李瀚撰《蒙求》二千余言，李华作序，李良荐于朝。盖在当时，已甚重之。迄今数百年之间，孩幼入学，人挟此册，少长，则遂讲授之。宋王逢原复有《十七史蒙求》，与瀚并传。……始予年二十余，住太原学舍。交城吴君庭秀洎其弟庭俊，与予结夏课于由义西斋。尝以

① 王重民：《中国善本书提要》，上海古籍出版社，1983年。

② 参见王彦霞：《清代通鉴学的学术成就及其时代特征》，见《历史文献研究》2012年第31辑。

所撰《蒙求》见示，且言：‘逢原既以十七史命篇矣，而间用《吕氏春秋》《三辅决录》《华阳国志》《江南野录》。谓之史，可乎？今所撰止于史书中取之。诸所偶俪，必事类相附。其次强韵，亦力为搜讨，自意可以广异闻。子为我序之，可乎？’予欣然诺之。”[①]由此可知，金人吴庭秀在王令之书基础上，撰成了《十七史蒙求》。

又如元人王恽在谈及蒙学类史著优点时，言道：“《六经》之外，其次莫如史，然载籍浩博，初学者欲遽涉猎，譬如算沙海上，成功何年？故前世有《帝王镜略》《小学史断》《蒙求笺要》等编，皆诱之易以览诵，速收见效。”[②]其中《小学史断》系宋人南宫靖一所撰。此后，明人晏彦文又编有《续集》1卷。[③]

再如明人朱升辑方逢辰《名物蒙求》、程若庸《性理字训》、陈栎《历代蒙求》和黄继善《史学提要》为一编，谓之《小四书》，以教初学。在《小四书序》中，朱升言道：“陈先生《历代蒙求》，使知古今朝代之略；次黄成性《史学提要》，使知传统事迹之详”，并且“此四书者，四字成言，童幼所便，精熟融会，宇宙在胸中矣”[④]。由此可见，宋人黄继善所撰的《史学提要》不仅对人们了解历史事件和人物事迹有益，而且作为蒙学教材被明人选编进了《小四书》，其影响不小。

总之，宋人所撰的以蒙学类史著为代表的各类普及化史书，不仅对此后同类史书编修产生了一定影响，而且对普及历史知识具有

---

① 姚奠中主编：《元好问全集》卷36。

② 王恽：《秋涧集》卷43《翁三山史咏序》，文渊阁《四库全书》本。

③ 《四库提要》卷89。

④ 参见朱彝尊：《经义考》卷280。

极大的促进作用。

## 三、后人对宋代史家和史书的推崇与跟进

1. 后人对宋代史家及其史著的推崇。宋代史家辈出，史著繁多，其中一些著名史家以及重要史著往往在后人心目中占有相当重要的地位。

如对于欧阳修及其史著，明人朱右指出："唯《五代史》，宋仁宗以卢多逊所修失实，命欧阳修复加删述。……其立例皆寓褒贬，为法甚精。书减旧史之半，而事迹稍增。议者以为功不下马迁，而笔力驰骋，反无驳杂之病，纪例精密则不及耳。公亦自谓《伶官传》岂下于《滑稽》哉？诚无憾矣！"[①]可见朱氏以及"议者"对《新五代史》给予了极高评价，甚至将其与《史记》加以类比。又胡应麟评论道："李延寿南、北诸史出而沈约、魏收不行，欧阳氏《新唐》《五代》成而刘昫、卢逊咸废。延寿删沈、魏之繁者也，欧阳振刘、卢之弱者也。大概彼善于此，亦因袭易为功也。"此是通过比较史著改编前后的变化，说明改编之作优势所在。此外，胡氏还专对两《唐书》作了比较，他指出："《旧唐书》无论大义乖刺，其辞过俚而不文也，其体过冗而靡节也。《新书》虽晦涩务奇，二病则庶乎免也。事增文减，作史名言，岂容以书废哉。"他又言："谓《新唐书》之简不若《旧唐书》之赡也，是不知赡而不秽之说者也。"[②]可见他更欣赏《新唐书》的叙事特点。

---

① 朱右：《白云稿》卷3《史概》，文渊阁《四库全书》本。

② 以上均见胡应麟：《少室山房笔丛》卷13《史书佔毕》一。

又如对于司马光和朱熹在史著编修方面的贡献，胡应麟指出：“纪传之史创于司马氏而成于班氏也，编年之史备于司马氏而精于朱氏也。司马、班氏出而汉以后之为纪传者靡矣，司马、朱氏出而宋以前之为编年者废矣。”他又指出：“自司马之为《通鉴》也，汉、唐而上昭昭焉；自《通鉴》之止司马也，宋、元而下泯泯焉，间有续者数家而弗能详也。夫皇朝《纲目》续矣，而兹犹缺也，若之何可后也。”①可见胡氏从史著体例完备程度以及影响角度，给予了司马氏和朱氏史著极高评价。

再如对于《资治通鉴》《通志》和《文献通考》三部通史，胡应麟则往往多加肯定。他在《读〈册府元龟〉》中指出：“景德间，《册府元龟》辑自杨大年、陈彭年手，其书今钞本具存，顾无大足省发者，反不若《广记》三书（指《太平御览》《太平广记》和《文苑英华》），何也？《元龟》所辑，皆撷之正史，而正史家传人诵，无赖于《元龟》也。……盖是时《通鉴》《通考》二书未出，诸史浩如烟埃，无从措手，小加类次，以便九重耳。嗟夫！吾于是知涑水、番阳两马氏之功，于史学真亿世不磨。今家蓄二书，遂侔饮食，而不知未出之先，艰于考索有百倍者，后学无易视哉！”这是对《资治通鉴》和《文献通考》在贯通古今史事功用上的肯定。他又在《读〈通志略〉》中言道：“郑渔仲《通志略》，谓其十五《略》皆汉、唐诸儒不得闻者，番阳马氏驳之审矣。大都郑之学术，深于探索而短于会通，密于典章而疏于故实，知得而不知有失，知己而不知有人，其以博且雅，不足为太史公惜似也，而剧骂孟坚，使之容足无地，马、班一体，不知孟坚，能知太史乎？……若其殚心毕虑，

① 胡应麟：《少室山房笔丛》卷13《史书佔毕》一。

欲度前人独到之思，偏精之识，往往有不可泯没者。”在此胡氏既指出了郑氏缺失，也对郑氏所具独裁别识之长给予了充分肯定。再是他在《读〈文献通考〉》中指出：“鄱阳此书，于古今典章规制囊括网罗，无巨弗该，无细弗综，研摩之力勤亦至矣。乃其持论衷，操见确，按证精，又昔人之难于兼美者。余尝谓涑水马氏《通鉴》出，而历代经纶治理明；鄱阳马氏《通考》成，而历代典章规制备。《通鉴》纪传之全体，而《通考》表志之大成。宇宙间不可一日而无史，则不可一日而无二书。虽涑水主格君，鄱阳主格物，用不同而功则一也。”[①]在此胡氏更是将《资治通鉴》和《文献通考》史学功用提升到了前所未有的高度。

他如对于南宋史家李焘及其史著，清人朱彝尊指出：“宋儒史学，以文简为第一。盖自司马君实、欧阳永叔书成，犹有非之者，独文简免于讥驳。张敬夫比之霜松雪柏，生死文字间。叶正则谓《春秋》之后，才有此书。要非过论也。”[②]这是从时人对李焘及其史著的评价着眼，对李焘史学地位做了极高评价。同样，对于潜说友的《咸淳临安志》，朱彝尊在该书《跋》中指出：“宋人地志幸存者，若宋次道之志长安，梁叔子之志三山，范致能之志吴郡，施武子之志会稽，罗端良之志新安，陈寿老之志赤城，每患其太简，惟潜氏此志独详。”[③]这是从方志纪事详略角度，对百卷本《咸淳临安志》予以肯定。

---

① 以上均见胡应麟：《少室山房集》卷104。

② 朱彝尊：《曝书亭集》卷45《书李氏续通鉴长编后》。

③ 朱彝尊：《曝书亭集》卷44。

不仅如此，后人还通过前后比较，由此对宋代史家及其作为赞赏有加。如胡应麟指出："李仁父之《长编》，缵涑水者也；吕伯恭之《大事》，翼紫阳者也。庐陵氏之《五代》，眉山氏之《古史》，孙之翰、范祖禹之《鉴》与《论》，宋视唐虽才情弗逮，而制作颇有余也。"这是通过与唐代相比，表明宋代史家在史书制作方面优势明显。他又指出："胡康侯之传《春秋》也，胡明仲之读诸史也，宋人叙事远非汉埒，而其论事核于唐。"[①]这又是以胡安国父子史著为例，说明它们与汉、唐史著在叙论方面的优劣。再是他在《题〈困学纪闻〉后》中言道："赵宋自渡南后，诗文书画率厌厌不振，绝与其国势相侔，岂钱塘孤僻海隅，又非建康比故尔？时人才无一可轸接汉、唐耶？而独该洽士天挺其间，紫阳氏之致广大，尽精微，固不可时代论。至如郑渔仲、马贵与撰次类书，其讨核之勤，综理之密，皆卓然自名一家，横行阔视于著述之场，而不为无补于世，顾反有唐、汉所不及者，而王伯厚生平制作乃至七百余卷，噫嘻，一何盛也！《玉海》一书今存，大都几希马、郑之间。《困学纪闻》二十卷中，尤多发明。"[②]在此胡氏对南宋博洽之士的史学成就给予了高度称赞。

总体而论，对于宋代诸多史家及其史著，后人以序跋、评论、征引以及传刊等方式加以关注甚至推崇。以上所举事例虽极为有限，但它无不表明，宋代著名史家以及重要史著在后人心目中占有不可磨灭的地位。

2. 后人对宋代史著的跟进。后世一些史家在编撰史著时，或者

① 以上均见胡应麟：《少室山房笔丛》卷13《史书佔毕》一。

② 胡应麟：《少室山房集》卷106。

因宋代史著内容不够完备，有意加以增补；或者依据宋人修史体例而完成自己著述，由此便有了对宋代史著的跟进现象。

一是增补宋代史著而成书者不少。如元人陈栎撰有《历代通略》4卷，该书是在吕中《大事记讲义》基础上完成的。对此，陈栎在该书《跋》中指出："《宋史讲义》，吕氏中所著，议论多详明，文辞亦条达。然成于理宗朝，犹有隐避而不尽言者。今可无忌矣，遂采其善，补其缺，多述平昔所考订与所闻于父师者，而申之以管蠡之一得焉。理、度二朝，无史可据，今姑阙之。"由此可见，陈氏在无需隐避的宽松社会环境下，由增补吕书而完成了自己的著述。

又如明人许相卿编有《史汉方驾》35卷，据清四库馆臣记述："是编因倪思原本（指《班马异同》）稍为厘订，改题此名。《陈胜》《英布》二传，思书偶遗，此补缀所阙。他如《卫青霍去病传》附录诸将，《汉书》别自立传。与《史记》文不相袭者，思书删去，此皆掇拾所遗。其先后次第，改从司马贞《索隐》，亦稍更其序，然所益不及百分之一。惟思书《史记》大书，《汉书》细书，文相连属，但以字形广狭为分，颇易混淆。又字旁钩勒，传写尤舛误。相卿变其体例，以《史》《汉》相同者直书行中，不同者分行夹注。凡《史记》有而《汉书》无者，偏列于右；《汉书》有而《史记》无者，偏列于左。条理井然，较思书为胜。"[①]可见许书不仅增补了倪思之书的相关纪事，而且对其编排体例做了变更，从而使得《史汉方驾》叙事条理更为明晰。

再如黄汝亨撰有《廉吏传》，据四库馆臣言："是书以宋费枢所

① 《四库提要》卷46。

作《廉吏传》自春秋迄五季止百十有四人，尚为阙略。因搜采诸史，五季以前增入三十三人。又考《宋》《元》二史，续载六十四人，各以时代为序。复以旧传不分优劣，乃定为三等，于传首姓名之上各署‘上’‘中’‘下’字以别之。《正编》之外，又有《廉蠹》一编，所载为郅都、张汤等十人，亦有评语。姓名之上则署以‘酷’‘谲’‘陋’‘忍’‘赃’‘奸’诸字，体例颇为杜撰。传末附评一二语，亦皆肤浅。且汝亨既因费枢旧本增辑成编，自当以孰为原书，孰为续补，分别标识。乃混而为一，但署己名，尤不免于掠美矣。”[①] 可见该书虽系续补费枢之书而成，但对其体例、评论以及书名均有更改。此外，乔懋敬撰有《古今廉鉴》8卷，四库馆臣认为：“亦宋人《廉吏传》之类。”[②]

二是依宋人修史体例撰史者较多。如明人尹直撰有《南宋名臣言行录》16卷、张采撰有《宋名臣言行录》16卷，[③]以及徐咸撰有《名臣言行录前集》和《后集》各12卷。其中，对于尹氏仅为承续朱子之书而不甚讲求史料价值的做法，清四库馆臣严厉批评道：“此书续朱子《名臣言行录》而作，前有弘治癸亥《自序》，云‘取《宋史》列传，自陈俊卿以下，芟繁节冗，撮采其要，得百二十有三人。’然朱子所作《名臣言行录》，原以网罗旧闻，搜载轶事，用备史氏之采择。若徒钞录史文，一无考证，则《宋史》列传具在，亦何必徒烦笔墨乎！”[④]可见该书史料价值确实不高。同样，清人沈佳

① 《四库提要》卷62。

② 《四库提要》卷61。

③ 《明史》卷97《艺文志》。

④ 《四库提要》卷61。

撰有《明儒言行录》10 卷和《续录》2 卷，四库馆臣指出："是编仿朱子《五朝名臣言行录》之例，编次有明一代儒者，各征引诸书，述其行事，亦间摘其语录附之。"[①]总之，由朱熹所开创的言行录编修体例，对后世史书编修产生了一定影响。

又如杜大珪撰成《名臣碑传琬琰集》107 卷。受其影响，元人苏天爵撰有《元朝名臣事略》15 卷，清四库馆臣指出："此书记元代名臣事实，始木华黎，终刘因，凡四十七人。大抵据诸家文集所载墓碑、墓志、行状、家传为多，其杂书可征信者亦采掇焉。一一注其所出，以示有征。盖仿朱子《名臣言行录》例，而始末较详。又兼仿杜大珪《名臣碑传琬琰集》例，但有所弃取，不尽录全篇耳。"可见该书兼采言行录体例与杜氏撰史体例编修而成。到明代，徐纮编有《明名臣琬琰录》24 卷和《续录》22 卷。四库馆臣言："是书乃仿宋杜大珪《名臣碑传琬琰集》而作，所辑自洪武迄弘治九朝诸臣事迹。《前录》所载一百十有七人，《续录》所载九十五人，凡碑铭志传以及地志、言行录之类悉具焉。"[②]至清代，钱仪吉撰有《碑传集》164 卷、缪荃荪撰有《续碑传集》86 卷，其中缪氏在其书《序》中指出："昔宋杜大珪撰《名臣碑传集》一百七卷，收宋代名臣碑志遗事，编次入书，以核其人之事功，以备国史之采择，意至远也。明徐竑《明名臣琬琰前后录》五十四卷，王元撰《续录》八卷，国朝钱衎石给谏亦成《碑传集》百六十卷，一本大珪之例。钱书成于道光间，至嘉庆朝为止。迄今又九十年，中兴伟绩，贤才荟

① 《四库提要》卷 58。

② 以上均见《四库提要》卷 58。

萃，长篇短牍记载较多。荃荪不揣梼昧，起而续之。”以上诸例足以表明，杜大珪所开创的史书编修体例影响颇为久远。

再如清嘉庆十八年六月，当政者谕内阁：“朕敕几余暇，披览往籍，见宋范祖禹所著《唐鉴》一书，胪叙一代事迹，考镜得失，其议论颇有裨于治道。宋平五代之乱，近接有唐，其政教风俗历历可稽，故以唐为殷鉴。我朝绍膺大统，道揆治法远述百王。至有明三百年，时代相承，其一朝政治，亦鉴观得失之林也。宜仿《唐鉴》体例，辑为《明鉴》一书，胪举大纲，搜采编次。其论断，即令派出编纂诸臣轮流撰拟，进呈后经朕裁定，勒为成书，刊刻颁行，用昭法戒。”[①]这又是后世编书时，明确要求沿袭宋人修史体例的典型例证。

总而言之，在史书编修过程中，以上两种史书成书方式足以表明，宋代史书的成书对后世史书编修产生了不小影响。

## 第二节　宋代史学思想与观念的传承以及影响

宋代史学发达，史学思想丰富多彩。不过，若就对后世的影响而言，朱熹的史学思想和宋人的忠义观念影响较为明显。

① 《清仁宗实录》卷270。

## 一、朱熹史学思想的深远影响

自从南宋理宗下诏肯定程朱作为孔孟以来道统的真正传承人，并且程朱理学被确认为正统思想以及官方哲学以来，朱熹理学思想的影响日益扩大。到元仁宗延祐二年，朝廷以四书五经开科取士，从此确立了程朱理学作为官学的地位。此时统治者不仅尊崇朱熹的理学思想，也开始尊崇其史学思想。

与此同时，自朱熹编有《伊洛渊源录》《宋史》创设《道学传》之后，理学传人们出于理学发展传承之需，便积极编撰道学流派类著述，以扩大该流派的学术影响力。对此，清四库馆臣在《伊洛渊源录》解题中明确指出："盖宋人谈道学宗派，自此书始。而宋人分道学门户，亦自此书始。"[①]此后，明人谢铎撰有《伊洛渊源续录》6卷，"是书所录凡二十一人，盖继朱子《伊洛渊源录》而作，以朱子为宗主，始于罗从彦、李侗，朱子之学所自来也；佐以张栻、吕祖谦，朱子友也；自黄榦而下，终于何基、王柏，皆传朱子之学者也。"[②]此外，程曈撰有《新安学系录》16卷，以及宋端仪撰有《考亭渊源录》24卷。再是清人张伯行撰有《伊洛渊源续录》20卷，据四库馆臣言："是编因明谢铎《伊洛渊源续录》采辑未备，薛应旂《考亭渊源录》去取未严，因重为考订，以补正二家之阙失。然书甫出而谭旭谋《道续编》又反复千百言，纠其漏胡寅、真德秀矣。"他同时还撰有《道统录》2卷、《附录》1卷和

---

① 《四库提要》卷57。

② 《四库提要》卷61。

《道南源委》6 卷。[①]可见张氏热衷于梳理道学宗派传承等。总之，以上这些重在梳理道学宗派传承、宣扬理学家思想的学术史著述，正是朱子之学得以久远流传并发扬光大的具体体现。

又在传承朱子正统观念方面，元人在编修宋、辽、金三史时，对于何者为正统争论达六十余年。其间，修端、王理等要求平等看待宋、辽、金三国，各立正统。姚燧、揭傒斯和杨奂等则赞同朱熹的正统论观点。最后，总裁脱脱决定三国各为正统。[②]不过，三史修成之后，确有“以为非者”。如在朱熹的正统论中，有正统之始一说，他曾举例指出：“如本朝，至太宗并了太原方是得正统。”同时，他又指出：“又有无统时，如三国、南北、五代，皆天下分裂，不能相君臣，皆不得正统。”[③]至陈桱撰修《通鉴续编》时，则直接采用了朱熹以上说法。对此，张绅在《通鉴续编序》中指出：“其凡以为宋自建隆至太平兴国四年，无异于五代，故但以甲子书。四年以后，方系之统，以比汉、唐。辽、金系年宋统之下，以比吴、魏之于蜀。数简之中，大义凛然。其纪年，司马氏之补遗也，而不敢自谓之补遗；书法，紫阳先生之《纲目》也，而不敢自拟于《纲目》。故题之曰《通鉴续编》，其体盖亦本于《春秋》者。……子经之书，自唐而后，五代、辽、金皆为无统，至太平兴国四年而复有统，盖得其统矣，是可以驱天下百世之惑矣。”同样遵从朱子正统观的杨维桢，在《正统辨》中提出：“道统者，治统之所在也。……然则道统不在辽、金而在宋，在宋而后及于我朝，君子可以观治统

① 《四库提要》卷 63。

② 参见周少川：《元代史学思想研究》第二章之三“在正统之辨中冲决夷夏之防”，社会科学文献出版社，2001 年。

③ 黎靖德辑，郑明等校点：《朱子语类》卷 105。

之所在矣！”[①]可见他明确主张元代承继宋代为正统。自后明人在改编《宋史》时，基本以陈、杨二氏正统论作为指导思想。同时，元官方编修宋、辽、金三史时，虽未受朱熹正统观影响，但《宋史》中却处处渗透着朱熹史学思想的影响。元史官在《进〈宋史〉表》中表明其修撰原则是：“矧先儒性命之说，资圣代表章之功，先理致而后文辞，崇道德而黜功利，书法以之而矜式，彝伦赖是而匡扶。”可见该原则注重讲求先儒性命之说，尊崇伦理道德之义。

再是后人在评论、阐释以及研究《资治通鉴纲目》时，注重发挥朱子的正统观。如元人姚燧在《国统离合表序》中指出：“至《纲目》书出，始曰：‘汉中王即皇帝位。’统斯正矣。”[②]又如明人胡应麟指出：“观《纲目》于既成，亡足异也。夷考厥初，难言哉！夫陈寿、魏收不足言，王仲淹续《春秋》而帝元魏，司马氏修《通鉴》而帝曹魏，彼皆何人也？黜曹氏于盗，黜元氏于夷，黜武曌书帝房州，自余大义数十，炳如日星，其有迂回难合、琐屑眇关者，读者求其变、略其粗可也，毋词费哉！”[③]此是对朱子书法大义的深切褒扬。再如揭傒斯在《通鉴纲目书法序》中指出：“朱子因司马氏《通鉴》作《纲目》，以正百王之统。”他进而言道：“古之有天下者莫若舜、禹、汤、武，然汤有惭德，武未尽善。舜、禹之后得天下者莫如汉，曹氏亲受汉禅，威加中国，卒不能夺诸葛孔明汉贼之分。元魏据有中国，行政施化，卒不能绝区区江左之晋而继之。此万世之至公而不可易焉者，而犹或易之，此《纲目》不得不继

① 陶宗仪撰，王雪玲校点：《南村辍耕录》卷3《正统辨》。

② 姚燧：《牧庵集》卷3，文渊阁《四库全书》本。

③ 胡应麟：《少室山房笔丛》卷13《史书佔毕》一。

《春秋》而作，此《书法》不得不为《纲目》而发也。”[①]可见刘友益之所以撰修《通鉴纲目书法》，正是为彰显朱熹的正统观。它如乾隆敕修有《御批资治通鉴辑览》120卷，梁启超在《论正统》中指出：“朱子《通鉴纲目》所推定者，则秦也，汉也，东汉也，蜀汉也，晋也，东晋也，宋、齐、梁、陈也，隋也，唐也，后梁、后唐、后晋、后汉、后周也。本朝乾隆间，《御批通鉴》从而续之，则宋也，南宋也，元也，明也，清也。”[②]对于乾隆在《御批资治通鉴辑览》中所言的“上承朱熹之说，推定南宋、元、明、清为正统”之论，朱维铮先生认为：“(乾隆) 把种族之辨改成文明之辨，就是说，他把是否接受儒家礼乐制度作为区别夷夏的标准。”[③]该说不无道理。

同样，在改修《三国志》时，后世一些史家注重秉承《资治通鉴纲目》尊蜀汉为正统的观点。如元人郝经撰有《续后汉书》90卷，他在该书《序》中明确指出：“晦庵先生朱熹，为《通鉴》作《纲目》，黜魏而以昭烈章武之元继汉，统体始正矣。”[④]苏天爵对此称赞道：“至我国朝，翰林侍讲学士郝公经使宋，羁留仪真，始作《帝纪》二卷，《年表》一卷，《列传》七十九卷，《录》八卷，曰《续后汉书》，所以正统绪，表忠贤，其有功于世教，盖甚大也。夫由汉昭烈至于国朝盖千余年，始则一习凿齿，次则宋南渡诸公，卒至郝公，始克成之，则知天理之在人心，万世不可泯也。然则后之

---

① 揭傒斯：《文安集》卷8。

② 梁启超：《新史学》，见《梁启超史学论著四种》。

③ 朱维铮：《中国史学史讲义稿》第七章“中世纪后期王朝史”。

④ 郝经：《陵川集》卷29，文渊阁《四库全书》本。

修史者，义例之严，正闰之辨，其可不慎之哉！”[①]在此苏氏还将蜀汉正统观流变概况做了梳理。

又如赵居信撰有《蜀汉本末》3卷，明初方孝孺在该书《序》中指出：该书对“贤君、良辅之谋谟，忠臣、孝子之气节，断断乎其可征，而朱子《纲目》之旨，至是愈白于后世”[②]。不过，正是由于该书主在宣扬朱子“以蜀为正统”之说，而对于《三国志》的相关史事以及陈寿著史深意等不甚关注，因此，清四库馆臣批评道：“然是书所取议论，不出胡寅、尹起莘诸人之内。所取事迹则载于《三国志》者尚十不及五。特于《资治通鉴纲目》中断取数卷，略为点窜字句耳。不足当著书之目也。”[③]由此可见，该书叙论存有一定缺陷。朱彝尊亦指出：“明乎陈寿不忘蜀汉之本心，而后可更作蜀汉之史。若信都赵氏《蜀汉本末》一书，其持论谓寿进曹魏于正统，抑昭烈为僭国，视之与孙权同科，是于《三国志》未尝絜其长短，测其用意之深，徒因《纲目》书法而作者也。试取寿之书法一一表出之，则不予魏以正统，昭烈非僭国，蜀与孙权殊科，灼然见矣。”[④]在此朱氏特意表明陈寿著史实心存深意。

再如明人谢陛撰有《季汉书》56卷，清四库馆臣指出：“其书遵朱子《纲目》义例，尊汉昭烈为正统。……卷首冠《正论》五条、《答问》二十二条、《凡例》四十四条，以揭一书之宗旨。”[⑤]徐𤊹对

① 苏天爵撰，陈高华、孟繁清点校：《滋溪文稿》卷29《题孙季昭上周益公请改修三国志书稿》。

② 方孝孺：《逊志斋集》卷12，商务印书馆，1936年。

③ 《四库提要》卷50。

④ 朱彝尊：《曝书亭集》卷45《书元赵居信蜀汉本末后》。

⑤ 《四库提要》卷50。

此称赞道："新安友人谢少连作《季汉书》，自足千古。然国初庐陵贡士萧常有《续汉书》，起昭烈至少帝为纪，魏、吴皆为载记，而择裴注之善者并书之。至于少连，并降魏为传。又著五十八论，真良史才也。"[①]可见徐氏对该书在编修和评论方面的做法极为赏识。

此外，后世一些史家在评论他人史著时，往往以是否遵从朱子正统观作为衡量标准。如元人陈光大撰有《古今指掌图》，张之翰在该书《序》中称赞道："序三国之正统，屈曹魏而进刘蜀，是准朱文公《纲目》之书法也。"[②]又如明人王祎撰有《大事记续编》77卷，对于该书作者有关正统问题的处理，时人何乔新在该书《跋》中言道："此书盖以续东莱吕公所未就者也，然东莱作《大事记》，在朱子《通鉴纲目》未作之先。《纲目》盛行于时，此书不可作也。其间予夺褒贬又与《纲目》大不合者。《纲目》以昭烈绍汉统，章武纪年直接建安，此万世不易之论也。此书顾谓抑扬太过，乃用无统之类例，以汉与魏、吴并从分注，不从朱子而取陈寿、裴松之之说，可乎？不可乎？《纲目》出武后之号，纪中宗之年，每岁书帝之所在，盖《春秋》书'公在乾侯'之例也。此书乃以武后纪年，则所谓秉笔迷至公者，岂独欧阳子哉？李克用父子在唐，虽未为纯臣，然唐亡，犹称天祐年号，以讨贼为辞，名义甚正，故《纲目》纪年先晋而后梁，是乃《春秋》存纪存陈之义也。此书乃先梁而后晋，不几于奖篡乎？夫学如朱子，著述如《纲目》，亦可以止矣。而公此书，乃故为异同，岂好奇之过邪？"[③]可见何氏对王祎撰史未遵

① 徐㶿：《徐氏笔精》卷6《季汉书》。

② 张之翰：《西岩集》卷14，文渊阁《四库全书》本。

③ 何乔新：《椒邱文集》卷18。

奉朱子正统观深表不满。

总而言之，朱熹的史学思想伴随着朱子之学在后世广为流传，并且影响深远。

## 二、宋代忠义观念的持续传承

经受过民族危难等考验的不少宋代民众，谱写了一曲曲感人肺腑的英雄事迹。后人则通过编撰、宣扬宋代忠义之士的感人事迹，积极传承他们的忠义观念，从而起到了传承历史、感化民众的作用。

一方面，后人在编撰宋代忠义之士事迹时，不仅表露出他们对于宋代忠义问题的深刻认识，而且还能积极宣扬忠义观念。如元修宋、辽、金三史时，在《三史凡例》中明确规定："金、宋死节之臣，皆合立传，不须避忌。"对此，顾炎武称赞道："此皆宋世以来尊经儒、重节义之效，其时之人心风俗，犹有三代直道之遗，不独元主之贤明也。"[①]可见顾氏已将元代官方修史此举归结到宋代尊崇儒家道德教化上了。又元史官在《宋史·忠义传序》中，先是指出："士大夫忠义之气，至于五季，变化殆尽。宋之初兴，范质、王溥犹有余憾，况其他哉！艺祖首褒韩通，次表卫融，足示意向。厥后西北疆埸之臣勇于死敌，往往无惧。真、仁之世，田锡、王禹偁、范仲淹、欧阳修、唐介诸贤以直言谠论倡于朝，于是中外缙绅知以名

① 顾炎武著，黄汝成集释，栾保群、吕宗力校点：《日知录集释》卷26《阿鲁图进宋史表》。

节相高，廉耻相尚，尽去五季之陋矣。故靖康之变，志士投袂，起而勤王，临难不屈，所在有之。及宋之亡，忠节相望，班班可书，匡直辅翼之功，盖非一日之积也。”由此表明，经过北宋君臣积极倡导，不仅改变了唐末五代以来忠义之气丧失殆尽的不利局面，而且直接促使在宋代亡国之际，涌现出许多忠节之士。随后，元史官依据死节、死事之别，对宋代忠义之士的事迹作了详细论述。

除官方有意编修宋代忠义之士事迹外，后世私家亦能积极撰述宋人的忠义事迹。其间，一是一些热心之士注重搜集、编撰以及增补某个忠义之士事迹。如对于文天祥和陆秀夫的事迹，早在元初，邓光荐就撰有《文丞相督府忠义传》，明人杨士奇指出：“光荐字中甫，学者称中斋先生，与丞相同朝。此《传》多本于丞相所自述，故特详实，而后来作《宋史》，又多本于此云。”[①]可见该传史料价值极高。又刘岳申撰有《文丞相传》，他在传末称赞道：“若将以有为者，及得死所，卒以光明俊伟暴之天下后世。殆天以丞相报宋三百年待士之厚，且以昌世教也。”[②]在此他着重表明了文天祥忠义之举的世教功用。此后，明人胡广撰有《文丞相传》1卷，[③]并且他在《书文丞相传后》中指出：“广集《庐陵先贤传》，恒疾《宋史·文丞相传》简略失实，盖后来史臣为当时忌讳，多所删削，又事间有抵牾。乡先生前辽阳儒学副提举刘岳申为《丞相传》，比国史为详。”正因为如此，他“因参互考订，合而为一，中主岳申之说为多，并取证于《丞相文集》，芟其繁复，正其讹舛，庶几全备，使人无惑，

① 杨士奇：《东里文集》卷10《文丞相督府忠义传》。

② 刘岳申：《申斋集》卷13，文渊阁《四库全书》本。

③ 《明史》卷97《艺文志》。

论赞则并录之。国史之论，揆诸人事而言；岳申之赞，本乎天运而言，各有发扬，不可偏废，亦以见夫取舍之公也”[①]。可见胡书实属刘岳申《文丞相传》与《宋史·文天祥传》的合订本。又史载张彦方撰有《文天祥传》，[②]等等。

同样，元初龚开既撰有《宋文丞相传》，张枢因此作有《文丞相传补遗》。龚氏又撰有《宋陆君实传》，[③]黄溍在《陆君实传后叙》中注明："仆为此叙时，固已不敢悉以客语为信。及来京师，将取正于太史氏，而《新史》所纪二王事，乃与《皇朝经世大典》自有不尽合者。史既成，而邓氏光荐家始以其《填海录》等书上进。又不能无所见所闻之异辞。谨摭其一二，附注于旧文之下，以订其讹舛，补其阙逸云。"[④]即黄氏又对龚氏《宋陆君实传》做了必要补正。到明代，丁元吉在编修《陆右丞蹈海录》时，则参用了龚氏所作传以及《宋史》本传等。[⑤]

由上可知，主由南宋遗民撰写的文天祥和陆秀夫传记，被此后敬仰者增补、刊传，从而使得他们的忠义事迹广为传布。

二是一些热心人士注重汇集、编撰诸多宋代忠义之士事迹。如现存《昭忠录》1卷，不著撰人名氏。不过，清四库馆臣认为："详其词义，盖宋遗民之所作也。"[⑥]该书主要记述南宋末抗元之士事迹，

---

① 程敏政编：《明文衡》卷47，文渊阁《四库全书》本。

② 黄虞稷：《千顷堂书目》卷10。

③ 见程敏政：《宋遗民录》卷10，《知不足斋丛书》本。

④ 黄溍撰，王颋点校：《黄溍全集》上册。

⑤ 《四库提要》卷60。

⑥ 《四库提要》卷57。

自理宗绍定四年元兵克马岭堡时总管田璲等战死，至陆秀夫、文天祥和谢枋得等国亡殉义，凡一百三十人。又如元人赵景良编有《忠义集》7卷，该书由刘埙《补史十忠诗》1卷、刘埙之子麟瑞《昭忠逸咏》4卷，以及赵景良采集的宋末遗老诸作2卷构成。目的是“以诗存史”。明人何乔新在《忠义集序》中感叹道：“宋有天下三百余年，以仁厚立国，以诗书造士，以节义励士大夫，故其士民观感兴起，皆知杀身成仁之为美。及其遭罹变故，而且亡也，死宗庙者有之，死社稷者有之，死君上者有之，死城郭封疆者亦有之。下至山谷之儒、里巷之妇，亦皆秉义抱节，矢死不辱。呜呼！汉、唐之末，曷尝有是哉？”这是通过前后比较，说明宋代崇尚节义收到良好效果。同时，对于该书流传状况，他指出：“是时元有天下，讳言宋事，诸儒于是集私相传录而已。”不过，浙江佥宪王廷光欲刻传该集时，则属他为之作有此序。[①]其间，值得注意的是，刘麟瑞《昭忠逸咏》诗后记述相关史事的小注，与《昭忠录》记载几乎一致，说明两者间当存有参传关系。

再如据吴师道言：张子良撰有《忠义录》，“凡得死节之士八十有七人，女子四人焉。”吴氏在该书《序》中指出：“所录虽前朝之臣，而著民彝，辅世教，固亦圣代之乐闻也。”他又言：“世之议宋者曰：崇文太甚，抑武太过，兵势衰弱。以予观之，特委巷之末谈耳。今所录如文、如二李陆谢辈，盖宋之真儒也。其武臣握强兵、膺重寄者遂尔降叛，而偏裨小校、卑臣散隶死者不可胜数，彼又何以得此于若人哉？于戏！忠义之效，观于存者而知其亡；德泽之报，

① 何乔新：《椒邱文集》卷9。

观于贱者而知其国。览是录者，或因予言而有考云。”[①]吴氏在此对“崇文抑武”之策和“忠义之效”作了有别于世议的认识。它如张枢“谓宋之亡也，将相群臣伏义死节者，固已有传在史氏。卑官下士、吏卒女妇之死者，多史所弗录。乃询诸故老，旁采稗官，得若干人，为《宋季逸事》若干卷”[②]。可见张氏偏重存录宋末下层忠节之士。

至清代，万斯同撰有《宋季忠义录》12卷，其中“一卷载恭帝、端宗、末帝本纪，陈仲微二王始末；二卷迄末，自江万里、文天祥而下逮刘辰翁，凡四百六人，皆向来纪载所未备也”。他还撰有《南宋六陵遗事》1卷。[③]可见万氏对宋代忠义之士及其事迹做了全力增补编辑工作。

另一方面，后人直接表达对宋代忠义之士的看法，以达到传播忠义事迹、宣扬忠义观念目的。其中对于宋代较为突出的忠义之士，后人多有品评。如元人陶宗仪在《挽文丞相诗》中言道：“宋丞相文公天祥，其事载在史册，虽使三尺之童，亦能言其忠义。翰林学士徐威卿先生世隆有诗挽之曰：‘大元不杀文丞相，君义臣忠两得之。义似汉王封齿日，忠如蜀将斫头时。乾坤日月华夷见，岭海风霜草木知。只恐史官编不尽，老夫和泪写新诗。’可谓善风刺者矣。虞伯生先生集亦有诗曰：‘徒把金戈挽落晖，南冠无奈北风吹。子房本为韩仇出，诸葛安知汉祚移。云暗鼎湖龙去远，月明华表鹤归迟。何须更上新亭饮，大不如前洒泪时。’读此二诗而不泣下者几希。”[④]陶

① 吴师道：《礼部集》卷14，文渊阁《四库全书》本。

② 黄溍撰，王颋点校：《黄溍全集》下册《张子长墓表》。

③ 王士祯撰，湛之点校：《香祖笔记》卷1，上海古籍出版社，1982年。

④ 陶宗仪撰，王雪玲校点：《南村辍耕录》卷4。

氏以选录挽诗方式，表达出时人对文天祥被杀结局的痛惜之情。

又如对于南宋遗民郑思肖，据陶宗仪记述："郑所南先生思肖，福州连江人。宋太学上舍，应博学宏词科，刚介有立志。会天兵南，叩阙上疏，犯新禁，众争目弗，由是遂变今名。曰肖，曰南，义不忘赵，北面它姓也。隐居吴下，一室萧然，坐必南向。岁时伏腊，望南野哭，再拜乃返，人莫识焉。誓不与朔客交往，或于朋友坐上见有语音异者，便引去。人咸知其狷洁，亦弗为怪。"[①]陶氏通过论述郑思肖在元初思宋怀宋时的异样举止，表明郑氏志向与抱负。

再如明人杨士奇在《题宋欧阳澈撰告身后》中论述道："宋陈东、欧阳澈皆以忠言见杀高宗朝，后高宗悔之，此诰其褒恤之命也。盖初为小人所蔽，追悔之词，虽切无及，然覆辙尚可以戒后。而无几胡铨、韩纲言和议，何兑言马伸存赵之功，梁勋言金兵必至，宜有备，皆远窜，虽不死，死等耳，恶睹其克戒也哉。呜呼！为国之患莫大于杀忠言，为臣之祸莫惨于以忠言见杀。此诰至今三百九十年矣，虽传之千载，不能使人读之不兴恸也。"[②]在此杨氏对宋高宗朝忠言之士的悲惨命运深表惋惜！

同样，对于宋代亡国之际涌现出的众多忠义之士，如有史家指出："呜呼，故临难守节者，常足以动敌国之敬叹。盖忠义，亦人心所固有也。……金人攻宋，见李若水死节，叹曰：'南朝惟李侍郎一人。'然靖康之难，死节五十余人，忠魂义魄，至今耿耿斗牛间。史为直笔，安能为斯人隐？今大元混一，识天时而归附者，固皇帝之所嘉。尽臣道而死节者，亦皇帝之所重。岂可弃而不录哉？

---

① 陶宗仪撰，王雪玲校点：《南村辍耕录》卷20《狷洁》。

② 杨士奇：《东里文集》卷9。

其间，死城郭封疆者，固不能尽知。其所知者，若李芾死于潭，天祥死于北，庭芝死于兵，唐震、昴发死于郡治，江万里、徐应镳、邓得遇、尹穀赴水死，谢枋得不食死，朱浚仰药死。其他如姜才、孙虎臣、边居谊、牛皋、范大顺、张汉英、赵文义、王安节、马塈、马发、陈瓒、米立、赵孟锦、司马梦求。其中儒臣死节，尤表表在人耳目间。欧阳修作《五代史》，谓吾于死节之士得二人焉。今数人者，史氏亦当以欧阳之笔表而出之，庶可发潜德之幽光云。”[①]可见该史家期盼有人如欧阳修般能专门褒扬这些死难忠义之士。又如明人陆深指出：“宋亡，多忠节，论者以为养士之报。当时文山生于吉，叠山生于信，而草庐生于抚。”[②]这又是后人对宋代“多忠节”以及其多出于同一区域现象的独自解读。

总而言之，后人通过搜集、编撰以及直接论述等方式，传录着宋代忠义之士的感人事迹，而这些事迹又极大地充实、印证着传统忠义观念。

① 佚名撰，王瑞来笺证：《宋季三朝政要笺证》卷 6 末。

② 陆深：《俨山外集》卷 21《豫章漫抄》四。

# 第三节　宋代历史遗存的传播与影响

## 一、宋代历史遗址保护与影响

后人出于敬仰先祖圣贤或者传承历史等目的，他们对于散布各地的一些宋代重要历史遗址会加以维护。其间，还不时涌现出许多可歌可泣的感人事迹。

如在元世祖至元中，杨琏真加为江南释教总统，发掘故宋赵氏诸陵之在钱唐、绍兴者以及大臣塚墓凡 101 所。[①]又据袁桷记述："清献公祖墓与陶山陆右丞祖墓相迩。绍兴间，陆氏地为攒陵，清献旁近墓地，亦皆归朝廷，而不绝其祠祭。先朝陵寝遭贼韬之酷，痛通于天。而赵氏祖墓亦莽为丘墟矣。又闻陆氏祖墓复归王氏。"[②]由此可见，南宋帝王陵寝以及一些大臣塚墓确被损毁、遗弃严重。对此，顾炎武感叹道："独元之世祖纵杨琏真伽发宋会稽攒宫不问，此自古所无之大变也。"[③]这是顾氏对元朝廷放纵掘陵行为的强烈谴责。

不过，据罗有开所撰《唐义士传》记载："岁戊寅（即至元十

---

① 《元史》卷 202《释老传》。

② 袁桷：《清容居士集》卷 46《赵清献公帖》。

③ 顾炎武著，黄汝成集释，栾保群、吕宗力校点：《日知录集释》卷 15《前代陵墓》。

五年)，有总江南浮屠者杨琏真珈，怙恩横肆，势焰烁人，穷骄极淫，不可具状。十二月十有二日，帅徒役顿萧山，发赵氏诸陵寝，至断残支体，攫珠襦玉柙，焚其胔，弃骨草莽间。唐（指唐珏）时年三十二岁，闻之痛愤，亟货家具，得白金百星许。执券行贷，得白金又百星许。乃具酒醪，市羊豕，邀里中少年若干辈狎坐轰饮，酒且酣，少年起请曰：'君儒者，若是将何为焉?'唐惨然，具以告，愿收遗骸共瘗之。众谢曰：'诺。'中一少年曰：'发丘中郎将耽耽饿虎，事露奈何?'唐曰：'余固筹矣。今四郊多暴骨，取窜以易，谁复知之?'乃斲文木为匮，复黄绢为囊，各署其表曰某陵某陵，分委而散遣之，莚地以藏，为文而告。诘旦，事讫来集，出白金羡余酬，戒勿泄。越七日，总浮屠下令裒陵骨，杂置牛马枯骼中，筑一塔压之，名曰'镇南'。杭民悲戚，不忍仰视，了不知陵骨之犹存也。"[①]此便是唐珏"潜遗骼于暴露后"的忠义之举。又据郑元祐记载："宋太学生东嘉林景曦，字霁山。当时杨总统发掘诸陵寝时，林故为杭丐者，背竹箩，手持竹夹，遇物即以夹投箩中。林铸银作两许小牌百十系腰间，贿西番僧曰：'余不敢望收其骨，得高宗、孝宗骨斯足矣。'番僧左右之，果得高、孝两庙骨，为两函贮之，归葬于东嘉。"[②]此则是林景曦收集高宗和孝宗遗骨之义举。此外，据周密记述：杨髡先发掘宁宗、理宗、度宗和杨后四陵，劫取宝玉极多。又发掘徽宗、钦宗、高宗、孝宗和光宗五帝陵，以及孟后、韦后、吴后和谢后四后陵。此后宋陵使中官罗铣买棺制衣收敛、火化。[③]

① 陶宗仪撰，王雪玲校点：《南村辍耕录》卷 4《发宋陵寝》。

② 郑元祐：《遂昌杂录》，文渊阁《四库全书》本。

③ 周密：《癸辛杂识》别集卷上《杨髡发陵》。

此则表明中官罗铣壮举。

对于以上诸人所为，明人陆深归结道："杨髡发宋诸陵，有裒其骨葬之者。陶九成《辍耕录》所载以为唐义士珏；瞿宗吉《归田诗话》所载以为林义士塾；周公谨《癸辛杂志》则以为宋陵使罗铣者，盖中宦云。"[①]其间，有人欲探究收葬陵骨者究竟应是何人？如李东阳在《冬青行》诗中言道："高家陵、孝家陵，鳞骨尽蜕龙无灵。唐义士、林义士，野史传疑定谁是。玉鱼金粟俱尘沙，何须更问冬青花。徽、钦不归梓宫复，二百年来空朽木。穆陵遗骼君莫悲，得葬江南一抔足。"[②]对此，徐𤊹则认为："杨琏真伽发诸陵骨，义士唐珏、林景熙收而葬之，后人纷纷，不知为唐为林。李西涯云：'唐义士、林义士，千载传疑定谁是。'陶九成《辍耕录》云：'唐收者，诸陵骨。林收者，高、孝两陵骨，故林诗中有双匣之语。'皆拘方之见也。夫当时发掘陵寝，二义士协力收瘗，共赋《冬青行》三首，以纪其事。"[③]可见他以"二义士协力收瘗"表明了对该问题的认识。

又据宋濂记述："初，至元二十一年甲申，僧嗣占妙高上言：'欲毁宋会稽诸陵。'江南总摄杨辇真加与丞相桑哥相表里为奸。明年乙酉正月，奏请如二僧言，发诸陵宝器，以诸帝遗骨建浮屠塔于杭之故宫，截理宗顶以为饮器。大明洪武元年戊申正月戊午，皇帝御札：'丞相宣国公李善长遣工部主事谷秉毅移北平大都督府及守臣吴勉，索饮器于西僧汝讷、监藏深惠，诏付应天府守臣夏思忠，

---

① 陆深：《俨山外集》卷9。

② 李东阳：《怀麓堂集》卷2，文渊阁《四库全书》本。

③ 徐𤊹：《徐氏笔精》卷3《冬青行》。

以四月癸酉瘗诸南门高座寺之西北。’明年己酉六月庚辰，上览浙江行省进《宋诸陵图》，遂命藏诸旧穴。”[1]可见到明初，朝廷仍在尽力收葬宋理宗遗骨。到明世宗嘉靖二十六年，会稽县在宋六陵旁，依陵建成双义祠，由文征明撰成双祠碑，用以纪念宋义士唐珏和林景熙。文氏在碑文中指出：“千载河清，废兴有时。开国之君往往以封植陵墓为首事，而元之君臣乃首发诸陵，以事厌胜，于是乎有以知元祚之不永也。”[2]文氏在此表明，正是因元朝一改传统做法而首发宋帝陵，从而导致“元祚不永”。

总之，南宋会稽陵寝虽遭受到元僧严重毁坏，但宋、明时人仍尽力收葬宋诸陵遗骨，积极维护宋陵遗址。

同样，对于宋代重要人物祠庙、墓地以及碑志等遗存，后人往往尽力加以维护、修复。

如对于岳飞墓、庙，元人陈基在《精忠庙碑》中感叹道：“自古将帅功臣，身任社稷安危，而存没始终之际，凛然有君子风，百世之下，至以其坟庙废兴，观时政之得失。如故宋太师忠武岳鄂王者，岂非以其人死而不朽，而人心、天理，故自不可泯哉！”[3]确如其言，岳飞墓、庙常会受到热心人士甚至敬慕者维护、修复。据陶宗仪记述：“岳武穆王飞墓在杭栖霞岭下，王之子云祔焉。自国初以来，坟渐倾圮，江州岳氏讳士迪者，于王为六世孙，与宜兴州岳氏通谱，合力以起废，庙与寺复完美。久之，王之诸孙有为僧者，

① 程敏政编：《明文衡》卷50宋濂《书穆陵遗骼》。

② 黄宗羲编：《明文海》卷69文征明《会稽双祠碑》。

③ 陈基：《夷白斋稿》卷33，文渊阁《四库全书》本。

居坟之西，为其废坏，庙与寺靡有孑遗。天台僧可观以诉于官，时何君颐贞为湖州推官，柯君敬仲九思以书白其事，田之没于人者复归，然庙与寺无寸椽片瓦。会李君全初为杭总管府经历，慨然以兴废为己任，而郑君明德元祐为作疏语。……疏成，郡人王华父一力兴建，于是寺与庙又复完美。且杭州路申明浙省，转咨中书，以求褒赠。适赵公子期在礼部，倡议奏闻，降命敕封并如宋，止加‘保义’二字。自我元统一函夏以来，名人佳士多有诗吊之，不下数十百篇。”①由此可见，元时岳氏宗族有识之士以及朝廷上下热心人士，共同担负着岳飞墓、庙以及寺院的修复职责。

明、清两代，岳飞墓、庙时而年久失修，时而遭受火灾，但屡废屡兴，重修、重建达数十次之多，从而确保其基本完好。②

又如对于镇江宗泽墓维护之事，明人杨士奇在《书复立宗忠简公墓碑卷后》中指出：“宋宗忠简公，其孤忠大节所谓皦然可与日月争光者，而竟以谮忧愤死。盖天下后世所共仰慕，而悼惜之者也！然葬于润，无三百年，已莽然荒烟衰草之墟，樵牧往来，行道不吊，此岂润之人其心独有异哉？公尝仕于此，居于此，至感慕德义，吾意润之人，必有深于天下后世之人者，何为独漠然若是也？……今六七年前，金华刘侯伯静以监察御史出守是邦，一新政教，修举百废，乃复葺公之祠，及治其坟茔。又经纪其祠田，命佛氏之徒董祀事。而躬率博士弟子展礼墓下，又刻石墓道，使过者皆知为宋忠臣宗公之墓。于是润之人始知有忠简公，又知为善者之久而不泯，而

① 陶宗仪撰，王雪玲校点：《南村辍耕录》卷3《岳鄂王》。

② 参见丁亚政：《杭州岳飞墓庙的兴建与变迁》，龚延明、祖慧主编：《岳飞研究》第五辑，中华书局，2004年。

在已不可不勉于善也。”[①]可见至明时，宗泽墓又得到镇江官员修复。后至武宗正德年间，宗泽祠堂又得到重修。[②]

再如南宋蔡必胜“在庐，封马亮、包拯之墓，因墓作祠”[③]。到明代，马汝砺知庐州时，“吴将军周瑜、宋包孝肃拯、马少保亮、刘学士筠墓在境内，皆祗谒修治，禁民无得樵牧。”[④]由此可见，宋、明时期均有官员在尽力维护包拯和马亮等墓。

总之，有关宋代历史遗址被后人维修、保护并得以永久传承事例还有许多，在此不再赘述。

## 二、宋代纸质类历史文献的传承及其影响

随着宋代文化教育迅猛发展，印刷业逐步推进，宋代纸质类历史文献作为学术文化传承的重要载体则得到了快速发展。与前代相比，后世存留的该类宋代历史文献不仅数量较多，并且有些文献还成了收藏者和参阅研究者的喜好之物。

其中，以宋版书籍而言，一些装帧、刊印精良或者传世稀少的宋版书，往往受到后世藏书家以及广大士人追捧。即便是一般性的宋版书，也会受到广大士人关注。而在这些受到重视的宋版书中，

---

① 杨士奇：《东里文集》卷11。

② 孙承恩：《文简集》卷31《新建宗忠简公祠堂记》，文渊阁《四库全书》本。

③ 叶適著，刘公纯、王孝鱼、李哲夫点校：《叶適集·水心文集》卷17《蔡知阁墓志铭》。

④ 王鏊：《震泽集》卷22《庐州府马侯遗爱碑》，文渊阁《四库全书》本。

往往就含有宋版史书。

具体而言，明代朝廷就曾收藏有装帧精美的宋版书。史载：“先是，秘阁书籍皆宋、元所遗，无不精美，装用倒折，四周外向，虫鼠不能损。”[①]同时，对于宋版书的刊印特点，明人高濂结合具体史例言道：“宋元刻书，雕镂不苟，校阅不讹，书写肥、细有则，印刷清朗，况多奇书，未经后人重刻，惜不多见。佛氏、医家二类更富，然医方一字差误，其害匪轻，故以宋刻为善。……宋人之书，纸坚刻软，字画如写。格用单边，间多讳字。用墨稀薄，虽著水湿燥无烟迹，开卷一种书香，自生异味。……余见宋刻大板《汉书》，不惟内纸坚白，每本用澄心堂纸，数幅为副。今归吴中，真不可得。”[②]可见宋刻《汉书》等用纸讲究，刊印精良，深受明代士人喜爱。

正因为宋版书有诸多优点，它们不仅被明人所看重，甚至还受到一些时人追捧。如据胡应麟言：“凡本，刻者十不当钞一，钞者十不当宋一，三者之中自相较，则又以精粗、久近、纸之美恶、用之缓急为差。”可见宋版书在当时颇为珍贵。他又言：“渔仲论求书之道有八：一即类以求，二旁类以求，三因地以求，四因家以求，五曰求之公，六曰求之私，七因人以求，八因代以求，可谓曲尽求书之道，非沈湎典籍者不能知。然可藉以求唐、宋以下之书，秦、汉而上亦难致也。今唐人书亦难得，宋、元差足访求。”胡氏由此表明，随着时间推移，汉、唐乃至秦以上之书已极为难得，故宋、元

---

① 《明史》卷96《艺文志》。

② 高濂：《遵生八笺》卷14《论藏书》。

书籍成了明人访求的重点。他还指出："画家有赏鉴、有好事，藏书亦有二家。列架连窗，牙标锦轴，务为观美，触手如新，好事家类也；枕席经史，沈湎青缃，却扫闭关，蠹鱼岁月，赏鉴家类也。至收罗宋刻，一卷数金，列于图绘者，雅尚可耳，岂所谓藏书哉？"[①]在此胡氏对趋于时好而并非真正藏书者有所批评。

此外，还有为得到宋版书而采取极端举措者。如有人记载："华亭朱吉士大韶，嘉靖丁未进士。性好藏书，尤爱宋时镂板。访得吴门旧姓有宋椠袁宏《后汉纪》，系陆放翁、刘须溪、谢叠山三君手评，饰以古锦玉签，遂以一美婢易之，盖非此不能得也。"其婢临行题诗于壁曰："无端割爱出深闺，犹胜前人换马时。他日相逢莫惆怅，春风吹尽道旁枝。"此后，"吉士见诗惋惜，未几捐馆。"[②]叶德辉对此评论道："夫以爱妾美婢换书，事似风雅，实则近于杀风景。此则佞宋之癖入于膏肓，其为不情之举，殆有不可理论者矣。"[③]此是叶氏对朱大韶为得所爱而不惜人情之举的强烈批评。

到清代，随着宋版书日渐减少，广大士人对宋版书的喜好程度有所增加，甚至还出现盛极一时的"佞宋"之风。对此，叶德辉表明："自康、雍以来，宋元旧刻日希，而搢绅士林佞宋祕宋之风，遂成一时佳话。"[④]施闰章亦咏叹道："藏书癖宋版，列架与山埒。"[⑤]

---

① 以上均见胡应麟：《少室山房笔丛》卷4《经籍会通》四。

② 见朱彝尊编：《明诗综》卷85《朱大韶婢·题壁》，文渊阁《四库全书》本。

③ 叶德辉：《书林清话》卷10《藏书偏好宋元刻之癖》。

④ 叶德辉：《书林清话》卷1《古今藏书家纪板本》。

⑤ 施闰章：《学余堂诗集》卷10《赠同年季沧苇侍御》，文渊阁《四库全书》本。

钱大昕更是在《群书拾补序》中指出："海内文人学士众矣。能藏书者十不得一，藏书之家能读者十不得一，读书之家能校者十不得一。金根白芨之徒，日从事于丹铅，而翻为本书之累，此固不足道。其有得宋、元椠本，奉为枕中秘，谓旧本必是，今本必非，专己守残，不复别白，则亦信古而失之固者也。"在此钱氏对佞宋信古之风提出了尖锐批评。他甚至表明："今人重宋椠本书，谓必无差误，却不尽然。"[①]

清人之所以喜好宋版书，在很大程度上与宋版书的良好品质密不可分。如在乾隆《题宋版前汉书》诗注中，就记载有："内府旧藏宋椠《前汉书》，为天禄琳琅之冠。兹因校勘《四库全书总目》，复阅及之，更觉其精妙罕匹。"[②]叶德辉亦指出："宋板书自来为人珍贵者，一《两汉书》，一《文选》，一杜诗，均为元赵文敏松雪斋故物。《两汉书》牒文前叶有文敏小像，明时归王弇州世贞，《跋》称班、范二《汉书》，桑皮纸白洁如玉，四旁宽广，字大者如钱，绝有欧、柳笔法，细书丝发肤致，墨色精纯，奚潘流沈。盖自真宗朝刻之祕阁，特赐两府，而其人亦自宝惜，四百年而手若未触者。……乾隆时进入内府，甲子御题云：'雕镌纸墨并极精妙，实为宋本之冠。'……嘉庆二年，武英殿灾，目载之书同归一烬。神物久归天上，留此题跋，可见宋本书之精妙。古今人之爱护，心理相同。《文选》今尚有明袁褧仿宋裴氏本，国朝胡克家仿宋尤丞相本，可作虎贲中郎。《汉书》则形影无存，尤令人追思无已矣。"[③]可见刊刻

① 钱大昕著，杨勇军整理：《十驾斋养新录》卷19《宋椠本》。

② 《御制诗》四集卷26，文渊阁《四库全书》本。

③ 叶德辉：《书林清话》卷6《宋刻书著名之宝》。

精妙的宋版《汉书》毁于火灾，实为古代藏书方面的重大损失。又如对于宋代元祐椠本《资治通鉴考异》30卷，乾隆九年御题云："是书字体浑穆，具颜、柳笔意，纸质薄如蝉翼，而文理坚致，为宋代所制无疑。"①可见该书品质亦颇佳。如此等等。

正因为不少宋版书品质颇佳，因而阅读、收藏、鉴赏、研究以及影印者不在少数。如王芑孙在《黄荛圃陶陶室记》中指出："今天下好宋板书未有如荛圃者也。荛圃非唯好之，实能读之。与其板本之后先，篇第之多寡，音训之异同，字画之增损及其授受源流、翻摹本末，下至行幅之疏密广狭，装缀之精粗敝好，莫不心营目识，条分缕析；积晦明风雨之勤，夺饮食男女之欲，以沉冥其中。"②此是王氏对藏书鉴赏家黄丕烈喜好钻研宋版书的真实写照。又如据叶德辉言："乾、嘉以来，黄荛圃、孙伯渊、顾涧蘋、张古余、汪阆源诸先生影刊宋、元、明三朝善本书，模印精工，校勘谨慎，遂使古来祕书旧椠化身千亿，流布人间。其裨益艺林、津逮来学之盛心，千载以下，不可得而磨灭也。"③这是叶氏对清人影刊宋元明善本书做法的高度褒扬。

同样，对于历史题材类宋人书画，后人鉴赏、喜好者不少。如对于刘松年的《便桥见虏图》，元成宗大德五年，赵孟頫在该画《跋》中言道："突厥控弦百万，鸱张朔野，倾国入寇。当时非天可汗免胄一见，几败唐事。读史者至此，不觉肤栗毛竖。于以见太宗

① 于敏中等：《天禄琳琅书目》卷2。

② 叶炽昌撰，王锷、伏亚鹏点校：《藏书记事诗》卷5《黄丕烈绍甫》，燕山出版社，1999年。

③ 叶德辉：《书林余话》卷下。

神武戡定之勋，蛮夷率服之义，千古之后，画史图之，凛凛生色。此卷为宋刘松年所作，便桥渭水，六龙千骑，俨然中华帝王之尊，虽胡骑充斥而俯伏道傍，又俨然詟服听从之态。山川烟树，种种精妙，非松年不能为也。孟頫少时，曾观于临安之睦宗院。兹复得瞻对于普花平章之宅。回首三十年，余感慨系之矣！”在此赵氏结合历史史实，揭示了刘松年画作所彰显的历史意蕴，并表达了他观赏该画时的复杂心情。到明武宗正德十五年，文璧在该画《跋》中称：“此刘松年《便桥见虏图》，丹青炳焕，布置闲雅，辇中旌旗、毡裘、戎屋、尘沙、云树，具见当时景象，良工苦心哉！前有松雪道人题墨，而絜缝印章似又曾入裕陵内府者，是可宝也。”[①]文氏则是从画作构图以及流传方面对其做了必要说明。

又如对于历史风俗画《清明上河图》，目前较为流行的看法是：它通过对北宋都城汴京郊野和市井生活的细致描绘，再现了北宋承平时的繁荣景象。金人张著在该画《跋》中言道：“翰林张择端，字正道，东武人也。幼读书游学于京师。后习绘事，本工其界画，尤嗜于舟车、市桥、郭径，别成家数也。按向氏《评论图画记》云：‘《西湖争标图》《清明上河图》，选入神品。’藏者宜宝之。”通过张氏所述，由此让后人对作者及其该画价值有了较多认识。又元人李祁在该画《跋》中指出：“静山周氏文府所藏《清明上河图》，乃故宋宣、政年间名笔也。笔意精妙，固自宜入神品。观者见其邑屋之繁，舟车之盛，商贾财货之充羡盈溢，无不嗟赏歆慕，恨不得亲生其时，亲目其事。然宋祚自建隆至宣、政间，安养生息，百有五六

① 郁逢庆：《续书画题跋记》卷3。

十年，太平之盛，盖已极矣！天下之势，未有极而不变者，此固君子之所宜寒心者也。然则观是图者，其将徒有嗟赏歆慕之意而已乎？抑将犹有忧勤惕厉之意乎？噫！后之为人君、为人臣者，宜以此图与《无逸图》并观之，庶乎其可以长守富贵也。”[①]在此李氏对该画创作时间、画作大致内容及其借鉴作用作了必要揭示。此后，该画仿制品极多，并且流传广泛，但一般看法是北京故宫博物院所藏为真迹。[②]

总之，以上所述宋版书以及历史题材类宋人书画，虽然仅是存留于世的宋代纸质类历史文献中的重要组成部分，但通过其自身文物价值和史料价值可知，它们仍是历史传承的重要载体，是人们认识历史、感受历史不可或缺的精神食粮。

---

① 以上《跋》文参见故宫博物院编：《〈清明上河图〉新论》末附《图版》，故宫出版社，2011年。

② 杨臣彬：《诸本〈清明上河图〉合考》，见故宫博物院编：《〈清明上河图〉新论》。

# 结 语

两宋特殊的社会环境、高度发达的经济文化、系统完备的修史体制以及日趋发展的印刷技术等，合力造就了宋代史学发展的高度繁荣，同时也使得诸多具有保存与传承价值的史实、不同类型史书以及历史知识与史学观念在社会各阶层广为传布。因此可以说，宋代的史学繁荣有助于史学传布，史学传布促进了史学繁荣。现今唯有将两者密切结合起来，才能完整地展现宋代史学发展繁荣全貌。

首先，宋代史学的发展繁荣不仅体现在多个方面，并且还具有时代性鲜明、阶段性突出以及创新性明显等显著特色。如前所述，宋代修史体制极为完备，修史队伍颇为庞大，官修史籍种类繁多，并且修史程序极为严密，由此便有了官方修史成就极为突出的结果。而这种结果，还与宋代帝王历史学识与历史意识得以普遍提高后，他们往往主导或者掌控修史密切相关。同时，就私家著史状况而言，史家队伍来源多样，队伍构成极为庞大，史家历史责任感与使命感强烈。他们在史书体裁体例方面多有创新，又能不断地拓展出崭新的史学领域，甚至还具有超前的历史意识或者丰富的史学思想。总之，宋代官、私史学呈现出多样化的发展局面。

与此同时，就宋代史学发展特色而言，一是宋人善于反思历史，总结历史，尤其是更为关注以及总结本朝历史。因此，宋代史学具有鲜明的时代性特征。二是伴随着时局转化，学术思潮变动，以及史学自身不断发展等，宋代史学呈现出明显的阶段性特征。其间，尤其是北宋中期与南宋前期两次显著变化，是其他朝代少有的现象。三是在传统编年体与纪传体之外，纪事本末体与纲目体得以创立，年谱等亦出现于此时，它无疑是宋代史家善于推陈出新的体现，亦是宋代史学具有明显创新性的典型例证。

其次，宋代史学在传布方式、传布内容、传布者与受众，以及传布目的与传布效果等方面，均呈现出前所未有的新面貌。这种新面貌的出现，则是由两宋国家处境、印刷业与印刷技术迅猛发展、科教文化事业兴盛、史学领域拓展、广大民众历史知识需求以及民众对圣贤忠烈崇奉敬仰等多重因素共同促成的。

具体而言，一是在史学传布方式上，书面传布、口语传布以及遗迹等实物传布构成了宋代史学三种基本传布方式。其中，在新兴印刷业助推下，书面传布得以迅速发展，并且成为传播知识与思想观念的主渠道。如陆游曾指出："古人已死书独存，吾曹赖书见古人。"[①]由此说明书籍在传承历史、唤起历史记忆方面具有不可低估的作用。又宋代正处在写本书籍向印本书籍的重要转折时期，对于印本书籍所带来的巨大社会冲击力，如神宗熙宁五年，孔延之在《会稽掇英总集序》中指出："题之板不如刊之石，刊之石不如墨诸纸。苟欲诵前人之清芬，搜斯文之放逸，而传之久远者，则纸本尚矣。"又如魏了翁指出："自唐末五季以来，始为印书，极于近世，而闽、浙、庸蜀之锓梓遍天下。加以传说日繁，粹类益广，大纲小

① 陆游撰，钱仲联校注：《剑南诗稿校注》卷41《读书》。

目，彪列昈分，后生晚学开卷了然，苟有小慧纤能，则皆能袭而取之。”[①]这有力地说明了印本书籍的传承功用以及受欢迎程度。其间，在书面传布中扮演主要角色的史著，则迅速成为传布历史知识、传递思想观念以及提高民众道德文化水准的重要载体。同时，为满足不同层次民众的参阅需求，史家还编撰了便于广泛传布的简明化、通俗化甚至形象化类史书。

同样，在口语传布方面，在科举、教育以及学派讲学之风大力推动下，宋代既有经筵、各类学校式的系统性宣讲，又有家庭范围内的私自性传授，还有为满足民间广大民众需求的社会性传讲。这种从宫廷到民间的多层次、多方位口语传布体系，既满足了一些受众的专门化需求，也丰富了普通民众的文化娱乐生活。它无疑是史学得以普及化的突出体现。

此外，在遗迹等实物传布方面，展现历史风貌的祠庙、碑刻等遗迹与遗存，在宋代受崇文国策、金石学以及理学家倡导的祭祀先师先圣活动等促使，从而得到极大发展。其间，如一些金石爱好者尽力搜罗与传递具有历史文献价值的实物遗存，又如一些官僚士大夫积极投身到了为先圣先师以及忠烈之士建祠兴庙之中，再如由官方主导的维护历史遗址活动得以持续进行，它如通过刻石题壁以传布史事成为一些士人所爱。凡此等等。总之，在史学传布的三种基本方式中，遗迹等实物传布虽仅属必要的补充形式，但它也是不可或缺的传布形式。

二是从传布者的主要构成看，史事讲说者和史事史著刊传者形成了宋代史学传布的主体。前者包括具有特殊身份及其使命的经筵

① 魏了翁：《鹤山先生大全文集》卷41《眉山孙氏书楼记》。

官、各级教育机构的教官以及伶人与民间说史艺人等，他们从事的是口语传布。后者包括国子监等各级官方刻书机构、书坊主与民间刻书者，还有各类藏书、鬻书以及抄书者等，他们从事的是书面传布。其间，尤其值得一提的是，到南宋时，官、私刻书均发展迅猛，书坊主极为活跃。与此同时，在史学传布过程中，帝王与其他主政者、知名人士以及知情人士等往往凭借其巨大感召力、强烈吸引力或者特殊身份与地位，诱导或带动他人积极参与到各类史学活动中，他们甚至还牵连着史事传布的广度、深度以及真实程度。

三是从传布目的看，一般而言，不同阶层的传布者，史学传布的目的往往存在差异。不过，宋人无论是传布史事，编修、刊刻或者传抄史学著述，还是创建祠庙与崇奉历史遗址等，其传布目的均较为明确。其中，宋代帝王以史为鉴、以史为治目的明确；广大官僚士大夫在为学辅政方面，往往能从特定政治目的与儒家道德伦理观念出发，读史、听史、观史、传史、讲史甚至编史，以谋求为现实政治服务；即便如优伶等社会地位低下者，也会凭借特殊的职业身份，在表演杂剧时往往要体现鉴戒之义。与此同时，在教化易俗方面，一些宋人针对童蒙、官僚以及普通民众等不同群体，采取灵活多样的教化方式，分别引导他们接受历史知识教育，掌握为政之要，以及树立正确的道德伦理观念等。他们又通过敬仰先贤，倡导忠孝廉洁，以增强民众忠君爱国观念，树立良好的社会风尚。此外，一些宋人还通过编修以及运用典制、方志或者御外等实用类史籍，以达到现实实用目的。

四是从传布内容看，宋代民众能够传布的史事内容极为广泛，题材也颇为多样，但不同民众往往会根据自身兴趣爱好和现实需求，选取特定的史学内容加以传布。不过，因受特殊社会环境促使，宋人关注历史与时事的热情极为高涨，他们不仅关注与传布一般性历史事件与历史知识、史学观念，而且更加关注诸如社会变革、皇位传承以及民族危亡等热点或者重大历史问题。正因为如此，有关这些话题或者论题的相关记载极为丰富而且复杂，它们从不同方面为我们展示了宋代各阶层人们对历史与现实问题的反应以及认识，它们是我们深入剖析宋代史学传布内容的一面镜子。

五是从受众角度看，宋代接受史学传布的受众几乎遍及社会各个阶层。其差异是在接受方式上，因受年龄层次、受教育程度、兴趣爱好以及自身社会处境等多重因素影响，会出现明显不同。如对于帝王以及广大官僚士大夫而言，他们需要通过听、观、读、写等多样化方式，更多地增进自身的历史学识。其间，甚至有些人还以模仿、续编等方式，在接受相关历史知识的同时，完成了新的史著。与此同时，在受众群体中，拥有巨大影响力和感召力的政界领袖和学界领袖，往往能通过有目的的言论或者有意识的行动等，直接影响所属受众群体的兴趣选择。此外，宋人在接受有关史事时，也会根据自身兴趣、偏好等，有选择性地予以接受，这是受众主观能动性的有力体现。

六是从传布效果看，宋人不时要面对严重的御外压力和复杂多变的朝政斗争，因此，他们中不少人具有极强的历史意识，而这种意识又不时体现在治政辅政效果上。如宋代帝王通过对历史知识系统化学习，以及社会经验日渐积累，往往能以史为鉴。他们又常以《宝训》和《圣政》作为遵从祖宗之法的必备教材，旨在以史求治。又如宋代许多官僚士大夫在自身史学素养和认识水平得以提高的同时，他们能积极参政议政，甚至还收到了不错的效果。与此同时，系统完备的教学活动与民间讲史举动，使得社会不同阶层的人们接受到了历史知识和道德伦理教育。朝廷上下又通过敬祭先贤、宣扬功德以及忠孝观念等，收到了移风易俗的社会效果。当然，因受社会政治环境以及民众喜好程度等因素制约，宋代史学传布的效果具有复杂性。

最后，就宋代史学繁荣与传布的地位以及影响而言，宋代修史体制极为完备，修史程序颇为严密，此为元、明、清时期所不及。同时，在浓厚的私家著史风气推动下，宋代史书体裁不断创新与发展，史学领域逐步拓展，以及史学思想丰富多彩，这些方面均影响到后代。此外，宋代历史遗存不时被后人有意保护、传承，从而使得有关宋代的历史图谱更为丰富多样了。

总而言之，随着宋时历史事实尤其是本朝史事传布的快捷化，史书编修、刊刻以及流布的广泛化，以及圣贤祠庙与历史遗迹日渐被时人崇奉与创建，从而使得时人获取时事信息与历史知识的时间缩短了，史家在社会中的地位与影响，以及他们的思想观念在逐渐扩大，时人关注历史、总结历史的热情得到不同程度提高，他们的历史意识与史学观念得到强化。凡此等等，均为我们展现出了宋代史学繁荣与传布的基本图景。因此，深入、系统地揭示该图景，会使我们对宋代史学全景有更好的把握与理解。

# 主要参考文献

## 一、基础文献

欧阳修、宋祁：《新唐书》，中华书局 1975 年。

欧阳修：《新五代史》，中华书局，1974 年。

脱脱：《宋史》，中华书局，1985 年。

宋濂等：《元史》，中华书局，1976 年。

张廷玉等：《明史》，中华书局，1974 年。

荀悦、袁宏撰，张烈点校：《两汉纪》，中华书局，2005 年。

司马光：《资治通鉴》，中华书局，1956 年。

朱熹主编，严文儒、顾宏义校点：《资治通鉴纲目》，见朱熹撰，朱杰人、严佐之、刘永翔主编：《朱子全书》，上海古籍出版社、安徽教育出版社，2002 年。

曾巩撰，王瑞来校证：《隆平集校证》，中华书局，2012 年。

王称：《东都事略》，台湾文海出版社，1979 年。

李焘：《续资治通鉴长编》，中华书局，2004 年。

汪藻著，王智勇笺注：《靖康要录笺注》，四川大学出版社，2008 年。

熊克著，顾吉辰、郭群一点校：《中兴小纪》，福建人民出版社，1985 年。

李心传撰，胡坤点校：《建炎以来系年要录》，中华书局，2013年。

李𡌴撰，燕永成校正：《皇宋十朝纲要校正》，中华书局，2013年。

杨仲良撰，李之亮点校：《皇宋通鉴长编纪事本末》，黑龙江人民出版社，2006 年。

徐梦莘：《三朝北盟会编》，上海古籍出版社 1987 年影印清光绪三十四年许涵度刻本。

陈均撰，许沛藻等点校：《皇朝编年纲目备要》，中华书局，2006 年。

佚名编，汝企和点校：《续编两朝纲目备要》，中华书局，1995年。

彭百川：《太平治迹统类》，文渊阁《四库全书》本，台湾商务印书馆，1986 年。

彭百川：《太平治迹统类》，玉玲珑阁抄本，见《适园丛书》。

刘时举撰，王瑞来点校：《续宋中兴编年资治通鉴》，中华书局，2014 年。

叶隆礼撰，贾敬颜、林荣贵点校：《契丹国志》，上海古籍出版社，1985 年。

旧题宇文懋昭撰，崔文印校证：《大金国志校证》，中华书局，1986 年。

佚名撰，王瑞来笺证：《宋季三朝政要笺证》，中华书局，2010年。

佚名撰，李之亮点校：《宋史全文》，黑龙江人民出版社，2005年。

谷应泰：《明史纪事本末》，中华书局，1977 年。

王溥：《唐会要》，中华书局，1955 年。

佚名撰，司义祖整理：《宋大诏令集》，中华书局，1962 年。

郑樵撰，王树民点校：《通志二十略》，中华书局，1995 年。

马端临：《文献通考》，中华书局，2011 年。

苗书梅等点校：《宋会要辑稿·崇儒》，河南大学出版社，2001年。

刘琳、刁忠民、舒大刚、尹波等校点：《宋会要辑稿》，上海古籍出版社，2014 年。

章衡：《编年通载》，《宛委别藏》本，江苏古籍出版社，1988 年影印。

王令纂辑，赵与伦校点：《十七史蒙求》，岳麓书社，1986 年。

赵明诚撰，金文明校证：《金石录校证》，广西师范大学出版社，2005 年。

胡安国著，钱伟强点校：《春秋胡氏传》，浙江古籍出版社，2010 年。

朱熹撰，李伟国校点：《八朝名臣言行录》，见朱熹撰，朱杰人、严佐之、刘永翔主编：《朱子全书》，上海古籍出版社、安徽教育出版社，2002 年。

范祖禹：《唐鉴》，上海古籍出版社，1984 年。

范祖禹撰，吕祖谦注：《东莱音注唐鉴》，见黄灵庚、吴战垒主编：《吕祖谦全集》第九册，浙江古籍出版社，2008 年。

吕祖谦：《左氏博议》，见黄灵庚、吴战垒主编：《吕祖谦全集》第六册，浙江古籍出版社，2008 年。

吕祖谦：《左氏传说》，见黄灵庚、吴战垒主编：《吕祖谦全集》第七册，浙江古籍出版社，2008 年。

吕祖谦：《大事记》，见黄灵庚、吴战垒主编：《吕祖谦全集》第八册，浙江古籍出版社，2008 年。

胡寅著，刘依平校点：《读史管见》，岳麓书社，2011 年。

赵汝愚：《宋朝诸臣奏议》，上海古籍出版社，1999 年。

叶適：《习学记言序目》，中华书局，1977 年。

吕中撰，张其凡、白晓霞整理：《类编皇朝大事记讲义》，上海人民出版社，2014 年。

章学诚著，仓修良编注：《文史通义新编新注》，浙江古籍出版社，2008 年。

王存等撰，王文楚、魏嵩山点校：《元丰九域志》，中华书局，1984 年。

范成大撰，陈振岳校点：《吴郡志》，江苏古籍出版社，1986 年。

周应合：《景定建康志》，南京出版社，2009 年。

祝穆撰，施和金点校：《方舆胜览》，中华书局，2003 年。

佚名：《京口耆旧传》，文渊阁《四库全书》本。

程敏政撰，何庆善、于石点校：《新安文献志》，黄山书社，2004 年。

《宋元方志丛刊》，中华书局，1990 年。

《宋元浙江方志集成》，杭州出版社，2009 年。

晁公武著，孙猛校证：《郡斋读书志校证》，上海古籍出版社，1990 年。

陈振孙著，徐小蛮、顾美华点校：《直斋书录解题》，上海古籍出版社，1987 年。

陈骙、佚名撰，张富祥点校：《南宋馆阁录·续录》，中华书局，1998 年。

高似孙撰，周天游校笺：《史略校笺》，书目文献出版社，1987年。

王应麟撰，武秀成、赵庶洋校证：《玉海艺文校证》，凤凰出版社，2013 年。

王应麟：《玉海》，江苏古籍出版社、上海书店，1987 年。

纪昀总纂：《四库全书总目提要》，河北人民出版社，2000 年。

永瑢等：《四库全书简明目录》，上海古籍出版社，1985 年。

于敏中等：《天禄琳琅书目》，见《清人书目题跋丛刊》，中华书局，1995 年。

瞿镛撰，瞿果行、瞿凤起标校：《铁琴铜剑楼藏书目录》，上海古籍出版社，2000 年。

缪荃孙著，黄明、杨同甫标点：《艺风藏书记》，上海古籍出版社，2007 年。

《宋元明清书目题跋丛刊》，中华书局，2006 年。

吕夏卿著，王东、左宏阁校证：《唐书直笔校证》，四川大学出版社，2014 年。

吴缜著，王东、左宏阁校证：《新唐书纠谬校证》，四川大学出版社，2014 年。

胡三省：《通鉴释文辩误》，见《资治通鉴》附，中华书局，1956 年。

汪辉祖撰，姚景安点校：《元史本证》，中华书局，1984 年。

钱大昕著，陈文和、张连生、曹明升校点：《廿二史考异》，凤凰出版社，2008 年。

钱大昕著，杨勇军整理：《十驾斋养新录》，上海书店出版社，2011 年。

王鸣盛著，黄曙辉点校：《十七史商榷》，上海书店出版社，2005 年。

赵翼著，王树民校证：《廿二史札记校证》，中华书局，1984年。

赵翼撰，栾保群、吕宗力校点：《陔余丛考》，河北人民出版社，1990 年。

傅璇琮、徐海荣、徐吉军主编：《五代史汇编》，杭州出版社，2004 年。

佚名撰，张剑光、孙励整理：《五国故事》，《全宋笔记》第一编第三册，大象出版社，2003 年。

史□撰，虞云国、吴爱芬整理：《钓矶立谈》，《全宋笔记》第一编第四册，大象出版社，2003 年。

欧阳修撰，储玲玲整理：《归田录》，《全宋笔记》第一编第五册，大象出版社，2003 年。

释文莹撰，郑世刚整理：《湘山野录》、《玉壶清话》，《全宋笔记》第一编第六册，大象出版社，2003 年。

宋敏求撰，郑世刚整理：《春明退朝录》，《全宋笔记》第一编第六册，大象出版社，2003 年。

范镇撰，汝沛、永成整理：《东斋记事》，《全宋笔记》第一编第六册，大象出版社，2003 年。

司马光撰，邓广铭、张希清整理：《涑水记闻》，《全宋笔记》第一编第七册，大象出版社，2003 年。

苏轼撰，孔凡礼整理：《东坡志林》，《全宋笔记》第一编第九册，大象出版社，2003 年。

苏辙撰，孔凡礼整理：《龙川别志》，《全宋笔记》第一编第九册，大象出版社，2003 年。

王得臣撰，黄纯艳整理：《麈史》，《全宋笔记》第一编第十册，大象出版社，2003 年。

晁说之撰，黄纯艳整理：《晁氏客语》，《全宋笔记》第一编第十册，大象出版社，2003 年。

吴处厚撰，夏广兴整理：《青箱杂记》，《全宋笔记》第一编第十册，大象出版社，2003 年。

佚名撰，赵维国整理：《道山清话》，《全宋笔记》第二编第一册，大象出版社，2006 年。

夷门君玉撰，赵维国整理：《国老谈苑》，《全宋笔记》第二编第一册，大象出版社，2006 年。

沈括撰，胡静宜整理：《梦溪笔谈》，《全宋笔记》第二编第三册，大象出版社，2006 年。

王辟之撰，金圆整理：《渑水燕谈录》，《全宋笔记》第二编第四册，大象出版社，2006 年。

庞元英撰，金圆整理：《文昌杂录》，《全宋笔记》第二编第四册，大象出版社，2006 年。

孔平仲撰，池洁整理：《珩璜新论》、《谈苑》，《全宋笔记》第二编第五册，大象出版社，2006 年。

朱彧撰，李伟国整理：《萍洲可谈》，《全宋笔记》第二编第六册，大象出版社，2006 年。

赵令畤撰，孔凡礼整理：《侯鲭录》，《全宋笔记》第二编第六册，大象出版社，2006 年。

邵伯温撰，查清华、潘超群整理：《闻见录》，《全宋笔记》第二编第七册，大象出版社，2006 年。

张耒撰，查清华、潘超群整理：《明道杂志》，《全宋笔记》第二编第七册，大象出版社，2006 年。

魏泰撰，燕永成整理：《东轩笔录》，《全宋笔记》第二编第八册，大象出版社，2006 年。

释惠洪撰，黄宝华整理：《冷斋夜话》，《全宋笔记》第二编第九册，大象出版社，2006 年。

罗从彦撰，黄宝华整理：《遵尧录》，《全宋笔记》第二编第九册，大象出版社，2006 年。

程俱撰，黄宝华整理：《麟台故事》（辑本）、《麟台故事》（残本），《全宋笔记》第二编第九册，大象出版社，2006 年。

叶梦得撰，徐时仪整理：《石林燕语》《避暑录话》，《全宋笔记》第二编第十册，大象出版社，2006 年。

彭□撰，孔凡礼整理：《墨客挥犀》，《全宋笔记》第三编第一册，大象出版社，2008 年。

苏象先撰，储玲玲整理：《丞相魏公谭训》，《全宋笔记》第三编第三册，大象出版社，2008 年。

王钦臣撰，储玲玲整理：《王氏谈录》，《全宋笔记》第三编第三册，大象出版社，2008 年。

黄伯思撰，陈金林整理：《东观余论》，《全宋笔记》第三编第四册，大象出版社，2008 年。

马永卿撰，查清华、顾晓雯整理：《懒真子》，《全宋笔记》第三编第六册，大象出版社，2008 年。

吕本中撰，查清华、胡俭整理：《师友杂志》、《紫微杂说》，《全宋笔记》第三编第六册，大象出版社，2008 年。

朱弁撰，张剑光整理：《曲洧旧闻》，《全宋笔记》第三编第七册，大象出版社，2008 年。

苏籀撰，张剑光、李相正整理：《栾城先生遗言》，《全宋笔记》第三编第七册，大象出版社，2008 年。

洪皓撰，张剑光、刘丽整理：《松漠纪闻》，《全宋笔记》第三编第七册，大象出版社，2008 年。

龚明之撰，张剑光整理：《中吴纪闻》，《全宋笔记》第三编第七册，大象出版社，2008 年。

施德操撰，虞云国、孙旭整理：《北窗炙輠录》，《全宋笔记》第三编第八册，大象出版社，2008 年。

徐兢撰，虞云国、孙旭整理：《宣和奉使高丽图经》，《全宋笔记》第三编第八册，大象出版社，2008 年。

蔡絛撰，李国强整理：《铁围山丛谈》，《全宋笔记》第三编第九册，大象出版社，2008 年。

张邦基撰，金圆整理：《墨庄漫录》，《全宋笔记》第三编第九册，大象出版社，2008 年。

徐度撰，朱凯、姜汉椿整理：《却扫编》，《全宋笔记》第三编第十册，大象出版社，2008 年。

王观国撰，徐时仪、郑晓霞整理：《学林》，《全宋笔记》第四编第一、二册，大象出版社，2008 年。

王铚撰，汤勤福、白雪松整理：《默记》，《全宋笔记》第四编第三册，大象出版社，2008 年。

张知甫撰，孔凡礼整理：《可书》，《全宋笔记》第四编第三册，大象出版社，2008 年。

姚宽撰，汤勤福、宋斐飞整理：《西溪丛语》，《全宋笔记》第四编第三册，大象出版社，2008 年。

陈长方撰，许沛藻整理：《步里客谈》，《全宋笔记》第四编第四册，大象出版社，2008 年。

曾敏行撰，朱杰人整理：《独醒杂志》，《全宋笔记》第四编第五册，大象出版社，2008 年。

百岁老人袁褧撰，俞钢、王彩燕整理：《枫窗小牍》，《全宋笔记》第四编第五册，大象出版社，2008 年。

沈作喆撰，俞钢、萧光伟整理：《寓简》，《全宋笔记》第四编第五册，大象出版社，2008 年。

邵博撰，夏广兴整理：《邵氏闻见后录》，《全宋笔记》第四编第六册，大象出版社，2008 年。

庄绰撰，夏广兴整理：《鸡肋编》，《全宋笔记》第四编第七册，大象出版社，2008 年。

袁文撰，李伟国整理：《瓮牖闲评》，《全宋笔记》第四编第七册，大象出版社，2008 年。

王若冲撰，程郁、余珏整理：《北狩行录》，《全宋笔记》第四编第八册，大象出版社，2008 年。

程大昌撰，许沛藻、刘宇整理：《演繁露》、《演繁露续集》，《全宋笔记》第四编第八、九册，大象出版社，2008 年。

程大昌撰，刘尚荣整理：《程氏续考古编》，《全宋笔记》第四编第十册，大象出版社，2008 年。

费衮撰，金圆整理：《梁溪漫志》，《全宋笔记》第五编第二册，大象出版社，2012 年。

范成大撰，方健整理：《桂海虞衡志》，《全宋笔记》第五编第七册，大象出版社，2012 年。

陆游撰，李昌宪整理：《老学庵笔记》《家世旧闻》，《全宋笔记》第五编第八册，大象出版社，2012 年。

周必大撰，李昌宪整理：《二老堂杂志》，《全宋笔记》第五编第八册，大象出版社，2012 年。

周煇撰，刘永翔、许丹整理：《清波杂志》，《全宋笔记》第五编第九册，大象出版社，2012 年。

王明清撰，燕永成整理：《挥麈前录》《挥麈后录》《挥麈第三录》《挥麈录余话》，《全宋笔记》第六编第一、二册，大象出版社，2013 年。

王明清撰，戴建国、赵龙整理：《玉照新志》，《全宋笔记》第六编第二册，大象出版社，2013 年。

周去非撰，查清华整理：《岭外代答》，《全宋笔记》第六编第三册，大象出版社，2013 年。

赵彦卫撰，朱旭强整理：《云麓漫抄》，《全宋笔记》第六编第四册，大象出版社，2013 年。

高似孙撰，储玲玲整理：《纬略》，《全宋笔记》第六编第五册，大象出版社，2013 年。

韩淲撰，张剑光整理：《涧泉日记》，《全宋笔记》第六编第九册，大象出版社，2013 年。

叶绍翁撰，张剑光、周绍华整理：《四朝闻见录》，《全宋笔记》第六编第九册，大象出版社，2013 年。

张端义撰，许沛藻、刘宇整理：《贵耳集》，《全宋笔记》第六编第十册，大象出版社，2013 年。

赵与时撰，姜汉椿整理：《宾退录》，《全宋笔记》第六编第十册，大象出版社，2013 年。

王栐撰，钟翀整理：《燕翼诒谋录》，《全宋笔记》第七编第一册，大象出版社，2016 年。

赵汝适撰，钟翀整理：《诸蕃志》，《全宋笔记》第七编第一册，大象出版社，2016 年。

张淏撰，李国强整理：《云谷杂记》，《全宋笔记》第七编第一册，大象出版社，2016 年。

赵珙撰，李国强整理：《蒙鞑备录》，《全宋笔记》第七编第二册，大象出版社，2016 年。

彭大雅撰，徐霆疏证，李国强整理：《黑鞑事略》，《全宋笔记》第七编第二册，大象出版社，2016 年。

岳珂撰，许沛藻、姚铭整理：《桯史》，《全宋笔记》第七编第四册，大象出版社，2016 年。

陈櫄撰，李伟国整理：《负暄野录》，《全宋笔记》第七编第五册，大象出版社，2016 年。

谢采伯撰，李伟国整理：《密斋笔记》，《全宋笔记》第七编第八册，大象出版社，2016 年。

王应麟撰，孙通海整理：《困学纪闻》，《全宋笔记》第七编第九册，大象出版社，2016 年。

周密撰，俞钢、王燕华整理：《齐东野语》，《全宋笔记》第七编第十册，大象出版社，2016 年。

周密撰，黄宝华整理：《云烟过眼录》，《全宋笔记》第八编第一册，大象出版社，2017 年。

张仲文撰，胡绍文整理：《白獭髓》，《全宋笔记》第八编第三册，大象出版社，2017 年。

戴埴撰，储玲玲整理：《鼠璞》，《全宋笔记》第八编第四册，大象出版社，2017 年。

叶寘撰，汤勤福整理：《爱日斋丛抄》，《全宋笔记》第八编第五册，大象出版社，2017 年。

刘一清撰，汤勤福整理：《钱塘遗事》，《全宋笔记》第八编第六册，大象出版社，2017 年。

张唐英撰，王文才、王炎校笺：《蜀梼杌校笺》，巴蜀书社，

1999年。

江少虞：《宋朝事实类苑》，上海古籍出版社，1981年。

高承撰，金圆、许沛藻点校：《事物纪原》，中华书局，1989年。

吴曾：《能改斋漫录》，上海古籍出版社，1979年。

洪迈：《容斋随笔》，上海古籍出版社，1978年。

洪迈撰，何卓点校：《夷坚志》，中华书局，2006年。

李心传撰，徐规点校：《建炎以来朝野杂记》，中华书局，2000年。

黎靖德辑，郑明等校点：《朱子语类》，见朱熹撰，朱杰人、严佐之、刘永翔主编：《朱子全书》，上海古籍出版社、安徽教育出版社，2002年。

周密撰，吴企明点校：《癸辛杂识》，中华书局，1988年。

罗大经撰，王瑞来点校：《鹤林玉露》，中华书局，1983年。

王楙撰，郑明、王义耀校点：《野客丛书》，上海古籍出版社，1991年。

郭若虚：《图画见闻志》，人民美术出版社，2003年。

佚名撰，顾逸点校：《宣和书谱》，上海书画出版社，1984年。

佚名撰，岳仁译注：《宣和画谱》，湖南美术出版社，1999年。

邓椿：《画继》，上海人民美术出版社，1963年。

孟元老等著：《东京梦华录》、《梦粱录》、《都城纪胜》、西湖老人《繁胜录》、《武林旧事》，中国商业出版社，1982年。

陶宗仪撰，王雪玲校点：《南村辍耕录》，辽宁教育出版社，1998年。

陶宗仪等编：《说郛三种》，上海古籍出版社，1988年。

胡应麟：《少室山房笔丛》，上海书店出版社，2009年。

王士祯撰，靳斯仁点校：《池北偶谈》，中华书局，1982年。

王士祯撰，湛之点校：《香祖笔记》，上海古籍出版社，1982年。

顾炎武著，黄汝成集释，栾保群、吕宗力校点：《日知录集释》，上海古籍出版社，2014 年。

赞宁撰，范祥雍点校：《宋高僧传》，中华书局，1987 年。

释志磐著，释道法校注：《佛祖统纪校注》，上海古籍出版社，2012 年。

王禹偁：《小畜集》，文渊阁《四库全书》本。

苏舜钦撰，沈文倬点校：《苏舜钦集》，中华书局，1961 年。

梅尧臣著，朱东润编年校注：《梅尧臣集编年校注》，上海古籍出版社，1980 年。

范仲淹撰，李勇先、王蓉贵点校：《范仲淹全集》，四川大学出版社，2002 年。

曾巩撰，陈杏珍、晁继周点校：《曾巩集》，中华书局，1984年。

张方平撰，郑涵点校：《张方平集》，中州古籍出版社，1992年。

欧阳修撰，李逸安点校：《欧阳修全集》，中华书局，2001 年。

蔡襄撰，吴以宁点校：《蔡襄集》，上海古籍出版社，1996 年。

王安石：《王文公文集》，上海人民出版社，1974 年。

司马光：《传家集》，文渊阁《四库全书》本。

苏洵撰，曾枣庄、金成礼笺注：《嘉祐集笺注》，上海古籍出版社，1993 年。

苏轼著，孔凡礼点校：《苏轼文集》，中华书局，1986 年。

苏辙著，陈宏天、高秀芳点校：《苏辙集》，中华书局，1990年。

程颢，程颐著，王孝鱼点校：《二程集》，中华书局，1981 年。

程颢，程颐：《二程遗书》，上海古籍出版社，2000 年。

范祖禹：《范太史集》，文渊阁《四库全书》本。

苏颂著，王同策、管成学、颜中其等点校：《苏魏公文集》，中华书局，1988 年。

张耒撰，李逸安、孙通海、傅信点校：《张耒集》，中华书局，1990 年。

刘挚撰，裴汝诚、陈晓平点校：《忠肃集》，中华书局，2002年。

黄庭坚撰，刘琳、李勇先、王蓉贵校点：《黄庭坚全集》，四川大学出版社，2001 年。

许翰撰，刘云军点校：《许翰集》，河北大学出版社，2014 年。

李纲撰，王瑞明点校：《李纲全集》，岳麓书社，2004 年。

郑樵撰，吴怀祺整理：《郑樵文集》，见《郑樵研究》，厦门大学出版社，2010 年。

杨时：《龟山集》，文渊阁《四库全书》本。

胡寅撰，容肇祖点校：《斐然集》，中华书局，1993 年。

汪应辰：《文定集》，学林出版社，2009 年。

陆游：《陆游集》，中华书局，1976 年。

杨万里撰，辛更儒笺校：《杨万里集笺校》，中华书局，2007 年。

张栻：《南轩集》，文渊阁《四库全书》本。

朱熹著，刘永翔等校点：《晦庵先生朱文公文集》，见朱熹撰，朱杰人、严佐之、刘永翔主编：《朱子全书》，上海古籍出版社、安徽教育出版社，2002 年。

吕祖谦：《东莱吕太史集》，见黄灵庚、吴战垒主编：《吕祖谦全集》第一册，浙江古籍出版社，2008 年。

吕祖谦：《丽泽论说集录》，见黄灵庚、吴战垒主编：《吕祖谦全集》第二册，浙江古籍出版社，2008 年。

陆九渊撰，钟哲点校：《陆九渊集》，中华书局，1980 年。

陈傅良撰，周梦江点校：《陈傅良先生文集》，浙江大学出版社，1999 年。

叶適著，刘公纯、王孝鱼、李哲夫点校：《叶適集》，中华书局，2010 年。

陈亮撰，邓广铭点校：《陈亮集》（增订本），中华书局，1987年。

周必大：《文忠集》，文渊阁《四库全书》本。

楼钥：《攻媿集》，文渊阁《四库全书》本。

魏了翁：《鹤山先生大全文集》，《四部丛刊初编》本。

真德秀：《西山先生真文忠公文集》，《四部丛刊初编》本。

刘克庄著，辛更儒校注：《刘克庄集笺校》，中华书局，2011年。

文天祥撰，熊飞、漆身起、黄顺强校点：《文天祥全集》，江西人民出版社，1987 年。

陈起：《江湖小集》《江湖后集》，文渊阁《四库全书》本。

王应麟撰，张骁飞点校：《四明文献集：外二种》，中华书局，2010 年。

郑思肖著，陈福康校点：《郑思肖集》，上海古籍出版社，1991年。

姚奠中主编：《元好问全集》，山西人民出版社，1990 年。

苏天爵撰，陈高华、孟繁清点校：《滋溪文稿》，中华书局，1997 年。

黄溍撰，王颋点校：《黄溍全集》，天津古籍出版社，2008 年。

杨士奇著，刘伯涵、朱海点校：《东里文集》，中华书局，1998年。

朱彝尊：《曝书亭集》，文渊阁《四库全书》本。

钱大昕撰，吕友仁点校：《潜研堂集》，上海古籍出版社，1989年。

胡仔纂集，廖德明校点：《苕溪渔隐丛话》，人民文学出版社，1962 年。

陆游撰，钱仲联校注：《剑南诗稿校注》，上海古籍出版社，1985年。

黄宗羲原注、全祖望补修，陈金生、梁运华点校：《宋元学案》，中华书局，1986年。

## 二、近现代人著述

王国维：《王国维遗书》，上海古籍书店，1983年。

陈寅恪：《金明馆丛稿二编》，生活·读书·新知三联书店，2001年。

梁启超：《梁启超史学论著四种》，岳麓书社，1998年。

余嘉锡：《四库提要辨证》，云南人民出版社，2004年。

叶德辉：《书林清话》，中华书局，1957年。

王重民：《中国善本书提要》，上海古籍出版社，1983年。

陈垣：《中国佛教史籍概论》，上海世纪出版集团、上海书店出版社，2001年,。

蒙文通：《经史抉原》（《蒙文通文集》（第三卷）），巴蜀书社，1995年。

邓广铭：《邓广铭治史丛稿》，北京大学出版社，2010年。

邓广铭：《北宋政治改革家王安石》，人民出版社，1997年。

陈乐素：《求是集》（第二集），广东人民出版社，1984年。

陈乐素：《宋史艺文志考证》，广东人民出版社，2002年。

张政烺：《张政烺文集·文史丛考》，中华书局，2012年。

白寿彝：《中国史学史论集》，中华书局，1999年。

杨翼骧编：《中国史学史资料编年》（第二册），南开大学出版社，1994年。

宿白：《唐宋时期的雕版印刷》，文物出版社，1999 年。

徐规：《仰素集》，杭州大学出版社，1999 年。

张煦侯：《通鉴学》（修订本），安徽人民出版社，1981 年。

饶宗颐：《中国史学上之正统论》，中华书局，2015 年。

周藤吉之：《宋代史研究》，日本东洋文库，1969 年。

宋鼎宗：《春秋宋学发微》，台湾文史哲出版社，1986 年。

牟润孙：《注史斋丛稿》，中华书局，1987 年。

陈汝衡：《宋代说书史》，上海文艺出版社，1979 年。

沈玉成、刘宁：《春秋左传学史稿》，江苏古籍出版社，1992 年。

王树民：《中国史学史纲要》，中华书局，1997 年。

瞿林东：《中国古代史学批评纵横》，中华书局，1994 年。

吴怀祺：《中国史学思想通史》（宋辽金卷），黄山书社，2002年。

吴怀祺：《郑樵研究》，厦门大学出版社，2010 年。

谢宝成主编：《中国史学史》，商务印书馆，2006 年。

朱维铮：《中国史学史讲义稿》，复旦大学出版社，2015 年。

漆侠：《中国经济通史·宋代经济卷》，经济日报出版社，1999年。

漆侠：《王安石变法》（增订本），河北人民出版社，2001 年。

漆侠：《宋学的发展和演变》，河北人民出版社，2002 年。

朱瑞熙：《宋代社会研究》，中州书画社，1983 年。

朱瑞熙：《疁城集》，华东师范大学出版社，2001 年。

张邦炜：《宋代皇亲与政治》，四川人民出版社，1993 年。

王云海：《宋会要辑稿研究》，《河南师范大学学报》增刊，1984 年。

王云海：《宋会要辑稿考校》，上海古籍出版社，1986 年。

陈智超：《解开〈宋会要〉之谜》，社会科学文献出版社，1995年。

梁太济：《唐宋历史文献研究丛稿》，上海古籍出版社，2004年。

裴汝诚、许沛藻：《〈续资治通鉴长编〉考略》，中华书局，1985年。

裴汝诚：《半粟集》，河北大学出版社，2000年。

李裕民：《宋史考证》，科学出版社，2009年。

陈光崇：《中国史学史论丛》，辽宁人民出版社，1984年。

乔治忠：《中国官方史学与私家史学》，北京图书馆出版社，2008年。

乔治忠、朱洪斌编著：《增订中国史学史资料编年》（清代卷），商务印书馆，2013年。

张秀民著、韩琦增订：《中国印刷史》（插图珍藏增订版），浙江古籍，2006年。

王德毅：《宋史研究论集》（第二辑），台北新文丰出版公司，2008年。

黄宽重：《南宋史研究集》，台北新文丰出版公司，1985年。

叶国良：《宋人疑经改经考》，台湾大学出版委员会，1980年。

黄进兴：《优入圣域：权力、信仰与正当性》（修订版），中华书局，2010年。

蔡崇榜：《宋代修史制度研究》，台湾文津出版社，1991年。

宋立民：《宋代史官制度研究》，吉林人民出版社，1999年。

来可泓：《李心传事迹著作编年》，巴蜀书社，1990年。

汤勤福：《朱熹的史学思想》，齐鲁书社，2000年。

周少川：《元代史学思想研究》，社会科学文献出版社，2001年。

苗春德主编：《宋代教育》，河南大学出版社，1992年。

邓洪波：《中国书院史》（增订本），武汉大学出版社，2012年。

赵伯雄：《春秋学史》，山东教育出版社，2004 年。

张立文：《朱熹思想研究》，中国社会科学出版社，2001 年。

张富祥：《宋代文献学研究》，上海古籍出版社，2006 年。

龚延明：《中国古代职官科举研究》，中华书局，2006 年。

邓小南：《祖宗之法——北宋前期政治述略》，生活·读书·新知三联书店，2006 年。

邓小南：《宋代历史探求：邓小南自选集》，首都师范大学出版社，2015 年。

王兆鹏：《宋代文学传播探原》，武汉大学出版社，2013 年。

佐竹靖彦：《佐竹靖彦史学论集》，中华书局，2006 年。

蔡涵墨：《历史的严妆：解读道学阴影下的南宋史学》，中华书局，2016 年。

范立舟：《宋代理学与中国传统历史观念》，陕西人民出版社，2003 年。

范立舟：《宋代思想学术史论稿》，澳亚周刊出版有限公司，2004 年。

岳纯之：《唐代官方史学研究》，天津人民出版社，2003 年。

罗炳良：《南宋史学史》，人民出版社，2008 年。

王盛恩：《宋代官方史学研究》，人民出版社，2008 年。

张新科：《史记学概论》，商务印书馆，2003 年。

燕永成：《南宋史学研究》，甘肃人民出版社，2007 年。

谢贵安：《宋实录研究》，上海古籍出版社，2013 年。

杨新勋：《宋代疑经研究》，中华书局，2007 年。

张玉春：《〈史记〉版本研究》，商务印书馆，2001 年。

俞樟华、虞黎明、应朝华：《唐宋史记接受史》，吉林人民出版社，2004 年。

杨世文：《走出汉学：宋代经典辨疑思潮研究》，四川大学出版社，2008 年。

曹刚华：《宋代佛教史籍研究》，华东师范大学出版社，2006 年。

姜鹏：《北宋经筵与宋学的兴起》，上海古籍出版社，2013 年。

孙立尧：《宋代史论研究》，中华书局，2009 年。

邹贺：《宋代政治文化举隅：经筵、文献及其他》，陕西人民出版社，2012 年。

曹宇峰：《南宋义理史学研究》，山西人民出版社，2011 年。

李峰：《北宋史学思想流变研究》，人民出版社，2013 年。

李建军：《宋代〈春秋〉学与宋型文化》，中国社会科学出版社，2008 年。

葛焕礼：《尊经重义：唐代中叶至北宋末年的新〈春秋〉学》，山东大学出版社，2011 年。

孙旭红：《居今与志古：宋代〈春秋〉学研究》，中国社会科学出版社，2014 年。

李晓菊：《唐宋档案文献编纂研究》，社会科学文献出版社，2014 年。

朱迎平：《宋代刻书产业与文学》，上海古籍出版社，2008 年。

李明杰：《宋代版本学研究：中国版本学的发源及形成》，齐鲁书社，2006 年。

季明华：《南宋咏史诗研究》，台湾文津出版社，1997 年。

郑丞良：《南宋明州先贤祠研究》，上海古籍出版社，2013 年。

张小丽：《宋代咏史诗研究》，光明日报出版社，2009 年。

林欢：《宋代古器物学笔记材料辑录》，上海人民出版社，2013年。

故宫博物院编：《〈清明上河图〉新论》，故宫出版社，2011 年。